Die Entwicklung von
Software-Systemen

Reihe Informatik
Herausgegeben von Karl Heinz Böhling, Ulrich Kulisch, Hermann Maurer

Band 1: Maurer, Theoretische Grundlagen der Programmiersprachen – Theorie der Syntax
Band 2: Heinhold/Kulisch, Analogrechnen – Eine Einführung
Band 5: Brauer/Indermark, Algorithmen, rekursive Funktionen und formale Sprache (HTB 817)
Band 7: Kameda/Weihrauch, Codierungstheorie
Band 8: Reusch, Lineare Automaten (HTB 708)
Band 10: Böhling/Dittrich, Stochastische Automaten (HTB 766)
Band 11: Seegmüller, Einführung in die Systemprogrammierung
Band 12: Alefeld/Herzberger, Einführung in die Intervallrechnung
Band 13: Duske/Jürgensen, Codierungstheorie
Band 14: Böhling/v. Braunmühl, Komplexität bei Turing-Maschinen
Band 15: Peters, Einführung in mathematische Methoden der Informatik
Band 16: Wedekind, Datenbanksysteme I
Band 17: Holler/Drobnik, Rechnernetze
Band 18: Wedekind/Härder, Datenbanksysteme II
Band 19: Kulisch, Grundlagen des Numerischen Rechnens
Band 20: Zima, Betriebssysteme
Band 21: Mies/Schütt, Feldrechner
Band 22: Denert/Franck, Datenstrukturen
Band 23: Ecker, Organisation von parallelen Prozessen
Band 24: Kaucher/Klatte/Ullrich, Höhere Programmiersprachen ALGOL, FORTRAN, PASCAL
Band 25: Motsch, Halbleiterspeicher
Band 26: Görke, Mikrorechner
Band 27: Mayer, Syntaxanalyse
Band 28: Schrack, Grafische Datenverarbeitung
Band 29: Waller/Hilgers, Mikroprozessoren
Band 30: Reusch, Informationssysteme, Dokumentationssprachen, Data Dictionaries
Band 32: Koch, Maschinennahes Programmieren von Mikrocomputern
Band 33: Stetter, Softwaretechnologie
Band 34: Balzert, Die Entwicklung von Software-Systemen
Band 35: Hotz/Estenfeld, Formale Sprachen
Band 36: Zima, Compilerbau I
Band 37: Zima, Compilerbau II
Band 38: Albert/Ottmann, Automaten, Sprachen und Maschinen für Anwender
Band 39: Willmer/Balzert, Fallstudie einer industriellen Software-Entwicklung
Band 40: Schmitt, Dialogsysteme

Die Entwicklung von Software-Systemen

Prinzipien, Methoden, Sprachen, Werkzeuge

von

Dr.-Ing. Helmut Balzert

TRIUMPH-ADLER AG, Nürnberg

Bibliographisches Institut Mannheim/Wien/Zürich

B.I.-Wissenschaftsverlag

CIP-Kurztitelaufnahme der Deutschen Bibliothek

Balzert, Helmut:
Die Entwicklung von Software-Systemen: Prinzipien, Methoden, Sprachen, Werkzeuge / von Helmut Balzert. - Mannheim; Wien; Zürich: Bibliographisches Institut, 1982.
(Reihe Informatik; Bd. 34)
ISBN-3-411-01618-3
NE: GT

Druck und Bindearbeit: Hain-Druck GmbH, Meisenheim/Glan
Printed in Germany
ISBN 3-411-01618-3

Murphy's Law

- Things are more complex than they seem to be.

- Things take longer than expected.

- Things cost more than expected.

- If something can go wrong it will.

Corollar

Murphy was an optimist.

/Hughes, Michton 77/

Vorwort

Die Entwicklung von Software wird mehr und mehr zum entscheidenden Kosten- und Zeitfaktor. Dem ständigen Sinken der Hardware-Preise steht ein unaufhaltsames Steigen der Software-Preise gegenüber.
Vielfältige Anstrengungen wurden daher in den letzten Jahren unternommen, um die Probleme der Software-Entwicklung in den Griff zu bekommen. Dabei entstanden eine Vielzahl von - selbst für den Fachmann - schwer überschaubaren Methoden, Verfahren, Hilfsmitteln, Sprachen, Regeln und Kochrezepten.
In diesem Buch wird daher der Versuch gemacht, allgemeingültige Prinzipien in den Vordergrund zu stellen, die - unabhängig von Methoden und Sprachen - bei jeder Software-Entwicklung beachtet werden sollen.
Ein termin-, kosten- und leistungsgerechtes Software-System entsteht nur dann, wenn neben der technischen Entwicklung der Software gleichrangig die Aspekte der Qualitätssicherung, des Managements und der Organisation berücksichtigt werden. Insbesondere sind die gegenseitigen Wechselwirkungen zu beachten.
Nach Fertigstellung, Abnahme und Freigabe eines Software-Systems erfolgt die - oft langfristige - Wartung und Pflege des Produktes. Da die sorgfältige und ausführliche Behandlung der damit verbundenen Probleme und Konzepte den Umfang dieses Buches sprengen würde, wird diese Thematik einem eigenen Buch vorbehalten.

Dieses Buch konzentriert sich daher auf die Schwerpunkte Entwicklung, Qualitätssicherung, Management und Organisation.

Ziel dieses Buches ist es, in allgemeine Probleme einzuführen und insbesondere einen systematischen, enzyklopädischen und klassifizierenden Überblick über das, was heute an Methoden und Werkzeugen zur Verfügung steht, zu geben.

Zunächst werden allgemeine Prinzipien und Methoden der Entwicklung behandelt, die in allen Phasen gültig sind. Anschließend wird detailliert auf die Phasen Planung, Definition, Entwurf und Implementierung eingegangen.

Die Schwerpunkte des Buches liegen auf der Definitions- und Entwurfsphase, da die Qualität des Endproduktes wesentlich in diesen Phasen bestimmt wird.

In der Definitionsphase werden die international bewährten Konzepte SADT, PSL/PSA und RSL/REVS ausführlich dargestellt.

Praktische Erfahrungen haben gezeigt, daß eine methodisch und systematisch erstellte Produktdefinition die Basis für eine erfolgreiche Software-Entwicklung darstellt.

In der Entwurfsphase werden moderne Entwurfs- und Spezifikationsprinzipien und -methoden sowie ihre Unterstützung durch die Sprachen MODULA-2, SLAN/ELAN, EUCLID, CLU, ADA, ALPHARD,

PLASMA/D, SPEZI, SPEZIAL, HIPO, SADT, Strukturdiagramme sowie die Anwendung in COBOL behandelt.

Der Schwerpunkt in der Implementierungsphase liegt auf Prinzipien und Methoden. Die "schrittweise Verfeinerung", die Jackson-Methode sowie Überprüfungsmethoden für Programme werden exemplarisch skizziert.

Die Bedeutung einer projektbegleitenden und integrierten Qualitätssicherung wird an Hand wichtiger Prinzipien aufgezeigt.

Management und Organisation bilden den letzten Schwerpunkt des Buches.

Als Ausblick werden zum Abschluß des Buches Konzepte von Software Engineering Environment Systemen behandelt, die den gesamten Software Life Cycle organisatorisch und technisch unterstützen.

Um die Orientierung zu erleichtern, wird ein kritischer Vergleich der Methoden und Sprachen versucht. Die Wertung ist natürlich subjektiv beeinflußt und ist geprägt von den praktischen Erfahrungen in den vergangenen Jahren. Wer in einer anderen Umgebung tätig ist, wird sicher auch andere Kriterien heranziehen.

Durch dieses Buch sollen im wesentlichen zwei Zielgruppen angesprochen werden:

- alle in der Praxis tätigen Software-Entwickler,
- Studenten und Nebenfachstudenten der Informatik.

Beiden Zielgruppen soll ein systematischer, klassifizierender Überblick gegeben werden. Gerade Systematik und Klassifikation sind erforderlich, um eine Orientierung zu erhalten und neue Methoden, Sprachen und Werkzeuge entsprechend einschätzen und einordnen zu können. Da nicht jede Methode und Sprache im Detail behandelt werden kann, wird weitgehend ein einheitliches Beispiel benutzt, um den jeweiligen Einsatzbereich, die Mächtigkeit und die Vor- und Nachteile aufzuzeigen.

Die Praktiker sollen mit neuen Ansätzen im Bereich der Software-Entwicklung vertraut werden. Neue Forschungsergebnisse sollten nicht als Theorie abgetan werden. Erfahrungsgemäss finden sie mit einer gewissen Zeitverzögerung und mit Modifikationen Eingang in die Praxis.

Der zweiten Zielgruppe sollen insbesondere Probleme bewußt gemacht werden, die bei der Durchführung von Projekten in der Praxis auftreten und denen in der Universitätsausbildung noch zu wenig Platz gewidmet wird.

Dieses notwendige Problembewußtsein bezieht sich insbesondere auf die Bereiche Management und Organisation, Kommunikation,

Dokumentation, Qualitätssicherung und Probleme der Benutzerakzeptanz sowie des Termin- und Kostendrucks. Festzuhalten ist jedoch, daß es ein einheitliches Ausbildungsprofil, d.h. ein Curriculum, für Software- Entwickler bzw. Software-Ingenieure noch nicht gibt.

Dieses Buch ist so konzipiert, daß es dem Umfang einer ein - oder zweisemestrigen Vorlesung entspricht.

Bei einer einsemestrigen Lehrveranstaltung empfiehlt sich eine Konzentration auf die Prinzipien und Methoden.

Die Inhalte dieses Buches basieren auf der von mir im WS 1978/79 gehaltenen Vorlesung "Methoden zur Entwicklung von Software-Systemen" und der im SS 79 von mir durchgeführten Vorlesung "Systementwicklungs- und Spezifikationssprachen" an der Universität Kaiserslautern. Außerdem werden Forschungsergebnisse meiner Dissertation "Die Programmiersprache PLASMA 78", praktische Erfahrungen als Leiter der Abteilung "Software Engineering" bei der Firma TRIUMPH-ADLER AG in Nürnberg sowie Erfahrungen als Referent bei einer Vielzahl von Industrieseminaren verwertet.

Für wertvolle Anregungen und Diskussionen sowie für die Durchsicht des Manuskripts danke ich ganz besonders Herrn Prof. Dr. P. Lockemann, Herrn Dr. E. Schwall und Frau Dipl.Inform. H. Willmer.

Dank schulde ich außerdem der TRIUMPH-ADLER AG für die Bereitschaft zur Innovation und für die Förderung und Unterstützung neuer Ideen im Bereich der Software-Entwicklung.

Da der Autor nicht alle Methoden und Sprachen persönlich eingesetzt hat, sind viele Angaben direkt aus der Literatur übernommen worden. Der Autor ist daher für jeden Kommentar und Verbesserungsvorschlag dankbar.

Nürnberg, im Mai 1982 Helmut Balzert

Inhaltsübersicht

Inhaltsverzeichnis

1. Einführung

1.1 Hauptaufgaben bei der Software-Erstellung

Ziel jeder industriellen Software-Entwicklung ist sowohl die Erreichung einer hohen Produktivität als auch einer hohen Qualität unter Einhaltung geplanter Termine und Kosten. Termin-, Kosten- und Qualitätstreue gelten auch als Ziel der Produktwartung und -pflege.

Diese Ziele können nur dann optimal erreicht werden, wenn die Haupttätigkeiten der Software-Erstellung (Abb. 1.1-1) Entwicklung bzw. Produktion, Qualitätssicherung, Management und Wartung & Pflege unter Berücksichtigung der gegenseitigen Interdependenzen beherrscht und durch Methoden, Sprachen, Werkzeuge und Organisationsmodelle wirkungsvoll unterstützt werden.

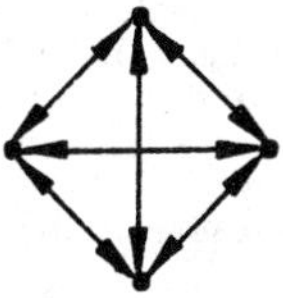

Abb. 1.1-1: Die Hauptaufgaben bei der Software-Erstellung

Die Entwicklung hat die Aufgabe, aus einem geplanten Produkt ein fertiges Produkt zu entwickeln, das die geforderten Qualitätseigenschaften besitzt (siehe 1.4 und Kapitel 3). Der Entwicklungsprozeß wird i. a. in eine Reihe von Einzeltätigkeiten zergliedert, deren Ergebnisse einzelne Teilprodukte sind und die den zeitlichen Ablauf der Entwicklung festlegen. Solche zeitlichen Arbeitsabschnitte werden Phasen genannt; die unterschiedliche Aufteilung und Anordnung der Phasen führt zu verschiedenen Phasenkonzepten (siehe 4.4).

Die Entwicklung läuft nun nicht von selbst ab, sondern Management und Organisation sind notwendig, um die äußeren Rahmenbedingungen bereitzustellen.
Bedingt durch den Problemumfang und die Komplexität sowie den Termindruck bei der Software-Entwicklung ist es erforderlich, mehrere Mitarbeiter bzw. mehrere Teams zur Entwicklung einzusetzen. Umfangreiche Software-Entwicklungen verlangen bisweilen den Einsatz von einigen hundert Mannjahren. Aus dieser Notwendigkeit der Arbeitsteilung ergibt sich für das Management die Aufgabe, eine geeignete Arbeitsorganisation zu wählen.
Zwischen Produktion und Management bestehen daher vielfältige Abhängigkeiten. Weiterentwickelte Entwicklungstechnologien müssen u. U. zu geänderten Organisationsstrukturen führen (siehe 4.

Kapitel).

Die Sicherstellung einer geforderten Software-Qualität muß durch eine entwicklungsbegleitende Qualitätssicherung (QS) und -kontrolle (QK) erreicht werden. Dazu sind eine ganze Reihe von konstruktiven und analytischen Maßnahmen durchzuführen. Die Maßnahmen der Qualitätssicherung werden dabei sowohl von der Entwicklung beeinflußt (die verwendeten Produktionsmittel erfordern bestimmte Sicherungsmaßnahmen) als auch vom Management (wie wird die Qualitätssicherung in den Entwicklungsprozeß organisatorisch integriert). Außerdem hat die Produktwartung und -pflege Rückwirkungen auf die Qualitätssicherung (welche Qualitätsmerkmale bedingen optimale Wartung & Pflege) (siehe 3. Kapitel).

Die Produktwartung & -pflege als zeitlich der Entwicklung nachgeordnet, spürt die Auswirkungen einer guten oder schlechten Produktqualität natürlich am direktesten. Außerdem unterliegt die Wartung & Pflege ihren eigenen Gesetzmäßigkeiten. Insbesondere die Organisationsform unterscheidet sich u. U. ganz beträchtlich von der Organisation der Entwicklung. Die Qualitätssicherung muß bei durchgeführten Änderungen natürlich garantieren, daß das modifizierte Produkt wieder den geforderten Qualitätseigenschaften entspricht.

Eine erfolgreiche Software-Erstellung ist also nur sichergestellt, wenn
- Software-Entwicklung,
- Qualitätssicherung,
- Management & Organisation,
- Wartung & Pflege.

technisch und organisatorisch beherrscht werden.

In anderen technischen Produktentwicklungen spielen analoge Hauptaufgaben ebenfalls eine wesentliche Rolle.

Es hat sich jedoch gezeigt, daß die Erstellung von Software eine ganze Reihe von Besonderheiten aufweist, die ihre termin-, kosten- und qualitätsgerechte Erstellung z. T. außerordentlich erschwert:

- Software unterscheidet sich von anderen Produkten in gravierenden Eigenschaften.
- Die immaterielle Komplexität der Software erfordert bewußte Restriktionen bei der Entwicklung.
- Industrielle Randbedingungen erfordern softwareadäquate Entwicklungstechnologien.
- Die Qualität von Software ist schwer zu definieren, zu quantifizieren, zu messen und zu überprüfen.

In den folgenden Abschnitten wird auf diese Besonderheiten näher eingegangen.

Anschließend werden die aufgeführten Haupttätigkeiten in einen organisatorischen Rahmen eingebettet, der ihre gegenseitigen Abhängigkeiten und Kommunikationsschnittstellen aufzeigt. Dieser Rahmen dient auch zur Strukturierung des Buches.

Dieses Kapitel wird mit der Definition zentraler Begriffe und dem wichtigen zentralen Prinzip der konstruktiven Voraussicht und methodischen Restriktion abgeschlossen.

1.2 Charakteristika von Software

Software unterscheidet sich von anderen technischen Produkten prinzipiell in folgenden Punkten:

(a) Software ist ein immaterielles Produkt.
(b) Software altert nicht.
(c) Software unterliegt keinem Verschleiß und benötigt deshalb keine Wartung im üblichen Sinne.
(d) Ersatzteile im herkömmlichen Sinne, die bei auftretenden Fehlern eingesetzt werden, gibt es für Software nicht.
(e) Software ist i. a. leichter und schneller änderbar als ein technisches Produkt.

Vergleicht man die Software-Erstellung mit klassischen Fertigungsbereichen wie der Automobilproduktion, dann läßt sich folgende Feststellung treffen:

(f) Software ist kein Serienprodukt.

Bei der Erstellung von Software handelt es sich nicht um einen Produktionsprozeß, sondern um eine Produktentwicklung. Die eigentliche Produktion würde in der Vervielfältigung der entstandenen Software-Produkte bestehen, deren Aufwand jedoch vernachlässigbar ist. Bei der Herstellung von Software fallen außerdem Prototyp- und Produktentwicklung meistens zusammen. Beide sind gekennzeichnet durch ihre Einmaligkeit.

Parallelen in anderen Bereichen sind z. B. die Raumfahrt, der Anlagenbau oder die Prototypentwicklung eines neuen Automodells.

Bei der Software-Herstellung handelt es sich daher um keine Serienfertigung, sondern um eine Einzelanfertigung mit z. T. charakteristischen Produktkennzeichen.

Vergleicht man die Einzelanfertigung von Software mit analogen Einzelanfertigungen technischer Produkte, dann läßt sich folgendes feststellen:

(g) Eine Ingenieurdisziplin, die allgemein anerkannte Prinzipien und Methoden zur Erstellung von Software anwendet, ist erst im Entstehen ('Software Engineering').

Gegenüber klassischen Produktentwicklungsbereichen, die über eine lange technologische Tradition mit bewährten Techniken und spezialisierten Mitarbeitern verfügen, befindet sich die Software-Entwicklung erst am Anfang.

Unter Beachtung der Charakteristika von Software und der Software-Einzelanfertigung lassen sich jedoch folgende Feststellungen treffen und folgende Entwicklungen beobachten:

(1) Umfangreiche Software-Systeme besitzen einen hohen Komplexitätsgrad.

Die Schwierigkeiten, die beim Lösen umfangreicher und komplexer Probleme bzw. beim Entwickeln komplexer Software-Systeme aufgetreten sind, haben die Begrenzung des menschlichen Geistes bewußt gemacht. Kennzeichnend für die geistigen Fähigkeiten sind folgende Merkmale:

- Gedankengänge laufen sequentiell ab.
- Man kann sich nur eine sehr beschränkte Anzahl von Begriffen gleichzeitig vergegenwärtigen.
- Das quantitative Leistungsvermögen ist beschränkt.
- Man kann intensiv nur über kleine Probleme nachdenken.

Daraus ergeben sich folgende Erkenntnisse:

- Die spezifischen Schwierigkeiten, die sich aus dem Umfang einer zu lösenden Aufgabe ergeben, dürfen nicht unterschätzt werden.
- Zum Verstehen komplexer Probleme ist es notwendig, sich zu einem Zeitpunkt nur mit einer kleinen Anzahl von Eigenschaften zu beschäftigen, von denen man meint, daß sie wesentlich für den gegenwärtigen Gesichtspunkt sind.
- Man sollte sich auf das Lösen solcher Probleme beschränken, die man intellektuell handhaben kann und deren Implikationen man voll versteht.

Als Konsequenz dieser Überlegungen wurden Prinzipien und Methoden herausgearbeitet, die es dem Menschen trotz Begrenzung seiner geistigen Fähigkeiten ermöglichen, umfangreiche und komplexe Probleme zu bewältigen:

- Modellhafte Betrachtung der Welt durch Anwendung des Prinzips der <u>Abstraktion</u>.
- Reduktion der Problemkomplexität durch Anwendung des Prinzips der <u>Strukturierung</u>,
- Konzentration auf Problemausschnitte durch Anwendung des Prinzips der <u>Lokalität</u>.

Siehe auch /Brinch Hansen 73, S. 25 f./, /Dijkstra 72a, S.1 ff./, /Kopetz 76, S.40/, /Weinberg 71/, /Wirth 71, 74b/.

(2) Die Software-Entwicklung wird industrialisiert und

spezialisiert.

Der Handwerksbetrieb zur Herstellung von Software-Produkten wandelt sich zur Software-Fabrik. Während im Handwerksbetrieb im Extremfall jeder alles macht und eine minimale Organisation vorliegt, ist die Software-Fabrik durch Spezialisierung und arbeitsteilige Produkterstellung gekennzeichnet. Die handwerkliche Produktionsform ist auf der einen Seite durch hohe Motivation der Mitarbeiter und persönliche Entfaltungsmöglichkeiten, auf der anderen Seite jedoch durch mangelnde Investitionsmittel für breitgefächerte, hochentwickelte Werkzeuge und ungenügende Effektivität charakterisiert.
Die Kennzeichen der Fabrik sind Entfremdung von der Arbeit, jedoch hoher Spezialisierungsgrad, Einsatz teurer Werkzeuge, straffe Organisation und starke Rationalisierung.
Spezialisierung bedeutet sowohl eine fachliche Spezialisierung der am Entwurfsprozeß beteiligten Personen als auch eine Spezialisierung der benötigten Werkzeuge. Der zunehmende Methoden- und Werkzeugeinsatz erfordert eine fachliche Spezialisierung, da eine Person nicht mehr optimal in der Lage ist, von den Anforderungen bis zur Installation ein Produkt allein zu entwickeln. Der Generalist wird durch den Spezialisten ersetzt.

(3) Die Einzelanfertigung erfordert den Einsatz von speziell dafür geeigneten Produktionsmitteln.

Für den Bereich der Software-Entwicklung bedeutet dies, daß Werkzeugmaschinen durch Software-Werkzeuge nachgebildet werden.
Benötigt wird eine allgemeine Werkzeugmaschine, um sich flexibel den jeweiligen Anforderungen der Einzelanfertigung anpassen zu können. Die allgemeine Werkzeugmaschine steht in Form des Rechners zur Verfügung. Was benötigt wird, ist ein genügend großer, integrierter Werkzeugkasten, um bedarfsweise die benötigten Werkzeuge einzusetzen.
Durch Bereitstellung von geeigneten Software-Entwicklungsumgebungen und ´Werkzeugkästen´ wird daher heute versucht, die Arbeit des Entwicklers unterstützen. Von ´stand-alone´-Werkzeugen versucht man zunehmend zu integrierten, umfassenden Software Engineering Environment Systemen (SEES) zu gelangen.

Der Begriff <u>Environment</u> hat sich eingebürgert, um eine Umgebung mit der Summe aller ihrer Einflüsse zu kennzeichnen. <u>Software Engineering Environment</u> (SEE) bezeichnet daher die Umgebung, die als Arbeitsumgebung zur Ingenieurdisziplin Software Engineering gehört.

Für eine Vielzahl von Standardanwendungen wurden außerdem Generatoren entwickelt, die das modifizierte Neuschreiben von Standardprogrammen vermeiden. Beispiele dafür sind Erfassungs-, Masken- und Listgeneratoren.

Nur Software-Fabriken sind in der Lage, die hohen Investitionen für die Produktionsmittel aufzubringen.

(4) Die Software-Entwicklung wird organisiert.

Verbunden mit dem Wandel des Herstellungsprozesses ist der Wandel von der Projektorganisation hin zur Fertigungsorganisation. Bei der Projektorganisation wird für jedes Projekt ein neues Team gebildet, das sich am Projektende auflöst. Jedes Projektmitglied kennt die Gesamtaufgabe, den Bezug der eigenen Arbeit zum entstehenden Produkt sowie die einzuhaltenden Rahmenbedingungen und Voraussetzungen. Im Rahmen eines Projektes können - entsprechend den Bedürfnissen in den einzelnen Entwicklungsphasen - flexibel Ressourcen (Personal, Sachmittel usw.) und Befugnisse zugewiesen werden. Ein Nachteil der Projektorganisation liegt darin, daß die Einbettung einer Projektorganisation in eine Gesamtorganisation zu erheblichen Schwierigkeiten führen kann.

Demgegenüber handelt es sich bei der Fertigungsorganisation um eine festgefügte Organisationsstruktur, die in die klassische Linien-Stabs-Organisation integriert und nicht temporär ist. In der Fertigungsorganisation gibt es einen festen Ablauf des Produktionsprozesses über Arbeitsvorbereitung, Produktionsplanung, Produktionskontrolle, Produktion und Endabnahme. Die Arbeit ist stark spezialisiert; es wird mit hochentwickelten Werkzeugen gearbeitet. Jeder kennt vom Endprodukt nur noch einen Ausschnitt. Die Kenntnis der Gesamtzusamenhänge ist nicht mehr nötig. Durch eine solche Organisationsform werden die Kosten und die Termine besser kalkulierbar.

(5) Software Engineering wird zu einer eigenständigen Ingenieursdisziplin.

Die Informatik-Forschung begreift ´Software-Engineering´ zunehmend als eigenständige wissenschaftliche Disziplin. Betrachtet man die historische Entwicklung, so haben sich die Forschungsinteressen und damit auch die Ergebnisse ausgehend von den Programmiersprachen auf den ´software life cycle´ und die Definition von Produkt-Anforderungen ausgedehnt.

Die intensive Beschäftigung mit problemadäquaten Sprachkonzepten führte zu den Elementen der strukturierten Programmierung. Die Betrachtung umfangreicher Software-Systeme sowie die Randbedingungen industrieller Software-Erstellung erbrachten Konzepte für den Systementwurf und das Programmieren im Großen bzw. die kooperative Programmierung.

Die Konzentration auf einzelne Phasen brachte noch keine

wesentliche Verbesserung der Software-Herstellung mit sich, so daß seit einiger Zeit eine ganzheitliche Sicht des Software-Lebenslaufes erfolgt. Neben dem Erstellungsprozess wird dabei auch die Nutzungsphase mit in die Betrachtungen einbezogen.

Die spezifischen Eigenschaften des Produktes Software selbst sowie des Software-Erstellungsprozesses erlauben keine direkte Übernahme klassischer Fertigungs-, Organisations-, Management- und Qualitätssicherungsmodelle.

Für die Software müßen daher individuelle und produktangepaßte Lösungen gefunden werden.

1.3 Industrielle Randbedingungen

An eine industrielle Software-Entwicklung werden - in Anlehnung an /Schuchmann 75, S. 35f./ - im wesentlichen drei Anforderungen gestellt:

(a) Funktionstreue, d.h. die Übereinstimmung der definierten Produktanforderungen mit dem fertiggestellten Produkt,
(b) Termintreue, d.h. die Einhaltung der im Projektplan festgelegten und dem Kunden zugesagten Fertigstellungstermine,
(c) Kostentreue, d.h. die Einhaltung des in der Wirtschaftlichkeitsrechnung geplanten Personal- und Sachaufwandes für die Produkt-Erstellung und -Pflege.

Diese an sich selbstverständlichen Anforderungen werden in der Praxis meist nur sehr selten eingehalten.

Wesentliche Ursachen sind folgende Randbedingungen, die die industrielle Software-Entwicklung oft wesentlich erschweren.

(1) Während der Entwicklung ändern sich
- die Produktanforderungen (neue oder geänderte Funktionen, geänderte Dialogschnittstelle usw.),
- die Hardware- und Systemsoftware-Komponenten (neuer Prozessor, andere Peripherie, anderes Fabrikat, technologische Innovationen usw.),
- die Software-Methoden und -Werkzeuge, mit denen das Produkt erstellt wird (Produktionsmittel).

(2) Um die Termine zu gewährleisten, müssen Teams und Spezialisten an der Software-Entwicklung mitwirken. Daraus ergeben sich folgende Implikationen:
- Projektorganisation und Projektmanagement sind erforderlich,
- Probleme der Mitarbeiterqualifikation, Mitarbeiterschulung und Mitarbeiterfluktuation müssen gelöst werden,

- Terminverkürzungen können nicht durch beliebige Vergrößerung der Teams erzielt werden.

(3) Fertiggestellte Produkte müssen
- eingeführt werden (Schulung, Pilotinstallationen, Umstellungsunterstützung),
- gepflegt werden (Fehlerbehebung, Anpassung z.B. an geänderte gesetzliche Vorschriften, Herausgabe neuer Versionen und Release-Stände).

Hinzu kommt die rechtzeitige Bereitstellung der gesamten Benutzerdokumentation.
Der Wettbewerb erfordert bei Standardsoftware außerdem vor der Fertigstellung des Produktes - insbesondere zu Messen - die Bereitstellung von Demonstrations-Versionen.

(4) Hohe Portabilitätsanforderungen sind einzuhalten, da
- Software-Produkte eine meist doppelt so lange Lebensdauer haben wie die zugrundeliegende Hardware (5-7 Jahre gegenüber 3-4 Jahren),
- insbesondere bei Herstellern die Entwicklungssysteme, auf denen Software produziert wird, selbst noch in Entwicklung oder noch instabil sind,
- die Zielsysteme, für die Software produziert wird, oft noch nicht vorhanden sind,
- weltweit vertriebene Software-Produkte leicht länderspezifische Varianten erlauben müssen (muttersprachliche Dialoge usw.).

Ähnliche Randbedingungen gelten natürlich auch bei Produktentwicklungen in anderen technische Bereichen. In der Software-Entwicklung ist das technische Basiswissen, wie es für großtechnische Anwendungen erforderlich ist, jedoch noch sehr schmal.

Zwischen der Erstellung von kleinen Programmen für den Eigenbedarf und der industriellen Erstellung von umfangreichen Software-Produkten für viele Anwender gibt es gravierende Unterschiede (Tabelle 1.3-1).

Zu diesem Thema finden sich Aussagen bei folgenden Autoren: /Baker 75/, /Boehm 76/, /Brinch Hansen 73, S. 25/, /Brown 74,S. 216/, /De Remer, Kron/, /Hiemann 74/, /Parnas 74b, S. 225f./ /Scheidig 75, S. 8f./, /Schnupp, Floyd 79/, /Schuchmann 75, S. 35f./, /Stay 76, S. 143/, /Wedekind 76/, /Wulf et al. 76a, S. 3/ u.a.

Unterschiede in der Ausgangssituation	umfangreiche Programme	kleine Programme
1) Problemumfang u. Komplexität	qualitativ und quantitativ umfangreich; durch einen Programmierer nicht lösbar.	für einen Programmierer in überschaubarer Zeit lösbar
2) Zeitaufwand	umfangreich, daher Einsatz mehrerer Mitarbeiter bzw. Teams und Spezialisten erforderlich, um Termine zu halten.	überschaubar
3) Organisationform	Projektmanagement	entfällt
4) Änderungshäufigkeit	groß	i.a. gering
5) Fehlerhäufigkeit	groß, wegen 1), 2) und 4)	
6) Kosten	hoch, wegen 1)-5)	i.a. gering
7) Anzahl der Benutzer	>1	meist = 1
8) Benutzerfreundlichkeit	erforderlich	meist nicht nötig
9) Anzahl der Versionen	>1	meist = 1
10) Pflege	erforderlich	meist nicht nötig
11) Dokumentation	erforderlich	u.U. nicht nötig

Tabelle 1.3-1: Unterschiede zwischen industrieller und individueller Software-Erstellung.

Wichtig ist, daß Methoden und Werkzeuge für die Software-Erstellung und -Pflege diese Randbedingungen, wie hohe Änderungsrate, leichte Portabilität usw., berücksichtigen und unterstützen, da sonst keine Akzeptanz durch die Software-Entwickler zu erzielen ist.

1.4 Qualitätsmerkmale von Software-Produkten

Ein Software-Produkt soll nach seiner Fertigstellung, d.h. als Endprodukt, bestimmte Anforderungen erfüllen bzw. gewisse Qualitätsmerkmale aufweisen.

Beispiel

/Boehm et al. 76/ entwickelten den in Abb. 1.4-1 dargestellten Baum von Software-Qualitäts-Eigenschaften.

Der allgemeine Nutzen eines Software-Produkts erfordert, nach /Boehm et al. 76/ folgende notwendige, aber nicht hinreichende Eigenschaften:

- Brauchbarkeit, Nutzen ohne Produktänderungen:
  Wird das Produkt, so wie es ist, eingesetzt, dann muß es zuverlässig, hinreichend effizient und benutzerfreundlich sein. Der Benutzer muß das Produkt nicht testen, seine Interna nicht verstehen, muß es nicht ändern und seinen Einsatz nicht in einer anderen Umgebung durchführen.
- Wartbarkeit:
  Will der Benutzer das Produkt selbst warten, dann muß er es verstehen, modifizieren und testen können. Die Wartbarkeit hängt aber nicht von der gegenwärtigen Zuverlässigkeit, Effizienz oder Portabilität ab. ■

Eine einheitliche Definition von relevanten Merkmalen von Software-Produkten ist nicht vorhanden. Die folgenden Erläuterungen wichtiger Merkmale sollen daher nur als Anhaltspunkt dienen (siehe auch /Boehm et al. 76/, /Kopetz 76/,/RADC 79/), wobei zu beachten ist daß gewisse Begriffe Oberbegriffe von anderen sein können. Zunächst werden die in Abb. 1.4-1 verwendeten Begriffe erläutert:

Brauchbarkeit (usability), Nutzen ohne Produktänderungen (as-is utility):
  Grad, in dem ein Produkt zuverlässig, effizient und benutzerfreundlich ist.

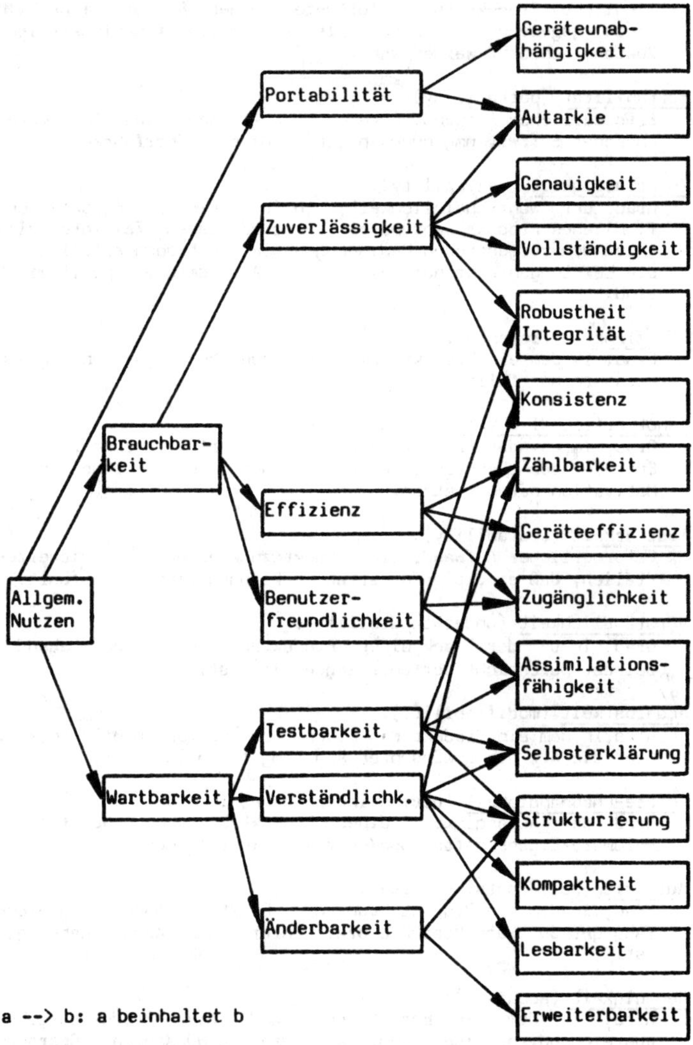

Abb. 1.4-1: Baum von Software-Qualitäts-Eigenschaften
/Boehm et al. 76/

Wartbarkeit (maintainability):
Grad der Wahrscheinlichkeit, in dem ein in Einsatz be-

findliches Produkt nach Auftreten eines Fehlers innerhalb eines gegebenen Zeitintervalls wieder in funktionsfähigen Zustand gebracht werden kann.

Portabilität (portability):
Erforderlicher Aufwand, um ein Produkt von einer Hardware- und/oder Softwareumgebung in eine andere zu überführen.

Zuverlässigkeit (reliability):
Grad der Wahrscheinlichkeit, in dem ein in Einsatz befindliches Produkt während eines vorgesehenen Zeitintervalls unter den vorgesehenen Bedingungen die Funktionen erfüllt und die Leistungen erbringt, die in der Anforderung spezifiziert sind.

Effizienz (efficiency):
Grad, in dem ein Produkt seine Aufgaben ohne Verschwendung von Ressourcen erfüllt.

Benutzerfreundlichkeit (human engineering):
Grad, in dem das Produkt seine Aufgaben erfüllt, ohne Zeit und Energie des Benutzers zu verschwenden bzw. ohne seine Motivation herabzusetzen.

Testbarkeit (testability):
Erforderlicher Aufwand, ein Produkt zu testen, um sicherzustellen, daß es die geforderten Funktionen richtig ausführt.

Verständlichkeit (understandability):
Grad, in dem der Zweck eines Produktes einem Außenstehendem bei der Durchsicht der Unterlagen klar ist.

Änderbarkeit (modifiability):
Grad,in dem ein Produkt den Einbau von Änderungen erleichtert, wenn die Art der gewünschten Änderung festgelegt ist.

Geräte-Unabhängigkeit (device-independence):
Grad der Abhängigkeit eines Produktes von spezifischen Hardware-Eigenschaften und/oder -Konfigurationen.

Autarkie (self-containedness):
Grad, in dem ein Produkt von der Existenz anderer gleichrangiger Software-Produkte bzw. ihrer Funktionen unabhängig ist.

Genauigkeit (accuracy):
Grad, in dem die Berechnungen und die Produktausgaben ausreichend präzise sind, um den gewünschten Gebrauch sicherzustellen.

Vollständigkeit (completeness):
Grad, in dem ein Produkt den definierten Anforderungen entspricht.

Robustheit (robustness):
Grad, in dem ein Produkt eine wohlverständliche Reaktion bei nicht vorgesehener Verwendung erbringt und seine Funktionsfähigkeit bewahrt.

Konsistenz (consistency):
Grad, in dem ein Produkt nach einheitlichen Entwurfs- und Implementierungstechniken sowie in einheitlicher Notation entwickelt wurde.

Zählbarkeit (accountability), Instrumentierung (instrumentation):
Grad, in dem ein Produkt die Messung der Gebrauchshäufigkeit von Codeteilen oder die Identifizierung von Fehlern unterstützt.

Zugänglichkeit (accessibility):
Grad, in dem ein Produkt den selektiven Gebrauch von Produktteilen auch für andere Zwecke erleichtert.

Assimilationsfähigkeit (communicativeness):
Grad, in dem Form und Inhalt von Ein- und Ausgaben leicht geändert und angepaßt werden können.

Selbsterklärung (self-descriptiveness):
Grad, in dem ein Produkt genügend Information für den Leser enthält, um seine Objekte, seine Annahmen, Einschränkungen, Eingaben, Ausgaben, Komponenten und seinen Status zu bestimmen oder zu verifizieren.

Strukturierung (structuredness):
Grad, in dem ein Produkt ein erkennbares Organisationsmuster seiner voneinander abhängigen Teile besitzt.

Kompaktheit (conciseness):
Grad, in dem ein Produkt nur notwendige, d. h. keine überflüssigen Informationen enthält.

Lesbarkeit (legibility):
Grad, in dem die Funktionen eines Produktes beim Lesen des Codes leicht erkannt werden können.

Erweiterbarkeit (augmentability):
Grad, in dem ein Produkt leicht um zusätzliche Anforderungen erweitert werden kann.

Folgende Begriffe haben sich ebenfalls im Sprachgebrauch eingebürgert:

Wiederverwendbarkeit (reuseability):
Grad, in dem Produktteile in anderen Anwendungen wiederverwendet werden können.

Kopplungsfähigkeit (interoperability):
Erforderlicher Aufwand, um ein Produkt mit einem anderen zu

verbinden.

<u>Allgemeingültigkeit</u> (generality):
Grad, in dem ein Produkt ein breites Funktionsspektrum abdeckt.

<u>Systemsoftware-Unabhängigkeit</u> (software system independence):
Grad, in dem ein Produkt von der Systemsoftware-Umgebung (Betriebssystem, Dienstprogrammen, E/A-Routinen usw.) unabhängig ist.

<u>Fehlertoleranz</u> (error tolerance):
Grad, in dem ein Produkt auf jegliche Art von Fehlern in einen wohldefinierten Zustand übergeht, von dem aus seine Funktionsfähigkeit wieder hergestellt werden kann.

Eine brauchbare Verwendung von Software-Merkmalen ist erst gegeben, wenn die Merkmale operationalisiert sind, d. h. wenn Kriterien festgelegt sind, die es ermöglichen festzustellen, ob die jeweilige Eigenschaft vorhanden ist oder nicht. Bei vielen Merkmalen ist auch nicht klar, ob sie unabhängig voneinander sind oder nicht.
Software-Produkte werden erst vergleichbar, wenn die Merkmale quantifizierbar und meßbar sind.
Auf diese Probleme wird in Kapitel 3 näher eingegangen.

Viele Anforderungen an Software-Produkte führen bei gleichzeitiger Realisierung zu Konflikten.

<u>Beispiele</u>

- Zusätzliche Effizienz verringert oft die Portabilität, die Verständlichkeit und die Wartbarkeit. Eine gute Produktstruktur muß aufgebrochen werden, um durch Einfügung von Sprüngen die Effizienz gezielt zu verbessern. An einigen Stellen wird anstelle einer höheren Programmiersprache Assembler verwendet, um Effizienzverbesserungen auf Kosten der Verständlichkeit zu erhalten.
- Speicherplatzoptimierung führt oft zu einer Laufzeitverlängerung.
- Kürze kann im Gegensatz zur Lesbarkeit stehen, z. B. APL-Programm verglichen mit einem PASCAL-Programm.
- Wiederverwendbarkeit erfordert Allgemeingültigkeit, die wiederum die Effizienz verringert. Soll z. B. eine Systemkomponente entwickelt werden, die das maximale Element in einem Feld ermittelt, so wird die Wiederverwendbarkeit erhöht, wenn die Systemkomponente gleichzeitig auch das Minimum und die Positionen, wo Maximum und Minimum auftreten, ermittelt. Dadurch wird die Systemkomponente zwar allgemeingültiger, auf der anderen Seite erhöht sich aber der Speicherbedarf und die Laufzeit.

■

Diese Beispiele zeigen, daß nicht alle Anforderungen an

Software-Produkte gleichzeitig optimal erfüllt werden können.

Am Anfang einer Software-Entwicklung müssen daher eindeutige Ziele unter Angabe von Nebenbedingungen gesetzt werden. Auftraggeber finden es i. a. schwierig, in solchen Konfliktsituationen ihre Präferenzen zu quantifizieren.

Daher ist eine sorgfältige Zielanalyse anzustreben. Globalziele müssen in Teilziele aufgebrochen werden.

Die Ziele müßen gruppiert werden nach
- voneinander unabhängigen Zielen,
- gegenläufigen Zielen und
- gleichläufigen Zielen.

Eine Bewertung und Gewichtung hilft dann die richtigen Prioritäten zu vergeben.

1.5 Ein Software Engineering Environment Modell

Im folgenden wird ein allgemeines Software Engineering Environment Modell (SEEM) vorgestellt, das einen organisatorischen Rahmen für die integrierte und systematische Abwicklung der Haupt-Aktivitäten Entwicklung, Qualitätssicherung, Management und Wartung & Pflege bietet.

Die Erfahrungen mit umfangreichen Software-Entwicklungen haben in der Vergangenheit zu der Entwicklung des Phasenkonzeptes geführt.

Alle während einer Software-Entwicklung und der anschl. Wartung & Pflege anfallenden Einzelaktivitäten werden zu Tätigkeitsgruppen zusammengefaßt, die zu einem oder mehreren Teilprodukten führen. Die Tätigkeitsgruppen zusammen mit den Teilprodukten werden als Phasen bezeichnet.

Von folgender Phaseneinteilung wird im weiteren ausgegangen:

(1) Planungsphase
(2) Definitionsphase
(3) Entwurfsphase
(4) Implementierungsphase
(5) Abnahme- & Einführungsphase
(6) Wartungs- & Pflegephase ↓ Zeit

Es gibt eine Vielzahl von Phasenkonzepten, die sich vor allem in der Phasenbezeichnung, den jeder Phase zugeordneten Tätigkeiten, der gegenseitigen Phasenabgrenzung und dem Detaillierungsgrad unterscheiden (siehe 4.4).

Die aufgeführten Phasen kann man in zwei Klassen unterteilen: in die eigentlichen Entwicklungsphasen ((1) bis (5)) und die Wartungs- & Pflegephase (Abb. 1.5-1).

Entwicklung und Wartung & Pflege sind i. a. zeitlich, räumlich und personell voneinander getrennt. Außerdem wird die Wartung & Pflege organisatorisch oft anders abgewickelt als die Entwicklung. Aus diesen Gründen erscheint eine Zweiteilung sinnvoll.

Unter Wartung wird die Fehlerbehebung, unter Pflege die Anpassung und Änderung verstanden. Sind Anpassungen und Änderungen jedoch sehr umfangreich, so ist zu prüfen, ob sie nicht zu einer neuen Software-Entwicklung führen. In der Wartungs- & Pflegephase gibt es unterschiedliche Prioritäten und Strategien, nach denen Fehler behoben und Änderungen durchgeführt werden (Schwere der Fehler, Bedeutung des Kunden, Herausgabe eines neuen Release-Standes usw.).

Die Entwicklungsphasen sind in ein Entwicklungssystem eingebettet. Alle während der Entwicklung anfallenden Informationen werden in eine Entwicklungsbibliothek eingetragen. Nach der Freigabe des Produkts wird das Produkt in ein Wartungsarchiv übertragen.
Das Wartungs- & Pflegesystem hat Zugriff auf das jeweilige produktspezifische Wartungsarchiv, in dem das freigegebene Software-Produkt einschl. aller Dokumente und Testdaten aufbewahrt wird. Das Wartungs- & Pflegesystem verwaltet unterschiedliche Versionen und Konfigurationen und führt Buch über die bei Kunden installierten Versionen. Darüberhinaus sollte das Wartungs- & Pflegesystem Werkzeuge zur Bearbeitung und Verwaltung der Wartungs-, Änderungs- und Fehlerhandbücher bereitstellen.

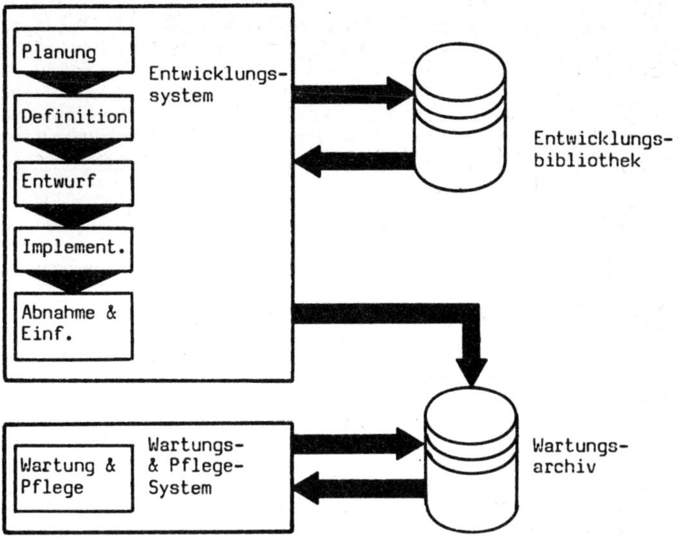

Abb. 1.5-1: Logische Zweiteilung des SEEM

Um die Wirtschaftlichkeit eines Software-Produktes beurteilen zu können, müssen nicht nur die Kosten der eigentlichen Software-Entwicklung, sondern auch die Wartungs- und Pflegekosten, mit berücksichtigt werden. Man betrachtet daher die gesamte Lebenszeit eines Software-Produktes und bezeichnet die Entwicklungsphasen und die Wartungs- & Pflegephase zusammen als Software Life Cycle.

Die Planungsphase nimmt innerhalb der Entwicklungsphase eine gewisse Sonderstellung ein. Bevor mit der eigentlichen Entwicklung eines Software-Produktes begonnen wird, wird z. B. in Zusammenarbeit mit dem Marketing das Produkt geplant und kalkuliert. Erst nachdem sich durch diese Voruntersuchung eine Wirtschaftlichkeit abzeichnet, wird die Entwicklung beschlossen. Kennzeichnend für eine solche Planungsphase ist also, daß am Ende prinzipiell eine Entscheidung über die weitere Vorgehensweise fällt. An dieser Phase sind zudem meist andere Personen beteiligt als an der eigentlichen Entwicklung.

Kennzeichnend für den Entwicklungsprozeß ist, daß er grundsätzlich Flußcharakter besitzt, d. h. daß Produkte oder Teilprodukte von Phase zu Phase weitergereicht und entsprechend weiterbearbeitet werden. Aus der Sicht einer Phase werden daher von der Vorgängerphase Teilprodukte übernommen und erstellte oder weiterbearbeitete Teilprodukte an die nächste Phase weitergegeben.

Dieses flußorientierte Modell liegt dem Aufbau des 2. Kapitels "Die Software-Entwicklung" dieses Buches zugrunde.

Die Entwicklung eines Software-Systems erfordert fachliche Anleitung und wirtschaftliche Kontrolle. Da die meisten Software-Entwicklungen heute in Form einer Projektorganisation (siehe 4.5) abgewickelt werden, spricht man von Projektführung und Projektüberwachung.

Die Aufgaben der Projektführung umfassen folgende Tätigkeiten:
- Unterstützung der Phasenübergänge,
- Vorschläge für Kombination und Reihenfolge von zu verwendenden Hilfsmitteln,
- Verwaltung von erstellten Produkten nach festen Schemata,
- Bereitstellung von Hilfsmitteln und Richtlinien,
- Verwaltung der Zuordnungen von Projektmitarbeitern zu durchzuführenden Tätigkeiten,
- Abprüfung von Benutzerrechten,
- Verwaltung von geforderten Qualitätseigenschaften,
- Bereitstellung von Informationen zur Handhabung des SEEM.

Im Rahmen der Projektüberwachung sind folgende Tätigkeiten durchzuführen:
- Verwaltung der Projektpläne,
- Personalaufwand für dedizierte Tätigkeiten,
- Änderung und Verfeinerung von in der Planungsphase erstellten Balkendiagrammen und Netzplänen zur Terminplanung,
- Erstellung von Soll-Ist-Vergleichen,
- Berechnung von zusätzlichen Personalanforderungen bei Terminverzögerungen,
- Auswerten von Tätigkeitsprotokollen aller Projektmitarbeiter.

Die Tätigkeiten der Projektführung und -überwachung lassen sich keiner Phase zuordnen, sondern sind phasenübergreifend und projektbegleitend. Außerdem wird bei diesen Tätigkeiten kein Teilprodukt erstellt, das Teil des entwickelten Software-Produktes ist. Daher haben diese Tätigkeiten auch keinen Flußcharakter. Sie geben vielmehr in den Entwicklungsprozeß Informationen hinein und beziehen von diesem koninuierlich Informationen, die dann entsprechend ausgewertet werden.
Diesen Informationsfluß zeigt Abb. 1.5-2.

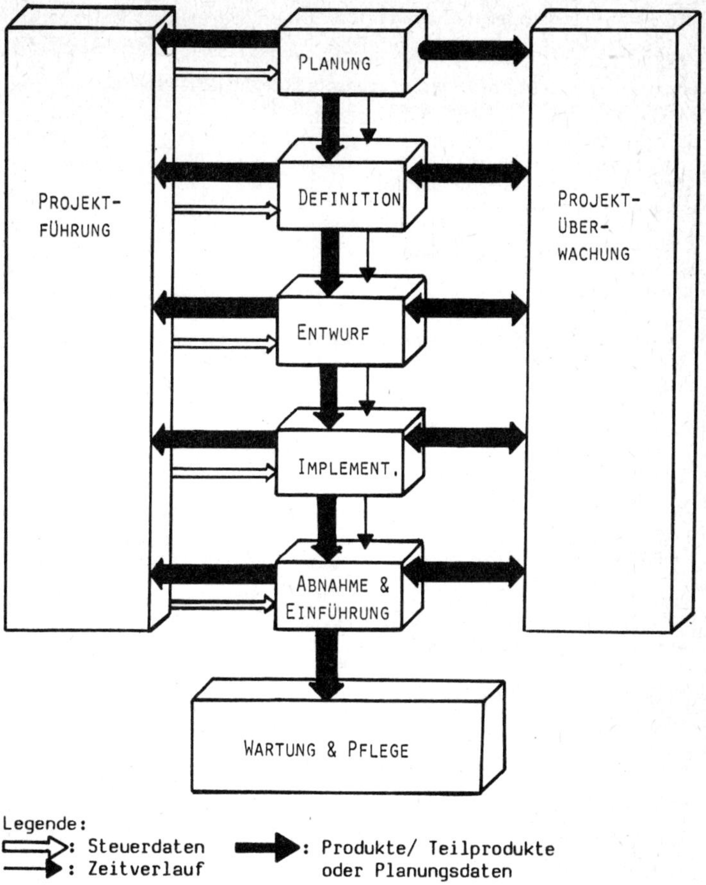

Abb. 1.5-2: Phasenübergreifende, produktbegleitende Dimension des SEEM

Jede Phase selbst ist nochmals in die Phasenschritte

- Phasenplanung,
- Realisierung und
- Überprüfung

unterteilt.

In der Phasenplanung wird die in der Planungsphase erstellte Rahmenplanung verfeinert.
Im Realisierungsschritt werden die Teilprodukte der jeweiligen Phase erstellt.

Sie werden anschließend unmittelbar einer Überprüfung unterzogen, um die Qualität des entstehenden Software-Produktes sicherzustellen.
Unter Berücksichtigung der Phasenschritte ergibt sich das in Abb. 1.5-3 dargestellte phasenspezifische Modell.

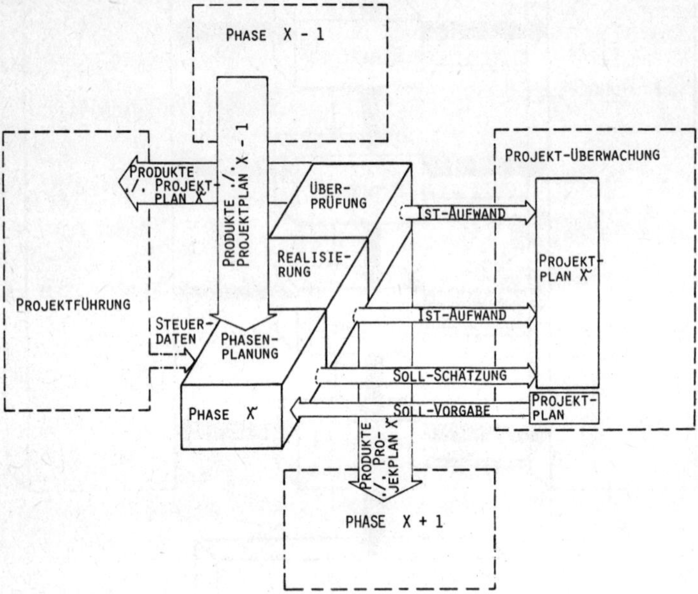

Abb. 1.5-3: Die phasenspezifische Dimension des SEEM

Bei der industriellen Software-Erstellung laufen mehrere Entwicklungsprojekte parallel, gegeneinander zeitlich versetzt oder nacheinander ab.

Um die Erfahrungen aus abgeschlossenen Projekten systematisch in neuen Projekten nutzen zu können, werden projektübergreifende Archive angelegt (Abb. 1.5-4).

Von den einzelnen Projekten fließen Informationen z. B. Teilprodukte, Aufwandsdaten usw. in die Archive. Die Archive können von den einzelnen Projekten aus zur Information benutzt werden. Es können aber auch Kopien gezogen und in die eigene Entwicklungsbibliothek übernommen werden.
Ein Beispiel für ein projektübergreifendes Archiv ist ein Produktarchiv, in dem systematisch fertiggestellte Produkte und Teilprodukte gesammelt und klassifiziert werden.

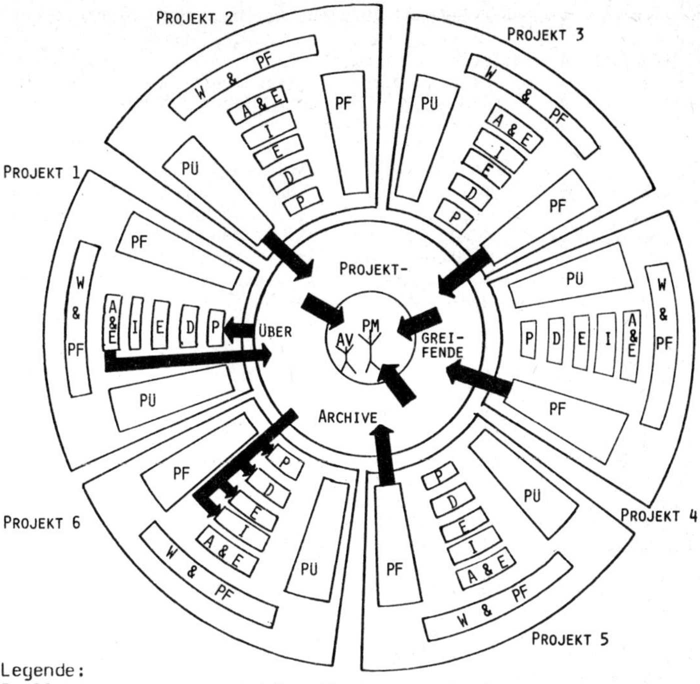

Legende:

P:	Planung	A & E:	Abnahme und Einführung
D:	Definition	W & Pf:	Wartung und Pflege
E:	Entwurf	PF:	Projektführung
I:	Implementierung	PÜ:	Projektüberwachung

PM = Projektmanager
AV = Archivverwalter

➡ Informationsfluß

Abb. 1.5-4: Projektübergreifende Archive des SEEM

In neuen Projekten kann das Produktarchiv

- als Informationspool dienen, das die Projektmitarbeiter bei der Einarbeitung in neue Problemstellungen unterstützt,
- die Wiederverwendung von vorhandenen Teilprodukten ermöglichen,
- als Basis zur schnellen Prototyperstellung (rapid prototyping) dienen.

Das dargestellte SEEM ist gekennzeichnet durch

- eine logische Zweiteilung in Entwicklungssystem und Wartungs- & Pflegesystem,
- eine phasenspezifische Unterteilung in Phasenplanung, Phasenrealisierung und Phasenüberprüfung,

- eine phasenübergreifende Projektführung und Projektüberwachung,
- projektübergreifende Archive,
- Tätigkeiten mit Flußcharakter (Entwicklungsphasen) und ohne Flußcharakter (Projektführung und -überwachung, projektübergreifendes Projektmanagement).

Das dargestellte SEEM soll als Beispiel dafür dienen, wie die verschiedenen Tätigkeiten, die im Rahmen einer industriellen Software-Erstellung und Wartung & Pflege durchzuführen sind, in ein Organisationsmodell eingebettet werden können. Es soll außerdem die Einordnung der im folgenden beschriebenen Prinzipien, Methoden, Sprachen und Werkzeuge erleichtern und ihre Abhängigkeiten und Informationszusammenhänge aufzeigen.

1.6 Terminologie

Zur Beschreibung, auf welche Art und Weise und mit welchen Mitteln Software-Systeme entwickelt werden, haben sich eine Reihe von Begriffen eingebürgert. Um von eindeutigen Begriffen ausgehen zu können, werden die wichtigsten Begriffe definiert. Es werden jedoch möglichst wenig Begriffe verwendet, um verständlich zu bleiben. Auf eine starke Differenzierung wird daher verzichtet.

> Prinzipien sind Grundsätze, die man seinem Handeln zugrunde legt.

Prinzipien sind allgemeingültig, abstrakt, allgemeinster Art. Sie bilden eine theoretische Grundlage. Prinzipien werden aus der Erfahrung und Erkenntnis hergeleitet und durch sie bestätigt.

Beispiele

Prinzip der Hierarchisierung, Prinzip der Modularisierung, Prinzip der Standardisierung, Prinzip der Abstraktion, Prinzip der Strukturierung, Geheimnisprinzip. ■

Prinzipien sagen nichts darüber aus, wie man - bezogen auf ein konkretes Anwendungsgebiet - zu ihnen gelangt. Außerdem sind sie weitgehend unabhängig vom Anwendungsgebiet. Das Prinzip der Abstraktion wird z.B. in der Philosophie ebenso angewandt wie in der Mathematik, in der Informatik usw.

> Methoden sind planmäßig angewandte, begründete Vorgehensweisen zur Erreichung von festgelegten Zielen.

Methoden enthalten also den Weg zu etwas hin, d.h. sie machen Prinzipien anwendbar. Planmäßig bedeutet, daß beim Einsatz einer Methode nicht herumprobiert wird. Methoden sollen konkret sein, im Sinne einer Wegleitung, einer Aufteilung in Arbeitsschritte. Anwendung und Erfolg einer Methode sollen verifizierbar und meßbar sein. Methoden entstehen manchmal als Verallgemeinerung der Erkenntnisse bei der Entwicklung von Verfahren.

Beispiele

Prinzip	Methode
Hierarchisierung	Zerlegung eines Problems in Teilprobleme, so daß eine Baumhierarchie entsteht.
Modularisierung	Entwicklung von Produkten oder Teilprodukten, die nur über eine definierte Schnittstelle mit der Umwelt kommunizieren können und sonst kontextunabhängig sind.
Strukturierung	Entwurf von Programmen, so daß nur Auswahl und Wiederholung vorkommen.

■

Methoden sind anwendungsneutral. Die Kennzeichen eines Moduls treffen sowohl auf ein elektronisches Bauteil (Modul in einem Fernsehgerät) als auch auf einen Programmbaustein zu.

Eine Methode kann aus mehreren alternativen Verfahren oder mehreren vereinigten (zusammengesetzten) Verfahren bestehen. Verfahren beschreiben konkrete Wege zur Lösung bestimmter Probleme oder Problemklassen. Ein Verfahren kann methodisch sein, ist aber i.a. wegen seiner Beschränkung stärker einsatzbezogen als eine Methode. Verfahren beinhalten meist formale Vorschriften und bilden den Inhalt von Standards.

Beispiel

Methode	Verfahren
Anwendung der Kontrollstukturen Sequenz, Auswahl und Wiederholung	Bei der Entwicklung von PASCAL-Programmen dürfen nur die Kontrollstrukturen: begin-end, if-then, if-then-else, case-of, repeat-until, while-do, for-to (downto)-do verwandt werden.

■

Da die Abgrenzung zwischen Methoden und Verfahren oft schwierig ist, werden in diesem Buch die Begriffe Methode und Verfahren synonym verwendet.

> Werkzeuge bzw. Hilfsmittel dienen der Unterstützung von Methoden und Verfahren.

Werkzeuge werden eingeführt, um den Einsatz von Verfahren zu erleichtern, zu beschleunigen und abzusichern.

Beispiel

Verfahren	Werkzeuge bzw. Hilfsmittel
Festgelegte Kontrollstukturen in PASCAL (siehe letztes Beispiel).	Überprüfung, ob keine "label"-Vereinbarung und kein "goto" verwendet wurde.

■

Durch automatisierte Werkzeuge kann die Einhaltung von Verfahren und Standards erzwungen und die Produktivität erhöht werden. Insbesondere sollten solche Tätigkeiten automatisiert werden, die hohe Präzision erfordern, die oft wiederholt werden müssen und die eine Überprüfung erfordern.

Eine Sammlung von Werkzeugen bezeichnet man auch als Werkzeugkasten oder Werkzeugbank.

> Technik ist die konsistente Anwendung von Prinzipien, Methoden und Werkzeugen.

Häufig wird der Begriff Technik auch als reiner Sammelbegriff verwendet.

1.7 Prinzip der konstruktiven Voraussicht und methodischen Restriktion

In technischen Ingenieurdisziplinen ist der Produktionsablauf i. a. viel stärker durchgeplant als bei der Software-Entwicklung. Da diese Disziplinen meist viel älter als die Software-Entwicklung sind, besitzen sie auch mehr Erfahrungen, was aus konstruktiver Sicht getan werden muß, um z.B. die Wartbarkeit zu erleichtern. Bei der Automobilproduktion überlegt man bei der Konstruktion sehr sorgfältig, wie man die Austauschbarkeit von Autoteilen erleichtert, um die Reparaturkosten zu senken, zumal davon auch die Einordnung in Schadensklassen abhängt.

Bei der Software-Entwicklung fehlt dagegen oft die konstruktive Voraussicht und die Einsicht, daß Entwicklungsmethoden gewählt werden müssen, die zu konstruktiven Restriktionen des entstehenden Produktes führen. Nur dadurch können später Aufwand und Kosten eingespart werden.

Beispiele

(a) Notwendige Restriktionen:
- Eine gute Wartbarkeit ist nicht zu erwarten, wenn beim Systementwurf nicht geeignet modularisiert wurde.
- Eine schnelle Einarbeitung ist ohne geeignete Dokumentation und Struktur nicht möglich.
- Eine geeignete Modularisierung ist die Voraussetzung für einen umfassenden Modultest. Nur davon kann z. B. das

minimale Testkriterium "Jeder Zweig eines Programmes soll mindestens einmal durchlaufen werden" erfüllt werden. Mit einem fertiggestellten Gesamtprodukt ist ein solcher Test nicht mehr vollständig durchführbar.

(b) Konstruktive Voraussicht:
- Zum effektiven Einsatz eines Produktarchivs ist eine Klassifizierung der Teilprodukte notwendig. Der Klassifizierungsaufwand ist verschwindend gering, wenn jeder Entwickler sein Produkt selbst anhand eines Klassifizierungsschemas einordnet. Eine nachträgliche Klassifikation ist aufwendig und nicht praktikabel.
- Eine hohe Änderungsfreundlichkeit erreicht man nur, wenn durch Wahl einer geeigneten Hierarchie und Anwendung restriktiver Zugriffsrechte (siehe 2.5.1.6) die entsprechenden strukturellen Voraussetzungen gelegt wurden.

■

Durch eine bewußte, vorausblickende Konstruktion von Software-Produkten, durch Kenntnis der Implikationen, die Produktanforderungen auf die Konstruktion haben, und durch die disziplinierte Einhaltung von methodischen Restriktionen erspart man sich Aufwand in zeitlich jeweils späteren Phasen bzw. bei der Wartung & Pflege.

Ziel ist es also, durch konstruktive Maßnahmen den analytischen Aufwand zu reduzieren.

Die zunehmende Perfektionierung von Software-Werkzeugen läuft diesem Prinzip leider oft zuwider. Durch rechnergestützte Werkzeuge glaubt man bisweilen, eine möglicherweise praktizierte "chaotische" Software-Entwicklung am Leben zu erhalten und den Zustand zu zementieren. Ohne eine Umstellung auf moderne Prinzipien und Methoden kann eine Software-Entwicklung aber nicht entscheidend verbessert werden.

Dieses Prinzip der konstruktiven Voraussicht und methodischen Restriktion gilt für alle Tätigkeiten, die bei der Software-Erstellung durchgeführt werden. Es sollte daher stets beachtet und zur Richtschnur des Handelns gemacht werden.

2. Die Software-Entwicklung

Die Software-Entwicklung läuft in Entwicklungsphasen ab. In jeder Phase werden verschiedene Tätigkeiten ausgeführt.

Die Tätigkeiten legen fest, was inhaltlich zu geschehen hat. Jede Tätigkeit endet mit Ergebnissen. Die Ergebnisse sind in Dokumenten festzuhalten, die alle Aussagen über den erreichten Entwicklungsstand enthalten und die Grundlage für die weitere Arbeit bilden.

Da ein Software-Entwicklungsprozeß iterativ abläuft, können die einzelnen Tätigkeiten sich überlappen, verschiedene Tätigkeiten können parallel ablaufen.

Zur Erleichterung des Managements werden Tätigkeiten zu Phasen zusammengefaßt, die ein Zeitraster beschreiben.

Die Ergebnisse jeder Phase dienen zur Entscheidung, ob mit der nächsten Phase fortgefahren werden soll.

Die Beschreibung und Festlegung von Tätigkeiten
- sind notwendig, da unterschiedliche Tätigkeiten auch unterschiedliche Qualifikationen und den Einsatz unterschiedlicher Methoden und Werkzeuge erfordern,
- systematisieren und standardisieren den Software-Entwicklungsprozeß,
- ermöglichen definierte Schnittstellen.

Bei der Behandlung der einzelnen Phasen werden im folgenden jeweils die zugeordneten Tätigkeiten und die zu erstellenden Dokumente bzw. Teilprodukte aufgeführt.

Vor der Behandlung der einzelnen Entwicklungsphasen werden allgemeine Prinzipien und allgemeine Methoden der Software-Entwicklung angegeben, die phasenübergreifend sind.

2.1 Allgemeine Prinzipien

Innerhalb der Software-Entwicklung gibt es eine Reihe von allgemeinen Prinzipien, die weitgehend anerkannt sind und insbesondere in den Entwicklungsphasen Definition, Entwurf und Implementierung zur Anwendung kommen.

2.1.1 Prinzip der Abstraktion

Das Prinzip der Abstraktion ist eines der wichtigsten bei der Software-Entwicklung anzuwendenden Prinzipien.

> Unter Abstraktion versteht man Verallgemeinerung, das Absehen vom Besonderen, Einzelnen.

Abstraktion ist das Gegenteil von Konkretisierung.

Unter Abstrahieren versteht man dementsprechend das Abgehen vom Konkreten, das Herausheben des Wesentlichen aus dem Zufälligen, das Erkennen gleicher Merkmale.
Abstrakt bedeutet also nicht gegenständlich, nicht konkret, vom Dinglichen gelöst.
Bei der Software-Entwicklung findet ein ständiges Wechselspiel zwischen "abstrahieren" und "konkretisieren" statt.

Schwierigkeiten entstehen oft dadurch, daß nicht die geeigneten Abstraktionen gefunden werden. Man sollte sich darüber im klaren sein, daß das Abstrahieren eine äußerst anspruchsvolle Tätigkeit ist, denn es ist meist sehr schwierig, aus vielen konkreten Tatsachen das Wesentliche zu isolieren.

Beispiel

Eine manuell geführte Weinhandlung soll automatisiert verwaltet werden.

Die Weinhandlung ist bisher folgendermaßen organisiert:
- Eingehende Bestellungen werden in der Verkaufsabteilung anhand der Kundenkartei und der Artikelkartei bearbeitet.
- Bearbeitete Aufträge werden an das Warenlager weitergegeben, in dem die Artikel zu Sendungen zusammengestellt werden.
- Die zusammengestellten Sendungen werden der Versandabteilung zugeleitet. Dort werden sie verpackt und dem Kunden zugestellt. Die Versandabteilung bestätigt auf dem Auftragsformular den Versand und reicht das Formular an die Verkaufsabteilung zurück. Dort wird dann die Rechnung geschrieben und dem Kunden gesondert zugeschickt.
- Die Einkaufsabteilung wickelt den gesamten Einkauf mit den Lieferanten ab, pflegt die Lieferantenkartei und sorgt anhand der Lagerkartei für eine ausreichende Lieferbereitschaft.

Ausgehend von solchen konkreten, vorgegebenen oder zusammengestellten Informationen, muß nun in einem Abstraktionsprozeß das Wesentliche herausgearbeitet werden.

Dabei stellen sich sofort die Fragen, was ist das Wesentliche, auf welche Informationen ist zu achten, welche sind zu vernachlässigen.

Diese Fragen sind nicht trivial zu beantworten.

Folgende Gesichtspunkte können wesentlich sein:
- Bisheriger Organisationsablauf.
- Tätigkeitsfelder, die jeweils ein Mitarbeiter ausführt.
- Anzahl und Aufbau der verwendeten Karteien, Formulare und Listen.
- Schnittstellen zwischen Tätigkeitsfeldern.
- Algorithmisierbare und nicht-algorithmisierbare Tätigkeitsfelder.
- Primäre Problembereiche.
- Leistungen und Funktionen des automatisierten Systems.

■

Oft spricht man anstelle von Abstraktion auch von Modellbildung. Durch das Abstrahieren vom Konkreten macht man sich ein Modell der realen Welt, d.h. das Modell repräsentiert die reale Welt durch seine charakteristischen Attribute. Abstraktion und Konkretisierung sind nicht absolut, sondern relativ, d.h. es gibt mehr oder weniger starke Abstraktion und Konkretisierung. Daher wird oft der Begriff Abstraktionsebenen benutzt, um Abstufungen der Abstraktion zu bezeichnen.

Beispiel

In der Definitionsphase einer Software- Entwicklung wird oft nach einer Ist-Aufnahme und -Analyse des bestehenden Systems ein Sollkonzept für das neue Produkt abgeleitet. Um von den konkreten, gegenwärtigen Eigenschaften des Ist-Systems zu einem Sollkonzept zu gelangen, muß ein Abstraktionsvorgang einsetzen. Abstrahieren allein genügt noch nicht, denn es werden meist noch neue Anforderungen zu erfüllen sein. Das bedeutet, daß auf abstraktem Niveau eine umfassende Modellvorstellung des neuen Produktes erarbeitet werden muß.

■

Oft wird das zu lösende Problem, das Benutzermodell oder das Produktmodell mit "abstrakt" und die Hardware oder Basismaschine mit "konkret" gleichgesetzt.

<u>Beispiel</u>

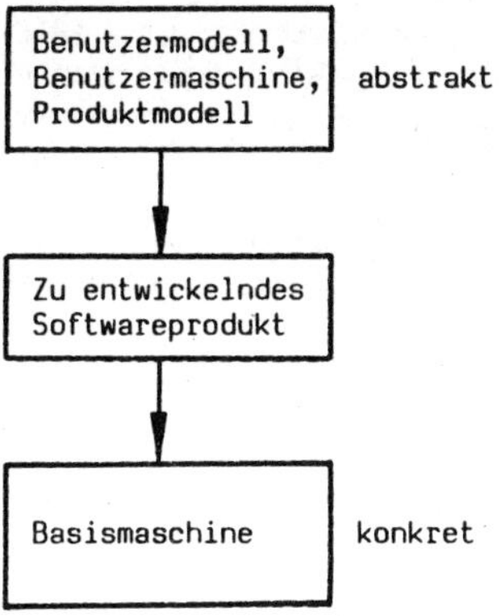

Die Aufgabe der Software-Entwicklung besteht darin, die Kluft zwischen dem abstrakten Produktmodell und der konkreten Basismaschine durch das zu entwickelnde Software-Produkt zu überbrücken.
Bei der Basismaschine handelt es sich - zumindest bei der Entwicklung von Anwendungssystemen - nicht um die "nackte" Hardware, sondern der Systementwickler hat eine wesentlich komfortablere Basismaschine zur Verfügung.

Abb. 2.1-1: Benutzer- und Basismaschine

Es gibt eine ganze Reihe von Vorschlägen, wie Abstraktionsebenen aussehen sollen (siehe z.B. /Schnupp, Floyd 79/) und nach welcher Methodik man zu den Ebenen kommt.

Auf die Anwendungen des Abstraktionsprinzips wird in den einzelnen Entwicklungsphasen eingegangen.

Die Anwendung des Prinzips der Abstraktion bringt folgende Vorteile:

- Erkennen, ordnen, klassifizieren, gewichten von wesentlichen Merkmalen,
- Erkennen allgemeiner Charakteristika (bildet Voraussetzung für Allgemeingültigkeit),
- Trennen des Wesentlichen vom Unwesentlichen.

2.1.2 Prinzip der Strukturierung

Das Prinzip der Strukturierung hat sowohl für den Software-Entwicklungsprozeß, d.h. für die Entwicklungsorganisation, als auch für das fertige Software-Produkt eine große Bedeutung. Beiden soll eine geeignete Struktur aufgeprägt werden.

> Unter der Struktur eines Systems versteht man die reduzierte Darstellung des Systems, die den Charakter des ganzen offenbart. Losgelöst vom untergeordneten Detail, beinhaltet die Struktur die wesentlichen Merkmale des Ganzen /Kopetz 76, S. 39/.

Struktur erreicht man durch unterschiedliche Maßnahmen je nach Anwendungsgebiet.

Beispiele

(a) Ein gut strukturierter Systementwurf entsteht durch Anwendung der Prinzipien Hierarchisierung und Modularisierung.
(b) Ein gut strukturierter Programmanweisungsteil entsteht durch ausschließliche Anwendung der Kontrollstrukturen Sequenz, Auswahl und Wiederholung. ■

Wie bei anderen Prinzipien stellt sich auch bei der Strukturierung die Frage, was ist eine gute Struktur und wie kann man sie messen. Ansätze dazu werden z. B. in /Balzert 81/ skizziert.

Die Anwendung des Prinzips der Strukturierung bringt folgende Vorteile:
- gute Verständlichkeit,
- leichte Einarbeitung,
- Änderungsfreundlichkeit,
- gute Wartbarkeit.

2.1.3 Prinzip der Hierarchisierung

Nach /Simon 62/ verfügen viele in der Natur vorkommenden komplexen Systeme über eine hierarchische Struktur. Unabhängig davon, ob es sich dabei um ein Ordnungsprinzip der Natur an sich handelt oder ob es nur der menschlichen Erkenntnis der Natur entspringt, bietet sich eine solche Struktur offenbar auch als geeignetes Mittel für den Aufbau von künstlichen Systemen an.

> Ein System besitzt eine Hierarchie, wenn seine Elemente nach einer Rangordnung angeordnet sind. Elemente gleicher Rangordnug stehen auf derselben Stufe, sie bilden eine Ebene der Hierarchie.

In der Literatur fehlen meist klare und vollständige Angaben zu den benutzten Hierarchien bzw. Rangordnungen. Zur eindeutigen Charakterisierung von Hierarchien wird ein Klassifizierungsmodell für Hierarchien im Bereich der Software-Entwicklung verwendet /Balzert 77/. Eine solche Klassifizierung ist notwendig, um Hierarchien vergleichbar zu machen. Sie beinhaltet mathematische Modelle zur Beschreibung von Rangordnungen und Systemzusammenhängen, die über die Klassifizierung hinaus zur Gewinnung von Aussagen über das System (Komplexitätsmaße /Balzert 81/), über das Linearisieren von Strukturen (Topologisches Sortieren) und über die Äquivalenz von Strukturen dienen.

Hierarchien können nach drei Gesichtspunkten klassifiziert werden:

- Basis der Hierarchie:

  Inhaltliche Bedeutung des Zusammenhangs (Relation) der Systemelemente, z. B. Block B "detailliert" Block A, Modul A "verwendet" Modul B usw.

- Struktur der Hierarchie:

  (math.) Eigenschaften der Relationen bzw. ihrer grafischen Repräsentation, die der Systemstrukturbeschreibung dienen, z. B. partielle Ordnungsrelationen, Bäume usw.

- Zeit der Hierarchie:

  Wachstum und Lebensdauer der Hierarchie, z. B. (statische) Codestruktur, (dynamischer) Aufrufbaum.

2.1.3.1 Basis der Hierarchie

Hierarchien entstehen durch eine Rangordnung der Systemelemente. Diese Rangordnung ergibt sich aus der inhaltlichen Bedeutung des Zusammenhangs bzw. der Wechselwirkung von Elementen des Systems. Die Basis der Hierarchie ist der semantische Gehalt der Hierarchie, ausgedrückt in der Bedeutung der Relationen zwischen Systemelementen. D. h. die Basis der Hierarchie bildet die Grundlage der gesamten Hierarchisierung. Die gewählte Hierarchiestruktur muß die Semantik der Basis in geeigneter Weise widerspiegeln oder abbilden.

In der Literatur wird oft kontextabhängig eine bestimmte Hierarchiebasis implizit zugrundegelegt. Aber erst Klarheit über die Basis der Hierarchie erlaubt die Interpretation und Beurteilung von hierarchischen Strukturen.

Beispiele

(a) Aufrufhierarchie:

vi ruft vj (vi, vj = Systemkomponenten),
Prozedur A ruft Prozedur B.

(b) Ist-Teil-von-Hierarchie:

vj ist Teil von vi (Teilmenge),
vj ist Teilaufgabe vi,
vj ist Teilproblem von vi,
Diagramm vj detailliert Kasten vi,
Block vj ist in Block vi enthalten.

(c) Zugriffsrechts-Hierarchie:

vi kann auf vj zugreifen,
Modul A kann auf Ressourcen von Modul B zugreifen.

(d) Sichtbarkeits-Hierarchie:

vi sieht vj,
Vatersystem sieht alle seine Kindersysteme.

(e) Dienstleistungs-Hierarchie:

vi ordnet vj Ressourcen zu,
vi ordnet vj Speicherplatz zu,
vi gibt Arbeit ab an vj,
vi benutzt Abstraktion von vj.

■

2.1.3.2 Struktur der Hierarchie

Die Basis der Hierarchie *induziert* die Ordnungsstruktur des Systems. Diese Ordnungsstruktur läßt sich abstrakt darstellen, indem man den Zusammenhang zwischen den Komponenten eines Software-Systems (Objekte, Ressourcen, Programmteile, Moduln, Datenstrukturen usw.) durch (mathematische) Relationen mit gerade solchen Eigenschaften beschreibt, daß man Rangordnungen, die aus den gängigen Hierarchiebasen herrühren, adäquat formulieren kann.

Zunächst werden einige Definitionen angegeben, um die Ordnungsstrukturen klassifizieren zu können.

> Das *kartesische Produkt* AxB zweier Mengen A, B besteht aus allen geordneten Paaren (a,b) mit $a \in A$ und $b \in B$.
>
> Jede Teilmenge $R \subseteq AxB$ heißt (zweistellige, binäre) Relation von A nach B, im Falle $R \subseteq AxA$ (zweistellige, binäre) Relation in A. Ist $(a, b) \in R$, so schreibt man auch aRb.

Zweistellige Relationen in A können gedeutet werden als Zuordnungen:
Elementen aus A werden nach einer definierten Vorschrift (Ordnungsrelation " <= " , Gleichheitsrelation "=" , Enthalten sein - Relation "$\subseteq$" im Mengensystem) Elemente aus A zugeordnet. Elementpaare sind in der Relation, wenn sie dieser Vorschrift genügen.

Im weiteren interessieren *Eigenschaften* von Relationen, die Ordnungsstrukturen zu beschreiben erlauben:

Es sei R eine Relation in A. Dann heißt R

- *reflexiv*, wenn für alle $a \in A$ aRa gilt,
- *irreflexiv*, wenn für alle $a \in A$ aRa *nicht* gilt,
- *symmetrisch* wenn für alle $a, b \in A$ mit aRb folgt, daß auch bRa gilt,
- *asymmetrisch*, wenn für alle $a,b \in A$ mit aRb folgt, daß *nicht* bRa gilt,
- *identitiv*, wenn für alle $a,b \in A$ mit aRb und bRa folgt, daß a=b gilt,
- *transitiv*, wenn für alle $a,b,c \in A$ mit aRb und bRc folgt, daß (auch) aRc gilt.
- *konnex* (linear), wenn für alle $a,b \in A$ folgt, daß aRb oder bRa (oder beides) gilt.

Transitivität und Irreflexität implizieren Asymmetrie. Die Eigenschaften der *Transitivität* liegen allen Ordnungsstrukturen zugrunde.

Die Relationen aus obiger Definition lassen sich eindeutig und anschaulich durch *gerichtete Graphen* darstellen.

Ein gerichteter Graph G = (V,E) besteht aus einer Menge von Knoten V = {v1, v2, v3,..} und einer Menge von Kanten E = {e1, e2, e3,..}.

Die Zuordnung einer Relation R $\subseteq$ AxA zu einem gerichteten Graphen G = (V, E) geschieht derart, daß alle a∈A Knoten V in G werden und die Knoten v1, v2, die je zwei Elementen a, b∈A mit aRb entsprechen, durch eine (gerichtete) Kante (Pfeil) e von v1 nach v2 verbunden werden. Dabei wird oft vereinbart, daß die sich aus der Transitivität einer Relation ergebenden Pfeile unterdrückt werden. Anstelle G = (V, E) schreibt man deshalb auch G = (V, R).

v1 nennt man den Ausgangsknoten, v2 den Zielknoten der Kante e. Unter Ordnungsaspekten heißt v1 (direkter) Vorgänger von v2 und v2 (direkter) Nachfolger von v1. Eine Folge von Knoten (v1, v2,...vn) heißt Pfad der Länge n, wenn es eine (gerichtete) Kante von vi nach vi+1 für i = 1,.., n-1 gibt. vn kann dann von v1 aus erreicht werden.
Ein Zyklus (Schleife) ist ein Pfad (v1,..vn), für den v1 = vn gilt. Insbesondere ist (v1, v1) ein Zyklus der Länge 1. Schleifenfreie Graphen heißen azyklisch.
Die Zahl der Kanten, die in einem Knoten enden, heißt Eingangsgrad, die Zahl der Kanten, die aus einem Knoten entspringen, heißt Ausgangsgrad.

Gerichtete Graphen können geordnet werden, indem man die Elemente der Relation wie folgt anordnet:
((a1Ra2); (a1Ra3),..,(a1Ran), (a2Ra3)..)

Beispiel

Durch gerichtete Graphen können beliebige Strukturen (Chaos) dargestellt werden:

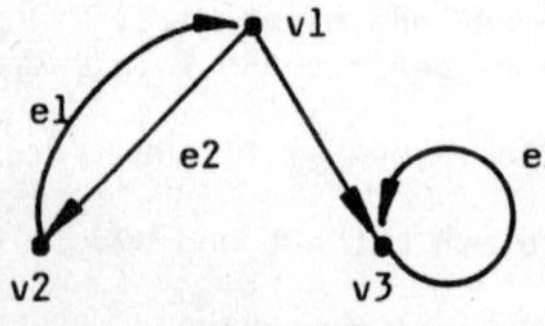

■

Durch die Einschränkung der den gerichteten Graphen zugrundeliegenden Relationen auf Ordnungsrelationen erhält man für Software-Systeme relevante und geeignete Hierarchiestrukturen.

Die in der Praxis verwendeten Hierarchiestrukturen lassen sich folgendermaßen klassifizieren:
(a) netzorientierte Hierarchien,
(b) baumorientierte Hierarchien,
(c) schichtenorientierte Hierarchien.

(a) netzorientierte Hierarchien

Netzorientierte Hierarchien entstehen durch
- partielle Ordnungen,
- reflexiv partielle Ordnungen,
- vollständige Ordnungen.

Oft werden noch liberalere Ordnungen verwendet.

Gerichteter azyklischer Graph mit partieller Ordnung:

> Eine transitive und irreflexive Relation R in einer Menge A heißt partielle Ordnung über A.

Es gilt:
Eine partielle Ordnung ist asymmetrisch. Wenn R partielle Ordnung über A, so ist G = (V,R) ein gerichteter azyklischer Graph.

Der Ordnungstyp "Partielle Ordnung" wird als Hierarchiestruktur oft verwendet.

Beispiele

Abb. 2.1-2: Beschreibung der dynamischen Aufrufstruktur in PSL (UTILIZE-Relation)

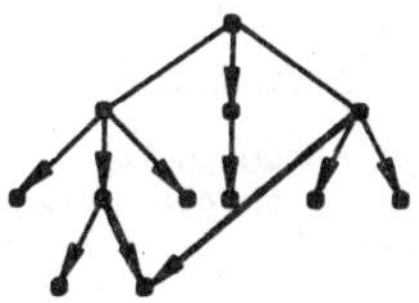

Abb. 2.1-3: Beispiel einer allgemeinen Systemstruktur nach /Stevens et al. 74, S. 136/ (Teilfunktions-Relation)

■

Wesentliches Kennzeichen dieses Ordnungstyps ist es, daß keine rekursiven Strukturen beschrieben werden können: Die Irreflexivität verbietet direkte Rekursion, die zusammen mit der Transitivität herleitbare Asymmetrie indirekte Rekursion. Im Gegensatz zu Baumhierarchien (siehe unten) kann der Eingangsgrad von Knoten größer als 1 sein, d. h. es können von unterschiedlichen Zweigen Relationen zu einem Objekt bestehen (in den obigen Abbildungen verstärkt hervorgehoben).

Gerichteter Graph mit reflexiver partieller Ordnung:

> Eine transitive, reflexive und identitive Relation R in einer Menge A heißt reflexive partielle Ordnung über A.

Beispiel

Man betrachte die Aufrufmöglichkeiten von PASCAL- Prozeduren bzw. -Funktionen ohne das umschließende (Haupt-) Programm, wenn man keine forward -Deklarationen verwendet.

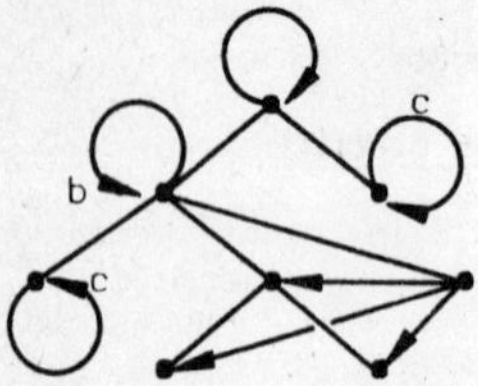

Die Basis der Hierarchie ist die reflexive partielle Ordnung "ruft auf". Der entstehende Graph enthält einen gerichteten Graphen, der die statische Code - Struktur widerspiegelt.

■

Gerichteter Graph mit vollständiger Ordnung:

Konnexe Relationen in A erlauben den Vergleich von je zwei Elementen von A und damit die Anordnung der Elemente in einer Kette a_1 a_2 a_3..a_n derart, daß a_i R a_j genau dann gilt, wenn $i<j$ ist (lineare Ordnung).

Eine transitive, irreflexive und konnexe Relation in A heißt vollständige Ordnung in A.

Eine vollständige Ordnung ist asymmetrisch. Sie erzeugt einen vollständigen (gerichteten) Graphen mit genau einer Kante zwischen jedem Knotenpaar. Ein vollständiger Graph mit n Knoten besitzt demnach n (n-1) / 2 Kanten.

Beispiele

Abb. 2.1-4: Beispiele für vollständige Ordnungen

■

(b) baumorientierte Hierarchien

Die graphentheoretische Definition eines gerichteten Baumes ist geläufig:

Ein (gerichteter) Baum ist ein gerichteter Graph G = (A, R) mit (genau) einem speziellen Knoten $w \in A$, der sog. Wurzel, mit den folgenden Eigenschaften:
(1) w hat Eingangsgrad 0, d. h. keine Kante endet in w,
(2) alle anderen Knoten haben Eingangsgrad 1, d. h. in ihnen endet genau eine Kante,
(3) jeder Knoten kann von w aus erreicht werden.

Ein Baum ist demnach azyklisch; der Pfad von w zu einem anderen

Knoten ist eindeutig bestimmt.
Bei einer Baumstruktur haben alle Systemkomponenten einen eindeutigen Abstand von der Wurzel.

Beispiele

- Schachtelungsstruktur in PASCAL.
- Daten- und Kontrollstrukturen in der Jackson-Methode (siehe 2.5.2.2).
- Geschachtelte Kontrollstrukturen in Struktogrammen (siehe 2.5.1.1). ■

Ein gerichteter Baum stellt die "Standard"-Hierarchie für Software-Systeme dar. Diese Hierarchiestruktur wird bereits bei den klassischen Programmiersprachen durch das Blockkonzept (ohne Rekursion) favorisiert.

(c) schichtenorientierte Hierarchien

Beim methodischen Vorgehen - insbesondere beim Systementwurf und bei der Implementierung - werden oft Abstraktionsebenen, Abstraktionsschichten oder virtuelle Maschinen definiert. Man kann daher zwei Fälle unterscheiden:

- Relationen zwischen Objekten einer Schicht,
- Relationen zwischen Schichten (wobei eine Schicht als ein Objekt angesehen werden kann).

Innerhalb einer Schicht verwendet man vorwiegend netzorientierte Hierarchien; oft wird auch keine Ordnung vorgegeben. D. h. der Freiheitsgrad innerhalb einer Schicht ist i. a. groß, die Restriktionen also gering.

Zwischen den Schichten findet man dagegen umso mehr Restriktionen.

Im wesentlichen lassen sich drei schichtenorientierte Hierarchien unterscheiden:
- Schichten mit linearer Ordnung,
- Schichten mit strikter Ordnung,
- Schichten mit baumartiger Ordnung.

Schichten mit linearer Ordnung:

Wie man von einer partiellen Ordnung (R transitiv, irreflexiv) durch Hinzunahme der Konnexität zur vollständigen Ordnung kam, so erhält man aus einer reflexiven partiellen Ordnung (R transitiv, reflexiv, identitiv) durch Hinzunahme der Konnexität eine lineare Ordnung.

> Eine transitive, reflexive, identitive und konnexe Ordnung R über A heißt lineare Ordnung von A.

Bei Schichten mit linearer Ordnung sind die Elemente vi der Menge V Schichten. Die lineare Ordnung gilt also nur für die Relation zwischen den Schichten.

Beispiel

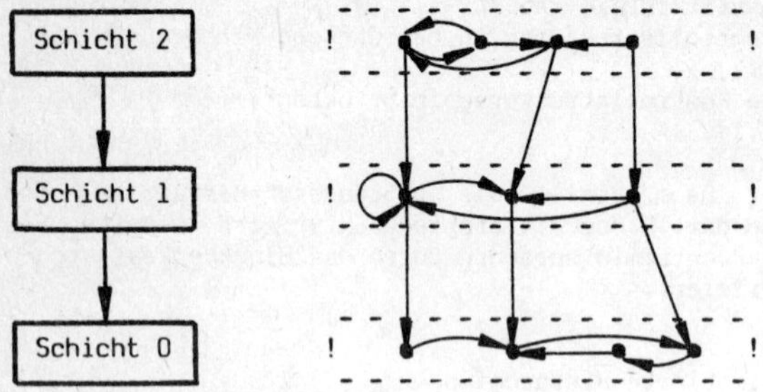

Abb. 2.1-5: grafische Darstellung von Schichten mit linearer Ordnung

■

Schichten mit strikter Ordnung:

Partielle Ordnungen sind auf Grund der Transitivität und Irreflexität asymmetrisch. Betrachtet man alle transitiven und asymmetrischen Relationen, so gelangt man zu strikten Ordnungen:

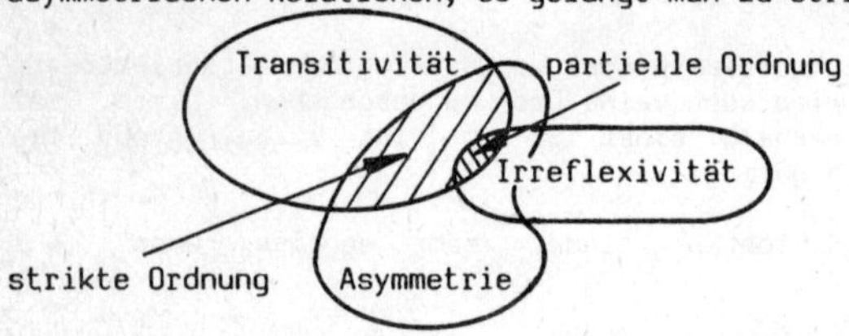

Eine transitive und asymmetrische Relation über A heißt strikte Ordnung über A.

<u>Beispiel</u>

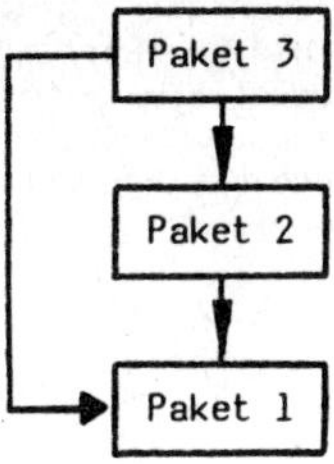

Legende:
Paket = Schicht

Abb. 2.1-6: Paketkonzept in SLAN/ELAN (siehe auch 2.5.3.3)

<u>Schichten mit baumartiger Ordnung:</u>

Die bisherige (makroskopische) Sicht der Schichten und ihrer Ordnung unter Vernachlässigung der (mikroskopischen) Sicht der Intraschicht - Objekte und - Relationen muß für manche Zwecke verfeinert werden.

Bei Schichten mit baumförmiger Ordnung ist ein gerichteter Baum der Ordnungstyp zwischen den Schichten.

<u>Beispiel</u>

Diagrammhierarchie in SADT (siehe 2.4.4).

Zusammenfassend lassen sich folgende Ordnungsstrukturen zur Klassifikation von Hierarchien unterscheiden:

- <u>partielle Ordnung:</u> transitiv, irreflexiv, asymmetrisch,
- <u>reflexiv partielle Ordnung:</u> transitiv, reflexiv, identitiv,
- <u>vollständige Ordnung:</u> transitiv, reflexiv, konnex,
- <u>lineare Ordnung:</u> transitiv, reflexiv, identitiv, konnex,
- <u>strikte Ordnung:</u> transitiv, asymmetrisch.

2.1.3.3 Zeit der Hierarchie

Wichtig für die Beurteilung von Hierarchien ist die Zeitspanne, in der die Hierarchie existiert. Drei verschiedene Zeitspannen lassen sich unterscheiden, die zu folgender Klassifizierung führen:

(1) organisatorische Hierarchie (Entwicklungshierarchie),
(2) statische Hierarchie (Dokumentationshierarchie),
(3) dynamische Hierarchie (Laufzeithierarchie).

(1) organisatorische Hierarchie

Eine organisatorische Hierarchie entsteht während einer Software-Entwicklung und existiert oft bis zur Fertigstellung des Produktes. Kennzeichnend für eine organisatorische Hierarchie ist, daß sie nicht auf einen Schlag da ist, sondern mit Fortschreiten der Produkt-Entwicklung und der Projektorganisation "wächst".

Beispiel

Für die Systementwicklung wird von /Baker 72, S. 72/ folgendes Vorgehen beschrieben:

> "The general approach would be to begin a project with a single high-level team to do overall system design and nucleus development. After the nucleus is functioning, programmers on the original team could become chief programmers on teams developing major subsystems. ... The process could be repeated at lower levels if necessary."

Diese Vorgehensweise impliziert eine gerichtete Baumstruktur:

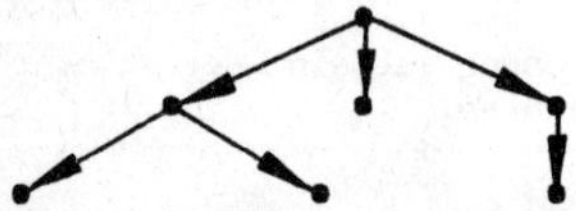

Die Relation lautet: vi delegiert Aufgaben an vj. ■

(2) statische Hierarchie

Eine statische Hierarchie liegt vor, wenn eine Hierarchie ab einem Zeitpunkt vollständig vorliegt und erhalten bleibt.

Beispiel

Eine statische Hierarchie liegt vor, wenn der Programmquelltext des Systems hierarchisch strukturiert ist z. B. in Form von statischen Prozedurschachtelungen. Auch die klassische Blockstruktur ALGOL - ähnlicher Sprachen beschreibt eine hierarchische Struktur. Die Relation R lautet dabei:

"Block xj ist in Block xi enthalten" oder

"Der Gültigkeitsbereich von Objekten in xj liegt innerhalb des Gültigkeitsbereichs von Objekten in xi." ■

Wichtig für eine statische Hierarchie ist ihr Vorhandensein vor der Übersetzung; nach der Übersetzung, d. h. im Objektprogramm kann sie verschwunden bzw. nicht mehr sichtbar sein. Beispielsweise sind geschachtelte Wiederholungsanweisungen nach der Übersetzung auch nicht mehr erkennbar; sie sind in Sprungbefehle aufgelöst.

(3) dynamische Hierarchie

Entsteht während der Laufzeit eines Systems eine hierarchische Struktur, dann liegt eine dynamische Hierarchie vor.

Beispiel

Durch rekursive Aufrufe entsteht z. B. während der Laufzeit eine dynamische Schachtelungsstruktur.

■

Die organisatorische, statische und dynamische Zeit-Hierarchie sind nicht völlig unabhängig voneinander, sondern z. T. miteinander verbunden. Oft geht eine organisatorische Hierarchie in eine statische über.

2.1.3.4 Einordnung von Hierarchien in das Hierarchiemodell

Hierarchien lassen sich nach den Kriterien Basis, Struktur und Zeit klassifizieren. Tabelle 2.1-1 zeigt die Klassifizierung für verschiedene Systeme und Sprachen. Auf viele wird im folgenden näher eingegangen.

Zeit der Hierarchie → Struktur der Hierarchie ↓	(a) organisatorische Hierarchie	(b) statische Hierarchie	(c) dynamische Hierarchie
(a) netzorientierte Hierarchien			
partielle Ordnung	1: Programm-Hierarchie nach Dijkstra: R:vi ruft vj	UTILIZE-Relation in PSL: R:vi ruft vj	2: Habermann-Hierarchie: R:vj gibt Arbeit an vj
	5: Modulaufteilung nach Parnas: R:vj ist Teil von vi	Allg. Systemstruktur nach /Stevens 74/: R:vj ist Teilfunktion von vi	3: Ressource-Hierarchie: R: vi ordnet vj Ressourcen zu
reflexive partielle Ordnung		PASCAL-Aufrufhierarchie R:vi kann vj aufrufen	

vollständige Ordnung		4: Schutz-Hierarchie à la MULTICS R:vi hat Zugriff auf vj	
(b) baumorientierte Hierarchien			
(gerichteter) Baum	top-down-Entwurf R:vi delegiert Aufgaben an vj	Block-Struktur in ALGOL 60: R: Block vj ist in Block vi enthalten	
	Systembaum R:vj ist Teilproblem von vi /De Remer Kron 74/	Programmodul R:vj ist Teil von vi /Goos 74 a,b/	
	PLASMA/D Entwurfs-hierarchie R:vj stellt vj Ressourcen zur Verfügung	Zugriff auf globale Größen R:vj hat Zugriff auf vi /Goos 74/	
		Unternetz-Struktur in RSL	
(c) schichtenorientierte Hierarchien			
lineare Ordnung	6: Funktionale Hierarchie R:vi kennt Funktion von vj /Habermann 76/		
strikte Ordnung		SLAN/ELAN R:vj nutzt bereitgest. Größen vj	
		CDL /Koster 74/ R:vi benutzt Größen von vj; R nicht transitiv	
baumartige Ordnung	Zugriffsrecht R:vi hat Zugriff auf vj /De Remer, Kron/		
	Diagrammhierar. in SADT		

Tabelle 2.1-1: Klassifizierung von Hierarchien

Die Tabelle macht deutlich, welche Hierarchiestrukturen zu welchen Zeiten existieren und welche Hierarchiestrukturen am häufigsten bzw. überhaupt verwendet werden. Die Einordnung der Systeme 1 bis 5 erfolgt nach /Parnas 74a/.

Zusammenfassend lassen sich folgende Feststellungen treffen:

- Das Prinzip der Hierarchisierung ist ein wichtiges Prinzip zur Strukturierung von Software-Produkten und von Software-Entwicklungsprozessen.
- Anforderungs-, Entwurfs- und Programmiersprachen verwenden Hierarchien.
- Hierarchien sind vielfältig; eine Reihe von Kriterien charakterisieren ihre Eigenschaften.
- Es werden zunehmend mehrere, sich überlagernde oder überlappende Hierarchien für unterschiedliche Zwecke bei der Software-Konstruktion verwendet.
- Basis, Struktur und Zeit sind z. T. sehr unterschiedlich. Eine Konvergenz auf eine einheitliche Hierarchie ist nicht zu erkennen, vielmehr scheint bewußt zu werden, daß mehrere Hierarchien nötig sind.
- Allgemeingültig läßt sich noch nicht sagen, welche Hierarchien für welche Zwecke benötigt werden und durch welche Sprachkonstruktionen in Sprachen die Beschreibung von Hierarchien am besten ermöglicht wird.

Durch Anwendung des Prinzips der Hierarchisierung werden folgende Vorteile erreicht:

- Strukturierung eines Software-Produkts,
- Erhöhung der Verständlichkeit,
- Verbesserung der Wartbarkeit,
- Erleichterung der Einarbeitung in ein fremdes Software-Produkt,
- Reduktion der Komplexität, Erhöhung der Einfachheit,
- Strukturierung des Entwicklungsprozesses durch hierarchische Organisationsstruktur.

Die Entscheidung, ein Software-Produkt hierarchisch zu strukturieren, beschränkt die Klasse der möglichen Strukturen und hat sowohl Nachteile als auch gewünschte Vorteile.

Der Hauptnachteil dürfte in der Beschränkung auf definierte Strukturen liegen; dieser Nachteil ist zugleich auch der größte Vorteil, er verhindert nämlich chaotische Strukturen.

2.1.4 Prinzip der Modularisierung

Das Prinzip der Modularisierung wird insbesondere in technischen Ingenieurdisziplinen angewandt. Ein Fernsehgerät wird aus Moduln aufgebaut, wobei jeder Modul eine weitgehend abgeschlossene Funktion realisiert. Ist diese Funktion fehlerhaft, so wird der komplette Modul gegen einen fehlerfreien ausgetauscht. Um dies zu ermöglichen, muß der Modul eine festgelegte Schnittstelle zu den anderen Moduln des Gerätes besitzen; alle Informationen müssen über diese Schnittstelle laufen. Dieses Beispiel zeigt bereits einige Eigenschaften von Moduln.

In der Software-Entwicklung werden die Begriffe Modularität und Modul entweder in einem sehr weiten Sinne oder in einem sehr engen Sinne definiert.

In diesem Abschnitt wird nur eine weitgefaßte Begriffsbestimmung gegeben, auf den Modulbegriff i.e.S. wird im Abschnitt 2.5 bei den Prinzipien der Entwurfsphase eingegangen. Die Modularisierung wird oft nur auf den Entwurf und die Implementierung bezogen, die Beachtung dieses Prinzips bringt aber auch in anderen Entwicklungsphasen wichtige Vorteile.

Beispiel

Neben dem Programm-Code ist die Dokumentation ein wesentlicher Bestandteil eines Software-Produkts. Werden Programme geändert, dann muß auch die Dokumentation modifiziert werden.

Dokumente - insbesondere Funktions- und Benutzerhandbücher - sollen daher modular aufgebaut sein.

Wird z. B. eine Funktion in einem Software-Produkt geändert, dann soll es möglich sein, die zugehörige Funktionsbeschreibung im Funktionshandbuch gegen die neue auszutauschen. Solche partiellen Änderungen dürfen jedoch nicht dazu führen, daß das gesamte Funktionshandbuch gegen ein neues ersetzt werden muß. Beim partiellen Austauschen von Teilen müssen die Seitennumerierung und die Bezüge konsistent bleiben.

Modularität von Dokumenten zeigt sich daher in folgenden Eigenschaften:
- Kapitel- oder abschnittsweise Seitenzählung z.B. Kapitel 2 /Seite 5. Die Seitenzählung basiert also jeweils auf dem Kapitelanfang. Bei Erweiterung eines Kapitels muß dann nicht das ganze Dokument neu numeriert werden. Alle Abbildungsnummern werden jeweils kapitelweise durchgezählt.
- Die Bezüge auf andere Kapitel sollten möglichst gering sein, d.h. in den einzelnen Kapiteln sollten weitgehend abgeschlossene Themen behandelt werden.
- Die Kapitel dürfen nicht umfangreich sein, sonst geht der Vorteil der Modularität wieder verloren.
- Wünschenswert ist ein Referenzverzeichnis am Ende jedes

Kapitels, damit auf einen Blick sichtbar ist, auf welche anderen Kapitel Bezug genommen wird.

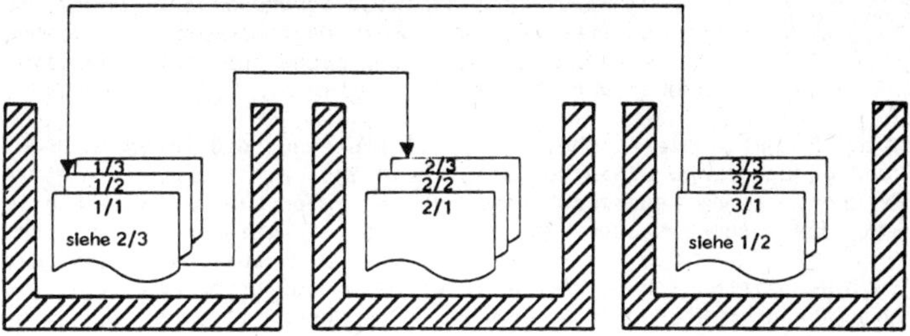

Abb. 2.1-7: Dokument-Moduln

Bildlich gesehen ist jedes Kapitel in sich abgeschlossen. Die Bezüge zu anderen Kapiteln sind reduziert und leicht lokalisierbar.
Bei Funktionshandbüchern ist oft sogar eine seitenweise Modularität möglich. ■

Ein anderes Beispiel, wo durch eine grafische Sprache bereits Modularität von vornherein gegeben ist, ist SADT (siehe 2.4.4).

Beispiel

In SADT werden Tätigkeiten und Daten durch Kästen und Verbindungen zwischen den Kästen in Form eines Diagrammes dargestellt. Jedes Diagramm wird auf ein einseitiges Formular gezeichnet. Die Bezüge zu anderen Diagrammen sind durch ein Hierarchiekonzept und definierte Referenzregeln restriktiv festgelegt.

Um jedes Diagramm befindet sich sozusagen eine Mauer, die verhindert, daß unerlaubte externe Bezüge auftreten. Ein "Loch" in der Mauer ist nur für lokale Hilfsgrößen, die besonders gekennzeichnet werden, möglich. Alle anderen Bezüge beziehen sich jeweils nur auf das übergeordnete oder die untergeordneten Diagramme (siehe 2.4.4.1). ■

Modularisierung bezeichnet die Konzeption von Moduln beim Software-Entwicklungsprozeß.

Ein Modul i.w.S. ist durch folgende Eigenschaften gekennzeichnet:
(a) Darstellung einer funktionalen Einheit.
(b) Weitgehende Kontextunabhängigkeit (logisch in sich abgeschlossen). Die Kontextunabhängigkeit beinhaltet, daß der Modul von der Modulumgebung weitgehend unabhängig
- entwickelbar,
- prüfbar,

- wartbar,
- verständlich ist.

(c) Definierte Schnittstelle für Externbezüge. Die externen Bezüge eines Moduls sollten klar erkennbar und möglichst in einer Schnittstellenbeschreibung zusammengefaßt sein.

(d) Im qualitativen und quantitativen Umfang handlich, überschaubar und verständlich.

Unter "funktionaler Einheit" ist zu verstehen, daß in einem Modul zusammengehörende Dinge vereinigt sein sollen.
Werden in einem Benutzerhandbuch z. B. die Dialogschnittstelle und die Druckausgaben in einem Kapitel zusammengefaßt beschrieben, dann muß bei Änderung der Druckausgaben auch die Dialogschnittstelle ausgetauscht werden. Dialogschnittstelle und Druckausgaben stehen in keinem so engen semantischen Zusammenhang, daß sie sinnvoll in einem Dokument-Modul zusammengefaßt werden sollten.

Die Kontextunabhängigkeit bedeutet, daß z. B. die Funktion "Suchen und Ersetzen eines Textes" in einem Textbearbeitungssystem unabhängig von der Funktion "Löschen eines Zeichens, eines Wortes, einer Zeile, eines Absatzes, eines Textbausteines" beschrieben und verstanden werden kann.

Die Anwendung des Prinzips der Modularisierung bringt folgende Vorteile:

- hohe Änderungsfreundlichkeit (leichter Austausch und leichte Erweiterbarkeit),
- Verbesserung der Wartbarkeit (leichte Lokalisierung, Kontextunabhängigkeit),
- bessere Strukturierung,
- Erleichterung der Standardisierung,
- Erleichterung der Arbeitsorganisation und Arbeitsplanung,
- Verbesserung der Überprüfbarkeit.

2.1.5 Prinzip der Lokalität

Das Lösen von Problemen und das Verständnis von Problemen wird vereinfacht und erleichtert, wenn alle relevanten Informationen lokal komprimiert, d.h. an einem Platz, vorhanden sind (siehe auch 1.2).
Durch gute Lokalität kann das Zusammensuchen benötigter Informationen, das Blättern auf verschiedenen Seiten eines Listings, das Suchen referenzierter globaler Objekte vermieden werden.

Optimale Lokalität liegt vor, wenn zur Lösung eines Problems (z.B. Vorgaben für die Implementierung) oder zum Einarbeiten in einen Bereich (z.B. Fehlersuche in einem Modul) alle benötigten Informationen auf einer Seite zu finden sind /Weinberg 71, S. 229/. Das bedeutet andererseits, daß nicht benötigte Informationen nicht vorhanden sind.

Durch konstruktive Voraussicht wird in manchen Sprachen von vornherein eine gute Lokalität erzielt.

Beispiele

(a) In der grafischen Sprache SADT (siehe 2.4.4) werden alle Informationen, die zu einem Diagramm gehören, in ein DIN A4-Formblatt eingetragen (siehe Abb. 2.4-4).
Zum Verständnis eines Diagramms wird nur noch das jeweils übergeordnete Diagramm benötigt. Dies wird durch ein adäquates Ablageschema der Diagramme unterstützt. Jeweils zwei Diagramme befinden sich auf zwei gegenüberliegenden Seiten, unten das zu betrachtende Diagramm, darüber das übergeordnete.
In SADT gibt es keine globalen Daten. Referenzen beziehen sich jeweils nur auf das übergeordnete Diagramm.

(b) In der Entwurfssprache PLASMA/D (siehe 2.5.3.8) erfolgt die Beschreibung des Systembaums nicht in einer textuellen Einheit, sondern ebenenweise in Form von Ein-Ebenen-Systembeschreibungen (EESB). In einer EESB sind sämtliche Informationen über ein Vatersystem sowie die Informationen über die Ressourcen aller seiner Kinder enthalten.

(c) In der grafischen Entwurfssprache HIPO (siehe 2.5.3.11) werden Funktionen in dreispaltigen Ebenendiagrammen beschrieben. Für ein Ebenendiagramm wird eine DIN A4-Seite benötigt. ■

Klassische, aber auch neue Programmiersprachen verstoßen oft in hohem Maße gegen dieses Prinzip.

Beispiele

(a) In PASCAL befinden sich am Anfang eines Programmes alle globalen Typ- und Datenvereinbarungen, anschl. folgen alle Prozedurvereinbarungen und erst am Ende folgen die Anweisungen des Hauptprogramms. Will man sich nun in die Funktionsweise des Hauptprogramms einarbeiten, dann muß man den Anweisungsteil am Ende des Listings und den Vereinbarungsteil am Anfang des Listings nebeneinanderlegen. Noch schwieriger sind Vereinbarungs- und zugehöriger Anweisungsteil bei Prozeduren zu finden, wenn sich in dieser Prozedur mehrere eingeschachtelte Prozeduren befinden.

(b) In den Programmiersprachen SLAN/ELAN, MODULA-2, EUCLID und CLU wird in der Schnittstellenbeschreibung von Moduln nur der Name von Funktionen angegeben, aber nicht die Parameterlisten der Funktionen.
Um eine Funktion aufrufen zu können, muß daher in der Implementierung die Funktionsvereinbarung mit den Parametern gesucht werden. ■

Im Bereich der Implementierung hat das Lokalitätsprinzip zu folgender These geführt:

> Eine Gruppe von ungefähr 30 Anweisungen ist die oberste Grenze, was beim ersten Lesen eines Listings einer Systemkomponente, eines Moduls oder einer Ressource bewältigt werden kann.

Die Beachtung des Prinzips der Lokalität
- ermöglicht die schnelle Einarbeitung,
- fördert die Verständlichkeit und Lesbarkeit,
- erleichtert die Wartung.

2.1.6 Prinzip der integrierten Dokumentation

Ein Software-Produkt besteht aus dem Programm-Code (Implementierung) <u>und</u> der Dokumentation, d. h. ein Software-Produkt ist <u>erst</u> dann fertiggestellt, wenn Code <u>und</u> Dokumentation fertiggestellt sind. Anders ausgedrückt:
Ein Software-Produkt ist nur so gut wie seine Dokumentation.
Der Umfang, die Vielfalt und der Aufwand zur Erstellung und Änderung der Dokumentation darf nicht unterschätzt werden.

Dokumente sollen folgenden Anforderungen genügen:

(a) <u>Adressatengerecht</u>

Dokumente müssen auf den jeweiligen Adressaten zugeschnitten sein.
Beispiele für Adressaten:
- Auftraggeber
- Benutzer
- Operateur
- Projektleiter
- Projektmanager
- Entwickler
- Qualitätskontrolle
- Wartungs- & Pflegepersonal
- Vertrieb
- Werbung

(b) <u>Aufgabengerecht</u>

Dokumente müssen dem geforderten Zweck gerecht werden bzw. das angestrebte Ziel erfüllen.
Beispiele für Aufgaben:
- Bedienung, Benutzung, Anwendung des Produktes (durch Benutzer, Operateur, Auftraggeber)
- Leistungs- und Funktionsumfang des Produktes (für Auftraggeber, Vertrieb)
- Testfälle für Abnahme des Produktes (für Auftraggeber, Entwickler, Qualitätskontrolle)
- Wartung & Pflege des Produktes (für Wartungs- & Pflegepersonal)
- Werbung (für Werbung und Vertrieb)
- Projektführung und -überwachung (für Projektleiter, Projektmanager)
- Entwicklungsinformationen (für Entwickler, Qualitätskontrolle)

(c) <u>Inhaltsgerecht</u>

Der Inhalt des Dokuments muß den Aufgaben entsprechend gewählt werden.
Beispiele für Inhalte:
- Informationen über das Produkt:

  - Produkt als Black Box (für Bedienung, für Werbung)
  - Produkt als White Box (für Wartung & Pflege, für Abnahme)
- Informationen über das Projekt (für Projektleiter, Projektmanager)
- Informationen über Methoden, Standards, Richtlinien, Werkzeuge (für Entwickler, Qualitätskontrolle, Projektleiter, Wartung & Pflege)

(d) Formgerecht

Die Form des Dokuments muß dem Inhalt und den Aufgaben angepaßt sein. Jede Form impliziert gewisse Attribute, die Inhalt und Aufgaben gut oder schlecht unterstützen.
Beispiele für Formen:
- Referenzkarte
  Attribute: übersichtlich, kompakt, schneller Zugriff auf Informationen
- Loseblattsammlung
  Attribute: erweiterbar, änderbar, seitenweise austauschbar
- Spiralheftung
  Attribute: relevante Information bleibt aufgeschlagen, gut handhabbar
- Klebebindung
  Attribute: bedingt erweiterbar und änderbar
- Buchbindung
  Attribute: stabil, haltbar, kompakt, vollständig
- Glossar
  Attribute: Kurzinformation in sortierter Form
- Index
  Attribute: sortiertes Stichwortverzeichnis mit Referenzen, schnelles Finden von Informationen
- Cross Referenz Liste
  Attribute: Querverweisliste, schnelles Finden von Informationen
- Menüführung und Help-Funktion
  Attribute: aktuell, untrennbar mit Produkt verbunden, situationsgerecht
- Protokoll
  Attribute: besprechungsadäquat, kurz, aktuell

(e) Sprachgerecht

Der Inhalt muß den Aufgaben und Adressaten angepaßt formuliert dargeboten werden.
Beispiele für Sprachen:
- umgangssprachlich populär (für Werbung)
- umgangssprachlich (für Benutzer, Auftraggeber)
- semiformal (für Entwickler, Qualitätskontrolle)
- formal (für Entwickler, Qualitätskontrolle)
- grafisch (für Werbung, Benutzer, Auftraggeber, Projektleiter)
- Tabellen

(f) Didaktikgerecht

Der Inhalt eines Dokuments muß didaktisch-methodisch so aufgebaut sein, daß es die Aufgabenerfüllung optimal unterstützt.
Beispiele für Didaktik:
- keine Eingangsvoraussetzungen (für Benutzerhandbuch)
- beispielsorientiert (für Einführungshandbuch)
- fortlaufend lesbar (für Einführungshandbuch)
- nachschlageorientiert (für Funktionshandbuch)
- überblicksorientiert (für Referenzkarte, für Datenblatt)
- chronologisch orientiert (für Projektunterlagen)
- benutzungsorientiert, d. h. Standardfälle und häufigste Fälle zuerst (für Benutzerhandbuch)

(g) Zeitpunktgerecht

Dokumente müssen in Abhängigkeit von Aufgaben und Inhalt zum richtigen Zeitpunkt fertiggestellt sein.
Beispiele für Zeitpunkte:
- Vor Definitionsbeginn (Produktplanung, Rahmenvorschlag).
- Vor Entwurfsbeginn (Produktdefinition).
- Vor Produkteinsatz (Benutzerhandbuch).

(h) Umfangsgerecht

Dokumente müssen im Umfang ihren Aufgaben und ihrem Inhalt entsprechen.
Der Umfang hängt von folgenden Kriterien ab:
- Redundanzarmer Text (für technische Dokumentation).
- Redundanzreicher Text (für Einführungshandbuch).
- Stellenwert des Dokuments (Pflichtenheft).
- Komplexität des Produktes (Datenbank).

Dokumente müssen also vielfältigen Anforderungen gerecht werden. Die Abhängigkeiten zwischen den einzelnen Anforderungskriterien sind in Abb. 2.1-8 dargestellt.

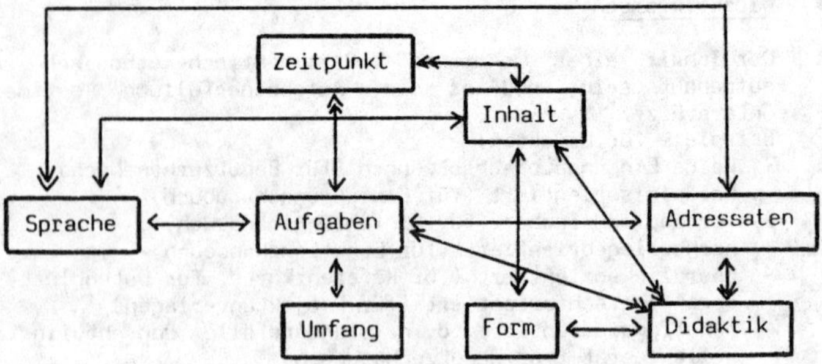

a <<——> b: a entsteht aus b; b ergibt a
a <——> b: a steht in Wechselwirkung mit b

Abb. 2.1-8: Fachsystematisches Netz /Haefner 75/ der Dokumentationsanforderungen

Wie man sieht, sind alle Anforderungen stark miteinander verwoben. Die Erstellung der Dokumente kann daher nicht dem Zufall überlassen werden.

Daher müssen an die Organisation der Dokumente folgende Anforderungen gestellt werden:

(1) Systematik

Alle im Rahmen der Software-Erstellung sowie der Software-Wartung & Pflege benötigten Dokumente müssen festgelegt und entsprechend den Kriterien Adressaten, Aufgaben, Inhalt, Form, Sprache, Didaktik, Zeitpunkt und Umfang beschrieben werden. Die Dokumente müssen aufeinander abgestimmt und in eine systematische Gesamtstruktur eingebettet werden, die transparent und bekannt sein muß. Zur Systematik gehört auch die Festlegung, wer wann welche Dokumente erstellt, erweitert, verfeinert, präzisiert, ergänzt und formalisiert.

(2) Automatisierung

Eine automatisierungsgerechte Dokumentation ist anzustreben, d. h.
- alle Dokumente befinden sich im Rechner,
- Eingabe, Verwaltung, Be- und Verarbeitung, Ausgabe erfolgen über ein Dokumentationssystem.

(3) Integration

Die notwendigen Dokumente eines Software-Produkts dürfen nicht erst erstellt werden, wenn der Programm-Code

fertiggestellt ist.
Die Dokumentation muß aus folgenden Gründen integraler Bestandteil der Software-Entwicklung sein:

- Bei einer Nachdokumentation am Ende der Codeerstellung sind wichtige Informationen, die während der Entwicklung angefallen sind, nicht mehr vorhanden.
- Entwicklungsentscheidungen (z. B.: Warum wurde welche Alternative gewählt) müssen dokumentiert werden, um bei Modifikationen und Neuentwicklungen bereits gemachte Erfahrungen auswerten zu können.
- Der Aufwand für die Dokumentation wird reduziert, wenn zu dem Zeitpunkt, an dem die Information anfällt von demjenigen, der sie erzeugt oder verarbeitet, auch dokumentiert wird.

Wegen der Bedeutung dieses Punktes wird dieses Prinzip das Prinzip der integrierten Dokumentation genannt.

Beispiele

Eine mögliche Dokumentensystematik, gegliedert nach Aufgabe und Zeitpunkt, ist in Tabelle 2.1-2 dargestellt. Die aufgeführten Dokumente entstehen als Ergebnisse der jeweiligen Phase. Sie sind Teilprodukte des Gesamtproduktes. Auf Inhalt und Adressaten der jeweiligen Dokumente wird bei den einzelnen Entwicklungsphasen direkt eingegangen. Jedes Dokument dient als Vorgabe für die Nachfolgerphase.

Phase	Ergebnisse	Einzeldokumente
(1) Planung	Produktplan:	Rahmenvorschlag inkl. Projektplan 1 Funktionshandbuch 1 Testdokumentation
(2) Definition	Produkt- definition:	Pflichtenheft Funktionshandbuch 2 Produktmodell Projektplan 2 Begriffslexikon 1 Benutzerhandbuch 1 Testdokumentation
(3) Entwurf	Produktentwurf:	Funktionshandbuch 3 Systemdokumentation Projektplan 3 Begriffslexikon 2 Benutzerhandbuch 2 Testdokumentation
(4) Implementierung	Produktimple- mentierung:	Funktionshandbuch 4 Moduldefinition Modulimplementierung (Programmcode) Testdokumentation Projektplan 4 Begriffslexikon 3 Benutzerhandbuch 3
(5) Abnahme & Einführung	Gesamtprodukt Abnahmeprotokoll Einführungsprotokoll	
(6) Wartung & Pflege	Wartungshandbuch Änderungshandbuch Fehlerhandbuch	

Tabelle 2.1-2: Dokumentensystematik, gegliedert nach Aufgabe und Zeitpunkt.

Eine mögliche Entwicklungssystematik für die in Tabelle 2.1-2 aufgeführten Dokumente zeigt Abb. 2.1-9 Diese Systematik gibt an, zu welchem Zeitpunkt welche Dokumente wie bearbeitet werden und an wen sie weitergeleitet werden.

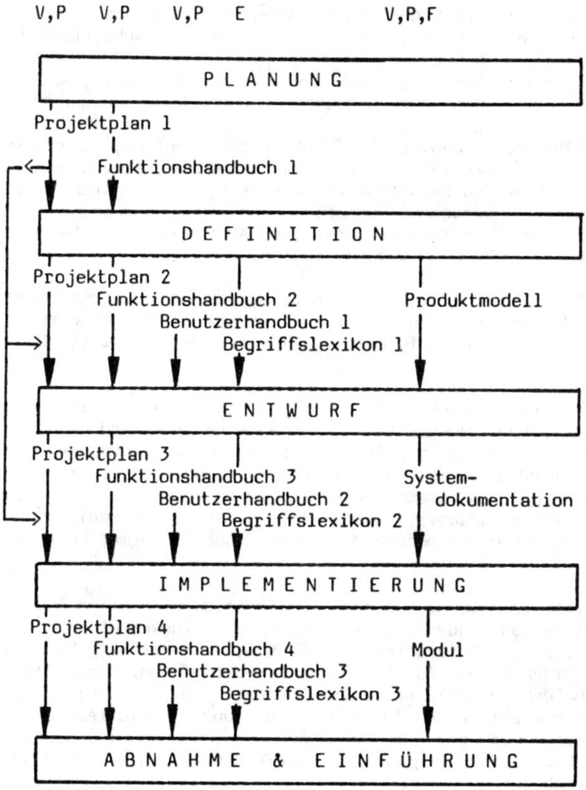

Legende:
V = zunehmende Verfeinerung
P = zunehmende Präzisierung
E = Ergänzung
F = zunehmende Formalisierung

Abb. 2.1-9: Entwicklungssystematik für Dokumente

■

Eine integrierte Dokumentation setzt konstruktive Maßnahmen beim Einsatz der verwendeten Sprachen und Werkzeuge voraus.

Beispiel

Im PLASMA-System (siehe 5.2) werden in der Entwurfs- und Implementierungsphase jeweils folgende Angaben vom Entwerfer bzw. Implementierer gefordert:

Purpose:	Zweck des Systems bzw. des Programms
User Interface:	Angaben, die die Benutzerschnittstelle betreffen.
Keywords:	Namen, die für Zwecke der Selektion, Analyse und für Geheimhaltungsaspekte ausgewertet werden.
Memos:	Namen, die auf Dokumente verweisen, die für mehrere Systeme oder Programme relevant sind.
Precondition:	Voraussetzungen, von denen das System bzw. Programm ausgeht.
Postcondition:	Bedingungen, die nach Ausführung des Systems bzw. Programms gelten.

Stellt z. B. der Implementierer beim Schreiben seines Programmes fest, daß Fehlermeldungen direkt an den Benutzer gemeldet werden, dann vermerkt er diese Information hinter dem Stichwort User Interface.

Die verteilt niedergelegte Dokumentation wird automatisch zu adressatengerechten Dokumenten zusammengestellt. Werden alle Informationen von 'User Interface' zusammengefaßt, dann erhält man das Grundraster eines Benutzerhandbuches und ist sicher, daß keine Informationen vergessen wurden. Wird dagegen der Weg der Nachdokumentation gewählt, dann ist es sehr aufwendig und schwierig aus dem Programmcode die notwendigen Informationen zu ermitteln. ■

Wie die Beispiele zeigen, besteht die Gesamtdokumentation eines Software-Produktes aus vielfältigen Einzeldokumenten mit unterschiedlichen Adressaten, Aufgaben, Inhalten, Formen, Sprachen, Didaktiken. Es kommt nicht darauf an, möglichst umfangreiche Dokumente zu erstellen, sondern für die einzelnen Zielgruppen die relevanten Informationen - und nur die relevanten - in geeigneter Form darzustellen. Dazu ist es notwendig, daß die einzelnen Dokumente sorgfältig aufeinander abgestimmt und gegenseitig abgegrenzt sind.

Die Beachtung des Prinzips der integrierten Dokumentation
- reduziert den Aufwand zur Dokumentenerstellung,
- stellt sicher, daß keine Informationen verlorengehen,
- garantiert die rechtzeitige Verfügbarkeit der Einzeldokumente,
- erfordert die projektbegleitende Dokumentation.

Eine gute Dokumentation bildet die Voraussetzung für
- leichte Einarbeitung in ein Produkt bei Personalwechsel oder durch neue Mitarbeiter,
- gute Wartbarkeit des Produktes.

Kennzeichen einer guten Dokumentation sind:
- Erfüllung der Anforderungen an Dokumente,
- systematische Erstellung und Gesamtstruktur,
- modulare Konzeption, um Erweiterbarkeit und Wiederverwendbarkeit zu erleichtern.

Die automatische Dokumentenerstellung ermöglicht

- Einmalspeicherung jeder Information,
- einheitliches Layout (Seitennumerierung, Seitenformat usw.),
- Einhaltung von Standards,
- Abnahme von Dienstleistungen wie Erstellung des Inhalts-, Stichwörter- und Literaturverzeichnisses,
- Reduktion der Kosten,
- leichte Änderbarkeit,
- Verwaltung der Änderungszustände,
- Führen von Verteilerlisten,
- Wiederverwendbarkeit,
- Vorbereitung für den Fotosatz.

2.1.7 Prinzip der Mehrfachverwendung

Um Zeit und Kosten bei der Software-Produktion einzusparen, müssen bei Neuentwicklungen bereits entwickelte Produkte und Teilprodukte wiederverwendet werden. In Veröffentlichungen tauchen dazu Schlagworte wie "Methodenorientiertes Programmieren" /Esprester 74/, "Programme aus Fertigteilen" oder "Systemsynthese" /Schuchmann 77/ auf.
Eine Reihe von Gründen hat bisher dazu geführt, daß das ´Prinzip der Mehrfachverwendung´ noch nicht erfolgreich eingesetzt wurde:

- Es ist nicht bekannt, was bereits vorhanden ist und wo danach gesucht werden muß. Für die unsystematische Suche nach benötigten Produkten braucht man ein hohes Maß an Geduld und Glück. Der Software-Entwickler wird daher dazu neigen, alle Produkte grundsätzlich neu zu erstellen.
- Es existiert keine Instanz, die systematisch erstellte Produkte archiviert und archivierte Produkte zur Verfügung stellt.
- Sind Produktarchive vorhanden, dann sind sie meist "stand alone" konzipiert und haben mehr den Charakter von "Trödelmärkten" /Schuchmann 77, S. 63/.
- Die Einarbeitung in fremde Produkte ist wegen mangelnder Standardisierung und Dokumentation aufwendig.
- Bereits vorhandene Produkte können wegen fehlender Modularisierung und Schnittstellenspezifikation sowie aus Kompatibilitätsgründen nicht oder nur nach aufwendigen Umstellungsarbeiten wieder - oder mehrfachverwendet werden. Es ist unmöglich, mit vertretbarem Aufwand aus einem nicht-modularen Produkt ein modulares zu machen. In diesem Fall ist eine Neuentwicklung unumgänglich.
- Vorhandene Teilprodukte liegen meistens nicht in ablauffähiger Form im Archiv, sofern es sich nicht um abgeschlossene Systeme handelt. Es dürfte i.a. nicht einfach sein, ohne genaue Kenntnis der anderen Komponenten, das isolierte Programm ablauffähig zu machen.

Alle diese Gründe haben zur Folge, daß bei der Software-Entwicklung von jedem Projektteam das "Rad neu erfunden" wird.

Um Produkte und Teilprodukte wieder - und mehrfachverwendbar zu machen, müssen folgende <u>organisatorischen</u> und <u>methodischen</u> Voraussetzungen geschaffen werden:

- In das Software Engineering Environment Modell integriertes Produktarchiv (siehe auch 1.5).
- Systematische, projektübergreifende, klassifizierte Ablage erstellter Produkte.
- Schneller, gezielter Zugriff auf vorhandenes Material durch ein komfortables Auskunftssystem.
- Verantwortliche Instanz für Archivierung und Bereitstellung von Produkten.

- Festgelegte Konventionen und Standards für die Produkte.
- Modularer Aufbau der Produkte mit festgelegten, exakt spezifizierten Schnittstellen.
- Möglichst hoher Allgemeinheitsgrad der Teilprodukte sowie hohe Änderungsfreundlichkeit.

2.1.7.1 Zur Verwendung eines Produktarchivs

Eine notwendige Voraussetzung zur Verwirklichung des Prinzips der Mehrfachverwendung stellt ein projektübergreifendes, integriertes Produktarchiv dar.

Beispiel

Bei der Darstellung eines Software Engineering Environment Modells (SEEM) (siehe 1.5) wurde bereits auf die Bedeutung projektübergreifender Archive eingegangen.
Abb. 2.1-10 zeigt die integrativen Informationsflüsse zwischen der Software-Entwicklung und einem Produktarchiv.

Nach Fertigstellung eines Projektes wird das freigegebene Gesamtprodukt - gegliedert in Teilprodukte - in das Produktarchiv eingetragen. (In Abb. 2.1-10 sind dies die Projekte 1 und 2.)
Werden bei neuen Projekten Teilprodukte im Archiv gefunden, die geeignet sind, dann können sie übernommen werden. Aus dem Archiv übernommene Teilprodukte können sowohl in der Definitionsphase z. B. in Form von Dokument-Moduln (im Bild Projekt 3) eingesetzt werden, als auch in der Entwurfsphase z. B. in Form von Teilentwürfen (im Bild Projekt 4 und 5) und in der Implementierungsphase z. B. in Form fertiger Moduln (im Bild Projekt 5).
Ein Archivverwalter verwaltet das Produktarchiv.

■

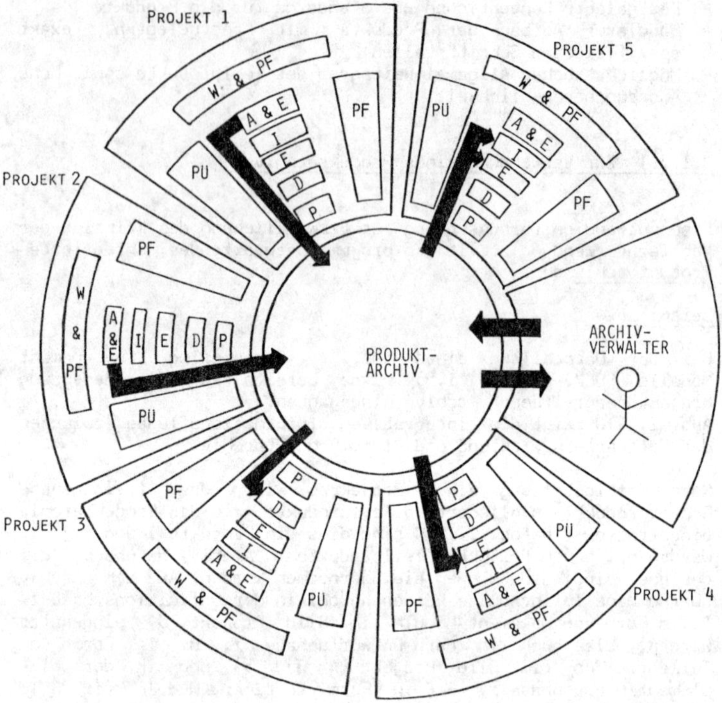

Legende:

P: Planung	A & E: Abnahme und Einführung
D: Definition	W & Pf: Wartung und Pflege
E: Entwurf	PF: Projektführung
I: Implementierung	PÜ: Projektüberwachung

Abb. 2.1-10: Einbettung eines Produktarchivs in ein SEEM

Die Produktarchivverwaltung muß folgende Dienstleistungen zur Verfügung stellen:

- Auskunfts- bzw. "Information Retrieval" -System:
  Die für die Archivierung vorgesehenen Produkte müssen bei der Entwicklung bereits einheitlich und systematisch nach einem geeigneten Schema klassifiziert werden. Dieses Klassifikationsschema wird auf das Auskunfts- bzw. "Information Retrieval"-System abgebildet, damit ein effektives Durchsuchen des Produktarchivs möglich ist.

- Aufnahme, Verwalten und Löschen von Produkten:
  Jedes Produkt, das eingetragen werden soll, muß mit einer

genauen und einheitlichen Schnittstelle versehen sein. Insbesondere jedes Programm muß bis auf eine eindeutig definierte Schnittstelle kontextunabhängig sein, d.h. jedes Programm soll als "Black Box" konzipiert werden, das nur über ein Sichtfenster mit der Umwelt kommuniziert. Eine festgelegte Norm muß für alle Programme die Einheitlichkeit der Schnittstellen gewährleisten. Programme, die dieser Norm nicht genügen, aber trotzdem über eine genau spezifizierte Schnittstelle verfügen, können nach einer Schnittstellenanpassung in das Produktarchiv aufgenommen werden.

- Erzeugen ablauffähiger Produkte:
  Um archivierte Produkte mit möglichst geringem Aufwand prüfen zu können, müssen Programm-Code-Produkte leicht in eine ablauffähige Form gebracht werden können. Durch die automatische Generierung eines Modulrahmens kann der ausgewählte Modul interaktiv ausgeführt und mit Daten versorgt werden.

Das Produktarchiv kann auf mehrere Arten genutzt werden:

- Informationspool:
  Es wird verwendet, um sich mit neuen Problemen vertraut zu machen, d.h. es dient zur Information über verschiedene Lösungsmöglichkeiten ähnlicher Aufgabenstellungen. Der Benutzer verarbeitet in diesem Fall die Produkte nicht weiter, sondern nur die zugrundeliegenden Ideen und erstellt vollkommen neue Produkte.

- Übernahme von Produkten:
  Werden geeignete Teilprodukte im Produktarchiv gefunden, dann kann sie der Benutzer in seine private Entwicklungsbibliothek kopieren und in eigener Verantwortung damit weiterarbeiten. Die Übernahme von Produkten bezieht sich dabei nicht nur auf Programmcode, sondern auch auf Dokumente oder Teile von Dokumenten (Dokument-Moduln). In jedem Benutzerhandbuch wird z.B. die allgemeine Benutzerführung beschrieben. Diese Beschreibung kann dann in das Benutzerhandbuch eines neuen Produktes übernommen werden.

- Schnelle Prototyperstellung: siehe unten

Selbst bei gut ausgebauten und gefüllten Produktarchiven werden nicht 70% oder 80% vorhandener Teilprodukte in neuen Produkten Verwendung finden. Dazu ist das Produkt "Software" zu wenig normierbar und standardisierbar. Aber auch eine Wiederverwendbarkeit von 10% bis 20% verbessert die Wirtschaftlichkeit. Der Luxus der 100%igen Neuentwicklung jedes Produktes ist bald nicht mehr bezahlbar.

2.1.7.2 Schnelle Prototyperstellung

Software-Produkte werden oft an den Wünschen der Auftraggeber "vorbei entwickelt", weil der Kunde seine Vorstellungen nicht genau definieren kann oder seine Vorstellungen über das gewünschte System noch nicht konkret genug sind. Das Pflichtenheft allein reicht nicht aus, weil es den Benutzer nicht ausreichend über die reale Funktionsweise des Systems informieren kann. Besonders bei Software-Systemen mit intensiver Mensch-Maschine-Kommunikation ist es fast unmöglich vorauszusagen, was der Mensch wirklich mit dem System tun wird, wenn er es bekommt. Daher sollte ein entstehendes System frühzeitig simulierbar sein, so daß insbesondere die Mensch-Maschine-Kommunikation rechtzeitig geprüft werden kann. Eine Möglichkeit, frühzeitig ein simuliertes System bereitzustellen, besteht in der Erstellung eines Prototyps.

Mit Hilfe eines Prototyps, der die wesentlichen Funktionen des zu entwickelnden Systems enthält, hat der Auftraggeber die Möglichkeit im Umgang mit dem "fertigen" System seine Vorstellungen zu präzisieren und eventuell zu korrigieren.

Der Begriff Prototyp stammt aus dem Griechischen und bedeutet Urbild bzw. Vorbild. In der Technik bezeichnet er das vor der Serienherstellung erprobte erste Modell (z.B. eines Flugzeugs oder Autos).

> Im Rahmen der Software-Entwicklung bedeutet Prototyp ein funktionsfähiges Produkt, das bereits vor der Entwicklung des endgültigen Software-Produkts vorliegt (siehe auch /Standish 81/).

Die schnelle Erstellung eines Prototyps wird mit "Rapid Prototyping" /Standish 81/ bezeichnet.

Die Erstellung eines Prototyps kann der Entwurfsphase des Software-Entwicklungsprozesses zugeordnet werden. Das zu entwickelnde System wird während des Entwurfs in seine elementaren Strukturen zerlegt. Für die zentralen Systemkomponenten müssen im Rahmen der Prototyp-Erstellung "fertige" Bausteine aus dem Produkt-Archiv gewonnen und in die Struktur eingesetzt werden. Der auf diese Weise erstellte Prototyp enthält in der Regel redundante Teile, die sich negativ auf eine Speicher- und Laufzeiteffizienz auswirken. Da für die geschilderten Probleme aber nur die funktionalen Leistungen des Prototyps interessant sind, spielt das ineffiziente Laufzeit- und Speicherplatzverhalten keine Rolle.

Technisch kann eine Prototyp-Erstellung z. B. folgendermaßen realisiert werden:
Der Prototyp-Ersteller benötigt für seine Aufgabe ein Produktarchiv, in dem eine große Zahl von Moduln abgelegt ist. Diese Moduln führt er in eine ablauffähige Form über und verknüpft sie

mittels einer geeigneten Sprache für Rapid Prototyping zu dem gewünschten Prototyp.

Um eine schnelle Prototyperstellung zu realisieren, sind folgende Voraussetzungen zu schaffen:

- Alle Produkte (compilierte Moduln) des Produkt-Archivs müssen in eine ablauffähige Form überführt werden.

Nachdem ein Prototyp dem Auftraggeber vorgeführt wurde, sind u. U. neue und verbesserte Systementwürfe zu erstellen. Entspricht der Prototyp den Anforderungen, so beginnt nach einem Redesign die Implementierungsphase, in der das vollständige Software-System realisiert wird. Dabei ist es sinnvoll alle Moduln, die in den Prototyp integriert wurden, kritisch auf ihre Wiederverwendbarkeit zu prüfen.

Ausführlich wird dieses Thema in /Willmer 81/ behandelt.

Die Anwendung des Prinzips der Mehrfachverwendung bringt folgende Vorteile:
- Einsparung von Zeit und Kosten,
- Vermeidung von Mehrfachprogrammierung,
- geprüfte Ideen und Alternativen können als Anregungen aus dem Produktarchiv übernommen werden,
- fertiggestellte Teilprodukte (Programm-Moduln, Dokument-Modul) können in Neuentwicklungen transferiert werden,
- Prototypen können durch Einsatz und Kombination vorhandener Teilprodukte schnell erstellt werden.

Voraussetzung für die Realisierung dieses Prinzips ist allerdings die Einhaltung methodischer Randbedingungen sowie ein komfortables, integriertes Produktarchiv.

2.1.8 Prinzip der Standardisierung

Die Implikationen der industriellen Software-Entwicklung bewirken, daß
- viele Mitarbeiter an einem Produkt mitarbeiten,
- neue Mitarbeiter eingearbeitet werden müssen,
- eine projektbegleitende Qualitätskontrolle entstehende Produkte überprüft,
- ein anderer Personenkreis die Wartung sowie Modifikationen vornimmt,
- ein u. U. großer Benutzerkreis das Produkt anwendet.

Wenn jeder Projektmitarbeiter seinen eigenen Entwicklungs-, Programmier- und Dokumentationsstil anwendet, dann ist es für andere Personen äußerst schwierig und aufwendig, sich in das jeweilige Produkt einzuarbeiten. Außerdem ist das gesamte äußere Erscheinungsbild des Produktes uneinheitlich.

Um sowohl den Entwicklungsprozeß als auch das Produkt zu vereinheitlichen, ist eine mehr oder weniger starke Standardisierung notwendig.

Beispiel

Standardisiertes Gliederungsschema eines Pflichtenheftes:

Gliederung

1. Zielbestimmung
    1.1 Grenzkriterien
    1.2 Wunschkriterien
    1.3 Abgrenzungskriterien
2. Produkteinsatz
    2.1 Anwendungsbereiche
    2.2 Zielgruppen
3. Produktkonfiguration (Software, Hardware, Orgware)
4. Produkt-Umgebung (Produkt-Schnittstellen, Betriebsbeding.)
5. Produkt-Funktionen
    5.1 Funktion 1
    5.2 Funktion 2 usw.
6. Produkt-Leistungen
7. Benutzerschnittstelle
8. Qualitäts-Zielbestimmung
9. Globale Testfälle
    9.1 Testfall 1
    9.2 Testfall 2 usw.
10. Entwicklungs-Konfiguration (Software, Hardware, Orgware)
11. Ergänzungen

Durch eine solche vorgegebene Gliederung sieht jedes Pflichtenheft in seinem Grobaufbau gleich aus. Jeder, der ein Pflichtenheft lesen muß, weiß, was unter welchen Kapiteln zu verstehen ist.

Ein anderes Gliederungsschema für ein Pflichtenheft wird in /Kölsch, Ukhalkar 82, S.145 f./ angegeben. ■

Gegen die Standardisierung wird oft eingewandt, daß die individuelle Freiheit und Kreativität des Software- Entwicklers eingeengt wird. Das muß nicht unbedingt ein Widerspruch sein.

<u>Beispiel</u>

In blockstrukturierten Sprachen wie ALGOL und PASCAL ist es üblich, daß bei der Programmeingabe ineinandergeschachtelte Blöcke nach rechts eingerückt werden. Viele Programmierer haben ein individuelles Schema entwickelt, wie sie dieses Einrücken handhaben. Dieser Freiheitsspielraum sollte auch erhalten bleiben.
Auf der anderen Seite sind für eine externe Qualitätskontrolle Listings mit unterschiedlichem Layout schwer lesbar.
Als Lösung bietet sich der Einsatz eines Formatierwerkzeugs an, das für die Dokumentation, die nicht für den Programmierer selbst bestimmt ist, ein einheitliches Layout erzeugt. ■

Insgesamt sollten Standardisierungen nicht übertrieben, aber auch nicht vernachlässigt werden.

Das Prinzip der Standardisierung läßt sich erreichen durch:
- Einhalten überbetrieblicher Standards und Normen z.B. DIN-Normen,
- Festlegen firmenspezifischer Standards und Richtlinien,
- Einsatz von Software-Werkzeugen, die meist von sich aus Standards setzen.

Für die betriebliche Durchsetzung von Standards bieten sich vor allem Software-Werkzeuge an, da sie syntaktische Standards erzwingen, ohne daß eine zusätzliche Kontrolle nötig ist. Die manuelle Überprüfung von Standards und Richtlinien erfordert dagegen oft einen erheblichen Kontrollaufwand und führt bei den Betroffenen zu Akzeptanzproblemen.

Die Verwirklichung des Prinzips der Standardisierung bringt folgende Vorteile:
- Vereinheitlichung des Entwicklungsprozesses und der Software-Produkte.
- Einheitliches Erscheinungsbild von Dokumenten und Programmen.
- Verbesserung der Lesbarkeit.
- Erleichterung der Einarbeitung.

2.1.9 Zusammenfassung

Folgende allgemeine Prinzipien sollten bei der Entwicklung von Software-Produkten beachtet werden:

(1) Prinzip der Abstraktion
(2) Prinzip der Strukturierung
(3) Prinzip der Hierarchisierung
(4) Prinzip der Modularisierung
(5) Prinzip der Lokalität
(6) Prinzip der integrierten Dokumentation
(7) Prinzip der Mehrfachverwendung
(8) Prinzip der Standardisierung

Grundsätzlich sollte immer das folgende Prinzip beachtet werden:

(9) Prinzip der konstruktiven Voraussicht und methodischen Restriktion.

Viele dieser Prinzipien erscheinen trivial; die Schwierigkeit ihrer Anwendung liegt jedoch darin, daß sie wechselseitig stark miteinander verwoben sind und sich z. T. wechselseitig voraussetzen.
Hinzu kommt, daß Anforderungen an das Endprodukt Rückwirkungen auf die Anwendung der Prinzipien haben.
Außerdem läßt sich keine kausale Kette herleiten, die besagt, die Prinzipien müssen zeitlich in der Reihenfolge a,b,c angewandt werden.

In Abb. 2.1-11 wird versucht, die gegenseitigen Abhängigkeiten der Prinzipien in Form eines "Fachsystematischen Netzes" darzustellen.

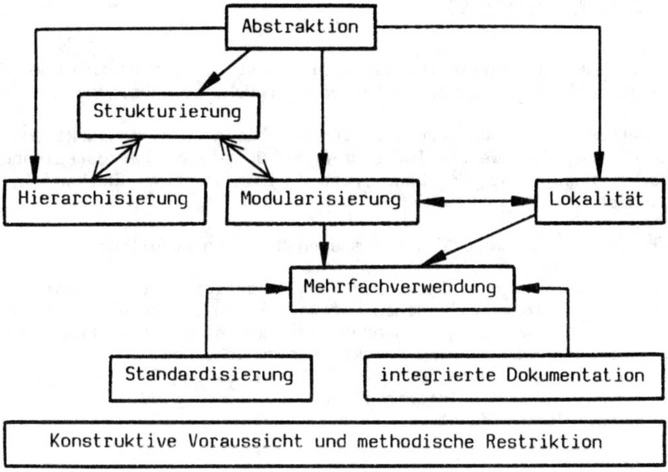

a <⟷ b: a entsteht aus b; b ergibt a
a ⟷ b: a steht in Wechselwirkung mit b
a ⟵ b: a setzt b voraus

Abb. 2.1-11: Fachsystematisches Netz der Prinzipien

Die hier aufgeführten Prinzipien gelten sicher nicht nur für den engen Bereich der Software-Entwicklung.

2.2 Allgemeine Methoden

Methoden der Software-Entwicklung dienen dazu, durchdachte Wege aufzuzeigen, um als Ziel ein Software-Produkt zu erhalten.

Die Methoden unterscheiden sich vom gewählten Ausgangspunkt der Entwicklung, d.h. welche Informationen über das herzustellende Produkt und seine Umgebung werden in welcher Reihenfolge verwendet.

Zwei wesentliche Anforderungen müssen Methoden erfüllen:

(a) Berücksichtigung des entwicklungsorientierten Vorgehens: Die einzelnen Teile eines Software-Produktes entstehen nicht von heute auf morgen, sondern zeitlich hintereinander. Eine Methode muß diesen Aspekt berücksichtigen, d.h. eine Methode, die davon ausgeht, daß zu einem Zeitpunkt alle Erkenntnisse und Informationen vorhanden sind, ist nicht entwicklungsadäquat.

<u>Beispiel</u>

Verwendet man für eine entwicklungsorientierte Methode PASCAL als Beschreibungssprache für Problemlösungen, dann stößt man auf Schwierigkeiten, da PASCAL keine entwicklungsorientierte Beschreibung erlaubt.
Die PASCAL-Philosopie geht davon aus, daß vor dem ersten Compilerlauf das vollständige Programm einschl. aller Prozeduren vorhanden ist. Beginnt man in PASCAL zunächst das Hauptprogramm zu schreiben, dann müssen später geschriebene Prozeduren jeweils zwischen bereits vorhandene Vereinbarungs- und Anweisungsteile eingeschoben werden, d.h. vorhandene Beschreibungseinheiten werden durch neue, zeitlich spätere Beschreibungseinheiten textuell ständig verändert. Die Beschreibungsstruktur von PASCAL unterstützt also keine entwicklungsorientierte Methodik (siehe auch /Henderson, Snowdon 74, S. 204/). ■

(b) Berücksichtigung der Reihenfolge der Entwicklungsentscheidungen:
Der Software-Entwicklungsprozeß erfordert ständig das Treffen von Entscheidungen. Mit jeder Entscheidung, die gefällt wird, wird der weitere Entwicklungsspielraum eingeengt. Eine gute Methodik zeichnet sich nun dadurch aus, daß sie Entscheidungen nur zu den Zeitpunkten verlangt, zu denen sie auch aus sachlicher Sicht sinnvoll überhaupt möglich sind. Das bedeutet auch, daß Entscheidungen, die erst spät getroffen werden können, von der Methodik auch erst zu einem späten Zeitpunkt gefordert werden.

<u>Beispiel</u>

Oft wird bereits zu einem sehr frühen Entwurfszeitpunkt von

der Methode her die Festlegung auf Wiederholungs- und Auswahlstrukturen verlangt. Solche Entscheidungen können aufgrund noch nicht vorhandener Informationen nicht begründet getroffen werden. Außerdem verlagern sie zu einem frühen Zeitpunkt den Schwerpunkt der Überlegungen auf Implementierungsdetails.

■

Die zwei allgemeinen Methoden der Software-Entwicklung, die "top-down"- Methode und die "bottom-up"-Methode, orientieren sich vorwiegend an dem Begriffspaar "abstrakt"/ "konkret", d.h. sie stehen in enger Verbindung mit dem Prinzip der Abstraktion (siehe 2.1.1).

Analog der Abb. 2.1-1 muß der Software-Entwicklungsprozeß dafür sorgen, daß durch das zu entwickelnde Software-Produkt die Benutzermaschine auf die Basismaschine abgebildet wird (Abb. 2.2-1).

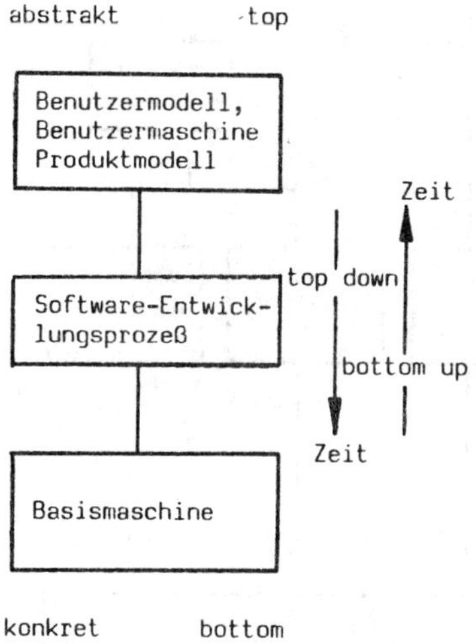

Da die Benutzermaschine das "höchste" abstrakte Niveau darstellt, sozusagen die "Spitze" der Abstraktion, wird sie als "top" bezeichnet. Demgegenüber wird die konkrete Basismaschine "Grund" oder "bottom" genannt. Dabei hat man die Vorstellung der "oben" befindlichen Benutzermaschine und der "unten" oder "tief" liegenden Basismaschine. Ausgangspunkt der "top-down"-Methode ist die Benutzermaschine; Startpunkt der "bottom-up"-Methode ist demgegenüber die Basismaschine.

Abb. 2.2-1: top-down versus bottom-up

Beide Methoden haben eine unterschiedliche Ausprägung je nachdem, ob sie in der Entwurfs- oder Implementierungsphase eingesetzt werden.

2.2.1 Die top-down-Methode

Bei der top-down-Methode wird ausgehend von den vorgegebenen Festlegungen der Benutzermaschine auf die Basismaschine hin entwickelt.

Beispiel

Ein Software-System zur Realisierung eines in einer Produktdefinition festgelegten "Weinhandlung-Systems" soll entworfen werden. Ausgangspunkt der top-down-Methode ist die funktionale Zerlegung der definierten Anforderungen nach software-technischen Gesichtspunkten.

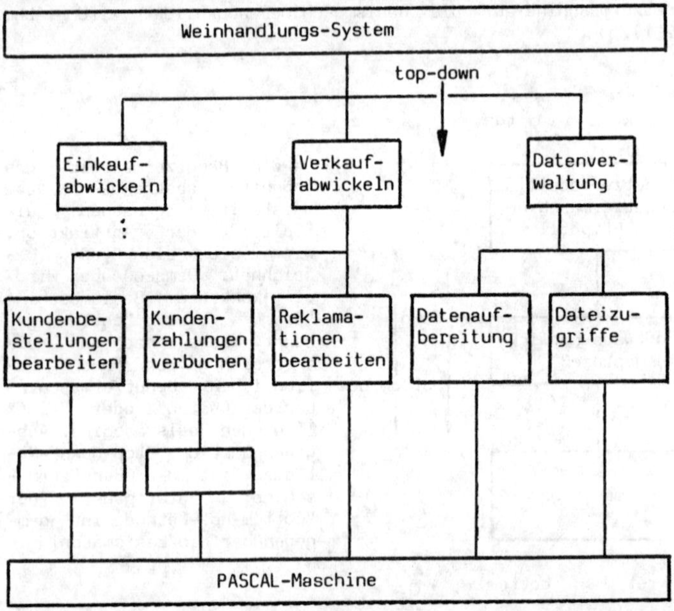

Abb. 2.2-2: Hierarchische Gliederung eines Weinhandlungs-Systems

Das System wird hier in die 3 Teilsysteme "Einkauf- abwickeln", "Verkauf-abwickeln" und "Datenverwaltung" unterteilt. Die jeweiligen Teilsysteme werden weiter unterteilt usw., bis eine Realisierung allein mit den Basisanweisungen der PASCAL-Maschine erfolgt. Die "Datenverwaltung" geht von komplexen Datenstrukturen und komfortablen Zugriffsmöglichkeiten aus. Erst "Datenaufbereitung" und "Dateizugriffe" transformieren die komplexen Datenstrukturen und Zugriffsoperatoren auf das Standardrepertoire von PASCAL.

■

In der Implementierungsphase kann man ein Problem analog "top-down" lösen.

Beispiel

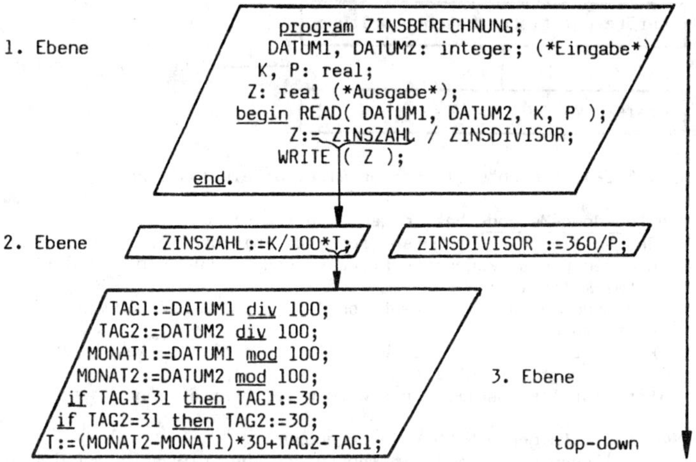

Abb. 2.2-3: Gliederung eines Programms in Abstraktionsebenen

Auf der 1. Ebene wird sich auf die Grobstruktur des Algorithmus konzentriert. Auf dieser Abstraktionsebene beschreibt die Formel Z: = ZINSZAHL / ZINSDIVISOR den Berechnungsmodus in ausreichendem Detail. ZINSZAHL und ZINSDIVISOR werden auf der nächsten Ebene dann weiter konkretisiert.

■

Bei der top-down-Methode kann man in zweierlei Weise vorgehen:
- Zerlegung in Ebenen (Ebenenhierarchie),
- Einführung von Zwischenschnittstellen und anschl. Abbildung der Schnittstellen aufeinander (Schichtenhierarchie).

Unter einer Ebene versteht man dabei eine Schnittstelle mit einem Satz von Funktionen, die man verwenden kann z. B. eine Sprachschnittstelle. Eine Schicht besorgt die Abbildung zwischen Schnittstellen z. B. durch einen Satz von Programmen. Sie wird auch als abstrakte Maschine bezeichnet.

Beispiel

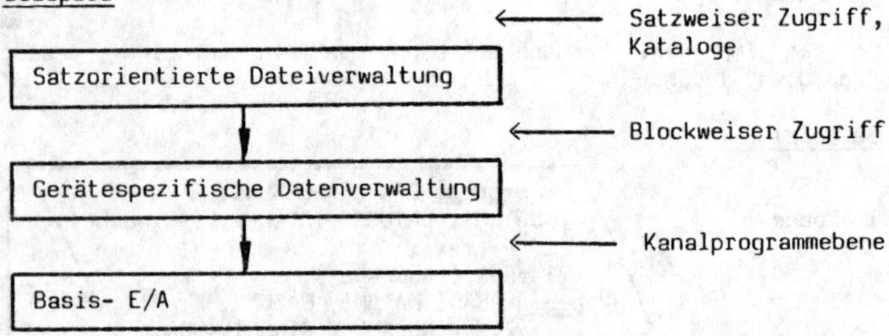

Abb. 2.2-4: Schichtengliederung einer Dateiverwaltung

■

Die top-down-Methode hat folgende Vorteile:
- Bei Vorliegen einer guten Produktdefinition ist man sicher, daß genau das gewünschte Produkt und nicht ein "ähnliches" entwickelt wird.
- Die Benutzermaschine steht von Anfang an im Mittelpunkt aller Überlegungen.
- Konzentration auf das Wesentliche möglich, keine "Überschwemmung" mit Details.
- Strukturelle Zusammenhänge werden leichter erkannt.

Dem stehen folgende Nachteile gegenüber:
- Es fließen u. U. implizit Kenntnisse über die Basismaschine in die Entscheidungen ein.
- Hohes Abstraktionsvermögen wird benötigt.
- Entscheidungen werden u. U. vor sich hergeschoben, d. h. unbequeme Entscheidungen werden an tiefere Ebenen weitergereicht. Erst bei der letzten Abbildung auf die Basismaschine stellen sich dann schwerwiegende Realisierungsprobleme heraus.
- Das "top" ist oft nicht eindeutig zu bestimmen.

2.2.2 Die bottom-up-Methode

Bei der bottom-up-Methode wird auf einer möglichst niedrigen, d. h. konkreten Ebene begonnen und auf die Benutzermaschine zuentwickelt. D. h. man beginnt mit den zur Verfügung stehenden Grundfunktionen und gelangt durch fortgesetzte Abstraktion zur Benutzermaschine.

Beispiel

Betrachtet man die Abb. 2.2-2, dann bedeutet die bottom-up-Methode, daß man zwar eine grobe Aufteilung in Teilfunktionen vornimmt, dann aber z. B. mit der Realisierung der Teilfunktion "Dateizugriffe" beginnt. Anschließend implementiert man die Datenaufbereitung und fügt dann beide Teilfunktionen zu der Funktion Datenverwaltung zusammen.

Bei Abb. 2.2-3 bedeutet dies analog, daß nach der Erkenntnis, daß für die Zinsberechnung die Zinstage ermittelt werden müssen, zunächst das Programm ZINSTAGE beschrieben wird. Anschließend wird dann erst überlegt, wie dieses Ergebnis in die Berechnung der Zinszahl integriert wird. ■

Die bottom-up-Methode besitzt folgende Vorteile:

- Konkrete Ausgangsbasis vorhanden.
- Begrenzung auf konkrete Teilgebiete möglich.

Dem stehen folgende Nachteile gegenüber:

- Übergeordnete Strukturen werden durch Details überdeckt.
- Es entsteht u. U. ein anderes als das gewünschte Produkt.
- Eine breite Basis muß gelegt werden, um sicher das Ziel zu erreichen.

Zusammenfassung

Beide grundlegenden Methoden haben ihre Vor- und Nachteile. Ihre Anwendung sollte daher nicht dogmatisch, sondern tendenziell gesehen werden.

Bei der Neuentwicklung von Software-Produkten sollte die top-down-Methode bevorzugt werden. In den seltensten Fällen betritt man bei einer Software-Entwicklung jedoch absolutes Neuland. Insbesondere wenn man die Möglichkeiten eines Produktarchivs extensiv ausnutzt (Informationspool, wiederverwendbare Teilprodukte, schnelle Prototyperstellung), ist es zumindest teilweise sinnvoll, bottom-up vorzugehen.

2.3 Die Planungsphase

Bevor mit der eigentlichen Entwicklung eines Software-Produktes begonnen werden kann, muß z. B. in Zusammenarbeit mit dem Marketing das Produkt zunächst geplant und kalkuliert werden.

Erst nachdem sich durch diese Voruntersuchung oder Durchführbarkeitsuntersuchung die ökonomische, technische und personelle Durchführbarkeit abzeichnet, wird die Entwicklung beschlossen. Kennzeichnend für eine solche Planungsphase ist also, daß am Ende prinzipiell eine Entscheidung über die weitere Vorgehensweise fällt. An dieser Phase sind zudem meist andere Personen beteiligt als an der eigentlichen Entwicklung.

Obwohl die Planungsphase wesentlicher Bestandteil einer Software-Entwicklung ist, werden die Ausführungen hierzu bewußt knapp gehalten, da die Schwerpunkte auf der Definitions- und Entwurfsphase liegen.

Die Tätigkeit "<u>Planen des Produktes</u>" beinhaltet u. a. folgende Einzelaktivitäten:

- Auswählen des Produktes
  - Trendstudien
  - Marktanalysen
  - Forschungsergebnisse
  - Kundenanfragen
  - Vorentwicklungen

- Voruntersuchung des Produktes
  - u. U. gezielte Ist-Aufnahme, wenn bereits Vorgängerprodukt vorhanden; anschl. Ist-Analyse.
  - Festlegen der Hauptfunktionen.
  - Festlegen der Hauptanforderungen.
  - Festlegen der wichtigsten Aspekte der Benutzerschnittstelle.
  - Festlegen der wichtigsten Qualitätsmerkmale.

- Durchführbarkeitsuntersuchung
  - Prüfen der technischen Durchführbarkeit (Verfügbarkeit geeigneter Entwicklungs- und Zielmaschine, softwaretechnische Realisierbarkeit usw.).
  - Prüfen alternativer Lösungsvorschläge.
  - Prüfen der personellen Durchführbarkeit (Verfügbarkeit qualifizierter Fachkräfte für Entwicklung, Wartung usw.).

- Prüfen der ökonomischen Durchführbarkeit
  - Wirtschaftlichkeitsrechnung
  - Kosten- und Terminschätzung (siehe 2.3.1)

Die Ergebnisse dieser Tätigkeiten münden in einen <u>Rahmenvorschlag</u>, der u. a. folgende Teildokumente enthält:
- Grobes Pflichtenheft,

- Funktionshandbuch mit Hauptfunktionen,
- Benutzerhandbuch mit Grundkonzepten der Benutzerschnittstelle bei interaktiven Produkten,
- Projektplan.

Die Tätigkeiten in der Planungsphase haben also das Ziel zu prüfen, ob ein Produkt hergestellt werden soll. Die sachliche Grundlage für diese Entscheidung bilden die Ergebnisse der oben aufgeführten Aktivitäten.

Die Einordnung der Planungsphase in das in 1.5 vorgestellte SEEM zeigt Abb. 2.3-1.

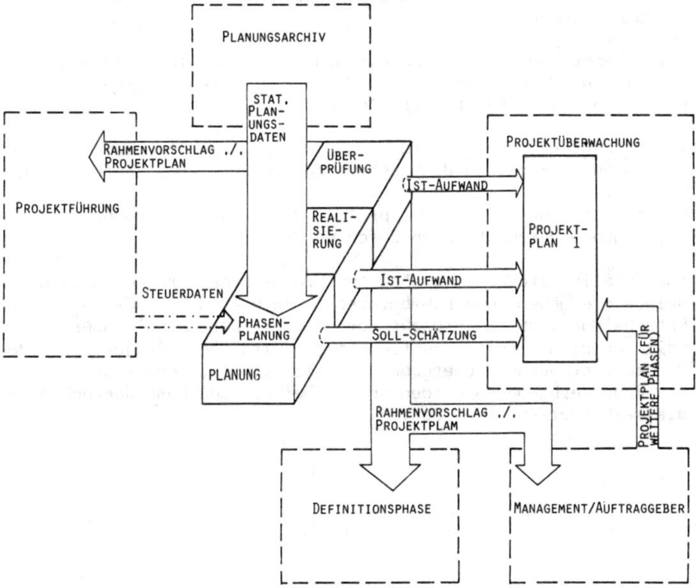

Abb. 2.3-1 : Modell der Planungsphase

In diesem Modell wird auf statistische Planungsdaten zugegriffen, die in einem projektübergreifenden Planungsarchiv vorliegen.

In der Phasenplanung wird das vorliegende Datenmaterial aus dem Planungsarchiv übernommen. Von der Projektführung kommen Vorschriften in Form von Richtlinien über Aufbau und Inhalt des Rahmenvorschlags sowie die darauf definierten Überprüfungen. Außerdem werden Werkzeuge zur Durchführung der Planungsphase bereitgestellt.

Alle diese Vorgaben von der Projektführung werden als Steuerdaten bezeichnet.

Bei der Realisierung werden die Planungsdaten mit den Werkzeugen bearbeitet und die verlangten Produkte erstellt.

Werkzeuge in der Planungsphase sind u. a.

- Netzplansysteme zur Erstellung, Verwaltung und Auswertung von tätigkeits- und personenbezogenen Netzplänen,
- Dokumentationssysteme zur Erstellung und Verwaltung von Handbüchern,
- Grafiksysteme zur Erstellung und Verwaltung von Balkendiagrammen, Histogrammen, Kreisdiagrammen,
- Hilfsmittel zur Erstellung und Verwaltung von Projekt- und Budgetplänen.

Der Aufwand, der für die Durchführung des Realisierungsschrittes benötigt wird, wird bestimmt und als Ist-Aufwandsdatum für die Planung an die Projektkontrolle übergeben.

Im Überprüfungsschritt wird entsprechend den gegebenen Richtlinien analysiert, ob die erstellten Produkte den Anforderungen genügen.
Halten die Produkte der Überprüfung nicht stand, dann muß die Planungsphase erneut durchlaufen werden.

Andernfalls werden die erstellten Produkte der Projektführung zur Ablage übergeben. Den Rahmenvorschlag erhält das Management zur Entscheidung, ob das Projekt durchgeführt werden soll oder nicht. Falls es sich positiv entscheidet, wird der Projektplan der Projektüberwachung übergeben. Pflichtenheft, Funktionshandbuch und Benutzerhandbuch werden an die Definitionsphase übergeben, wo sie weiterverwendet werden.

2.3.1 Kalkulationsmethoden

Die Entwicklung eines Software-Produktes soll wirtschaftlich sein.

Die Art der Wirtschaftlichkeitsberechnung hängt davon ab, ob ein Software-Hersteller für einen anonymen Markt Produkte entwickelt oder ob ein Produkt für einen bestimmten Auftraggeber hergestellt wird.

Bei der Entwicklung eines Standard-Produktes für den anonymen Markt, ist es Aufgabe des Marketings, die potentiellen Absatzchancen abzuschätzen und einen marktgerechten Preis festzulegen. Die Wirtschaftlichkeit des Produktes ergibt sich aus folgender Gleichung:

Erlös bzw. Verlust = Preis * geschätzter Menge - Entwicklungskosten.

Wird ein Produkt für einen individuellen Auftraggeber hergestellt, dann müssen auf der Seite des Auftragnehmers nur die Kosten ermittelt werden. Kosten und Gewinnspanne ergeben dann den Verkaufspreis.

Jeder Käufer eines Produktes muß für sich selbst eine volle Wirtschaftlichkeitsrechnung durchführen, um die Wirtschaftlichkeit des Produkteinsatzes zu ermitteln.

Aus der Sicht des Software-Herstellers bzw. des Auftragnehmers werden die Kosten eines Software-Systems im wesentlichen durch die Entwicklungskosten bestimmt.
Den Hauptanteil der Entwicklungskosten bilden die Personalkosten. Die zweite, weit geringere Kostengröße ist die erforderliche Maschinenzeit für die Produktentwicklung. Die Kosten für andere Dienstleistungen, Büromaterial, Druckkosten, Dokumentation, Reisekosten usw. sind im Verhältnis zu den Personalkosten bedeutungslos.

Um die Entwicklungskosten schätzen zu können, wurden Kalkulationsmethoden zur Kosten- und Terminschätzung entwickelt.

Alle Modelle basieren auf dem geschätzten Umfang des zu erstellenden Software-Produktes in Lines of Code (LOC).

Bei höheren Sprachen werden z. B. alle Vereinbarungs- und Anweisungszeilen (ohne Kommentare) geschätzt, bei der Assembler-Programmierung entspricht eine Zeile einer Anweisung oder einer Datendefinition (z. B. DC oder DS).

Im einfachsten Fall wird dann der geschätzte Umfang durch einen Erfahrungswert für die Programmierproduktivität (in LOC) eines Mitarbeiters pro Jahr oder Monat geteilt. Daraus erhält man einen geschätzten Aufwand in Mannjahren oder Mannmonaten. Um Urlaubs-

und sonstige Fehlzeiten zu berücksichtigen, wird i.a. ein Mannjahr 10 Mannmonaten gleichgesetzt.

Wird der so ermittelte Aufwand noch durch die nach der Terminvorgabe zur Verfügung stehende Entwicklungszeit geteilt, dann erhält man theoretisch die Zahl der für das Projekt einzusetzenden, parallel arbeitenden Mitarbeiter.

Eine Reduktion des Kalkulationsmodells auf die Faktoren Produktumfang und Mitarbeiterproduktivität stellt natürlich ein sehr grobes Raster dar. Hinzu kommt, daß selbst diese Faktoren mit einem großen Unsicherheitsfaktor belastet sind.

Die Schätzung des Produktumfangs wird mehr oder weniger intuitiv vorgenommen, wobei vorwiegend auf Erfahrungen zurückgegriffen wird.

Bei kleineren Projekten und vertrautem Anwendungsgebiet sind solche Schätzungen noch hinreichend genau, bei größeren Projekten und neuartigen Produkten sind sie jedoch sehr problematisch.

Ursprünglich wurde angenommen, daß die Mitarbeiterproduktivität im Software-Bereich konstant ist. Untersuchungen zeigten jedoch eine große Produktivitätsbandbreite in Abhängigkeit von

- der verwendeten Software-Technologie:
  - verwendete Programmiersprache (Die Produktivität wurde bis zu 500% durch Einsatz höherer Programmiersprachen gegenüber Assemblersprachen verbessert /Brooks 75, S. 94/).
  - verwendete Entwicklungsmethoden.
  - verwendete Organisationsform (Durch Einsatz des Chef-Programmierer-Teams (siehe 4.6.1) wurden 50% der geschätzten Kosten und 25% der geschätzten Zeit eingespart /Baker 72/. Eine kommunikationsintensive Organisationsform reduziert die Produktivität oft erheblich (siehe 4.2)).
  - Rechnerzugang (Bis zu 20% höhere Produktivität durch Dialog anstelle von Stapelbetrieb /Boehm 73/).

- den individuellen Fähigkeiten:
  - Qualifikation.
  - Vertrautheit mit dem Problem, der Programmiersprache, dem Rechner.
  - psychologische Faktoren wie persönliches Wohlbefinden, Harmonie oder Disharmonie mit den Mitarbeitern und Vorgesetzten.

- der Problemkomplexität:
  - Anwendungsbereich (kaufmännisch, systemnah, Echtzeit).
  - Schwierigkeitsgrad (leicht, mittel, schwer).
  - Innovationsgrad.

Diese vielfältigen Einflußfaktoren führen zu beträchtlichen statistischen Schwankungen der individuellen Mitarbeiterleistung.

Um zu quantitativen und fundierteren Ansätzen zu gelangen, wurden bis heute ungefähr 20 Modelle zur Kostenkalkulation von Software entwickelt, die eine ganze Reihe von relevanten Faktoren berücksichtigen.

Die meisten Kosten-Modelle wurden induktiv von Daten abgeleitet, die in durchgeführten Projekten gesammelt wurden. Die verschiedenen Modelle verwenden unterschiedliche Parameter zur Kosten- und Terminschätzung.

Folgende Faktoren- und Attributgruppen werden häufig in Kostenmodellen verwendet:

(1) Systemumfang
- Anzahl geschätzter LOCs im fertigen System (Maschinenbefehle oder Assemblerbefehle oder Quellprogramm-Anweisungen in höheren Sprachen).

(2) Systemkomplexität
- Schwierigkeitsgrad des Systems (leicht, mittel, schwer).
- Komplexität der Schnittstellen.
- Innovationsgrad des Systems (Vertrautheit mit dem Problem, der Hardware, der Software).
- Hardware-Software-Schnittstellen.
- Anzahl benötigter Dateien und Anwendungsprogramme.
- Programmstruktur.
- Personalaufwand pro Phase.
- Zeitaufwand pro Phase.

(3) Programmtyp
- Anwendungstyp (kaufmännisch/nicht-kaufmännisch).
- Programm-Kategorie (siehe 2.3.1.1).
- Echtzeit/nicht Echtzeit.

(4) Dokumentation
- Umfang der Dokumentation in Seiten.
- Anzahl unterschiedlicher Dokumentarten.

(5) Environment
- Entwicklungs-Environment.
- Neuer oder alter Computer.
- Anzahl der Terminal-Arbeitsplätze.
- Benutzte Programmiersprache.
- Speicherbeschränkungen.
- Geschwindigkeit und Speicherkapazität des Computers.
- Dialog- oder Stapelverarbeitung.
- Vertrautheit der Mitarbeiter mit der Sprache, dem Compiler usw.
- Programmiererfahrung der Mitarbeiter in Jahren.
- Kontinuität des Personals.
- Anzahl der räumlich verteilten Entwicklungsorte.
- Produktivität der Mitarbeiter (LOC/Zeiteinheit).

Alle Modelle vor 1974 berücksichtigen keinerlei Qualitätsmerkmale für das Endprodukt. Auch jüngere Modelle benutzen die Qualität nicht explizit, sondern nur indirekt in Verbindung mit der Entwicklung. Kostenmodelle nach 1974 berücksichtigen besonders die Programmstruktur einschl. der Schnittstellen und die verwendete Programmiersprache.

Um 12 Kostenmodelle zu vergleichen, berechnete /Mohanty 81/ Zeit und Kosten für ein hypothetisches Projekt (36 000 LOC sowie weitere Annahmen).

Der Vergleich erbrachte folgende Ergebnisse:
Die niedrigsten und die höchsten Kosten stehen in der Relation 1:7,6.
Die kürzeste und die längste Entwicklungszeit stehen in der Relation 1:1,9.

Obwohl die geschätzten LOC als auch die Kosten pro Anweisung für alle Modelle gleich sind, variieren die Ergebnisse doch erheblich. Die Hauptursache der Unterschiede liegt in den verschiedenen Entwicklungsumgebungen. Jedes Modell basiert auf einer Kostengrundlage, die eine spezielle Firmenumgebung widerspiegelt. Diese Kostenbasis reflektiert die speziellen Problemarten, die Arbeitsweise der Firma sowie die Managementpraktiken.

Die zweite Ursache hängt mit der Qualität des Endproduktes zusammen. Da Qualitäts-Merkmale bisher in den Kostenmodellen nicht explizit verwendet werden, variieren die Kostenmodelle durch die Qualitätsunterschiede der erstellten Produkte. Werden in einer Firma nur hochwertige Produkte hergestellt (z. B. sicherheitsrelevante Software-Systeme), dann verursacht die Qualitätssicherung Kosten, die sich in der Produktivität und damit in der Kostenbasis niederschlagen. Eine Firma mit Produkten durchschnittlicher Qualität hat dementsprechend eine niedrigere Kostenbasis.

Zusammenfassend lassen sich folgende Feststellungen treffen:

- Es gibt heute ungefähr 20 verschiedene Kostenmodelle, um Kosten, Zeit und Personal eines Software-Projektes zu schätzen (siehe auch /Monanty 81/).
- Jedes Modell benutzt unterschiedliche Faktoren zur Berechnung.
- Kein Modell schätzt die Kosten firmenunabhängig mit ausreichender Genauigkeit.
- Die Kalkulationsergebnisse variieren vor allem wegen der unterschiedlichen Entwicklungsumgebungen und der nicht ausreichenden quantitativen Berücksichtigung von Qualitäts-Merkmalen.
- Die Mitarbeiterproduktivität ist nicht konstant, sondern schwankt statistisch in Abhängigkeit von einer Vielzahl von Faktoren.
- Obwohl die Kalkulationsergebnisse noch ungenau sind, ist eine unsichere Schätzung immer noch besser als gar keine.
- Jede Kalkulation sollte zu einer optimistischen, einer wahrscheinlichen und einer pessimistischen Schätzung führen, damit die Risikobreite deutlich sichtbar wird.

Um zu ausreichend genauen Schätzungen innerhalb einer Firma zu gelangen, ergibt sich aus den Feststellungen als Konsequenz, daß systematisch detaillierte Aufwandsdaten bei laufenden Projekten gesammelt werden müssen. Dadurch entsteht im Laufe der Zeit eine breite empirische Datenbasis, auf die bei neuen Projekten zurückgegriffen werden kann.

Exemplarisch werden im folgenden noch zwei Kostenmodelle näher erörtert.

2.3.1.1 Das Wolverton-Modell

Nach /Wolverton 74/ beruhen nahezu alle Schätzverfahren auf einer Kombination von zwei oder mehreren der folgenden Schätzmethoden:

(a) top down-Schätzung:

Die Kostenschätzung eines neuen Projektes (vollständig oder teilweise) wird auf der Grundlage bekannter Kosten von abgeschlossenen Projekten vorgenommen. Die Vergangenheitsdaten zusammen mit begründeten Annahmen oder mit Intuition werden zur neuen Kostenschätzung verwendet. Das Risiko solcher Schätzungen besteht vor allem darin, daß spezielle oder schwierige technische Probleme übersehen werden, die mit dem zu schätzenden Projekt verbunden sind.

(b) Ähnlichkeits- und Differenzen-Schätzung:

Die durchzuführenden Aufgaben werden soweit aufgegliedert, daß Ähnlichkeiten und Differenzen gegenüber vorangegangenen Projekten festgestellt werden können. Arbeitseinheiten, die nicht vergleichbar sind, werden separat nach einer anderen Methode geschätzt.

(c) Verhältnis-Schätzung:

Die Schätzung basiert auf relevanten Koeffizienten oder Verhältniswerten, die innerhalb gewisser Grenzen invariant gegen Projektspezifika sind. Ein Modul wird durch die Anzahl der ausführbaren Befehle, durch seinen Typ sowie seine relative Komplexität charakterisiert. Daten vergangener Projekte werden in einer geeigneten Kostenmatrix zusammengestellt, die die Kosten pro Befehl in Abhängigkeit vom Typ der Software und der relativen Komplexität angibt. Andere empirisch hergeleitete Verhältniswerte können benutzt werden, um z. B. die benötigte Rechnerzeit in Abhängigkeit vom Rechnertyp und der Rechnergeschwindigkeit zu ermitteln.
Diese Methode ist einfach, schnell, bequem und in der vorgesehenen Umgebung brauchbar. Voraussetzung für ihre Anwendung ist jedoch eine validierte Kosten-Datenbasis für viele Schätzsituationen (kommerziell versus wissenschaftlich, Echtzeit versus Nicht-Echtzeit).

(d) Schätzung nach Standardwerten:

Die Schätzung basiert auf Standardwerten für die Leistung, die systematisch entwickelt wurden. Diese Standardwerte werden als stabile Referenzpunkte benutzt, an denen das neue Projekt kalibriert werden kann. Viele ausgereifte Industriezweige wie Fabrikation und Konstruktion benutzen routinemäßig diese Methode. Sie ist ausreichend genau, wenn dieselben Tätigkeiten wiederholt ausgeführt werden und gute Aufzeichnungen darüber verfügbar sind. Der Nachteil ist, daß ähnliche Software-Projekte nicht oft genug wiederholt werden.

(e) bottom up-Schätzung:

Die komplette Aufgabe wird in relativ kleine Arbeitspakete und Arbeitseinheiten aufgebrochen. Die Aufteilung wird solange fortgesetzt, bis ziemlich klar ist, welche Schritte und Qualifikationen zum Erledigen jeder Aufgabe benötigt werden. Für jede Aufgabe werden dann die Kosten geschätzt. Der Vorteil dieses Verfahrens ist es, daß die Kosten durch diejenigen geschätzt werden können, die die Aufgabe später auch ausführen. Die Schwierigkeit besteht jedoch darin, aus den Einzelkosten die Gesamtkosten richtig herzuleiten. Daher wird oft eine top down-Schätzung zur Kontrolle vorgenommen. Der Nachteil der bottom up-Schätzung liegt darin, daß die Schätzkosten hoch sind, da erst ein detaillierter Entwurf vorgenommen werden muß.

Seit 1970 verwendet TRW einen Software-Kostenschätzungs-Algorithmus, der im folgenden kurz skizziert wird:

Das Modell basiert auf der Annahme, daß die Kosten linear proportional dem Produktumfang in Maschinenbefehlen sind. Den vereinfachten Datenfluß des Schätzverfahrens zeigt Abb. 2.3-2.

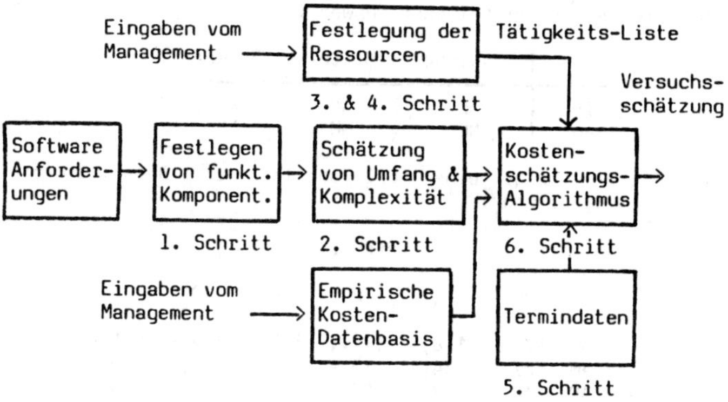

Abb. 2.3-2: Datenfluß des TRW-Kostenmodells
(vergl. /Wolverton 74, S.627/)

Das Schätzverfahren läuft in folgenden Schritten ab:

1. Schritt: Kategorisierung der Software-Komponenten

Die Funktions-Komponenten, die im vorläufigen Entwurf (preliminary design, 3. Entwicklungsphase im TRW- Phasenkonzept) festgelegt wurden, werden in folgende Kategorien eingeteilt:

C: Kontroll-Komponente, die den Kontrollfluß steuert und nicht zeitkritisch ist.
I: E/A-Komponente, die den Datentransport in den oder aus dem Computer erledigt.
P: Pre- oder Postalgorithmus-Komponente, die die Daten für die nachfolgende Verarbeitung oder für die Ausgabe aufbereitet.
A: Algorithmus, der logische oder mathematische Operationen ausführt.
D: Datenverwaltungs-Komponente
T: Zeitkritische Komponente, die aus hochgradig optimiertem, maschinenabhängigem Code besteht.

Diese Kategorien basieren auf Experimenten. Für jede Kategorie liegen signifikante Kosten pro Instruktion fest (CPI).

2. Schritt: Umfangs- und Komplexitätsschätzung

Software-Komponenten können entweder aus einer Software-Bibliothek übernommen und modifiziert oder angepaßt werden. Oder sie erfordern im anderen Extremfall neue Techniken, die ein hohes technologisches Risiko darstellen.

Bei der Schätzung wird ein Risiko- oder Komplexitätsfaktor vergeben, der davon abhängt, ob die Komponente übernommen werden kann (alt) oder neu entwickelt werden muß (neu) und ob die Komponente leicht, mittel oder schwer ist:

	Leicht	Mittel	Schwer
Alt	AL	AM	AS
Neu	NL	NM	NS

Tabelle 2.3-1 zeigt eine CPI-Tabelle mit Beispielswerten /Wolverton 74, S. 630/.

		Kategorie					
		C	I	P	A	D	T
	AL	$21,-	$18,-	$17.,-	$15,-	$24,-	$75,-
	AM	27,-	24,-	23,-	20,-	31,-	75,-
Schwierigkeitsgrad	AS	30,-	27,-	26,-	22,-	35,-	75,-
	NL	33,-	28,-	28,-	24,-	37,-	75,-
	NM	40,-	35,-	34,-	30,-	46,-	75,-
	NS	49,-	43,-	42,-	35,-	56,-	75,-

Tab. 2.3-1: Kosten pro Befehl in Abhängigkeit von der Kategorie und dem Schwierigkeitsgrad (Beispielwerte)

Besteht beispielsweise eine Komponente, die neu entwickelt werden muß und von mittlerem Schwierigkeitsgrad ist (NM), aus 1000 ausführbaren Anweisungen, die die Eingabedaten für den Hauptalgorithmus aufbereiteten (Kategorie P), dann kostet die Komponente für den Käufer $ 34 000,-. Diese Kosten beinhalten alle Entwicklungsaktivitäten.

<u>3. Schritt: Kostenaufteilung auf die Entwicklungsphasen</u>

Die geschätzten Gesamtkosten werden auf die einzelnen Entwicklungsphasen aufgeteilt.

Folgende Verteilung hat sich in der Praxis bewährt:
- Analyse und Entwurf: 42 %
- Codierung und Fehlerbeseitigung: 21 %
- Testen: 37 %

<u>4. Schritt: Tätigkeitsfestlegung für jede Phase</u>

Die in jeder Phase durchzuführenden Tätigkeiten werden durch eine Tätigkeits-Liste und eine zugeordnete Kostenmatrix festgelegt.

<u>5. Schritt: Festlegung der Termine</u>

Die Termine, basierend auf Kundenwünschen oder anderen Managementüberlegungen, werden festgelegt. Gemeinkosten-Sätze und Personalkosten werden bestimmt.

<u>6. Schritt: Ausführung des Kostenschätzungs-Algorithmus</u>

Die ersten 5 Schritte dienen zur Vorbereitung. Der Kostenschätzungs-Algorithmus liefert mit diesen Eingabewerten folgende Ergebnisse:

- Kosten pro Komponente basierend auf alten oder angenommenen Gemeinkosten.
- Durchschnittliche Kosten pro Befehl, Anzahl der Befehle, Kategorie.
- Benötigte Computerzeit pro Komponente.
- Graphische Ausgabe der Termine und Meilensteine.
- Kosten pro Entwicklungsphase und Komponente.
- Kosten pro Tätigkeit, pro Komponente, summiert über alle Komponenten und summiert pro Phase.
- Personalkosten pro Monat pro Mitarbeiterkategorie.
- Computerzeit pro Monat.
- Kosten pro Monat und kumulierte Kosten.

Diese Ergebnisse dienen als Versuchs-Schätzung. Die Schätzung wird nochmals mit anderen Daten verglichen und in Bezug zu den Projekt-Zielen gesetzt.

Die Ergebnisse werden als Daten für spätere Schätzungen und für spätere Kosten-Rechtfertigungen aufbewahrt.

Diese Kostenschätzungs-Methode hat folgende Vorteile:

- Die geforderte Datenmenge für die Schätzung ist gering.
- Die Kostenkonsequenzen, die sich aus dem vorläufigen Entwurf ergeben, sind sofort sichtbar.
- Läßt sich eine Komponente direkt mit einer Anforderung verknüpfen, dann lassen sich der entsprechenden Produktanforderung direkt die entsprechenden Kosten zuordnen.
- Vergleiche mit alternativen Terminen und Ressourcenzuordnungen sind schnell möglich.
- Eine Kostenrechtfertigung ist möglich.

Das ESD-Modell /Air Force 75/ entspricht weitgehend dem Wolverton-Modell, außer daß die LOC Quellzeilen und nicht Maschinenbefehle sind. Eine Quellzeile ist äquivalent mit einer bis drei Maschinenbefehlszeilen.
/Nelson 76/ hat ein verfeinertes Wolverton-Modell vorgeschlagen. Die Programmstruktur (Moduln und ihre Schnittstellen) und die Entwicklungsumgebung (Verfügbarkeit von Werkzeugen und Computern) werden in die Kostenschätzung einbezogen. Dieses Modell wird z. Z. validiert.
Ein vereinfachtes Wolverton-Modell wird von /James 77/ beschrieben.

2.3.1.2 Das Putnam-Modell

Das Putnam-Modell /Putnam, Fitzsimmons 79/ basiert auf den empirischen Beobachtungen von Aron. /Aron 69/ stellte fest, daß der für ein umfangreiches System benötigte Personalaufwand graduell ansteigt, einen Höhepunkt erreicht und dann auf Null abfällt. Der Höhepunkt liegt in der Nähe der Systemtestphase.

Fünfjährige empirische Untersuchungen mehrerer hundert mittelgroßer und großer Software-Projekte haben ergeben, daß sich der Personalaufwand in Abhängigkeit von der Entwicklungs- und Wartungszeit wie eine Rayleigh-Kurve verhält.

Typisch ist, daß z. B. 90% des Projektes in 2/3 der Gesamtzeit fertiggestellt sind. Die restlichen 10% benötigen 1/3 der Zeit. Dies erklärt die lange Verzögerung bis zum Abschluß eines Projektes.

Eine Rayleigh-Kurve, die es ermöglicht, den Personalaufwand y' zu einem Zeitpunkt t zu bestimmen, wird durch folgende Gleichung beschrieben:

$$y' = K/td^2 * t * \exp(-t^2 / 2\, td^2)$$

y' = Personalaufwand zum Zeitpunkt t (in Mannjahren)
K = Gesamter Personalaufwand für den Software Life Cycle (in Mannjahren)
td = Entwicklungszeit (ohne Wartung & Pflege),

In diesem Modell wird das Ende der Entwicklungszeit gleichgesetzt mit dem Zeitpunkt des höchsten Personalbedarfs.
Ein Beispiel für eine solche Rayleigh-Kurve zeigt Abb. 2.3-3. Die eigentliche Projektentwicklung beginnt zum Zeitpunkt 0. Vorher wird jedoch das System definiert (SYSTEMS DEFINITION) und es findet ein funktionaler Entwurf und eine Spezifikation statt (FUNCTIONAL DESIGN, SPECIFICATION). Zu den Zeitpunkten 1, 2 und 3 erfolgt jeweils eine Umfangsschätzung des Systems.

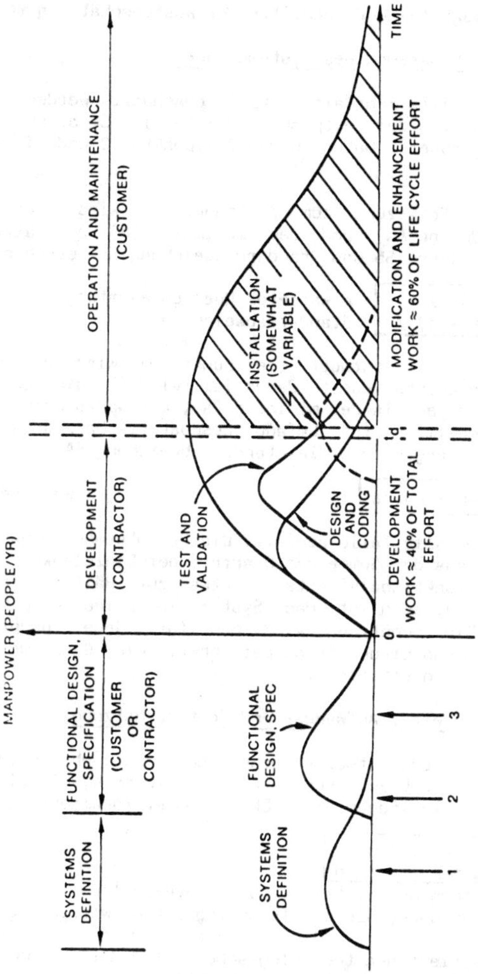

Abb. 2.3-3: Personalaufwand in Abhängigkeit von der Entwicklungszeit dargestellt als Rayleigh-Kurve /Putnam, Fitzsimmons 79, S.194/

Um die Rayleigh-Gleichung auswerten zu können, müssen der gesamte Personalaufwand K und die Entwicklungszeit td bekannt sein. Beide Größen können nur bestimmt werden, wenn der Umfang des Systems ermittelt ist.

Putnam schlägt folgende Schritte zur Kostenschätzung vor:

1. Schritt: Schätzung des Systemumfangs

Der Umfang sollte mehr als einmal geschätzt werden. Nach der ersten Schätzung zum Zeitpunkt 1 sollte die Schätzung nach dem Vorliegen genauerer Daten zu den Zeitpunkten 2 und 3 verfeinert werden.

In der 1. Schätzung zum Zeitpunkt 1 wird der minimale Quellcode-Umfang (a) und der maximale (b) geschätzt. Daraus werden Mittelwert SS und Standardabweichung SA berechnet:

SS = (a + b) /2	erwarteter Quellcode-Umfang
SA = abs (b - a) /6	Standardabweichung

Beim funktionalen Entwurf (Zeitpunkt 2) wird das System in Teilsysteme untergliedert. Jedes Teil wird für sich geschätzt. Jetzt werden jeweils der minimale (a), der wahrscheinlichste (m) und der maximale (b) Umfang geschätzt. Daraus werden der erwartete Umfang Ei und die Standardabweichung SA berechnet:

Ei = (a + 4m + b) /6	erwarteter Umfang

Ei wird über alle Teile addiert. Die Gesamtstandardabweichung ist die Wurzel aus der Summe der Quadrate der Einzelabweichungen. Wenn der funktionale Entwurf etwa zur Hälfte fertig ist (Zeitpunkt 3), dann ist das System in seine Hauptkomponenten zerlegt. Die Schätzung wird nun für jede Hauptkomponente vorgenommen und Ei und SA ausgerechnet. Die Gesamtwerte werden analog wie oben ermittelt.

2. Schritt: Zeit-, Aufwands- und Kostenschätzung

Putnam hat durch theoretische und empirische Untersuchungen festgestellt, daß zwischen Umfang S, Aufwand K, Entwicklungszeit td und technologischem Stand Ck folgender Zusammenhang besteht:

$$S = Ck * K^{1/3} * td$$

S = Umfang des Systems in Quellcode-Zeilen
Ck = Konstante, die den Technologiestand widerspiegelt.

Ck repräsentiert den technologischen Stand der Organisation und wird durch folgende Faktoren bestimmt:
- Einsatz moderner Methoden,
- verwendete Programmiersprache,
- Entwicklungsumgebung,
- Entwicklungsmaschine u. a.

Abb. 2.3-4 zeigt eine graphische Darstellung dieser Gleichung. Anstelle des Gesamtaufwandes K wurde der Entwicklungsaufwand DE eingetragen. Bei großen Projekten gilt ungefähr DE = 0,4 K. Die Linie mit der Bezeichnung "Grenzwert" gibt die minimale Zeit an,

in der ein System entwickelt werden kann. Der Bereich unterhalb dieser Linie kennzeichnet undurchführbare Entwicklungen. Beispielsweise ist es nicht möglich, ein System mit 200 000 LOC in weniger als 2 1/2 Jahren zu entwickeln. Es gibt andere Grenzbedingungen, die vom Typ des Systems abhängen. Die eingezeichnete Grenzlinie gilt für die Neuentwicklung eines "standalone" Systems.
Die absoluten Werte variieren von Organisation zu Organisation und sogar zwischen Projekten der gleichen Organisation.

Ck kann anhand vergangener Projekte kalibriert werden. Der hier verwendete Wert von Ck = 10040 repräsentiert eine durchschnittliche Entwicklungstechnologie.

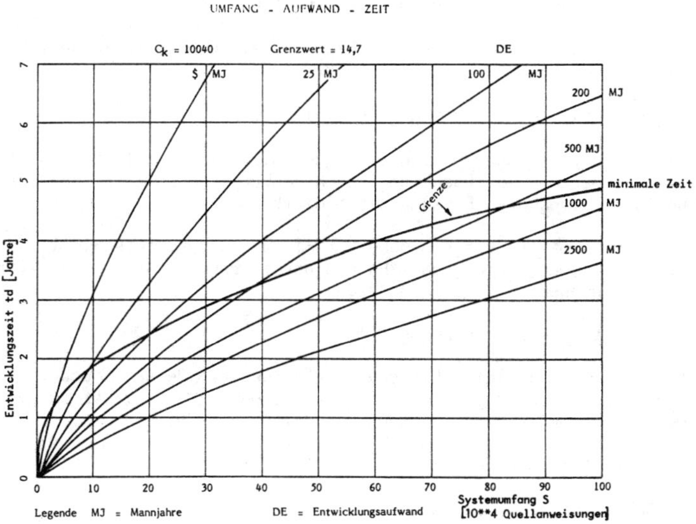

Abb. 2.3-4: Abhängigkeiten zwischen Umfang, Aufwand und Zeit (vergl. /Putnam, Fitzsimmons 79, S.172/)

Abb. 2.3-4 zeigt ebenfalls, daß bei längerer Entwicklungszeit die relativen Kosten bezogen auf den Systemumfang sinken. Umgekehrt bedeutet dies natürlich, daß bei Terminverkürzungen die Kosten drastisch ansteigen. Die geschätzten Mannjahre multipliziert mit den Personalkosten pro Jahr ergeben die Gesamtkosten.

3. Schritt: Simulation und Risiko-Analyse

Da alle Berechnungen auf unsicheren Daten beruhen, wird eine Simulation und Risiko-Analyse vorgenommen.

Als Simulationsmethode wird die Monte Carlo Simulation verwendet:

- Der Wertebereich und die wahrscheinliche Verteilung der wichtigsten Eingabedaten werden geschätzt:
  - Umfang,
  - Schwierigkeitsgrad,
  - durchschnittliche Personalkosten.
- Für jeden Faktor werden Zufallszahlen ausgewählt, die Werte werden kombiniert und daraus Zeit, Aufwand und Kosten ermittelt.
- Die Werte werden mehrere tausendmal berechnet, um die wahrscheinliche Verteilung zu erhalten.

Die Ergebnisse können für eine Risiko-Analyse benutzt werden. Sie zeigen, welche Daten sensitiv sind.

4. Schritt: Ermittlung einer optimalen Lösung

Mit Hilfe der linearen Programmierung wird eine Zielfunktion z. B. die Kosten unter Beachtung von Nebenbedingungen z. B. der Zeit und des verfügbaren Personals optimiert.

Eine nacheinander vorgenommene Optimierung nach unterschiedlichen Zielfunktionen zeigt den Handlungsspielraum auf, der für Entscheidungen zur Verfügung steht.

5. Schritt: Personalplanung

Mit Hilfe der Rayleigh-Gleichung kann nun der Personalbedarf in Abhängigkeit von der Zeit ermittelt werden. Multiplikation mit den Personalkosten ergibt dann die Kosten pro Zeiteinheit.

Diese Kostenschätzungs-Methode hat folgende Vorteile:

- Schrittweise Verfeinerung der Schätzwerte.
- Risikoanalyse durch Einsatz von statistischen Methoden und Simulationsmethoden.
- Optimierung durch Lineare Programmierung.

2.3.2 Werkzeuge der Planung

Die einzelnen Tätigkeiten der Software-Entwicklung müssen zeitlich und personell geplant sowie kontrolliert werden.

Netzpläne und Balkendiagramme dienen als Hilfsmittel der Planung.

Netzpläne haben das Ziel, Termine, Budgets und Kapazitäten zu planen und zu überwachen. Um dieses Ziel zu erreichen, werden die durchzuführenden Tätigkeiten bestimmt, ihre Reihenfolge festgelegt und der mit ihrer Durchführung verbundene Aufwand geschätzt.

Zur Planung werden Netzpläne folgendermaßen entwickelt:

1.Schritt: Festlegung der Projektdauer.
2.Schritt: Bestimmung von Pufferzeiten für jede Tätigkeit (Verschiebbarkeit des Zeitraums, in der die jeweilige Tätigkeit ausgeführt werden soll, bei festgelegtem Projektende).
3.Schritt: Ermittlung kritischer Wege (Wege, auf denen nur Tätigkeiten mit der Pufferzeit 0 liegen).
4.Schritt: Minimierung des Kosten- und Personalaufwands durch Verschiebungen der Tätigkeiten innerhalb ihrer Pufferzeiten.

Abb. 2.3-5 zeigt einen tätigkeitsorientierten Netzplan.
Um zur frühesten Startzeit f einer Tätigkeit zu gelangen, verfolgt man alle Wege, die zu dieser Tätigkeit von Beginn des Diagramms her führen, und addiert die Dauer der Tätigkeiten auf diesem Wege. Die größte Summe bestimmt die früheste Startzeit der Tätigkeit. Der kritische Weg ist in der Abbildung durch Doppelpfeile gekennzeichnet.

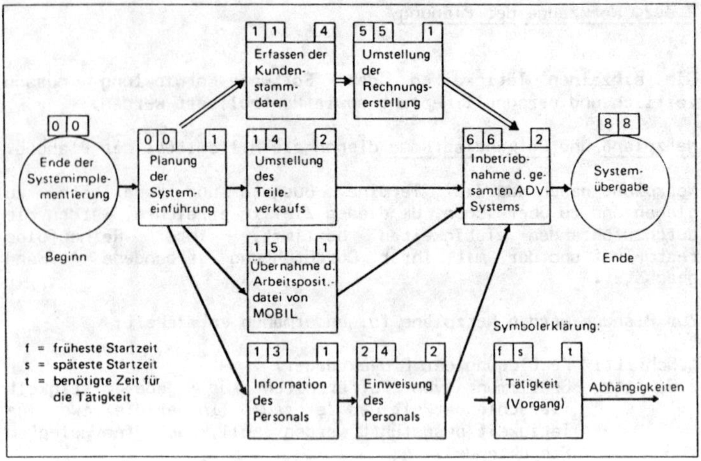

Abb. 2.3-5: Beispiel für einen tätigkeitsorientierten Netzplan (MPM)

Verzögerungen in der Durchführung der Tätigkeiten, die auf kritischen Wegen liegen, beeinflussen unmittelbar den frühesten Termin für das Projektende. Setzt man das späteste Projektende gleich dem frühesten, so kann man vom Ende her alle Wege zu einer Tätigkeit zurück verfolgen. Durch Subtraktion der Tätigkeitszeiten auf diesen Wegen und Minimumbildung wird die späteste Startzeit der betrachteten Tätigkeit bestimmt. Diese spätesten Startzeiten können korrigiert werden, wenn für das späteste Ende des Projekts ein Termin vorgegeben wird. Es kann sich dann ergeben, daß kein Weg mehr kritisch ist oder daß Wege überkritisch werden, d. h. daß Tätigkeiten beschleunigt ausgeführt werden müssen.

Werden Projekte mit Hilfe von Netzplänen überwacht, dann müssen alle Abweichungen zu einer Neuberechnung des Netzplans führen.

Die Netzplantechnik hat als Technik der Projektplanung und -kontrolle seit ihrer Einführung 1957 weite Verbreitung gefunden. Die bekanntesten Techniken sind PERT (Program Evaluation and Review Technique), CPM (Critical Path Method), MPM (Metra Potential Method).

Die Entwicklung von Software-Systemen sollte im zeitlichen Ablauf durch Netzpläne dokumentiert werden.

Da Netzpläne keine absolute Zeitskala besitzen und außerdem die augenblickliche Lage, d. h. der Istzustand, nicht sofort ersichtlich ist, sollten zur Projektkontrolle Balkendiagramme

verwendet werden.
Abb. 2.3-6 zeigt ein typisches Balkendiagramm.

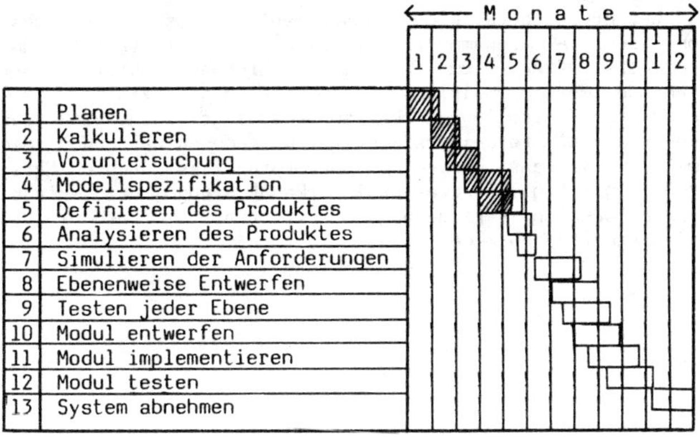

Abb. 2.3-6: Beispiel für ein tätigkeitsbezogenes Balkendiagramm (schraffierte Rechtecke geben den Istzustand an).

Balkendiagramme können tätigkeits- oder personenbezogen sein. Sie können aus Netzplänen abgeleitet werden.

Notwendig zur Planung gehört die Kontrolle, d. h. das möglichst lückenlose Messen des Entwicklungsfortschritts am Plan. Um zu einer wirksamen Kontrolle zu gelangen, ist es erforderlich, daß eine kontinuierliche Folge von Ereignissen (Meilensteine) exakt definiert wird. Der Eintritt eines solchen Ereignisses wird dann durch den Projektleiter festgestellt. Meilensteinberichte oder Projektstatusberichte dienen zur Information des Projektleiters. Notwendig ist eine lückenlose und möglichst automatische Buchführung über diese Ereignisse während des Entwicklungsprozesses.
Meilensteintrendanalysen dienen dem Projektleiter dazu, den Trend von Verschiebungen zu erkennen.

Sowohl Netzpläne als auch Balkenpläne können manuell als auch automatisch erstellt und ausgewertet werden. Bewährte Software-Werkzeuge stehen zur Verfügung.

Zusammenfassung

- Eine sorgfältige Planung bildet den Ausgangspunkt für eine erfolgreiche Produktentwicklung.
- Planungshilfsmittel wie Balkenpläne, Netzpläne und Meilensteinberichte müssen eingesetzt werden, um die Planung transparent zu machen, ihre Realisierbarkeit überprüfbar und ihre Einhaltung kontrollierbar zu machen.

- Im Laufe der Produktentwicklung muß die Planung ständig entsprechend den verbesserten Informationen korrigiert und verfeinert werden.
- Bei jeder Produktentwicklung müssen laufend Daten - möglichst automatisch - gesammelt, verdichtet, aufbereitet und gespeichert werden, um für die Environment-Faktoren der Kostenmodelle eine empirische Datenbasis zu besitzen.
- Planung und Kontrolle müssen so ausgelegt sein, daß das Versagen eines Mitarbeiters sich nicht nennenswert auf die Termin- und Kostensituation des Gesamtprojektes durchschlägt.
- Es muß frühzeitig und zuverlässig erkannt werden, bei welchen Systemkomponenten Verzögerungen auftreten, um rechtzeitig Abhilfe schaffen zu können.

2.4 Die Definitionsphase

Eine wichtige Tätigkeit innerhalb des Software-Entwicklungsprozesses stellt das Definieren der Produkt-Anforderungen dar. Jedes Produkt soll bestimmte Anforderungen (requirements) erfüllen.

Bevor innerhalb der Software-Entwicklung mit dem Entwurf begonnen wird, müssen zunächst die Anforderungen an das zu entwickelnde Produkt
- ermittelt,
- festgelegt,
- beschrieben,
- analysiert und
- verabschiedet

werden.

Alle Tätigkeiten innerhalb der Definitionsphase werden auch als "Requirements Engineering" bezeichnet.

Anforderungen an ein neues Produkt sind ihrer Natur nach vage, verschwommen, unzusammenhängend, unvollständig und widersprüchlich. Aufgabe des Definitionsprozesses ist es, aus diesen Anforderungen ein konsistentes, vollständiges Anforderungsdokument (Pflichtenheft, Produkt-Definition) zu erstellen.

Die Tätigkeit "Definition des Produkts" beinhaltet daher u. a. folgende Einzelaktivitäten:

- Definition der Anforderungen.
  - U. U. Durchführung von Bedarfs- und Istanalysen.
  - Erstellung der Anforderungen im Dialog mit dem Auftraggeber und u. U. den Benutzern.
  - Festlegen der Funktionen und Leistungen.
  - Definition der Benutzerschnittstelle.
  - Beschaffung fehlender Informationen.
  - Festlegung der Qualitätsmerkmale.
  - Bestimmung der Entwicklungs- und Zielumgebung.

- Beschreibung der Anforderungen.
  - Systematische Gruppierung und Klassifizierung der Anforderungen.
  - Unterteilung in unbedingt notwendige und wünschenswerte Anforderungen.
  - Beschreibung der Zusammenhänge zwischen den Einzelanforderungen.

- Analyse der Anforderungen.
  - Überprüfung der Anforderungen auf Konsistenz, Vollständigkeit und Durchführbarkeit.
  - U. U. Vornahme von Simulationen.

Die Ergebnisse der Definitionstätigkeiten müssen sich in

entsprechenden Teilprodukten widerspiegeln. Diese Teilprodukte bilden die Grundlage für den Software-Entwurf.

Die Einordnung der Definitionsphase in das in 1.5 vorgestellte SEEM zeigt Abb. 2.4-1.

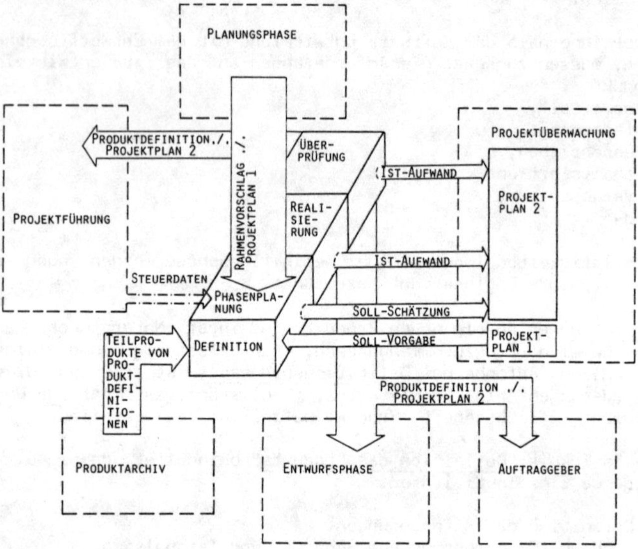

Abb. 2.4-1: Modell der Definitionsphase

Anhand des übernommenen Rahmenvorschlags aus der Planungsphase und evtl. geeigneten Teilprodukten aus dem Produktarchiv wird in der Phasenplanung der Definitionsprozeß geplant. Aus dem in der Planungsphase aufgestellten Projektplan 1 wird eine Soll-Vorgabe für die Definitionsphase vorgegeben. Nach Abschluß der Phasenplanung wird eine Soll-Schätzung an die Projektüberwachung übermittelt. Sie ist Teil des Projektplans 2.

Bei der Realisierung wird eine Produktdefinition mit folgenden Teilkomponenten als Ergebnis erstellt:
- Pflichtenheft (siehe auch 2.1.8),
- Funktionshandbuch 2,
- Produktmodell,
- Begriffslexikon 1,
- Benutzerhandbuch 1,
- Testdokumentation,
- Projektplan 2.

Der für die Realisierung benötigte Aufwand, wird an die

Projektüberwachung übermittelt und ergänzt den Projektplan 2.

Im letzten Schritt der Definitionsphase sind im wesentlichen zwei Arten von Überprüfungen durchzuführen:
- manuelle Überprüfung von Pflichtenheft, Funktionshandbuch, Benutzerhandbuch und Begriffslexikon anhand von Checklisten und durch 'requirement reviews',
- automatische Analyse des Produktmodells auf Konsistenz und interne Vollständigkeit.

Die überprüfte Produktdefinition wird an die Entwurfphase weitergegeben.

Die gegenwärtige Situation des 'requirements engineering' ist durch folgende Schwierigkeiten gekennzeichnet:

- Es fehlen Methoden zur Definition von Produktanforderungen:
  - Definierte Anforderungen entstehen oft erst während des Softwarentwurfs als Ergebnis von informellen Gesprächen zwischen Benutzern, Systemanalytikern und Systementwerfern.
  - Es werden ad hoc- Techniken zur Anforderungsdefinition eingesetzt, die aus einer Mischung von manuellen Prinzipien der Systemanalyse und gesundem Menschenverstand bestehen. Die Vorgehensweise ist oft inkonsistent und schlecht definiert.
  - Die Kommunikation zwischen Auftraggeber, Benutzern, Systemanalytikern und Systementwerfern ist unzureichend.

- Es fehlen Beschreibungsmittel zur Definition von Produktanforderungen:
  - Es liegen umfangreiche Berichte vor, die die definierten Anforderungen in natürlicher Sprache beschreiben.
  - Es wird eine Mixtur von Ebenen, Gesichtspunkten und Darstellungsmethoden dargeboten.

- Es fehlen automatische Werkzeuge zur Analyse von definierten Anforderungen auf Widerspruchfreiheit und Vollständigkeit.

Folgende Fehlerkategorien wurden bei der Analyse von Fehlern in Anforderungsdefinitionen festgestellt (vergleiche /Bell, Thayer 76, S.68/:

1. Fehlerhafte Anforderungen:
- Die Zeitanforderung kann nicht erfüllt werden.
- Die Genauigkeitsanforderung kann nicht erfüllt werden.
- Die geforderte Verarbeitung ist nicht notwendig (Überspezifizierung).
- Die Anforderung entspricht nicht der Intention.
- Die Anforderung beschränkt die Entwurfsflexibilität bzw. determiniert den Entwurf.
- Die angegebene Gleichung ist fehlerhaft.
- Die physikalische Situation ist fehlerhaft modelliert.
- Die geforderte Verarbeitung ist unlogisch/falsch.

- Die geforderte Verarbeitung ist nicht/nicht immer möglich.
- Die Anforderungs-Referenz ist fehlerhaft (d.h. Bezug auf andere Dokumentation)
- Die Anforderung ist mehrfach aufgeführt.

2. Inkonsistente/Inkompatible Anforderungen:
- Die Anforderungsinformation ist an zwei Stellen nicht dieselbe.
- Die Anforderung bezieht sich auf Paragraphen, die nicht existieren.
- Die Anforderung steht im Widerspruch zu anderen Anforderungen.
- Die Anforderungskonventionen (z.B. Koordinatensystem, Definition) sind nicht konsistent.

3. Unklare Anforderungen:
- Die Anforderungen sind unklar formuliert; Bedingungnen sind nicht klar angegeben.
- Die Anforderung ergibt keinen Sinn.

Eine typische Fehlerverteilung bei Fehlern in Produktdefinitionen zeigt Abb. 2.4-2.

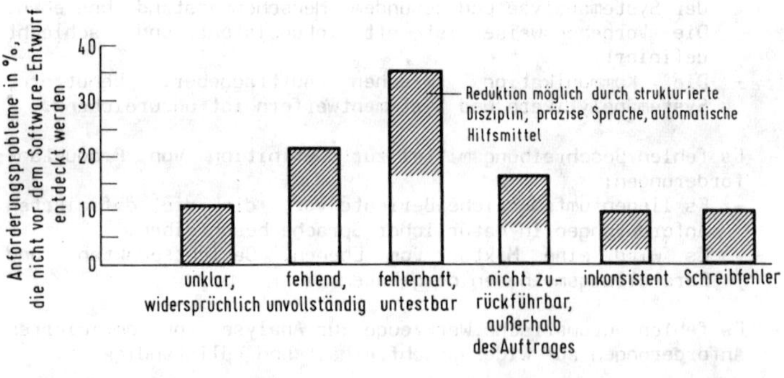

Abb. 2.4-2: Typische Fehlerverteilung bei Anforderungsfehlern /Boehm 79/

Da anhand der definierten Anforderungen beim Entwurf die grundlegenden Entwurfsentscheidungen getroffen werden, sind Fehler in den definierten Anforderungen später nur mit großem Aufwand wieder zu beheben. Hinzu kommt, daß ein Teil der Fehler oft erst bei der Endabnahme des Produktes durch den Auftraggeber festgestellt werden. Enthält ein Produkt Fehler infolge einer falsch erkannten oder formulierten Aufgabenstellung, dann können diese Fehler auch durch ausführliche Korrektheitsprüfungen in späteren Phasen nicht entdeckt werden.

Die Kosten der Fehlerbeseitigung in verschiedenen Phasen zeigt

Abb. 3.3-1. Vom wirtschaftlichen Gesichtspunkt aus betrachtet ist es wichtig, Fehler so früh wie möglich zu erkennen und zu beheben. Wie die Abbildung zeigt, kostet das Finden und Beheben eines Anforderungsfehlers in der Definitionsphase vielleicht 150.- DM. Wird ein solcher Fehler erst beim Abnahmetest erkannt, dann kostet die Behebung bereits 5000.- DM.

Um Fehler in der Produktdefinition zu vermeiden oder zumindest die Anzahl der Fehler zu reduzieren, ist es erforderlich,

- mehr Zeit und Sorgfalt auf die Definition der Anforderungen zu verwenden,
- Anforderungsdefinitionen methodisch zu erstellen,
- definierte Anforderungen in einer präzisen Sprache zu beschreiben,
- beschriebene Anforderungen mit automatischen Werkzeugen zu dokumentieren, zu analysieren und zu simulieren,
- beschriebene Anforderungen der Qualitätskontrolle zu unterwerfen.

2.4.1 Probleme der Anforderungsdefinition

Im Rahmen der Anforderungsdefinition sind folgende Fragen zu beantworten:

(1) Wozu dient der Definitionsprozeß?

Ziele des Definitionsprozesses sind:
- Reduktion der Fehler in Anforderungsdokumenten,
- Verbesserung der Anforderungsqualität,
- Verbesserung der Dokumentation,
- Verbesserung der Transparenz,
- Reduktion des Entwicklungsrisikos und der Kosten.

(2) Was soll in den Anforderungsdokumenten enthalten sein?

Eine Anforderungsdefinition soll den Funktions- und Leistungsumfang eines Software-Produkts definieren. Die definierten Anforderungen sollen also die Benutzermaschine, d.h. die gewünschten Systemfunktionen und das erwartete Systemverhalten beschreiben. Gleichzeitig dient die Anforderungsdefinition als Modell (funktionale Architektur) des zu realisierenden Produkts. Aus der Anforderungsdefinition soll sich außerdem das Pflichtenheft sowie ein Teil des Benutzerhandbuchs ergeben.

Die Anforderungsdefinition stellt außerdem die Randbedingungen für die nächstfolgende Phase bereit.

(3) Wie sollen Anforderungsdefinitionen aussehen?

Sie sollen vollständig, konsistent, testbar, verständlich, realisierbar und robust gegen Änderungen sein. Außerdem sollen sie die Entwurfsfreiheit nicht einschränken.

(4) Wie entstehen Anforderungsdefinitionen?

Aus autonom gesetzten oder schon bekannten Anforderungen oder aus vordefinierten Anforderungen, die sich als Ergebnis einer Bedarfs- und Istanalyse ergeben, wird durch einen Definitionsprozeß eine präzise Produktdefinition erstellt.

Um die Komplexität beim Definieren eines Produkts zu reduzieren, ist es von der Vorgehensweise her sinnvoll, verschiedene Gesichtspunkte nacheinander zu betrachten, d.h. eine Produktdefinition entsteht schrittweise. Die Produktdefinition muss daher nach und nach erweitert werden können, u.U. von verschiedenen Personengruppen.

(5) Welche grundlegenden Probleme gibt es bei der Anforderungsdefinition?

Unabhängig von der verwendeten Methode zur Definition der Anforderungen gibt es einige grundlegende Probleme:

(a) Es ist unmöglich, das komplette Verhalten eines umfangreichen Systems im Detail im voraus festzulegen. Besonders bei Systemen mit intensiver Mensch-Maschine-Kommunikation ist es fast unmöglich vorauszusagen, was der Mensch wirklich mit dem System tun wird, wenn er es bekommt. Daraus ergibt sich, daß ein System so strukturiert sein muß, daß Änderungen während der Systementwicklung und am fertigen System überschaubar und leicht durchführbar sind. Außerdem soll das entstehende System frühzeitig simulierbar sein, so daß insbesondere die Mensch-Maschine-Kommunikation rechtzeitig ausgetestet werden kann (siehe auch: schnelle Prototyperstellung, 2.1.7.2).

(b) Um bei umfangreichen Systemen den Überblick nicht zu verlieren, ist es erforderlich, die Produktdefinitionen systematisch zu gliedern und zu strukturieren. Dadurch werden u.U. Entwurfsentscheidungen für die folgende Phase präjudiziert. Es ist daher besonders darauf zu achten, daß die Methode der Anforderungsdefinition keine allzu starken Rückwirkungen auf den Entwurf hat und umgekehrt.

(c) Da man sich auf der Ebene der Produktdefinition z.T. auf einem hohen Abstraktionsniveau befindet, ist es sehr schwierig, Anforderungen so zu definieren, daß das fertiggestellte System dagegen testbar ist.

(d) Die Quellen der Information wie Auftraggeber, Kunde, Benutzer, technische Experten denken und erzählen weder systematisch noch "top-down". Außerdem gibt es je nach Gesichtspunkt unterschiedliche "tops". Es muß daher auf Konsistenz und Kompatibilität der definierten Anforderungen geachtet werden.

(e) Da definierte Anforderungen auf der einen Seite auf hohem Abstraktionsniveau formuliert werden, auf der anderen Seite der Auftraggeber aber für bestimmte Bereiche detaillierte Anforderungen festgelegt haben will (z.B. Layout der Ausdrucke), entsteht eine Anforderungsdefinition von z.T. sehr unterschiedlichem Detaillierungsgrad. Um dieses Problem dennoch zu bewältigen, muß die Beschreibungssprache flexibel sein.

(6) Wie sieht die Abgrenzung zur Entwurfsphase hin aus?

Eine allgemeingültige Abgrenzung zwischen Definitionsphase und Entwurfsphase gibt es nicht. Bei der Festlegung von Anforderungen werden oft auch eindeutige Vorgaben oder Lösungskonzepte für den Entwurf festgeschrieben.

Eine Unterscheidung dieser Phasen ist jedoch aus mehreren Gründen sinnvoll und wünschenswert:

(a) In beiden Phasen werden unterschiedliche Tätigkeiten ausgeübt. In der Definitionsphase werden Anforderungen an ein neues Produkt gesammelt, gesichtet, klassifiziert, beschrieben und analysiert. In der Entwurfsphase wird dagegen versucht, ein optimales Konzept zu entwerfen, das den definierten Anforderungen aus software-technischer Sicht gerecht wird.

(b) An der Definition der Anforderungen sind verschiedene Personengruppen mit unterschiedlichem Ausbildungsprofil beteiligt. Dementsprechend müssen auch die Methoden, Sprachen und Werkzeuge aussehen, um eine geeignete Benutzerakzeptanz und Kommunikationsbasis zu erhalten. Demgegenüber wird der Entwurf von Software-Ingenieuren mit einheitlicherem Ausbildungsprofil durchgeführt.

Eine Reihe der hier geschilderten Probleme lassen sich durch die Anwendung von Sprachen, die eine präzise Beschreibung von Anforderungen ermöglichen, und den Einsatz von Werkzeugen, die eine automatische , auch selektive Dokumentation, Analyse und Simulation der definierten Anforderungen erlauben, reduzieren. Insbesondere kann eine solide Informations- und Kommunikationsbasis zwischen den verschiedenen Personengruppen bereitgestellt werden. Die Gewichtung und Bewertung von definierten Anforderungen, das Setzen von Prioritäten, das Beschaffen von fehlenden Informationen, der Ausgleich von Interessengegensätzen können von Sprachen und Werkzeugen jedoch prinzipiell nicht geleistet werden.

Eigenständige, phasenspezifische Prinzipien können nach dem heutigen technologischen Stand des ´requirements engineering´ noch nicht formuliert werden.

2.4.2 Ansatz einer Methodik

Methoden, wie man systematisch von vagen Anforderungen zu definierten, präzisen Anforderungen gelangt, sind erst ansatzweise vorhanden. Die in Verbindung mit Anforderungssprachen entwickelten Regeln und methodischen Ansätze werden in den folgenden Abschnitten bei den jeweiligen Sprachen selbst behandelt.

Im folgenden wird ein methodischer Ansatz skizziert, der durch konstruktive und analytische Maßnahmen den Definitionsprozeß unterstützt (siehe auch /Willmer, Balzert 82/).

Als Ergebnis des Definitionsprozesses entsteht eine <u>Produktdefinition</u>, die aus folgenden Teilprodukten besteht:

<u>1. Pflichtenheft:</u>

Enthält eine detaillierte, verbale Beschreibung aller Anforderungen, die das zu entwickelnde Software-Produkt aus der Sicht des Auftraggebers erfüllen muß (Gliederungsschemata siehe in 2.1.8).

<u>2. Funktionshandbuch:</u>

In detaillierter, weitgehend standardisierter, verbaler Form werden die einzelnen Funktionen, die das Produkt erfüllen soll, aus Benutzersicht beschrieben. Neben der Funktionsbeschreibung werden die Parameter aufgeführt und ihre Bedeutung erläutert. Außerdem werden die Wirkungen der Funktionen sowie Fehlersituationen beschrieben.

Beispiel

Name der Funktion Verkauf abwickeln		Kurzname VABWICK	
Parameter	Art	Voreinstellung	Beschreibung
Kundendaten	Eingabe	-----	Alle relevanten Kundendaten
Lieferantendaten	Eingabe	-----	Alle relevanten Lieferdaten
Daten an Kunden	Ausgabe	-----	
Daten an Lieferanten	Ausgabe	-----	
Daten an Weinlager	Ausgabe	-----	
Wirkung: Abwickeln des gesamten Verkaufs mit Lieferanten und Kunden			
Fehlersituationen:		-----	

■

3. Produktmodell:

Dient dazu, die im Pflichtenheft und Funktionshandbuch verbal beschriebenen Anforderungen mit Hilfe einer präzisen Anforderungssprache exakt zu beschreiben. Die verbalen Anforderungen werden dadurch klassifiziert, formalisiert, in einheitlicher Terminologie und auf definierten Abstraktionsniveaus beschrieben. Außerdem werden Zusammenhänge zwischen den verschiedenen Anforderungen hergestellt.
Als Anforderungssprachen können z. B. SADT, PSL, RSL oder produktspezifische Sprachen eingesetzt werden.

Die Notwendigkeit produktspezifischer Sprachen zeigt folgendes Beispiel:

Beispiel

Für ein horizontales betriebswirtschaftliches Standard-Software-Paket wurde in der Definitionsphase ein betriebswirtschaftlich-organisatorischer Ordnungsrahmen mit folgenden sechs Regelkreisen festgelegt:

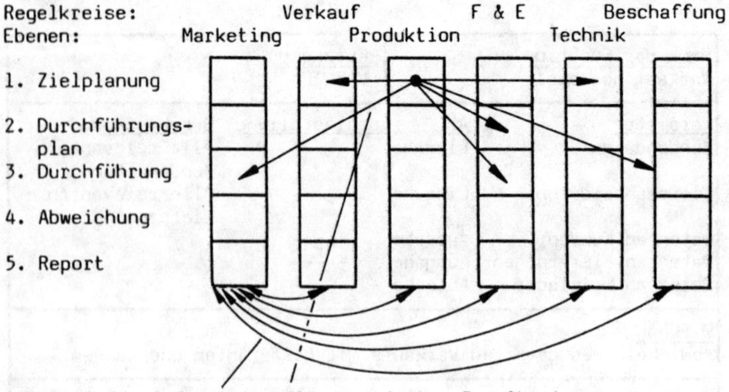

Beispiel für Informationsflüsse zwischen Regelkreisen.

Beispiel für Informationsflüsse zwischen dedizierten Ebenen verschiedener Regelkreise.

Jeder Regelkreis ist wiederum in 5 Ebenen untergliedert. Betrachtet man jeden Regelkreis als ´black box´, dann können prinzipiell von jedem Regelkreis zu jedem anderen Regelkreis Informationen fließen (in jeder Richtung). Zwischen den einzelnen Regelkreisen gibt es damit 30 E/A-Informationskanäle. Fließen durch jeden E/A-Kanal 1000 Einzelinformationen, dann entsteht ein Informationsnetzwerk mit 30 000 Elementen.

In einer Globalanalyse kann geprüft werden:
- Haben alle Eingaben eines Regelkreises eine Quelle?
- Haben alle Ausgaben eines Regelkreises eine Senke?
- Ist die Namensgebung der Informationselemente konsistent?

Werden vom betriebswirtschaftlichen Modell her Informationsflüsse zwischen bestimmten Regelkreisen ausgeschlossen, dann müssen entsprechende fehlerhafte Informationsflüsse gefunden werden.

In einer Detailanalyse kann geprüft werden:
- Von welcher Ebene eines Regelkreises fließt zu welcher Ebene eines anderen Regelkreises welche Information (es gibt insgesamt 750 verschiedene Möglichkeiten)?

Sind vom betriebswirtschaftlichen Modell her Informationsflüsse zwischen bestimmten Ebenen bestimmter Regelkreise nicht sinnvoll, dann müssen diese gefunden werden.

In einer regelkreisspezifischen Detailanalyse kann geprüft werden:
- Haben alle Eingaben einer Ebene eines Regelkreises eine Quelle in einer anderen Ebene desselben Regelkreises?
- Haben alle Ausgaben einer Ebene eines Regelkreises eine Senke

in einer anderen Ebene desselben Regelkreises?
- Ist die Namensgebung der Informationselemente konsistent?
- Ist der Informationsfluß zwischen dedizierten Ebenen eines Regelkreises erlaubt?

Die Vielfalt dieser Analysen ist manuell nicht mehr ausführbar.

Um eine gute Benutzerakzeptanz zu erreichen, muß eine auf dieses Produkt zugeschnittene Anforderungssprache zur Verfügung gestellt werden, die die Beschreibung der Informationsflüsse in der gängigen betriebswirtschaftlichen Terminologie erlaubt. Außerdem muß es möglich sein, die einzuhaltenden Konsistenz- und Vollständigkeitsbedingungen zu formulieren, damit durch automatische Analysen Fehler gefunden werden. ■

4. Begriffslexikon:

In ihm werden alle in der Produktdefinition verwendeten Fachbegriffe definiert. Damit soll sichergestellt werden, daß eine einheitliche Terminologie auch in den späteren Phasen verwendet wird. Außerdem sollen dadurch Mißverständnisse von vornherein vermieden werden.

5. Benutzerhandbuch, Benutzerhandbücher:

Unter Berücksichtigung didaktisch- methodischer Gesichtspunkte wird die Handhabung und das Verhalten des Produktes zugeschnitten auf die jeweilige(n) Benutzergruppe(n) beschrieben.

Zur Methodik

Diese einzelnen Teilprodukte sollen i. a. in folgender zeitlicher Reihenfolge erstellt werden:
1. Projektplan
2. Pflichtenheft
3. Funktionshandbuch
4. Produktmodell
5. Benutzerhandbuch

Parallel dazu entsteht das Begriffslexikon.

Diese Methodik berücksichtigt das entwicklungsorientierte Vorgehen, d. h. die benötigten Informationen sind nicht alle zu einem Zeitpunkt vorhanden, sondern kommen nach und nach zusammen.

Das Pflichtenheft enthält eine verbale Beschreibung, die sich an einer groben, vorgegebenen Gliederung orientiert. Im Funktionshandbuch müssen die Informationen für die einzelnen Funktionen bereits vollständiger sein. Im Produktmodell schließlich müssen alle Informationen einschl. der Zusammenhänge zwischen ihnen vorliegen.

Außerdem wird durch diese Methodik eine sinnvolle Reihenfolge der Entscheidungen nahegelegt, d.h. Entscheidungen werden erst zu den Zeitpunkten verlangt, zu denen sie auch aus sachlicher Sicht sinnvoll möglich sind. Vom Pflichtenheft zum Funktionshandbuch hin findet eine Präzisierung, Standardisierung und Schwerpunktbildung statt. Vom Funktionshandbuch zum Produktmodell hin erfolgt eine Formalisierung, Präzisierung und Definition der Zusammenhänge. Die Informationen aus Pflichtenheft, Funktionshandbuch und Produktmodell gehen didaktisch-methodisch aufbereitet unter Auswahl geeigneter Beispiele in das Benutzerhandbuch bzw. die Benutzerhandbücher ein.

Neu an dieser Methodik ist, daß das Benutzerhandbuch bzw. die Benutzerhandbücher bereits vor der Entwurfsphase erstellt werden. Dadurch ist man gezwungen, sich bereits am Anfang auch in die Rolle des Benutzers bzw. der Benutzer zu versetzen. Es wird sozusagen ein Schreibtischtest bzw. eine Schreibtischsimulation des Benutzerverhaltens vorgenommen.

Konstruktive Maßnahmen

Neben der Methodik gehört der Aufbau einer Produktdefinition mit definierten Teilprodukten zu den konstruktiven Maßnahmen. Tabelle 2.4-1 zeigt die konstruktiven Maßnahmen für die einzelnen Teilprodukte.

Teilprodukte	Konstruktive Maßnahmen
1.Pflichtenheft	Vorgegebenes grobes Gliederungsschema mit festgelegten Inhalten
2.Funktionshandbuch	Standardraster für die Beschreibung
3.Produktmodell	formale Sprache mit festgelegter Syntax und Semantik
4.Benutzerhandbuch	didaktisch-methodische Hinweise für Aufbau und Gliederung

Tabelle 2.4-1: Konstruktive Maßnahmen, die die Methodik unterstützen

Die Teilprodukte 1, 2 und 3 können sowohl untereinander als auch mit dem Entwurf durch numerierte oder benannte Einzelangaben verknüpft werden, die dedizierte Anforderungen beschreiben.
Beim Entwurf müssen dann diese Anforderungen einzeln quittiert werden. Dadurch kann überprüft werden, ob alle gestellten Einzelanforderungen beim Entwurf berücksichtigt wurden.
Für alle Teilprodukte gilt außerdem ein einheitliches Layout sowie eine einheitliche Versionszählung und Statusvergabe.

Analytische Maßnahmen

Jedes Teilprodukt wird anhand von Checklisten einem ´requirements review´ unterzogen.

Dabei werden Vollständigkeit, Konsistenz, Plausibilität und fachliche Richtigkeit überprüft. Jede Seite der Produktdefinition muß außerdem von einer externen Qualitätskontrolle als genehmigt abgezeichnet werden.

2.4.3 Sprachen und Werkzeuge

Eine Vielzahl von Fehlerquellen bei der Definition von Produktanforderungen lassen sich ausschalten, wenn die Anforderungen in einer semiformalen oder formalen Sprache beschrieben werden.

Neben einer Programmiersprache für die Realisierung von Moduln und einer Entwurfssprache für die Formulierung von Systemarchitekturen wird eine Sprache für die Beschreibung und Definition von Produktanforderungen benötigt.

Eine solche Sprache muß natürlich optimal auf diesen Anwendungsbereich zugeschnitten sein. Bei der Auswahl einer Anforderungssprache sollte man daher prüfen, ob sie u. a. folgenden Kriterien genügt:

- leichte Erlernbarkeit,
- leichte Anwendbarkeit,
- vertrauter Sprachvorrat (aus dem Gebiet, das beschrieben werden soll),
- präzise Beschreibbarkeit (durch exakte Festlegung der Syntax und Semantik),
- verschiedene Gesichtspunkte müssen nach und nach berücksichtigt und beschrieben werden können,
- flexible Anpaßbarkeit an die Produkterfordernisse,
- erweiterbar auf konzeptioneller Ebene (neue Konzepte müssen einbaubar sein).

Ebenso wesentlich wie die Eigenschaften der Sprache selbst, sind die Eigenschaften der erstellten Anforderungsdefinitionen.

Die mit der Sprache erstellte Produktdefinition
- muß für alle betroffenen Personengruppen verständlich und lesbar sein,
- soll auf Vollständigkeit und Konsistenz überprüft werden können,
- soll als Grundlage für den Abnahmetest des fertiggestellten Systems dienen, d.h. anhand der Produktdefinition soll entscheidbar sein, ob das fertiggestellte Produkt die Anforderungen des Auftraggebers erfüllt oder nicht,
- soll Entscheidungshilfen für den Entwurf liefern,
- soll beschreiben, <u>was</u> das Produkt tun soll,
- soll ein besseres Verständnis des Problems und seiner korrekten Interpretation ermöglichen,
- soll gleichzeitig eine Produkt-Dokumentation darstellen,
- muß änderungsfreundlich sein.

Diese Anforderungen sowohl an die Sprache als auch an die mit der Sprache erstellte Produktdefinition zeigen deutlich, daß eine künstliche Sprache gegenüber einer natürlichen Sprache vorzuziehen ist:

natürliche Sprache:
- nicht präzise genug
- keine automatischen Überprüfungen möglich
- schwierige und aufwendige Änderbarkeit der Produktdefinition
- unbeschränkte Sprachmenge

künstliche Sprache:
- festgelegte Syntax und Semantik
- Konsistenz kann überprüft werden
- leichte Änderbarkeit der Produktdefinition
- festgelegte Sprachmenge

In den folgenden Abschnitten werden die Anforderungssprachen
- SADT,
- PSL,
- RSL

vorgestellt.

Jede Sprache unterstützt bestimmte Konzepte in bestimmter Art und Weise. Um einen Vergleich zu ermöglichen und um eine Sprachauswahl nach konzeptionellen Gesichtspunkten zu erleichtern, werden diese Sprachen nach folgendem Gliederungsschema beschrieben:

(1) Beschreibungsmodell

Unter Beschreibungsmodell wird verstanden, welche Semantik der Beschreibung zugrundeliegt. Wird z.B. zwischen Daten und Aktivitäten unterschieden oder zwischen Informationselementen, Prozessen und Schnittstellen? Werden die Beziehungen dazwischen durch Relationen beschrieben oder nicht?

(2) Hierarchiemodell

Welche Basis, Struktur und Zeit der Hierarchie wird verwendet um die Anforderungen zu strukturieren?

(3) Kontrollstrukturmodell

Können Kontrollstrukturen (Sequenz, Auswahl, Wiederholung, Aufruf) explizit oder implizit beschrieben werden? Oder wird bewußt auf Kontrollstrukturen verzichtet?

(4) Datenmodell

Können Daten über mehrere Ebenen verfeinert werden? Können nur die Daten, die auf der höchsten Ebene bereits beschrieben sind, verfeinert werden? Inwieweit können Daten vollständig beschrieben werden (z.B. Typangabe)? Können Dateien oder Zugriffsoperatoren auf Dateien beschrieben werden? Sind abstrakte Datentypen formulierbar (siehe auch 2.5.1.1)?

(5) Sonstige Modellkonzepte

Welche weiteren Modellkonzepte gibt es?

(6) Erweiterbarkeit der Modellkonzepte

(7) Grad der Anlehnung an Programmiersprachen

(8) Anknüpfung an spätere Entwicklungsphasen

(9) Methodenorientierung

Wird eine Methode vorgegeben, wie der Definitionsprozeß ablaufen soll?

(10) Anwendungsbereich

(11) Grafischer Überblick

Um zumindest annähernd einen Vergleich über den Umfang und die Mächtigkeit der einzelnen Sprachen zu ermöglichen, wird jede Sprache auf eine einheitliche grafische Form abgebildet.
Zur Beschreibung der Sprachen wird eine Metasprache verwendet. Da sich die Sprachkonzepte auf Objekte und Relationen zwischen diesen Objekten abbilden lassen, wird ein sogenanntes ER-Metasprachenmodell (entity relationship) verwendet. Die graphische Repräsentation geschieht durch Kreise und Pfeile zwischen zwischen den Kreisen. Die Kreise stellen Objekte bzw. Informationen dar, die Pfeile Zusammenhänge zwischen diesen Informationen.

Der Einsatz von semiformalen und formalen Sprachen zur Produktdefinition eröffnet auch die Möglichkeit, automatische Werkzeuge zur Dokumentation, Analyse und Simulation dieser Produktdefinitionen anzuwenden.

Als naheliegendste Möglichkeit bieten sich Dokumentationswerkzeuge zur Auswertung der Anforderungsdefinition an. Sie unterscheiden sich dadurch, ob sie nur von vornherein festgelegte Dokumente zusammenstellen können oder ob sie so flexibel ausgelegt sind, daß der Benutzer interaktiv beliebige Dokumente komponieren kann.

Analysewerkzeuge unterscheiden sich von den Dokumentationswerkzeugen dadurch, daß sie Informationen aus der Anforderungsdefinition mit dem Ziel zusammenstellen, konkrete Analysen des modellierten Produkts zu ermöglichen, um Fehler, Inkonsistenzen, Unvollständigkeiten usw. zu entdecken.

Simulationswerkzeuge ermöglichen es, das durch die Anforderungen definierte System zu simulieren. D.h. die definierten Funktionen werden entweder in primitiver Form implementiert oder durch Funktionsmodelle simuliert. Durch die Simulation ist es möglich, das dynamische Verhalten des Systems zu überprüfen.

Eine geeignete Kombination von Überprüfungen, die sich auf die Dokumentation, die Analysen und die Simulationen stützen, kann zur Qualitätskontrolle verwendet werden.

Zu den Anforderungssprachen SADT, PSL und RSL werden jeweils auch die zugehörigen Werkzeuge behandelt. Zu der jeweiligen Sprache und dem zugehörigen Werkzeug erfolgt abschließend eine Wertung.

SADT und PSL werden behandelt, da sie verschiedene in der Praxis bewährte Ansätze repräsentieren. RSL stellt eine interessante Weiterentwicklung basierend auf PSL dar, die neue Konzepte insbesondere für die Beschreibung von Echtzeit-Anforderungen enthält.

2.4.4 SADT

SADT (Structured Analysis and Design Technique) ist ein grafisches Beschreibungsmittel und wurde von der Firma SofTech 1974-75 entwickelt /Ross, Schoman 77/, /Ross 77/ (siehe auch /Frank 81/, /Yeomans 81/).

2.4.4.1 Die Sprache SADT

(1) Beschreibungsmodell

SADT besteht aus Diagrammen. Jedes Diagramm setzt sich aus beschrifteten, rechteckigen Kästen und aus Pfeilen zusammen. Die Diagramme werden in ein standardisiertes Formblatt gezeichnet. Ein Kasten ist folgendermaßen aufgebaut:

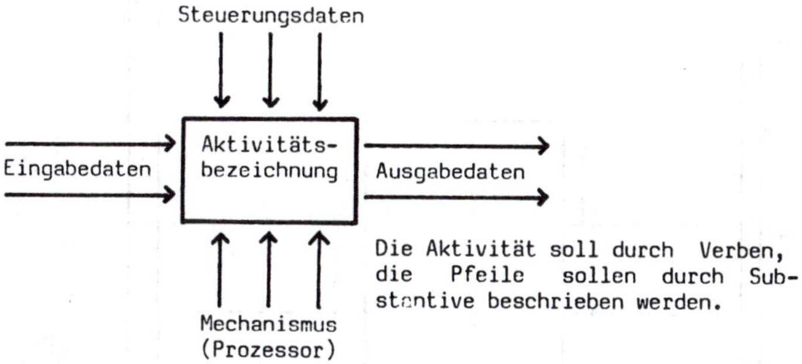

Abb. 2.4-3: Aktivitätsmodell

Bedeutung:

Eingabedaten: (Input)	Daten, die durch die Aktivität in Ausgabedaten transformiert werden.
Ausgabedaten: (Output)	Von der Aktivität erzeugte Daten.
Steuerungsdaten: (Control)	Daten, die den Tranformationsprozeß steuern oder steuernd beeinflußen.
Mechanismen: (Mechanism)	Prozessor, der die Aktivität ausführt oder die Ausführung unterstützt.

Aus der Sicht eines Kastens beschreiben die Pfeile die Schnittstellen des Kastens zu seiner Umwelt. Ausgenommen davon sind Mechanismus-Pfeile. Sie stellen keine Schnittstelle dar, sondern drücken eine Art Unterstützung der beschriebenen Aktivität aus. Diese Unterstützung kann z. B. darin bestehen, daß ein Sachbearbeiter oder ein Programm die Aktivität ausführt. Es kann sich dabei aber auch um Hilfsmittel handeln, die die Durchführung der Aktivität erst ermöglichen.

Beispiel

Eine Weinhandlung läßt sich auf oberster Ebene in SADT in folgender Form unter Verwendung eines standardisierten Formblatts beschreiben:

Arbeitsentwurfsfeld

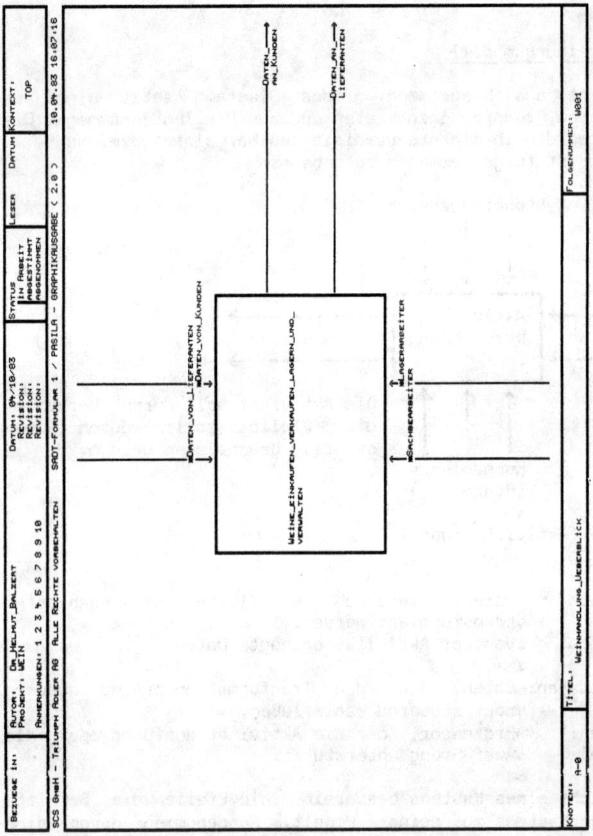

Identifikationsfeld

Abb. 2.4-4: Beispiel für ein SADT-Diagramm (Beschreibung auf oberster Ebene: A-0=top)

Die Daten von den Lieferanten und von den Kunden sind als Steuerungsdaten angegeben, da sie den Bearbeitungsprozeß aktiv beeinflussen.

■

Die Informationen im Rahmen des Diagrammformulars haben folgende Bedeutung:

Felder des Identifikationsfeldes:

Knoten (Node): Knotennummer des Diagramms; gibt die Einordnung des Diagramms in der Baumhierarchie an (im Beispiel: A - 0 = Baumwurzel, gesprochen: A minus Null).

Titel (Title): Diagrammtitel des übergeordneten Diagramms (im Beispiel: TOP, da es bei A - 0 kein übergeordnetes Diagramm gibt).

Folgenummer (Number) : Initialien des Autors und fortlaufende Nummer oder Identifikation spezifischer Blätter.

Die Arbeitsentwurfsfelder werden bei "(5) Sonstige Modellkonzepte" erläutert.

Die Verfeinerung einer Beschreibung geschieht in SADT durch eine Aufspaltung der einzelnen Kästen in eine Anzahl von Kästen, die eine detailliertere Beschreibung enthalten. Die so erhaltenen Teilsysteme werden dann auf dem nächsten Diagramm wieder in Untersysteme aufgespalten. Jeder Kasten eines Detaildiagramms wird wieder aufgespalten und so weiter, bis das System im gewünschten Detaillierungsgrad beschrieben ist. Die Diagramme einer unteren Ebene bilden also detaillierte Zergliederungen von Diagrammen der nächsthöheren Ebenen. In jedem Stadium der Zergliederung wird das darüberliegende Diagramm als Übersichtsdiagramm des Detaildiagramms bezeichnet.

Die Kästen in den Diagrammen werden i.a. von links oben nach rechts unten angeordnet. Die Pfeile in einem SADT-Diagramm stellen die Beziehungen zwischen den einzelnen Kästen dar. Sie sagen aber nichts über den zeitlichen Ablauf (kein Kontrollfluß!) oder die Reihenfolge aus, sondern beschreiben den Datenkommunikationsfluß.

Pfeile im Diagramm, die an einem Ende nicht mit einem Kasten verbunden sind, beziehen sich auf den übergeordneten Kasten. Alle diese nichtverbundenen Pfeile müssen auf dem übergeordneten Diagramm weitergeführt sein, damit das Diagramm vollständig und konsistent ist.
Obwohl Pfeilverbindungen des übergeordneten Kastens im untergeordneten Diagramm über gleiche Beschriftungen erkannt werden könnten, wird eine spezielle Schreibweise benutzt, um die Zusammenhänge schneller aufzuzeigen und unterschiedliche Beschriftungen auf verschiedenen Diagrammen zu ermöglichen.

Beispiel

Modell 1 der Weinhandlung

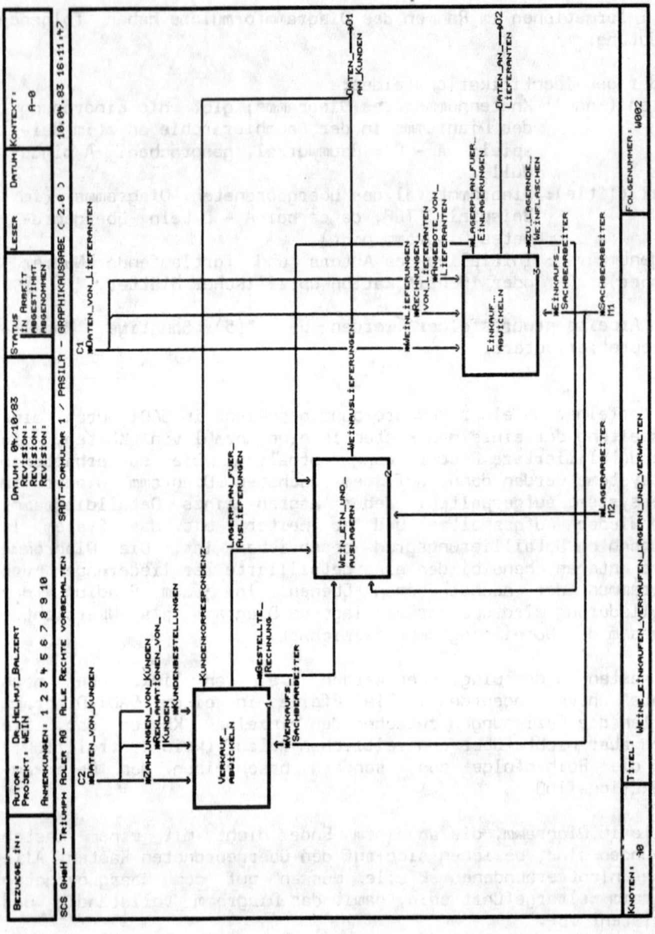

Abb. 2.4-5: Beispiel für ein SADT-Diagramm (Beschreibung auf zweiter Ebene A0)

■

Der Buchstabe I, C, O oder M wird im untergeordneten Diagramm neben die nichtverbundenen Pfeile geschrieben, um zu zeigen, daß der Pfeil im übergeordneten Kasten als Eingabe (Input=I),

Steuerung (Control=C), Ausgabe (Output=O) oder Mechanismus (Mechanism=M) wiederzufinden ist. Um den Pfeil noch genauer bezeichnen zu können, wird an diese Buchstaben eine Ziffer angehängt, die die relative Lage des Pfeils am übergeordneten Kasten angibt. Die Numerierung erfolgt dabei von links nach rechts oder von oben nach unten. Falls im untergeordneten Diagramm z.B. O1 (siehe im Beispiel: Weinauslieferungen) an einem Pfeil steht, bedeutet dies, daß der Pfeil im übergeordneten Kasten als zweite Ausgabegröße (von oben gezählt) zu finden ist (siehe im Beispiel: Knoten A-0). Diese Bezeichnungen werden jedoch nur im untergeordneten Diagramm an die betreffenden Pfeile geschrieben.

Beispiel

Betrachtet man die Semantik des Diagramms A0, dann erkennt man, daß "Weinlieferungen" zunächst in den Einkauf gelangen und von dort an das Lager weitergereicht werden ("Lagerplan für Einlagerungen","Zu lagernde Weinflaschen").

Der "Lagerplan für Auslieferungen" dient als steuernde Größe, um Wein auszuliefern. Die "Gestellte Rechnung" beeinflußt die Aktivitäten im Lager nicht aktiv und ist daher nur als Eingabe in das Lager aufgeführt.

Wie das Diagramm A0 zeigt, besitzt die Aktivität "Wein ein- und auslagern" (Kasten 2) bis auf die passive Weinauslieferung keine Außenbezüge, alle Informationen laufen über die Verkaufs- und Einkaufsabwicklung. Diese beiden Aktivitäten steuern durch "Lagerplan für Auslieferungen" und "Lagerplan für Einlagerungen" die Tätigkeiten des Weinlagers. ■

Wählt man ein anderes Modell der Weinhandlung, dann sollte dies in der Beschreibung klar zum Ausdruck kommen. Will man, daß im Weinlager auch die Lagerverwaltung vorgenommen wird, dann gelangt man zu der in folgendem Beispiel beschriebenen Anforderung.

Die Beschreibung dieser unterschiedlichen Modelle zeigt bereits, wie wichtig es ist, sich auf hoher abstrakter Ebene über alternative Modelle Gedanken zu machen und die Vor- und Nachteile gegeneinander abzuwägen. Anhand des Modells 2 erkennt man bereits, daß "Lager verwalten" gegenüber Modell 1 eine aktive Rolle einnimmt. "Lieferschein für Kunden" steuert die Aktivität "Verkauf abwickeln" und "Bestelliste" steuert "Einkauf abwickeln". Im Modell 1 dagegen ist das "Wein ein- und auslagern" nur eine fremdbestimmte Aktivität.

(2) Hierarchiemodell

In einem SADT-Diagramm werden die einzelnen Komponenten in Form von numerierten Kästen dargestellt. Jeder Kasten wird in einem Diagramm der nächsten darunter liegenden Ebene weiter unterteilt, und zwar so oft, bis eine ausreichende Detaillierung erreicht ist.

<u>Beispiel</u>

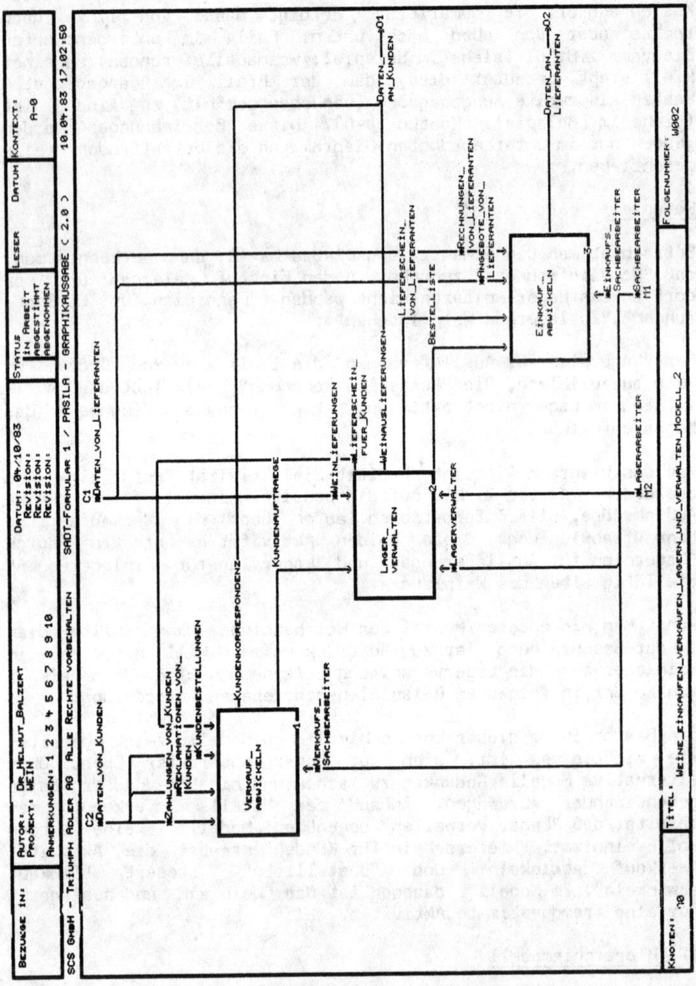

Abb. 2.4-6: SADT-Diagramm von Modell 2 der Weinhandlung ■

Der Platz jedes Diagrammes innerhalb eines Modells wird mit einer Knotennummer bezeichnet, die von der Numerierung der Kästen

abgeleitet wird.
A21 ist z.B. die Knotennummer eines Diagramms, das die Detaillierung des Kastens 1 aus dem Diagramm A2 der nächsthöheren Ebene wiedergibt.
Die Hierarchie kann durch ein Inhaltsverzeichnis mit den Diagrammnamen und den dazugehörigen Knotennummern dargestellt werden (Knotenverzeichnis).

Beispiel

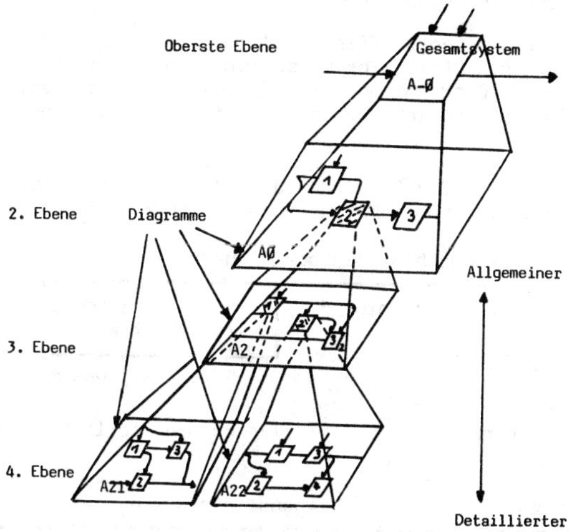

Entsprechendes Knotenverzeichnis:
A-0 Weinhandlung Überblick
A0 Weine einkaufen, verkaufen, lagern und verwalten
- A1 Verkauf abwickeln
  - A11 Kundenbestellung bearbeiten
  - A12 Kundenzahlungen verbuchen
  - A13 Reklamationen bearbeiten
- A2 Wein ein- und auslagern
- A3 Einkauf abwickeln
  - A31 Angebote prüfen
  - A32 Bestellungen durchführen
  - A33 Lieferungen entgegennehmen
  - A34 Reklamationen bearbeiten
  - A35 Rechnungen bearbeiten

Abb. 2.4-7: SADT-Diagrammhierarchie

■

In SADT wird ein Produkt ebenenweise beschrieben. Die Ebenen zusammengenommen ergeben einen gerichteten Baum (Struktur der Hierarchie). Die Basis der Hierarchie lautet:

Diagramm y detailliert Kasten x.
Es handelt sich um eine organisatorische Hierarchie, d.h. um eine Hierarchie, die nach und nach während der Entwicklung der Anforderungen entsteht. Die Verbindungen innerhalb einer Ebene bilden einen gerichteten Graphen. Es gibt keine Querbeziehungen zwischen Diagrammen auf unteren Ebenen. D.h. die Information, die im obersten SADT- Diagramm dargestellt wird, wird auf den tieferen Ebenen detaillierter beschrieben, aber nicht erweitert. Stellt man auf tieferer Ebene z.B. fest, daß ein weiteres Datum eingegeben wird, dann muß diese Information auf allen darüber liegenden Ebenen nachgezogen werden.

Durch das Buchstaben-/Ziffernzuordnungsschema der Pfeile ist es möglich, daß ein Pfeil eine unterschiedliche Pfeilbeschriftung im übergeordneten Diagramm und im untergeordneten Diagramm besitzt. Dadurch ist es möglich Daten in verschiedene Komponenten zu verfeinern.

Im Beispiel (Abb. 2.4-8) werden die "Kundenbestellungen" (siehe A0) in die Teile "Kundendaten" und "Artikeldaten" aufgeteilt:

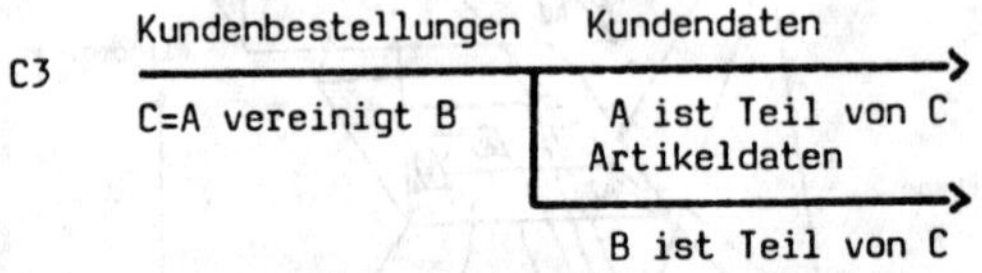

Neben einer Verzweigung von Pfeilen können Pfeile auch vereinigt werden:

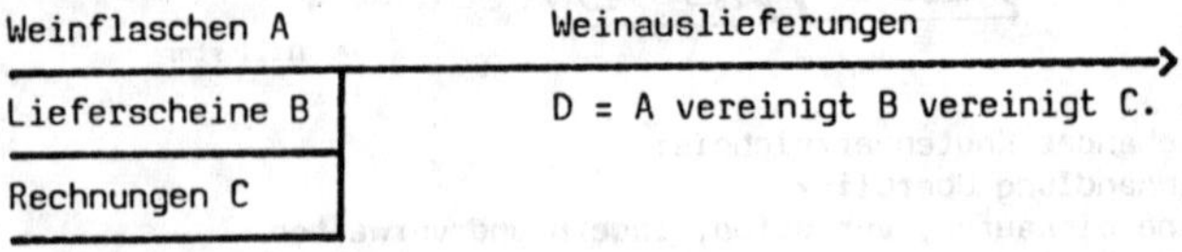

Da in diesem Beispiel auf die Kunden- und Artikelstammdaten zugegriffen wird, wird das ständige Arbeiten auf diesen Datenbeständen durch einen Zyklus dargestellt (Ausgaben sind gleichzeitig Eingaben desselben Kastens).

Beispiel

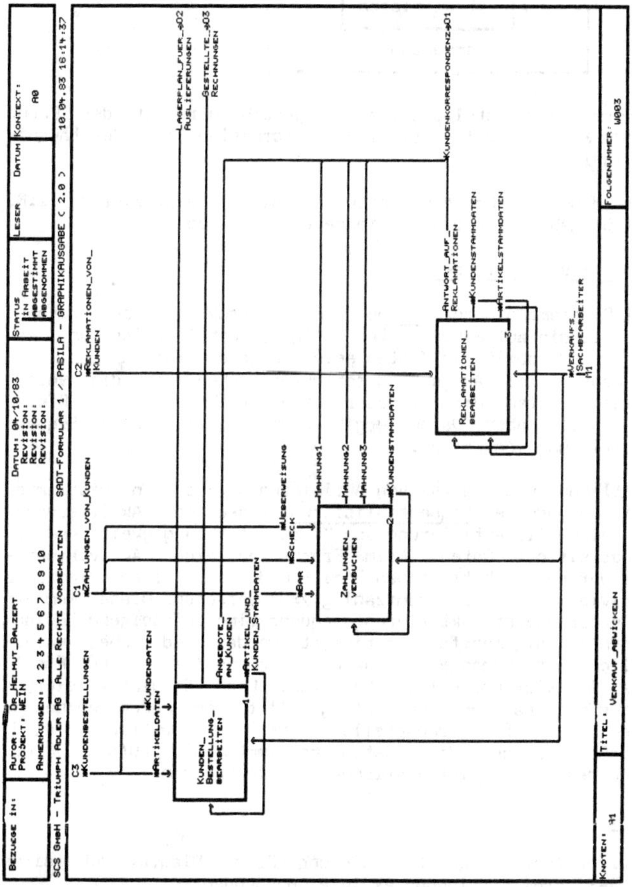

Abb. 2.4-8: SADT-Diagramm (Ebene A1)

Die Aktualisierung von Stammdaten kann z. B. folgendermaßen dargestellt werden:

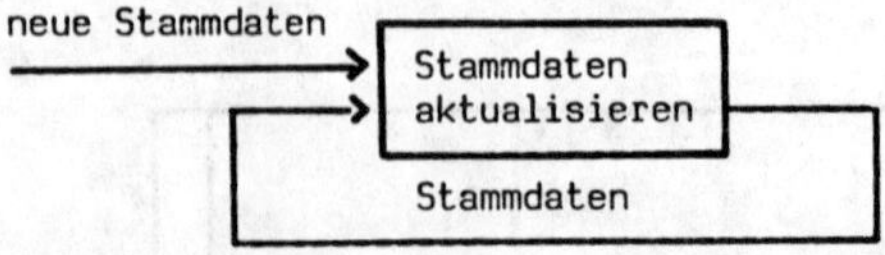

Diese Form der Darstellung sollte jedoch nur auf der Ebene angewandt werden, auf der diese Information zum Verständnis notwendig ist.

Daten werden durch Namen beschrieben, eine Spezifizierung z.B. durch Typangabe ist nur durch Kommentare möglich.

(3) Kontrollstrukturmodell

In SADT-Diagrammen werden keine Kontrollstrukturen beschrieben. Die Pfeile, die auf einen Kasten zeigen, geben alles an, was benötigt wird, damit der Kasten seine Aufgabe erfüllen kann. Kein Kasten kann seine Aufgabe durchführen, ohne daß die vorgeschalteten Kästen die erforderlichen Ergebnisse über Pfeile bereitgestellt haben. Daraus ergibt sich implizit eine Sequenz der Aktivierung von Kästen.

Zur Festlegung und Analyse von Aktivierungsfolgen in Diagrammen wird die Methode der Sequentialisierung angewandt. Aktivierungsfolgen zeigen die Aktivierung von Kästen in Abhängigkeit von der Verfügbarkeit der Daten. Beim Erarbeiten einer Aktivierungssequenz werden die betroffenen Pfeile und Kästen eines Diagramms mit Aktivierungsnummern (ganzzahlig >=0) versehen. Diese Nummern bilden entlang einer Aktivierungssequenz eine aufsteigende Folge. Da Kästen i. a. mehrfach aktiviert werden und dabei unterschiedliche Ausgabemengen produzieren, können Kästen und Pfeile mehrere Aktivierungsnummern besitzen. Die Sequentialisierung beginnt damit, daß an den Anfang aller von außen kommenden Eingabe- und Steuerungspfeile eine 0 angetragen wird. Anschließend werden die Kästen bestimmt, die aufgrund der vorliegenden Eingangsinformationen aktivierbar sind.

Beispiel

Eine durchgeführte Sequentialisierung für das Diagramm A0 (siehe Abb. 2.4-9) ergibt folgende Aktivierungssequenzen:

Sequenz 1:
1 Kundenbestellungen
2 Verkauf abwickeln
3 Lagerplan für Auslieferungen
4 Gestellte Rechnung
5 Wein ein- und auslagern
6 Weinauslieferungen

Sequenz 4:
12 Weinlieferungen
13 Einkauf abwickeln
14 Daten an Lieferanten
15 Lagerplan für Einlagerungen
16 Zu lagernde Weinflaschen
17 Wein ein- auslagern

Sequenz 2:
7 Reklamationen von Kunden
8 Verkauf abwickeln
9 Kundenkorrespondenz

Sequenz 3:
10 Zahlungen von Kunden
11 Verkauf abwickeln

Sequenz 5:
18 Rechnungen von Lieferanten
19 Einkauf abwickeln
20 Kundenkorrespondenz

Sequenz 6:
21 Angebote von Lieferanten
22 Einkauf abwickeln
23 Kundenkorrespondenz

Die Analyse zeigt, daß alle Pfeile durch die Sequenzen durchlaufen werden, d.h. das Diagramm ist in sich vollständig.

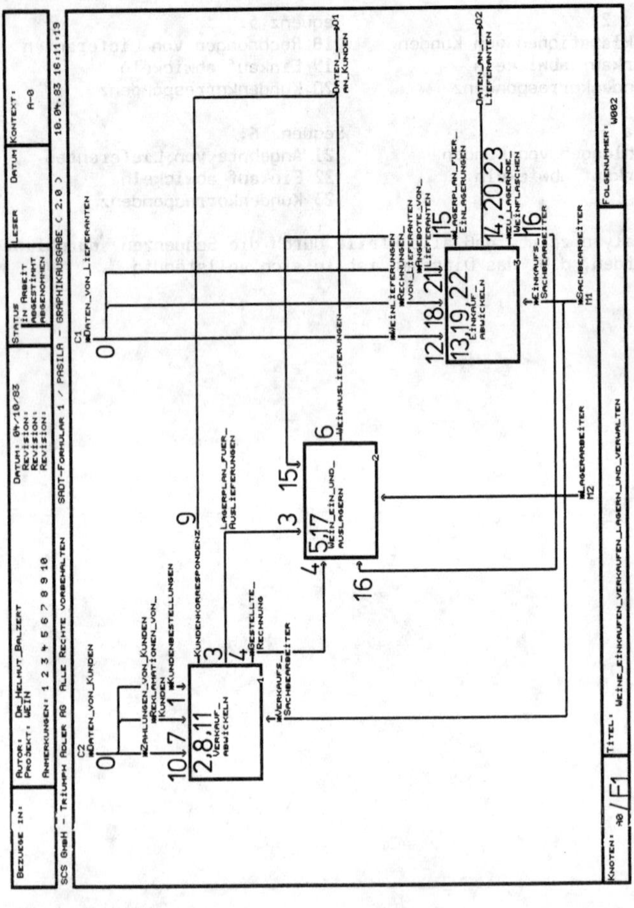

Abb. 2.4-9 : Sequentialisierung dargestellt in einem FEO-Diagramm ■

Durch Sequentialisieren

- werden Folgen von Aktivitäten gemeinsam mit den benötigten Daten dokumentiert,
- können Vollständigkeit und Konsistenz eines Diagramms überprüft werden.

Zu jedem Diagramm können FEO-Diagramme (For Exposition Only) angefertigt werden, die bestimmte Aspekte besonders hervorheben. FEO-Diagramme sind modifizierte Kopien der Originaldiagramme oder Ausschnitte daraus. Sequentialisierte Diagramme können daher als FEO-Diagramme angesehen werden. Um z. B. auf eine besonders wichtige Sequenz hinzuweisen, können die zugehörigen Pfade besonders stark gezeichnet werden.

Ein FEO-Diagramm erhält die Knotennummer des Diagramms, das es näher erläutert, gefolgt von "F" und einer laufenden Nummer.

Zwischen Kästen können Wechselbeziehungen bestehen. Um solche Wechselbeziehungen im Diagramm deutlich hervorzuheben und um die Diagramme übersichtlicher zu gestalten, werden bidirektionale Pfeile verwendet:

Iteration: Kompaktform:

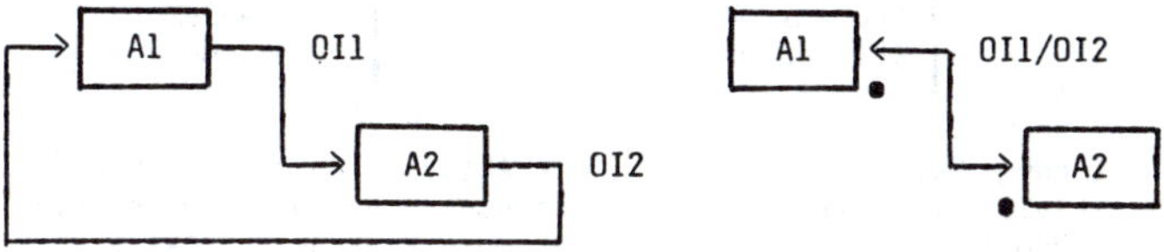

Rückkopplung:

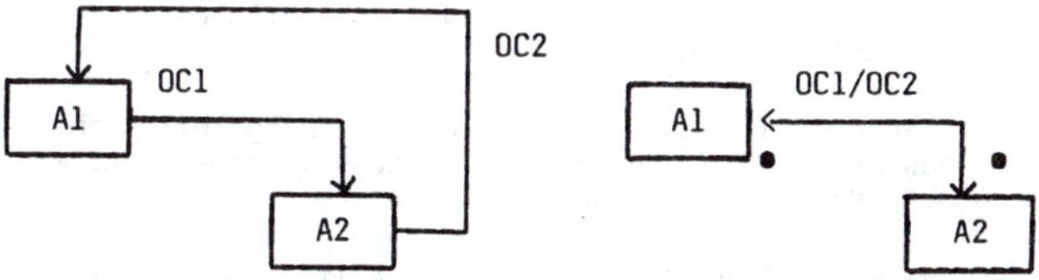

(4) Datenmodell

SADT unterstützt zwei Modellkonzepte:
(a) die Modellierung von Aktivitäten (Aktivitäten, die durch Menschen, Maschinen, Rechner oder Algorithmen wahrgenommen werden) und
(b) die Modellierung von Daten (verwendete Daten, Objekte oder Gegenstände).

In den bisherigen Beispielen wurden nur Aktivitäten modelliert. Bei SADT sollen Aktivitäten und Daten immer gleichzeitig betrachtet werden. Zu einer bestimmten Zeit wird jedoch das Hauptgewicht auf einen dieser Gesichtspunkte gelegt. Im Aktivitätenmodell werden die Aktivitäten unterteilt, wobei die Daten, die die Aktivitäten verbinden, als Datenpfeile dargestellt werden. Beim Datenmodell werden die Daten aufgegliedert und die Aktivitäten als Pfeile dargestellt, die die Datenkästen verbinden.

Entsprechend dem Modell werden die Kästen interpretiert:

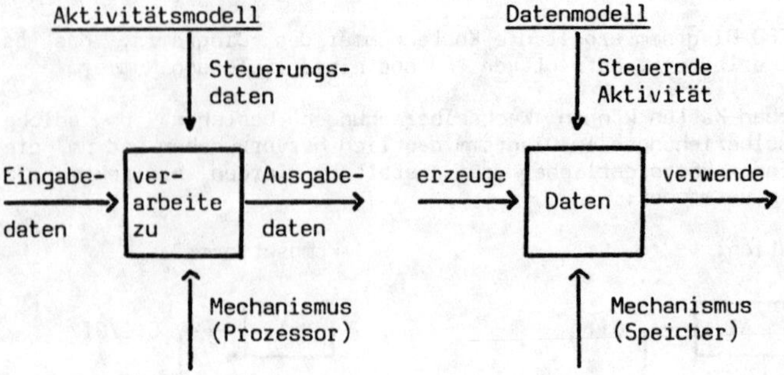

Die Eingangsdaten werden durch die Aktivitäten in Ausgabedaten transformiert.

Die Aktivitäten auf der Eingangsseite erzeugen Daten, die zur Durchführung der Aktivitäten auf der Ausgangsseite benötigt werden.

Daten sollen immer durch Substantive, Aktivitäten immer durch Verben beschrieben werden.

Aktivitäts- und Datenmodell sind nicht spiegelbildlich. Jedes Modell beschreibt die Funktion des Systems in einer Art, wie sie vom anderen Modell nicht beschrieben werden kann.

Wie das Beispiel (Abb. 2.4-10, Abb. 2.4-11) zeigt, bringt das Datenmodell neue Informationen über das Produkt, d.h. durch die Entwicklung beider Modelle wird das Produkt genauer und vollständiger beschrieben.
Funktional zusammengehörige Daten werden in einem Kasten beschrieben. Alle Aktivitäten, die schreibend auf die Daten zugreifen, d. h. die Daten verändern, sind als Eingabe- oder Steuerungsaktivität eingetragen, alle lesenden Aktivitäten als Ausgabe-Aktivitäten. Es ist sofort ersichtlich, welche Aktivitäten auf Daten unterschiedlicher Datengruppen zugreifen. Die Funktion "Daten an Kunden ausgeben" benötigt z. B. Kundendaten, Artikeldaten und Weinflaschen.

Als Mechanismus wird der Speicher angegeben, in dem die Daten aufbewahrt werden. Um in der Definitionsphase noch keine Dateien zu präjudizieren oder festzulegen, wird im Beispiel von Datenhaltung gesprochen.

Beispiel

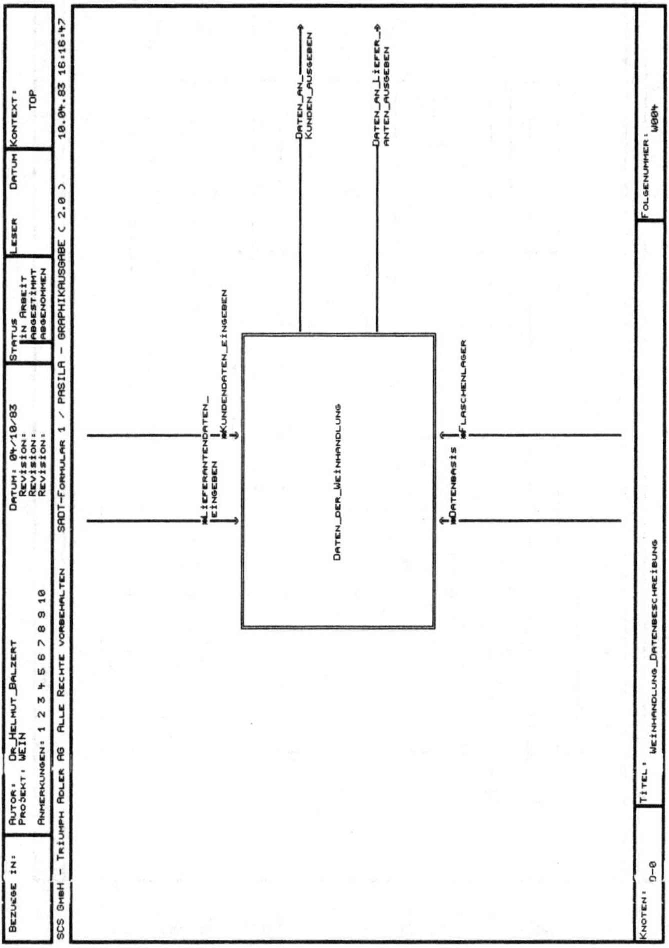

Abb. 2.4-10: Datenorientiertes SADT-Diagramm (Ebene D-0)

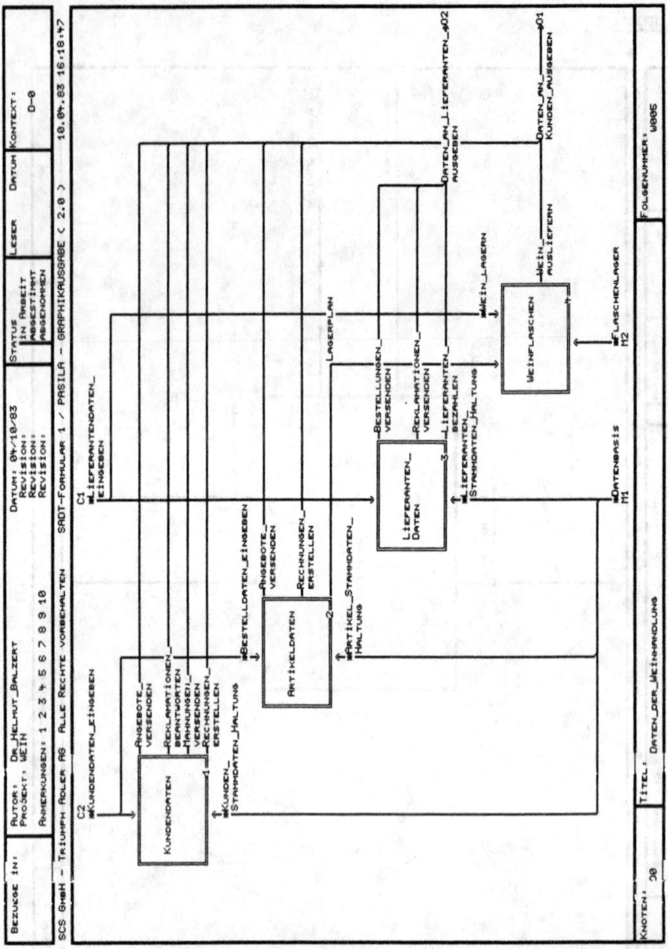

Abb. 2.4-11: Datenorientiertes SADT-Diagramm (Ebene D0)

Die Datendiagramme in SADT verwirklichen das Prinzip der Datenabstraktion (siehe 2.5.1.1) und werden daher in Zukunft eine größere Bedeutung erlangen.

Da das Aktivitäten- und das Datenmodell das gleiche beschreiben, hängen beide Modelle voneinander ab. Entsprechende Tätigkeiten und Daten können wechselseitig überprüft werden, um sicherzustellen, daß alle Funktionen vollständig, konsistent und kohärent in den Modellen vorhanden sind.

Bei dem Vergleich des Aktivitäts- und des Datenmodells werden die Datenkästen der Datendiagramme den Datenpfeilen der Aktivitätendiagramme zugeordnet. Analog werden die Aktivitätenkästen der Aktivitätendiagramme den Aktivitätenpfeilen der Datendiagramme zugeordnet.

Beide Diagramme sind dann konsistent, wenn eine Aktivität in einem Aktivitätendiagramm eine bestimmte Datengruppe erzeugt und in einem Datendiagramm ein entsprechender Datenkasten vorhanden ist.

Kohärenz liegt vor, wenn die Informationen in einem Aktivitätendiagramm sich i. a. in einem Datendiagramm derselben Hierarchieebene widerspiegeln, d. h. für Aktivitäten und Daten sollten gleichartige Abstraktionsebenen eingehalten werden.

Der Vergleich der Modelle wird so durchgeführt, daß ein Pfeil aus einem Modell zu einem Kasten im anderen Modell in Beziehung gesetzt wird. Diese gegenseitige Referenz wird in beiden Diagrammen dokumentiert.

(5) Sonstige Modellkonzepte

In den SADT-Diagrammen werden noch die projektbezogenen Angaben im Arbeitsentwurfsfeld eingetragen.
Die einzelnen Felder haben folgende Bedeutung:

Bezüge in (Used at):	Folgenummern der Diagramme, die auf das vorliegende Bezug nehmen (wichtig bei Diagrammänderungen)
Datum (Date):	Datum der Diagrammerstellung
Revision (Rev):	Datum, an dem das Diagramm revidiert wurde.
In Arbeit (working):	Diagramm ist in Arbeit.
Abgestimmt (Recommended):	Diagramm hat Autor- Kritiker-Zyklus durchlaufen (siehe unten).
Abgenommen (Publication):	Diagramm ist von der Qualitätskontrolle freigegeben.
Leser Datum: (Reader Date):	Name des Lesers, der das Diagramm im Rahmen des Autor-Kritiker-Zyklus geprüft hat und Datum der Überprüfung.
Anmerkungen: Notes:	Leiste zum Markieren von Anmerkungen, die im Diagramm als "n Anmerkung" markiert sind.
Kontext (Context):	Knotennummer oder Folgenummer des übergeordneten Diagramms.

Zusätzliche Informationen werden in FEOs, Textblättern und Glossaren beschrieben.

SADT verfügt über weitere Konzepte; hier wurden nur die wichtigsten behandelt.

(6) Erweiterbarkeit der Modellkonzepte

Durch die festgelegte grafische Darstellungsform können grundlegende Erweiterungen und Änderungen nicht vorgenommen werden.

(7) Anlehnung an Programmiersprachen

SADT ist unabhängig von einer Programmiersprache.

(8) Art der Anknüpfung an spätere Entwicklungsphasen

Die SADT-Autoren betrachten SADT auch als geeignetes Mittel für den Entwurf, jedoch beschränkt auf die Systemspezifikation. Dafür werden die in der Definitionsphase erstellten Diagramme um Informationen erweitert. Falls erforderlich, wird ein funktionales Modell (Funktionsblöcke und Datenströme) aus dem Entwurfs-Gesichtspunkt heraus erstellt. Die Systemspezifikation ist das Dokument, von dem aus der Programmentwurf erfolgt. Z. Z. wird SADT in SEES integriert.

(9) Methodenorientierung

SADT ist nicht nur eine grafische Sprache, sondern es werden auch einige Regeln angegeben, wie man vorgehen sollte:

(a) Zuerst wird ein Aktivitätenmodell entwickelt.
- (a1) Sammeln von Informationen.
- (a2) Klassifizieren nach Aktivitäten und Daten und Erstellen von Aktivitäten- und Datenlisten.
- (a3) Festlegen des Blickwinkels; u. U. können mehrere Modelle unter verschiedenen Blickwinkeln entwickelt werden, z. B. Blickwinkel Benutzergruppe 1, Blickwinkel Benutzergruppe 2.
- (a4) Festlegen des Zweckes z. B. Ist-Analyse eines bestehenden Systems oder Anforderungsdefinition eines neuen Systems.
- (a5) Schnittstellen zur Umgebung durch A-0-Diagramm festlegen.
- (a6) A0-Diagramm entwickeln, max. 4-6 Aktivitäten. Die Schritte (a5) und (a6) können auch vertauscht oder überlappt ausgeführt werden.
- (a7) Referenzen zwischen A0 und A-0-Diagramm eintragen.
- (a8) A0 durch weitere Diagramme verfeinern (A1 ... An, n < = 6).
- (a9) Die Schritte (a7) und (a8) solange wiederholen, bis eine ausreichende Detaillierung erreicht ist.
- (a10) Knotenverzeichnis und Glossar anlegen.
- (a11) Erster Autor-Kritiker-Zyklus mit 4-7 Diagrammen. SADT kennt Autoren und Kritiker (auch Kommentatoren oder Leser genannt). Ein Autor erstellt Diagramme, ein

Kritiker liest und revidiert Diagramme, sucht und korrigiert Syntax- und Inhalts-Fehler. Der Autor-Kritiker-Zyklus verläuft vollständig schriftlich, schnell und mit hoher Priorität; er wird solange wiederholt, bis eine stabile Beschreibung einer Ebene besteht. Damit sind alle Entwürfe, Entscheidungen, Bemerkungen, Änderungen und Alternativen schriftlich in einer manuellen Entwicklungsbibliothek festgehalten.

(b) Parallel, etwas verzögert gegenüber dem Aktivitätenmodell, entsteht ein Datenmodell.
   (b1) Die in den Schritten (a1) und (a2) gesammelten Informationen unter dem Datengesichtspunkt analysieren.
   (b2) Die Schritte (a5) bis (a9) analog durchführen; das Glossar ergänzen.

(c) Aktivitäts- und Datenmodell miteinander vergleichen, u. U. Korrekturen und Modifikationen durchführen.

(d) U. U. Sequentialisierungen durchführen.

Alle Diagramme werden auf ein Standard-SADT-Formular gezeichnet. Bei der endgültigen Veröffentlichung des Modells können die Arbeitsentwurfsinformationen im oberen Feld des Formulars weggelassen werden. Bei der Veröffentlichung werden jeweils zwei Diagramme auf zwei gegenüberliegenden Seiten dargeboten. Das Diagramm, das als laufendes Diagramm behandelt wird, befindet sich auf der unteren Seite. Erläuternder Text zu diesem Diagramm und eine verkleinerte Version (entspr. Kopierer muß vorhanden sein!) des übergeordneten Diagramms befinden sich auf der darüberliegenden Seite.

Die Diagramme werden in der Reihenfolge ihrer Knotennummer abgelegt, d. h. alle Detaildiagramme, die zum Kasten eines übergeordneten Diagramms gehören, werden eingeordnet, bevor das nächste übergeordnete Diagramm mit seinen Detaildiagrammen eingeordnet wird.
Korrekturen werden in allen betroffenen Diagrammen ausgeführt.

Die Diagramme sollen so entworfen werden, daß minimale Querverbindungen zwischen den Kästen vorliegen. Bei 3 bis 6 Kästen etwa 12 Verbindungslinien. In jede Seite eines Kastens sollten nicht mehr als 4 Pfeile münden.

(10) Anwendungsbereich

SADT wurde bei Projekten unterschiedlicher Größenordnung und verschiedener Bereiche eingesetzt (von Echtzeit-Kommunikations-Problemen über Prozeßsteuerungen hin zu kommerziellen Problemen und Organisationsplanungen).

SADT wird u. a. von folgenden Organisationen und Firmen eingesetzt:
- ITT Europa,
- US Air Force,
- US Department of Labors,
- Boing,
- BBC Mannheim,
- SCS Hamburg,
- TRIUMPH-ADLER Nürnberg.

Neben der Anwendung von SADT als Anforderungssprache wird es auch in der Entwurfsphase eingesetzt.
SADT wurde aber auch auf völlig andere Bereiche angewandt wie soziale, künstlerische, wissenschaftliche, juristische, gesellschaftliche, politische und philosophische Gegenstände.

(11) Grafischer Überblick

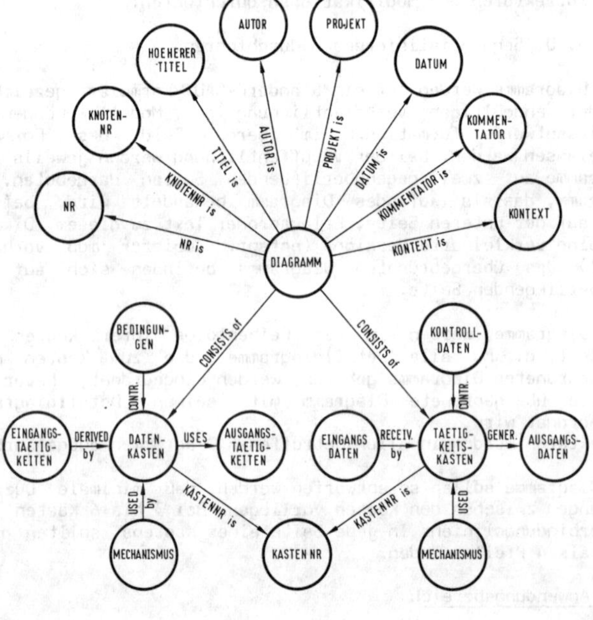

Bemerkungen:
In den Kreisen steht der Objekttyp.
A -> B : A steht in Relation zu B.
z. B. DIAGRAMM consists of TÄTIGKEITSKASTEN

Abb. 2.4-12: SADT-Überblick

Die Kreise geben an, welche semantischen Informationen in SADT beschrieben werden können; die Pfeile zwischen den Kreisen kennzeichnen die Zusammenhänge zwischen den semantischen Informationen.

2.4.4.2 Werkzeuge für SADT

Da es sich bei SADT um eine manuell einsetzbare Sprache handelt, lassen sich auch nur manuelle Verfahren zur Dokumentation, Analyse und Qualitätskontrolle angeben. Es gibt jedoch bereits Rechnerunterstützungen für die Anwendung von SADT (siehe 5.2).

Zur Dokumentation

Die manuell erstellten SADT-Diagramme und Knotenverzeichnisse bilden die Dokumentation. Für das Lesen der Diagramme wird folgende Vorgehensweise empfohlen:

(a) Nur Kästen des interessierenden Diagramms lesen, um einen ersten Eindruck der Struktur zu erhalten.

(b) Man verwende das übergeordnete Diagramm zur Führung und überdenke die Information der übergeordneten Ebene. Man verfolge die Pfeile im betrachteten Diagramm, die auf den übergeordneten Kasten zugehen und von ihm weggehen.

(c) Dann werden die internen Pfeile des interessierenden Diagramms betrachtet. Man überdenke die Kästen von links oben nach rechts unten. Man studiere die Pfeile, indem man im Uhrzeigersinn um jeden Kasten herumgeht. Man überprüfe den Inhalt des Diagramms, indem man überlegt, wie ähnliche vertraute Aufgaben behandelt werden.

(d) Zum Schluß lese man den Text, um das Verständnis der Funktion zu vervollständigen.

Eine gezielte selektive Auswertung für bestimmte Adressatenkreise ist nur mit automatischen Werkzeugen sinnvoll durchführbar.

Zur Analyse

Folgende Analysen lassen sich durchführen:

- Einhaltung der SADT-Vorschriften.
  - Benutzung des SADT-Formulars.
  - 3-6 Kästen pro Diagramm.
  - Einhaltung der Bezeichnungsvorschriften.
  - Pfeile kommen nur aus der Ausgabeseite.
  - Pfeile gehen nur zur Eingabe-, Steuer-, Mechanismus-Seite.
  - Numerierungsregeln für Kästen, Pfeile und das SADT-Formular sind eingehalten.

  - Knotenverzeichnis ist erstellt.
  - Diagramme sind in der richtigen Reihenfolge abgelegt.

  Diese Analysen lassen sich bei einer Rechnerunterstützung bei der Eingabe automatisch abprüfen.

- Analyse der Semantik
  - Überprüfung, ob der Diagramminhalt das Produkt richtig beschreibt. Wurden sinnvolle Bezeichnungen gewählt.
  - Überprüfung von Aktivitäts- und Datenmodell auf Konsistenz, Kohärenz und Vollständigkeit.
  - Sind die Daten im gesamten Modell konsistent, d.h. kommen auf tieferer Ebene keine neuen unabhängigen Daten dazu.

- Unterstützung für den Entwurf
  - Von welchen Aktivitäten werden auf welche Daten zugegriffen?
  - Welche Aktivitäten sind von welchen Aktivitäten unabhängig?

Zur Qualitätskontrolle

- Werden alle Daten (Aktivitäten) auch verwendet?
- Fehlen Daten (Aktivitäten)?
- Entsprechen die beschriebenen Anforderungen den Vorstellungen des Auftraggebers?
- Durchführung des Autor-Kritiker-Zyklus (organisatorische Maßnahme).

2.4.4.3 Wertung

Vorteile

- SADT unterstützt alle allgemeinen Prinzipien (siehe 2.1) z. T. in optimaler Weise.
- SADT unterstützt die top-down-Methode.
- SADT enthält starke methodische Elemente.
- SADT unterstützt die Qualitätssicherung und -kontrolle sowie das Projektmanagement.
- SADT ist leicht erlernbar und mit etwas Übung gut verständlich.
- SADT ist sofort einsetzbar, da es sich um eine manuelle Methode handelt.
- Die Grafik kommt Ingenieuren entgegen.
- SADT stellt ein gutes Kommunikationsmittel für alle Projektbeteiligten dar.
- SADT ist universell einsetzbar, d.h. nicht speziell auf Software bezogen.

Nachteile

- Die Modellkonzepte sind nicht oder nur beschränkt erweiterbar.
- Wichtige Analysen, gezielte Dokumentationszusammenstellungen,

und Simulationen lassen sich mit vertretbarem Aufwand nicht durchführen, wenn SADT manuell angewandt wird.

- Änderungen sind nur sehr aufwendig durchführbar, da alle Verbesserungen manuell in allen betroffenen Diagrammen durchgezogen werden müssen. Die Auswirkungen von Änderungen können nicht simuliert werden, die korrekte Durchführung der Änderungen kann nicht kontrolliert werden.
- Die Erstellung der Diagramme ist aufwendig. Auch kleinere Diagramme werden durch ungeschicktes Zeichnen unleserlich. Änderungen erfordern häufig eine neue Zeichnung des Diagramms.
- Gliedert sich ein Kasten in mehr als 6 Teilkästen, dann müssen künstliche Abstraktionen eingeführt werden.
- Schnittstellen werden nur über Bezeichnungen beschrieben.

2.4.5 PSL/PSA

PSL (Problem Statement Language) und PSA (Problem Statement Analyzer) sind Teile von ISDOS (Information System Design and Optimization System), das seit 1968 an der Universität Michigan entwickelt wird.
Das langfristige Ziel des ISDOS-Projektes ist es, ein computerunterstütztes Software-Entwicklungs-System bereitzustellen. PSL und PSA sind die bereits fertiggestellten Komponenten von ISDOS, die die Anforderungsdefinition und -analyse ermöglichen /Teichroew, Hershey 77a/, /Teichroew, Hershey 77b/, /Hershey et al. 75/, /PSL 75/, /Teichroew, Bastarache 75/, /Bastarache, Hershey 75/.

2.4.5.1 Die Sprache PSL

(1) Beschreibungsmodell

PSL basiert auf dem Modell eines allgemeinen Systems, das durch Spezialisierung besondere Klassen von Systemen, insbesondere Informationssysteme, abdeckt. Das Modell geht davon aus, daß ein System durch Objekte und Relationen zwischen diesen Objekten beschrieben werden kann.

Jedes Objekt ist von einem bestimmten Typ. Die zwischen den Objekten bestehenden Beziehungen heißen Relationen. Im PSL können 22 verschiedene Objekt-Typen und 55 verschiedene Relationen beschrieben werden, die 8 verschiedene Systemaspekte betreffen.
Welche Relationen zwischen welchen Objekt-Typen erlaubt sind, wird durch die PSL-Semantik festgelegt.

Neben Relationen zwischen verschiedenen Objekt-Typen gibt es auch Relationen zwischen gleichen Objekt-Typen. Die meisten Relationen in PSL sind 2-stellig (binär), es gibt aber auch 3-stellige.

Beispiel

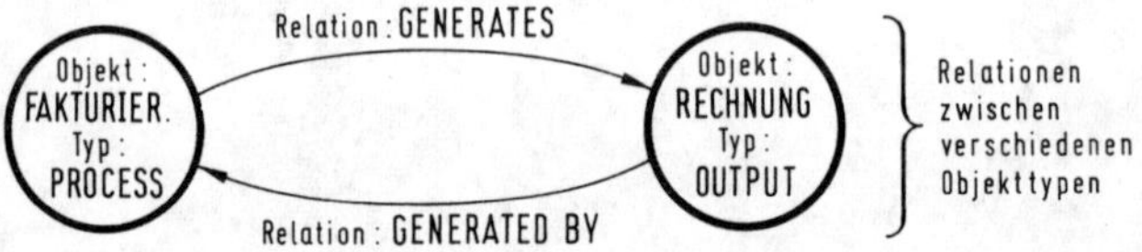

Abb. 2.4-13: Beispiel für PSL-Objekte und Relationen

Verbal ausgedrückt :
Das Objekt FAKTURIERUNG vom Typ PROZESS (PROCESS) erzeugt (GENERATES) das Objekt RECHNUNG vom Typ AUSGABE (OUTPUT).

Oder anders formuliert :

Das Objekt RECHNUNG vom Typ AUSGABE wird durch das Objekt FAKTURIERUNG vom Typ PROZESS erzeugt (GENERATED BY). ■

Zu fast jeder Relation gibt es eine komplementäre Relation z.B. GENERATES/GENERATED BY. Beide sind vollkommen äquivalent, daher ist es in PSL meist egal, welche Relation beschrieben wird.

Das Beschreibungsprinzip von PSL besteht darin, daß man sich jeweils auf den Standpunkt eines Objektes oder mehrerer Objekte vom gleichen Typ stellt und alle Beziehungen von hier zu anderen Objekten in Form von Relationsangaben beschreibt.

Auf den Systemaspekt "Systemfluß" wird beispielhaft eingegangen.

Systemfluß

Dieser Systemaspekt behandelt die Interaktion zwischen dem Zielsystem und seiner Umgebung. Das PSL-Modell dazu zeigt Abb. 2.4-14.

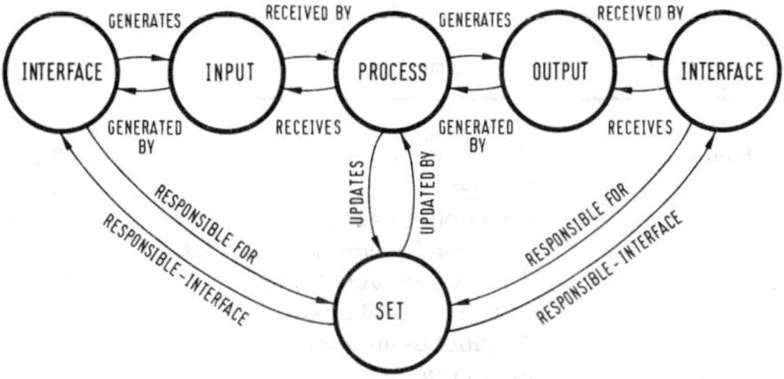

Abb. 2.4-14: Modell des Systemflusses

Semantik:

INPUT: Sammlung von Daten, die von einem externen Objekt (z.B. INTERFACE) stammen und vom Zielsystem (z.B. PROCESS) benutzt werden.

OUTPUT: Sammlung von Daten, erzeugt vom Zielsystem und benutzt von einem externen Objekt.

SET: Datensammlung z.B. Datei oder Datenbank, die durch Prozesse verändert werden kann.

INTERFACE: Externes Objekt, das nicht Teil des zu beschreibenden Systems ist, aber mit diesem kommuniziert.

PROCESS: Teil des Zielsystems, der Daten benutzt, um neue Daten zu erzeugen und Daten verändert.

Beispiel

Oft liegen die Anforderungen für ein neues System in verbaler Form vor:

"Das System Weinhandlung ERHÄLT von Kunden Weinbestellungen, Reklamationen und Zahlungen, LIEFERT Wein einschließlich Rechnungen an Kunden, VERSENDET Angebote und Mahnungen an Kunden und BEANTWORTET Reklamationen. Das System VERWALTET die Kunden- und Artikeldaten. An Lieferanten werden Bestellungen und Reklamationen VERSANDT, sowie Zahlungen ÜBERWIESEN.
Von Lieferanten ERHÄLT das System Angebote, Weinlieferungen und Rechnungen. Lieferantendaten werden in einer Datei AUFBEWAHRT".

1. Schritt: Kennzeichnung aller Objekte im Text (durch Unterstreichung im obigen Text bereits geschehen).
In der folgenden Tabelle wird jedem Objekt in dem verbalen Text ein korrespondierender, eindeutiger PSL-Namen und ein PSL-Objekttyp zugeordnet:

Umgangssprachlich	PSL-Name	PSL-Objekt-Typ
Weinhandlung	Weinhandlung	PROCESS
Kunden	Kunden	INTERFACE
Weinbestellungen	Kundenbestellung	INPUT
Reklamationen	Reklamationen-von-Kunden	INPUT
Zahlungen	Zahlungen-von-Kunden	INPUT
Wein	Ausgelieferter-Wein	OUTPUT
Angebote	Angebote-an-Kunden	OUTPUT
Mahnungen	Mahnungen	OUTPUT
Reklamationen	Antwort-auf-Reklamationen	OUTPUT
Kundendaten	Kundendatei	SET
Artikeldaten	Artikeldatei	SET
usw.	usw.	usw.

2. Schritt: Alle Relationen, die zwischen den gefundenen Objekten bestehen, werden gekennzeichnet (im obigen Text in Großbuchstaben) und aufgelistet:

Objekt 1	steht in Relation mit	Objekt 2	PSL-Relation
Weinhandlung	erhält	Kundenbestellung	RECEIVES
"	erhält	Reklamationen-von-Kunden	RECEIVES
"	erhält	Zahlungen-von-Kunden	RECEIVES
"	liefert	Ausgelieferter-Wein	GENERATES
"	versendet	Angebote-an-Kunden	GENERATES
"	versendet	Mahnungen	GENERATES
"	beantwortet	Antwort-auf-Reklamationen	GENERATES
"	verwaltet	Kundendatei	UPDATES
"	verwaltet	Artikeldatei	UPDATES
Kunde	versendet	Kundenbestellung	GENERATES
usw.	usw.	usw.	usw.

Da in PSL nur 55 unterschiedliche Relationen beschreibbar sind, müssen die im verbalen Text vorhandenen Bezeichnungen auf festgelegte PSL-Relationen (siehe letzte Spalte) abgebildet werden.

3. Schritt: Formulierung in PSL

In PSL wird für jedes Objekt zunächst dessen Typ definiert (Syntax: PSL-Wortsymbol, PSL-Name, Semikolon).
Anschließend werden die Relationen dieses Objekts zu anderen Objekten beschrieben. Entsprechend diesem Schema werden alle Objekte beschrieben.

```
PROCESS Weinhandlung;

        GENERATES  Ausgelieferter-Wein,       Angebote-an-Kunden,
                   Mahnungen,          Antwort-auf-Reklamationen,
                   Bestellungen-an-Lieferanten, Reklamationen-an
                   -Lieferanten, Zahlungen-an-Lieferanten;

        RECEIVES   Kundenbestellung,   Reklamationen-von-Kunden,
                   Zahlungen-von-Kunden,            Angebote-von-
                   Lieferanten,                 Gelieferter-Wein,
                   Rechnungen-von-Lieferanten;

        UPDATES    Kundendatei, Artikeldatei, Lieferantendatei;

INTERFACE Kunde;

        GENERATES  Kundenbestellung,   Reklamationen-von-Kunden,
                   Zahlungen-von-Kunden;

        RECEIVES   Ausgelieferter-Wein,       Angebote-an-Kunden,
                   Mahnungen, Antwort-auf-Reklamationen;
```

```
INTERFACE Lieferanten

          GENERATES  Angebote-von-Lieferanten,  Gelieferter-Wein,
                     Rechnungen-von-Lieferanten;

          RECEIVES   Bestellungen-an-Lieferanten, Reklamationen-an
                     -Lieferanten, Zahlungen-an-Lieferanten;

INPUT     Kundenbestellung,          Reklamationen-von-Kunden,
          Zahlungen-von-Kunden,      Angebote-von-Lieferanten,
          Gelieferter-Wein, Rechnungen-von-Lieferanten;

OUTPUT    Ausgelieferter-Wein, Angebote-an-Kunden,    Mahnungen,
          Antwort-auf-Reklamationen, Bestellungen-an-Lieferanten,
          Reklamationen-an-Lieferanten, Zahlungen-an-Lieferanten;

SET       Kundendatei, Artikeldatei, Lieferantendatei;
```

Abb. 2.4-15: Beispiel für eine PSL-Bechreibung

■

Die PSL-Systembeschreibungen werden in eine Datenbank eingetragen. Wegen der komplementären Relationen gibt es verschiedene Beschreibungsmöglichkeiten. Es wäre auch möglich gewesen, die Objekte vom Typ INPUT und OUTPUT mit Relationsangaben zu versehen.

(2) <u>Hierarchiemodell</u>

In PSL können zwei <u>Arten</u> von Hierarchien beschrieben werden:
(a) gerichteter Baum
(b) gerichteter Graph mit partieller Ordnung
    (d.h. gerichteter Graph ohne Zyklen)

Die Knoten stellen in PSL Objekte dar und die Kanten strukturelle Relationen.
In Abhängigkeit davon, auf welche Objekte sich die Relationen beziehen, werden zwei Relationsarten unterschieden:
(a) Daten-Struktur-Relationen: Betreffen Objekte, die Datenelemente oder Kombinationen von Datenelementen sind (Beschreibung beim Datenmodell).
(b) System-Struktur-Relationen: Alle Struktur-Relationen außer (a).

Ein Überblick über das Systemhierarchie-Modell gibt Tabelle 2.4-2.

Lfd. Nr.	Knoten-Objekt	Mögl. niedrigerer Knoten	Blatt	Art der Hierarchie	Basis der Hierarchie
1	PROCESS	PROCESS	PROCESS	Baum	SUBPARTS ARE/PART OF
2	PROCESS	PROCESS	PROCESS	Graph mit part. Ordn.	UTILIZES/UTILIZED
3	INTERFACE	INTERFACE	INTERFACE	Baum[a]	SUBPARTS ARE/PART OF
4	INPUT	INPUTS	INPUT	Baum[a]	SUBPARTS ARE/PART OF
5	OUTPUT	OUTPUTS	OUTPUT	Baum[a]	SUBPARTS ARE/PART OF
6	SET	SETS	SET	Graph mit part. Ordn.	SUBSETS ARE/SUBSET OF
7	SET	ENTITIES	ENTITIES	Graph mit part. Ordn.	CONSISTS/CONTAINED
8	SET	INPUTS OUTPUTS	INPUTS OUTPUTS	Graph mit part. Ordn.	CONSISTS/CONTAINED
9	INTERVAL	INTERVALS	INTERVAL	Graph mit part. Ordn.	CONSISTS/CONTAINED

[a] Auch Mengen von Bäumen möglich.

Tabelle 2.4-2: Klassifikation der PSL-Systemhierarchie

Beispiel

```
PROCESS Weinhandlung;
   SUBPARTS ARE  Verkauf-abwickeln, Wein-ein-und-auslagern,
                 Einkauf-abwickeln;
OUTPUT Ausgelieferter-Wein;
   SUBPARTS ARE  Weinflaschen, Rechnung;
```

Abb. 2.4-16: Beispiel für Hierarchiebeschreibungen in PSL

■

(3) Kontrollstrukturmodell

Die Beschreibung der Kontrollstrukturen Sequenz, Auswahl und Wiederholung ist in PSL nur durch verbale Texte in der PROCEDURE-Anweisung des PROCESS-Abschnittes möglich. Bei der PROCEDURE-Anweisung handelt es sich um eine Kommentar-Anweisung.

Neben der verbalen Beschreibung des Algorithmus gibt es noch die UTILIZES- und UTILIZED BY-Anweisung zur Festlegung der dynamischen Aufrufstruktur. Die Aufruf-Struktur erlaubt die Bildung eines gerichteten Graphen mit partieller Ordnung.

Beispiel

```
PROCESS Weinhandlung;
   PROCEDURE;
       Ein Bildschirmmenü ist auszugeben, das es gestattet,
       entweder den Prozeß "Verkauf-abwickeln" oder den Prozeß
       "Einkauf- abwickeln" zu wählen. In Abhängigkeit von der
       Benutzereingabe wird das entsprechende Teilsystem
       aufgerufen;
   UTILIZES Verkauf-abwickeln, Einkauf-abwickeln;
```

Abb. 2.4-17:Beispiel für Konstrollstrukturbeschreibungen in PSL ■

(4) Datenmodell

Das Datenmodell von PSL umfaßt sowohl eine hierarchische Gliederung von Daten als auch die Beschreibung von Datenmanipulationen.
Die hierarchische Gliederung teilt sich in zwei Aspekte. Abb. 2.4-18 zeigt einen Aspekt.

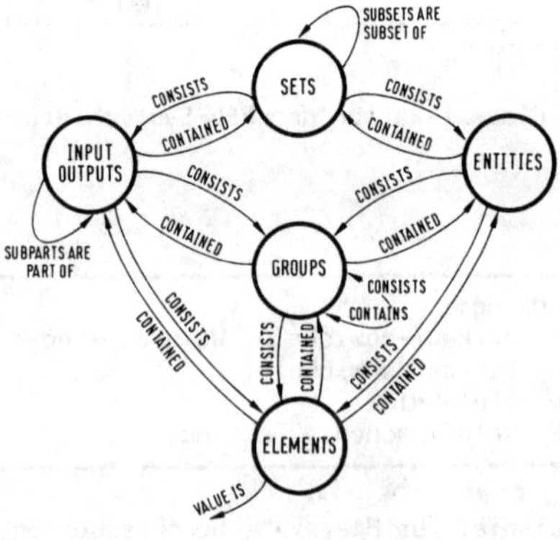

Abb. 2.4-18: Modell der Datenhierarchie

Semantik:

ELEMENT: Unteilbares Objekt, das einen Wert annehmen kann.

GROUP: Menge von ELEMENTEN und/oder Gruppen (GROUPS).

ENTITY: Sammlung von Daten (logisch oder physikalisch), die intern im System verwaltet werden. Im Bezug auf Dateien handelt es sich bei ENTITIES um Sätze bzw. Einträge (records).

VALUE IS: Ein Element kann einen speziellen Wert oder Wertebereich haben.

Lfd. Nr.	Knoten-Objekt	Möglicher niedr.Knoten	Blatt	Struktur der Hierarchie	Basis der Hierarchie
1	INPUT	GROUPS ELEMENTS	ELEMENT	Graph mit part. Ordnung	CONSISTS OF CONTAINED IN
2	OUTPUT	"	"	"	"
3	ENTITY	"	GROUPS ELEMENTS	"	"
4	GROUP	GROUPS	ELEMENT	"	"
5	GROUP	ELEMENTS	"	"	"

Tabelle 2.4-3: Klassifikation der PSL-Datenhierarchie

Neben der hierarchischen Gliederung von Daten können in PSL auch Datenmanipulationen beschrieben werden (Abb. 2.3-19).

Semantik:

Ein Prozeß benutzt Daten (USES), erzeugt Daten (DERIVES) und verwaltet Daten (UPDATES) bzw. Relationen (MAINTAINS).
Bei diesen Relationen werden INPUT, OUTPUT, ENTITY und SET als Datenwerte interpretiert.

Zur allgemeinen Beschreibung eines Objektes kann die DESCRIPTION-Anweisung benutzt werden (es handelt sich um eine Kommentar-Anweisung).

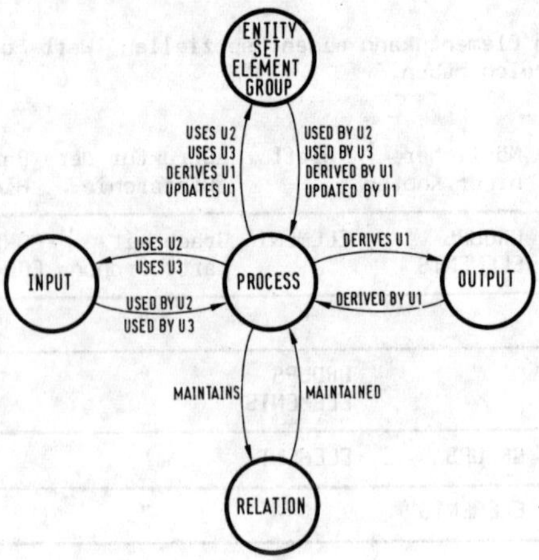

U1, U2 und U3 sind optionale Angaben.
U1: unter Benutzung von ELEMENT, GROUP, ENTITY oder INPUT
U2: zur Erzeugung von ELEMENT, GROUP, ENTITY, SET oder OUTPUT
U3: zur Verwaltung von ELEMENT, GROUP, ENTITY oder SET

Abb. 2.3-19: Modell der Datenmanipulation

Beispiel

```
PROCESS  Verkauf abwickeln;
   PART OF Weinhandlung;
   DESCRIPTION;
        Abwicklung sämtlicher Kundenkontakte;

   RECEIVES  Kundenbestellung,Reklamationen-von-Kunden,
             Zahlung-von-Kunden;

   GENERATES Angebote-an-Kunden, Antwort-auf-Reklamationen,
             Mahnungen;

   DERIVES   Lagerplan-für-Auslieferungen USING Atrikeldatei;

   DERIVES   Gestellte-Rechnung USING Kundenbestellung,
             Kundendatei, Artikeldatei,

   UPDATES   Kundendatei, Artikeldatei;

   SUBPARTS ARE Kundenbestellung-bearbeiten, Kundenzahlungen-
                -verbuchen, Reklamationen-bearbeiten;

OUTPUT Angebote-an-Kunden;
   CONSISTS OF  Kundennr, Kundenadresse, Artikelnr,
                Werbetext;
OUTPUT Antwort-auf-Reklamationen,
   CONSISTS OF  Kundennr, Kundenadresse, Standardtextl,
                Standardtext2, Standardtext3;
ELEMENT Standardtextl, Standardtext2, Standardtext3,
        Mahntextl, Mahntext2, Mahntext3;
OUTPUT  Mahnung;
    CONSISTS OF  Kundennr, Kundenadresse, Rechnungsnr,
                 Mahntextl, Mahntext2, Mahntext3;
```

Abb. 2.4-20: Modell der Weinhandlung in PSL-Notation

■

(5) Sonstige Modellkonzepte

Folgende Aspekte können noch beschrieben werden:

- Projektbezogene Angaben: Autorenangabe, Briefkasten des Autors
- Dokumentationsangaben:
  - Schlüsselwörter für Selektionen
  - Kennzeichnung von mehrfach verwendeten Dokumentationsteilen
  - Referenzierung von externen Dokumenten
  - Geheimhaltungsangaben
  - Vergabe von Synonymen
- Dynamisches Verhalten des Systems:
  - interne und externe Ereignisse, die Prozesse anstoßen oder angestoßen werden
  - Bedingungen für Ereignisse
- Mengenangaben :

- Mengengerüst von Daten
- Verarbeitungsintervalle

(6) Erweiterbarkeit der Modellkonzepte

Der Benutzer kann neue Objekttypen und Relationen definieren.

(7) Grad der Anlehnung an Programmiersprachen

PSL ist programmiersprachenunabhängig; die Dateibeschreibung orientiert sich an der CODASYL- Terminologie.

(8) Art der Anknüpfung an spätere Entwicklungsphasen

PSL ermöglicht die Beschreibung von Anforderungen und z.T. die Beschreibung des Systementwurfs. Eine Anknüpfung der Implementierung erscheint jedoch nicht möglich.

(9) Methodenorientierung

Eine Methode, in welcher Reihenfolge und unter welchen Gesichtspunkten man vorgeht, um zu einer PSL-Beschreibung zu gelangen, wird nicht angegeben.

(10) Anwendungsbereiche

Der Anwendungsbereich konzentriert sich auf kommerzielle Probleme.

PSL wird u. a. von folgenden Organisationen eingesetzt:
- AT&T Long Lines
- Chase Manhattan Bank
- Mobil Oil
- British Railways
- Petroleos Mexicanos
- TRW Inc.
- US Air Force
- Universitäten
- ESG, München

Quantitative Angaben zu PSL bei einem ESG-Projekt:

- Anzahl der PSL-Objekte:	22.300
- Anzahl der PSL-Relationen:	104.000
- PSL-Eingabezeilen:	105.000.

(11) Grafischer Überblick

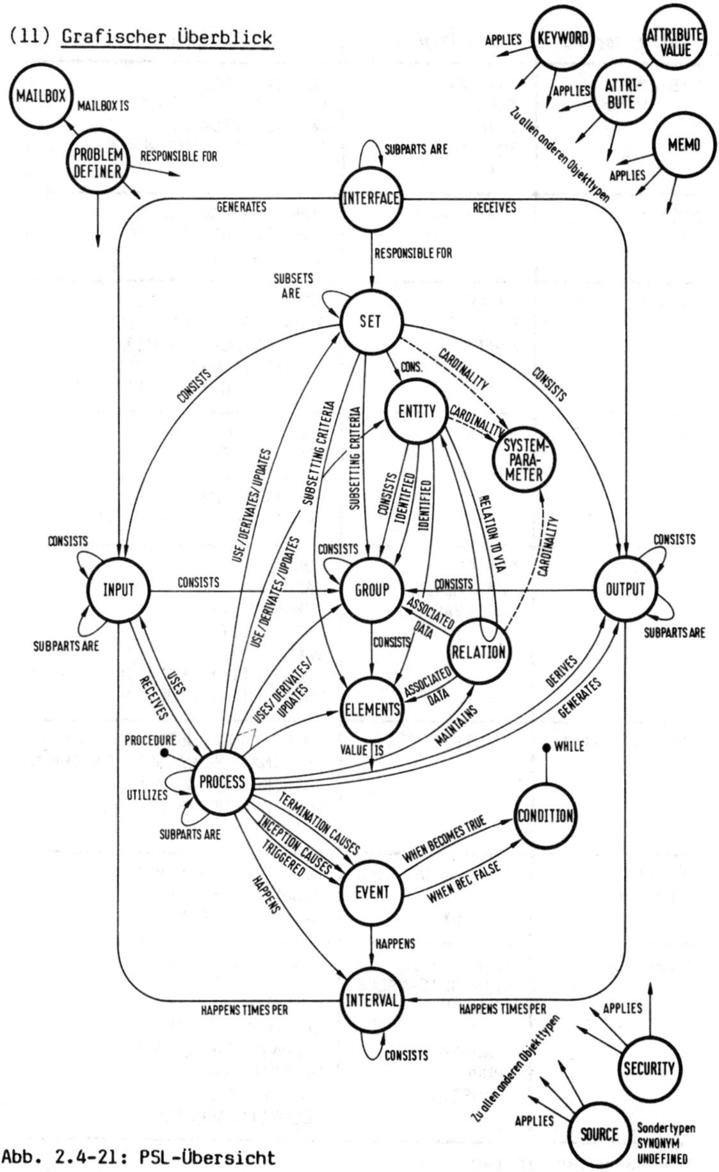

Abb. 2.4-21: PSL-Übersicht

System Aspekt	PSL - Objekte	PSL - Relationen
SYSTEM FLOW	INTERFACE INPUT OUTPUT PROCESS SET	RECEIVES/RECEIVED GENERATES/GENERATED UPDATES/UPDATED RESPONSIBLE-INTERFACE
SYSTEM STRUCTURE	wie oben	SUBPARTS/PART OF SUBSET/SUBSETS UTILZES/UTILIZED
DATA STRUCTURE	GROUP ELEMENT ENTITY	CONSISTS/CONTAINED IDENTIFIES/IDENTIFIED SUBSETTING-CRITERIA/ SUBSETTING-CRITERION ASSOCIATED/ASSOCIATED DATA
DATA DERIVATION	alles von oben	USES/USED DERIVES/DERIVED UPDATES/UPDATED MAINTAINS/MAINTAINED PROCEDURE *, DERIVATION *
SYSTEM SIZE	SYSTEM-PARAMETER INTERVAL	CONSISTS HAPPENS CONNECTIVITY CARDINALITY VALUES VOLATILITY*, VOLATILITY-SET* VOLATILITY-MEMBER *
SYSTEM DYNAMICS	EVENTS	INCEPTION-CAUSES/ ON INCEPT. TERMINATION-CAUSES/ ON TERM. TRIGGERS/TRIGGERED WHEN BECOMES/BECOMING WHILE *
PROJECT MANAGEMENT	PROBLEM-DEFINER MAILBOX	RESPONSIBLE/RESPONSIBLE-PROBLEM-DEFINER MAILBOX/APPLIES
PROPERTIES	ATTRIBUTE/ ATTRIBUTE-VALUE KEYWORD MEMO SYNONYMS SOURCE SECURITY	ATTRIBUTES/APPLIES KEYWORDS/APPLIES SEE-MEMO/APPLIES SYNONYMS/DESIGNATE DESCRIPTION * SOURCE/APPLIES SECURITY/APPLIES

* = Kommentar-Eintrag

Tabelle 2.4-4: Tabellarische PSL-Übersicht

2.4.5.2 Das Werkzeug PSA

Zur Verarbeitung der in PSL beschriebenen Anforderungen dient der PSA (Problem Statement Analyzer).
Seine Aufgaben werden im folgenden beschrieben.

(a) Eingabe und Änderung

Die in PSL beschriebenen Anforderungen werden bei der Eingabe vom PSA auf Richtigkeit überprüft.
Die Abprüfung umfaßt:
- Prüfung auf korrekte Syntax.
- Prüfung auf richtige Verwendung von Namen (jeder Name darf nur einem Typ zugeordnet sein; Relationen dürfen nur Objekte von bestimmten Typen miteinander verbinden).

Bei Verstößen werden Diagnosen und Fehlermeldungen erzeugt. Ist die Eingabe korrekt, dann wird sie vom PSA in eine Datenbank abgelegt.

Werden später weitere PSL-Anweisungen hinzugefügt (zu den in der Datenbank bereits vorhandenen), dann wird überprüft, ob die neuen Relationen mit den bereits vorhandenen konsistent sind.

Mit dem PSA können auch bereits vorhandene Anweisungen in der Datenbank geändert werden.
Nach jeder durchgeführten oder versuchten Änderung in der Datenbank werden automatisch Datenbankänderungsberichte zusammen mit Diagnosen und Warnungen im Fehlerfall generiert.

(b) Zur Dokumentation

Auf Anfrage können Berichte erstellt werden, die die Datenbank nicht verändern. Die meisten Berichte können in Listenform, Matrixform, grafischer Form ausgegeben werden.

Referenz-Berichte

Sie liefern die Datenbankinformationen in verschiedenen Formaten.
Der wichtigste Bericht ist der FORMATTED PROBLEM STATEMENT-Report. Er enthält alle Informationen, die über die gewünschten Objekte in der Datenbank aufbewahrt sind (die gewünschten Objekte werden im zugehörigen Kommando aufgelistet).
Dieser Bericht enthält nicht nur die im ursprünglichen PSL-Programm angegebenen Relationen, sondern auch alle komplementären.

Beispiel

```
Formatted Problem Statement

 1  PROCESS                                        Weinhandlung;
 2   /* DATE OF LAST CHANGE - FEBR 25, 1980, 13:56:44*/
 3   SUBPARTS ARE:  Verkauf-abwickeln, Wein-ein-und-auslagern,
 5                  Einkauf-abwickeln;
 6   UTILIZES:      Verkauf-abwickeln, Einkauf-abwickeln;
 8   RECEIVES:      Kundenbestellung, Reklamationen-von-Kunden,
 9                  Zahlungen-von-Kunden, Angebote-von-
10                  Lieferanten, Geliefe rter-Wein, Rechnungen-
12                  von-Lieferanten;
13   GENERATES:     Ausgelieferter-Wein, Angebote-an-Kunden,
14                  Mahnungen, Antwort-auf-Reklamationen,
15                  Bestellungen-an-Lieferanten, Reklamationen-
16                  an-Lieferanten, Zahlungen-an-Lieferanten;
19   UPDATES:       Kundendatei, Artikeldatei,
20                  Lieferantendatei;
21   PROCEDURE;
22                  Ein Bildschirmmenü ist auszugeben, das es
23                  gestattet, entweder den Prozeß "Verkauf-
24                  abwickeln" oder den Prozeß "Einkauf-
25                  abwickeln" zu wählen. In Abhängigkeit von
26                  der Benutzereingabe wird das entsprechende
28                  Teilsystem aufgerufen;
29  EOF EOF EOF EOF EOF EOF EOF
```

Abb. 2.4-22: Beispiel für die formatierte Ausgabe einer PSL-Beschreibung

■

Der NAME-SELECTION-Report gibt alle in der Datenbank vorkommenden Objekte mit ihrem Typ und dem Datum der letzten Änderungen an. Man kann kontrollieren, ob jedes Objekt vom richtigen Typ vereinbart ist und ob Synonyme korrekt zugewiesen sind.

Übersichtsberichte

Sie enthalten Zusammenfassungen von Datenbankinformationen.

Der PICTURE REPORT zeigt den Datenfluß in grafischer Form (siehe Abb. 2.4-23).

<u>Beispiel</u>

```
Wein-ein-und-auslagern
                                +--PROCESS--+
                                I Wein -    I
                                I handlung  I
                                I           I
                                +---PART----+
     +---INPUT---+                    .
     ILagerplan- I                    .
     Ifuer- Aus- I  .                 .
     IlieferungenI    .               .
     +---USES----+      .             .
                          .           .
     +---INPUT---+          .   +--PROCESS--+     +--OUTPUT---+
     IGestellte- I            . IWein-ein-  I     IAusge-     I
     IRechnung   I..............Iund-aus-   I.....Ilieferter- I
     I           I            . Ilagern     I     IWein       I
     +---USES----+          .   +-----------+     +-GENERATES-+
                          .           .
     +---INPUT---+      .             .
     IZu-        I    .               .
     Ilagernder- I  .                 .
     IWein       I                    .
     +---USES----+                    .
                                +----SET----+
                                IWeinlager  I
                                I           I
                                I           I
                                +--UPDATES--+
```

Abb. 2.4-23: Beispiel eines 'Picture Reports' ■

Der STRUCTURE REPORT zeigt die vollständige oder partielle Hierarchie eines Objektes (Subpart-Relation).

Beispiel

Process Structure

COUNT	LEVEL	NAME
1	1	Weinhandlung
2	2	Verkauf-abwickeln
3	3	Kundenbestellung-bearbeiten
4	3	Kundenzahlungen-verbuchen
5	3	Reklamationen-bearbeiten
6	2	Wein-ein-und-auslagern
7	2	Einkauf-abwickeln

LEVEL	COUNT	LEVEL	COUNT	LEVEL	COUNT
1	1	2	3	3	3

Abb. 2.4-24: Beispiel eines 'Structure Reports' ■

Der Datenbankübersichts-Bericht (DATA BASE SUMMARY REPORT) enthält Informationen darüber, welche Objekttypen vorkommen, wieviele Objekte von jedem Typ es gibt, wieviele Objekte ein Synonym und eine Beschreibung haben. Diese Angaben können zur Projektüberwachung benutzt werden, da sie den Zuwachs der Namen in der Datenbank zeigen.

(c) Zur Analyse

Die Datenbankinhalte werden nach verschiedenen Gesichtspunkten analysiert.
Ein Beispiel dafür ist der CONSIST COMPARISON REPORT.
Dieser Bericht dient dazu, redundante oder vergleichbare Datenstrukturen zu entdecken. Dies erkennt man dadurch, daß die Elemente der Datenstrukturen in gezielter Weise dargestellt werden.

Es werden alle Elemente (ELEMENTS) und alle Objekte vom Typ INPUT oder OUTPUT getrennt durchnummeriert aufgelistet.

Bezogen auf diese Listen können zwei Matrizen ausgegeben werden:

a) BASIC CONTENTS MATRIX:
Enthält das Objekt i direkt oder indirekt das ELEMENT j, so ist auf der Position (i, j) der Matrix ein Stern *.

b) CONTENTS SIMILARITY MATRIX:
Gibt in der Diagonalen an, wie viele Elemente jedes Objekt umfaßt. Oberhalb der Hauptdiagonalen steht, wie viele Elemente die Objekte gemeinsam haben.

Eine verbale Zusammenfassung von a) enthält das CONTENTS SIMILARITY SUMMARY.

Beispiel

CONTENTS COMPARISON REPORT

Matrix Row and Column Definitions

Column Names

1	Kundennr	ELEMENT
2	Anrede	ELEMENT
3	Titel	ELEMENT
4	Vorname	ELEMENT
5	Name	ELEMENT
6	Straße	ELEMENT
7	PLZ	ELEMENT
8	Ort	ELEMENT
9	Postbezirk	ELEMENT
10	Kreditmerkmal	ELEMENT
11	Rabattschlüssel	ELEMENT
12	Jahresumsatz	ELEMENT
13	Rechnungsnr	ELEMENT
14	Artikelnr	ELEMENT
15	Lieferantennr	ELEMENT
16	Werbetext	ELEMENT
17	Standardtext1	ELEMENT
18	Standardtext2	ELEMENT
19	Standardtext3	ELEMENT
20	Mahntext1	ELEMENT
21	Mahntext2	ELEMENT
22	Mahntext3	ELEMENT

Row Names

1	Angebote-an-Kunden	OUTPUT
2	Antwort-auf-Reklamationen	OUTPUT
3	Mahnungen	OUTPUT

Basic Contents Matrix

	1	2	3	4	5	6	7	8	9	10	11	12	13	14	15	16	17	18	19	20	21	22
1	*	*	*	*	*	*	*	*	*					*		*						
2	*	*	*	*	*	*	*	*	*								*	*	*			
3	*	*	*	*	*	*	*	*	*				*							*	*	*

Contents Similarity Matrix

	1	2	3
1	11	9	9
2		12	9
2			13

Abb. 2.4-25: Beispiel für einen 'Consist Comparison Report' ■

Der PROCESS CHAIN REPORT beschreibt das dynamische Verhalten des Systems z.B. welcher Prozess (PROCESS) durch welches Ereignis (EVENT) ausgelöst (TRIGGERED BY) wird.

Beispiel

```
 ---EVENT----           --PROCESS---          ---EVENT----
!            !         !           !         !           !
! Kunden-Be- !         ! Kundenbe- !         ! Lagerplan- !
! stellungen-!.........! stellun-  !.........! und-Rech-  !.....
! liegen-vor !         ! gen-      !         ! nung-wei-  !
!            !         ! bearbeiten !        ! tergeben   !
 ------------           ------------          ------------
```

Abb. 2.4-26: Beispiel eines 'Process chain Report' ■

Neben den hier erwähnten Berichten gibt es noch eine Anzahl weiterer Berichte.

Zur Implementierung

Die folgende Abbildung zeigt das Implementierungskonzept von PSA.

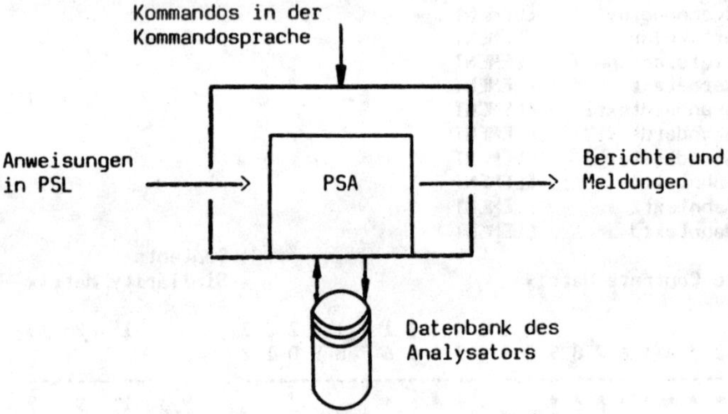

Abb. 2.4-27: Implementierungskonzept von PSL/PSA

Das System ist weitgehend in ANSI-Fortran geschrieben.

2.4.5.3 Wertung

Vorteile

- Es werden die Prinzipien Abstraktion, Strukturierung, Hierarchisierung, intergrierte Dokumentation und Standardisierung unterstützt.
- Die Beschreibung relevanter Gesichtspunkte wird ermöglicht (Systemfluß, System- und Datenhierarchie, Datenfluß, Projektangaben, Dokumentation, Mengengerüst, Systemdynamik).
- Die Syntax und Teile der Semantik von PSL/PSA sind exakt

definiert.
- Es können präzisere und detailliertere Angaben als z.B. in SADT gemacht werden.
- Es handelt sich um ein computerunterstütztes System.
- Jeweilige automatische Erzeugung komplementärer Relationen.
- Weitgehende Syntax- und eingeschränkte Semantiküberprüfungen.
- Z.T. gutgewählte Dokumentations- und Analyseausdrucke.

Nachteile

- Das PSL-Konzept besteht darin, sich nacheinander auf den Standpunkt der einzelnen Objekte zu stellen und die von diesem Objekt ausgehenden Relationen anzugeben. Dadurch wird die Beschreibung aufwendig und ohne ständige Verfügbarkeit von zusammengefaßten Berichten schnell unübersichtlich. Um das Konzept aufrechtzuerhalten, wurden z.T. Objekttypen und Relationen kreiert, die sich nicht natürlich in das Konzept einbetten lassen.
- Die Beschreibungsform ist nicht kompakt genug. Die meisten Beschreibungselemente stehen für Prozesse und Daten zur Verfügung. Eine Konzentration auf diese Gesichtspunkte und die Beschreibung in kompakter Form (wobei die automatische Abbildung auf das Grundkonzept möglich wäre) würde die Anwendung erleichtern.
- Die Beschreibungsmittel für Daten sind aus heutiger Sicht für die Anforderungsdefinition überflüßig, veraltet oder zu detailliert. In PSL ist es möglich, den kompletten Aufbau einer Datei einschließlich Schlüsseln und Mengengerüst zu beschreiben. Bei der Definition von Anforderungen ist es jedoch noch nicht sinnvoll, die Struktur von Dateien festzulegen. Vielmehr wäre es erforderlich Zugriffsoperatoren zu beschreiben und die Abbildung von Datenstrukturen auf Dateien bzw. auf eine Datenbank dem entsprechenden Implementator zu überlassen. Auch aus Gründen des Informationsschutzes sollte der Anwender die Dateistruktur nicht kennen.
- Die semantischen Unterschiede verschiedener Relationen sind nicht klar.
- Das Modell der Systemdynamik ist zu umständlich.
- PSL ist insgesamt zu umfangreich und erfordert deshalb einen zu hohen Lernaufwand. Es gibt zu viele semantische Regeln, die man sich nicht merken kann.
- PSL hat keine Beschreibungselemente für die Mensch-Maschine-Kommunikation und für Echtzeit-Anforderungen.

Der Hauptverdienst von PSL/PSA liegt in der Erkenntnis, daß die Semantik bei der Definition von Anforderungen auf Objekte und Relationen zwischen diesen Objekten zurückgeführt werden kann. Die Bedeutung von PSL/PSA zeigt sich darin, daß viele Weiterentwicklungen auf diesem Konzept basieren.
Erweiterungen von PSL/PSA werden für Prozeßrechneranwendungen (PSCL genannt) von /Ludewig, Streng 78/ (PSCL) und von /Eckert, Ludewig 81/ (ESPRESO-W) vorgeschlagen.

2.4.6 RSL/REVS

RSL (Requirements Statement Language) und REVS (Requirements Engineering and Validation System) sind Teile von SREM (Software Requirements Engineering Methodology), das wiederum als Teil des Software-Entwicklungs-Systems SDS des Ballestic Missile Defense Advanced Technology Center (BMDATC) der U.S. Army von TRW entwickelt wurde. Ziel von SREM ist es, durch Computerunterstützung die Anzahl und Komplexität der Probleme in der Anforderungsphase einer Software-Entwicklung zu reduzieren. /Alford 77, 80/, /Alford et al. 77/, /Bell et.al 77/, /Davis, Vick 77/, /Dyer 77/.

2.4.6.1 Die Sprache RSL

(1) Beschreibungsmodell

RSL übernimmt das Grundkonzept von PSL (siehe 2.4.5.1). Anforderungen können durch Elemente (in PSL Objekte genannt) und binäre Relationen zwischen den Elementen beschrieben werden. Standardmäßig gibt es in RSL 21 verschiedene Elementtypen. Diesen Elementtypen können Attribute zugeordnet werden. Jedes Attribut kann einen Wert annehmen. Ein Wert kann ein mnemotechnischer Name, eine Zahl oder ein Text sein. In RSL werden 21 Attribute und 23 Relationen unterschieden.

Beispiel

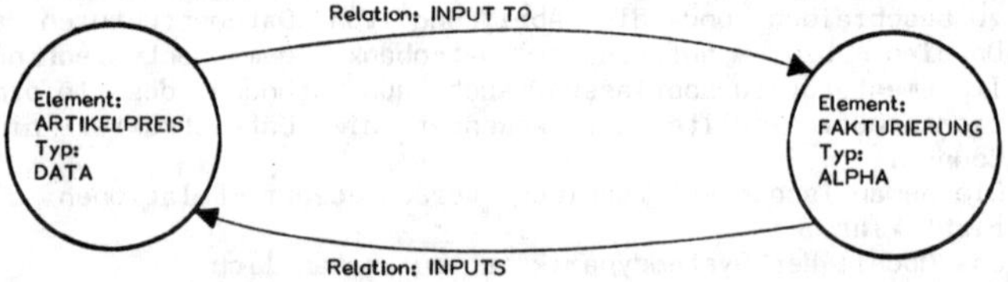

Textuelle Beschreibung in RSL:

```
DATA Artikelpreis.
        INPUT TO ALPHA Fakturierung.
ALPHA Fakturierung.
        DESCRIPTION "Durchführung der Fakturierung".
        INPUTS DATA Artikelpreis.
```

Abb. 2.4-28: Beispiel für RSL-Objekte und -Relationen

■

Um die Eingabe- Verarbeitungs- Ausgabe- Natur von DV-Prozessen darzustellen, können Anforderungen auch in Form eines mathematischen Netzwerkes (Graphen- Modell) beschrieben werden. Ein solches Netzwerk wird Anforderungs- Netz (Requirements

Network, R-Net) genannt. R-Netze bestehen aus Knoten, die die geforderten Verarbeitungsoperationen beschreiben, und aus Verbindungszweigen.

Die Grundknoten sind Eingabe-Schnittstellen (INPUT_INTERFACEs), Ausgabe-Schnittstellen (OUTPUT_INTERFACEs) und die geforderten Verarbeitungs-Aktivitäten (ALPHAs).

Beispiel

grafische Darstellung textuelle Darstellung

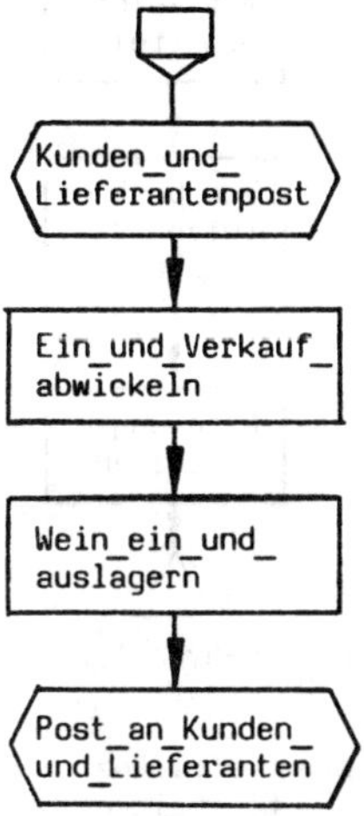


```
R-NET: Postbearbeitung.

STRUCTURE:

   INPUT_INTERFACE
            Kunden_und_Lieferanten_Post

   ALPHA  Ein_und_Verkauf_abwickeln

   ALPHA Wein_ein_und_auslagern

   OUTPUT_INTERFACE
            Post_an_Kunden_und_Lieferanten

END.
```

Abb. 2.4-29: R-Netz

Die ALPHA-Knoten werden sequentiell in der angegebenen Reihenfolge ausgeführt. ■

(2) Hierarchiemodell

In RSL können sowohl Datenhierarchien als auch Netzhierarchien beschrieben werden. Die Datenhierarchien werden beim Datenmodell (4) dargestellt.

In R-Netzen können Hierarchien durch die Verwendung von Unternetzen (SUBNET) gebildet werden.

<u>Beispiel</u>

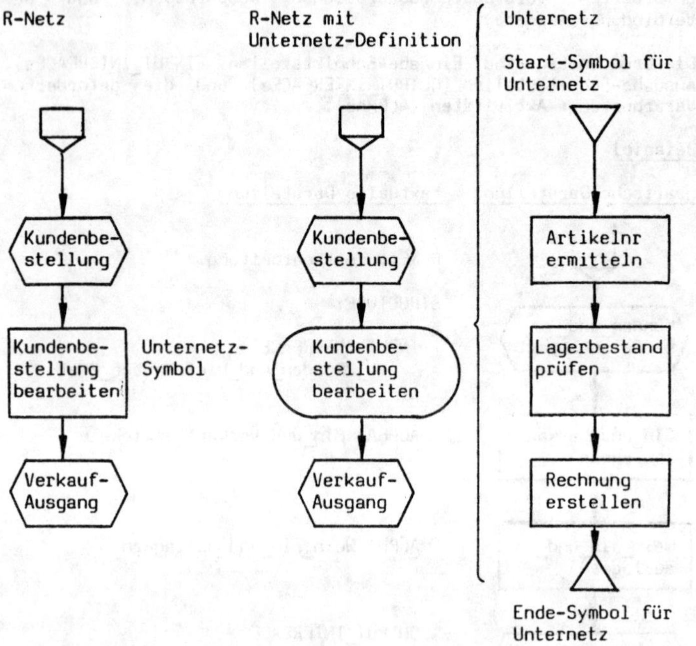


```
R_NET : Kundenbestellungen.   SUBNET :Kundenbestellung_
                                       bearbeiten.
STRUCTURE :                   STRUCTURE
   INPUT_INTERFACE :             ALPHA :
         Kundenbestellung           Artikelnr_ermitteln
   SUBNET : Kundenbestellung_    ALPHA :
                  bearbeiten        Lagerbestand_prüfen
   OUTPUT_INTERFACE :            ALPHA :
         Verkauf_Ausgang            Rechnung_erstellen
END.                          END.
```

Abb. 2.4-30: Beispiel für R-Netze mit -Unternetzen ■

Durch ein Unternetz- Symbol in einem R- Netz wird angegeben, daß an dieser Stelle zunächst ein Unternetz zu durchlaufen ist. Ein Unternetz-Symbol steht stellvertretend für ein verfeinertes Netz. Ein Unternetz ist ein ALPHA, das expandiert wurde, um interne Details der Verarbeitung zu beschreiben. Jedes Unternetz hat genau einen Ein- und einen Ausgang. Es entspricht einem Makro in einer Programmiersprache.

Das Unternetz wird behandelt, als ob es physikalisch im Pfad der höheren Ebene eingesetzt ist. Das bedeutet, daß die Daten, die für ALPHAs in dem R-Netz und für ALPHAs auf jeder Unternetz-Ebene verfügbar sind, identisch sind.

Die Hierarchie bezüglich der Unternetze läßt sich folgendermaßen klassifizieren:

Struktur der Hierarchie:	gerichteter Baum. Anhand der Unterlagen läßt sich nicht feststellen, ob ein Unternetz auch zu mehreren R-Netzen gehören kann.
Basis der Hierarchie:	Unternetz yi detailliert R-Netz xi bzw. Unternetz xi
Zeit der Hierarchie :	organisatorische und statische Hierarchie.

(3) Kontrollstrukturmodell

Die Beschreibung der Kontrollstrukturen Sequenz, Auswahl, Wiederholung und Kollateralität geschieht in RSL durch R-Netze.

Ein R-Netz besteht aus 2 Klassen von Knoten - primitiven und komplexen Knoten - sowie aus Kanten, die die Knoten verbinden.

Primitive Knoten besitzen einen Eingang und einen Ausgang und beschreiben den Verarbeitungsprozeß. Komplexe Knoten haben mehrere Eingänge oder mehrere Ausgänge und geben an, in welcher Reihenfolge die primitiven Knoten abgearbeitet werden.

Fünf Typen von primitiven Knoten dürfen an jeden Punkt eines R-Netzes - mit Ausnahme an den Enden von Verarbeitungspfaden - plaziert werden: ALPHA's, SUBNET's, VALIDATION POINT's, EVENT's und SELECT's. Ein Schnittstellen- Knoten (INTERFACE) kennzeichnet in einem R- Netz den Platz, an dem Daten und Reize von der Aussenwelt auf das Netz einwirken oder mit ihm kommunizieren. Ein Abschluss- Knoten (TERMINATE) gibt an, dass die Verarbeitung des entsprechenden Pfades endet; ein Rückkehr- Knoten (RETURN) kennzeichnet das Ende eines Unternetzes.
Durch komplexe Knoten werden Kontrollstrukturen dargestellt (siehe unten).

R-Netze können grafisch oder textuell beschrieben werden. Bei der grafischen Darstellung wird jeder Knoten durch ein Grafiksymbol beschrieben.

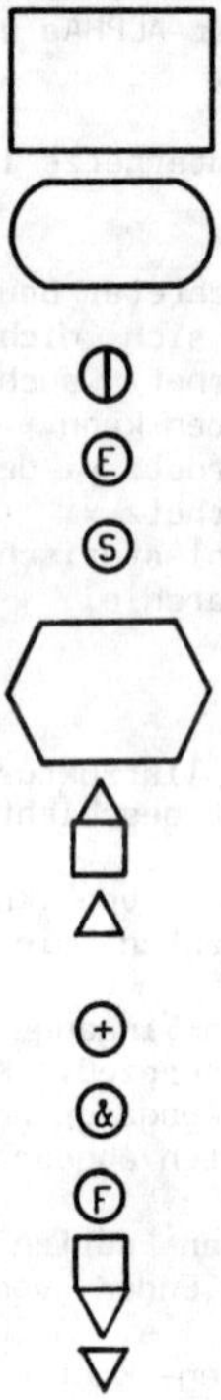

Knoten-Typ	Grafisches Symbol	Erläuterung
ALPHA		Verarbeitungsschritt
SUBNET		Makro-Aufruf eines Unternetzes
VALIDATION-POINT		Gültigkeitspunkt
EVENT		Ereignis
SELECT		Auswahl
INPUT-INTERFACE		Eingabe-Schnittstelle
OUTPUT-INTERFACE		Ausgabe-Schnittstelle
TERMINATE		Abschluß-Knoten eines R-Netzes
RETURN		Rückkehr-Knoten (Ende eines Unternetzes)
OR		Oder-Knoten
AND		Und-Knoten
FOR EACH		"Für-jeden"-Knoten
ENTRY NODE ON R-NET		Startknoten eines R-Netzes
ENTRY NODE ON SUBNET		Startknoten eines Unternetzes

Abb. 2.4-31: Grafische Darstellung von RSL - Knoten

(a) <u>Aktivierung von Netzen</u>

R-Netze sollen die Antwort des Systems auf einzelne Ereignisse beschreiben.

Durch die Relation "Ermöglichen" (ENABLES) kann definiert werden, wodurch R-Netze gestartet werden.

Ein R-Netz kann durch zwei Element-Typen aktiviert werden, die es ermöglichen, zwei unterschiedliche Situationen zu beschreiben:

- Das R-Netz wird durch das DV-Untersystem aktiviert (Beschreibung durch Elementtyp EVENT), wenn die Kontrolle den Ereignis-Knoten des Netzes passiert, das ihn enthält.

Beispiel

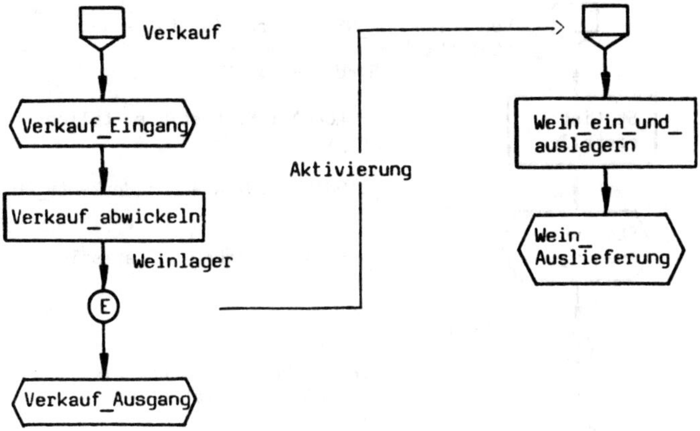

Abb. 2.4-32: Beispiel für eine Aktivierung von R-Netzen

Das R-Netz "Verkauf" enthält nach dem ALPHA "Verkauf_abwickeln" ein Ereignis, das das R-Netz "Weinlager" aktiviert.

■

Selbst-Aktivierungen (rekursive Aufrufe) und Verzögerungen (DELAY) ermöglichen die Definition von Funktionen, die periodisch ausgeführt werden.

Beispiel

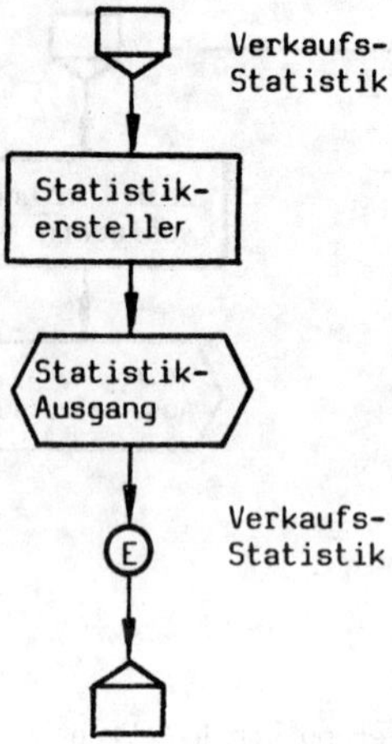


```
R_NET : Verkaufs_Statistik.

STRUCTURE :

   ALPHA : Statistik_erstellen

   OUTPUT_INTERFACE : Verkaufs_Ausgang

   EVENT : Verkaufs_Statistik

END.

EVENT : Verkaufs_Statistik.
   DELAYED BY Statistik.

DATA Statistik.
   UNITS Woche.
```

Abb. 2.4-33: Selbstaktivierung eines R-Netzes

Ein R-Netz darf durch mehrere Ereignisse aktiviert werden. Jedesmal, wenn ein Ereignis-Knoten in einem R-Netz durchlaufen wird, wird das angesprochene R-Netz <u>erneut</u> aktiviert. Ein Ereignis kann mehr als ein R-Netz aktivieren.

- Die zweite Aktivierungsmöglichkeit besteht in Reizen, die von außerhalb des DV-Untersystems kommen. In diesem Fall wird das R-Netz durch eine Eingabe-Schnittstelle aktiviert. Die Daten, die an der Eingabe-Schnittstelle vorliegen, definieren die Bedingung, die die Aktivierung des R-Netzes verursachen.

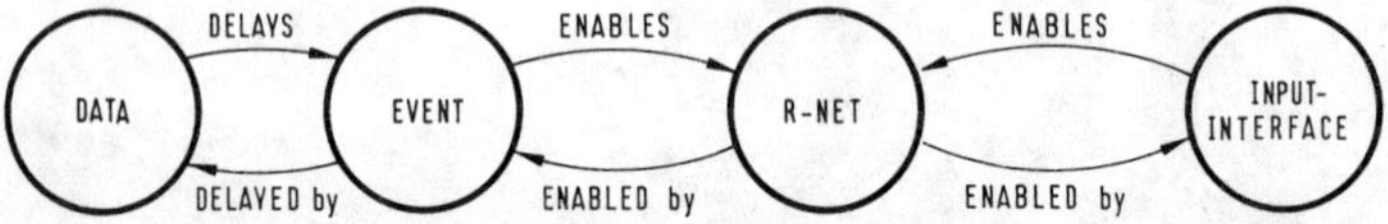

Abb. 2.4-34: Aktivierungsmodell von R-Netzen

(b) Beschreibung einer Auswahl

Mit Hilfe eines Oder-Knotens kann eine Auswahl zwischen unterschiedlichen Verarbeitungspfaden vorgenommen werden.

Im Gegensatz zu Auswahlanweisungen in Programmmiersprachen wird jedem Auswahlzweig ein boole'scher Ausdruck zugeordnet. Die Reihenfolge, in der die boole'schen Ausdrücke ausgewertet werden, wird entweder durch eine vorangestellte Ordinalzahl angegeben oder es wird die Reihenfolge des Eingabetextes verwendet.

Beispiel

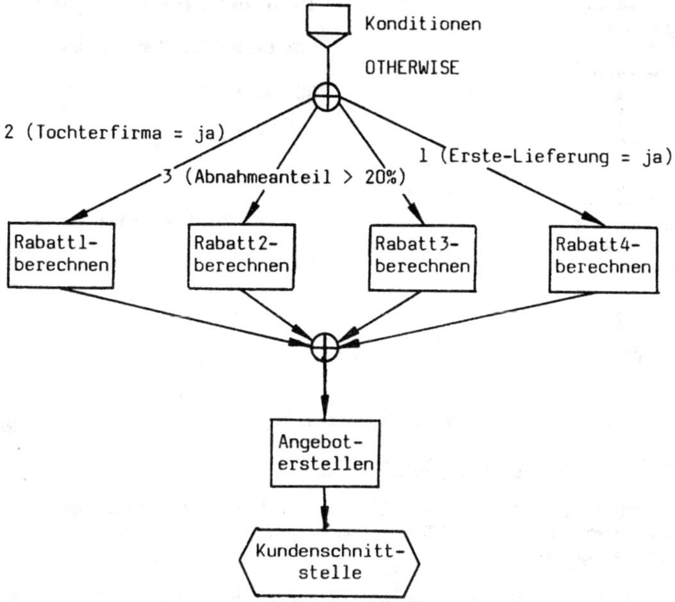

Abb. 2.4-35: Beispiel eines ODER-Knotens ■

Neben diesem ODER-Knoten gibt es noch einen CONSIDER OR-Knoten, der es ermöglicht nach den Werten von Daten zu verzweigen, die vom Aufzählungstyp sind (CASE-Anweisung in PASCAL).

(c) Beschreibung einer Wiederholung

Mit Hilfe eines "Für jeden"-Knotens (FOR EACH) kann eine Wiederholung über eine Datenstruktur (FILE, ENTITY_CLASS, ENTITY_TYPE), ein ALPHA oder ein Unternetz beschrieben werden.
Die Reihenfolge der Berechnung wird nicht festgelegt. Es können jedoch Auswahlkriterien, die den Umfang der Iteration bestimmen, angegeben werden.

<u>Beispiel</u>

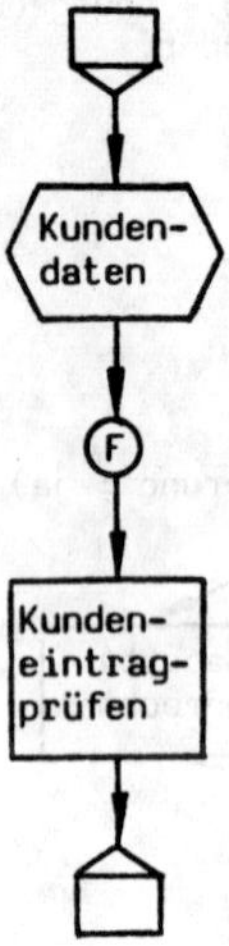


```
R_NET: Kunden_Erfassung.
   STRUCTURE:
      INPUT_INTERFACE Kunden_Daten
      FOR EACH FILE Kundenstamm
      RECORD SUCH THAT
         ( Kunde_alt <> Kunde_neu )
      DO
         ALPHA Kundeneintrag_prüfen
      END
      TERMINATE
END.
```

Abb. 2.4-36: Beispiel einer Wiederholung ■

(d) <u>Beschreibung von Kollateralität</u>

Ein UND-Knoten hat einen Eingang und mehrere Ausgänge. Die parallelen Zweige des UND-Knotens werden in beliebiger Reihenfolge ausgeführt.

Laufen die einzelnen Zweige eines UND-Knotens nicht wieder zusammen, dann muß jeder Zweig mit einem Abschluß-Knoten oder einer Ausgabe-Schnittstelle enden. Die Zweige eines solchen UND-Knotens sind völlig unabhängig voneinander und besitzen keine gegenseitigen Zeitbeschränkungen.

Treffen die parallelen Zweige jedoch in einem UND-Knoten wieder zusammen, dann wird dieser Knoten erst dann durchlaufen, wenn die Bearbeitung <u>aller</u> parallelen Zweige beendet ist, d.h. dieser Knoten wirkt als Synchronisationsknoten.

Beispiel

grafische Darstellung

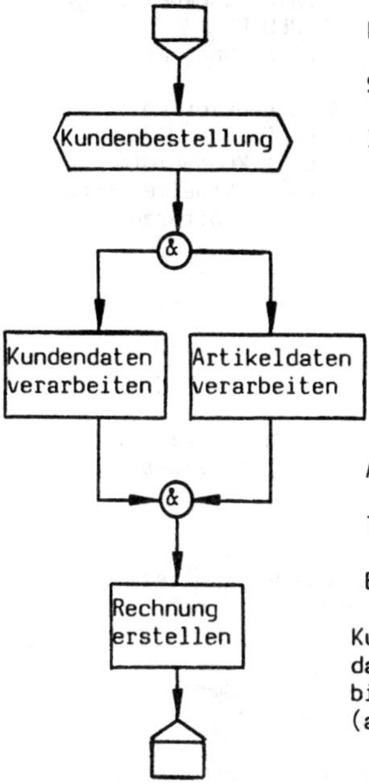

textuelle Darstellung

```
R-NET Bearbeitung_von_Bestellungen.
STRUCTURE
INPUT_INTERFACE: Kundenbestellung
  DO
    ALPHA Kundendaten_verarbeiten
  AND
    ALPHA Artikeldaten_verarbeiten
  END.
ALPHA Rechnung_erstellen
TERMINATOR
END.
```

Kundendaten_verarbeiten und Artikeldaten_verarbeiten können in beliebiger Reihenfolge verarbeitet werden (auch parallel).

Abb. 2.4-37: Beispiel für die Beschreibung von Kollateralität ■

(4) Datenmodell

Das Datenmodell erlaubt die Beschreibung von logischen Beziehungen. Es können insbesondere hierarchische Relationen, die Benutzung von Daten durch unterschiedliche Systemkomponenten sowie der Zugriff auf Daten über Eigenschaften der Daten formuliert werden.
Es können beschrieben werden:
- Daten mit Teildaten,
- Dateien mit sequentiellem und assoziativem Zugriff,
- Nachrichten und Schnittstellen,
- ENTITIES.

R-Netze werden mit dem Datenmodell über Namen verknüpft. Abb. 2.4-33 zeigt, daß die Datenbeschreibung "DATA Statistik" durch den Namen "Statistik" nach der Relation "DELAYED BY" mit dem R-Netz verbunden wird.

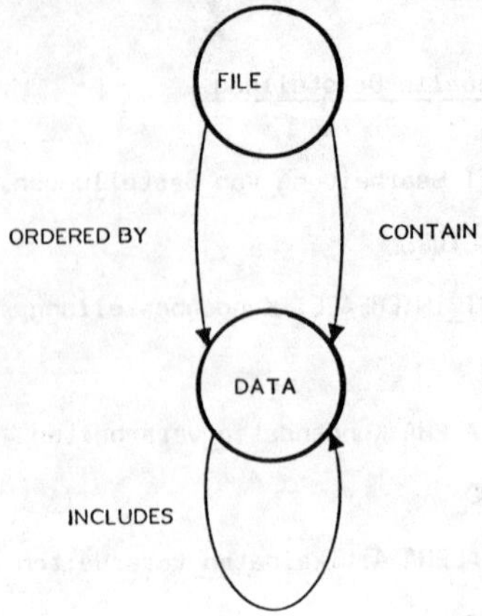

Abb. 2.4-38: Dateimodell

<u>Beispiel</u>

```
FILE Kundendatei.
   CONTAINS
      DATA Kundeneintrag.
   ORDERED BY
      DATA Kundennr.

DATA Kundeneintrag.
   INCLUDES
      DATA Kundeninfo
      DATA aktuelle_Rechnungen
      DATA Debitoren.
```

Abb. 2.4-39: Beispiel einer Dateibeschreibung

■

Eine Datei (FILE) kann eine beliebige Anzahl von Daten (DATA) enthalten (CONTAINS). Die Anzahl der Instanzen (Sätze) ist nicht festgelegt. Die Instanzen können durch Aktionen von ALPHAs eingetragen oder entfernt werden.

Schnittstellen existieren bei Echtzeit-Systemen zwischen dem DV-Untersystem und anderen Komponenten des Systems.

Nachrichten (MESSAGES) sind die Zusammenfassungen von Daten und Dateien, die als logische Einheiten die Schnittstelle passieren. Über eine Schnittstelle können unterschiedliche Nachrichten übermittelt werden. Eine Nachricht kann jedoch nur eine Schnittstelle passieren.

In Echtzeit-Steuersystemen müssen Informationen über Objekte verwaltet werden, die sich außerhalb des DV-Systems befinden. Solche Objekte z.B. Flugzeuge werden in RSL durch ENTITIES beschrieben.

Um zu kennzeichnen, welches Wissen das DV-System über ein ENTITY besitzt, werden ENTITIES zu ENTITY-CLASSes zugeordnet. Eine ENTITY-CLASS setzt sich aus ENTITY-TYPES zusammen.

Zu jeder ENTITY_CLASS können Daten und/oder Dateien zugeordnet (ASSOCIATED) sein, die aufbereitet werden, wenn eine neue Instanz durch ein ALPHA kreiert wird.

Daten können als Attribute Typen (TYPE) zugeordnet werden (REAL, INTEGER, BOOLEAN, ENUMERATION).

Diese Typ-Information wird insbesondere für Simulations-Zwecke benutzt. Für Simulationen werden Modelle der geforderten Verarbeitungs- Schritte geschrieben. Es werden funktionale Modelle (BETAs genannt) und analytische Modelle (GAMMAs) unterschieden.

Durch eine analytische Simulation wird die niedrigste Datenebene simuliert. Daher muß das Typ-Attribut für GAMMA-Simulationen immer zugeordnet sein.
Bei funktionalen Simulationen wird jeweils ein DATA benutzt, das alle oder Teile der Hierarchie repräsentiert.

Beispiel

```
DATA Datum.          DATA Tag.
  INCLUDES             TYPE  ENUMERATION.
    DATA Tag           RANGE "Montag, Dienstag, Mittwoch,
    DATA Monat                Donnerstag, Freitag, Samstag,
    DATA Jahr.                Samstag, Sonntag".
                       USE   GAMMA.
  TYPE INTEGER.       DATA Monat.
  USE  BETA.            TYPE  ENUMERATION
                        RANGE "Jan, Febr, März, April, Mai, Juni,
                               Juli, Aug, Sept, Okt, Nov, Dez".
                        USE   GAMMA
                       DATA Jahr.
                         TYPE INTEGER.
```

Abb. 2.4-40: Datenbeschreibungen für Simulationen

Eine BETA-Simulation benutzt z.B. Datum, um Tag, Monat und Jahr zu repräsentieren. Daher muß auch "Datum" ein Typ zugeordnet werden, d. h. in der Simulation wird Datum durch einen ganzzahligen Wert dargestellt (von Tag, Monat, Jahr wird abstrahiert). ■

Die Benutzung von DATA in Simulationen und die Interpretation von TYPE wird durch das Attribut USE angegeben. Für BETA-Simulationen müssen die Attribute UNITS, MAXIMUM-VALUE, MINIMUM-VALUE und INITIAL-VALUE definiert sein.

(5) Sonstige Modellkonzepte

Für folgende Bereiche gibt es in RSL noch Modellkonzepte:

- Projektbezogene- und Dokumentationsangaben
  - Ausgangsanforderungen
  - Referenzen auf Quellen- und Hilfsmaterial
  - Vergabe von Synonymen
  - Versionsangaben
  - Entscheidungen über die Interpretation von Anforderungen
- Leistungsanforderungen für Echtzeit-Software
- Simulationen

(a) Projektbezogene und Dokumentationsangaben

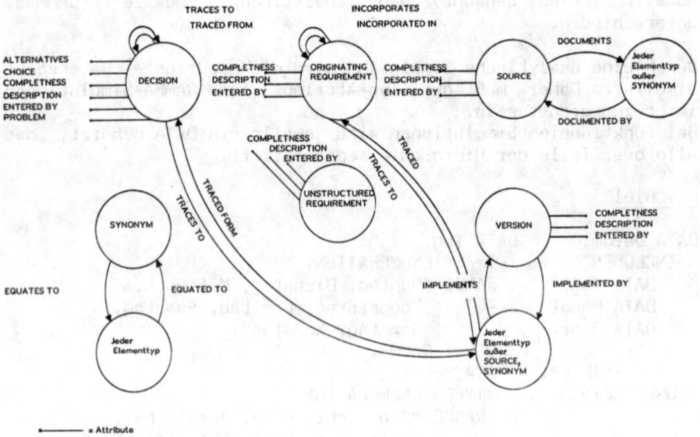

Abb. 2.4-41: Modell der Projekt- und Dokumentationsangaben

Semantik:

Elementtypen:

DECISION: Ausgehend von den ursprünglich vorgegebenen Anforderungen (ORIGINATING_REQUIREMENTs), die meist verbaler Art sind, müssen z.T. neue Anforderungen abgeleitet werden und Entscheidungen über die Interpretation der Ursprungs-Anforderungen getroffen werden. Der Typ DECISION ermöglicht die Beschreibung solcher abgeleiteter Anforderungen.

ORIGINATING_REQUIREMENT:
Ursprünglich vorgegebene Anforderung, von der detaillierte Anforderungen abgeleitet werden.

SOURCE: Quellen- oder Hilfsmaterial für Anforderungen, z.B. Ursprung für eine oder mehrere vorgegebene Anforderungen (ORIGINATING_REQUIREMENT), Dokumente über durchgeführte Studien, Hintergrund-Material für Anforderungs-Elemente.

SYNONYM: Alternativer Name für ein Element.

UNSTRUCTURED_REQUIREMENT:
Beschreibung einer Anforderung, die nicht in das

vorgegebene RSL-Schema paßt und so selten vorkommt, daß die Definition eines neuen Elementtyps und neuer Relationen nicht gerechtfertigt ist.

VERSION: Versionsangabe

(b) Leistungsanforderungen für Echtzeit-Software

Zwei Typen von Leistungsanforderungen können in RSL beschrieben werden:

- Antwort-Zeit-Anforderungen für Verarbeitungspfade
- Genauigkeits-Anforderungen und komplexere Zeitbeziehungen

Die Antwort-Zeit-Anforderungen werden separat festgelegt, da sie sich auf einzelne Pfade beziehen. In beiden Fällen werden spezielle Pfade in R-Netzen gekennzeichnet.

Gültigkeitspunkte

R-Netz-Pfade werden durch Gültigkeitspunkte (VALIDATION_POINTS) gekennzeichnet. Diese Punkte erscheinen als Knoten in R-Netzen oder Unternetzen und sind vergleichbar mit Testpunkten in Hardware-Bauteilen. Konzeptionell gesehen, übertragen Gültigkeitspunkte Informationen zu einem Aufzeichnungssystem, das die relevanten Informationen für eine Post-Test-Analyse aufbewahrt. Diese Analyse ermöglicht es dann festzustellen, ob Genauigkeits- und Zeitleistungs-Anforderungen durch den Verarbeitungsprozeß eingehalten werden. Die übertragende Information besteht aus Daten und Dateien.

Gültigkeitspfade

Die individuellen Pfade durch ein R-Netz, die für die Beschreibung von Leistungsanforderungen von Interesse sind, werden in RSL durch Gültigkeitspfade (VALIDATION_PATHs) festgelegt. Die Pfad-Struktur eines Gültigkeitspfades ist primär eine Sequenz von Gültigkeitspunkten in einem R-Netz. Ein so beschriebener Pfad muß mit einer Route durch ein R-Netz korrespondieren. Es ist z.B. nicht erlaubt, einen Pfad zwischen Gültigkeitspunkten zu definieren, der parallel zu Zweigen einer UND- oder ODER-Struktur liegt.

Beispiele

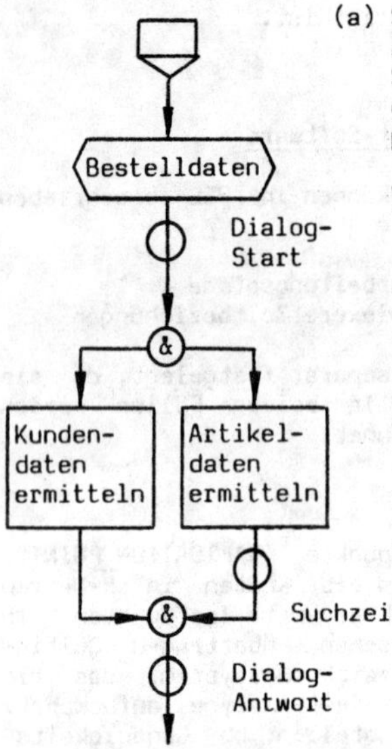

(a) Soll die Dialog-Antwortzeit festgelegt werden, die zwischen Dialog-Start und Dialog-Antwort liegt, dann kann folgender Gültigkeitspfad definiert werden:

```
VALIDATION_PATH Dialog_Antwortzeit.
   PATH
     VALIDATION_POINT Dialog_Start
     VALIDATION_POINT Dialog_Antwort
   END.
   MAXIMUM_TIME 2.
   UNITS "Sekunden".

VALIDATION_POINT Dialog_Start.
   RECORDS
     DATA Systemzeit.

VALIDATION-POINT Dialog_Antwort.
   RECORDS
     DATA Systemzeit.
```

Abb. 2.4-42: Beispiel für Gültigkeitspfade

(b) Soll die Dialog-Antwortzeit festgelegt werden, die für den Zweig "Artikeldaten_ermitteln" gelten soll, dann muß in dem entsprechenden Zweig ein Gültigkeitspunkt liegen, hier "Suchzeit". Der Gültigkeitspfad sieht dann folgendermaßen aus:

```
VALIDATION_PATH Antwortzeit_Artikel_suchen.
   PATH
     VALIDATION_POINT Dialog_Start
     VALIDATION_POINT Suchzeit
     VALIDATION_POINT Dialog_Antwort
END.

VALIDATION_POINT Suchzeit.
   RECORDS
     DATA Systemzeit.
```

■

In vielen Fällen beziehen sich Zeit- und Genauigkeitsangaben auf mehr als ein R-Netz. Wenn in einem R-Netz durch ein Ereignis (EVENT) ein zweites R-Netz aktiviert wird, dann können diese Ereignisse auch in Gültigkeitspfaden definiert werden, so daß der Verarbeitungsfluß durch die R-Netze verfolgt werden kann. Eine Pfad-Struktur kann daher Gültigkeitspunkte und Ereignisse als Knoten besitzen.

Zeit-Anforderungen

Zeit-Anforderungen entlang eines Gültigkeits-Pfades können durch die Attribute "Minimale Zeit" und "Maximale Zeit" beschrieben werden. Wenn ein Gültigkeitspfad mehrere Pfade durch das R-Netz spezifiziert, dann bedeutet dies, daß die Zeitanforderungen für jeden Zweig zutreffen müssen.

Analytische Leistungsanforderungen

Komplexe Leistungs- und Zeitanforderungen, die eine Funktion verschiedener Daten und Gültigkeitspfade sind, werden in RSL durch Leistungs-Anforderungen (PERFORMANCE_REQUIREMENTs) beschrieben.

In einem Attribut TEST werden Anforderungen als ausführbare PASCAL- Funktionen mit einem bool'schen Wert definiert. In TEST können alle Daten und Dateien verwendet werden, die in allen Gültigkeitspfaden angesprochen werden. Bezogen werden kann sich auf alle Gültigkeitspfade, die mit der Leistungs-Anforderung in der Relation CONSTRAINS stehen.

(c) Simulationen

Für Simulationszwecke können dem Elementtyp ALPHA als Attribute ausführbare Beschreibungen, genannt BETA oder GAMMA, zugeordnet werden.

Bei einer BETA-Simulation wird ein grobes, funktionales Modell von einem ALPHA verwendet; bei einer GAMMA-Simulation werden ein detailliertes analytisches Modell oder Algorithmen in einem analytischen Test-Rahmen verwendet.

Die ausführbaren Beschreibungen sehen wie PASCAL-Prozeduren aus, ohne den Prozedur-Kopf, jedoch mit zusätzlichen Anweisungen für den Zugriff auf Datenhierarchien. Nichtlokale Daten bezüglich BETA bzw. GAMMA müssen als RSL-Daten definiert sein.

(6) Erweiterbarkeit der Modellkonzepte

RSL kann durch neue Elementtypen, Relationen und Attribute erweitert werden; R- Netze können nicht erweitert werden.

(7) Grad der Anlehnung an Programmiersprachen

RSL ist programmiersprachenunabhängig. Einige Attribute z.B. TYPE orientieren sich an PASCAL, ausführliche Simulationsteile (ALPHA) werden in PASCAL geschrieben (Attribute BETA, GAMMA). Kontroll- und Datenstrukturen lehnen sich z. T. stark an PASCAL an.

(8) Art der Anknüpfung an spätere Entwicklungsphasen

Eine direkte Anknüpfung an spätere Phasen ist nicht vorgesehen. Viele Teile können jedoch in der Entwurfs- und in der Implementierungsphase weiterverwendet werden.

(9) Methodenorientierung

Parallel zur Entwicklung von RSL/REVS wurde die Methode SREM (Software Requirements Engineering Methodology) entwickelt. Durch diese integrierte Entwicklung ist sichergestellt, daß Methoden und Werkzeuge kompatibel sind.

Nach Ansicht der SREM-Autoren gibt es drei verschiedene Wege, um Software-Anforderungen zu erstellen.

Der klassische Ansatz ist funktional, d.h. es werden die Operationen beschrieben, die durch das System ausgeführt werden sollen.

Der ganzheitliche Ansatz ist mehr mechanisch, d.h. es wird von den Schnittstellen und den Eigenschaften der Nachrichten, die zwischen ihnen kommunizieren, ausgegangen.

Das dritte Konzept könnte philosophisch genannt werden, d.h. es wird von der Umwelt, die das DV-System wahrnimmt und den zu manipulierenden Informationen über diese Umwelt, ausgegangen.

SREM benutzt alle drei Konzepte gleichzeitig. Der funktionale Ansatz spiegelt sich in den R-Netzen wider, der mechanische Ansatz findet sich in dem Nachrichten-/Schnittstellen-Konzept wieder. Das philosophische Konzept wird durch das ENTITY-Konzept abgedeckt.

Die Methode SREM gliedert sich in folgende Phasen:

- Phase 1: Definition der Untersystem-Elemente
- Phase 2: Bestimmung des Kerns (Kernel Evaluation)
- Phase 3: Vervollständigung der funktionalen Definition
- Phase 4: Vervollständigung der Management- und Steuerinformation
- Phase 5: Dynamische, funktionale Validation
- Phase 6: Zerlegung der ursprünglichen Anforderung
- Phase 7: Festlegung der Leistungsanforderungen
- Phase 8: Analytische Durchführbarkeits-Demonstration

Insbesondere die ersten Phasen sind vergleichbar der Jackson-Methode (siehe 2.6.2.2).

(10) Anwendungsbereich

RSL wurde entworfen, um BMD- Systeme (Ballistic Missile Defense) und andere große Waffen- Systeme mit eingebetteter Echtzeit-Software zu beschreiben. RSL ist jedoch auch auf einem breiten

Bereich anderer Anwendungen einsetzbar.

(11) Grafischer Überblick

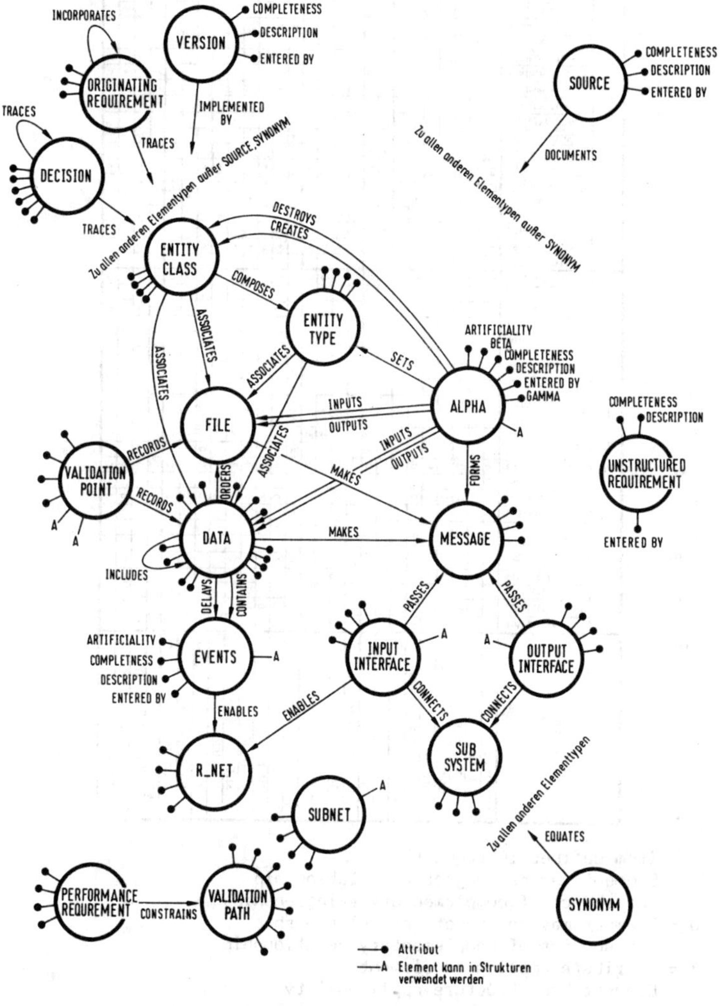

Abb. 2.4-43: RSL-Übersicht

ELEMENTS	RELATIONSHIPS																						
	ASSOCIATES	COMPOSES	CONNECTS	CONSTRAINS	CONTAINS	CREATES	DELAYS	DESTROYS	DOCUMENTS	ENABLES	EQUATES	FORMS	IMPLEMENTS	INCLUDES	INCORPORATES	INPUTS	MAKES	ORDERS	OUTPUTS	PASSES	RECORDS	SETS	TRACES
MANAGEMENT:									X		X		X		X								X
DECISION									0		0		S										S/O
ORIGINATING_REQUIREMENT									0		0		S		S/O								S
SOURCE									S		0												
SYNONYM											S												
UNSTRUCTURED_REQUIREMENT									0		0		S										0
VERSION									0		0		0										0
ALPHA:																							
ALPHA						S		S	0		0	S	S			S			S			S	0
REQUIREMENTS NETWORK:							X			X													
EVENT							0		0	S	0		S										0
R_NET									0	0	0		S										0
SUBNET									0		0		S										0
DATA:	X	X	X		X	X		X				X		X		X	X	X	X	X	X	X	
DATA	0				0		S		0		0		S	S/O		0	S	S	0		0		0
ENTITY_CLASS	S	0				0		0	0		0		S										0
ENTITY_TYPE	S	S							0		0		S									0	0
FILE	0				S				0		0		S			0	S	0	0		0		0
INPUT_INTERFACE			S						0	S	0		S							S			0
MESSAGE									0		0	0	S				0			0			0
OUTPUT_INTERFACE			S						0		0		S							S			0
SUBSYSTEM			0						0		0		S										0
VALIDATION:				X																			
PERFORMANCE_REQUIREMENT				S					0		0		S										0
VALIDATION_PATH				0					0		0		S										0
VALIDATION_POINT									0		0		S								S		0

ELEMENTS	ATTRIBUTES																					STRUCTURE	
	ALTERNATIVES	ARTIFICIALITY	BETA	CHOICE	COMPLETENESS	DESCRIPTION	ENTERED_BY	GAMMA	INITIAL_VALUE	LOCALITY	MAXIMUM_TIME	MAXIMUM_VALUE	MINIMUM_TIME	MINIMUM_VALUE	PROBLEM	RANGE	RESOLUTION	TEST	TYPE	UNITS	USE	PATH	STRUCTURE
MANAGEMENT:	X	X		X	X	X	X								X								
DECISION	*			*	*	*	*								*								
ORIGINATING_REQUIREMENT					*	*	*																
SOURCE					*	*	*																
SYNONYM																							
UNSTRUCTURED_REQUIREMENT					*	*	*																
VERSION					*	*	*																
ALPHA:			X					X															
ALPHA		*	*		*	*	*	*															A
REQUIREMENTS NETWORK:																							X
EVENT		*			*	*	*															A	A
R_NET		*			*	*	*																
SUBNET		*			*	*	*																A
DATA:									X	X		X		X		X	X		X	X	X		
DATA		*			*	*	*		*	*		*		*		*	*		*	*	*		
ENTITY_CLASS		*			*	*	*																
ENTITY_TYPE		*			*	*	*																
FILE		*			*	*	*			*													
INPUT_INTERFACE		*			*	*	*																A
MESSAGE		*			*	*	*																
OUTPUT_INTERFACE		*			*	*	*																A
SUBSYSTEM					*	*	*																
VALIDATION:											X		X					X				X	
PERFORMANCE_REQUIREMENT					*	*	*											*					
VALIDATION_PATH		*			*	*	*				*		*							*			
VALIDATION_POINT		*			*	*	*															A	A

X = Item defined in segment
S = Element may be subject of relationship
(or object of complementary relationship)
0 = Element may be object of relationship
(or subject of complementary relationship)
* = Attribute applies to element
A = Element has structure applicability

Tabelle 2.4-5: Tabellarische RSL-Übersicht
/Dyer et al. 77, S. D-14/

2.4.6.2 Das Werkzeug REVS

Zur Verarbeitung der in RSL beschriebenen Anforderungen dient REVS (Requirements Engineering and Validation System). Seine Aufgaben werden im folgenden beschrieben.

(a) Eingabe und Änderung

RSL-Programme können in textueller Form in eine Datenbank eingegeben werden. R-Netze, Unternetze und Gültigkeitspfade können auch interaktiv über ein spezielles Grafik-Farb-Terminal eingegeben und modifiziert werden.

Ausgaben können sowohl in textueller Form als auch in grafischer Form über einen Plotter erfolgen.

Die in RSL beschriebenen Anforderungen werden bei der Eingabe über REVS auf Richtigkeit überprüft. Die Abprüfung umfaßt:
- Prüfung auf korrekte Syntax
- kein Eintrag identischer Namen
- keine Relationszuordnung zu falschen Elementtypen.

Mit besonderen RSL-Anweisungen können Modifikationen und Löschungen in der Datenbank vorgenommen werden. Außerdem können Spracherweiterungen durch RSL-Anweisungen in die Datenbank eingetragen werden. RSL-Anweisungen, die die Sprache erweitern, können gesperrt werden.

(b) Zur Dokumentation

Neben einem formatierten Ausdruck der RSL-Anweisungen kann auch ein konventionelles Format ausgegeben werden. Im konventionellen Format sind die RSL-Komponenten durch umgangssprachliche textuelle Zusätze erweitert und durch Paragraphennummern ergänzt. Erfahrungen haben gezeigt, daß die Benutzerakzeptanz beim konventionellen Format sehr hoch ist, da der Unterschied zwischen einem aus RSL-Anweisungen abgeleitetem Dokument und einem herkömmlich erstelltem verbalen Dokument kaum bemerkbar ist.

(c) Zur Analyse

Statische Analysen (ohne Simulation) können durchgeführt werden, um die Vollständigkeit und Konsistenz von Anforderungen zu überprüfen. Insbesondere werden Defizite im Verarbeitungsfluß und in der Datenmanipulation entdeckt. Drei Typen von Werkzeugen dienen der Analyse:

(1) Korrektheitsprüfung der Struktur interaktiv eingegebener R-Netze.
    Dies schließt folgende Analysen ein:
    - Gibt es nur einen Startknoten?
    - Richtige Verzweigung und Vereinigung von Pfaden einschl. der Unternetze?

(2) Analyse des Datenflusses durch die R-Netze:
- Definitionsfehler und potentielle Fehler im Gebrauch von Daten.
- Werden lokale Daten früher benutzt als initialisiert?
- Werden Daten in mehr als einem parallelem Pfad gesetzt?
- Lebensdauer von Daten?

(3) Überprüfung der Anforderungshierarchie:
- Definitionen müssen für alle Unternetze vorhanden sein, die in R-Netzen verwendet werden.
- Unternetze dürfen sich nicht rekursiv referenzieren.
- Alle ALPHA's und Unternetze müssen in mindestens einem R-Netz erscheinen.

Ähnliche Analysen werden für die Datenhierarchie vorgenommen.

(d) Zur Simulation

Den gründlichsten automatischen Test auf Konsistenz, Vollständigkeit und Validität der Anforderungen erreicht man oft durch Simulation. In REVS können aus den in der Datenbank abgespeicherten Anforderungen automatisch Simulatoren für das System generiert werden. Diese Simulatoren sind vom diskreten Ereignis-Typ und werden durch extern generierte Ereignisse angestoßen. Diese externen Ereignisse werden durch das SETS-Programm (System Environment and Threat Simulation) erzeugt, das die System-Umgebung modelliert.

Zwei unterschiedliche Typen von Simulatoren können durch REVS generiert werden:

- Der erste Typ benutzt funktionelle Modelle der Verarbeitungsschritte. Dazu werden künstliche Daten verwendet, die in der endgültigen Software nicht gefordert werden.
  Diese Art der Simulation dient dazu, den geforderten Gesamtverarbeitungsfluß gegen die System-Anforderungen auf höherer Ebene zu validieren.

- Der zweite Typ verwendet analytische Modelle , d. h. Modelle, die Algorithmen verwenden. Diese Art der Simulation wird verwendet, um einen Satz von Algorithmen für das System zu definieren, die die gewünschte Genauigkeit und Stabilität besitzen. Dies bedeutet nicht die Durchführbarkeit dieses Satzes für jede besondere Implementierung; es stellt jedoch einen Existenzbeweis für eine analytische Lösung des Problems dar.

Beide Simulatortypen werden benutzt, um dynamische System-Interaktionen zu überprüfen.

Zur Implementierung

REVS besteht aus drei Teilen:

(1) Übersetzer für RSL.
(2) Zentrale Datenbank ASSM (Abstract System Semantic Model).
(3) Automatische Werkzeuge zur Verarbeitung der Datenbank-Informationen.

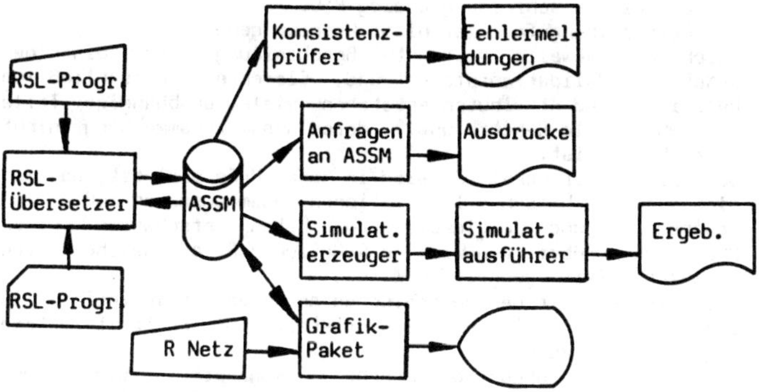

Abb. 2.4-45: Datenfluß in REVS

RSL und die Analyse-Werkzeuge sind entkoppelt.Dadurch kann RSL erweitert werden, ohne daß Auswirkungen auf die Werkzeuge auftreten.

2.4.6.3 Wertung

Vorteile

- RSL unterstützt die allgemeinen Prinzipien Abstraktion, Strukturierung, integrierte Dokumentation und Standardisierung.
- RSL enthält starke methodische Elemente.
- RSL unterstützt z. T. die Qualitätssicherung und -kontrolle sowie das Projektmanagement.
- Vorgabe einer dedizierten Methodik, die in Teilen Jackson-ähnlich ist.
- RSL und REVS sind von der Konzeption her flexibler aufgebaut als PSL/PSA.
- Das PSL-Konzept wird in RSL zu einem sauberen Modell bestehend aus Elementtypen, Attributen und binären Relationen ausgebaut.
- Neue Gesichtspunkte können durch die Konzepte R-Netz, Unternetz, Gültigkeitspunkte und -pfade, ENTITIES und Simulationsattribute beschrieben werden.
- Reduktion der standardmäßig vorhandenen Komponenten auf eine klar gegliederte, überschaubare Menge.
- Modernes, anforderungsadäquates Datenmodell.

- Übernahme von Konzepten aus modernen Programmiersprachen wie PASCAL (z.B. Aufzählungstypen, CONSIDER OR-Knoten).
- Grafische Ein- und Ausgabe.
- Alle Vorteile eines computerunterstützten Systems.

Nachteile

- Elementweise Beschreibung analog PSL.
- Die Beschreibungsform ist nicht kompakt genug.
- Durch die jeweils getrennte Beschreibung der einzelnen R-Netze, Validationspfade und Elemente einschließlich Relationen und Attributen entstehen viele unabhängige Teile (beliebig viele R-Netze usw.), deren Gesamtzusammenhang nicht überschaubar ist.
- Das Prinzip der Lokalität wird in hohem Maße verletzt, da man sich die verschiedenen Informationen zusammensuchen muß.
- Lebensdauer und Gültigkeit von Daten erschweren einen Überblick darüber, von welchen R-Netzen z.B. auf welche Daten zu welcher Zeit zugegriffen wird.
- Die Allgemeinheit des methodischen Ansatzes ist in Zweifel zu ziehen. Die Methodik scheint sehr stark auf Echtzeit-Systeme zugeschnitten zu sein.
- Der Detaillierungsgrad mancher Konzepte (Simulation, Kontrollfluß) überschreitet die Grenze zum Entwurf und zur Implementierung.

2.4.7 Klassifizierung und konzeptioneller Vergleich

Bei den Sprachen für die Definition von Anforderungen stellen SADT und PSL die grundlegenden Konzepte dar. Zugleich sind sie konzeptionell unterschiedlich, da sie von verschiedenen Sichtweisen ausgehen.

Bei SADT handelt es sich um einen integralen Ansatz, d.h. es wird jeweils eine Ebene (die auf einem Diagramm dargestellt wird) als Ganzes betrachtet und beschrieben. Man konzentriert sich also auf eine ganzheitliche, ungeteilte Beschreibung einer Ebene.

Demgegenüber verwendet PSL einen singulären Ansatz, d.h. man betrachtet nacheinander jeweils einen speziellen Aspekt und beschreibt alles, was mit diesem Aspekt zu tun hat. Man stellt sich jeweils auf den Standpunkt eines einzelnen Objekts, beschreibt die Attribute des Objekts und die Relationen des Objekts zu anderen Objekten. Dadurch geht man in PSL vereinzelt bzw. stückweise, d.h. objektweise vor.

Einen Vergleich der Ansätze ergibt folgende Gegenüberstellung von Merkmalen:

integraler Ansatz	singulärer Ansatz
- kompakte Beschreibung - übersichtliche Beschreibung - Zusammenhänge sind sichtbar - fördert ganzheitliche Problemsicht	- aufwendige Beschreibung - ohne automatische Dokumentationshilfen unübersichtlich - Zusammenhänge nur durch automatische Analysen sichtbar - fördert vereinzelte Problemsicht

Sekundär besteht der Unterschied zwischen SADT und PSL darin, daß SADT eine graphische Sprache und PSL eine textuelle Sprache ist.

Weiterentwicklungen versuchen beide Ansätze zu kombinieren:

RSL verwendet grafische R-Netze und Gültigkeitspfade, um den Zusammenhang zwischen Systemteilen zu beschreiben (integraler Teil); die einzelnen Elemente der R-Netze werden in modifizierter PSL-Form dargestellt (singulärer Teil).
CORE (Controlled Requirement Expression) /Mullery 79/ verwendet dynamische und statische Diagramme, die sich an SADT, der Jackson-Notation (siehe 2.6.2.2) und den R-Netzen von RSL orientieren (integraler Teil), um den Kontrollfluß und die statische Hierarchie darzustellen. Einzelkomponenten werden in PSL-Form beschrieben (singulärer Teil).

Neben der Verknüpfung von integralem und singulärem Ansatz, verfolgen Weiterentwicklungen die Ziele:

- Anwendung der Konzepte in anderen Entwicklungsphasen,
- Einbettung in SEES,
- Einsatz in Echtzeit-Anwendungen,
- Generierung von Anforderungssprachen.

Beispiele für solche Weiterentwicklungen sind:

- RDL/RDP (Requirements and Development Language / RDL-Processor) /Heacox 79/: Erweiterung von PSL, um die Konzepte in der Entwurfs- und Implementierungsphase einzusetzen.

- EPOS (Entwurfsunterstützendes Prozeß-orientiertes Spezifikationssystem) /EPOS 80/, /Biewald et al. 79/: Entwicklungssystem für Echtzeitsysteme, das durch die Sprache EPOS-R die Definition von Anforderungen in verbaler Form und durch die Sprache EPOS-S die Beschreibung des Entwurfs ermöglicht. EPOS-S überträgt das PSL-Konzept ähnlich wie RDL auf den Entwurfsbereich.

- PLASMA/PASILA /Christ, Balzert 81/ (siehe auch 5.2.): Generatorsystem zur Spezifikation und automatischen Generierung von Anforderungssprachen. In PASILA können die Eingabesyntax, die textuelle und grafische Ausgabe sowie Logikregeln entsprechend den Produkt- und Projekterfordernissen spezifiziert werden. Aus diesen Angaben generiert PASILA analog einem Compiler-Compiler ein Dienstleistungspaket, das es ermöglicht, mit der spezifizierten Sprache zu arbeiten.

Einen horizontalen Quervergleich der behandelten Sprachen und Werkzeuge zeigt Tabelle 2.4-6.

Kriterien	SADT	PSL/PSA	RSL/REVS
Sprachen: (1) Beschreibungs-modell	Diagramme bestehen aus beschrifteten Kästen und Pfeilen	Objekte, Typen, Relationen zwischen Objekten, Attribute	Elemente, Typen, Attribute, Relationen, Strukturen
(2) Hierarchie-modell	Ebenenweise Beschreibung	Objektweise Beschreibung	Element- u. strukturorient. Beschreibung
- Struktur der Hierarchie	- Baum (pro Diagr. = Netzwerk)	- Baum + gerichteter Graph	- Baum + gerichteter Graph
- Basis der Hierarchie	- Diagramm y detailliert Kasten xi	- verschiedene	- verschiedene
- Zeit der Hierarchie	- organisatorisch	- organisatorisch	-organisatorisch und dynamisch
(3) Kontrollstruktur-modell	keine Kontroll-strukturen beschreibbar	als Kommentar, Aufrufstruktur	In R-Netzen: Wiederholung (FOR EACH), Auswahl (ODER-Kn.) Kollateralität (UND-Knoten), Sequenz, Makroaufrufe. In Simulationen: Pseudo-Sprache
(4) Datenmodell	Nur Daten, die auf höchster Ebene vorhanden, können verfeinert werden: Datenabstraktion z.T. beschreibbar	hierarchische Gliederung von Daten + Datenmanipulationen	hierarchische Relationen, Benutzung durch versch. Komponenten, Zugriff auf Daten
(5) Sonstige Modellkonzepte	Projektangaben	Projektbezog. Angaben, Dokumentations-Angaben, Dyn. Verhalten des Systems, Mengenangaben	Projektbez. und Dokumentationsangaben, Leistungsanforderungen. Simulationen

Tabelle 2.4.-6: Konzeptioneller Vergleich (Teil 1)

Kriterien	SADT	PSL/PSA	RSL/REVS
(6) Erweiterbarkeit der Modellkonzepte	nein	mittel	hoch
(7) Grad der Anlehnung an Programmierspr.	sprachunabhängig	Datenbeschreibung an CODASYL angelehnt	sprachunabhängig, jedoch einige PASCAL-Elemente
(8) Art der Anknüpfung an spätere Phasen	keine Anknüpfung	keine Anknüpfung	keine direkte Anknüpfung
(9) Methodenorientierung	mittel	keine	hoch
(10) Anwendungsbereich	kommerzielle Probleme, Organistationsplanung, nicht beschränkt auf Software	kommerzielle Probleme	Echtzeit-Probleme
Werkzeuge: Automatisierungsgrad	manuell	mittel	hoch
Darstellungsmodell	standard., zeichnerisches Beschreibungswerkzeug	textuelle Eingabe, textuelle und grafische Ausgabe	textuelle und grafische Ein- und Ausgabe
(1) Eingabe & Änderung	keine	ja	ja
(2) Dokumentation	-	ja	ja
(3) Analyse	-	ja	ja
(4) dynamische Simulation	-	nein	ja

Tabelle 2.4-6: Konzeptioneller Vergleich (Teil 2)

Betrachtet man die wesentlichen Konzepte im Vergleich, dann lassen sich folgende Feststellungen treffen (siehe auch /Balzert 80, 81/):

(a) Methodik

Die vorhandenen methodischen Ansätze sind noch rudimentär und eher eine Ansammlung von Regeln, Vorschlägen und Tips, wie man vorgehen kann, um Anforderungen zu erhalten. RSL versucht verschiedene Methodenansätze zu unterstützen, die jedoch stark auf das Anwendungsgebiet Echtzeit-Datenverarbeitung zugeschnitten sind.

Da das Spektrum der Ausgangssituation bei der Definition von Anforderungen sehr groß ist:
- Was liegt an Vorgaben in welcher Form und welchem Präzisionsgrad von wem vor?
- Liegt eine Ist-Aufnahme und Ist-Analyse vor oder nicht?
- Wie sehen die Zeit- und Speicherrestriktionen aus?
- Welche Anforderungen werden an die Zuverläßigkeit gestellt?

Ist es prinzipiell fraglich, ob man mit einer Methode auskommt, um zielgerichtet Anforderungen zu erstellen.

Die Festlegung von Sprachmengen für Anforderungssprachen hat jedoch dazu geführt, daß man einen Beschreibungsrahmen mit zumindest teilweise festgelegter Semantik besitzt, der gleichzeitig als Ziel dient. Dadurch werden sowohl das Vorgehen als auch das abstrakte Denken zielgerichtet, was bereits zu einer wesentlichen Verbesserung beiträgt.

(b) Sprachen

Bei den Anforderungssprachen ist eine Konvergenz auf formale Sprachen mit festgelegter Syntax zu erkennen, die durch automatische Werkzeuge unterstützt werden.
Die Modellbildung läßt sich zum großen Teil auf Objekte, Objekttypen, Attribute und Relationen reduzieren. Demgemäß bezieht sich auch die Semantik auf diese Modellbildung. Überraschend ist, daß die Semantik bei den vorgestellten Sprachen nur verbal beschrieben wird. Es gibt - insbesondere für den Benutzer - keine Möglichkeit, die Semantik formal zu beschreiben, obwohl bei dieser einfachen Modellbildung auch die Semantik relativ einfach ist.

Vom Beschreibungsmodell her ist noch offen, ob sich ein integraler oder singulärer Ansatz durchsetzt. Es gibt Versuche, beide Ansätze zu kombinieren.
Interessant ist, daß jedes Beschreibungsmodell es gestattet, Schnittstellen zur Umwelt des DV-Systems zu formulieren. Die jeweiligen Möglichkeiten, die Schnittstellen zu beschreiben, sind unterschiedlich. Auffallend ist jedoch, daß in Anforderungssprachen sehr viel Wert auf diese Schnittstellen gelegt wird und sie z.T. Ausgangspunkt der Methodik sind.

Als Struktur der Hierarchie werden gerichtete Bäume und z.T. zusätzlich noch gerichtete Graphen mit partieller Ordnung verwendet. Es werden i.a. mehrere Hierarchieebenen benutzt. Die Hierarchien entstehen nach und nach während der Anforderungsdefinition.
Die größten Unterschiede sind beim Kontrollstrukturmodell vorhanden. Während SADT und PSL die Beschreibung von Kontrollstrukturen praktisch nicht ermöglichen, erlauben RSL, CORE und EPOS eine detaillierte Darstellung von Kontrollstrukturen, die weitgehend den Konstrukten in Programmiersprachen entsprechen. In diesem Bereich besteht die Gefahr, daß Weiterentwicklungen versuchen, aus einer Anforderungssprache eine Programmiersprache zu machen. Das widerspricht jedoch den Aufgaben einer Anforderungssprache.
Für den Anwendungsbereich der Echtzeit-Systeme sind sicher in gewissem Maße Kontrollstrukturen bereits zur Beschreibung von Anforderungen erforderlich. RSL ist von der Präzision her bereits auf dem Niveau einer Programmiersprache angelangt.
Was jedoch insgesamt fehlt - und in gewissem Maße auch Kontrollstrukturen sind - sind Beschreibungsmittel für den Mensch-Maschine-Dialog. Es gibt einige Ansätze in diesem Bereich, wie die Erweiterung von Petri-Netzen oder Interaktionsdiagramme /Denert 77/. Ein entscheidender Durchbruch wurde aber auf diesem Gebiet noch nicht erzielt.

Die Spanne bei der Beschreibung des Datenmodells reicht von einfach (SADT) bis komplex (PSL). Auffallend ist, daß sich die komplexen Datenmodelle in PSL und RSL auf explizite Datenhierarchien und die Zuordnung zu Dateien beziehen. Es gibt noch keine Ansätze, um abstrakte Datentypen und Zugriffsoperatoren zu beschreiben. Gerade solche Ansätze würden der Anforderungsebene adäquat sein.

Die sonstigen Modellkonzepte geben an, welche Inhalte mit Hilfe der einzelnen Anforderungssprachen beschreibbar sind. Folgende Beschreibungsaspekte bilden sich heraus:

- Tätigkeitsbeschreibung (alle, aber unterschiedlich),
- Datenbeschreibung (alle, aber unterschiedlich),
- Hierarchiebeschreibung (alle, aber unterschiedlich),
- Kontrollstrukturbeschreibung (einige unterschiedlich),
- Beschreibung projektbezogener Angaben (alle, aber unterschiedlich),
- Beschreibung von Dokumentationsangaben (alle, aber unterschiedlich),
- Beschreibung von Mengenangaben (PSL),
- Beschreibung der Systemdynamik (PSL),
- Beschreibung von Echtzeit-Anforderungen (RSL, EPOS, PSCL),
- Beschreibung von Simulationen (RSL).

Vom Inhalt her sind die einzelnen Anforderungssprachen also noch sehr unterschiedlich.

Um den Benutzer eine Anpassung an eigene Erfordernisse zu ermöglichen, gestatten mehrere Sprachen eine Spracherweiterung durch den Benutzer.

Im Zusammenhang mit der Erweiterbarkeit stellt sich insbesondere die Frage des Umfangs der einzelnen Sprachen. Die Abb. 2.4-12, 2.4-21 und 2.4-45 geben einen Eindruck des jeweiligen Umfangs.

Quantitativ ausgedrückt, sieht der Umfang folgendermaßen aus:

SADT: Neben Diagrammen, die aus Kästen und Pfeilen zwischen Kästen bestehen, gibt es noch weitere Dokumente und Formulare.

PSL: Standardmäßig gibt es 22 verschiedene Objekt-Typen und 55 verschiedene Relationen.

RSL: Standardmäßig gibt es 21 verschiedene Elementtypen, 23 Relationen, 21 Attribute und 3 Strukturen.

Dieses mächtige Instrumentarium erscheint für viele Anwendungen zu umfangreich, so daß die Benutzerakzeptanz schwierig zu erreichen ist.

Anforderungssprachen sind weitgehend unabhängig von Konstrukten klassischer Programmiersprachen.

Während die ersten Beschreibungsmittel für Anforderungen sozusagen "stand-alone"-Lösungen innerhalb des Software-Entwicklungsprozesses darstellen, werden heute zunehmend die Informationen der Anforderungsphase in integrierte Software-Engineering-Environment-Systeme eingebettet und in den nachfolgenden Phasen weiterverwendet (RDL, EPOS).

Der Anwendungsbereich der Sprachmodelle reicht von dedizierten Anwendungen (z.B. Echtzeit-Software) bis hin zu der Behauptung, alle Anwendungsbereiche abdecken zu können (SADT). Andererseits gehen die Bereiche von Software-Anforderungen (PSL) bis hin zu Anforderungen an Software, Firmware, Hardware und Orgware (RSL, SADT, EPOS).

Die beschriebenen Anforderungssprachen gehen zumindest implizit davon aus, daß ihre Beschreibungsmittel allgemein genug sind, um Anforderungen aus verschiedenen Fachgebieten damit zu beschreiben. Auf der anderen Seite ist jedoch zu prüfen, ob gerade wegen dem hohen Allgemeinheitsgrad heutiger Anforderungssprachen die Akzeptanz nicht unnötig erschwert wird.

Vielleicht ist es gerade auf der Anforderungsebene erforderlich, sich flexibel der Terminologie und Modellbildung spezieller Fachgebiete anzupassen.

(c) Werkzeuge

Die Werkzeuge zur Eingabe und Änderung von Anforderungen, zur Dokumentation, Analyse und Simulation beschriebener Anforderungen werden zunehmend perfektioniert. Außerdem ist eine zunehmende Flexibilität und Erweiterbarkeit zu erkennen, die insbesondere dem Benutzer in gewissem Rahmen eine Anpaßbarkeit an seine Erfordernisse ermöglicht. Die automatische Unterstützung grafischer Ein- und Ausgabe nimmt zu. Die Möglichkeiten einer dynamischen Simulation von Anforderungen gerät in den Blickpunkt des Interesses.

Als allgemeingültige Trends lassen sich feststellen:

- Die in der Definitionsphase gewonnenen Informationen werden in späteren Phasen weiterverwendet (RDP, EPOS).
- Die Sprachen und Werkzeuge werden zunehmend in SEES integriert.
- Die Sprachen werden zunehmend erweiterbar.

Aus dem bisherigen Vergleich lassen sich folgende Thesen ableiten:

- Das Gebiet der Definitionsphase ist noch nicht so konsolidiert wie das Gebiet der Entwurfsphase. Die Notwendigkeit, formale Sprachen und automatische Werkzeuge einzusetzen, wird weitgehend anerkannt.

- Auf dem Gebiet der Anforderungssprachen muß, insbesondere bezogen auf Syntax, Semantik, Anforderungsmodell und Benutzerakzeptanz, noch experimentiert werden.
  Nur durch spezifizierbare und generierbare Sprachen können anwendungsgerechte und anwendungsangepaßte Modelle definiert werden.
  Sprachumfang und Sprachmächtigkeit können dem Problembereich optimal angepaßt werden. Beispielsweise könnte die Sprache Möglichkeiten zur Definition von Bildschirm- und Drucklayouts liefern.
  Die Semantik muß in Form von Logikregeln definierbar sein. Nur dadurch können anwendungsspezifische automatische Analysen durchgeführt werden.
  Neue Sprachkonzepte wie
  - Definition von Zugriffsoperatoren
  - Definition von abstrakten Datentypen

  können eingebaut und ausprobiert werden.

  Eine schrittweise Einführung sowie eine Nutzung bei kleinen Projekten ist möglich.
- Anforderungssprachen müssen auch auf kleineren Rechnern einsetzbar sein.

Vergleicht man die verschiedenen Anforderungssprachen mit den in Abschnitt 2.4.3 aufgestellten Anforderungen an diese Sprachen, dann ergeben sich folgende Bewertungen:

Anforderungen	SADT	PSL	RSL
- leichte Erlernbarkeit	+	-	o
- leichte Anwendbarkeit	+	o	o
- vertrauter Sprachvorrat	-	o	o
- präzise Beschreibbarkeit	-	o	o
- verschiedene Gesichtspunkte nacheinander	o	+	+
- flexible Anpaßbarkeit	-	o	o
- Erweiterbarkeit	-	o	o

+ = hoch   o = mittel   - = gering

Tabelle 2.4-7: Anforderungssprachen verglichen mit Anforderungen an Anforderungssprachen

Zusammenfassend lassen sich für die Definitionsphase folgende Feststellungen treffen:

- Phasenspezifische Prinzipien lassen sich noch nicht aufstellen.
- Methoden sind in Ansätzen vorhanden.
- Sprachen unterstützen die Modellbildung, die Methodik und stellen einen syntaktischen und semantischen Beschreibungsrahmen zur Verfügung.
- Werkzeuge erlauben den Einsatz und die Anwendung der Sprachen.

2.5 Die Entwurfsphase

Aufgabe des Entwerfens ist es, aus den gegebenen Anforderungen an ein Software-Produkt eine software- technische Lösung im Sinne einer Systemarchitektur zu entwickeln. Die Entwurfstätigkeiten werden in der Entwurfsphase durchgeführt. Sie ist eingebettet zwischen die Definitionsphase und die Implementierungsphase.
Entwerfen wird auch als "Programmieren im Großen" bezeichnet.
Die Ergebnisse der Definitionsphase bilden den Ausgangspunkt und die Grundlage des Entwerfens. Die Entwurfsergebnisse wiederum sind die Voraussetzungen für die Implementierung.

Der gesamte Entwurfsprozeß wird durch eine Folge von Entscheidungen bestimmt, die die Systemarchitektur

- konstruieren,
- strukturieren,
- spezifizieren,
- präzisieren,
- konkretisieren.

Die Systemarchitektur selbst besteht i. a. aus Systemkomponenten und ihren gegenseitigen Wechselwirkungen. Dementsprechend beinhaltet die Tätigkeit "Entwurf des Produktes" u. a. folgende Einzelaktivitäten:

- Aufteilung bzw. Zergliederung des Problems in Teilprobleme bzw. Systemkomponenten.
- Strukturierung des Systems durch geeignete Anordnung von Systemkomponenten in Hierarchien.
- Spezifikation des Funktions- und Leistungsumfangs sowie des Verhaltens der Systemkomponenten in informaler, semiformaler oder formaler Weise.
- Festlegung der Schnittstellen, der Kommunikation und der Wechselwirkungen zwischen Systemkomponenten.

Die Ergebnisse der Entwurfstätigkeiten müssen sich in entsprechenden Teilprodukten niederschlagen.
Die Qualität des Entwurfs beeinflußt in entscheidendem Maße sowohl die Qualität des Endproduktes als auch die Tätigkeiten der nachfolgenden Phasen, insbesondere die Wartungs- und Pflegephase nach Abnahme und Einführung des Produktes.

Die Einbettung der Entwurfphase in das SEEM (siehe 1.5) zeigt Abb. 2.5-1.
In die Entwurfsphase fließt die in der Definitionsphase erstellte Produktdefinition mit Ausnahme des Projektplans ein. Der Projektplan kann nicht von Phase zu Phase durchgereicht werden, weil in jeder Phase auf den in der Planungsphase erzeugten Projektplan 1 bzw. auf die während der Projektüberwachung revidierte Version des Projektplans 1 Bezug genommen wird. Aus dem Projektplan 1 werden die Soll-Vorgaben für die Entwurfsphase entnommen. Außer diesen Vorgaben erhält die Phasenplanung Steuerdaten von der Projektführung. Die Soll-Schätzung wird im Projektplan 3 festgehalten.

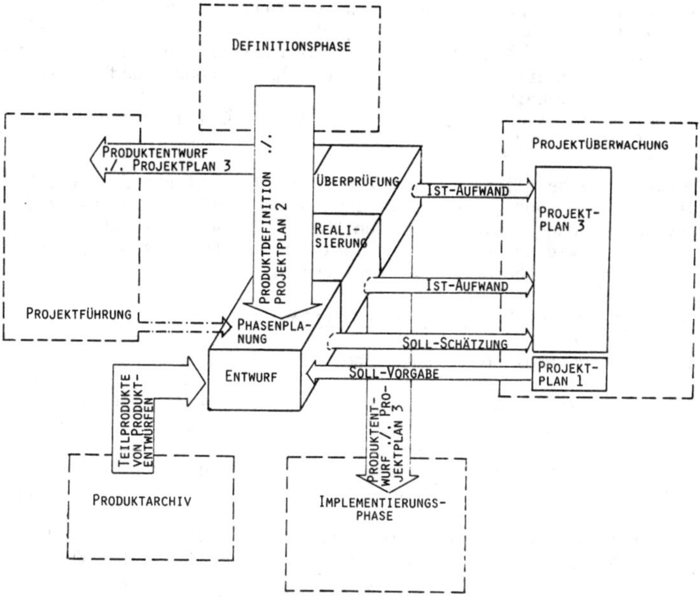

Abb. 2.5-1: Modell der Entwurfsphase

Im Realisierungschritt entsteht ein Produktentwurf mit folgenden Teildokumenten:

- Funktionshandbuch 3 (Übernahme aus der Definitionsphase, verfeinert und präzisiert),
- Systemdokumentation (Beschreibung der Systemarchitektur, Spezifikation der Systemkomponenten),
- Begriffslexikon 2 (Übernahme aus der Definitionsphase, ergänzt bzw. erweitert),
- Benutzerhandbuch 2 (Übernahme aus der Definitionsphase, verfeinert und präzisiert),
- Testdokumentation (Festlegung der Testfälle für das System und die einzelnen Komponenten; Dokumentation der ´design reviews´),
- Projektplan 3 (Verfeinerung und Präzisierung des übergeordneten Gesamtprojektplans 1 für die Entwurfsphase).

Im Überprüfungsschritt werden die erstellten Teilprodukte entsprechend vorgegebenen Richtlinien, Standards und Checklisten überprüft:

- manuelle Überprüfung von Funktionshandbuch, Begriffslexikon, Benutzerhandbuch und Testdokumentation durch 'design review',
- automatische Analyse der Systemdokumentation auf Schnittstellenkompatibilität, Architekturkonsistenz und interne Vollständigkeit,
- semiautomatische Überprüfung der Übereinstimmung von Definition und Entwurf.

Durch die zeitliche Einordnung der Entwurfsphase zwischen Definitions- und Implementierungsphase entstehen natürlich Wechselwirkungen zwischen diesen Phasen. Insbesondere stellt sich die Frage, wie und welche Informationen aus der Definitionsphase in den Entwurf übernommen werden können.

<u>Übergang von der Definitions- zur Entwurfsphase</u>

Definitionsphase und Entwurfsphase verfolgen unterschiedliche Ziele.
In der Definitionsphase soll eine Produktdefinition erstellt werden, die das zu entwickelnde Produkt aus der Sicht des Anwenders oder Auftraggebers beschreibt.
In der Entwurfsphase sollen - ausgehend von der Produktdefinition - die Produktanforderungen in einen software-technischen Entwurf umgesetzt werden.
Da beide Ziele unterschiedlich sind, ist es auch nicht möglich, eine Produktdefinition <u>automatisch</u> in einen Produktentwurf zu transformieren. Notwendig und sinnvoll sind Querreferenzen zwischen Produktdefinition und Produktentwurf.

<u>Beispiel</u>

In der Produktdefinition werden Anforderungen numeriert oder benannt. In dem Produktentwurf werden alle Anforderungen, die die einzelnen Entwurfskomponenten realisieren, explizit quittiert. Solange es noch eine Liste nicht quittierter Anforderungen gibt, ist der Entwurf noch unvollständig oder es gibt Anforderungen, die nicht realisiert werden können. ■

Da - insbesondere bei umfangreichen Produktdefinitionen - bereits aus Anwendungssicht eine funktionale oder hierarchische Gliederung vorgenommen wird, sollte eine solche Strukturierung nicht ohne kritische Prüfung für die Entwurfsstruktur übernommen werden.

<u>Beispiel</u>

Aus Anwendungssicht werden für ein Software-Produkt die Funktionen Eingabe und Änderung zu einer Funktion zusammengefaßt, während die Funktion Löschen separat angewandt werden muß. Da bei der Eingabe von Informationen auch Eingabefehler vorkommen, soll der Benutzer diese Fehler sofort, d. h. ohne Umschalten in einen Änderungsmodus, korrigieren können. Das Löschen von Informationen soll jedoch nur nach zwei positiv beantworteten Sicherheitsabfragen erfolgen.

Aus Entwurfssicht ist es jedoch u. U. günstiger alle drei Funktionen getrennt zu realisieren oder die Funktion Eingabe (Neuanlegen einer Datei) separat sowie die Funktionen Änderung (Lesen in einer Datei und zurückschreiben) und Löschen (u. U. Lesen in einer Datei und Löschen der Information) zusammenzufassen.

■

Gegen eine automatische Übernahme von Informationen aus der Definitions- in die Entwurfsphase spricht auch, daß in der Entwurfsphase eine Vielzahl zusätzlicher Informationen hinzukommt und auf der anderen Seite von der Definitionsphase nur ein Teil der Informationen benötigt wird.
Anzustreben ist daher ein semiautomatisches Hilfsmittel, das es ermöglicht, selektiv aus der Produktdefinition Informationen zu entnehmen und durch Hinzufügen neuer Informationen in den Entwurf zu übertragen.

Zusammenfassend läßt sich zur Definitions- und Entwurfsphase folgendes feststellen:

- Die Produktdefinition beschreibt die Struktur des zu entwickelnden Produktes aus der Problemsicht des Anwenders. Diese Struktur eignet sich nur bedingt für den Produktentwurf.
- Nach Freigabe der Produktdefinition ist kein weiterer Kontakt mit dem Auftraggeber mehr nötig. Auch die Entwerfer benötigen i. a. keine Kommunikation mehr mit der Definitionsgruppe.
- Durch Querverweise zwischen der Produktdefinition und dem Produktentwurf sollte die Vollständigkeit des Entwurfs bezogen auf die Anforderungen überprüft werden.

Während sich die Wechselwirkungen zwischen der Definitions- und Entwurfsphase bei Vorlage einer guten Produktdefinition minimieren lassen, ist der Zusammenhang zwischen Entwurfs- und Implementierungsphase meist wesentlich enger.

Zusammenhang zwischen Entwurfs- und Implementierungsphase

Entwurfs- und Implementierungsphase sind oft - in Abhängigkeit von der gewählten Methodik - stark miteinander verzahnt.
Eine weitgehende Entkopplung zwischen Entwurf und Implementierung ist nur dann möglich, wenn die Implementierung erst nach Vorlage des vollständigen Produktentwurfs begonnen wird.
Insbesondere bei Anwendung einer top-down-Entwurfsmethodik und des top-down-Testens (siehe 2.5.2) findet jedoch ein ständiges Wechselspiel zwischen Entwurf und Implementierung statt. Nach dem Entwurf einer Ebene kann diese Ebene implementiert werden, während die nächste Ebene entworfen wird. Aber auch hierbei ist es erforderlich, daß für jede Implementierung eines Teilproduktes eine vollständige Implementierungsvorgabe vom Entwurf her vorliegt.

Da die Erkenntnisse über die Entwurfsphase bereits weiter reichen als über die Definitionsphase, wird der Entwurf gegliedert nach Prinzipien, Methoden, Sprachen und Werkzeugen behandelt.

2.5.1 Prinzipien des Entwurfs

Die "Allgemeinen Prinzipien der Software-Entwicklung" (siehe 2.1) gelten in unveränderter, modifizierter oder spezialisierter Form auch für den Software-Entwurf.

In weitgegend unveränderter Form gelten die Prinzipien
- Hierarchisierung,
- Lokalität,
- integrierte Dokumentation,
- Mehrfachverwendung,
- Standardisierung.

In spezialisierter Form werden die Prinzipien
- Abstraktion,
- Strukturierung,
- Modularisierung angewandt.

Das Prinzip der Abstraktion wird für den Entwurf um das "Prinzip der funktionalen Abstraktion und der Datenabstraktion" ergänzt und konkretisiert. Das Prinzip der Strukturierung wird beim Entwurf in einem engeren Sinne verwendet. Ebenso wird das Prinzip der Modularisierung durch dedizierte Eigenschaften für Moduln verfeinert.

Folgende neue Prinzipien sind beim Entwurf zusätzlich zu beachten:
- Geheimnisprinzip,
- Prinzip der funktionalen und informalen Bindung,
- Prinzip der schmalen Datenkopplung,
- Prinzip der Schnittstellenspezifikation.

2.5.1.1 Prinzip der funktionalen Abstraktion und der Datenabstraktion

Eines der wichtigsten allgemeinen Prinzipien der Software-Entwicklung stellt das Prinzip der Abstraktion dar (siehe 2.1.1). Abstraktion erlaubt es, relevante Details zu beschreiben und irrelevante Details zu unterdrücken. Für den Entwurf ist es wesentlich, Abstraktionen und ihren Gebrauch zu definieren und zu beschreiben. Wie die Abstrakion realisiert wird, ist irrelevant.

Beim Software-Entwurf lassen sich prinzipiell zwei verschiedene Abstraktionsarten unterscheiden:
- die funktionale Abstraktion (auch prozedurale oder operationale Abstraktion genannt) und

- die Datenabstraktion.

Auf beide Abstraktionsarten wird im folgenden näher eingegangen. Da insbesondere bei der Datenabstraktion das Konzept des Datentyps eine zentrale Rolle spielt, wird dieses Konzept zunächst skizziert.

2.5.1.1.1 Datentypen

Jeder Algorithmus manipuliert durch Operationen Datenobjekte. Nicht jede Operation kann sinnvoll auf beliebige Objekte angewandt werden. Die Operation "Multiplikation" kann nicht vernünftig auf zwei Zeichen ausgeführt werden.
Operationen und Datenobjekte stehen offensichtlich in einem Zusammenhang.
Datenobjekte besitzen unterschiedliche Eigenschaften. Ein Zeichen ('A', 'B'..) ist etwas anderes als eine ganze Zahl (125, 93) oder ein logischer Wert (true, false).
Eine wesentliche Eigenschaft eines Objektes - ob Variable oder Konstante - ist also die Wertemenge, die es annehmen kann.
Anders ausgedrückt: Die Datenobjekte sind von unterschiedichem Typ (type) oder unterschiedlicher Art (mode).

> Ein Datentyp beschreibt die Wertemenge eines Datenobjektes zusammen mit den auf dieser Wertemenge erlaubten Operationen.

Diese Definition beinhaltet keine neuen Konzepte. Jede Programmiersprache enthält nämlich eine Reihe standardmäßig definierter Datentypen, die diese Definition erfüllen.

Beispiel

Standardtypen	PASCAL	FORTRAN	COBOL
ganze Zahlen	integer	integer	z.B. 999
numerisch- reelle Zahlen	real	real double precision	computational
Festpunktzahlen	-----	-----	z.B. 999.99
Wahrheitswerte	boolean	logical	-----
Zeichen eines Alphabets	char	-----	X
Zeichenkette			z.B. X (20)
komplexe Zahlen	-----	complex	-----

■

In COBOL ist die Festlegung von Standardtypen nicht so ausgeprägt.
Auf die jeweiligen Standardtypen können nur die in der Programmiersprache darauf definierten Operationen ausgeführt werden.

Beispiele

In PASCAL sind zu jedem Datentyp nur festgelegte Operationen erlaubt (siehe Abb. 2.5-2).

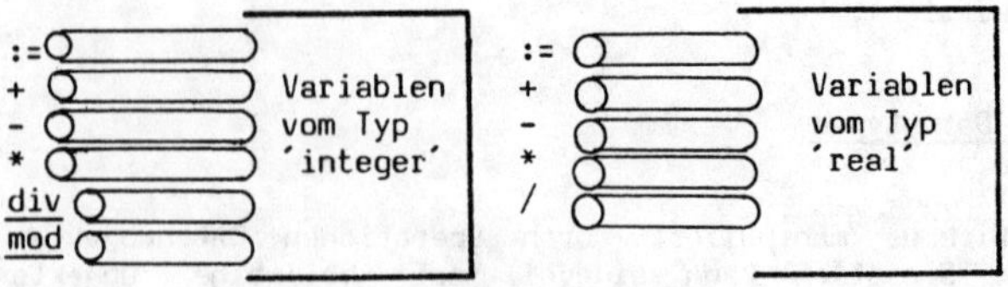

Abb. 2.5-2: PASCAL-Datentypen "integer" und "real"und ihre wichtigsten Operationen

Auf allen Datentypen können Vergleich und Zuweisung (:=) ausgeführt werden. Der Vergleich beinhaltet den Test auf Gleichheit (=) und den Test auf Ordnung (<,<=,>,>=) bei geordneten Typen. Auf geordnete, aufzählbare Typen können außerdem noch die Funktionen Nachfolger SUCC und Vorgänger PRED angewandt werden. ■

Die Wertemenge eines Typs kann durch Aufzählung oder durch Prädikate gegeben sein.

Beispiele

Da Wahrheitswerte nur zwei Werte annehmen können, können diese Werte aufgezählt werden: boolean = (true, false).
Den Wertebereich ganzer Zahlen könnte man aufzählen, da in einem Rechner nur ein Teilbereich der ganzen Zahlen dargestellt werden kann: integer = (0, 1, 2, ...)
Einfacher ist es natürlich, den Wertebereich durch ein Prädikat festzulegen:
{x | minint <= x <= maxint} wobei ´minint´ die kleinste im Rechner darstellbare ganze Zahl und ´maxint´ die größte darstellbare ganze Zahl ist.
In COBOL wird der Wertebereich durch die PICTURE-Anweisung definiert: {X|X=999} PICTURE IS 999 bedeutet, daß alle Zahlen zwischen 000 und 999 möglich sind. ■

Viele Programmiersprachen setzen bei Standardtypen oft implizit eine Grundmenge voraus.
Von Wertemengen können in einigen Sprachen Teilmengen gebildet werden. Die Teilmengenbildung beinhaltet gleichzeitig ein vererben von Operationen.

Beispiel

In PASCAL können von den Standardtypen "integer" und "char" Teilbereichstypen (subrange types) gebildet werden:
TAG : 1..31 BUCHSTABE: ´A´..´Z´ ■

Der Teilbereich wird durch eine untere und eine obere Grenze angegeben. Für den Teilbereichstyp sind alle Operationen erlaubt, die für den Typ gelten, von dem der Teilbereichstyp abgeleitet wurde.

Selbstdefinierte Typen

Neue Programmiersprachen ermöglichen es dem Anwender, nicht nur die Standardtypen der jeweiligen Sprache zu benutzen, sondern auch eigene Typen zu definieren. In PASCAL ist dies in Form einer Typdefinition möglich.

Beispiele

```
type boolean    =  (true,false);                                (1)
     geschlecht =  (männlich, weiblich);                        (2)
     wochentag  =  (Montag, Dienstag, Mittwoch, Donnerstag,     (3)
                     Freitag, Samstag, Sonntag);
     tag        =  1..31;                                       (4)
     monat      =  1..12;                                       (5)
     großbuchstaben = 'A'..'Z';                                 (6)
```

Bei den Beispielen (1) bis (3) wird die Wertemenge durch Aufzählung angegeben.
Allgemein: type T = (c1, c2,...cn)

In den Beispielen (4) bis (6) wird die Wertemenge durch Angabe von Intervallgrenzen festgelegt.
Allgemein: type T = min..max

In Programmiersprachen wird der Datentyp eines Objektes entweder implizit oder explizit festgelegt.

In den meisten Sprachen müssen Variable und Konstante explizit - meist vor dem Anweisungsteil - mit ihrem Datentyp vereinbart werden. Obwohl manche Sprachen eine implizite Vereinbarung erlauben z. B. FORTRAN, sollte grundsätzlich die explizite Vereinbarung vorgezogen werden.

Beispiel

In PASCAL werden alle Variablen in einem Variablenvereinbarungsteil explizit deklariert. Hinter dem Variablennamen wird durch Doppelpunkt getrennt der Datentyp angegeben. Bei dem Datentyp kann es sich dabei entweder um einen Standardtyp oder einen selbstdefinierten Typ handeln.

```
var ARTIKELNR: integer;
    PI: real;
    ZEICHEN: char;
    SCHALTER: boolean;
    ANREDE1: (männlich, weiblich);
    ANREDE2: geschlecht;
```

In COBOL werden in der DATA DIVISION die Variablen vereinbart und durch die PICTURE-Angaben der Typ festgelegt:

```
01  ARTIKELNR      PICTURE   IS   999999.
01  EINZELPREIS    PICTURE   IS   ZZ9.99.
```

■

Wesentlich ist, daß mit der Vereinbarung von Variablen auch deren Existenz verbunden ist. Außerdem können beliebig viele Datenobjekte eines Typs vereinbart werden.

Die Definition von Datentypen durch den Anwender in einer entsprechenden Sprache hat andere Wirkungen wie die Vereinbarung von Variablen.

Beispiel

In PASCAL können vor der Variablenvereinbarung Typen definiert werden:

```
type geschlecht = (männlich, weiblich);   Typdefinition
var  ANREDE1, ANREDE2: geschlecht;        Variablenvereinbarung
```

■

Durch die Typdefinition wird nur ein Datentyp definiert. Es ist damit nicht die Existenz einer Variablen verbunden. Erst durch die Vereinbarung von Variablen mit diesem Typ, wird die Typdefinition ausgewertet.

Die Typdefinition kann als Abkürzungsvorschrift oder Makrodefinition angesehen werden, insbesondere um Schreibaufwand zu sparen. Ein selbstdefinierter Datentyp wird sozusagen mit einem Typnamen (hier: geschlecht) benannt. Bei der Variablenvereinbarung genügt dann die Angabe des Typnamens anstelle der vollständigen Typdefinition.

Typkonstruktoren

Bereits definierte Typen können in neuen Typdefinitionen wieder verwendet werden. Dadurch entstehen strukturierte Typen.

Beispiele

Für die in der Praxis oft benötigten Strukturen Feld (array) und Verbund (record) gibt es in PASCAL Konstruktionsvorschriften und Selektionsoperatoren:

Struktur	array	record
Typdefinition	type feld= array (. I .) of To	type verbund= record s1:T1; . . . sn:Tn end
Variablen-vereinbarung	var a: feld;	var r: verbund;
Selektor	a (.i.) (i in I)	r.s (s in {s1..sn})
Zugriff auf Komponenten	Selektor mit be-rechenbarem Index I	Selektor mit vereinbartem Komponentennamen S
Komponententypen	alle identisch(To)	können alle verschieden sein

■

Auffallend ist, daß diese Typkonstruktoren unabhängig vom Typ sind. Sie stellen sozusagen typunabhängige Konstruktions-schablonen zur Verfügung, auf denen aber bereits festgelegte Operationen definiert sind (Selektionsoperatoren). Diese Operationen sind ebenfalls typenunabhängig.

Während der Feldkonstruktor in PASCAL zwei parametrisierte Typen enthält (Indextyp I und Komponententyp T), enthält der Verbundkonstruktor beliebig viele parametrisierte Typen (Bereichstypen Tn).

Beispiel

PASCAL-Feldvereinbarung: array (.1..n.) of integer

Dieses Feld hat zwei Parameter, einen, der die Feldgrenzen (.1..n.) definiert und einen, der den Elementtyp des Feldes (integer) spezifiziert.

Allgemein gilt in PASCAL: array (.Indextyp.) of Elementtyp

■

Der Zugriffsmechanismus, d.h. die Zugriffsoperation für diesen eingebauten Typgenerator (. .) ist unabhängig von dem Datentyp, der in dem Feld gespeichert ist. Immer wenn diese "Schablone" für ein Feld benutzt werden soll, müssen die aktuellen Typen eingesetzt werden.
Solche Typdefinitionen (array (.1..n.) of integer) können betrachtet werden als die Auswahl eines speziellen array-Typs aus einer Klasse solcher Typen.

Die explizite Vereinbarung aller Objekte sowie die Zuordnung von Operationen zu Datentypen trägt wesentlich zur Verbesserung der Zuverlässigkeit bei, da bereits der Compiler das Programm auf Typkonsistenz prüfen kann (streng typorientierte Sprachen).

Einführende Literatur in diesen Themenbereich: /Wirth 75, 79/, /Schneider 81/.

Zusammenfassung

- Ein Datentyp beschreibt die Wertemenge von Variablen und Konstanten und die erlaubten Operationen.
- Programmiersprachen stellen Standard-Datentypen zur Verfügung; in neueren Sprachen kann der Anwender eigene Datentypen definieren.
- Während durch eine Variablen- oder Konstantenvereinbarung ein Objekt kreiert wird, werden durch eine Typdefinition nur Aufbau, Wertebereich und u.U. die zugehörigen Operationen beschrieben und mit einem Typnamen versehen.
- Elementare Datentypen können zu strukturierten Datentypen komponiert werden. Für Standardstrukturen stehen Konstruktoren und Selektoren zur Verfügung.
- Durch selbstdefinierte Typen können problemangepaßte Namen und Strukturen gewählt werden, die die Lesbarkeit und Verständlichkeit verbessern.
- Bei streng typorientierten Sprachen wird die Programmzuverlässigkeit von vornherein erhöht, da der Compiler auf Typkonsistenz prüfen kann.

2.5.1.1.2 Funktionale Abstraktion

Beim Entwurf eines Software-Systems kann die Problemkomplexität durch Wahl geeigneter Abstraktionen reduziert werden. Beim top-down-Entwurf definiert man abstrakte Funktionen, die für die jeweils betrachtete Abstraktionsebene problemangepaßt sind. Beim bottom-up- Entwurf werden bereits vorhandene Funktionen zu neuen, abstrakteren Funktionen zusammengefaßt.

Beispiele

(a) Zur Berechnung der Quadratwurzel y einer Zahl x wird die Newtonsche Iterationsformel verwendet:

y1 = (y0 + x / y0) / 2
y0 = gegebener Näherungswert für x,
x reell und >=0, y0<>0.

Da die Quadratwurzel in vielen Problemen benötigt wird, ist die Funktion in vielen Programmiersprachen bereits als sogenannte Standardfunktion vorhanden (z. B. in PASCAL: SQRT (X)).
Steht diese Funktion nicht zur Verfügung, dann schreibt man ein Programm in Form einer Funktion:

```
function QW(X:real):real;
-------------------------------------------------
var Y0: real; I: integer;
begin
if  X<0 then Y1:=-1
         else
         begin Y1:=1; I:=1;
           repeat Y0:=Y1;
                  Y1:=0.5*(Y0+X/Y0);
                  I:=I+1;
           until  (I>50) or (ABS(Y1-Y0)<1E-6);
           if I>50 then Y1:=-1
         end;
QW:=Y1;
end;
```

Bei der Anwendung der Standardfunktion oder der selbst geschriebenen Funktion interessiert nicht mehr der zugrundeliegende Algorithmus.

Der Anwender geht einfach davon aus, daß die ihm zur Verfügung gestellte, komplexe Operation Quadratwurzel SQRT bzw. QW richtig angewandt das richtige Ergebnis liefert:

```
WURZEL_AUS_ZWEI := SQRT (2); WURZEL_AUS_DREI := QW (3);
```

(b) In einem Software-Paket für Bankanwendungen befindet sich eine Funktion für Zinsberechnungen. Die Anwendung dieser Funktion ist z.B. folgendermaßen beschrieben (siehe auch Abb. 2.2-3):

<u>Name der Funktion:</u> ZINS
<u>Eingabeparameter:</u>
K: zu verzinsendes Kapital in DM
p: Zinssatz in %
DATUM 1: Anfangsdatum der Verzinsung
DATUM 2: Enddatum der Verzinsung
DATUM 1 und DATUM 2 müssen in der Form ttmm eingegeben werden (tt = Tag, mm = Monat).
Beispiel: 0402 für 4. Februar.
<u>Ausgabeparameter:</u>
ZINS: Zinsen in DM
<u>Wirkung des Programms:</u>
Aus DATUM 1 und DATUM 2 werden entsprechend den in Deutschland vorgeschriebenen Regeln die Zinstage t errechnet (Monat = 30 Tage). Mit der Tageszinsformel z = K*p*t/100/360 wird anschließend der Zins ermittelt.
<u>Aufruf:</u>
ZINS (K,p, DATUM 1, DATUM 2); PASCAL-Funktionsaufruf
Beispiel: ZINS (100,10,0402,1610);

Status:
Normal wenn 0101<=DATUM1<=DATUM2<=3112,K>=0,
Fehler sonst

■

Beide Beispiele zeigen, daß der Benutzer zum Anwenden der bereitgestellten Operationen (SQRT, QW) oder Funktionen (ZINS) die Realisierung, d.h. das "wie" nicht kennen muß.

Zum Anwenden muß nur das ´was´ bekannt sein, d.h. ´was´ stellt die Operation der Funktion an Leistung zur Verfügung. ´Wie´ die Leistung in Form von Algorithmen und unter Verwendung von lokalen Objekten erbracht wird, ist für den Anwender uninteressant.

Bei einer funktionalen, operationalen bzw. prozeduralen Abstraktion wird also von der Realisierung bzw. Implementierung abstrahiert.

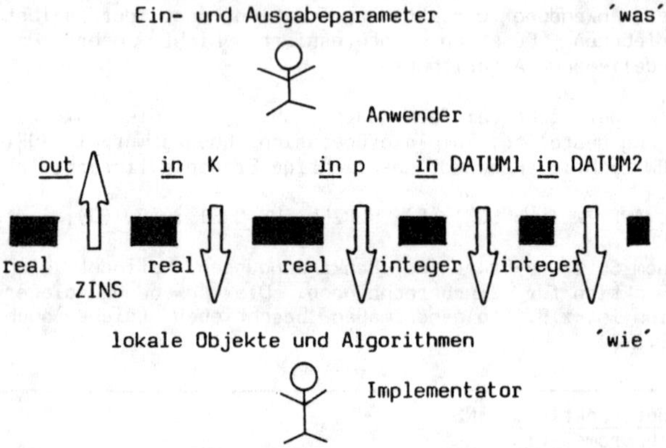

Abb. 2.5-3: Veranschaulichung der funktionalen Abstraktion

Abb. 2.5-3 veranschaulicht nochmals die verschiedenen Sichtweisen. Der Anwender sieht eine Schnittstelle mit Öffnungen vor sich. In definierte Öffnungen muß er Eingabedaten mit festgelegten Typen eingeben, aus anderen Öffnungen erhält er Ergebnisdaten zurück.

Um eine funktionale Abstraktion anwenden zu können, muß die Möglichkeit bestehen, Ein- und Ausgabeparameter einschl. Typangabe zu beschreiben. Insbesondere wird ein Parameterübergabemechanismus benötigt.

Programmiersprachen unterstützen diese Art der Abstraktion auf unterschiedliche Weise.

Zusammenfassung

- Eine funktionale Abstraktion stellt eine Leistung in Form einer abstrakten Operation, einer abstrakten Funktion oder einer abstrakten Prozedur zur Verfügung.
- Eine funktionale Abstraktion wird durch eine 'was'-Beschreibung festgelegt. Allein anhand der Beschreibung kann die Abstraktion angewendet werden. Das 'wie' ist für die Anwendung uninteressant.
- Wird eine funktionale Abstraktion angewandt, dann erfolgt der Informationsaustausch über Ein- und Ausgabeparameter.
- Der Zweck einer funktionalen Abstraktion ist es, die Benutzung von Funktionen durch Angabe ihres Namens zu gestatten ohne irgendwelche Kenntnisse der Implementierung.
- In Programmiersprachen wird die funktionale Abstraktion durch Funktions-, Prozedur- und Unterprogrammkonzepte unterstützt.

2.5.1.1.3 Datenabstraktion

Funktionale Abstraktionen sind zur Beschreibung von abstrakten Operationen gut geeignet, sie erlauben jedoch keine geeignete Beschreibung von abstrakten Objekten. Dies ist ein schwerwiegender Nachteil, da in vielen Anwendungen komplexe Datenobjekte manipuliert werden müssen und diese wesentlich die Gesamtkomplexität des Problems bestimmen. Es ist daher wünschenswert, abstrakte Objekte mit den sie charakterisierenden Zugriffsoperationen als Datenabstraktion zu formulieren.

Es lassen sich mehrere Grade der Datenabstraktion unterscheiden:
- "einfache" Datenabstraktion,
- abstrakter Datentyp (ADT).

(a) "einfache" Datenabstraktionen

Bei einer "einfachen" Datenabstraktion hat der Benutzer die Möglichkeit, Operationen auf abstrakten Datenobjekten zu definieren analog der Datentypdefinition (siehe 2.5.1.1.1). Es kann jedoch nur ein Exemplar des Datentyps erzeugt werden. Das kommt daher, daß die übliche Trennung von Typ und Variable bei der "einfachen" Datenabstraktion aufgehoben ist. D. h. die Festlegung des abstrakten Datenobjekts mit seinen Operationen entspricht der Vereinbarung einer speziellen Variablen.

Beispiel

Für ein Software-Produkt wird eine komfortable Terminalansteuerung benötigt. Aus der Sicht des Software- Produktes wird das Terminal als abstraktes Objekt aufgefaßt, sozusagen als virtuelles Terminal, das für das restliche Software-Produkt bestimmte Funktionen zur Verfügung stellen muß:

```
data abstraction TEXT_TERMINAL;
    purpose Verwaltung des Bildschirms und der
            Tastatur eines Text-Terminals
    consists of

    procedure ACCEPT (in LINE:zeile; in POSITION:spalte;
    inout SIZE:länge; in PROMPT:char; in ECHO, NO_BEEP,
    ERASE: boolean; inout TEXT: cstring);

    with type zeile = 0..24; spalte = 0..80; länge = 0..1920;
              cstring = array (.1..1920.) of char;
    effect
    Ab der durch LINE und  POSITION  bestimmten  Stelle  wird  vom
    Bildschirm ein TEXT der Länge SIZE eingelesen. Vor  dem  Lesen
    wird der Cursor die auf durch LINE  und  POSITION  festgelegte
    Stelle positioniert.  Eingaben  werden  mit  der  RETURN-Taste
    abgeschlossen.
    states
    LINE = 0 and     Der TEXT wird von der nächsten Zeile unter-
    POSITION<>0 :    halb der aktuellen Cursorposition gelesen.

    LINE = 0 and     Der TEXT wird ab der aktuellen Cusorposition
    POITION = 0 :    gelesen.

    SIZE = 0    :    Es wird kein TEXT eingelesen.

    SIZE > rest-     Bei Erreichen des Bildschirmendes wird der
    licher Bild-     Bildschirm automatisch gelöscht und auf
    schirmplatz :    Zeile 1 fortgefahren.

    SIZE >           Der Rest des Feldes wird mit Leerzeichen ge-
    Eingabedaten:    füllt; in SIZE wird die wahre Länge zurück-
                     geliefert.

    PROMPT<>' ' :    Das Eingabefeld wird mit dem Zeichen initi-
                     alisiert; die Zeichen werden auf dem Bild-
                     schirm angezeigt.

    ECHO = true :    Der Inhalt des TEXT-Feldes wird auf dem
                     Bildschirm angezeigt.

    NO BEEP=true:    Der Signalton bei der Cursorpositionierung
                     wird unterdrückt.

    ERASE = true:    Vor der Cursorpositionierung wird der Bild-
                     schirm gelöscht.

    procedure DISPLAY (in LINE: zeile; in POSITION: spalte;
      in SIZE: länge; in BEEP, ERASE: boolean; in TEXT: cstring);
    effect
    Der  TEXT  der Länge  SIZE  wird ab der durch  LINE  und
    POSITION angegebenen Stelle auf dem Bildschirm angezeigt.
    states
```

```
  LINE = 0 and    Der Text wird auf der nächsten Zeile unter-
  POSITION<>0 :   halb der aktuellen Cursorposition angezeigt.

  LINE = 0 and    Der Text wird ab der aktuellen Cusor-
  POSITION = 0:   position ausgegeben.

  SIZE = 0    :   Es wird kein Text ausgegeben.

  SIZE > rest-    Bei Erreichen des Bildschirmendes wird der
  licher Bild-    Bildschirm automatisch gelöscht und auf
  schirmplatz :   Zeile 1 fortgefahren.

  BEEP = true :   Es ertönt ein Signalton, wenn vor der Aus-
                  gabe der Cursor positioniert wird.

  ERASE = true:   Vor der Textausgabe wird der Bildschirm ge-
                  löscht.
  . . . . . .

  procedure ERASE;
  effect Löschen des Bildschirms
  postcondition Der Bildschirm ist leer; der Cursor
                steht in der 1. Zeile in der 1. Spalte.
end TEXT_TERMINAL
```

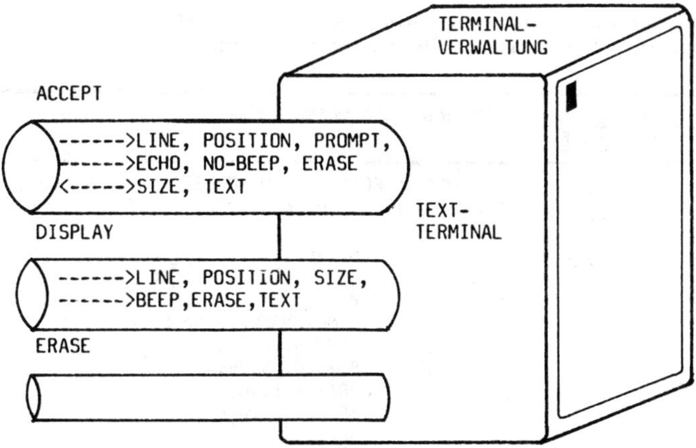

Abb. 2.5-4: Terminal als abstraktes Objekt mit Zugriffsoperationen

Aus der Sicht des restlichen Software-Produktes reicht es aus, wenn es ein Terminal-Verwaltungssystem gibt, das die geforderten Schreib- und Leseoperationen für Bildschirm und Tastatur zur Verfügung stellt. Wie die Terminalverwaltung die komfortablen

Operationen auf die primitiven Hardware-, Firmware- oder Softwareoperationen des Terminals abbildet und den Bildschirm verwaltet, ist für den Anwender gleichgültig; er ist vielmehr froh, daß er sich mit solchen Details nicht belasten muß. ■

Wie das Beispiel zeigt, umfaßt eine Datenabstraktion mehrere logisch zusammengehörende Zugriffsoperationen, wobei jede Zugriffsoperation eine funktionale Abstraktion darstellt.

Charakteristisch für eine Datenabstraktion ist, daß die Zugriffsoperationen auf ein gemeinsames <u>internes Gedächtnis</u> zugreifen.
In diesem internen Gedächtnis werden z.B. Verwaltungs- und Zustandsinformationen aufbewahrt, die über verschiedene Aufrufe der Zugriffsoperationen hinweg aufbewahrt werden müssen. In dem Beispiel TEXT_TERMINAL muß man z.B. immer die aktuelle Cursorposition kennen.

Das interne Gedächtnis der Datenabstraktion muß im Beispiel TEXT_TERMINAL nur während der Laufzeit des entsprechenden Software-Systems vorhanden sein. Ein internes Gedächtnis kann man aber auch in einer Datei aufbewahren. D. h. eine Datei kann auch als Datenabstraktion mit zugehörigen Zugriffsoperationen beschrieben werden.

<u>Beispiel</u>

Die Datenverwaltung für ein System WEINHANDLUNG kann durch folgende Datenabstraktion beschrieben werden:

```
data abstraction DATENVERWALTUNG_WEINHANDLUNG
   consists of

     procedure KUNDENSTAMM_ANLEGEN (in KD_ADRESSE: adressdaten;
     in KD_STAMM1:stammdaten1; out KD_NR: nummer);

     with type astring =        array(.1..30.) of char;
               bstring =        array(.1..24.) of char;
               anschrift =      record
                                NAME1,NAME2,STRASSE:astring;
                                LAND:array(.1..3.) of char
                                PLZ: 0..9999;
                                ORT: astring;
                                TELEX: integer;
                                end;
               bankverbindung = record
                                BANKNAM,BANKORT: bstring;
                                BANKLTZ,KONTONR: integer
                                end;
               adressdaten =    record
                                A: anschrift;
                                B: bankverbindung;
                                end;
```

```
            stammdaten1=     record
                             BANK_EINZUG:   boolean;
                             GRUPPE, VERBANDSNR: 0..99;
                             VERTRETER:          0..9999;
                             PRIORITAET:         0..2;
                             MWSTPFLICHTIG:      boolean;
                             RABATTGRUPPE:       0..20;
                             ZAHLBED:            0..50;
                               ....
                             end;

            nummer: 0..999999;
   effect
   Die eingegebenen Kundendaten werden langfristig aufbewahrt.
   Wird KD_NR = 0 zurückgeliefert, dann war Kundenstamm be-
   reits angelegt.
-----------------------------------------------------------------
   procedure KUNDE_VORHANDEN (in KD_NAME1: astring;
   out KD_NR: nummer);
   effect
   Zu den eingegebenen Kundennamen KD_NAME1 wird die Kunden-
   nummer KD_NR ermittelt.
   state
   KD_NR = 0: Kunde ist nicht vorhanden.
-----------------------------------------------------------------
   procedure KD_ADRESSE_AENDERN (in KD_NR: nummer;
   inout KD_ADRESSE: adressdaten; out FEHLER: boolean);
   effect
   Die Adreßdaten können geändert werden.
   precondition KD_NR ist richtig.
-----------------------------------------------------------------
   procedure KD_UMSATZ (in KD_NR: nummer;
   out UMSATZ_VORJAHR, UMSATZ_LFD_JAHR, UMSATZ_PERIODE,
   SALDO_AKTUELL,SALDO_LETZTER_SPIEGEL: integer);
   effect
   Informationen über die ausgegebenen Daten
-----------------------------------------------------------------
   function ANZAHL_OFFENE_AUFTRAEGE (in KD-NR:nummer):integer;
   . . . . .
end DATENVERWALTUNG_WEINHANDLUNG
```

■

Die Zugriffsoperationen werden hier aus der Anwendungssicht festgelegt. Die Art der Datenablage sowie die Satz- und Datenstruktur sind für den Anwender uninteressant.

Traditionell entscheidet man sich jedoch direkt für den Satz- und Datenaufbau und greift direkt auf die einzelnen Datenfelder mit Hilfe der in der jeweiligen Programmiersprache verfügbaren Zugriffsmechanismen zu.

Beispiel

In PASCAL könnte das folgendermaßen aussehen:

Datei- und Satzstruktur:

```
type
    kundensatz  =
          record
          KD_NR   : nummer;
          ADRESSE: record
                   NAME1,NAME2,STRASSE: astring;
                   LAND: array (.1..3.) of char;
                   PLZ: 0..9999;
                   ORT: astring;
                   TELEX: integer;
                   BANKNAM,BANKORT: bstring;
                   BANKLTZ,KONTONR: integer
                   end;
          STAMM1 : record
                   BANK_EINZUG: boolean;
                   GRUPPE: 0..99;
                   . . . .
                   end;
          STAMM2 : record
                   UMSATZ_VORJAHR,UMSATZ_LFD_JAHR,
                   UMSATZ_PERIODE,SALDO_AKTUELL,
                   SALDO_LETZTER_SPIEGEL: integer;
                   end;
                   . . . .
          end;
    kundendatei = file of kundensatz;
var KD_DATEI: kundendatei; KD_SATZ: Kundensatz;
```

Der Kundenstamm wird folgendermaßen angelegt:

```
with KD_SATZ do
   begin   ADRESSE.NAME1   := 'MEYER-Foto-Optik';
           ADRESSE.NAME2   := 'R.Meyer & Sohn';
           ADRESSE.STRASSE:= 'Reutlingerstr. 40';
           . . . .
           STAMM1.BANK_EINZUG:= true;
           . . . .
   end;
WRITE(KD_DATEI, KD_SATZ);
```

Bei der Datenabstraktion wird dagegen die Zugriffsprozedur KUNDENSTAMM_ANLEGEN folgendermaßen aufgerufen:

```
KUNDENSTAMM_ANLEGEN ('MEYER-Foto-Optik',
'R.Meyer & Sohn', 'Reutlingerstr. 40',...., KD_NR);
```
■

Das letzte Beispiel zeigt, daß ohne Datenabstraktion eine Änderung der Datei- oder Satzstruktur Auswirkungen auf alle zugreifenden Anweisungen haben kann.

Beispiel

Aus Speichergründen (Länge eines Satzes) wird ein Teil von STAMM1 zu STAMM2 geschlagen (STAMM) und diese Informationen werden zusammen mit der KD_NR in einer Kundendatei 2 aufbewahrt, d. h. aus einem Kundensatz werden zwei Kundensätze (KD_SATZ1, KD_SATZ2).
Eine solche Änderung hätte zur Folge, daß der Zugriff geändert werden muß:

```
with KD_SATZ2 do
     begin
            STAMM.UMSATZ_VORJAHR:= 0; usw.
     end;
WRITE (KD_DATEI2, KD_SATZ2);
```

■

Bei Anwendung der Datenabstraktion hätten alle Anwender diese Änderung nicht bemerkt. Nur innerhalb der Implementierung der Datenabstraktion müßte der Abbildungsalgorithmus geändert werden.

Der Zugriff auf Dateien mit Hilfe von Standardprozeduren der jeweiligen Programmiersprache stellt auch eine - allerdings extreme - Datenabstraktion dar.

Diese Art der Datenabstraktion verstößt jedoch gegen folgende Prinzipien:
- Prinzip der funktionalen und informalen Bindung (siehe 2.5.1.4),
- Prinzip der schmalen Datenkopplung (siehe 2.5.1.5).

Um die Unterschiede unterschiedlicher Datenabstraktionskonzepte und ihre Notation in Sprachen zu verdeutlichen, wird im folgenden als Standardbeispiel die Beschreibung eines Kellers bzw. Stapels (stack) benutzt.
Bei einem Keller kann immer nur auf das oberste Objekt zugegriffen werden; das Objekt, das zuletzt in den Kellerspeicher gebracht wurde, muß auch als erstes wieder entnommen werden (LIFO-Prinzip: last in - first out).
Ein Kellerspeicher kann mit den folgenden Operationen bearbeitet werden:
- Neues Objekt im Keller aufbewahren (push),
- Oberstes Objekt aus Keller entnehmen (pop),
- Oberstes Objekt im Keller ansehen (top).

Beispiel

Innerhalb eines Compilers wird ein Keller für die Ablage von ganzen Zahlen benötigt.

```
data abstraction INTEGER_STACK;
  consists of

  procedure PUSH (in Z: integer; out F:boolean);
         effect
         Die Zahl Z wird im Keller abgelegt. Bei Überlauf
         des Kellers wird F: = true gesetzt.

  procedure POP (out F: boolean);
         effect
         Die oberste Zahl wird aus dem Keller entfernt.
         (Löschen). Bei leerem Keller wird F:= true
         gesetzt.

  procedure TOP (out Z: integer;out F: boolean);
         effect
         Die oberste Zahl im Keller wird gelesen. Bei
         leerem Keller wird F:= true gesetzt.
end INTEGER_STACK;
```

Wenn der Benutzer sich über die Wirkung der Operationen im klaren ist, dann reicht diese Beschreibung zur Benutzung der Datenabstraktion aus. Wie der Keller implementiert wird, ist für den Benutzer unwichtig.

Mögliche Implementierung:

```
implementation INTEGER_STACK;
  const N = 100;                        (* internes Gedächtnis *)
  var S: array (.1..N.) of integer; DEPTH: integer;

  procedure PUSH (in Z: integer; out F: boolean);
  begin
   F := false;
   if DEPTH > N
      then F:= true
      else begin DEPTH: = DEPTH + 1;
                 S (.DEPTH.):= Z
           end
  end;

  procedure POP (out F: boolean);
  begin
   F := false;
   if DEPTH >=1
      then DEPTH:= DEPTH - 1
      else F:= true
  end;

  procedure TOP (out Z: integer; out F: boolean);
```

```
   begin F := false;
         if DEPTH >=1
         then Z:= S(.DEPTH.)
         else F:= true
   end;
   ----------------------------------------------
   init DEPTH:= 0
end implementation
```

Zusammenfassung

Eine "einfache" Datenabstraktion

- besteht aus logisch zusammengehörenden Zugriffsoperationen, die selbst wiederum funktionale Abstraktionen darstellen,
- ist dadurch gekennzeichnet, daß ihre Zugriffsoperationen auf ein gemeinsames internes Gedächtnis zugreifen, das Daten über das Aufruf-Ende einer Zugriffsoperation hinaus aufbewahrt,
- kann ein internes Gedächtnis besitzen, das entweder an die Laufzeit des entsprechenden Software-Systems gebunden ist oder dessen Daten in einer Datei aufbewahrt werden,
- beschreibt ein Objekt nicht mehr durch dessen Struktur, sondern charakterisiert es ausschließlich durch die Definition der darauf ausführbaren Operationen,
- wird durch ihre Beschreibung kreiert, d. h. mit der Beschreibung ist gleichzeitig die Vereinbarung genau eines Exemplars verbunden.

Die Anwendung der "einfachen" Datenabstraktion bringt folgende Vorteile mit sich:

- Abstrakte Datenobjekte können allein durch Anwendung der definierten Zugriffsoperationen benutzt werden, ohne irgendwelche Kenntnisse der Implementation.
- Durch die Datenabstraktion wird das "was" vom "wie" getrennt.
- Die Zugriffsoperationen können von den Anforderungen der Anwendung her festgelegt werden, ohne sich Gedanken über die Struktur des internen Gedächtnisses (u. U. Datei-, Satz- und Datenstrukturaufbau) zu machen.
- Änderungen an einer Zugriffsoperation haben i. a. keine Auswirkungen auf andere Zugriffsoperationen, während ohne Datenabstraktion eine Änderung der Datenstruktur (einschl. Datei- und Satzstruktur) u. U. Auswirkungen auf alle zugreifenden Anweisungen haben können.

- Notwendige struktuelle Änderungen des internen Gedächtnisses haben i. a. keine Auswirkungen auf die Anwender der Zugriffsoperationen.
- Je weniger Daten in der Parameterliste einer Zugriffsoperation übertragen werden, desto änderungsfreundlicher ist eine Datenabstraktion. Desto mehr Zugriffsoperationen erhält man dadurch aber auch.
- Der Anwender muß keine eigenen Programme schreiben, um die Datenstruktur zu manipulieren.
- Die Semantik der Datenabstraktion ändert sich nicht, wenn die

Implementierung modifiziert wird, die Zugriffsoperationen aber unverändert bleiben.
- Eine Datenabstraktion kann durch mehrere Implementierungen realisiert werden.

Zur Anwendung der Datenabstraktion müssen
- das Geheimnisprinzip (siehe 2.5.1.2) und
- das Prinzip der Modularisierung i.e.S. (siehe 2.5.1.3) eingehalten werden, sowie
- geeignete Sprachkonzepte (siehe 2.5.3) zur Verfügung stehen.

Zur Reduktion der Systemkomplexität müssen die Datenabstraktionen so entworfen werden, daß
- das Prinzip der funktionalen und informalen Bindung (siehe 2.5.1.4) und
- das Prinzip der schmalen Datenkopplung (siehe 2.5.1.5) eingehalten werden.

(b) <u>abstrakte Datentypen (ADT)</u>

Bei den bisherigen Datenabstraktionen bewirkt die Beschreibung der Zugriffsoperationen und die Beschreibung der Implementierung (siehe letztes Beispiel) die Kreierung eines Exemplars der beschriebenen Datenabstraktion. D. h. die Vereinbarung einer Datenabstraktion entspricht analog der Vereinbarung einer Variablen.

Eine erste Verallgemeinerung der "einfachen" Datenabstraktion liegt vor, wenn man analog zur Definition von Datentypen die Definition von Datenabstraktionstypen ermöglicht.

D. h. Typdefinition und Variablenvereinbarung werden wieder getrennt. Das Kreieren eines ADT kann daher aufgeschoben werden. Außerdem können beliebig viele Exemplare eines ADT erzeugt werden. Jedes Exemplar besitzt sein eigenes Gedächtnis.

<u>Beispiel</u>

(a) Definition

```
type data abstraction TEXT_TERMINAL,
        consists of
        procedure ACCEPT (...);
              . . .
end TEXT_TERMINAL;
```

(b) Vereinbarung

Analog zu den Datentypen können von diesen Datenabstraktionstypen mehrere Datenabstraktionen kreiert werden:

```
var T1, T2: TEXT_TERMINAL;
```

(c) Aufruf

Beim Aufruf einer Zugriffsoperation muß jetzt natürlich mit angegeben werden, welches Terminal gemeint ist. Dies kann auf zwei verschiedene Arten geschehen:

- Voransetzen des Variablennamens vor den Namen der Zugriffsoperation:
  T1.ACCEPT (....); T2.DISPLAY (....);
- Einsetzen des Variablennamens als 1. Parameter in die Parameterliste:
  ACCEPT (T1,...); DISPLAY (T2,...);

■

Eine solche Verallgemeinerung ist jedoch noch nicht ausreichend, um genügend flexible ADTs zu definieren.

abstrakte Datentypen mit formalen Parametern

Beispiel

Verschiedene Terminals unterscheiden sich in der Spalten- und Zeilenanzahl. Es erscheint daher sinnvoll, einen ADT für Terminals mit beliebiger Spalten- und Zeilenanzahl zu entwickeln. Arbeitet ein Software-System mit zwei unterschiedlichen Terminalarten, dann werden diese bei der Vereinbarung spezifiziert.

(a) Definition

```
type data abstraction TEXT_TERMINAL
     (ZEILENANZAHL, SPALTENANZAHL: integer);
     consists of
      procedure ACCEPT (in LINE:zeile; in POSITION:spalte;...);
       with type zeile = 0..ZEILENANZAHL;
                 spalte = 0..SPALTENANZAHL;
                 länge = 0..ZEILENANZAHL*SPALTENANZAHL;
                     ....

end TEXT_TERMINAL;
```

(b) Vereinbarung

```
var T1: TEXT_TERMINAL (24,80);
    T2: TEXT_TERMINAL (12,36);
             aktuelle  ▲  ▲  aktuelle
        Zeilenanzahl───┘  └──Spaltenanzahl
```

■

Wie das Beispiel zeigt, erreicht man eine solche Verallgemeinerung durch eine Parametrisierung von ADTs. Bei der Typdefinition des ADT werden die Parameter, ähnlich wie bei Prozeduren, angegeben. Bei der Variablenvereinbarung werden dann aktuelle Werte eingesetzt. Diese Verallgemeinerung hat in dem Beispiel auch Auswirkungen auf die Typdefinition von "zeile", "spalte" und "länge".

In einer Vielzahl von Anwendungsfällen ist es wünschenswert, Zugriffsoperationen auf unterschiedliche Datenstrukturen bzw. Datenobjekte anzuwenden:

<u>abstrakte Datentypen mit Typen als formalen Parametern</u>

Analog den Typkonstruktoren für Felder und Verbunde (siehe 2.5.1.1.1) möchte man typenunabhängige ADTs konstruieren können. Erst bei der Kreierung von Exemplaren sollen der aktuelle Typ oder die aktuellen Typen angegeben werden.

Eine Typparametrisierung ist notwendig, um die Datenabstraktion Keller zu verallgemeinern.

<u>Beispiel</u>

Eine Kellerverwaltung wird für verschiedene Zwecke benötigt. Es erscheint daher sinnvoll, von dem Typ der zu speichernden Elemente abzusehen. Bei INTEGER_STACK wurde ja davon ausgegangen, daß ganzzahlige Elemente verwaltet werden.
Parametrisiert man den Elementtyp und gleichzeitig noch die Tiefe des Kellers, dann erhält man einen allgemeineren ADT:

(a) Definition

```
type data abstraction STACK (t: type, N: integer);
   consists of
      procedure PUSH (in Z: t; out F: boolean);
      procedure POP  (out F: boolean);
      procedure TOP  (out Z: t; out F: boolean)
end STACK;
```

t steht für den parametrisierten Elementtyp,
N für die parametrisierte Kellertiefe.

Mögliche Implementierung:

Analog dem Beispiel INTEGER_STACK mit folgenden Änderungen:
<u>const</u> N = 100 entfällt, anstelle
von "S:<u>array</u> (.1..N.) <u>of</u> integer" steht
    "S:<u>array</u> (.1..N.) <u>of</u> t "   , anstelle
von "Z:integer" steht
    "Z: t   ".

(b) Vereinbarung

```
var SI: stack (integer, 100); SR: stack (real, 50);
                   ↑                             ↑
        aktueller Datentyp          Anzahl der Kellerelemente
```

Durch eine solche Vereinbarung wird ein Keller SI mit integer-Elementen und ein Keller SR mit real-Elementen kreiert. Der formale Datentyp t im Typkonzept wird durch die aktuellen Typen "integer" bzw. "real" ersetzt.

(c) Aufruf

SI. PUSH (15,F); SR. POP (F); oder PUSH (SI,15,F); POP (SR,F);

Ist es möglich, eine Datenabstraktion als Typ zu definieren, dann spricht man auch von einem abstrakten Datentyp.

> Ein abstrakter Datentyp (ADT) definiert eine Klasse von abstrakten Objekten, die vollständig durch die auf diesen Objekten verfügbaren Operationen charakterisiert sind. Das bedeutet, daß ein abstrakter Datentyp durch Definition der charakteristischen Operationen auf diesen Typ definiert werden kann /Liskov, Zilles 74/.

Streng genommen trifft diese Definition auf "einfache" Datenabstraktionen nicht zu, da diese nicht als Typen definiert werden können. Da sich der Begriff "abstrakter Datentyp" aber im allgemeinen Sprachgebrauch für alle Arten von Datenabstraktionen eingebürgert hat, wird im folgenden ebenso verfahren.

Die Definition läßt noch offen, was die charakteristischen Operationen für einen Typ sind. Ebenso ist unklar, wann ein Typ vollständig charakterisiert ist. Diese Fragen betreffen im wesentlichen die Semantik einer Datenabstraktion, auf die in 2.5.1.7 kurz eingegangen wird.

Unter dem Gesichtspunkt der Zuverlässigkeit wurden ADTs mit Typen als formalen Parametern weiterentwickelt.

abstrakte Datentypen mit Typen einschl. Operatoren als formalen Parametern

Beispiel

Betrachtet man die Implementierung für den abstrakten Datentyp STACK, dann sieht man, daß für den parametrisierten Datentyp t eine Zuweisungsoperation ":=" definiert sein muß:

```
S (.DEPTH.):= Z;   }
Z:= S (.DEPTH.);   }  Zuweisungen in PUSH und TOP
```

Z ist vom Typ t, der bei der Definition des ADT noch unbekannt ist. In der Implementierung wird auf diesen Typ t jedoch die Operation ":=" angewandt.
Um dem Anwender mitzuteilen, daß auf dem Typ t die Operation ":=" definiert sein muß - und um diesen Sachverhalt automatisch überprüfbar zu machen - wird daher hinter dem parametrisierten Datentyp angegeben, welche Operationen für diesen Typ vorhanden sein müssen:

```
type data abstraction STACK (t: type < := >, N:integer);
    ....
```

Bei der Vereinbarung dürfen für den parametrisierten Datentyp daher nur aktuelle Datentypen eingesetzt werden, für die die Zuweisung ":=" definiert ist.

■

Zusammenfassung

Neben den Eigenschaften "einfacher" Datenabstraktionen ermöglichen abstrakte Datentypen (ADT) die Definition von Datenabstraktionen als Typen. Von diesen Datenabstraktionstypen müssen erst Variable vereinbart werden, damit eine Datenabstraktion existiert. Von ADTs können also mehrere Exemplare kreiert werden (Inkarnationen) (auch Typgenerator genannt).

ADTs mit formalen Parametern zeigen einen Weg in die Richtung, wie allgemeine Beschreibungen von Datenobjekten einschließlich Zugriffsoperatoren definiert werden. Soll eine solche Beschreibung realisiert werden, dann wird sie unter Angabe der Wünsche des Benutzers vereinbart (Sinn der Parametrisierung).
Ein geeignet parametrisierter ADT ermöglicht es also, eine ganze Klasse von Anwendungen abzudecken.

Es gibt mehrere Stufen der Parametrisierung:
- abstrakte Datentypen können mit formalen Parametern versehen werden,
- als formale Parameter können auch Typen verwendet werden,
- zu Typparametern können noch geforderte Operationen auf diesem Typ festgelegt werden.

"Einfache" Datenabstraktionen können als Sonderfall des ADT angesehen werden.

Das allgemeine Prinzip der Abstraktion läßt sich im Entwurfsbereich also in eine Reihe dedizierter Abstraktionsprinzipien zerlegen.

Die praktische Anwendung solcher Abstraktionskonzepte hängt weitgehend von der Unterstützung durch geeignete Sprachkonzepte ab (siehe 2.5.3).

2.5.1.2 Geheimnisprinzip

Funktionale Abstraktion und abstrakte Datentypen tragen wesentlich dazu bei, beim Entwurf das allgemeine Prinzip der Abstraktion zu verwirklichen.

Ziel dieser Abstraktionskonzepte ist es, Schnittstellen in Form von definierten Funktionen und Zugriffsoperationen anzubieten, deren Kenntnis notwendig ist, um die Abstraktion anzuwenden. Alle anderen Informationen können daher verdeckt werden. Um sicherzustellen, daß die Abstraktionen auch in dem vorgesehenen Sinne verwendet werden und um die Zuverlässigkeit zu erhöhen, ist es erforderlich, als konstruktive Maßnahme das Geheimnisprinzip (information hiding) /Parnas 71/ anzuwenden.

Das Geheimnisprinzip bedeutet, daß für den Benutzer einer funktionalen Abstraktion oder eines abstrakten Datentyps alle implementierungsbezogenen Interna verborgen, d. h. nicht sichtbar sind.

Beispiele

In DATENVERWALTUNG_WEINHANDLUNG darf der Benutzer nur über die Funktion ANZAHL_OFFENE_AUFTRAEGE diese Information erhalten; er darf nicht direkt auf das Datenelement in der Satzstruktur zugreifen, das diese Informationen enthält.

In INTEGER_STACK darf der Benutzer den Kellerzähler DEPTH nicht direkt manipulieren. Durch einen direkten Zugriff auf DEPTH kann die Tiefe des Kellers abgefragt werden. Dies ist mit Hilfe der Zugriffsoperationen PUSH, POP und TOP nicht direkt möglich. Wird für eine Anwendung die Kellertiefe direkt benötigt, dann muß eine entsprechende Zugriffsoperation zu PUSH, POP und TOP hinzugefügt werden.

■

Das Geheimnisprinzip gibt es in verschiedenen Ausprägungen.

In seiner liberalen Form würde es bedeuten, daß alle Interna einer Abstraktion für den Anwender zwar physisch sichtbar sind, daß aber z. B. der Compiler der entsprechenden Sprache einen unerlaubten Zugriff auf Interna erkennt und als Fehler meldet. Selbst wenn unerlaubte Zugriffe erkannt werden können, kann der Anwender doch den genauen Aufbau der Datenstrukturen und die implementierten Algorithmen sehen und dadurch vielleicht dieses Wissen implizit bei der Anwendung der Abstraktion mitverwenden. Solche impliziten Annahmen, die sich aus Implementierungskenntnissen ergeben, beeinflußen jedoch die Änderungsfreundlichkeit einer Abstraktion. Soll die Implementierung z. B. aus Tuning-Gründen geändert werden, ohne daß die Zugriffsoperationen betroffen sind, dann darf der Anwender davon nichts merken.

Diese Nachteile vermeidet man bei der strengen Anwendung des Geheimnisprinzips. Außer den definierten Zugriffsoperatoren sind sämtliche Interna für den Anwender völlig unsichtbar; d. h. beide Teile sind auch textuell völlig getrennt.

Das wiederum bedeutet, daß die Spezifikation einer funktionalen Abstraktion bzw. eines abstrakten Datentyps exakt und vollständig das Verhalten der Abstraktion beschreiben muß. Das kann sehr schwierig sein (siehe 2.5.1.7).

Durch das Geheimnisprinzip wird bei ADT die interne Datenstruktur sozusagen verkapselt (encapsulation).

Obwohl ADTs vom Konzept her ohne das Geheimnisprinzip auskommen, verbindet man heute mit dem Begriff des ADT auch das Geheimnisprinzip in mehr oder weniger strenger Form.

Interessant ist, daß in der Programmiersprache SIMULA 67 bereits ADTs realisiert waren, jedoch ohne das Geheimnisprinzip. In SIMULA können Daten mit den auf ihnen definierten Operationen zu einer Einheit - einer Klasse - zusammengefaßt werden. Allerdings bleibt das interne Gedächtnis nach außen ungeschützt, so daß auf es auch unter Umgehung der Operation zugegriffen werden kann.

Das Geheimnisprinzip kann auch aus einer anderen Sicht definiert werden: Überflüssige Angaben, die zur Erledigung einer Aufgabe nicht benötigt werden, dürfen auch nicht sichtbar sein.

Die Anwendung des Geheimnisprinzips bringt folgende Vorteile mit sich:
- Die Anwendung einer Abstraktion wird zuverlässiger, da nur die vordefinierten Funktionen bzw. Zugriffsoperationen verwendet werden können.
- Die Datenkonsistenz interner Daten kann besser sichergestellt werden, da direkte, unkontrollierbare Manipulationen nicht möglich sind.
- Der Anwender einer Abstraktion wird nicht mit unnötigen Informationen belastet.
- Die Anwendungsschnittstelle einer Abstraktion muß vollständig und exakt beschrieben werden.

2.5.1.3 Prinzip der Modularisierung i. e. S.

Das allgemeine Prinzip der Modularisierung wird beim Entwurf in einem engeren Sinne angewandt. Auch der Modulbegriff selbst wird präziser gefaßt.

Ein <u>Modul i. e. S.</u> ist durch folgende Eigenschaften gekennzeichnet:

(a) Bereitstellung einer funktionalen Abstraktion oder eines abstrakten Datentyps. Funktionen und Zugriffsoperationen sind funktional gebunden; Moduln, die abstrakte Datentypen realisieren, sind informal gebunden (siehe 2.5.1.4).

(b) Kontextunabhängigkeit bis auf eine definierte Schnittstelle.
Die Kontextunabhängigkeit beinhaltet, daß der Modul von der Modulumgebung unabhängig
- entwickelbar,
- übersetzbar,
- prüfbar (testbar, verifizierbar),
- wartbar,
- verständlich ist.

(c) Spezifizierung durch Schnittstellenbeschreibung.
Der Modul kann allein anhand der Schnittstellen-

beschreibung sowohl angewandt als auch implementiert werden. Die Schnittstellenbeschreibung muß alle exportierten und importierten Größen enthalten.

(d) Realisierung des Geheimnisprinzips, d. h. Interna des Moduls sind für den Modulanwender verborgen.

(e) Realisierung des Lokalitätsprinzips bezogen auf die Schnittstelle, d. h. die für die Anwendung des Moduls relevanten Informationen befinden sich vollständig an einer Stelle.

(f) Realisierung des Prinzips der schmalen Datenkopplung (siehe 2.5.1.5), d. h. die Schnittstelle soll möglichst schmal sein und es sollen nur Daten übergeben werden.

(g) Im qualitativen und quantitativen Umfang handlich und überschaubar.

Ein Modul i. e. S. muß also eine ganze Reihe von Kriterien erfüllen.

Von Funktionen wird im folgenden immer dann gesprochen, wenn es sich um funktionale Abstraktionen handelt, von Zugriffsoperationen, wenn es sich um ADTs handelt. Mit Zugriffoperationen ist implizit immer das Vorhandensein eines internen Gedächtnisses verbunden.

Punkt (a) sagt etwas über die Aufgabe aus, die ein Modul zu erfüllen hat. Moduln sollen dem Anwender funktionale Abstraktionen oder Zugriffsoperationen, die abstrakte Datentypen definieren - im folgenden allgemein als <u>Ressourcen</u> bezeichnet - zur Verfügung stellen.

Anhand der Art der Ressourcen lassen sich Moduln klassifizieren /Goos, Kastens 77/:

(1) Modul stellt <u>eine</u> funktionale Abstraktion zur Verfügung: Zwischen verschiedenen Anwendungen bzw. Aufrufen besteht keine Relation. Die meisten mathematischen Funktionen und numerische Algorithmen gehören zu dieser Klasse.
Beispiele: SQRT(X), Nullstellenberechnung

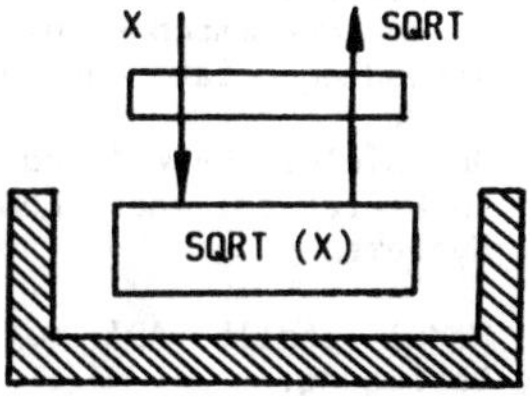

(2) Modul stellt <u>mehrere</u>, logisch zusammengehörende funktionale Abstraktionen zur Verfügung: analog (1).
Beispiele: trigonometrische Funktionen, Komplexarithmetik

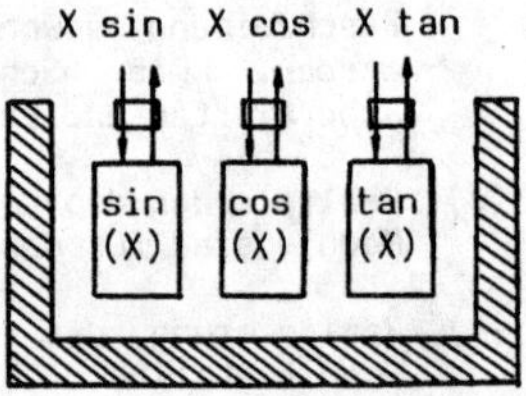

(3) Modul stellt Datenabstraktion mit <u>einer</u> Zugriffsoperation zur Verfügung:
Die Ergebnisse einer Anwendung - hängen von vorangegangenen Aufrufen ab. Daher benötigt ein solcher Modul ein internes Gedächtnis.
Beispiel: Zufallszahlengenerator. Das Ergebnis hängt von einer Zustandsvariablen ab, deren Wert in vorherigen Aufrufen modifiziert wurde.

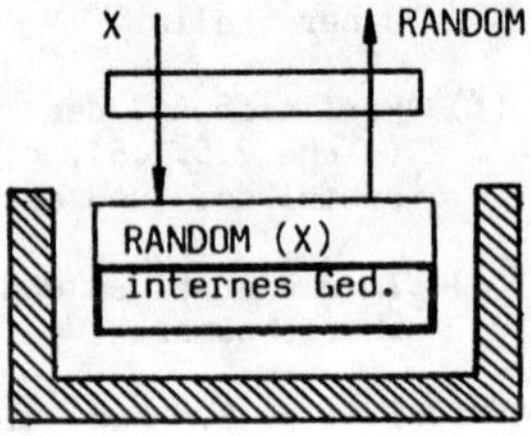

(4) Modul stellt Datenabstraktion mit <u>mehreren</u> Zugriffsoperationen zur Verfügung:
Mehrere Zugriffsoperationen greifen auf eine gemeinsame Datenstruktur zu.
Das Resultat der Zugriffe hängt von den vorherigen Aufrufen der anderen Zugriffsfunktionen ab.

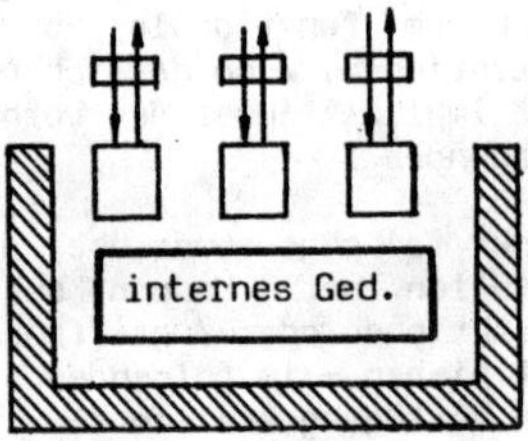

Moduln dieser Kategorie werden benutzt, um eine Menge von Basisoperationen für die nächsthöhere Abstraktionsebene bereitzustellen oder um Funktionsgruppen zu bilden, die zu einem bestimmten Problembereich gehören. Typisch für diese Anwendungen ist, daß nur ein Objekt dieses Typs benötigt wird.
Beispiele: Verwaltung der Symboltabelle im Compiler, Interpreter einer Kommandosprache, Datenverwaltung eines Systems

(5) Modul stellt ADT mit <u>mehreren</u> Zugriffsoperationen zur Verfügung:
Es wird ein abstrakter Daten<u>typ</u> definiert, von dem mehrere Objekte kreiert werden können (mehrere Inkarnationen). Der ADT kann parametrisiert sein.
Beispiele: Keller, Terminalverwaltung

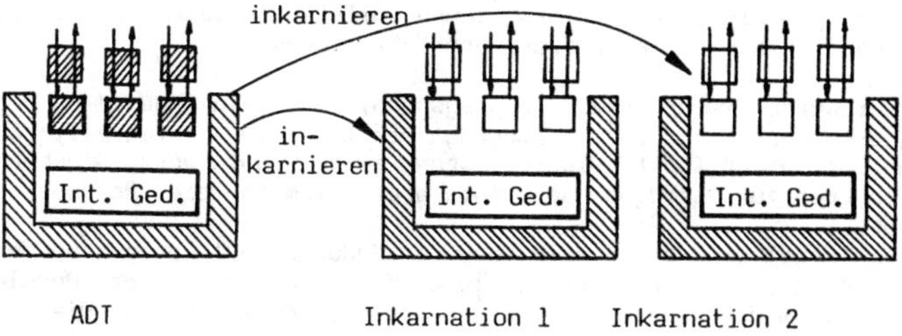

(6) Modul stellt implizit definierte Zugriffsoperationen zur Verfügung:
Die Zugriffsoperationen werden nicht vom Benutzer geschrieben, sondern sind z. B. in der Sprache enthalten.
Beispiele: Operationen auf Standardtypen, Zugriffe auf Felder und Verbunde

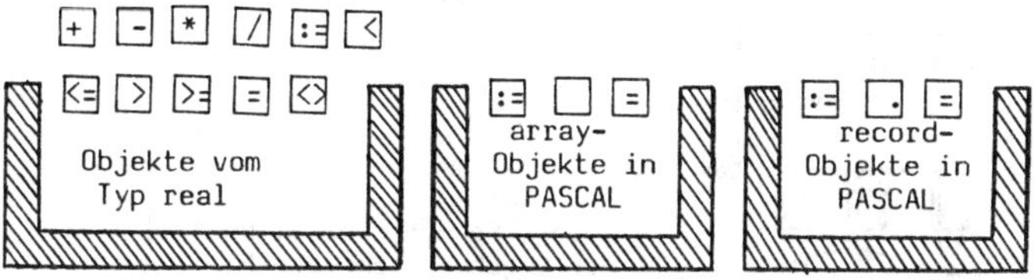

Im Prinzip sind alle Modularten von der Kategorie (5) ableitbar. In klassischen Programmiersprachen werden i. a. die Kategorien (1) und (6) unterstützt, meist jedoch ohne Einhaltung des Geheimnisprinzips. In der Kategorisierung von /Goos, Kastens 77/ ist die Kategorie (2) nicht vorhanden.

Mit Ausnahme der Kategorie (6) (Verletzung des Geheimnisprinzips) sind alle Kategorien durch die Moduldefinition abgedeckt.

Die in der Moduldefinition aufgeführten Kriterien (b), (c) und (d) bedeuten, daß ein Modul sozusagen einen 'schwarzen Kasten' (black box) darstellt. Nur über definierte Schnittstellen kommuniziert der Anwender mit dem Modul.

Ein Modul stellt dem Modulbenutzer Ressourcen zur Verfügung. Diese Ressourcen werden sozusagen exportiert. Alle exportierten Ressourcen müssen in der Schnittstellenbeschreibung aufgeführt und spezifiziert sein.

Modulkonzepte unterscheiden sich in der Art der Ressourcen, die exportiert werden. Nach der hier angegebenen Definition sind Ressourcen Funktionen und Zugriffsoperationen. In manchen Konzepten werden jedoch auch andere Größen, z. B. Variablen exportiert.

Zur Einhaltung des Geheimnis- und des Lokalitätsprinzips ((d) und (e)) müssen die Export-Informationen vollständig sein und lokal textuell an einer Stelle zusammengefaßt stehen.

Bisher wurde immer davon ausgegangen, daß ein Modul seiner Umgebung Ressourcen zur Verfügung stellt. Ein Software-System kann aber nicht funktionieren, wenn alle Moduln der Umgebung Ressourcen zur Verfügung stellen, aber niemand die Ressourcen benutzt.
In der Regel wird es so sein, daß ein Modul sowohl Ressourcen der Umgebung zur Verfügung stellt als auch Ressourcen anderer Moduln benutzt, um die eigenen Ressourcen realisieren zu können. Die von anderen Moduln benutzten Ressourcen werden als importierte Ressourcen bezeichnet (Abb. 2.5-5).

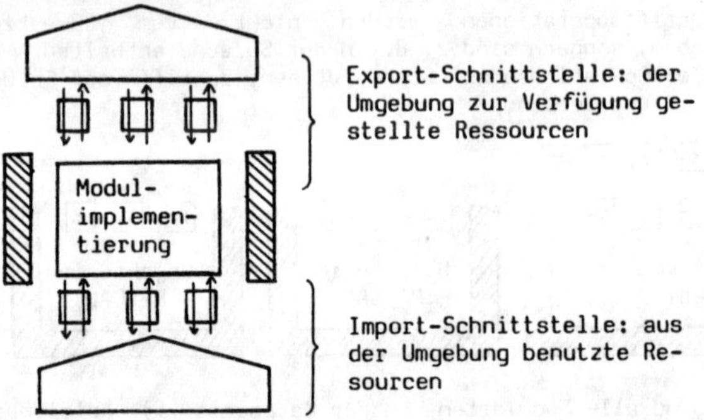

Abb. 2.5-5: Export- und Import-Schnittstelle eines Moduls

Alle benutzten, d. h. importierten Größen sollten analog den exportierten Größen in einer Import-Schnittstellenbeschreibung aufgelistet werden. Nur dadurch ist sichergestellt, daß die Kontextvoraussetzungen, d. h. welche Ressourcen muß die Modulumgebung zur Verfügung stellen, damit dieser Modul benutzt werden kann, klar sichtbar sind.

> Modularisierung i. e. S. bedeutet also, ein System so zu entwerfen, daß Moduln entstehen, die den definierten Kriterien entsprechen.

Viele Kriterien sind semantischer und qualitativer Art; ihre Überprüfung kann nur durch ein ´design review´ erfolgen.

Modularisierung kann unabhängig von einer Programmier-/ Entwurfs-Sprache erfolgen. Die Anwendung wird jedoch wesentlich erleichtert, wenn die Sprache Modulkonzepte geeignet unterstützt.

Die Anwendung des Prinzips der Modularisierung i. e. S. bringt dieselben Vorteile wie bei der Anwendung des allgemeinen Prinzips.

2.5.1.4 Prinzip der funktionalen und informalen Bindung

Um das Prinzip der Modularisierung i. e. S. beim Entwurf erfolgreich anwenden zu können, benötigt man neben den Kriterien, Moduln zu entwerfen, die eine funktionale Abstraktion oder einen abstrakten Datentyp zur Verfügung stellen, weitere Kriterien. Solche Kriterien sollten es ermöglichen, zu überprüfen, ob die Modularisierung sinnvoll vorgenommen wurde. Zu prüfen ist, ob z. B. die Zugriffsoperationen bei ADTn zu komplex sind. Wird durch die Aufteilung einer Zugriffsoperation in zwei Zugriffsoperationen jede für sich einfacher?

Um die Qualität einer Modularisierung zu beurteilen, wurde von /Stevens et al. 74/, /Myers 75/, /Page-Jones 80/, /Stevens 81/ und anderen ein qualitatives Maß für die Kompaktheit eines Moduls bzw. einer Ressource entwickelt.

Ziel ist es also, nur solche Dinge zu einer Einheit zusammenzufassen, die auch zusammengehören.

Die Kompaktheit wird durch ein Bindungsmaß ausgedrückt, das den inneren Zusammenhalt, d. h. die Stärke der Beziehungen zwischen den einzelnen Elementen (Anweisungen, Programmabschnitte) der Implementierung einer Ressource oder eines Moduls erfaßt.

Folgende Bindungsarten lassen sich unterscheiden:

1. zufällige Bindung	schwache Bindung
2. logische Bindung	
3. zeitliche Bindung	
4. prozedurale Bindung	↓
5. kommunikative Bindung	
6. sequentielle Bindung	
7. informale Bindung	
8. funktionale Bindung	starke Bindung

Die folgenden Ausführungen beziehen sich sowohl allgemein auf Moduln als auch auf die Realisierung von Zugriffsoperationen und funktionalen Abstraktionen.

Beim Entwurfsprozeß muß man sich darüber im klaren sein, welche Bindungsart man anstrebt. Welche Bindungsart ein Modul wirklich besitzt, läßt sich jedoch erst anhand einer Analyse der Modulimplementierung feststellen. Eine Verzahnung von Entwurf und Implementierung ist daher vorteilhaft. Wird bei der Analyse einer Implementierung eine nicht gewünschte Bindungsart festgestellt, dann kann der Entwurf sofort entsprechend modifiziert werden.

Im folgenden werden die einzelnen Bindungsarten jeweils unter Berücksichtigung beider Gesichtspunkte behandelt.

Eine <u>zufällige Bindung</u> liegt vor, wenn keine sinnvolle Beziehung zwischen den Anweisungen bzw. Elementen eines Moduls besteht. Zufällige Bindungen entstehen, wenn

- ein bestehendes Programm willkürlich in Moduln aufgeteilt wird,
- ein bestehendes Programm aus Speicherplatzgründen aufgebrochen wird,
- bereits fertige Programmteile willkürlich zu einer Einheit zusammengefaßt werden.

Die Wahrscheinlichkeit, daß bei Änderungen Moduln mit zufälliger Bindung für alle Anwender unbrauchbar werden, ist sehr hoch. Eine sinnvolle Wartung ist fast unmöglich.

Eine <u>logische Bindung</u> liegt vor, wenn logische Beziehungen zwischen den Elementen bestehen. Logische Bindungen entstehen, wenn Funktionen, deren Aktivitäten in dieselbe generelle Kategorie fallen, zu einem Modul zusammengefaßt werden.

<u>Beispiel</u>

Es soll eine Tabelle auf einem Drucker ausgegeben werden. Zwei verschiedene Druckertypen - ein Matrixdrucker und ein Typenraddrucker - stehen zur Verfügung. Beide Druckertypen müssen unterschiedlich angesteuert werden. Der Matrixdrucker kann im Normalmodus oder im Plottmodus betrieben werden. Im Plottmodus wird jeder Matrixpunkt einzeln angesteuert, dadurch können z. B. durchgezogene Linien ausgegeben werden.

Wird diese Tätigkeit DRUCKEN in einen Modul zusammengefaßt, dann erhält man z. B. folgenden Kontrollfluß:

DRUCKEN

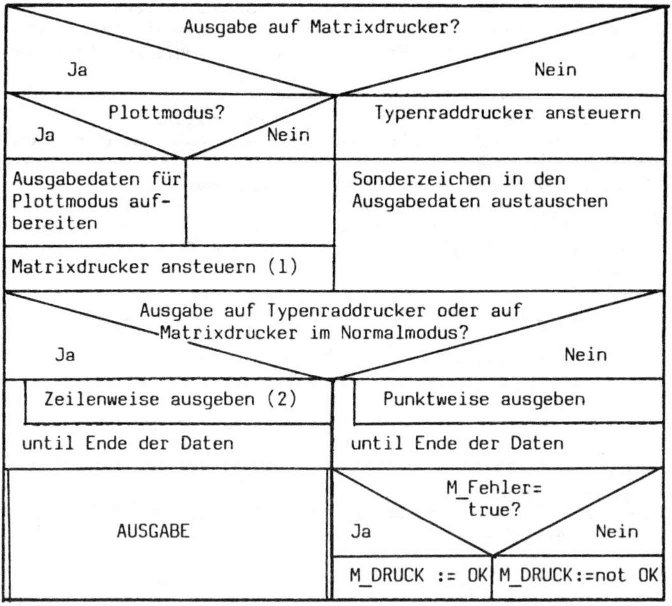

AUSGABE

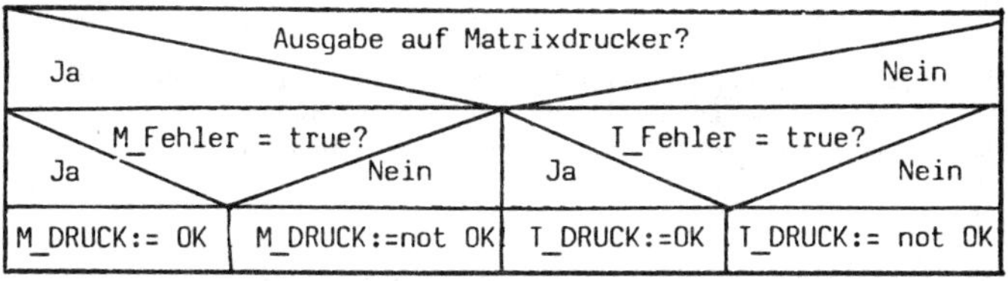

In diesem Beispiel werden praktisch drei Funktionen ausgeführt:
(a) DRUCKE_AUF_TYPENRAD
(b) DRUCKE_AUF_MATRIX_NORMAL
(c) DRUCKE_AUF_MATRIX_PLOTT

Die Funktionen (b) und (c) benutzen den Codeteil (1) gemeinsam, (a) und (b) benutzen (2) gemeinsam. Ändert sich nun bei einer neuen Matrixdruckerversion der zeilenweise Ausgabemodus, dann muß im Codeteil (2) eine Änderung vorgenommen werden. Ist man sich nicht darüber im klaren, daß dieser Codeteil auch für den Typenraddrucker mitbenutzt wird, dann erhält man durch die Änderung sofort einen Folgefehler. Das Identifizieren gemeinsam benutzter Codeteile ist nicht immer so einfach möglich wie in diesem Beispiel. ■

Folgende Merkmale sind für die logische Bindung charakteristisch:

- Anweisungsteile werden von mehreren Funktionen benutzt (shared code). Dies ist oft die Begründung, warum logische Bindungen erfolgen.
- Der Modul beginnt mit einer Auswahlanweisung (case oder if), um in die einzelnen Programmteile zu verzweigen.
- Es ist schwer festzustellen, welche Funktionen welchen Code gemeinsam benutzen.
- Die Beschreibung der Funktionen enthalten dasselbe Verb z. B. Editiere, Speichere, Lese, Drucke.
- In einer Schnittstelle werden mehrere Funktionen beschrieben.
- Eine Funktionsart wird auf unterschiedliche Daten oder Geräte angewandt.

Eine logische Bindung bringt folgende Nachteile mit sich:

- Änderungen sind schwierig durchzuführen. Mit hoher Wahrscheinlichkeit verursachen Änderungen Folgefehler.
- Es ist schwierig, eine Funktion zu ändern, ohne eine andere mitzuändern.
- Es entsteht ein trickreicher Code mit ineinander vermengten Funktionen.
- Es werden unnötige Steuerparameter zur Anwahl der Funktionen übergeben (siehe 2.5.1.5).
- Überlappender Code erfordert nicht weniger, sondern mehr Programmierzeit.

Bei der logischen Bindung beruht die Zusammmenfassung nur auf logischen oder thematischen Überlegungen und nicht auf der Gleichheit von Funktionen.

Eine zeitliche Bindung beinhaltet neben einer logischen Bindung noch eine zeitliche Zusammengehörigkeit der Elemente, d. h. die Elemente werden in demselben Zeitabschnitt ausgeführt.

Beispiel

Beim Start eines Software-Systems müssen eine Reihe von Initialisierungen vorgenommen werden. Alle diese Initialisierungsaktivitäten werden in einen Modul zusammengefaßt.

INITIALISIEREN

Initialisiere alle Dateien
Initialisiere die Symboltabelle
Lösche alle Bildschirme
Bringe alle Drucker in Grundeinstellung

■

Die Elemente in dem Beispiel sind logisch miteinander verknüpft, zusätzlich sind sie noch zeitlich verbunden (Initialisierungszeit).

Ein zeitlich gebundener Modul führt also verschiedene, unabhängige Aktivitäten aus, die jedoch zur gleichen Zeit ausgeführt werden sollen.

Für eine zeitliche Bindung sind folgende Merkmale charakteristisch:
- Alle Elemente werden in derselben Zeitperiode ausgeführt.
- Die zeitliche Bindung ist einfacher zu verstehen als die logische Bindung, da sie keine Mehrfach-Verzweigungen enthält. Es gibt keine Parameter und keine Steuerlogik die bestimmt, welches Element ausgeführt wird.
- Die zeitliche Bindung beinhaltet auch eine logische Bindung, da die Aktivitäten zu einer logischen Klasse von Funktionen gehören.
- Die Elemente in Moduln mit zeitlicher Bindung haben oft eine enge Beziehung zu anderen Moduln. Z. B. steht der Initialisierungsteil im Initialisiere-Modul, der die Symbol-Tabelle vorbereitet, in enger Relation zu dem Modul, der Zugriffsoperationen auf die Symbol-Tabelle enthält. Daraus ergibt sich, daß zeitlich gebundene Moduln keine große Unabhängigkeit besitzen.
- Die Reihenfolge, in der Initialisierungsteile ausgeführt werden, ist gleichgültig. Initialisiere Datei A nach Datei B oder umgekehrt, hat den gleichen Effekt.

Eine zeitliche Bindung besitzt folgende Nachteile:
- In anderen Kontexten nicht einsetzbar, da stark spezialisiert.
- Starker thematischer Bezug zu anderen Moduln.

In manchen Fällen sind zeitlich gebundene Moduln unvermeidbar z. B. beim Zwang zu Overlay-Strukturen bei beschränkter Speicherkapazität.

Eine prozedurale Bindung liegt vor, wenn verschiedene, möglicherweise unabhängige Aktivitäten ausgeführt werden, bei denen jedoch die Kontrolle von einer Aktivität an die nächste übergeben wird.

Prozedural gebundene Moduln entstehen, wenn ein umfangreicher Modul willkürlich in Teile gegliedert wird und jeder Teil wieder einen Modul bildet.
Die prozedurale Bindung ist daher durch folgende Merkmale gekennzeichnet:
- Modul besteht aus Funktionsteilen, die wenig miteinander zu tun haben, außer daß sie nacheinander ausgeführt werden.
- Die Funktionsteile haben u. U. starke Bindungen zu anderen Funktionsteilen.
- Es gibt kaum Beziehungen zwischen den Ein- und Ausgabeparametern.

<u>Beispiel</u>

Eine Fakturierung gliedert sich in folgende Teilaktivitäten:

FAKTURIERUNG

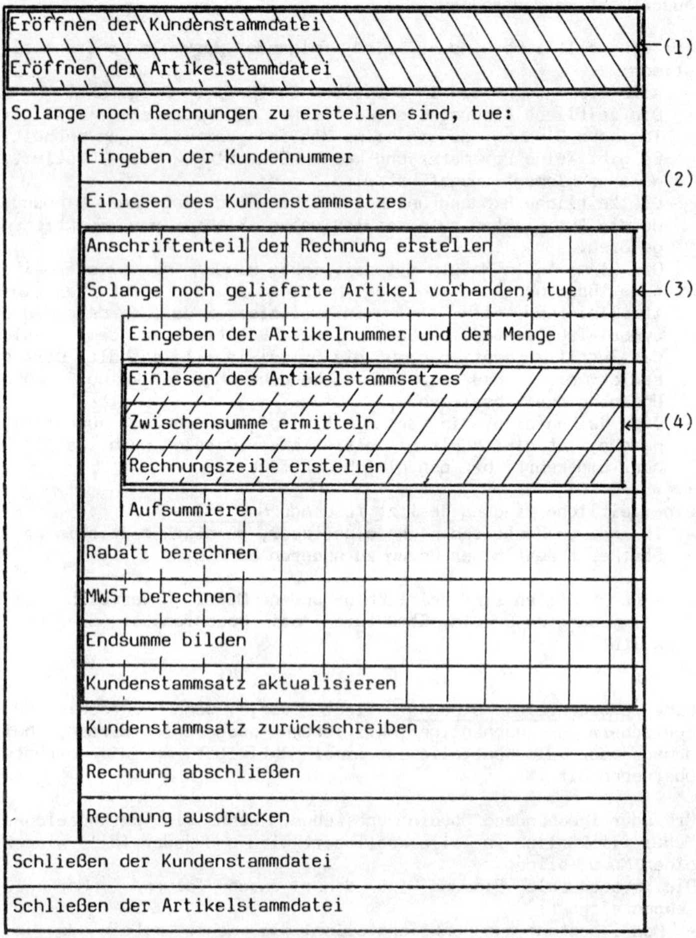

Aus Speicherplatzgründen wurde diese Fakturierung willkürlich in Teile gegliedert ((1)-(4)). ■

- Oft werden halbfertige Ergebnisse weitergegeben.
- Alle Funktionsteile haben einen Bezug zu einem gemeinsamen

übergeordneten Problem. Daher ist eine prozedurale Bindung auch stärker als eine zeitliche Bindung.
- Moduln mit prozeduraler Bindung sind unabhängiger als Moduln mit zeitlicher Bindung.

Folgende Nachteile bringt eine prozedurale Bindung mit sich:
- Prozedurale Abläufe unterscheiden sich von Funktionen, daher ist eine willkürliche Aufteilung der Abläufe schlecht.
- Ein Modul kann mehrere Funktionen oder Teile einer Funktion enthalten.
- In anderen Kontexten schlecht einsetzbar.

Eine kommunikative Bindung liegt vor, wenn verschiedene Aktivitäten dieselben Eingabe- oder Ausgabedaten benutzen.

Beispiel

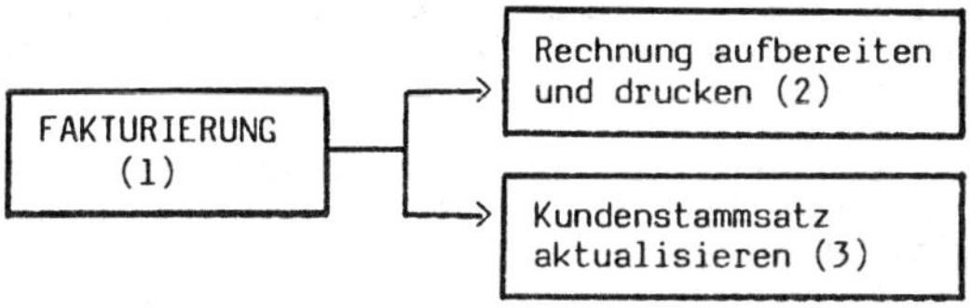

Nach Berechnung der Fakturierdaten muß die Rechnung aufbereitet und gedruckt und der Kundenstammsatz aktualisiert werden. Die Aktivitäten (2) und (3) benutzen die bei (1) ermittelten Daten. Die Reihenfolge, in der die Aktivitäten (2) und (3) ausgeführt werden, ist gleichgültig.

■

Kommunikativ gebundene Moduln sind durch folgende Charakteristika gekennzeichnet:
- Die Aktivitäten, die im Modul ausgeführt werden, benutzen dieselben Daten und zwar entweder die Eingabe- oder die Ausgabedaten.
- Die Reihenfolge, in der die Aktivitäten ausgeführt werden, ist gleichgültig.

Eine kommunikative Bindung besitzt folgende Nachteile;
- Die Implementierung der einzelnen Aktivitäten führt leicht dazu, viel gemeinsamen Code zu verwenden.
- Benötigt ein Anwender nur eine Aktivität, dann werden die anderen umsonst mitausgeführt.

Die kommunikative Bindung läßt sich zu einer funktionalen Bindung verstärken, indem man die einzelnen Aktivitäten isoliert und in eigenen Moduln oder als einzelne Ressourcen realisiert.

Bei einer sequentiellen Bindung dienen die Ausgabedaten einer Aktivität als Eingabedaten der nächsten Aktivität.

Beispiel

Um ein Maß für die Testbarkeit eines Programms zu ermitteln, wird das zu testende Programm analysiert und ein Maß berechnet.

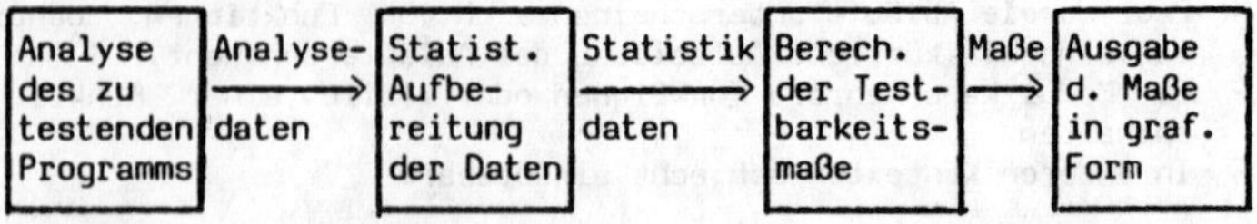

■

Kennzeichen einer sequentiellen Bindung:
- Eine Aktivität hängt von den Daten der vorausgehenden Aktivität ab.
- Es liegt eine starke Bindung zwischen den einzelnen Aktivitäten vor.
- Die Wiederverwendbarkeit in anderen Kontexten ist eingeschränkt, da die zusammengefaßten Aktivitäten allgemein so nicht benötigt werden.

Da ein sequentiell gebundener Modul mehrere Funktionen oder nur Teile von Funktionen enthalten kann, stellt er noch nicht die stärkste Bindungsform dar.

Da die informale Bindung erst in Verbindung mit der funktionalen Bindung verständlich wird, wird zunächst die funktionale Bindung behandelt.

Eine funktionale Bindung liegt vor, wenn alle Elemente an der Verwirklichung einer einzigen, abgeschlossenen Funktion beteiligt sind.

Beispiele

Bei der Behandlung der funktionalen Abstraktion (siehe 2.5.1.1.2) ist die Implementierung der Funktion QW - Quadratwurzel ermitteln - aufgeführt.
Analysiert man dieses Programm, dann stellt man fest, daß alle Anweisungen nur dazu beitragen, aus dem Eingabewert die Quadratwurzel zu ermitteln.

Weitere Beispiele sind:
- Berechnung einer Zufallszahl,
- Ausgabe eines Satzes in die Ausgabedatei,
- Löschen eines Kundenstammsatzes aus der Kundenstammdatei,
- Berechne Zinstage,
- Zinsberechnung (siehe 2.2.1).

■

Die Funktion einer Ressource ist die Beschreibung der Transformation oder Abbildung der Eingabegrößen in abhängige

Ausgabegrößen, die bei der Ausführung der Ressource durchgeführt werden.

Eine funktionale Bindung ermöglicht nicht nur die Realisierung primitiver Funktionen. Funktional gebundene Moduln liegen auch vor, wenn komplexe Funktionen realisiert werden. Zur Realisierung solcher komplexer Funktionen werden jedoch andere Module benutzt (importierte Ressourcen), die ebenfalls funktional gebunden sein sollten.

Eine funktionale Bindung besitzt folgende Kennzeichen:
- Alle Elemente tragen dazu bei, ein einzelnes, spezifisches Ziel zu erreichen.
- Es gibt keine überflüssigen Elemente.
- Die Aufgabe läßt sich mit genau einem Verb und genau einem Objekt vollständig beschreiben.
- Leichter Austausch gegen ein anderes Element, das denselben Zweck erfüllt.
- Hohe Kontextunabhängigkeit, d. h. einfache Beziehungen zur Umwelt.

Eine funktionale Bindung führt in einer wesentlichen Verfestigung der internen Ressourcenstruktur (Intrasystem-Struktur).

Eine <u>informale Bindung</u> ist vorhanden, wenn mehrere, in sich abgeschlossene, funktional gebundene Funktionen bzw. Zugriffsoperationen, die zu einem Modul gehören, auf einer <u>einzigen</u> Datenstruktur operieren.

<u>Beispiele</u>

Der Modul INTEGER_STACK (siehe 2.5.1.1.3) ist informal gebunden, da alle Zugriffsoperationen PUSH, POP und TOP auf der einzigen Datenstruktur "Keller", d. h. S: <u>array</u> (.1..N.) <u>of</u> integer, arbeiten. Zusätzlich ist jede Zugriffsoperation noch funktional gebunden.
Die informale Bindung wird zerstört, wenn z. B. mit den gleichen Zugriffsoperationen auf unterschiedliche Datenstrukturen zugegriffen werden kann und dennoch alles in einem Modul verkapselt ist.
■

Die informale Bindung ist also für Moduln, die abstrakte Datentypen realisieren, anzustreben. Jede Zugriffsoperation muß für sich funktional gebunden sein.

Folgende Merkmale kennzeichnen eine informale Bindung:
- Unterstützung des Geheimnisprinzips, da die Datenstruktur nur zu einem Modul gehört.
- Änderungen der Datenstruktur tangieren nur einen Modul.
- Da ein informal gebundener Modul schwerer zu handhaben ist, wie ein funktional gebundener, ist die Bindungsstärke geringer als die funktionale.
- Es besteht die Gefahr, daß Zugriffsoperationen miteinander

vermengt werden.
- Es muß darauf geachtet werden, daß jede Zugriffsoperation für sich implementiert wird.
- Alle Zugriffsoperationen führen Transformationen auf derselben Datenstruktur aus.

Die Attribute der einzelnen Bindungsarten sind in Tabelle 2.5-1 zusammengefaßt.

Bindungsart	Kontextunabhängigkeit	Fehleranfälligkeit	Wiederverwendbarkeit	Erweiterbarkeit
Funktional	+	-	+	+
Informal	+	o	+	+
Sequentiell	o	-	o	o
Kommunikativ	o	-	o	o
Prozedural	o	-	-o	o
Zeitlich	-	o	-	o
Logisch	o	+	o	-
Zufällig	-	++	-	-

+ = hoch o = mittel - = gering

Tabelle 2.5-1: Attribute der Bindungsarten (in Anlehnung an /Myers 75, S. 30/)

> Die innere Bindungsstärke eines Moduls ist am höchsten, d. h. die Intramodul-Wechselwirkungen werden maximiert, wenn alle Elemente eines Moduls funktional bzw. informal gebunden sind.

Unter Intramodul-Wechselwirkungen werden die Beziehungen bzw. Bindungen zwischen den Elementen eines Moduls verstanden.

Die Anwendung des Prinzips der funktionalen und informalen Bindung, d. h. der Entwurf von Moduln, so daß sie funktional bzw. informal gebunden sind, bringt folgende Vorteile mit sich:
- hohe Kontextunabhängigkeit des Moduls (die Bindungen befinden sich innerhalb eines Moduls, nicht zwischen Moduln),
- hohe Zuverlässigkeit, d. h. geringe Fehleranfälligkeit bei Änderungen,
- hoher Grad der Wiederverwendbarkeit, da weniger spezialisiert,
- leichte Erweiterbarkeit und Wartbarkeit, da sich Änderungen auf isolierte, kleine Teile beschränken.

Die Bindungsart eines Moduls läßt sich nicht automatisch ermitteln. Sie kann nur im Rahmen eines ´design review´ und eines ´code review´ bestimmt werden.

Das Struktogramm der Abb. 2.5-6 hilft, einen Modul nach seiner Bindungsart zu klassifizieren. Entsprechend der Modulklassifikation nach /Goos, Kastens 77/ (siehe 2.5.1.3) müssen die Modultypen (1) und (3) funktional gebunden sein. Beim Modultyp

(2) muß jede Funktion funktional gebunden sein und alle Funktionen thematisch zusammengehören (z. B. Komplexarithmetik).

Die Modularten (4) und (5) müssen informal gebunden sein, d. h. jede Zugriffsoperation muß funktional gebunden sein und alle Operationen müssen auf einer Datenstruktur operieren.

Entsprechend den Modularten muß das Struktogramm mehrmals angewandt werden.

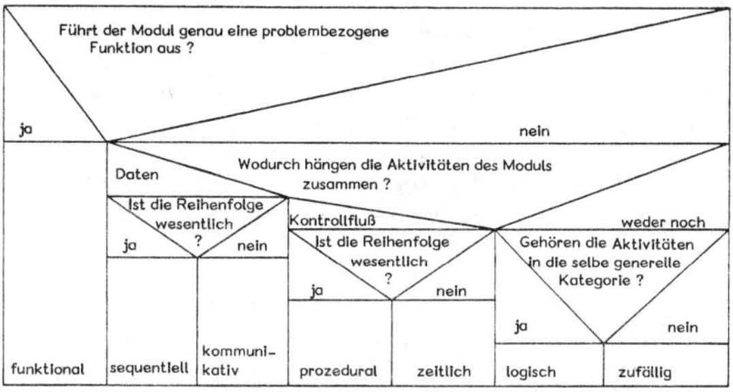

Abb. 2.5-6: Bestimmung der Bindungsart

Eine Möglichkeit, eine Modularisierung bereits in der Entwurfsphase auf Bindungsarten zu untersuchen, bietet eine Analyse der Aufgabenbeschreibung jedes Moduls.

Folgende Überprüfungen können vorgenommen werden:

1. Handelt es sich bei der Aufgabenbeschreibung um einen zusammengesetzten Satz und enthält er ein Komma oder mehr als ein Verb, dann erfüllt der Modul vielleicht mehr als eine Funktion; es liegt keine funktionale Bindung vor. Enthält der Satz mehrere Verben und sind die Verben durch 'oder' verbunden, dann liegt vielleicht eine logische Bindung vor. Sind die Verben durch 'und' verbunden, dann liegt vielleicht eine zeitliche, prozedurale, sequentielle oder kommunikative Bindung vor.
2. Enthält der Satz Wörter, die sich auf die Zeit beziehen, wie 'zuerst', 'als nächstes', 'dann', 'nach', 'wenn', 'Start' usw., dann besitzt der Modul vielleicht eine prozedurale oder sequentielle Bindung.
3. Wenn das Prädikat des Satzes, das auf das Verb folgt, kein einzelnes, spezifisches Objekt enthält, dann liegt vermutlich eine logische Bindung vor.

<u>Beispiel</u>

Editiere <u>alle</u> Daten: logische Bindung
Editiere <u>Quell</u>anweisungen: funktionale Bindung

■

4. Wörter wie ´Initialisierung´, ´Abschluß´ usw. implizieren eine zeitliche Bindung.

Die Aufgabenbeschreibung sollte aus der Sicht des Anwenders erfolgen.

Beispiel

Abb. 2.5-7 zeigt die Modulstruktur eines Abrechnungsprogrammes /Myers 75, S. 29/. Die Aufgabe des Programmes ist es, die Kundendatei zu aktualisieren. In den ersten Modul wird ein Kundensatz (z. B. Kundennummer, Name, Adresse, Status, Verkaufsdaten) eingegeben. Die Kundendatei enthält die Kundensätze. Auf jeden Kundensatz folgt eine Anzahl von Verkaufssätzen, die die Verkaufsdaten des jeweiligen Kunden enthalten. Das Programm kreiert einen neuen Kundensatz, oder aktualisiert einen bereits vorhandenen Kundensatz.

Eine Analyse der Bindungsarten ergibt folgendes:
- Der Modul (2) besitzt eine zeitliche Bindung.
- Der Modul (8) ist logisch gebunden, da er eine Klasse von logisch verbundenen Funktionen ausführt (Aktualisiere Sätze).
- Der Modul (5) ist zeitlich gebunden. Obwohl das Element "Drucke Kontrollsummen" prozedural gebunden ist, das Element "Schließe Datei" aber nicht, besitzt Modul (5) nur eine zeitliche Bindung.
- Modul (11) scheint logisch gebunden zu sein. Da jedoch eine einzelne Funktion auf 3 spezielle Datenteile angewandt wird, handelt es sich um eine funktionale Bindung.
- Alle anderen Moduln scheinen funktional gebunden zu sein.

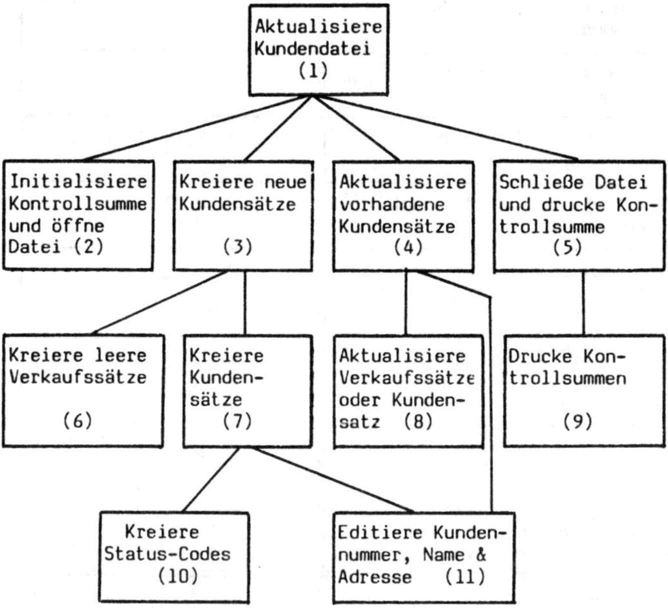

Abb. 2.5-7: Modulstruktur eines Abrechnungsprogrammes

■

Eine weitere Hilfe für die Ermittlung der Bindungsstärke bietet die Entscheidungstabelle Tabelle 2.5-2.

Die Funktion(en) des Moduls ist schwer zu beschreiben	J	N	N	N	N	N	N	N	N
Der Modul erfüllt mehr als eine Funktion	-	-	J	J	J	J	J	J	N
Pro Aufruf wird nur eine Funktion ausgeführt	-	-	J	N	N	N	N	J	-
Jede Funktion kann für sich aufgerufen werden	-	-	-	N	J	J	J	-	-
Der Modul stellt eine Klasse von Funktionen zur Verfügung, die miteinander in Bezug stehen	-	N	J	J	-	-	-	-	-
Alle Funktionen des Moduls haben bezug zu dem übergeordneten Modulproblem	-	-	-	N	J	J	J	-	-
Alle Funktionen benutzen dieselben Daten	-	-	-	-	N	J	J	J	-
Die Ausgabedaten einer Funktion sind die Eingabedaten der nachfolgenden Funktion	-	-	-	-	-	N	J	-	-
zufällig	X	X							
logisch			X						
zeitlich				X					
prozedural					X				
kommunikativ						X			
sequentiell							X		
informal								X	
funktional									X

Tabelle 2.5-2: Entscheidungstabelle zur Bestimmung der Bindungsart (in Anlehnung an /Myers 75, S.31/).

2.5.1.5 Prinzip der schmalen Datenkopplung

Jeder Modul kommuniziert mit seiner Umwelt. Die exportierten Ressourcen des Moduls werden von anderen Moduln in Anspruch genommen, während der Modul selbst Ressourcen anderer Moduln importiert.

Jede Kommunikation führt zu Abhängigkeiten, Verbindungen, Kopplungen zwischen den Moduln, die miteinander kommunizieren.

Die Kontextunabhängigkeit eines Moduls wird umso höher, je geringer seine Kopplung mit anderen Moduln ist.

Um einen Modul zu verstehen oder zu verändern, müssen die Wirkungen der importierten Ressourcen klar sein. D. h. die Kontextabhängigkeit eines Moduls wird durch die Art der Kopplung mit seinen importierten Ressourcen bestimmt.
Da man zum Verständnis eines Moduls nicht wissen muß, <u>wer</u> seine exportierten Ressourcen in Anspruch nimmt, spielt die Kopplungsstärke der exportierten Ressourcen eines Moduls für die Kontextunabhängigkeit dieses Moduls keine Rolle.

Ziel ist es, die Kopplungen zwischen Moduln zu minimieren.

Untersuchungen von /Stevens et al. 74/, /Myers 75/, /Page-Jones 80/ und /Stevens 81/ haben gezeigt, daß sich Modulkopplungen aus folgenden Komponenten zusammensetzen:
(a) Kopplungsmechanismus,
(b) Schnittstellenbreite,
(c) Kommunikationsart.

Um eine Kopplung zu minimieren, muß die jeweils schwächste Kopplungsart jeder Komponente angestrebt werden. Zusätzlich kommt die Forderung hinzu, daß die Kopplung so klar und verständlich wie möglich sein soll, um die Einarbeitung, Übersichtlichkeit und Wartung zu erleichtern.

(a) Kopplungsmechanismus

Es gibt drei mögliche Mechanismen, um Moduln miteinander zu koppeln:
- Aufruf (CALL, Prozedur-, Funktions-, Operationsaufruf),
- Verzweigung (PERFORM),
- externe Verbindung.

Der einfachste, verständlichste und flexibelste Kopplungsmechanismus ist der <u>Aufruf</u> mit Übergabe von expliziten Parametern über Parameterlisten.

Nach der Moduldefinition in 2.5.1.3 ist als Kopplungsmechanismus nur der Aufruf möglich. Andere Mechanismen scheiden danach aus.

Arbeitet man mit Programmiersprachen, die keinen Aufrufmechanismus mit Parameterkonzept kennen (z. B. COBOL), dann können auch andere Mechanismen verwendet werden, die jedoch die Kopplungsstärke erhöhen.

Bei der Verzweigung (z. B. PERFORM-Anweisung) wird praktisch durch ein goto in einen anderen Modul verzweigt und nach dessen Ausführung hinter die Aufrufstelle zurückgesprungen. Daten werden nicht über explizite Parameter an den gerufenen Modul übergeben, sondern über gemeinsame Datenbereiche (COMMON-Kopplung). Auf die Probleme gemeinsam benutzter Datenbereiche wird bei (b) eingegangen.

Wird das Geheimnisprinzip nicht eingehalten, dann kann eine Kopplung auch über eine externe Datenverbindung bestehen. Eine externe Verbindung liegt vor, wenn ein Modul direkt auf ein Datenelement oder eine Anweisung innerhalb eines anderen Moduls zugreift (Inhaltskopplung).

Beispiel

Ein Modul greift direkt auf die Variable DEPTH des Moduls INTEGER_STACK zu. Wird nun die Implementierung des Moduls INTEGER_STACK geändert, dann existiert DEPTH nicht mehr. Diese Änderung würde dann zu einem Fehler bei dem direkt zugreifenden Modul führen. ■

Eine externe Verbindung stellt die komplexeste, verwirrendste und fehleranfälligste Kopplungsart dar und sollte daher immer vermieden werden.

(b) Schnittstellenbreite

Die Breite einer Schnittstelle wird bestimmt durch
- Anzahl der Parameter und
- Datentyp der Parameterelemente (Basistyp, strukturierter Typ).

Die Modulkopplung wird umso geringer, je weniger Parameter vorhanden sind und je mehr Parameterelemente Basistypen sind.

Je weniger Daten also eine Schnittstelle passieren, desto geringer ist die Kopplungsstärke. Der Umfang der Daten bezieht sich dabei auf die Breite der Schnittstelle, d. h. auf die Anzahl der Parameter, und nicht auf die Intensität des Datenaustausches während der Laufzeit, d. h. wie oft ein Modul aufgerufen wird.

Durch das Bündeln von Parametern (Datenstrukturkopplung) sinkt zwar die Anzahl der Parameter, die Kopplungsstärke wird aber nicht verringert, sondern eher erhöht, da die Verständlichkeit der Schnittstelle beeinträchtigt wird. Man erhält zusätzlich einen künstlichen Datentyp, in dem mehrere nicht zusammengehörende Daten zufällig gebündelt werden.

<u>Beispiel</u>

In dem Beispiel ZINS (siehe 2.5.1.2) liegt folgende Parameterliste vor:
<u>function</u> ZINS (in K,p: real; in DATUM1, DATUM2: integer): real;

Jeder der vier Eingabeparameter hat eine unterschiedliche Bedeutung. Der engste Zusammenhang besteht zwischen DATUM1 und DATUM2. Aus Gründen der Verständlichkeit ist es jedoch auch hier angebracht, beide Größen für sich zu übergeben.

Würde man alle Eingabeparameter zu einem strukturierten Datentyp zusammenfassen, dann würde folgende Schnittstelle entstehen:

```
function ZINS (in ALLEDATEN: alles): real;
   type alles = record K,p: real;
                       DATUM1,DATUM2: integer
                end
```

Damit der rufende Modul auf K zugreifen kann, muß dann geschrieben werden: ALLEDATEN.K

■

Wie das Beispiel zeigt, wird durch das Bündeln von Parametern der Aufwand für den Anwender größer, da er die künstliche Struktur wieder entpacken muß.

Allgemein kann dies jedoch nur im Kontext und aus der Sicht des Aufrufers beurteilt werden, da man nur dort sieht, welche Informationen der Aufrufer zu welchem Zweck verwendet.

I. a. ist jedoch anzustreben, eine maximale Anzahl von Einzelelementen zu übergeben, da dadurch die Verständlichkeit erhöht wird.

Ausgenommen von dieser Regel sind homogene Datenreihungen, bei denen jedes Element die gleiche Art von Informationen trägt (<u>arrays</u>). D. h. zusammengehörende Daten sollten als ein Parameter übergeben werden.

Je mehr Daten zu einer Struktur künstlich zusammengefaßt und übergeben werden, desto änderungs<u>un</u>freundlicher, unverständlicher und schlechter wartbar wird ein Modul. Insbesondere wird durch die Übergabe komplexer Datenstrukturen, die wahrscheinlich weitgehend mit internen Datenstrukturen identisch sind, das Geheimnisprinzip unterlaufen.

Durch die Übergabe umfangreicher Datenstrukturen über jeweils einen Parameter werden oft auch mehrere Zugriffsoperationen zu einer Zugriffsoperation gebündelt. Dadurch verlieren die Zugriffsoperationen ihren speziellen Charakter. Das führt dazu, daß mehrere Anwender die gleiche Zugriffsoperation verwenden, obwohl sie nur einen Teil der übergebenen Daten benötigen. Dieses Zuviel an Daten erhöht natürlich auch die Gefahr, daß Daten beschädigt werden.

Obwohl klar ist, daß Daten über Schnittstellen ausgetauscht werden müßen, wird die Kopplung umso schwächer, je schmaler die Schnittstelle ist.

Erfahrungen haben gezeigt, daß die Parameteranzahl selten die Zahl 10 übersteigt/Balzert 81b/.

Oft - insbesondere bei Verwendung älterer Programmiersprachen - werden Daten über gemeinsam benutzte Datenbereiche (shared data area, COMMON-Bereich) übergeben.

In FORTRAN können gemeinsam benutzte Datenbereiche durch die COMMON-Vereinbarung definiert werden. Im ASSEMBLER erfüllen Kontrollblöcke oft dieselbe Funktion. In COBOL wird i. a. die gesamte LINKAGE SECTION von allen gerufenen Moduln geteilt. Auch das Hereinkopieren von Datenvereinbarungen der DATA DIVISION, z. B. Aufbau des Stammsatzes, in alle Moduln bewirkt dasselbe.

Gemeinsam benutzte Datenbereiche erhöhen jedoch drastisch die Kopplungsstärke und Fehleranfälligkeit. Weitere Probleme entstehen in einer asynchronen Umgebung. In eingeschränkter Form gelten die aufgeführten Nachteile auch bei der gemeinsamen Verwendung globaler Variablen.

Generell sollten daher <u>keine</u> gemeinsam benutzten Datenbereiche und <u>keine</u> globalen Variablen verwendet werden.

Entsprechen alle Moduln der in 2.5.1.3 angegebenen Moduldefinition, dann können i. a. keine Kopplungen über solche Datenbereiche auftreten, da COMMON-Bereiche und Variable außerhalb von Moduln nicht definierbar sind.

<u>(c) Kommunikationsart</u>

Die Kommunikation kann auf zwei Arten geschehen:
- über Daten,
- über Steuerinformation (Kontrollinformation).

Die einfachste Kommunikationsart liegt vor, wenn <u>reine</u> Daten übergeben werden. Eine solche <u>Datenkopplung</u> ist für das Funktionieren eines Systems notwendig, aber auch ausreichend.

Wird über einen Parameter übergebene Information zur internen Steuerung des gerufenen Moduls benutzt, dann handelt es sich um Steuerdaten. Die Übergabe von Steuerinformation in Form von Daten ist jedoch nicht erforderlich. Durch eine solche Kommunikationsart werden die Verbindungen zwischen Moduln erhöht, da der Modul, der auf einen anderen zugreift, einige Kenntnisse über das "Innere" des anderen Moduls besitzt. Die sogenannte <u>Steuerungskopplung</u> involviert den rufenden Modul in die Steuerung des gerufenen Moduls. Das widerspricht dem Geheimnisprinzip.

Beispiel

In dem Beispiel DRUCKEN (siehe 2.5.1.4) muß bei Anwendung dieses Moduls Steuerinformation übergeben werden, die dem gerufenen Modul mitteilt, welcher Drucker mit welchem Modus angesteuert werden soll: DRUCKEN (Ausgabedaten, Matrixdrucker, Plott)

Die Schnittstelle muß folgendermaßen vereinbart sein:

```
procedure DRUCKEN (in Ausgabe: text;
in Drucker: druckertyp; in Druckform: druckart);
type druckertyp = (Matrixdrucker, Typenraddrucker);
     druckart = (Plott, Normal);
state
Wenn "druckertyp = Typenraddrucker", dann wird "druckart"
     nicht ausgewertet.
```

Teilt man jedoch den logisch gebundenen Modul DRUCKEN in drei funktional gebundene Moduln DRUCKEN_TYPENRAD, DRUCKEN_MATRIX_NORMAL, DRUCKEN_MATRIX_PLOT, dann muß keine Kontrollinformation mehr übergeben werden.
Die Entscheidung, welcher Modul aufzurufen ist, fällt in dem rufenden Modul.

■

Durch eine geeignete Modulstruktur kann die Übergabe von Steuerinformation vermieden werden. Wenn ein Steuerungsparameter vom gerufenen an den aufrufenden Modul übergeben wird (Rückkehrparameter), dann handelt es sich um eine Umkehr der Autoritäten.

Oft ist es schwierig, zwischen reinen Daten und Steuerdaten zu unterscheiden. Boolesche Parameter kennzeichnen nicht unbedingt Steuerdaten (z. B. männlich/weiblich) und umgekehrt. Außerdem müssen Zustandsmeldedaten deutlich von Steuerdaten unterschieden werden. Wenn ein Parameter verwendet wird, um dem anderen Modul mitzuteilen, was er tun soll, dann handelt es sich um Steuerinformation.

Beispiel

Ein Modul liest Sätze aus der Kundenstammdatei.
Rückmeldung 1:
"(Du mußt die) Fehlermeldung 'KUNDENSTAMMSATZ NICHT GEFUNDEN' drucken"
Rückmeldung 2:
"(Ich habe den) Kundenstammsatz nicht gefunden".

Im ersten Fall handelt es sich um eine Steuerinformation, im zweiten Fall um eine Zustandsmeldung, da der rufende Modul selbst entscheiden kann, ob er den Fehler umgehen kann. Vielleicht liegt auch gar kein Fehler vor. Vielleicht wollte der rufende Modul nur prüfen, ob ein Satz vorhanden ist.

■

Die Beschreibung eines Parameters und sein Name geben oft

Anhaltspunkte über die Parameterart. Datenparameter werden durch Substantive, Zustandsmeldeparameter durch Adjektive und Steuerungsparameter durch Verben beschrieben.

Eine besonders unübersichtliche, änderungsunfreundliche Steuerungskopplung liegt vor, wenn verschiedenen Wertebereichen eines Parameters unterschiedliche Bedeutung zugeordnet wird.

<u>Beispiele</u>

positive Zahl = Betrag in Pfennigen
negative Zahl = Lastenkontonummern
Personalnummer < 1000 Arbeiter, sonst Angestellter

Neben dieser Steuerungskopplung über Parameter kann bei Einsatz älterer Programmiersprachen noch durch andere Mechanismen eine Steuerungskopplung hergestellt werden:

- Ein Modul kann die Steuerung eines anderen Moduls beeinflußen, wenn er sich in dessen Kontrollfluß befindet. Im Assembler kann dies durch mehrfache Eingangspunkte geschehen, in COBOL (wenn Paragraphen als Moduln verwendet werden) durch die PERFORM THROUGH-Anweisung.

- Eine komplexe Steuerungskopplung entsteht, wenn ein Modul direkt an eine Stelle innerhalb eines anderen Moduls verzweigt. Eine solche Verbindung ist im Assembler und bei der Benutzung von Paragraphen möglich.

Diese Arten der Steuerungskopplung sollten auf jeden Fall vermieden werden.

Die Attribute der einzelnen Kopplungsarten sind in Tabelle 2.5-3 zusammengefaßt.

Kopplungsart	Kontextunabhängigkeit	Fehleranfälligkeit	Wiederverwendbarkeit	Erweiterbarkeit
Kopplungsmechanismus				
- Aufruf	+	-	+	+
- Verzweigung	o	+	o	o
- externe Verbindung	-	-	-	-
Schnittstellenbreite				
- wenig Parameter	+	-	o	+
- viel Parameter	o	o	+	+
- Basistypen	+	-	+	+
- strukturierte Typen	o	+	o	-
Kommunikationsart				
- Daten	+	-	+	+
- Steuerdaten	-	o	-	o

+ = hoch, o = mittel, - = gering

Tabelle 2.5-3: Attribute der Kopplungsarten

> Die Kopplungsstärke zwischen Moduln ist am geringsten, d. h. die Intermodul-Wechselwirkungen werden minimiert, wenn alle Moduln durch schmale Datenkopplungen verknüpft sind.

Die einfachste Verbindung ist jene, die einen Aufruf benutzt, um eine minimale Anzahl von Datenparametern auf die verständlichste Weise zu übertragen.

Die Einhaltung des Prinzips der schmalen Datenkopplung bringt folgende Vorteile mit sich:
- größtmögliche Kontextunabhängigkeit der Moduln,
- hohe Änderungsfreundlichkeit der Moduln, da Änderungen an einem Modul nur geringe Auswirkungen auf andere Moduln haben,
- hoher Grad der Wiederverwendbarkeit,
- leichte Erweiterbarkeit und Wartbarkeit,
- gute Verständlichkeit der Schnittstellen,
- geringe Gefahr der Fehlerfortpflanzung.

Die Stärke einer Kopplung wird jeweils paarweise zwischen einzelnen Moduln bestimmt.

Folgende Voraussetzungen müssen erfüllt sein, damit das Prinzip der schmalen Datenkopplung erfolgreich angewandt werden kann:
- Einhaltung des Prinzips der Modularisierung i.e.S:
  Dieses Prinzip beinhaltet, daß Modulkopplungen nur über den <u>Aufruf</u> von Ressourcen erfolgen können. Die eigentliche Kommunikation kann nur über <u>explizite</u> <u>Parameter</u> erfolgen. Außerdem können keine globalen Größen oder gemeinsam benutzte Datenbereiche definiert werden.
- Einhaltung des Geheimnisprinzips:
  Die Interna eines jeden Moduls sind für den Anwender unsichtbar, so daß er keine Annahmen z. B. über die interne Kontrollstruktur machen kann. Außerdem kann auf interne Größen kein Bezug genommen werden.

Werden diese Voraussetzungen eingehalten, dann kann sich die Überprüfung der Modulkopplung auf die Fragen
- "Liegt eine reine Datenkopplung vor?" und
- "Handelt es sich um eine schmale Schnittstelle?"

konzentrieren.

Beide Fragen können nur durch ein ´design-´ und ´code review´ beantwortet werden.

Ist ein Modul durch eine Steuerungskopplung mit anderen Moduln gekoppelt, dann muß die Modularisierung überprüft werden. Insbesondere muß nachgesehen werden, ob alle betroffenen Moduln funktional bzw. informal gebunden sind.

Ist die Schnittstelle breit, dann deutet dies ebenfalls auf eine ungeeignete Modularisierung hin. Vielleicht wurden zusammengehörige Zugriffsoperationen in getrennten Moduln untergebracht, so daß ein breiter Datenaustausch dadurch erforderlich wird.

Zusammenhang zwischen Modulbindung und Modulkopplung

Die Struktur eines Software-Systems wird im wesentlichen durch die Modulbindung jedes Moduls und die Modulkopplungen der Moduln untereinander bestimmt (Abb. 2.5-8).

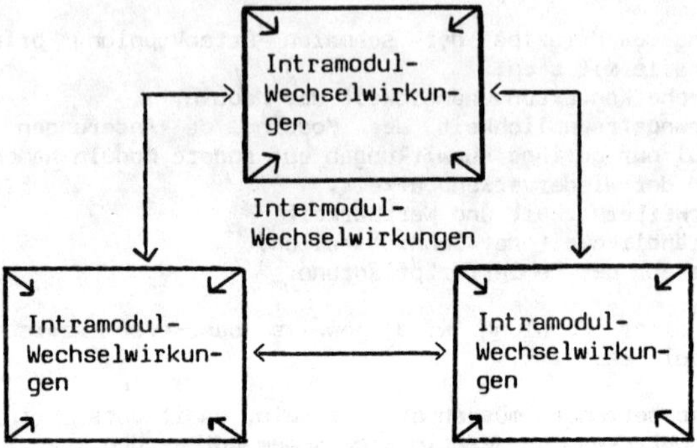

Abb. 2.5-8: Wechselwirkungsarten, die die Struktur eines Systems beeinflußen.

Zur Ausprägung einer Struktur läßt sich folgende These aufstellen:

> Die Struktur eines Systems ist umso ausgeprägter und der Grad der Modularität ist umso höher, je stärker die Intramodul-Wechselwirkungen im Vergleich zu den Intermodul-Wechselwirkungen sind.

Je stärker die Ausprägung einer Struktur ist, desto geringer ist auch die Komplexität dieser Struktur.
Geringe Komplexität bedeutet aber hoher Grad an Einfachheit, gute Verständlichkeit, leichte Einarbeitung.

> Die Forderung nach Einfachheit wird erfüllt, wenn die Intermodul-Wechselwirkungen minimiert <u>und</u> die Intramodul-Wechselwirkungen maximiert werden.

Durch Anwendung des Prinzips der schmalen Datenkopplung <u>und</u> des Prinzips der funktionalen und informalen Bindung kann die letzte These realisiert werden.

2.5.1.6 Prinzip der Strukturierung i. e. S.

Das allgemeine Prinzip der Strukturierung gilt auch beim Entwurf. Die Strukturierung bezieht sich darauf, wie Moduln zu einer Struktur zusammengefügt werden. Im folgenden werden die unterschiedlichen Strukturierungsphilosophien skizziert. Wie man zu den Strukturen gelangt, wird bei Methoden des Entwurfs behandelt. Generell läßt sich feststellen, daß zwischen liberalen Konzepten und restriktiven Konzepten eine große Bandbreite existiert. Allgemein gilt, daß restriktivere Konzepte größere Vorteile bei der Wartbarkeit und Änderbarkeit bringen. Diese Vorteile müssen jedoch durch methodische Einschränkungen erkauft werden. I. a. wird das Prinzip der Strukturierung i. e. S. durch das Prinzip der Modularisierung i. e. S. und eine Überlagerung mit dem Prinzip der Hierarchisierung verwirklicht.
Mit der Strukturierung i. e. S. sind außerdem folgende Punkte verknüpft:

(1) Lebensdauer der internen Modulobjekte,
(2) Überlagerung mehrerer Hierarchien,
(3) Vergabe von Zugriffsrechten,
(4) Zusätzliche Systembausteine.

(1) Lebensdauer der internen Modulobjekte

Die zu dem internen Gedächtnis eines abstrakten Datentyps gehörenden Objekte müssen eine längere Lebensdauer besitzen, als die Aufrufdauer der einzelnen Zugriffsoperationen beträgt.

Drei Konzepte werden in der Praxis angewandt:

(1.1) Die Objekte existieren während der gesamten Laufzeit des Software-Systems, zu dem der Modul gehört. Die Initialisierung der Objekte erfolgt entweder beim Systemstart oder bei der ersten Benutzung des entsprechenden abstrakten Datentyps. Der Nachteil dieses Konzepts besteht in der mangelnden Speicherplatzeffizienz.

(1.2) Erfolgt die Systemstrukturierung durch eine Baumhierarchie, dann wird die Lebensdauer mit der Hierarchieebene gekoppelt. Wird die übergeordnete Hierarchieebene aktiviert, dann werden auch Objekte der nächst niedrigeren Hierarchieebene initialisiert. Beim Verlassen der übergeordneten Ebene existieren diese Objekte dann nicht mehr. Dieser implizite Lebensdauermechanismus sorgt für eine hohe Speicherplatzeffizienz. Strukturierungskonzepte, die als Weiterentwicklung des klassischen ALGOL 60-Blockkonzeptes entstanden, verwenden dieses Lebensdauerkonzept (MODULA-2, ALPHARD, ADA).

(1.3) Die Objekte werden durch entsprechende Zugriffsoperationen explizit initialisiert und auch explizit gelöscht. Die Verantwortung für die Lebensdauer liegt hier ganz allein bei dem Anwender.

(2) Überlagerung mehrerer Hierarchien

In Abhängigkeit von der Entwurfsmethodik werden zur Strukturierung oft mehrere Hierarchien überlagert:

(2.1) Hierarchie zur statischen Strukturbeschreibung des Entwurfs. Hierbei kann es sich z. B. um eine Baumstruktur mit der Basis "ist Teilproblem von" handeln (Composite/structured design, PLASMA/D, MIL).

(2.2) Hierarchie zur dynamischen Strukturbeschreibung. Durch Optimierung eines Entwurfs kann sich die ursprüngliche Hierarchiestruktur ändern. Treten identische Moduln an verschiedenen Stellen der Hierarchie auf, dann wird er z. B. an einer Stelle beibehalten und alle anderen Benutzer greifen auf diese Stelle zu. Die Basis der Hierarchie ändert sich in "ruft auf" (Composite/structured design).

(2.3) Explizite und implizite Vergabe von Zugriffsrechten zwischen Moduln (siehe unten). Durch Vergabe von Zugriffsrechten können zusätzliche überlagerte Strukturen entstehen (MIL, PLASMA/D).

(3) Vergabe von Zugriffsrechten

Beim Entwurf einer Systemstruktur werden oft zunächst statische Beziehungen beschrieben. Diese statischen Beziehungen sind nicht identisch mit den möglichen dynamischen Abläufen, d. h. mit der Basis "ruft auf". Aufgrund der Problemstruktur lassen sich für die dynamische Struktur oft weitere Einschränkungen vornehmen. Auf der anderen Seite sind oft Zugriffe auf andere Systemteile erforderlich, die anhand der statischen Struktur nicht möglich sind.

Durch die Vergabe von Zugriffsrechten kann daher einer statischen Systemstruktur (oft mit der Basis "ist Teilproblem von") eine sowohl eingeschränkte als auch erweiterte Zugriffsstruktur überlagert werden, die den Rahmen der dynamischen Struktur (Basis "ruft auf") absteckt.

Durch Zugriffsrechte kann z. B. auch festgelegt werden, daß ein Modul nur bestimmte Zugriffsoperationen (z. B. nur lesende) eines anderen Moduls aufrufen darf.

Das Konzept der Zugriffsrechte hängt auch mit dem Gültigkeitsbereich bzw. Sichtbarkeitsbereich von Objekten und Prozeduren blockstrukturierter Sprachen zusammen. Bei diesen Sprachen hängt der Gültigkeitsbereich eines Objektes oder einer Prozedur davon ab, wo das Objekt oder die Prozedur in der Baumhierarchie vereinbart ist. Durch implizite Gültigkeitsbereiche bzw. Sichtbarkeitsbereiche ist es u. U. von sehr vielen Stellen der Hierarchie aus möglich, auf diese Objekte und Prozeduren zuzugreifen. Die Zugriffsmöglichkeiten sind aber nicht vom Problem aus begründet, sondern allein von der Anordnung in der statischen Baumhierarchie. Um die damit verbundenen Probleme - keine explizite Übersicht über die Zugriffe, unübersehbare Auswirkungen bei Änderungen usw. - zu reduzieren, wurden in neueren Sprachen die Gültigkeitsbereiche von vornherein stark eingeschränkt.

(4) Zusätzliche Systembausteine

Die Strukturierung eines Systems muß sich nicht allein darauf beschränken, die Beziehungen zwischen Moduln zu beschreiben. Aus problemimmanenten oder methodischen Gründen kann es nützlich sein, Strukturierungselemente zu verwenden, die keine Moduln sind.

Stellt man sich auf den Standpunkt, daß eine Systemstruktur dadurch entsteht, daß verschiedene Systembausteine, die es ermöglichen, unterschiedliches Systemverhalten geeignet zu beschreiben, problemadäquat zusammengefaßt werden, dann gelangt man zu folgender Klassifizierung:

(4.1) Systembausteine, die durch Moduln repräsentiert werden:
- (4.1.1) Moduln, die funktionale Abstraktionen realisieren (Funktionsmoduln, executive systems)
- (4.1.2) Moduln, die abstrakte Datentypen realisieren (Datenmoduln, data systems, abstract systems)

(4.2) sonstige Systembausteine
- (4.2.1) Baustein, der als strukturelle Einheit dient (Komponente, virtual system)
- (4.2.2) externe Bausteine, auf die das System noch zugreift (external system)

In Abhängigkeit von der Strukturierungsart und der verwendeten Entwurfsmethodik tangieren diese vier Gesichtspunkte den Entwurfsprozeß und den Entwurf selbst mehr oder weniger stark.

Die in der Praxis angewandten Strukturierungsarten lassen sich folgendermaßen klassifizieren:

(a) implizite Verknüpfung der Moduln
(b) implizite oder explizite Strukturierung:
- (b1) schichtenorientiert
- (b2) baumorientiert
- (b3) netzorientiert

(c) virtuelle Strukturierung

Außer der Klasse (a) geschieht bei allen anderen Klassen eine Strukturierung durch Anwendung des Prinzips der Hierarchisierung (siehe 2.1.3). In den folgenden Ausführungen wird sich auf das dort angegebene Klassifikationsschema bezogen. Allgemein läßt sich feststellen, daß ein Entwurf umso besser überprüft werden kann, je mehr Festlegungen gemacht werden und je detaillierter die Festlegungen bei der Strukturierung sind.

Auf die drei aufgeführten Klassen wird im folgenden exemplarisch eingegangen. Bei der Skizzierung der Sprachen (siehe 2.5.3) werden dann die Strukturierungskonzepte detaillierter beschrieben.

(a) <u>implizite Verknüpfung der Moduln</u>

Bei dieser liberalsten Form der Strukturierung muß der Entwerfer sich um die Systemstruktur nicht explizit kümmern. Jeder Modul, der Ressourcen seiner Umwelt benutzt, beschreibt diese importierten Ressourcen in seiner Schnittstelle. Anhand dieser Import-Listen fügt ein Werkzeug (Binder, Bibliothekssystem) alle vorhandenen Moduln zu einer Struktur zusammen. Die Struktur wird also implizit durch die Import-Schnittstellen der Moduln festgelegt.

<u>Beispiel</u>

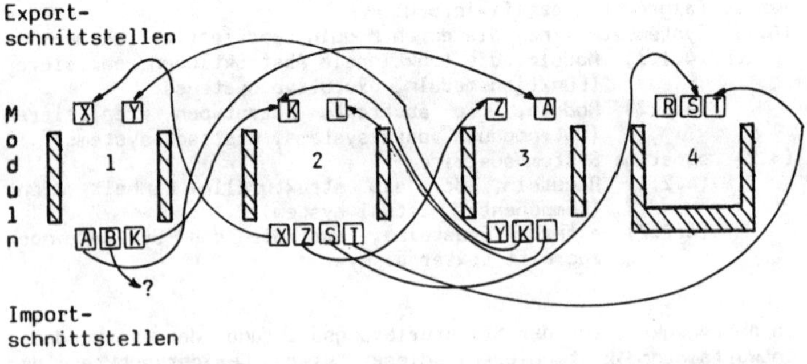

⟶ = x benutzt Ressource y

■

<u>Vorteile</u>

- Der Entwerfer muß sich um keine explizite Struktur kümmern.
- Methodisch kann man sich auf das Modularisieren konzentrieren.
- U. U. leichtere Akzeptanz, da keinerlei Restriktionen durch zusätzliche Strukturierungskonzepte.
- Leicht einzuführen, da nur Modulkonzepte geschult werden müssen.

<u>Nachteile</u>

- Das bewußte Gestalten eines Entwurfs ist nicht möglich.
- Die entstehende implizite Struktur kann chaotisch sein.

- Wegen fehlender expliziter Struktur werden Einarbeitung, Änderungen und Wartung erschwert.
- Die internen Gedächtnisse aller abstrakten Datentypen müssen während der gesamten Systemlaufzeit existieren, daher schlechte Speicherplatzeffizienz. (Konzept 1.1 bei Lebensdauer).

(b) implizite oder explizite Strukturierung

Zwischen den Moduln existiert eine hierarchische Strukturierung. Implizit meint, daß der Entwerfer sich nicht bewußt um die Strukturierung bemüht. Die textuelle Reihenfolge der Moduln kann z. B. gleichbedeutend mit der Zuordnung zu einer Hierarchieebene sein. Durch die entsprechende Sprache wird dann die Hierarchie mit ihren jeweiligen Eigenschaften erzeugt (z. B. SLAN/ELAN). Explizit bedeutet, daß der Entwerfer die Struktur durch geeignete Sprachkonzepte festlegt.

(b1) schichtenorientiert

Die Moduln werden in Schichten zusammengefaßt. Schichten sind meist dadurch gekennzeichnet, daß Moduln innerhalb einer Schicht beliebig aufeinander zugreifen können. Zwischen den Schichten gelten dann strengere Zugriffsregeln. Die Schichten selbst können folgendermaßen angeordnet werden:
- Schichten mit linearer Ordnung,
- Schichten mit strikter Ordnung,
- Schichten mit baumartiger Ordnung.

Sollen Schichten bewußt gebildet werden, dann müssen Moduln explizit Schichten zugeordnet werden. Das Schichtenmodell selbst muß explizit angegeben werden oder implizit vorgegeben sein.

Beispiel

Schichtenmodell mit strikter Ordnung:
Die Schichten werden entsprechend ihrem Abstraktionsniveau angeordnet. Von Schichten mit höherem Abstraktionsniveau kann auf alle Schichten mit niedrigerem Abstraktionsniveau zugegriffen werden aber nicht umgekehrt.

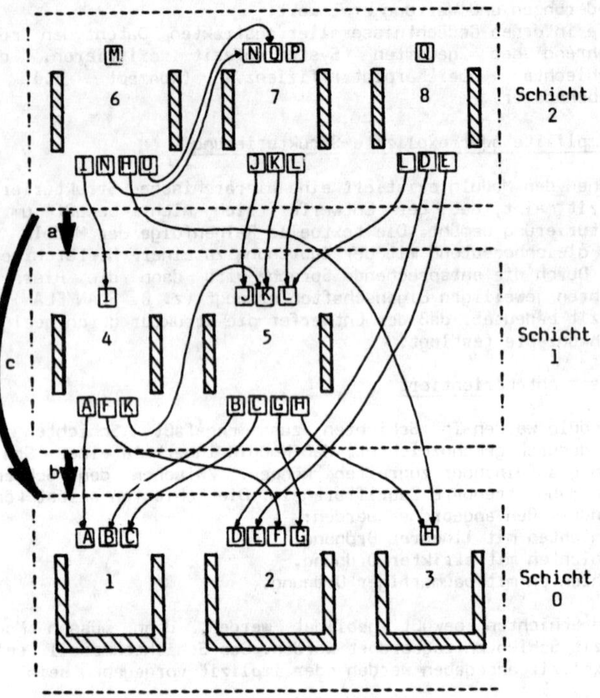

Ein Schichtenmodell mit linearer Ordnung würde vorliegen, wenn von einer Schicht immer nur auf die nächstniedrigere zugegriffen werden kann. Der Zugriffspfeil (c) wäre dann nicht erlaubt. ■

Vorteile

- Modell der Abstraktionsebenen oder der virtuellen Maschinen realisierbar.
- Der Entwerfer wird nicht zu stark eingeschränkt, da er neben einer strengen Hierarchie noch eine liberale Strukturierungsmöglichkeit innerhalb der Schichten besitzt.

Nachteile

- Eindeutig voneinander abgrenzbare Abstraktionsschichten lassen sich nicht immer definieren.
- Innerhalb einer Schicht kann Chaos herrschen.
- Das Prinzip der Strukturierung i.e.S. kann unterlaufen werden, wenn alle Moduln auf nur wenige Schichten verteilt werden.

Neben diesen Schichtstrukturen gibt es restriktivere Strukturen, die jeweils einzelne Moduln verknüpfen.

(b2) baumorientiert

Moduln werden baumartig angeordnet. Die Baumhierarchie entsteht dabei entweder durch die angewandte Entwurfsmethodik (z. B. Composite/structured design) oder durch die Blockstruktur der eingesetzten Programmiersprache (z. B. MODULA-2, ADA, EUCLID, ALPHARD). Der statischen Baumstruktur ist oft eine Gültigkeits-, Sichtbarkeits- oder Zugriffsrechte-Hierarchie überlagert.

Beispiel

PLASMA/D-Entwurf (siehe 2.5.3.8).

■

Vorteile

- Detaillierte Strukturierung möglich.
- Unterstützt die sukzessive Zergliederung von Problemen.
- Weitgehende Unabhängigkeit der einzelnen Baumzweige, da keine Querbeziehungen zwischen getrennten Zweigen existieren.
- Gute Verständlichkeit, leichte Einarbeitung.
- Die Lebensdauer der Modulobjekte kann an die Baumhierarchie gekoppelt werden (Lebensdauerkonzept 1.2).
- Leichte Änderbarkeit und gute Wartbarkeit, da die Auswirkungen von Modifikationen gut lokalisierbar sind.

Nachteile

- Einschränkung des Entscheidungsspielraums des Entwerfers.
- In getrennten Zweigen benötigte identische Moduln sind entweder mehrfach vorhanden oder müssen in der Hierarchie probleminadäquat nach oben verlagert werden.

(b3) netzorientiert

Zur Strukturierung dient ein gerichteter Graph mit partieller Ordnung oder eine noch liberalere Strukturierungsart. Netzorientierte Strukturen entstehen oft nicht direkt beim Entwurfsprozeß. Oft werden sie aus einer beim Entwurfsprozeß gebildeten Baumhierarchie abgeleitet, insbesondere um den oben genannten zweiten Nachteil einer Baumhierarchie zu vermeiden.

Beispiel

Composite / structured design (siehe 2.5.2.3).

■

Vorteile

- Die Struktur ermöglicht die Mehrfachverwendung desselben Moduls.

Nachteile

- Gegenüber einer Baumhierarchie Verlust unabhängiger Zweige.
- Zuviel Freiheitsspielraum für Entwerfer.
- U. U. unübersichtlich, unverständlich und schlecht wartbar.

(c) virtuelle Strukturierung

Alle bisherigen Strukturierungsarten sind dadurch gekennzeichnet, daß sie das Zusammenwirken von Moduln mehr oder weniger streng strukturieren. Jeder Knoten der Struktur war durch einen Modul oder mehrere Moduln (Schicht) repräsentiert. Die virtuelle Strukturierung ist dadurch gekennzeichnet, daß viele Knoten in der Struktur nur als logische Zusammenfassung bzw. als strukturelle Einheiten dienen, d. h. diese Knoten werden nicht durch Moduln repräsentiert. Virtuelle Strukturierungen dienen als Dokumentationshilfsmittel und unterstützen die Entwurfsmethodik.

Beispiel

Beim Entwurfsprozeß entsteht eine Baumstruktur (Basis der Hierarchie: "ist Teilproblem von"). Alle Baumknoten sind strukturelle Einheiten, nur die Blätter werden durch Moduln repräsentiert. Zwischen den Moduln selbst besteht eine Aufrufstruktur (oft netzorientiert).

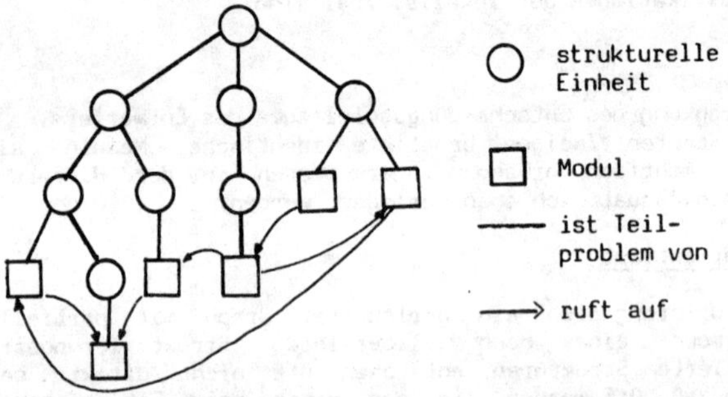

Abb. 2.5-9: Baum mit virtuellen Knoten und Modulblättern ■

Vorteile

- System kann zunächst logisch strukturiert werden, ohne an die Implementierung zu denken.

Nachteile

- Entwurfsstruktur und Ablaufstruktur können völlig entkoppelt sein, d. h. die entworfene Systemstruktur findet sich im implementierten System i. a. nicht wieder.
- Kein top-down-Test möglich (siehe 2.4.2.1).

Um die Vorteile einer Strukturierung i. e. S. optimal nutzen zu können, sollten folgende Regeln beachtet werden:

- Eine explizite Strukturierung verbessert gegenüber einer impliziten Strukturierung die Verständlichkeit und Übersichtlichkeit.
- Eine explizite Strukturierung zwingt zu einem bewußten Entwurf.
- Eine explizite Strukturierung - u. U. zunächst ohne Modularisierung - erleichtert das methodische Vorgehen.
- Je stärker die strukturellen Restriktionen sind, desto mehr Analysen und Überprüfungen können auf den Entwurf angewandt werden.
- Je stärker die strukturellen Restriktionen sind, desto besser können i. a. die Auswirkungen von Änderungen überblickt und die korrekte Durchführung der Änderungen kontrolliert werden.

2.5.1.7 Prinzip der vollständigen Schnittstellenspezifikation

Moduln stellen ihrer Umgebung Leistungen zur Verfügung. Damit andere Moduln diese Leistungen in Anspruch nehmen können, müssen sie wissen, wie die Leistungen im Detail aussehen und wie die Leistungen in Anspruch genommen werden können.
Um das Geheimnisprinzip einzuhalten, sollen die Leistungen in einer Schnittstelle spezifiziert werden, die unabhängig von der Implementierung ist. D. h. die Schnittstellenspezifikation eines Moduls beschreibt allein die Voraussetzungen, die andere Moduln von diesem Modul machen dürfen /Parnas 72/.

Während der Software-Entwicklung dient die vom Entwerfer erstellte Schnittstellenspezifikation außerdem dem Programmierer als Implementierungsvorgabe, aus der er alle erforderlichen Informationen für die Realisierung entnehmen soll.

Nach Fertigstellung der Implementierung soll das Programm gegen die Spezifikation geprüft werden können.

Aus diesen unterschiedlichen Aufgaben einer Spezifikation ergeben sich folgende Anforderungen an eine Spezifikation (siehe auch /Liskov, Zilles 75/):

(1) <u>Vollständigkeit, Konsistenz und Eindeutigkeit</u>

Die Spezifikation muß das beabsichtigte Konzept der Schnittstelle vollständig, konsistent und eindeutig wiedergeben. Insbesondere müssen alle Details enthalten sein, um den Modul sowohl anzuwenden als auch zu implementieren. Alle denkbaren und bei der Anwendung potentiell auftretenden Fälle müssen berücksichtigt sein.

(2) <u>Verständlichkeit</u>

Eine Spezifikation muß, auch ohne besondere mathematische

Kenntnisse, lesbar und verständlich sein. Dies bedeutet jedoch nicht, daß Entwerfer und Programmierer nicht in Spezifikationskonzepten geschult werden sollen. Die Verständlichkeit wird durch den Umfang und die Klarkeit der Spezifikation bestimmt.

(3) Minimalität und Implementierungsunabhängigkeit

Die angewandten Spezifikationskonzepte sollen es ermöglichen, die gewünschten Eigenschaften implementierungsunabhängig zu beschreiben und sonst nichts. Insbesondere soll eine Überspezifikation vermieden werden, die den Implementierungsspielraum nur unnötig einengt.

(4) Konstruierbarkeit

Spezifikationen müssen mit vertretbarem Aufwand erstellt, d. h. konstruiert werden können. Auf der anderen Seite soll feststellbar sein, ob aufgestellte Spezifikationen auch das gewünschte Modulverhalten richtig beschreiben.

(5) Formal beweisbar

Spezifikationen sollen in einer mathematisch fundierten Notation beschrieben werden, um

- die Spezifikation automatisch auf Widerspruchsfreiheit, Lücken und Plausibilität prüfen zu können,
- die Implementierung gegenüber der Spezifikation formal prüfen zu können.

(6) Änderbarkeit und Erweiterbarkeit

Minimale Änderungen oder Erweiterungen in der zu spezifizierenden Aufgabe sollen auch nur minimale Modifikationen in den Spezifikationen erfordern. Diese Anforderung hängt mit der Konstruierbarkeit (4) zusammen.

(7) Allgemeinheit

Die Spezifikationskonzepte sollen so allgemein sein, daß sie in einem breiten Anwendungsbereich eingesetzt werden können.

(8) Methodik

Die Anwendung der Spezifikationskonzepte soll methodisch unterstützt werden.

Diese Anforderungen sind z. T. gegenläufig. Formal beweisbare Spezifikationen sind i.a. nicht leicht verständlich.

Inhaltlich müssen Schnittstellenspezifikationen nicht nur Angaben enthalten, wie die Ressourcen eines Moduls angewandt werden (Syntax), sondern auch Informationen über die Semantik der bereitgestellten Ressourcen in nicht-algorithmischer Form.

Eine Spezifikation sollte daher folgende Komponenten enthalten:

- Aufgabenbeschreibung des Moduls
- Modultyp
- Leistungsmerkmale
  - Geschwindigkeit,
  - Speicherplatz,
  - Genauigkeit (bei numerischen Funktionen).
- Voraussetzungen und Vorbedingungen für die Anwendung des Moduls.
- Bedingungen, die nach der Anwendung des Moduls gelten.
- Alle bereitgestellten Funktionen bzw. Zugriffsoperationen.
- Für jede Funktion bzw. Zugriffsoperation sind folgende Angaben erforderlich:
  - Eingabeparameter einschl. zulässiger Bereiche und Beziehungen untereinander,
  - Wertebereich der Ausgabeparameter und ihre Abhängigkeit von den Eingabeparametern und anderen Daten bzw. von internen Zuständen,
  - Verhalten bei inkorrekten Eingabewerten oder Fehlfunktion des zugrundeliegenden Basissystems,
  - Wirkung bzw. Effekte der Funktion bzw. Zugriffsoperation,
  - Anwendungsvoraussetzungen und Vorbedingungen,
  - Gültige Bedingungen nach der Anwendung.
- Abhängigkeiten und Relationen zwischen den Zugriffsoperationen
  - statische Relationen,
  - gegenseitige Ausschlußbedingungen,
  - zulässige Aufruffolgen.

Spezifikationskonzepte lassen sich folgendermaßen klassifizieren:

- informale Spezifikation,
- semiformale Spezifikation,
- formale Spezifikation.

Informale Spezifikationen beschreiben die Eigenschaften einer Schnittstelle in verbaler oder grafischer Form. In der Praxis wird diese Form überwiegend angewandt, da formale Spezifikationen schwer zu konstruieren sind, einen eingeschränkten Anwendungsbereich besitzen und auf umfangreiche Probleme meist nicht anwendbar sind. Hinzu kommt natürlich noch das Ausbildungsproblem.

Semiformale Spezifikationen verwenden eine Kombination von informalen und formalen Elementen zur Spezifikation. Sie ermöglichen einen pragmatischen Einsatz auch in der Praxis. Durch ihre Anwendung wird auf jeden Fall die Dokumentation verbessert und der Entwerfer wird auf relevante Gesichtspunkte durch die Konzepte aufmerksam gemacht. Der Einsatz von automatischen Werkzeugen ist jedoch eingeschränkt. Im folgenden wird die semiformale Spezifikation nach Parnas und die semiformale Spezifikationssprache SPEZI behandelt.

Formale Spezifikationskonzepte lassen sich folgendermaßen klassifizieren (siehe auch /Liskov, Zilles 75/):

- denotationale Semantik:
  Alle im System vorkommenden Objekte werden auf abstrakte, mathematische Objekte abgebildet. Die Semantik der Operatoren wird durch Abbildungen von den Objekten, die den Operanden zugeordnet sind, auf die Objekte, die den Ergebnissen zugeordnet sind, erklärt. Diese Spezifikationskonzepte sind bisher zur Definition der Semantik von Programmiersprachen verwendet worden (z. B. Vienna Definition Language) und zur Spezifikation von abstrakten Datentypen weniger gut geeignet.

- Zustandsmodell:
  Der zu spezifizierende Modul wird als Automat aufgefaßt, der sich jeweils in einem Zustand aus einer Menge von Zuständen befindet. Ein Zustand wird durch die Werte aller im Modul vorhandenen Objekte festgelegt. Zugriffsoperationen können den Zustand des Moduls verändern oder Informationen über den aktuellen Zustand liefern. Die Ausgangsbasis für dieses Konzept bildet die Spezifikation nach Parnas (siehe unten). Eine formale Spezifikationssprache, die diesen Ansatz unterstützt, ist SPECIAL (siehe 2.5.3.10).

- algebraische Spezifikation:
  Die Semantik von Zugriffsoperationen wird durch Axiomensysteme definiert. Axiome bestehen aus Äquivalenzen von Ausdrücken, die Operationen und Operanden enthalten (siehe unten).

Die Anwendung des Prinzips der Schnittstellenspezifikation bringt folgende Vorteile mit sich:
- Das Verhalten und die Anwendung eines Moduls kann allein aus der Schnittstellenspezifikation entnommen werden.
- Nur eine vollständige Schnittstellenspezifikation ermöglicht die konsequente Verwirklichung des Geheimnisprinzips.
- Anhand der Schnittstellenspezifikation kann der Modul implementiert werden, ohne daß weitere Informationen eingeholt werden müssen.
- Die Implementierung kann gegen die Spezifikation geprüft werden.

2.5.1.7.1 Spezifikation nach Parnas

/Parnas 72/ hat eine Spezifikationsbeschreibung für Moduln, die abstrakte Datentypen verkörpern, vorgeschlagen.

Die Grundidee besteht darin, die Zugriffsoperationen in zwei Gruppen zu gliedern:
- V-Operationen (value returning):
  Operationen, die Werte zurückliefern, aber - außer im Fehlerfall - keinen Effekt haben.
- O-Operationen (operate):
  Operationen, die den Modulzustand ändern, d. h. Manipulationen an den Moduldaten vornehmen.

Für jede Zugriffsoperation werden folgende Angaben spezifiziert:
- Die Menge der möglichen Ergebniswerte bei V-Operationen: integers, reals, booleans usw.
- Initialisierungswerte der Zugriffsoperationen, solange noch keine O-Operation aufgerufen wurde: 'undefiniert' oder aus der oben aufgeführten Menge.
- Typen und Namen der Parameter.
- Effekt: Wirkung auf die Moduldaten, wenn keine Fehlerbedingung zutrifft sowie Folge von Fehlerbedingungen mit den jeweils notwendigen Reaktionen.

Ergänzt wird die Spezifikation durch notwendige Erläuterungen.

Beispiel

Der in 2.5.1.1.3 beschriebene INTEGER_STACK wird nach Parnas spezifiziert:

```
data abstraction INTEGER_STACK;
  consists of
    function PUSH (Z)                     (* 0-Operation*)
    possible values: none                 (* keine Ergebniswerte*)
    parameters: integer Z           (* Typ des Eingabeparameters*)
    effect: if 'DEPTH' >= N
            then call ERROR1
            else (TOP = Z; DEPTH = 'DEPTH' + 1)
  ------------------------------------------------------------
    function POP                          (* 0-Operation*)
    possible values: none                 (* keine Ergebniswerte*)
    parameters: none
    effect: if 'DEPTH' = 0
            then call ERROR2
            else DEPTH = 'DEPTH' - 1
    Die Aufruffolge "PUSH (Z); POP" hat keinen
    Netto-Effekt, wenn kein Fehleraufruf auftritt.
  ------------------------------------------------------------
    function TOP                          (* V-Operation*)
    possible values: integer              (* Ergebniswert*)
    initial value: undefinied
    parameters: none                      (* keine Eingabewerte*)
    effect:if 'DEPTH' = 0
           then call ERROR2
  ------------------------------------------------------------
    function DEPTH                        (* V-Operation*)
    possible values: integer              (* Ergebniswert*)
    intitial value: 0
    parameters: none                      (* keine Eingabewerte*)
    effect: none

N ist die maximale Tiefe des Kellers.
end INTEGER_STACK
```

■

Die Gleichungen in den Effektspezifikationen beschreiben keine Algorithmen. Um die Werte vor Aufruf einer Funktion von den Werten nach Aufruf einer Funktion unterscheiden zu können, wird der 'alte' Wert in Hochkommata eingeschlossen: DEPTH='DEPTH'+1. Das Gleichheitszeichen '=' beschreibt die Gleichheitsrelation und keine Zuweisung (:=). Die Gleichung DEPTH = 'DEPTH' + 1 besagt also, daß der Wert von 'DEPTH' vor dem Funktionsaufruf nach dem Funktionsaufruf um 1 erhöht ist.

Fehlerbedingungen werden so behandelt, als ob der Modul falsch benutzt wurde. Wie der Benutzer auf einen Fehlerfall reagiert, liegt allein in seiner Verantwortung. Der rufende Modul kann seinen Fehler korrigieren und die Funktion erneut aufrufen. Der gerufene Modul selbst verfügt über kein Gedächtnis, das sich fehlerhafte Aufrufe merkt.

Die Fehlerbedingungen werden in der Reihenfolge abgeprüft, in der sie niedergeschrieben sind, falls mehrere vorhanden sind.

Eine Spezifikation nach Parnas ist durch folgende Eigenschaften gekennzeichnet:
- Abstrakte Datentypen werden vollständig durch ihre Zugriffsoperationen spezifiziert, ohne daß auf die manipulierte Datenstruktur Bezug genommen wird.
- Nichtalgorithmische Effektspezifikation.
- Abstrakte Datentypen können allein anhand der Spezifikation benutzt werden.
- Zustandsmaschinenmodell, da die Klasse der Objekte als Zustände einer abstrakten Zustandsmaschine angesehen werden können /Liskov, Zilles 75, S. 81/.

Vorteile

- Anwendungsorientierte, implementierungsunabhängige Spezifikation von abstrakten Datentypen.
- Eine Spezifikation kann durch eine Klasse von Implementationen erfüllt werden, nicht nur durch eine.
- Halbformale Spezifikationsbeschreibung.
- Klassifizierung in zustandsändernde und wertliefernde Operationen.
- Beschreibung der Effekte der Operationen aufeinander.
- Fehlerbehandlung liegt beim Benutzer.

Nachteile

- Spezifikation umfangreicher Moduln schwierig.
- Beziehungen zwischen zustandsändernden Zugriffsoperationen können nicht formal beschrieben werden (z. B. PUSH (Z), POP hat keine Netto-Wirkung).
- Vollständigkeit und Konsistenz der Spezifikation sind schwer festzustellen, insbesondere bei umfangreichen Spezifikationen.
- Schwer verständlich, da keine Zugriffsoperation für sich allein, sondern nur im Zusammenhang mit anderen Zugriffsoperationen zu verstehen ist.
- Schwer konstruierbar.
- Die Notwendigkeit verbaler Zusatzinformationen verführt dazu, schwierige Spezifikationen nicht formal zu beschreiben.
- Schwer erweiterbar, da bei neuen V-Operationen viele O-Operationen geändert werden müssen.

2.5.1.7.2 Algebraische Spezifikation

Der algebraische Ansatz zur vollständig formalen Spezifikation von abstrakten Datentypen geht auf /Liskov, Zilles 74/, /Zilles 75/, /Guttag 77/, /Guttag et. al 77/ und /Goguen et al. 76/ zurück.
Die algebraische Spezifikation betrachtet abstrakte Datentypen als algebraische Strukturen, d. h. als Mengen mit darauf definierten Operationen, für die bestimmte Axiome gelten.
Die algebraische Spezifikation verfolgt hauptsächlich zwei Ziele:
- formale Spezifikation einer Modulschnittstelle,
- Verifikation der Implementierung gegen die Spezifikation.

Eine algebraische Spezifikation eines abstrakten Datentyps besteht aus einem Syntax- und einem Semantikteil.

Der Syntaxteil besteht aus einer Menge von Vereinbarungen von Zugriffsoperationen. Jede Zugriffsoperation wird in der Form

Operationsname: Definitionsbereiche ---> Wertebereich

geschrieben. Die Definitionsbereiche legen dabei die Eingabe- bzw. Argumentenbereiche der Operation fest. Die verwendeten Datenbereiche werden als Sorten bezeichnet.

Der Semantikteil setzt sich aus einer Menge von Gleichungen zusammen, die die Relationen zwischen den einzelnen Zugriffsoperationen in Form von Axiomen beschreiben.

Beispiel

Der in 2.5.1.1.3 beschriebene INTEGER_STACK wird algebraisch spezifiziert.

```
type  INTEGER_STACK
sorts Stack, Integer                                (*Syntax*)

operations
   PUSH: Stack x Integer ---> Stack        (1)
   POP : Stack           ---> Stack        (2)
   TOP : Stack           ---> Integer      (3)

variables s: Stack, i: Integer                    (*Semantik*)
constants so: Stack
axioms
   POP(PUSH(s,i)) = s                      (4)
   TOP(PUSH(s,i)) = i                      (5)
   POP(so)        = undef                  (6)
   TOP(so)        = undef                  (7)
```

Diese Spezifikation setzt voraus, daß "Integer" entweder als elementarer Typ vordefiniert ist oder durch eine andere algebraische Spezifikation beschrieben ist. In den Zeilen (1) bis (3) werden die Zugriffsoperationen mit ihrem Definitions- und Wertebereich definiert. Charakteristisch für alle Operationen ist, daß sie nur eine Menge als Wertebereich besitzen, d. h. es handelt sich um Funktionen im mathematischen Sinne.

Die Zeilen (4) und (5) beschreiben die Zusammenhänge zwischen den Operationen. Zeile (4) sagt aus, daß nach Anwendung der Operation PUSH (s,i), d. h. Ablage einer ganzen Zahl in den Keller, und der anschließenden Anwendung der Operation POP, d. h. Entfernen des obersten Elements, wieder der ursprüngliche Keller vorliegt. Durch diese Gleichung wird also beschrieben, daß das Hintereinanderausführen der Operationen PUSH und POP keinen Netto-Effekt bewirkt.

Verfügt ein kaufmännisches Datenverwaltungssystem über die Zugriffsoperationen:

KUNDENSTAMMSATZ_ANLEGEN (KUNDENSTAMMSATZ) und
KUNDENSTAMMSATZ_LOESCHEN (KUNDENSTAMMSATZ)

so kann analog folgendes Axiom aufgestellt werden:

KUNDENSTAMMSATZ_LOESCHEN (KUNDENSTAMMSATZ_ANLEGEN (KUNDENSTAMMSATZ), KUNDENSTAMMSATZ) = 0

D. h. Anlegen und Löschen des gleichen Kundenstammsatzes, hintereinander ausgeführt, hat keinen Netto-Effekt.

Zeile (5) gibt an, daß nach Ablage einer ganzen Zahl in den Keller durch PUSH und anschließendes Ausführen von TOP als Ergebnis die abgelegte Zahl liefert.

Die Zeilen (6) und (7) beschreiben den Anfangsvorrat des Kellers. Es wird von einem leeren Keller ausgegangen. ■

Charakteristisch für die Axiome im Beispiel INTEGER_STACK ist, daß die Axiome keine Annahmen über die Attribute des Typs "Integer" machen. Die Spezifikation kann daher als Definition eines Typ-Schemas angesehen werden. Dies gilt für viele algebraische Typspezifikationen.

Um Abhängigkeiten zwischen den verschiedenen Zugriffsoperationen beschreiben zu können, müssen deren Definitions- und Wertebereiche zumindest teilweise übereinstimmen. Insbesondere muß der Wertebereich eines oder mehrerer Operationen im Definitionsbereich anderer oder der jeweiligen Zugriffsoperation selbst auftreten.

Die bisherige Keller-Spezifikation definiert einen unendlich großen, d. h. nach oben nicht beschränkten Keller. Um ihn auf eine endliche Tiefe zu beschränken, kann eine zusätzliche Operation eingeführt werden /Lockemann, Mayr 78, S.15/:

```
type LIMITED_INTEGER_STACK
sorts Stack, Integer, No (+)
(*No=Menge der nichtnegativen natürlichen Zahlen, + gibt an,
  daß auf No die Addition definiert sein muß*)

operations
     PUSH: Stack x Integer   ---> Stack
     POP : Stack             ---> Stack
     TOP : Stack             ---> Integer
     LENGTH: Stack           ---> No

variables s  : Stack, i: Integer;
constants so : Stack, k: No;

axioms
     PUSH (s, i) = if LENGTH (s)= k then undef
     POP (PUSH (s,i)) = s
     TOP (PUSH (s,i))= i
     POP (so) = undef
     TOP (so) = undef
     LENGTH (so) = 0
     LENGTH (PUSH (s,i)) = LENGTH (s) + 1
```

Eine Verallgemeinerung der hier spezifizierten Datenabstraktion INTEGER_STACK zu einem parametrisierten abstrakten Datentyp STACK ist einfach möglich:

<u>type</u> STACK (Element)
    <u>sorts</u> Stack, Element
    . . .

An die Stelle von "Integer" wird überall "Element" gesetzt. Bei der Vereinbarung dieser Typdefinition wird dann "Element" durch die aktuelle Menge substituiert. ■

Die Anwendung der algebraischen Spezifikation bereitet Schwierigkeiten

- wenn die Zugriffsoperationen nicht Funktionen, sondern Prozeduren mit mehreren Wertebereichen sind,
- wenn Ausnahme- und Fehlerbehandlungen spezifiziert werden müssen.

Eine Lösungsmöglichkeit besteht darin, <u>verdeckte Operationen</u> (hidden functions) /Guttag et al. 77/ einzuführen.
Hängt die Anwendung einer Zugriffsoperation davon ab, welche und wieviele Operationen bisher auf das Datentypobjekt eingewirkt haben, dann müssen die relevanten Zustandsveränderungen der Datenstruktur aufgezeichnet werden. Diese Aufzeichnung der "Geschichte" der Datenstruktur kann durch verdeckte Operationen erfolgen.

Das Problem der versteckten Operationen liegt jedoch darin, daß

sie in die Spezifikation aufgenommen werden, obwohl sie zur Charakterisierung des Datentyps nicht benötigt werden.
Zur geeigneten Spezifizierung von Fehlern werden von /Guttag et al. 77/ ein zusätzlicher Restriktionsteil vorgeschlagen.

Da eine algebraische Spezifikation vollständig formal ist, kann sie für die Verifikation der Implementierung gegen die Spezifikation benutzt werden. In /Guttag 77/ wird ein solcher Verifikationsprozeß an einem Beispiel skizziert.

Vorteile
- Spezifikation weitgehend implementierungsunabhängig.
- Vollständig formale Spezifikation, daher für Verifikation und automatische Werkzeuge einsetzbar (siehe auch /Kreowski 81/).
- Theoretisch fundiert.
- Kann auch auf andere Modularten angewandt werden.
- Die Wirkung von Zugriffsoperationen ergibt sich durch wechselseitige statische Abhängigkeiten, nicht durch isolierte Betrachtung.
- Mit einiger Erfahrung kann man algebraische Spezifikationen lesen.
- Leicht erweiterbar, da zusätzliche Operationen nur jeweils eine neue Syntaxregel sowie zusätzliche Axiome aufbauend auf den Grundoperationen erfordern.
- Praxisrelevante Anwendungen bereits vorhanden (siehe z. B. /Ehrig et al. 81/).
- Konzepte haben Eingang in neuere Sprachen gefunden z. B. in EUCLID.

Nachteile
- Die Konstruktion algebraischer Spezifikationen ist nicht trivial.
- Es können leicht Fälle übersehen werden z. B. Grenzbedingungen.
- Schwierig auf Konsistenz und Vollständigkeit zu prüfen.
- Operationen mit mehreren Wertebereichen sind schwierig zu beschreiben.
- Verdeckte Operationen u. U. erforderlich, um Zustände zu merken.
- Fehler- und Ausnahmebehandlungen sind schwierig zu beschreiben.
- Mnemonische Namensgebung unbedingt erforderlich (Definitions- und Wertebereiche von Keller und Schlange sind z. B. identisch).

2.5.1.8 Zusammenfassung der Entwurfsprinzipien

Beim Entwurf eines Software-Systems sollten folgende Entwurfsprinzipien beachtet werden:

(1) Prinzip der funktionalen Abstraktion und der Datenabstraktion
(2) Geheimnisprinzip
(3) Prinzip der Modularisierung i. e. S.
(4) Prinzip der funktionalen und informalen Bindung
(5) Prinzip der schmalen Datenkopplung
(6) Prinzip der Strukturierung i. e. S.
(7) Prinzip der vollständigen Schnittstellenspezifikation.

Zusätzlich sollten auch beim Entwurf folgende allgemeine Entwicklungsprinzipien eingehalten werden:

(8) Prinzip der Hierarchisierung
(9) Prinzip der Lokalität
(10) Prinzip der integrierten Dokumentation
(11) Prinzip der Mehrfachverwendung
(12) Prinzip der Standardisierung.

Zu beachten ist ebenfalls:

(13) Prinzip der konstruktiven Voraussicht und methodischen Restriktion.

Die wechselseitigen Beziehungen der Prinzipien werden in Abb. 2.5-10 dargestellt.

Besonders betont werden soll, daß die aufgeführten Prinzipien beim Entwurf sehr hilfreich sind, wenn mann versucht sie im Sinne ihrer Intention anzuwenden. Selbst in einer guten Programmiersprache kann man jedoch auch schlecht programmieren, insbesondere wenn man es darauf anlegt. Analog gilt dies auch für die Entwurfsprinzipien.

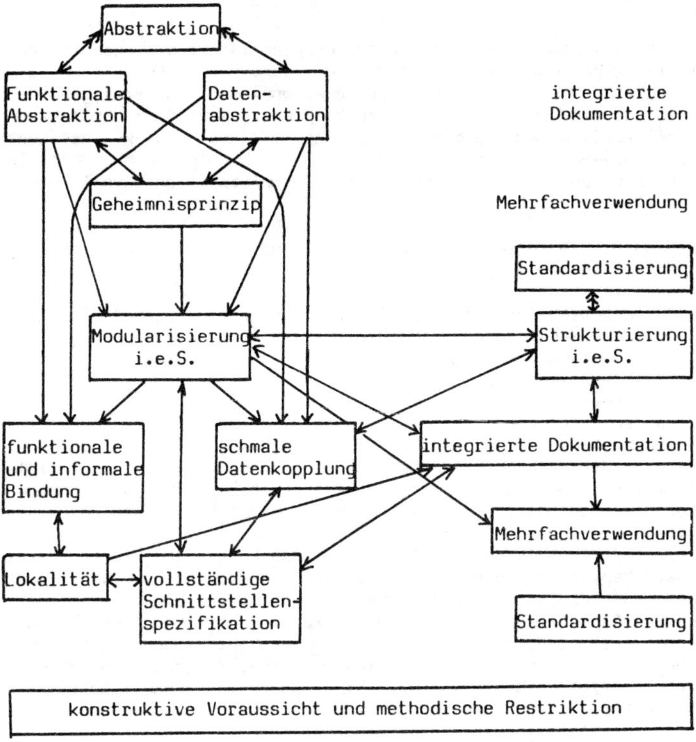

a <<——> b: a entsteht aus b; b ergibt a
a <——> b: a steht in Wechselwirkung mit b
a <—— b: a setzt b voraus

Abb. 2.5-10: Fachsystematisches Netz der Entwurfsprinzipien

2.5.2 Methoden des Entwurfs

Durch die aufgeführten Entwurfsprinzipien ist das Ergebnis des Entwurfsprozesses relativ klar vorgegeben. Der Entwurf muß das Produkt in Moduln gliedern, die funktional bzw. informal gebunden sind und eine funktionale Abstraktion bzw. eine Datenabstraktion bereitstellen. Außerdem muß der Entwurf das Produkt geeignet strukturieren, so daß zwischen den Moduln eine schmale Datenkopplung besteht und die Schnittstellen vollständig spezifiziert sind.

Methoden, die konsequent dieses Ziel anstreben, sind erst in Ansätzen vorhanden.

Ausgangspunkte für den Entwurfs- und Testprozeß geben folgende allgemeine Methoden an:
- top-down-Entwurf,
- bottom-up-Entwurf,
- top-down-Test,
- bottom-up-Test.

Eine dedizierte, sprachunabhängige Methodik mit dem Ziel, funktionale Abstraktionen zu erhalten, stellt "Composite/structured design" dar, die an einem Beispiel ausführlich behandelt wird.
Weitere methodische Ansätze, die das oben definierte Ziel anstreben, werden unter dem Gliederungspunkt "Entwurfsmethodik" bei den einzelnen Sprachen behandelt (siehe 2.5.3).
Obwohl SADT (siehe 2.4.4) in der Praxis auch für den Entwurf eingesetzt wird, erscheint SADT nicht geeignet - zumindest nicht ohne wesentliche Modifikationen - auf das angestrebte Entwurfsziel methodisch hinzuführen. Daher wird SADT unter den Entwurfsmethoden nicht mehr behandelt.

2.5.2.1 top-down-Entwurf versus bottom-up-Entwurf

Die allgemeinen Methoden der Software-Entwicklung - top-down-Methode und bottom-up-Methode - gelten in etwas speziellerer Form auch für den Software-Entwurf.

Beim top-down-Entwurf wird mit dem Entwurf auf der höchsten abstrakten Ebene oder Schicht begonnen. Anschließend wird jede Ebene oder Schicht weiter verfeinert. Dies geschieht solange, bis alle Ebenen oder Schichten bei Basismoduln angelangt sind, deren Leistungen durch die zugrundeliegende Basissoftware realisiert werden können.

Beim bottom-up-Entwurf werden zunächst die Moduln auf der niedrigsten abstrakten Ebene entworfen. Aufbauend auf diesen Moduln werden dann die Moduln der nächsthöheren abstrakten Ebene oder Schicht entwickelt. Sind Moduln von vorangegangenen

Projekten z. B. in einem Produktarchiv vorhanden, dann werden beim bottom-up-Entwurf aus diesen vorhandenen Moduln nach und nach höhere abstrakte Ebenen zusammengebaut.

Entwurf und Implementierung werden bei beiden Methoden oft verzahnt abgewickelt.

Die beiden Entwurfsrichtungen "top-down" und "bottom-up" werden in dedizierten Methoden unterschiedlich stark detailliert und präzisiert.

2.5.2.2 top-down-Test versus bottom-up-Test

In Abhängigkeit von der gewählten Entwurfsmethode und dem Strukturierungskonzept gibt es verschiedene Testmethoden. Die gewählte Testmethode beeinflußt wiederum den Moduleinzeltest und die Art des Integrationstestes. Während der Moduleinzeltest das Ziel verfolgt, die funktionale Leistungsfähigkeit des einzelnen Moduls bezogen auf seine Vorgaben hin zu überprüfen, ist es Ziel des Integrationstestes, das Zusammenwirken der Moduln und die Kompatibilität ihrer Schnittstellen in semantischer Hinsicht (syntaktische Kompatibilität kann durch ein Werkzeug überprüft werden) festzustellen.

(a) Vollständig vorhandener Entwurf

Liegt für ein Software-System ein vollständiger Entwurf vor - es ist dabei gleichgültig, ob der Entwurf top-down oder bottom-up erfolgte - und liegt eine explizite Systemstrukturierung vor, dann kann sowohl ein top-down - als auch ein bottom-up-Test vorgenommen werden (Abb. 2.5-11).

Um einen top-down-Test durchführen zu können, muß zuerst der in der Hierarchie oder Abstraktion am weitesten oben stehende Modul (im Beispiel A) implementiert werden. Nach fertiggestellter Implementierung wird er getestet. Da dieser Modul auf Ressourcen anderer noch nicht implementierter Moduln zugreift, müssen die Leistungen der noch nicht vorhandenen Moduln simuliert werden.

Diese Simulation erfolgt durch Platzhalter-Moduln (dummies, stabs). Platzhalter sind i. a. Moduln, die
- alle verlangten Funktionen bzw. Zugriffsoperatoren simulieren,
- die Semantik nachbilden, aber im eingeschränkten Leistungs- und Typumfang.

Beispiel

Zur Simulation eines Moduls, der z. B. eine Inventurliste ausdruckt, genügt ein Platzhalter, der die Daten ohne Formataufbereitung ausdruckt (eingeschränkter Leistungsumfang). Die Datenhaltung erfolgt z. B. noch im Arbeitsspeicher und nicht auf externen Speichern, statt der Datenübertragung ist nur eine lokale Ein-/ Ausgabe möglich usw.

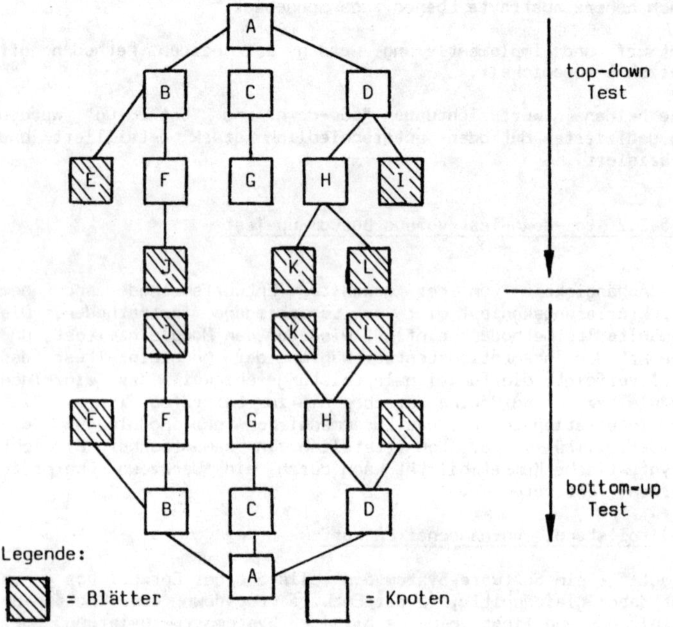

Abb. 2.5-11 : Veranschaulichung von top-down- und bottom-up-Test

Es genügt i. a. nicht, daß ein Platzhalter nur zurückmeldet, daß er aufgerufen wurde oder daß er einen fest einprogrammierten Ergebniswert zurückliefert:

<u>Beispiel</u>

Modul C soll alle Sätze einer Datei lesen und nach der Weiterverarbeitung jeden gelesenen Satz löschen.
Modul G repräsentiert einen abstrakten Datentyp mit den Zugriffsoperatoren
- Lese_nächsten_Satz,
- Lösche_Satz.

Zur Simulation dieser Zugriffsoperatoren genügt es nun nicht, bei "Lese_nächsten_Satz" stets einen festen Satz zurückzuliefern und bei "Lösche_Satz" die Aufrufmeldung abzusetzen.

Folgende Testfälle können dann nicht überprüft werden
- Wie reagiert Modul C, wenn "Lese_nächsten_Satz" keinen Satz

zurückliefert?
- Wie reagiert Modul C, wenn das Löschen eines Satzes nicht möglich ist? ■

Benötigt Modul A Ressourcen der Moduln B, C und D, (siehe Abb. 2.5-11), dann kann das Zusammenwirken von A-B, A-C und A-D durch den Einsatz von Platzhaltern überprüft werden.

Anschließend kann ebenenweise oder zweigweise vorgegangen werden. Ebenenweise bedeutet, daß nacheinander oder parallel die Moduln der nächsten Ebene - hier B, C und D- implementiert werden. Jeder Modul wird wiederum für sich - evtl. mit Platzhaltern - getestet. Nach erfolgreichem Einzeltest werden die Platzhalter für B, C und D nacheinander gegen die fertigen Moduln B, C und D ausgetauscht. Die jeweils integrierten Moduln werden zusammen mit dem jeweils bereits laufenden System - hier A - im Zusammenwirken getestet. Dabei können u. U. die bereits beim Test mit den Platzhaltern verwendeten Testdaten wiederverwendet werden.

Beim zweigweisen Vorgehen wird zunächst ein Zweig weiterverfolgt, implementiert und getestet (z. B. B, E, F und J).

Bei der Auswahl der Reihenfolge der Implementation und des Tests sollten folgende Kriterien beachtet werden:
- Wenn es kritische Bereiche in dem Systementwurf gibt, dann sollten diese so früh wie möglich implementiert (hardest first) und getestet werden (zweigweises Vorgehen entlang der kritischen Zweige). Ein kritischer Bereich kann gekennzeichnet sein durch komplexe Moduln, Moduln mit neuen Algorithmen oder fehlerkritischen Moduln. Ausgangspunkt ist jedoch auch hier der "top".
- Die Reihenfolge wird so gewählt, daß möglichst früh die E/A-Moduln integriert werden.

Beim <u>bottom-up</u>-Test werden zunächst die Moduln implementiert und getestet, die auf keine Ressourcen anderer Moduln zugreifen (i. a. die Blätter in einem Systembaum).

Nachdem diese Moduln getestet sind - hier E, J, G, K, L und I - werden die nächsthöheren Moduln, d. h. die Moduln, die die Basismoduln aufrufen, implementiert, jeweils mit den aufgerufenen Basismoduln integriert und zusammen getestet.

Dies wird solange fortgesetzt, bis der "top" erreicht ist. Auch hierbei kann ebenen- oder zweigweise vorgegangen werden - nur in umgekehrter Reihenfolge wie beim top-down-Testen. Die Reihenfolge sollte jedoch stets so gewählt werden, daß der nächsthöhere Modul erst dann implementiert wird, wenn alle von ihm gerufenen Moduln bereits existieren. Beim bottom-up-Test werden keine Platzhalter benötigt; es müssen jedoch ´driver´ bereitgestellt werden, um die Moduln aufzurufen. ´Driver´-Moduln sind i. a. leichter zu realisieren als Platzhalter-Moduln.

Wird für den Entwurf ein Strukturierungskonzept verwendet, bei dem z. B. nur die Blätter eines Baumes Modulimplementierungen besitzen (siehe 2.5.1.6), dann ist nur ein bottom-up-Test möglich.

(b) Verzahnung von Entwurf und Implementierung

Wird eine top-down-Entwurfsmethodik angewandt (siehe z. B. PLASMA/D-Methodik, 2.5.3.8), dann können Entwurf und Implementierung auch verzahnt ablaufen /Baker 72, S.64f./, /Balzert 79a/. Top-down-Testen fügt sich nahtlos in diese Methodik ein.

Zunächst wird die oberste Systemebene entworfen. Während der Modul der obersten Ebene implementiert und mit Platzhaltern ausgetestet wird, wird die 2. Systemebene entworfen. Während die Moduln der zweiten Ebene implementiert und mit Platzhaltern ausgetestet werden, wird die 3. Systemebene entworfen. Nach dem Einzeltest der Moduln der 2. Ebene ersetzen diese Moduln die Platzhalter der 1. Ebene. Während die Moduln der dritten Ebene implementiert und mit Platzhaltern getestet werden, wird die 4. Systemebene entworfen usw.

Dieser Ablauf wiederholt sich solange, bis alle Systemebenen, d. h. bis das gesamte System implementiert ist.

Wie bei (a) kann hier natürlich auch ebenen- und zweigweise vorgegangen werden. Gibt es z. B. kritische Bereiche, dann wird zunächst der Bereich weiterentworfen und implementiert, der kritisch ist, während die Verfeinerung der anderen Zweige zunächst zurückgestellt wird.

Zusammenfassung

Die top-down-Testmethode hat folgende Vorteile:

- Erhöhte Zuverlässigkeit, da der Systemkern zuerst implementiert wird und sich daher während der gesamten restlichen Entwicklungszeit im Betrieb befindet.
- Es entsteht frühzeitig ein Simulationsmodell, das aus der Sicht des Benutzers bereits die Funktionen des endgültigen Systems ausführt. Das Simulationsmodell läßt sich noch ändern und verbessern; Alternativen können ausprobiert werden.
- Es ist eine kontinuierliche, zuverlässige Führung und Überwachung des Projektfortschritts durch den Projektleiter möglich.
- Unterstützt Verzahnung von Entwurf und Implementierung.
- Schnittstellenfehler werden frühzeitig erkannt.
- Vermeidung einer zu frühen Implementierung von Datenabstraktionen, die Dateien verkapseln und die sich aufgrund späterer Realisierung des Systemkerns als ineffizient herausstellen können.

Die top-down-Testmethode besitzt folgende Nachteile:

- Platzhalter sind erforderlich. Um den Erstellungsaufwand dafür zu reduzieren, sind entsprechende Werkzeuge erforderlich (z. B. Testrahmengenerator).
- Platzhalter sind oft schwierig zu realisieren.
- Die Repräsentation der Testdaten kann schwierig sein, ebenfalls die Interpretation der Ausgabedaten.
- Führt oft dazu, auf einen vollständigen Modultest zu verzichten, da das Schreiben vollständiger Platzhalter zu aufwendig ist.

Die bottom-up-Testmethode verfügt über folgende Vorteile:

- Keine Platzhalter-Moduln erforderlich.
- Testbedingungen sind leichter herstellbar.
- Testergebnisse können leichter interpretiert werden.

Die bottom-up-Testmethode beinhaltet folgende Nachteile:

- Es werden driver-Moduln benötigt.
- Ein lauffähiges Gesamtmodell entsteht erst nach Fertigstellung des letzten Moduls.
- Werden bottom-up-Entwurf und bottom-up-Test angewandt, dann besteht die Gefahr, daß die Schnittstellen auf den oberen Ebenen nicht mehr zusammenpassen.

Die top-down- und die bottom-up-Testmethode können durch geeignete Werkzeuge wesentlich unterstützt werden (siehe 2.5.4).

2.5.2.3 Composite / structured design

Eine Methode für den Entwurfsprozeß wird von /Stevens et al. 74/, /Myers 75, 78a/ und /Stevens 81/ vorgeschlagen.

Der Entwurfsprozeß wird in drei Schritte untergliedert:

(a) Ausgehend von einer vorhandenen Produktdefinition wird die Struktur des gesamten Systems entworfen. Der Entwurf erfolgt unter Einsatz verschiedener Analysearten. Bevor das System in Moduln zerlegt wird, wird das System in unabhängige Systemkomponenten gegliedert.

(b) Der vollständige strukturelle Entwurf wird daraufhin überprüft, ob die Prinzipien funktionale Bindung und schmale Datenkopplung eingehalten wurden. Wenn nicht, dann wird der Entwurf überarbeitet.

(c) Der Entwurf wird nochmals nach folgenden Kriterien überprüft:
   - Entscheidungsstruktur,
   - Isolierung der Eingabe/Ausgabe,
   - Unnötig spezialisierte Moduln,
   - Datenzugriff,
   - Umfang,
   - Rekursion,

- vorhersagbares Verhalten.

Der Entwurfsprozeß läuft nach der top-down-Methode ab, wobei von mehreren Iterationsschritten ausgegangen wird. Grundlage der Methodik ist, daß sich die Problemstruktur in der Systemstruktur widerspiegeln soll. Um die Problemstruktur zu erkennen, werden der Datenfluß durch das Problem sowie die vorgenommenen Transformationen auf diesen Daten analysiert. Diese Technik wird als STS-Zerlegung (source/transform/sink; Quelle/Transformation/Senke) bezeichnet. Die Ergebnisse der Analyse werden benutzt, um die Struktur der jeweils nächsten Ebene zu entwerfen.

Dieser Zerlegungsprozeß gliedert sich in folgende Hauptschritte:

1.Schritt: Erkennen und skizzieren der Problemstruktur.
2.Schritt: Identifizieren des Haupteingabe- und des Hauptausgabestromes in dieser Problemstruktur.
3.Schritt: Identifizieren des Punktes in der Problemstruktur, wo der Eingabe-Daten-Strom zum letzten Mal als logische Einheit existiert. Analog für den Ausgabe-Daten-Strom.
4.Schritt: Benutzen dieser Punkte als Teilungspunkte der Problem-Struktur. Beschreibung jeder Problemteilung als einzelne Funktion. Diese Funktionen werden zu Moduln der nächstniedrigeren Ebene.
5.Schritt: Wiederholen des Zerlegungsprozesses, wobei jeder Modul von Schritt 4 als neues Teilproblem angesehen wird.

Diese Methodik wird nun anhand eines Beispiels aus /Myers 78/ detaillierter beschrieben.

<u>1.Schritt: Skizzieren der Problemstruktur</u>

Zunächst wird das Problem untersucht, um die zugrundeliegende Problemstruktur zu entdecken. Ziel ist es, die Problemstruktur als eine Sequenz von ungefähr 3 bis 10 Teilproblemen darzustellen. Die Darstellung dieser Teilprobleme in Form einer linearen Kette soll nicht unter prozeduralen Gesichtspunkten erfolgen, sondern soll den Datenfluß oder die Datenabhängigkeiten aufzeigen.Die Teilprobleme sollten so angeordnet werden, daß das Teilproblem i von den Ergebnissen einiger oder aller Teilprobleme 1, 2,..., i-1 abhängt, aber nicht von den Teilproblemen i+1,...,n.

Stellt sich bei der Problemanalyse heraus, daß das Problem in dieser Weise nicht beschrieben werden kann, dann ist dies ein Anzeichen dafür, daß eine STS-Zerlegung nicht vorgenommen werden kann, d. h. eine andere Zerlegungstechnik muß angewandt werden.

<u>Beispiel</u>

Es soll ein Informationswiedergewinnungssystem (information retrieval system) entworfen werden. Das System enthält eine

Dokumenten-Datenbank. Jeder Dokumenten-Eintrag enthält folgende Informationen: Titel des Dokuments, Autor, Datum, Periodentitel oder Nummer des Berichts, Schlüsselwörter, die den Inhalt des Dokuments beschreiben und einen Verweis zu der Kurzfassung des Dokuments. Das System enthält außerdem eine Datei mit allen Kurzfassungen dieser Dokumente.

Der oberste Modul beschreibt die Systemleistung:

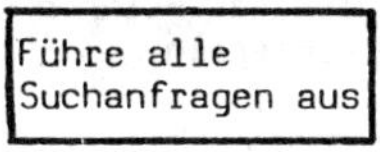

Die Analyse der Problemstruktur führt zu folgender Teilproblemkette (Abb. 2.5-12).

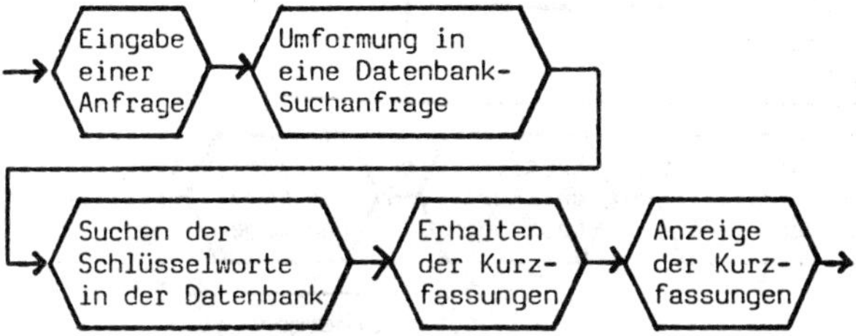

Abb. 2.5-12: Struktur des Problems "Führe alle Suchanfragen aus"

■

2.Schritt: Identifikation der Hauptdatenströme

Ein Datenstrom wird als logische Sammlung von Informationen angesehen; er ist unabhängig von irgendeiner physikalischen Repräsentation oder physikalischen E/A-Geräten.

Die erste Aufgabe besteht darin, unterschiedliche Informationsarten zu identifizieren, die in das Problem hineinfließen. Wenn nur eine Informationsart gefunden wird, dann ist dies der Haupteingabestrom.

Sind mehrere Eingabeströme vorhanden, dann wird der Datenstrom als Haupteingabestrom angesehen, der die "treibende Kraft" darstellt.
Analog müssen die Ausgabedatenströme ermittelt werden. Die Haupteingabe- und -ausgabeströme werden dann durch Pfeile in der Problemstruktur vermerkt.

Beispiel

Eine Analyse des Informationswiedergewinnungssystems ergibt zunächst folgende Datenströme:

Eingabe-Ströme:
1. Terminalanfrage
2. Schlüsselwort-Datenbank
3. Abstrakte Datei

Ausgabe-Ströme:
1. Anzeige der Such-Ergebnisse
2. Journal aller Eingabe-Transaktionen

Der 1. Eingabe-Strom ist der Hauptstrom, da durch ihn alle anderen aktiviert werden. Die beiden anderen Eingabeströme spielen nur eine passive Rolle.
Der 1. Ausgabe-Strom ist der Hauptstrom, da es Aufgabe des Systems ist, Informationen wiederzugewinnen und nicht, Statistik über die Systembenutzung zu ermitteln.

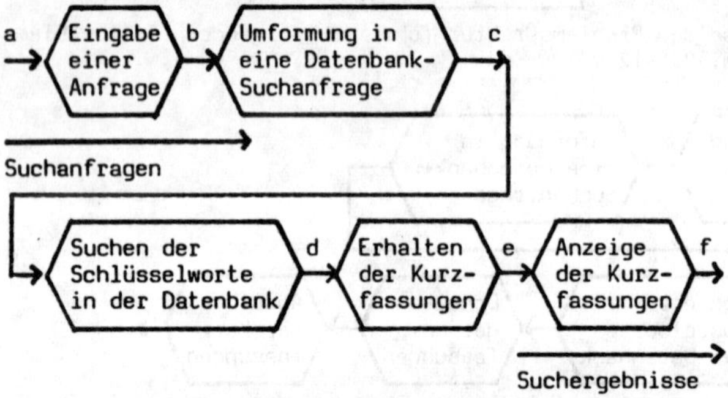

Abb. 2.5-13: Hauptdatenströme des Problems "Führe alle Suchanfragen aus" ■

3.Schritt: Suche Punkte der höchsten Abstraktion

Es werden zwei Punkte in der Problemstruktur gesucht, die das Problem in 3 Teilprobleme gliedern. Diese Punkte sollen so gewählt werden, daß sie das Problem in seine drei unabhängigsten Teilprobleme teilen, so daß jedes Problem als einzelne Funktion definiert werden kann.

Um den ersten Punkt zu finden, soll man die Problemstruktur in Gedanken von Anfang an durchlaufen und dabei den Hauptdatenstrom beobachten.

Folgendes kann man dabei feststellen:

1. Der Haupteingabestrom wird zunehmend abstrakter, je weiter man sich in die Problemstruktur begibt. Abstrakt bezieht sich dabei auf die Änderung der Informationsform bezogen auf den Anfang der Problemstruktur.
2. Es gibt einen Punkt, hinter dem der Haupteingabestrom nicht mehr vorhanden ist.

Der gesuchte Punkt ist der, bei dem der Eingabestrom seine höchste abstrakte Form erreicht hat.

Derselbe Prozeß wird für den zweiten Punkt mit dem Hauptausgabestrom durchgeführt. Hierbei wird vom Ende der Problemstruktur ausgegangen und rückwärts in das Problem hineingegangen. Der Ausgabestrom wird dabei zunehmend abstrakter.

Die These, die diesem Methodenschritt zugrunde liegt, ist, daß diese zwei Punkte der höchsten Abstraktion das Problem in die drei unabhängigsten Teilprobleme gliedert.

<u>Beispiel</u>

Der Haupteingabestrom existiert an den Punkten a, b und c (siehe Abb. 2.5-13). Beim Punkt c ist die Suchanfrage in ihrer abstraktesten Form, d. h. sie wurde so transformiert, daß die Datenbank direkt angesprochen werden kann. Am Punkt d existiert der Haupteingabestrom nicht mehr; Punkt c ist also die Stelle der höchsten Abstraktion.

Es kann durchaus sein, daß der Eingabestrom in diesem Beispiel durch die gesamte Problemstruktur läuft, so daß die ursprüngliche Anfrage mit den Ergebnissen nochmals angezeigt wird. Dies spielt jedoch für den Punkt der höchsten Abstraktion keine Rolle. Punkt c ist die letzte Stelle, an der der Eingabestrom problemadäquat auftritt.

Der Ausgabe-Strom existiert an den Punkten f und e. Die höchste abstrakte Form erreicht er jedoch am Punkt d. ■

<u>4.Schritt: Zerlegung</u>

Das Problem wird nun in 3 Teile zerlegt. Jedes Teil wird für sich als Funktion beschrieben.
Bevor eine weitere Zerlegung stattfindet, müssen die Schnittstellen beschrieben werden.

Beispiel

Es ergibt sich folgende Zerlegung:

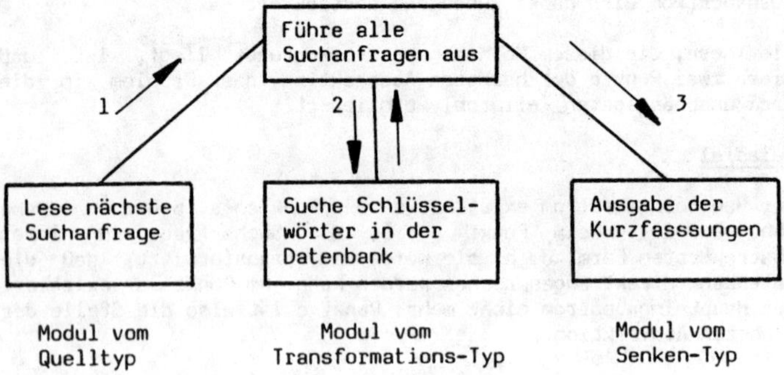

Schnittstellenbeschreibung

	IN	OUT
1	------	Suchanfrage, Eingegebene Anforderung, Terminaladresse usw.
2	Suchanfrage	Liste der Kurzfassungen usw.
3	Liste der Kurzfassungen, Eingegebene Anforderung, Terminaladresse	------------

Abb. 2.5-14: Zerlegung des Problems "Führe alle Suchanfragen aus"

Der Modul "Lese nächste Suchanfrage" hat keine Eingabeparameter, aber drei Ausgaben:
- die Suchanfrage, die für die Datenbank benutzt wird,
- eingegebene Anforderung des Benutzers,
- Identifikation des Benutzerterminals.

■

5.Schritt: Rekursion

Der Zerteilungsprozeß wird nun mit einem der drei entstandenen Moduln fortgeführt. Es wird jeweils wieder bei Schritt 1 begonnen. Jeder Modul wird als unabhängiges Problem betrachtet, das zu lösen ist.

Folgende Punkte sind zu beachten:
- Die weitere Zerlegung kann in beliebiger Reihenfolge durchgeführt werden.
- Ein Zweig muß nicht vollständig fertig entworfen sein, bevor der nächste bearbeitet wird.

- Während der Zerlegung sollte ständig überprüft werden, ob nicht identische Moduln auftreten. In einem solchen Fall sollte der Modul von mehreren Stellen gemeinsam benutzt werden.
- Wird ein Teilproblem analysiert, dann ist eine STS-Zerlegung schwieriger. Der Grund liegt darin, daß der Hauptdatenstrom das Teilproblem normalerweise durch den zu analysierenden Modul betritt bzw. verläßt. Wenn z. B. ein Quell-Typ-Modul analysiert wird, dann verläßt der Haupteingabestrom diesen Modul, wenn dieser Modul aufgerufen wird (Abb. 2.5 -15). Daher erscheint dieser Modul als Senken-Typ-Modul, bezogen auf dieses Teilproblem. Ein Transformations-Typ kann sowohl als Quelle als auch als Senke erscheinen.

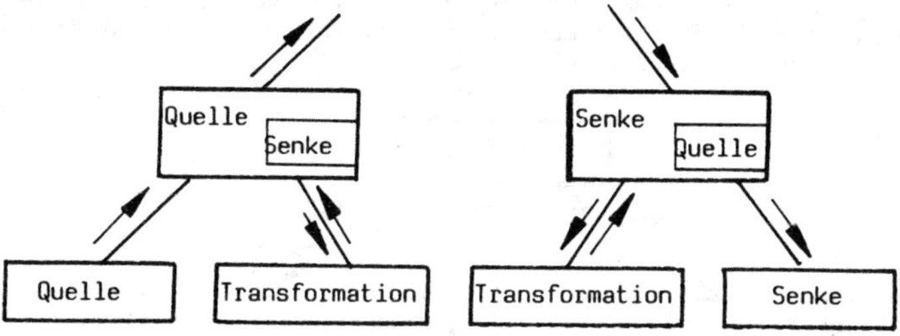

Abb. 2.5-15: Zerlegung von Quell- und Senken-Moduln

Es gibt kein explizites Kriterium, wann die Rekursion zu beenden ist. Jedoch können folgende Anhaltspunkte benutzt werden:

- Wenn ein Modul nicht mehr in unabhängige funktionale Moduln unterteilt werden kann, dann ist der Zerlegungsprozeß zu beenden.
- Wenn der Algorithmus eines Moduls bei einem Zerlegungsversuch bereits klar ist, dann ist eine weitere Zerlegung unnötig (dies zeigt normalerweise an, daß der Modul weniger als 50 Anweisungen umfaßt).
- Wenn die Zerlegung zu einer Menge kleiner, extrem spezialisierter Moduln führt, dann ist die Zerlegung abzubrechen.

Beispiel

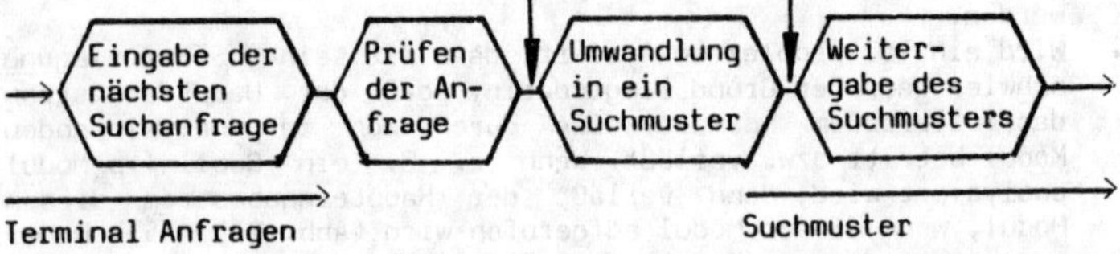

Abb. 2.5-16: Analyse des Problems "Lese nächste Suchanfrage"

Die Modulunterteilung führt nur zu 2 Moduln (Abb. 2.5-17), da das Teilproblem "Weitergabe des Suchmusters" in der Logik des Moduls "Lese nächste Suchanfrage" gelöst ist.

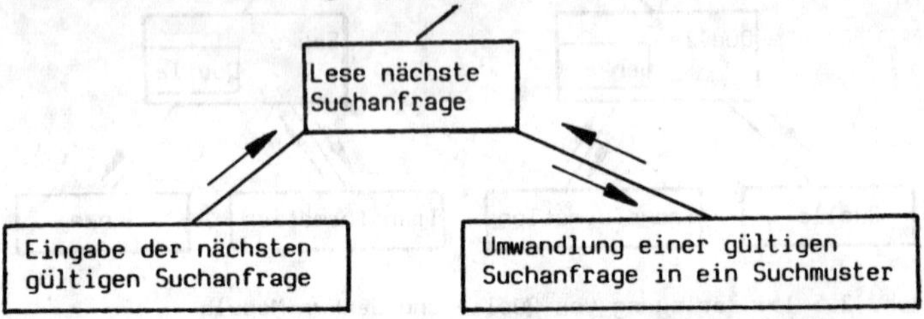

Abb. 2.5-17: Zerlegung des Problems "Lese nächste Suchanfrage" ■

Zusammenfassung

Die Methode "Composite/structured design" unterstützt für bestimmte Problembereiche das Prinzip der Abstraktion und das Prinzip der Strukturierung i. e. S. Für die meisten kommerziellen Anwendungen führt die Methode zu einer allgemeinen Systemstruktur, wie sie Abb. 2.5-18 zeigt.

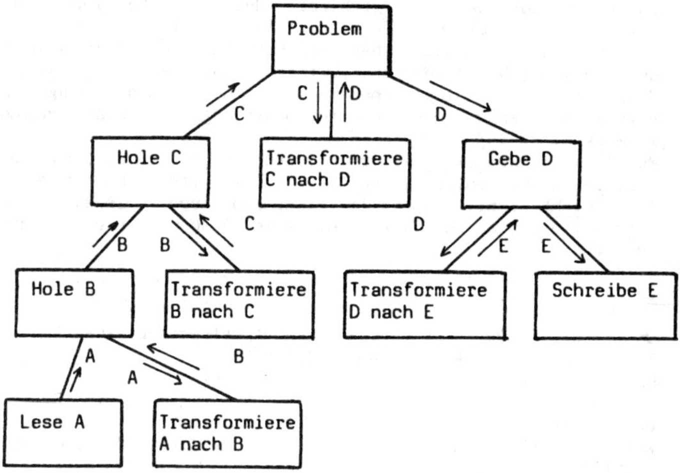

Abb. 2.5-18: Allgemeine Struktur für Systeme vom Eingabe/Verarbeitungs/Ausgabe-Typ

Typisch für kommerzielle Anwendungen ist, daß Daten irgendwoher kommen (E/A oder Speicher), in irgendeiner Form transformiert werden und die Daten irgendwohin gebracht werden (zur E/A oder zum Speicher).

Die Struktur nach Abb. 2.5-18 besitzt folgende Merkmale:
- Die Moduln vom Transformations-Typ sind weitgehend kontextunabhängig, da sie unabhängig davon arbeiten, woher die Daten kommen und wohin sie gehen.
- Durch die Methodik entsteht eine Baumhierarchie mit der Basis "x ruft y auf". Es handelt sich um eine organisatorische Hierarchie, die in eine statische übergeht.
- Zwischen den Kindern eines Vaterknotens bestehen keine Kommunikationsbeziehungen; alle Informationen werden über den Vater ausgetauscht.
- Wird ein Modul in einer Struktur mehrfach benötigt, dann kann er von mehreren Moduln aus aufgerufen werden. Aus der Baumhierarchie wird dann ein Graph mit partieller Ordnung.
- Bevor mit der Implementierung begonnen wird, soll der Entwurf fertig sein.

Entsprechend dem zu lösenden Problem kann die Methode modifiziert werden:
- Wenn mehrere Hauptdatenströme vorliegen, dann können u. U. mehr als zwei Punkte der höchsten Abstraktion gefunden werden. Es entstehen dann bei der Unterteilung mehr als drei Teilprobleme.

- Fallen die zwei Punkte der höchsten Abstraktion zusammen, dann entstehen nur zwei Teilprobleme, der Transformationsteil entfällt (Beispiel: Kopiere Datei X in Datei Y).
- Die Struktur kann entsprechend dem Problem auch mehrere Moduln besitzen, die Daten an den obersten Modul oder an andere Moduln liefern. Analog können mehrere Moduln den Datenstrom verteilen. Ebenso können mehrere Moduln an der Transformation mitwirken.
- Moduln im linken Zweig einer Struktur können auch Ausgaben erzeugen z. B. Fehlermeldungen. D. h. die allgemeine Struktur legt nicht fest, daß alle Eingaben von links, alle Verarbeitungen in der Mitte und alle Ausgaben sich rechts befinden.

Vorteile

- Unterstützung der Abstraktion beim Entwurfsprozeß
- Kriterien für die Aufteilung in Teilprobleme
- Explizite Baumhierarchie als Systemstruktur
- Top-down-Methode
- Unabhängig von einer bestimmten Programmiersprache
- Werkzeugunterstützung vorhanden: AIDES /Willes, Jensen 79/, /Willes 81/

Nachteile

- Begrenzter Anwendungsbereich (Eingabe-/Verarbeitungs-/Ausgabe-Probleme; batchorientierte Systeme)
- Keine Unterstützung von abstrakten Datentypen, nur funktionale Abstraktion möglich.
- Basis der Hierarchie (ruft auf) entspricht dem dynamischen Ablauf; kaum noch Freiheitsspielraum bei der Implementierung
- Top-down-Test nicht möglich, da Schnittstellen nicht ausreichend spezifiziert.

Zusammenfassung zu Entwurfsmethoden

Jeder Entwurfsprozeß stellt einen schöpferischen, ingenieurmäßigen Vorgang dar. Eine solche kreative Tätigkeit läßt sich nicht durch Kochrezepte und Patentregeln festlegen.
Die kreative Tätigkeit läßt sich jedoch durch methodische Regeln in die richtige Richtung lenken. D. h. jede Methodik auf diesem Gebiet stellt einen mehr oder weniger groben Rahmen dar, der hilft, den Entwurfsprozeß roh zu formalisieren.

Im Vergleich zu den Prinzipien und zu den Sprachen sind die Entwurfsmethoden noch am wenigsten ausgeprägt, auf methodischen Gebiet herrscht noch ein großes Defizit.

2.5.3 Sprachen

Zur Umsetzung der verschiedenen Entwurfsprinzipien werden Sprachkonzepte benötigt.
Die Prinzipien, die sich im Laufe der Zeit für den Produktentwurf als sinnvoll und nützlich herausgebildet haben, führten zu unterschiedlichen Sprachentwicklungen:

- Erweiterung der Programmiersprachen,
- Eigenständige Entwurfssprachen,
- Eigenständige Spezifikationssprachen,
- grafische Sprachen,
- Anpassung vorhandener Programmiersprachen.

(a) Erweiterung der Programmiersprachen

Da die Entwurfsprinzipien in klassischen Programmiersprachen nur unzureichend durch Sprachkonzepte unterstützt werden, werden in neue Programmiersprachen entwurfsorientierte Sprachkonzepte integriert. Zusätzlich werden in einigen Sprachen auch noch Spezifikationselemente aufgenommen.
Beispiele für diese Entwicklungsrichtung sind folgende Sprachen: ADA, ALPHARD, CLU, EUCLID, MODULA-2, SLAN/ELAN.

Vorteile

- Einheitliche Syntax, Notation und Terminologie.
- Geschlossenes Konzept möglich.

Nachteile

- Entwurf ist nicht unabhängig von der Implementierungssprache, sondern beide sind fest miteinander verbunden.
- Entwerfer und Implementator müssen vollen Sprachumfang kennen.
- Vorhandene klassische Programmiersprachen lassen sich nicht integrieren.
- Es muß eine neue Programmiersprache eingeführt werden.
- Überlastung des Sprachumfangs einer Programmiersprache durch zusätzliche Entwurfskonzepte.

(b) Eigenständige Entwurfsprachen

Es entstanden eigenständige Entwurfsprachen, die es ermöglichen, Entwürfe zu beschreiben.

Beispiele für Entwurfssprachen sind: MIL /De Remer, Kron 74, 75, 76/, PLASMA/D, HOS /Hamilton, Zeldin 74, 76/, /Cheng 78/.

Vorteile

- Programmiersprachen werden nicht mit zusätzlichen Konzepten belastet.
- Leichter einführbar, da vorhandene Programmiersprachen weiterverwendet werden können.
- Entwurf und Implementierung sind sauber getrennt. Der Entwerfer muß nur die Entwurfssprache, der Implementator nur die Programmiersprache kennen.

- Da Entwurf und Implementierung unterschiedliche Tätigkeiten sind, die verschiedene Qualifikationen erfordern und von unterschiedlichen Personen ausgeführt werden, sollten auch ihre Beschreibungsmittel nicht miteinander vermengt werden.
- Der Entwurf ist unabhängig von der Implementierungssprache. Der Entwurf eines Software-Systems erfolgt nach Prinzipien und Methoden, die unabhängig von der verwendeten Sprache zur Modulimplementation sind. Daher sollte der Systementwurf nicht durch die verwendete Implementierungssprache beeinflußt werden, d. h. der Systementwurf muß auch Gültigkeit haben, wenn die Implementierungssprache sich ändert.
  Soll z. B. ein Software-Produkt auf einen anderen Rechner übertragen werden, der über die Programmiersprache, in der das Produkt implementiert ist, nicht verfügt, so kann der Entwurf unverändert übernommen werden.

<u>Nachteile</u>
- Zusätzliche Sprache mit zusätzlichen Werkzeugen.
- Unterschiedliche Syntax, Notation und Terminologie gegenüber der oder den verwendeten Programmiersprachen.

(c) <u>Eigenständige Spezifikationssprachen</u>

Zur Beschreibung der Schnittstellen und des Verhaltens von Moduln wurden eigenständige Spezifikationssprachen entwickelt.

Beispiele für Spezifikationssprachen sind: SPEZI, SPEZIAL.

<u>Vorteile</u>
- Unabhängigkeit von Programmier- und Entwurfssprachen.
- Kombinierbarkeit mit Programmier- und Entwurfssprachen.
- Schrittweise, projekt- und problembezogene Einführung möglich.

<u>Nachteile</u>
- Zusätzliche Sprache u.U. mit zusätzlichen Werkzeugen.
- Unterschiedliche Syntax, Notation und Terminologie gegenüber der oder den verwendeten Programmier- bzw. Entwurfssprachen.

(d) <u>Grafische Sprachen</u>

Analog wie Flußdiagramme und Struktogramme in der Implementierungsphase als grafische Sprachen verwendet werden, wurden für die Beschreibung des Entwurfs grafische Sprachen eingeführt.

Beispiele für grafische Sprachen:
SADT (siehe 2.4.4), HIPO, Strukturdiagramme.

<u>Vorteile</u>
- Gute, übersichtliche Veranschaulichung eines Entwurfs.
- Bessere Akzeptanz als textuelle Sprachen.

<u>Nachteile</u>
- Manuell nicht praktikabel, daher ohne Werkzeugunterstützung nicht akzeptabel.

- Nicht formal genug, um ausreichende Überprüfungen durchzuführen.

(e) Anpassung vorhandener Programmiersprachen

Müssen vorhandene, ältere Programmiersprachen wie FORTRAN und COBOL verwendet werden oder wird mit einem Assembler gearbeitet, dann kann durch eine Pseudo-Ebene, durch Richtlinien und Disziplin sowie durch Kombination mit einer Entwurfssprache die Umsetzung von Entwurfsprinzipien erreicht werden.

Vorteile
- Es muß keine neue Programmiersprache eingeführt werden.

Nachteile
- Zusätzlicher Aufwand durch Beschreibung in Pseudo-Ebene und durch Überprüfung auf eingehaltene Richtlinien.
- Zusätzliche Fehlerquellen.

Um zu zeigen, wie die aufgeführten Entwurfsprinzipien und -methoden in konkreten Sprachkonzepten realisiert sind, werden im folgenden wichtige Repräsentanten der einzelnen Sprachklassen nach einem einheitlichen Schema vorgestellt, ihre Eigenschaften an einem Beispiel charakterisiert und abschließend vergleichend gegenübergestellt.
Alle Sprachklassen werden getrennt behandelt. Die Sprachreihenfolge bei den Programmiersprachen wurde so gewählt, daß das Konzept des abstrakten Datentyps zunehmend stärker unterstützt wird.

Die Motivation für die Konzeption der einzelnen Sprachen ist unterschiedlich. Diese Ziele spiegeln sich in den einzelnen Sprachen wider:
- Modulkonzept: ADA, CLU, EUCLID, MODULA-2, PLASMA/D, SPEZI.
- Datenabstraktionskonzept: ADA, ALPHARD, CLU, EUCLID.
- Strukturierungskonzept: ADA, MIL, PLASMA/D, HIPO, SADT, Strukturdiagramme.
- Verifikation: ALPHARD, EUCLID, SPEZI, SPECIAL.
- Nichtsequentielle Prozesse: ADA, MODULA-2, SPEZI, HOS.

2.5.3.1 Gliederungsschema zum Sprachvergleich

Um auf knappem Raum eine Reihe von Sprachen vergleichend darstellen zu können, wird ein einheitliches Gliederungsschema verwendet. Bei den Programmiersprachen werden bei diesem Vergleich nur die Konzepte angesprochen, die für den Entwurf wesentlich sind. Ein zusammenfassender Überblick wird anschließend in Form einer Tabelle gegeben, außerdem erfolgt eine subjektive Bewertung der Sprachkonzepte.

Folgende Gliederungspunkte wurden gewählt:

(1) Motivation und Ziele

Welche expliziten Gründe führten zur Sprachkonzeption und welche Ziele sollen mit der Sprache realisiert werden?

(2) Konzeption

Stichwortartige Beschreibung der Gesamtkonzeption.

(3) Herkunft, Anwendungsgebiet, Erfahrungen, Literatur

Wer hat die Sprache wann und wo entwickelt? Für welches Anwendungsgebiet wurde die Sprache entworfen? Wird sie bereits eingesetzt? Welche Erfahrungen liegen vor? Welche Literatur ist verfügbar?

(4) Entwurfsmethodik

Unterstützt oder fördert die Sprache eine bestimmte Entwurfsmethodik?

(5) Strukturierungskonzept

Kann der Entwurf explizit oder implizit strukturiert werden? Welches Hierarchiekonzept steht zur Verfügung?

(6) Modulkonzept

Welche Modularten können beschrieben werden? Wie sehen die Export- und Importschnittstellen aus? Werden das Geheimnis- und Lokalitätsprinzip eingehalten?

(7) Datenabstraktionskonzept

Welches Datenabstraktionskonzept wird unterstützt?

(8) Beispiel

Ein weitgehend einheitliches Beispiel wird in der Notation der jeweiligen Sprache dargestellt. Um einen Vergleich zu ermöglichen wurde für die Programmiersprachen das Beispiel KELLER verwendet.

(9) Bemerkungen (optional)

Besonderheiten der Sprache werden hier behandelt.

(10) Wertung

Subjektive Beurteilung der Sprache bezogen auf ihre Konzepte für den Entwurf.

2.5.3.2 MODULA-2

(1) Motivation und Ziele

MODULA-2 (Modular programming language) ist eine "general purpose"-Programmiersprache insbesondere für die Systemprogrammierung von Minicomputern.
Die Sprache soll
- maschinenunabhängig sein, ausgenommen die Begrenzung durch die Wortgröße,
- es ermöglichen, maschinenabhängige Teile in speziellen Moduln zu verkapseln,
- eine Sammlung von Standard-Moduln bereitstellen,
- es ermöglichen, Prozesse und ihre Synchronisation durch Signale als Moduln zu formulieren,
- effizient implementierbar sein.

(2) Konzeption

MODULA-2 basiert auf PASCAL und MODULA /Wirth 77/. Von MODULA wurde das Modul-Konzept und die systematische, moderne Syntax, von PASCAL der Rest übernommen.

(3) Herkunft, Anwendungsgebiet, Erfahrungen, Literatur

MODULA-2 wurde von N. Wirth 1978 an den ETH Zürich konzipiert. MODULA-2 wurde ein Jahr nach der Veröffentlichung von MODULA vorgestellt und spiegelt die Erfahrungen wider, die mit MODULA gesammelt wurden. Explizite Konzepte für die nichtsequentielle Programmierung in MODULA wurden in MODULA-2 in Standard-Moduln verlagert und aus der Sprache selbst herausgenommen.
Literatur: /Wirth 78/.

(4) Entwurfsmethodik

Eine explizite Methodik wird nicht angegeben.

(5) Strukturierungskonzept

MODULA-2 verwendet das klassische Blockstrukturierungskonzept von ALGOL 60 in der in PASCAL modifizierten Form. Ein Modul ist lokal zu der Prozedur, in der er vereinbart ist. Moduln können ebenso wie Prozeduren geschachtelt werden. Auf Objekte, die in der Umgebung einer Prozedur deklariert sind, kann in der Prozedur zugegriffen werden. Lokale Objekte machen jedoch gleichnamige globale Objekte unsichtbar.

Ein Programm besteht aus einem Modul; zwischen verschiedenen Programm-Moduln kann über Import-/Export-Schnittstellen kommuniziert werden. Programm-Moduln müssen qualifiziert exportieren (siehe unten).

(6) Modulkonzept

Die funktionale Abstraktion wird durch Prozeduren ermöglicht; Funktionen sind Sonderfälle von Prozeduren (nur ein Ergebniswert, Aufruf in Ausdrücken). Mit Hilfe des Modulkonzepts können Datenabstraktionen mit einer und mehreren Zugriffsoperationen beschrieben werden. Moduln können nicht als Typen definiert werden. Prozeduren können jedoch als Typen vereinbart werden z. B.
type function = procedure (cardinal): cardinal;.

Variablen vom Typ einer Prozedur können jedoch nicht lokal in anderen Prozeduren vereinbart werden.

Zwischen funktionaler Abstraktion (Prozeduren) und Datenabstraktion (Moduln) werden konzeptionelle Unterschiede gemacht.
Jeder Modul verfügt über eine optionale Import-/Export-Schnittstelle.
Wird in der Export-Liste das Wortsymbol qualified angegeben, dann muß bei der Anwendung der entsprechenden Zugriffsoperationen der Modulname als Prefix vorangestellt werden. Eine Qualifizierung ist angebracht, wenn weitere Moduln entworfen werden, deren Namen im voraus nicht bekannt sind. Ein Modul kann mehrere Import-Listen besitzen. Durch das Wortsymbol from gefolgt von einem Modulnamen können importierte Größen dequalifiziert werden (z. B. from INTEGERSTACK import PUSH).

Das interne Gedächtnis eines Moduls wird initialisiert, wenn die Prozedur, zu der der Modul lokal ist, gerufen wird.

Moduln werden in Definitions- und Implementationsmoduln unterschieden. Ein Definitionsmodul (mit Prefix definition) enthält nur Vereinbarungen (Konstanten, Typen, Variablen, Prozedurköpfe). Ein Implementationsmodul (mit vorangestelltem Namen eines Definitionsmoduls) implementiert Teile des entsprechenden Definitionsmoduls. Der Implementationsmodul enthält alle Prozedurköpfe des entsprechenden Definitionsmoduls. Alle Vereinbarungen des Definitionsmoduls werden implizit in den entsprechenden Implementationsmodul importiert, auch wenn die Größen nicht in der Exportliste des Definitionsmoduls aufgeführt sind.

Ein Definitionsmodul wird benutzt, wo mehrere - vielleicht getrennt übersetzte Moduln - den Definitionsmodul implementieren und wo der Definitionsmodul als zentrale Basis und Bindeglied zwischen verschiedenen Implementatoren dient.

(7) Datenabstraktionskonzept

Einfache Datenabstraktionen können beschrieben werden; Datenabstraktionen können nicht als Typen definiert werden.

(8) Beispiel

```
procedure A (... );

    procedure B (....);
    var STACKUNDERFLOW, STACKOVERFLOW: boolean;.....

        module INTEGERSTACK;
        import STACKUNDERFLOW, STACKOVERFLOW;(*Import-Liste*)
        export qualified PUSH, POP, TOP;     (*Export-Liste*)

        const N = 100;                       (*Modulgedächtnis*)
        var DEPTH:cardinal; S: array 1..N of integer

        procedure PUSH (Z: integer);     (*Zugriffsoperation*)
         begin if DEPTH >= N then STACKOVERFLOW := true
                              else S (.DEPTH.) := Z;
                              DEPTH := DEPTH + 1
               end
         end PUSH;

        procedure POP;                   (*Zugriffsoperation*)
         begin if DEPTH >= 1 then DEPTH:=DEPTH-1
                                  DEPTH:= DEPTH - 1
                              else STACKUNDERFLOW := true
               end
         end POP;

        procedure TOP: integer;          (*Zugriffsoperation*)
         begin if DEPTH >=1 then return S(.DEPTH.)
                             else STACKUNDERFLOW := true
               end
         end TOP;

         begin DEPTH:= 0;                    (*Initialisierung*)
         end
        end INTEGERSTACK;

     ......
    begin               (*Aufrufe von Zugriffsoperationen*)
      INTEGERSTACK.PUSH(3); Z:= INTEGERSTACK.TOP;
     ......
    end B;

  begin........
      B (......);
  end A;
```

(10) Wertung

Vorteile

- Mit PASCAL-Kenntnissen leicht erlernbar.
- Einbettung der Datenabstraktion mit minimalen Konzepten.

Nachteile

- Verletzung des Geheimnisprinzips, da innerhalb einer Prozedur auf Objekte, die in der Umgebung vereinbart sind, zugegriffen werden kann.
- Zwischen funktionaler Abstraktion (Prozeduren) und Datenabstraktion (Moduln) werden starke konzeptionelle Unterschiede gemacht, die nicht gerechtfertigt sind.
- Da alle Prozeduren bzw. Moduln vollständig mit ihren Implementierungen eingeschachtelt werden, wird die Übersicht über die Systemstruktur wesentlich erschwert.
- Zwei unterschiedliche Strukturierungskonzepte - sowohl Baumhierarchie als auch beliebige Struktur für Programmoduln möglich.
- Auf PASCAL aufgepfropftes Datenabstraktions- und Entwurfskonzept.
- Das Konzept des Definitionsmoduls verletzt das Prinzip der schmalen Datenkopplung.

2.5.3.3 SLAN/ELAN

(1) Motivation und Ziele

SLAN ist eine Familie von Programmiersprachen, die aus vier in der Komplexität zunehmenden Programmiersprachen besteht (Ebene 4: System language). Die vier Sprachen sind abwärts kompatibel und erfüllen verschiedene Zwecke.
Die Sprache soll
- gut zur strukturierten Programmierung geeignet sein,
- modulares Programmieren unterstützen,
- eine einfache syntaktische Struktur sowie ökonomische Konzepte besitzen,
- semantisch erweiterbar sein,
- minimale Laufzeitunterstützung erfordern /Koster 74b/.

Die SLAN-Ebene 2 - ELAN (Educational Language) genannt - wurde für Ausbildungszwecke an Schule und Hochschule konzipiert. Da ELAN seit mehreren Jahren im Einsatz und gut dokumentiert ist, wurden die Spracheigenschaften aus ELAN- Unterlagen entnommen.

(2) Konzeption

Ein ELAN-Programm besteht aus einer Folge von Moduln, die Pakete genannt werden. Die von Paketen exportierten Größen können nur von nachfolgenden Paketen importiert werden /Bartling et al. 76/. Ein oder mehrere Pakete bilden je nach Problemstellung eine

Abstraktionsebene /Hommel et al. 76/.

(3) Herkunft, Anwendungsgebiet, Erfahrungen, Literatur

SLAN/ELAN wurde unter Federführung von C.H.A. Koster an der TU Berlin seit 1974 entwickelt.
ELAN wird seit 1976 insbesondere an Schulen, zur Ausbildung von Informatik-Lehrern und für die Anfangsausbildung von Studenten eingesetzt.
Literatur: /Koster 74b/, /Hommel et al. 79/, /Koster 76/, /Hommel et al. 76/, /Hahn, Stock 79/.

(4) Entwurfsmethodik

Eine explizite Methodik für den Systementwurf wird in ELAN nicht angegeben. Methodische Hinweise beziehen sich vorwiegend auf die Modulimplementierung.

(5) Strukturierungskonzept

ELAN liegt ein implizites Strukturierungskonzept zugrunde. Pakete können alle exportierten Größen vorangehender Pakete verwenden. Die textuelle Reihenfolge der Paketanordnung spielt daher eine Rolle.
Pakete werden in einer Paketbibliothek abgelegt. Bei der Übersetzung eines Programmes (d. h. des "main packets" und der geschriebenen anderen "packets") wird festgestellt, welche Ressourcen die einzelnen Pakete benutzen. Diese Ressourcen werden dann zunächst in der privaten Paketbibliothek und dann in der Systembibliothek gesucht. Werden sie gefunden, dann werden die Pakete, in denen sie enthalten sind, in das Programm hineingenommen und mit dem Programm ausgeführt.

Eines der Pakete (das letzte vom Benutzer geschriebene) ist dadurch ausgezeichnet, daß von ihm aus die Ausführung des gesamten Programms gestartet wird (main packet). Werden bei der Ausführung dieses Paketes Ressourcen anderer Pakete aufgerufen, dann werden diese Pakete genau einmal bei der ersten Benutzung initialisiert (d. h. Initialisierung des internen Gedächtnisses). Die internen Gedächtnisse existieren ab dann während der gesamten Laufzeit.

Beispiel

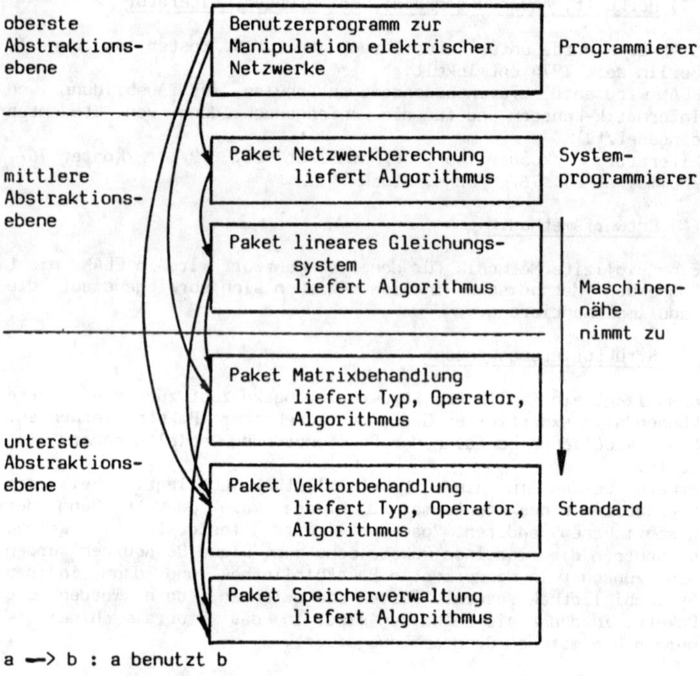

Abb. 2.5-19: Beispiel für die Benutztstruktur von Paketen ■

Mehrere Datenabstraktionen können in einem Paket definiert werden /Kleine et al. 81/. Ist es erforderlich, daß sich Prozeduren indirekt rekursiv rufen, dann müssen diese Prozeduren in einem Paket liegen.

Betrachtet man ein Paket als eine Schicht (da mehrere Datenabstraktionen oder indirekt rekursiv sich rufende Prozeduren in ein Paket gepackt werden können bzw. müssen), dann entsteht eine strikt geordnete Menge von Schichten. Betrachtet man ein Paket als Modul, dann liegt ein strikt geordneter Graph vor. In den meisten Fällen besteht eine Abstraktionsebene bzw. Schicht aus mehreren Paketen (siehe Abb. 2.5-19).

(6) Modulkonzept

In ELAN sind funktionale Abstraktionen (Funktionen, Prozeduren, Operatoren) und abstrakte Datentypen, mit Parametern beschreibbar; jedes Paket ist getrennt übersetzbar. In der expliziten

Exportschnittstelle werden in einer defines-Liste alle Namen von Prozeduren, Operatoren, Typen und Konstanten aufgezählt, die das Paket exportiert. Parameterlisten werden in der defines-Liste nicht angegeben. Um eine Zugriffsoperation anwenden zu können, muß der Anwender in der Paketimplementierung die Zugriffsoperation mit der zugehörigen Parameterliste suchen, damit ein Aufruf überhaupt möglich ist oder die Parameter müssen in der Schnittstelle dokumentiert sein. Eine Importschnittstelle existiert nicht.

(7) Datenabstraktionskonzept

Abstrakte Datentypen mit formalen Parametern können beschrieben werden. Eine Typparametrisierung ist jedoch nicht möglich.

(8) Beispiel

(a) Definition eines Paketes

```
PACKET stackhandling
   DEFINES INTEGER STACK, push, pop, top, init: (* Export- *)
   LET upperbound = 100;                        (* schnittstelle *)
   TYPE INTEGER STACK = STRUCT (ROW upperbound INT stack,
                                INT depth, INT maxdepth);
----------------------------------------------------------------
   PROC push (INTEGER STACK VAR s, INT CONST z):
      IF s.depth >= s.maxdepth THEN put ("stack is full"), stop
                                ELSE s.depth INCR 1;
                                     s.stack (.s.depth.) := z
      FI
   END PROC push;
----------------------------------------------------------------
   PROC pop (INTEGER STACK CONST s):
      IF s.depth >= 1 THEN s.depth DECR 1
                      ELSE put ("stack is empty"); stop
      FI
   END PROC pop;
----------------------------------------------------------------
   INT PROC top (INTEGER STACK CONST s):
      IF s.depth >= 1 THEN s.depth
                      ELSE put ("stack is empty"); stop
      FI
   END PROC top;
----------------------------------------------------------------
   INTEGER STACK PROC init (INT CONST size):
      INTEGER STACK VAR emptystack;
         INT VAR i;
         FOR i FROM 1 UPTO size
            REP emptystack.stack (.i.) := 0
            PER;
         emptystack.depth := 0;
         emptystack.maxdepth := size
      END PROC init
END PACKET stackhandling
```

(b) Vereinbarung

```
INTEGERSTACK VAR s1 :: init (20),     (*Stack der Länge 20*)
                 s2 :: init (60);     (*Stack der Länge 60*)
```

(c) Aufruf

```
push (s1,3); push (s2,6); IF top(s1) <> 0 THEN pop(s1)
                                          ELSE push (s1,3) FI
```

(10) Wertung

ELAN wurde nicht für den professionellen Systementwurf konzipiert. Die folgende Wertung ist daher entsprechend zu verstehen.

Vorteile

- Leicht erlernbar, da wenige Konzepte.
- Wiederverwendbarkeit von Paketen durch Paketbibliothek.

Nachteile

- Kein strenges Modulkonzept.
- Verletzung des Geheimnisprinzips und des Lokalitätsprinzips durch die Sprachkonzeption, da in der Exportschnittstelle die Parameterlisten fehlen.
- Strukturierungskonzept für umfangreiche Systeme nicht ausreichend.
- Keine explizite Importschnittstelle.
- Verletzung der funktionalen und informalen Bindung, da indirekt rekursiv sich rufende Prozeduren u. U. problem-inadäquat in ein Paket gepackt werden müssen.

2.5.3.4 EUCLID

(1) Motivation und Ziele

EUCLID wurde entwickelt, um die Konstruktion verifizierbarer Systemprogramme zu erleichtern. Beispiele für Systemprogramme sind Betriebssystem-Kerne, Datenbankmanagement-Programme und Compiler. Die Sprache soll es außerdem ermöglichen, effiziente Systemprogramme zu konstruieren sowie die Maschinen-Ressourcen präzise zu steuern.
EUCLID ist nicht als "general purpose"-Sprache konzipiert und nicht für sehr umfangreiche Programmsysteme gedacht.

(2) Konzeption

Ausgangspunkt der EUCLID-Entwicklung war PASCAL. Änderungen wurden vorgenommen, um die Zuverlässigkeit zu verbessern (konstruktive Maßnahmen):
- Erweiterung der Fehlerklassen, die durch den Compiler entdeckt werden können.
- Aufnahme von mehr Information in den Programmtext zur besseren Verständlichkeit und Wartbarkeit.

Folgende Erweiterungen wurden gegenüber PASCAL vorgenommen:
- Typen können formale Parameter besitzen.
- Moduln werden als verallgemeinerte Verbunde (records) angesehen.
- Zusicherungen können angegeben werden.

Folgende PASCAL-Elemente sind nicht vorhanden:
- Eingabe-/Ausgabe-Anweisungen,
- reelle Zahlen,
- mehrdimensionale Felder,
- Marken und gotos,
- Funktionen und Prozeduren als Parameter.

(3) Herkunft, Anwendungsgebiet, Erfahrungen, Literatur

EUCLID wurde 1977 von B.W. Lampson, J.J. Horning, R.C. London, J.G. Mitchell und G.L. Popek in den USA entwickelt. Über erste Erfahrungen mit EUCLID bei der Implementierung eines EUCLID-Compilers wird in /Wortman, Cordy 81/ berichtet.
Literatur: /Lampson et al. 77/, /SIGPLAN 78/

(4) Entwurfsmethodik

Eine explizite Entwurfsmethodik wird nicht unterstützt.

(5) Strukturierungskonzept

EUCLID liegt ein explizites, baumorientiertes Strukturierungskonzept analog dem PASCAL-Blockkonzept zugrunde. Die Sichtbarkeit globaler Größen kann durch Import-Listen gesteuert werden.
Die Existenzdauer von Moduln, die abstrakte Datentypen realisieren, ist identisch mit der Prozedur bzw. Funktion, in der sie vereinbart sind.
Die getrennte Übersetzbarkeit von Moduln ist nicht nötig, aber auch nicht ausgeschlossen.

(6) Modulkonzept

Das Modulkonzept von EUCLID ist mit dem von MODULA-2 verwandt, jedoch komplexer.
Funktionale Abstraktionen können durch Routinen (Funktionen und Prozeduren), abstrakte Datentypen durch Moduln beschrieben werden.
Gegenüber PASCAL wurde das Typkonzept so erweitert, daß Typdefinitionen formale Parameter besitzen können, die bei der Variablenvereinbarung durch aktuelle Parameter ersetzt werden. Die formalen Parameter müssen Konstante sein.

Während in PASCAL globale Größen in Prozeduren und Funktionen verwendet werden können, wird in EUCLID die automatische Importierung von allen Namen eines äußeren Gültigkeitsbereichs in einen enthaltenen Gültigkeitsbereich eingeschränkt:
- Alle Namen, die im inneren Gültigkeitsbereich gelten sollen, müssen auf der Import-Liste aufgeführt sein; bei Variablen kann zusätzlich read-only oder read-write angegeben werden.
- Eine Neudeklaration von importierten Namen ist nicht möglich.

Von der expliziten Importierung gibt es jedoch Ausnahmen: Konstanten-, Routinen- und Typnamen können als pervasive (durchdringend) vereinbart werden. Diese Größen sind dann

automatisch in allen eingeschachtelten Gültigkeitsbereichen sichtbar.
Funktionen können keine importierten Variablen oder Variablenparameter haben; d. h. es ist kein Seiteneffekt möglich.

Der EUCLID-Compiler vervollständigt die Import-Liste (vollständige Typdefinition, pervasive-Größen usw.).

(7) Datenabstraktionskonzept

Abstrakte Datentypen werden in EUCLID durch Moduln realisiert. Moduln werden als Typen definiert. Ein Modultyp kann Variablen, Konstanten, Prozeduren, Funktionen und Typen mit Initialisierungs- und Abschlußanweisungen enthalten. Von einem Modultyp können beliebig viele Objekte inkarniert werden. Ein Modultyp ist vergleichbar einem record-Konstruktor. Modultypen können ineinander geschachtelt werden. Die Initialisierungs-Anweisungen werden ausgeführt, wenn das inkarnierte Modulobjekt erzeugt wird, die nach finally aufgeführten Abschlußanweisungen werden vor der Zerstörung des Modulobjektes aktiviert.

Ein Modul enthält eine Export- und Import-Schnittstelle. In der Schnittstelle werden jeweils nur die Namen der exportierten bzw. importierten Größen angegeben. Exportiert werden können Zugriffsoperationen, Konstanten, Variablen (auch als "readonly") und Typen. Wenn eine Konstante oder Variable exportiert wird, dann muß auch ihr Typ exportiert werden.

Wird ein Typ exportiert, dann ist die Struktur für den Anwender unsichtbar. Außer Zuweisung und Gleichheitstest müssen alle Operationen auf Objekte des exportierten Typs durch Zugriffsoperationen in dem Modul definiert werden, der den Typ exportiert. Beim Export werden in einer with-Klausel die exportierten Operationen angegeben. Wird die Zuweisung nicht exportiert, dann kann an Objekte des exportierten Typs keine Zuweisung erfolgen. Bereichsbezeichnungen eines Typs sind für den Anwender ebenfalls unsichtbar, wenn sie nicht in der with-Klausel aufgeführt sind. Analog ist der Indexbereich eines Feldes nur bekannt, wenn er exportiert wird. Eine with-Klausel besitzen nur exportierte Typen.
Eine Typparametrisierung ist nicht möglich.

(8) Beispiel

(a) Definition

```
type INTEGERSTACK (N: unsigned Int)=
   module exports (PUSH, POP, TOP)

   var S: array 1..N of signed Int
   var DEPTH: 0..N:= 0

   procedure PUSH (Z: signed Int)=
      imports (var S, var DEPTH, N)
      begin
      procedure STACKOVERFLOW = ...
      end STACKOVERFLOW
      if DEPTH >= N then STACKOVERFLOW
                    else DEPTH:= DEPTH + 1
                         S (DEPTH):= Z
      end if
   end PUSH

   procedure POP =
      imports (var DEPTH)
      begin
      procedure STACKUNDERFLOW = ...
      end STACKUNDERFLOW
      if DEPTH >= 1 then DEPTH:= DEPTH - 1
                    else STACKUNDERFLOW
      end if
   end POP

   function TOP returns signed Int =
      imports (S, DEPTH)
      begin
      procedure STACKUNDERFLOW = ...
      end STACKUNDERFLOW
      if DEPTH >= 1 then return S (DEPTH)
                    else STACKUNDERFLOW
      end if
   end TOP
end INTEGERSTACK
```

(b) Vereinbarung

```
var S1: INTEGERSTACK (50)
var S2: INTEGERSTACK (100)
```

(c) Aufruf

```
S1.PUSH (3); S2.POP;
```

(9) Bemerkungen

Alle EUCLID-Programme sollen vor ihrer Benutzung verifiziert werden, d. h. die Konsistenz zwischen Programmen und ihrer Spezifikation sollte überprüft werden.
Der Beweis sollte entweder manuell oder automatisch erfolgen.

Prozeduren und Funktionen können durch pre- und post-Zusicherungen spezifiziert werden.

Moduln können durch pre-Zusicherungen, eine Invariante, eine Abstraktionsfunktion sowie durch Zusicherungen für exportierte Routinen und Typen spezifiziert werden.

Zusätzlich können Zusicherungen in der Implementierung an jeden Punkt des Steuerflusses geschrieben werden.

Als Zusicherungssprache werden die Boole'schen Ausdrücke von EUCLID verwendet. Erweiterte Zusicherungen können als Kommentare geschrieben werden.

Als Testhilfe können durch checked Laufzeitüberprüfungen für alle Grundzusicherungen (Boole'sche Ausdrücke, die nicht in Kommentarklammern stehen) eingeschaltet werden. Der EUCLID-Compiler erzeugt Legalitätszusicherungen, die der Verifizierer prüfen muß z. B. I<10, I=J (Prüfungen, die der Compiler nicht durchführen kann). Legalitätszusicherungen werden bei checked ebenfalls zur Laufzeit überprüft.

In Moduln können folgende Teile enthalten sein:
- Initialisierungsteil: Ausführung immer wenn neue Variable vom Modultyp kreiert wird.
- Abschlußteil: Ausführung immer, wenn Lebendauer endet.
- Invariantenteil: muß wahr sein während der Modullebensdauer (nach Initalisierung und vor Abschluß).
- Abstraktionsfunktion: dient zur Verifikation (optional). Bildet die Variablen innerhalb des Moduls auf den Wert des Modultyps ab (vergleichbar der rep-Darstellung in CLU, siehe 2.5.3.5) Diese Abbildung ist für die Verifikation notwendig, da Variable vom Modultyp innerhalb des Moduls durch unterschiedliche Variablen dargestellt werden.

(10) Wertung

Vorteile

- Es können Abschlußanweisungen für abstrakte Datentypen angegeben werden.
- Berücksichtigung konstruktiver Aspekte, um Fehlerquellen von vornherein auszuschalten.
- Unterstützung der Verifikation.
- Der Compiler überprüft Zusicherungen.

Nachteile

- Es können nicht nur Routinen und Zugriffsoperationen, sondern auch Variablen importiert werden.
- Komplizierte Import-Export-Regeln erhöhen die Sprachkomplexität.
- Zugriffsoperationen müssen internes Gedächtnis jeweils importieren.
- Die Schnittstellenspezifikation verstößt gegen das Geheimnis- und Lokalitätsprinzip.
- Da alle Routinen bzw. Moduln vollständig mit ihren Implementierungen eingeschachtelt werden, wird die Übersicht über die Systemstruktur wesentlich erschwert.

2.5.3.5 CLU

(1) Motivation und Ziele

CLU (cluster) wurde konzipiert, um strukturiertes Programmieren und Modularisierung beim Entwurf und bei der Implementierung zu unterstützen. Ziel ist es, beim Entwurf erkannte Abstraktionen leicht durch Moduln zu implementieren. Die effektive Erstellung von Programmen hoher Qualität (hohe Zuverlässigkeit, leichte Verständlichkeit, Änderbarkeit und Wartbarkeit) soll durch geeignete Sprachkonstrukte verbessert werden.

(2) Konzeption

CLU unterstützt die Beschreibung von funktionalen Abstraktionen und abstrakten Datentypen. Die CLU- Konzeption ist vergleichbar mit der Sprache ALPHARD (siehe 2.5.3.7). Zur formalen Schnittstellenspezifikation sollte jedoch eine separate Spezifikationssprache verwendet werden. CLU selbst wurde von SIMULA 67 und in geringerem Maße von PASCAL und LISP beeinflußt. CLU ist eine streng typgebundene Sprache.

Der top-down-Entwurf wird durch CLU unterstützt. Entwurf und Implementierung bilden eine Einheit, da jeder Entwurf, d. h. das Spezifizieren einer Abstraktion, durch Anwendung neuer oder bereits vorhandener untergeordneter Abstraktionen implementiert wird.

(3) Herkunft, Anwendungsgebiet, Erfahrungen, Literatur

CLU wurde in den Jahren 1974 - 1977 unter der Leitung von B. Liskov am MIT entwickelt.
Literatur: /Liskov, Zilles 74/, /Liskov 76/, /Liskov et al. 77/.

(4) Entwurfsmethodik

Ziel von CLU ist es, durch Bereitstellung geeigneter Beschreibungsmittel eine Entwurfsmethodik zu unterstützen, bei der die Problemzerlegung auf dem Erkennen von Abstraktionen beruht. Ein Programm entsteht in mehreren Stufen. Auf jeder Stufe wird das Problem dadurch gelöst, daß einige Abstraktionen implementiert werden. Die Implementierung selbst wird realisiert durch das Erkennen von untergeordneten Abstraktionen. Jede Abstraktion wird jeweils als neues Problem angesehen; die Implementierung der jeweiligen Abstraktion kann weitere Abstraktionen einführen.

CLU unterstützt also den top-down-Entwurf, ohne jedoch konkrete Kriterien für das Erkennen von Abstraktionen anzugeben.

In CLU wird zwischen einer Abstraktion, die das Verhalten beschreibt, und einem Modul unterschieden, der das beschriebene Verhalten implementiert.

Die Abstraktionen und Moduln werden in einer CLU- Bibliothek abgelegt. Jeder Modul kann getrennt übersetzt werden mit kompletter Typüberprüfung während der Übersetzungszeit.

In CLU wird davon ausgegangen, daß bereits auf höchster Abstraktionsebene eine Implementierung durch Anwendung anderer u. U. noch nicht vorhandener Abstraktionen erfolgt. Dies wird an folgenden Beispiel näher erläutert.

Beispiel

In einem gegebenen Dokument soll für jedes unterschiedliche Wort die relative und absolute Auftretenshäufigkeit ermittelt werden.

Es wird eine Prozedur ZAEHLE_WOERTER mit den Parametern EINGABESTROM und AUSGABESTROM benötigt.

```
ZAEHLE_WOERTER = proc (E: eingabestrom, A: ausgabestrom)
    ...
    end ZAEHLE_WOERTER;
```

"eingabestrom" und "ausgabestrom" sind Datenabstraktionen.
Auf "eingabestrom" ist u.a. folgende Operation definiert:
NAECHSTES_ZEICHEN (E) = nimmt das erste Zeichen vom Eingabestrom und liefert es ab.

Auf "ausgabestrom" ist u. a. folgende Zugriffsoperation definiert:
STRING_AUSGEBEN (S,A) = String S wird an den Ausgabestrom A angefügt.

Als nächstes wird überlegt, wie ZAEHLE_WOERTER implementiert werden kann.

Es wird entschieden, Strings zu manipulieren (String ist ein Standardtyp von CLU).

Das Verarbeiten des Dokuments wird in einer funktionalen Abstraktion NAECHSTES_WORT verkapselt.

Alle Informationen über die Wörter werden in einem WORTSPEICHER aufbewahrt. Die Datenabstraktion WORTSPEICHER besitzt folgende Zugriffsoperationen:

- KREIERE: Anlegen eines leeren WORTSPEICHERS
- EINFUEGEN: neues Wort im WORTSPEICHER ablegen
- DRUCKE: Drucken der gewünschten statistischen Information über die Wörter in WORTSPEICHER.

Unter Anwendung dieser Abstraktionen erhält man folgende Implementierung:

```
ZAEHLE_WOERTER = proc (E:eingabestrom,A:ausgabestrom);
% Kreieren eines leeren Wortspeichers
WS: WORTSPEICHER := WORTSPEICHER$KREIERE ( );
% Abarbeiten des Dokuments, jedes gefundene Wort in WS ablegen.
W: string := NAECHSTES_WORT (E);
                                        % Vereinbarung & Initialisierung
% Zur Zeit verarbeitetes Wort
while W <>"" do
      WORTSPEICHER$EINFUEGEN (WS,W);
      W := NAECHSTES_WORT (E);
      end
% Ausgabe des Wortspeichers
WORTSPEICHER$DRUCKE (WS,A);
end ZAEHLE_WOERTER;
```

Nach der Realisierung dieser Abstraktion werden die benutzten Abstraktionen implementiert. ■

(5) Strukturierungskonzept

Die Verknüpfung von Moduln geschieht implizit durch die CLU-Bibliothek. Die Information in der Bibliothek ermöglicht eine getrennte Übersetzung einzelner Moduln mit vollständiger Typüberprüfung aller externen Referenzen (z. B. der Prozeduraufrufe).

Für jede Abstraktion gibt es eine Beschreibungseinheit, die alle systemrelevanten Informationen über die Abstraktion enthält. Dazu gehören auch Informationen darüber, ob und welche Modulimplementationen die jeweilige Abstraktion realisieren. Die Beschreibungseinheit enthält ebenfalls die Schnittstellenspezifikation einschl. Anzahl und Typen der Parameter, geforderte Operationen für Typparameter usw.

Ein Modul kann bereits übersetzt werden, bevor die von ihm benutzten Abstraktionen implementiert sind. Notwendig ist nur die vollständige Schnittstellenspezifikation der benutzten Abstraktionen, eingetragen in der Bibliothek.

Da jede Benutzung und auch Implementation gegenüber der Schnittstellenspezifikation geprüft wird, kann die aktuelle Auswahl der Implementation bis zur Ausführung aufgeschoben werden.

Wenn ein Modul übersetzt werden soll, dann müssen seine externen Referenzen, d. h. seine importierten Abstraktionen an Beschreibungseinheiten gebunden sein, so daß eine Typüberprüfung erfolgen kann. Die Verknüpfungen werden in einer Verbindungsliste eingetragen, die die Namen auf die Beschreibungseinheiten abbildet. Diese Liste wird vom Compiler beim Übersetzen benutzt.

Zusätzlich kann in die Bibliothek noch Information über die

Beziehungen zwischen Abstraktionen eingetragen werden, ähnlich wie sie durch Entwurfssprachen beschrieben werden.

(6) Modulkonzept

Die funktionale Abstraktion wird in CLU durch Prozeduren beschrieben (analog wie in anderen Programmiersprachen). Abstrakte Datentypen werden durch Cluster realisiert.

Eine Cluster-Definition besteht aus drei Teilen:
- Die Schnittstellenbeschreibung enthält die Namen der exportierten Zugriffsoperationen (ohne Parameter) (sogenannte is-Liste). Eine Import-Schnittstellenbeschreibung gibt es nicht.
- Die Objektbeschreibung legt die interne Repräsentation für die Datenobjekte fest; sie ist außerhalb des Clusters nicht sichtbar.
- Die Operationsdefinitionen stellen die Implementationen der Zugriffsoperationen bereit. Sie entsprechen Prozedurdefinitionen. Zusätzlich kann in jedem Operationsrumpf auf die Repräsentation des Datenobjekts zugegriffen werden.

Innerhalb eines Clusters kann eine Block-Struktur verwendet werden. Cluster können jedoch nicht ineinander geschachtelt werden. Die Kommunikation zwischen Cluster geschieht nur über die Parameter der Zugriffsoperationen. Cluster können getrennt übersetzt werden.

Die Lebensdauer der internen Cluster-Gedächtnisse umfaßt theoretisch die gesamte Laufzeit. In der Praxis wird der Speicherplatz wieder aufgegeben, wenn kein CLU-Programm mehr Zugriff auf den Cluster hat.

Über die Parameterliste von Moduln können auch Datenabstraktionen übergeben werden.

Einfache Datenabstraktionen gibt es in CLU nicht, da alle Cluster definiert werden müssen. Ein definierter Cluster muß beim Anwender dann vereinbart werden.

(7) Datenabstraktionskonzept

Die Realisierung abstrakter Datentypen geschieht in CLU durch Typgeneratoren. Diese ermöglichen es, Cluster zu parametrisieren einschl. Typparametern. Die Operationen, die für den parametrisierten Typ vorhanden sein müssen, werden gesondert aufgeführt. Cluster müssen explizit kreiert werden z. B. durch Aufruf einer Initialisierungsoperation.

Beispiel

Definition:

```
SORTIERTER_SPEICHER = cluster (.t: type.) is
           KREIERE, EINFUEGEN,...
```

```
    where t has
        kleiner, gleich: proctype (t,t) returns (bool);
```

Vereinbarung:
SORTIERTER_SPEICHER (.string.)

■

Der Compiler prüft bei der Anwendung eines typparametrisierten Clusters, ob auf dem aktuellen Typ die geforderten Operationen definiert sind.

Als Cluster-Parameter sind neben Typen noch integer- und string-Konstanten erlaubt.

(8) Beispiel

(a) "cluster" - Definition

"cluster" Name   formaler Datentyp

```
STACK = cluster (.ELEMENT_TYPE: type.)
        is CREATE, PUSH, POP, TOP;

rep = record (.DEPTH: int STACK:
              array (.ELEMENT_TYPE.));

CREATE = proc () returns (cvt);
         return rep $(*DEPTH: 0; STACK:CREATE (1)*)
         end CREATE

PUSH = proc (S: cvt, V: ELEMENT_TYPE);
       S. DEPTH := S. DEPTH +1;
       S. STACK (.S. DEPTH.) := V
       end PUSH;

POP = proc (S:cvt) returns (ELEMENT_TYPE);
      if S. DEPTH = 1 then error;
         S. DEPTH := S. DEPTH - 1;
         return S. STACK (.S. DEPTH.)
      end POP;

TOP = proc (S:cvt) returns (ELEMENT_TYPE);
      if S. DEPTH = 0 then error;
            return S. STACK (.S. DEPTH.)
      end TOP;
end STACK
```

Bemerkungen: rep steht synonym für die rechte Seite nach dem Gleichheitszeichen. cvt (conversion type) beschreibt die Konversion des abstrakten Datentyps in die Objektrepräsentation. Felder sind dynamisch. create (1) bedeutet die Kreierung eines Feldes mit der unteren Grenze 1.

(b) "cluster"-Vereinbarung

```
SI : STACK := STACK(.int.)$CREATE();
SR : STACK := STACK(.real.)$CREATE();
```

(c) Aktivierung von Operationen

```
STACK$PUSH(SI,10); STACK$POP(SR,R)
```

(9) Bemerkungen

Neben funktionalen Abstraktionen und Datenabstraktionen gibt es in CLU noch Kontrollabstraktionen. Diese ermöglichen die Definition von Iteratoren, die zusammen mit einer Zählschleife (for) die Abarbeitung von Anweisungen festlegen.

(10) Wertung

Vorteile

- Unterstützung des top-down-Entwurfs verbunden mit der top-down-Implementierung.
- Einheitliches Konzept für funktionale Abstraktion und abstrakte Datentypen.
- Bibliothekssystem für übersetzte Moduln.

Nachteile

- Die Export-Schnittstelle verstößt gegen das Geheimnis- und Lokalitätsprinzip.
- Import-Schnittstellen sind nicht vorhanden.
- Eine explizite Systemstrukturbeschreibung ist nicht vorhanden.

2.5.3.6 ADA

(1) Motivation und Ziele

ADA (benannt nach Lady Ada Augusta, Countess of Lovelace, der Tochter von Lord Byron und Mitarbeiterin von Charles Babbage) ist eine Programmiersprache, die für Systemimplementierungen mit Echtzeitanwendungen im militärischen Bereich entworfen wurde.

Die Sprachentwicklung wurde 1975 vom US Verteidigungsministerium (DoD, Department of Defense) initiiert mit dem Ziel, eine standardisierte Sprache für die Anwendungsprogrammierung im Verteidigungsbereich zu erhalten. Insbesondere soll die Sprache geeignet sein, Software für "computer-embedded" Systeme (58% der gesamten Software-Entwicklung des DoD) zu entwickeln. In solchen Systemen ist das Computersystem logisch in ein umfassenderes System eingebettet. Beispiele dafür sind die Raketensteuerung, die Schiffs- und Flugzeugsteuerung sowie rechnergesteuerte (Werkzeug-) Maschinen, rechnerüberwachte Produktionsabläufe,

Verkehrsüberwachung usw.

Die Motivation ergab sich aus der Erkenntnis, daß für integrierte Systeme 90% der Kosten für Pflege und Wartung ausgegeben werden müssen. Dieser Aufwand ergibt sich aus dem Umfang der Programme (50 000 bis 100 000 Codezeilen), ihrer Lebensdauer (10 bis 25 Jahre) sowie der Anzahl der benutzten, unterschiedlichen Programmiersprachen (etwa 450 verschiedene Sprachen einschl. nichtkompatibler Dialekte auf 200 unterschiedlichen Rechnermodellen).

Neben der Sprache selbst wird auch eine Programmierumgebung für ADA entwickelt (siehe 5.1).

(2) Konzeption

Im Steelman-Bericht (1978) wurden folgende globale Anforderungen an die Sprache gestellt:
- Allgemeinheit,
- Zuverlässigkeit,
- Wartbarkeit,
- Effizienz,
- Einfachheit,
- Implementierbarkeit,
- Maschienunabhängigkeit,
- vollständige, eindeutige, formale Sprachdefinition.

An speziellen Anforderungen werden u. a. gefordert:
- Minimalalphabet,
- Fixpunktarithmetik,
- Datenstrukturierung und -typisierung,
- spezielle Kontrollstrukturen,
- Prozeduren usw.

Außerdem wurden noch weitergehende Anforderungen aufgestellt wie:
- Festschreibung einer benutzerorientierten Ein-/Ausgabe-Schnittstelle,
- Ausnahmebehandlung,
- Echtzeitkontrolle,
- Parallelverarbeitung,
- getrennte Übersetzbarkeit von Programmeinheiten.

Entsprechend diesen Anforderungen besteht ein ADA- Programm aus einer oder mehreren Übersetzungseinheiten. Übersetzungseinheiten werden in einer (Projekt-) Bibliothek verwaltet.
Eine Übersetzungseinheit ist entweder
- der Spezifikationsteil einer Programmeinheit (außer für tasks) oder
- der Implementierungsteil einer Programmeinheit.

Eine Programmeinheit ist entweder
- ein Unterprogramm (Funktion oder Prozedur),
- ein Paket (abstrakter Datentyp) oder
- eine Task (Realisierung eines Prozesses, der parallel zu

anderen Prozessen ausgeführt werden kann).

Der Implementierungsteil besteht i. a. aus
- Vereinbarungsteil (Definition lokaler Größen),
- Anweisungsteil,
- Behandlung von Ausnahmen, die bei der Abarbeitung des Anweisungsteils auftreten können.

Unterprogramme können parametrisiert werden. Generische Programmeinheiten erlauben für Unterprogramme und Pakete eine Parametrisierung. Typen und Unterprogramme können als Parameter verwendet werden.

ADA ist eine typgebundene und blockstrukturierte Sprache.

(3) Herkunft, Anwendungsgebiet, Erfahrungen, Literatur

Innerhalb von 3 Jahren wurden vom DoD unter Beteiligung zahlreicher Wissenschaftler und Praktiker aus allen Bereichen die Anforderungen an die Sprache aufgestellt und in den Berichten Strawman (1975), Woodenman (1975), Tinman (1976), Ironman (1977) und Steelman (1978) veröffentlicht.

Eine parallel durchgeführte Untersuchung vorhandener Sprachen zeigte, daß keine die gestellten Anforderungen erfüllt. Man entschied sich daher dazu, eine neue Sprache zu entwickeln. Aus 15 eingereichten Sprachvorschlägen wurden vier ausgewählt und in die engere Wahl genommen. Um eine objektive Bewertung sicherzustellen, wurden sie nach Farben benannt: BLUE von Softech, GREEN von CII-Honeywell Bull, RED von Intermetrics und YELLOW von SRI. Alle basierten auf PASCAL. Am 2. Mai 1979 wurde die Sprache GREEN, die unter Führung von J. Ichbiah bei CII entworfen wurde, unter dem Namen ADA als neue DoD-Sprache ausgewählt.

Obwohl ADA für Echtzeitanwendungen im militärischen Bereich vorgesehen ist, soll sie auch als ´general purpose´-Sprache eingesetzt werden z. B. für kommerzielle Probleme.

Praktische Erfahrungen liegen noch nicht vor, da sich z. Z. die ADA-Compiler noch in Entwicklung befinden.
Literatur: /ADA 81/, /Goos 81/.

(4) Entwurfsmethodik

Eine explizite Entwurfsmethodik wird nicht angegeben; jedoch unterstützt das Konzept der getrennten Übersetzbarkeit einen top-down- und/oder bottom-up-Entwurf (siehe (5)) sowie Mischformen dieser Methoden.

(5) Strukturierungskonzept

In ADA gibt es zwei unterschiedliche Strukturierungskonzepte:
- beliebige azyklische Struktur zwischen Übersetzungseinheiten,

- Baumhierarchie innerhalb von Übersetzungseinheiten.

Hauptprogramme besitzen in ADA keine speziellen Eigenschaften. Jede parameterlose Prozedur kann in ADA als Hauptprogramm verwendet werden. Eine solche Prozedur wird zum Hauptprogramm, wenn man dem Übersetzer oder Binder mitteilt, daß diese Prozedur mit allen dort aufgeführten Programmeinheiten zusammengebunden und gestartet werden soll.

Beim top-down-Entwurf werden innerhalb einer Übersetzungseinheit die Untereinheiten bzw. Teilsysteme spezifiziert. Der Implementierungsteil bzw. Rumpf dieser Untereinheiten kann dann getrennt realisiert und übersetzt werden.

Beispiel

Das System WEINHANDLUNG soll in folgenden Untereinheiten zerlegt werden:

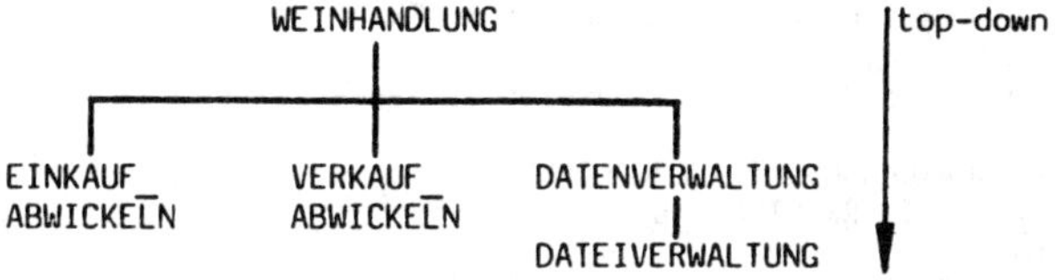

Zuerst wird die WEINHANDLUNG als Prozedur beschrieben. Im Vereinbarungsteil dieser Prozedur werden die Untereinheiten spezifiziert.

```
procedure WEINHANDLUNG is
  Z: character;
  package DATENVERWALTUNG is
     procedure LAGERUPDATE (ARTIKELNR:in natural;
                LAGERBEWEGUNG: in integer);
     function ARTIKEL_PRUEFEN (ARTIKELNR:in natural)
                return boolean;
                . . .
  end DATENVERWALTUNG;

  package body DATENVERWALTUNG is separate;
  -- seperate gibt an, daß der Rumpf des Pakets
  -- getrennt übersetzt wird.

  procedure EINKAUF_ABWICKELN is separate;

  procedure VERKAUF_ABWICKELN is separate;

  begin               -- Anweisungsteil von WEINHANDLUNG
     get (Z);
     if Z = 'E' then EINKAUF_ABWICKELN;
                else VERKAUF_ABWICKELN;
     end if
```

```
end WEINHANDLUNG;
---------- Ende der 1. Übersetzungseinheit ----------

seperate (WEINHANDLUNG)                  --Bezug zum Ort der
                                         -- Spezifikation
package body DATENVERWALTUNG is
   package DATEIVERWALTUNG is           --Spezifikation der
                                         --nächsten Untereinheit
       procedure (....);
                 . . .
   end DATEIVERWALTUNG

   procedure LAGERUPDATE (...);
   begin ...
   end LAGERUPDATE;
   function ARTIKEL_PRUEFEN (...);
   begin ...
   end ARTIKEL_PRUEFEN;
begin
--Initialisierung von Größen aus der DATENVERWALTUNG
end DATENVERWALTUNG;
---------- Ende der 2. Übersetzungseinheit ----------

seperate (WEINHANDLUNG.DATENVERWALTUNG)
package body DATEIVERWALTUNG is
   procedure(. . .);
end DATEIVERWALTUNG;
---------- Ende der 3. Übersetzungseinheit ----------
                      usw.
```

■

Die eindeutige Benennung der Einheiten erfolgt durch Festlegung des Weges von der Wurzel im Baum bis zu der entsprechenden Einheit. Dies geschieht durch Selektion z. B. WEINHANDLUNG.DATENVERWALTUNG.

Beim bottom-up-Entwurf wird zuerst die Einheit DATEIVERWALTUNG realisiert.

Beispiel

```
package DATEIVERWALTUNG is -- Diese Spezifikation
                           -- ist getrennt übersetzbar
   procedure A (..);                 -- exportierte Größe
end DATEIVERWALTUNG;
```

Der Implementierungsteil von DATEIVERWALTUNG ist wieder eine Übersetzungseinheit, deren Größen allerdings nach außen hin verborgen sind:

```
package body DATEIVERWALTUNG is
   procedure A (...);
   begin
   . . .
   end A;
end DATEIVERWALTUNG;
```

■

Damit bereits vorhandene Einheiten in neuen Programmeinheiten benutzt werden können, müssen vor der benutzenden Einheit Kontextspezifikationen stehen. Diese geben an, welche Unterprogramme und Pakete aus der Bibliothek in dieser Programmeinheit verwendet werden (Import-Schnittstelle).

Beispiel

Die Kontextspezifikation erfolgt durch die with-Klausel:

```
with DATEIVERWALTUNG;
package DATENVERWALTUNG is
   procedure LAGERUPDATE (...);
   function ARTIKEL_PRUEFEN...
     . . .
end DATEIVERWALTUNG;
```

Das Paket DATENVERWALTUNG kann dann die Zugriffsoperationen von DATEIVERWALTUNG aufrufen, jedoch nur in qualifizierter Form z. B.:

```
        DATEIVERWALTUNG.A(...)
```

Durch die zusätzliche Kontextspezifikation use... werden jedoch alle importierten Objekte direkt ohne Qualifikation zugänglich.

Beispiel

```
with DATEIVERWALTUNG; use DATEIVERWALTUNG;
package DATENVERWALTUNG is
         A (...);
end
```

■

top-down- und bottom-up-Entwurf können auch kombiniert angewandt werden, da jede Übersetzungseinheit sowohl Vereinbarungen von Untereinheiten enthalten kann als auch über eine with-Klausel andere Einheiten aus der Bibliothek benutzen kann.

Zu ADA gehört eine Bibliothek, in der bereits übersetzte Einheiten verwaltet werden. Der ADA-Compiler erkennt logische Abhängigkeiten zwischen den einzelnen Übersetzungseinheiten und nimmt Prüfungen über die Grenzen der einzelnen Einheiten hinweg vor. Daher spielt die Übersetzungsreihenfolge eine Rolle. Die getrennte Übersetzung von Einheiten bietet jedoch diesselbe Sicherheit, als ob das Gesmtprogramm auf einmal übersetzt würde.

Neben diesem Strukturierungskonzept zwischen Übersetzungseinheiten, erfolgt innerhalb einer Übersetzungseinheit eine baumorientierte Strukturierung analog PASCAL und MODULA-2.

(6) Modulkonzept

Die funktionale Abstraktion wird in ADA durch Unterprogramme (Prozeduren, Funktionen), die Datenabstraktion durch Pakete bzw. generische Programmeinheiten (siehe (7)) ermöglicht.

Ein Paket besteht aus einer Paket-Spezifikation (Paket-Export-Schnittstelle) und einem Paket-Rumpf (Paket-Implementierung).
Eine Paket-Spezifikation besteht aus zwei Teilen:
- Im allgemeinen Teil, der für den Anwender sichtbar ist (logische Schnittstelle), werden die exportierten Größen beschrieben.
- Im optionalen, privaten Teil, der nur für den ADA-Übersetzer sichtbar ist, werden Zusatzinformationen für den Übersetzer beschrieben. Neben der Vervollständigung von Typvereinbarungen können noch weitere Vereinbarungen und Implementierungs-einzelheiten (Maschinenrepräsentation) stehen.

Beispiel

```
package KOMPLEX_ARITHMETIK is
   type komplex is
        record
           RE, IM: float;
        end record
   function ADD (K1, K2: in komplex) return komplex;
   function SUB (K1, K2: in komplex) return komplex;
              . . .
end KOMPLEX_ARITHMETIK;
```

Um den strukturellen Aufbau des Typs komplex nach außen zu verbergen, verlagert man die Strukturbeschreibung in den privaten Teil der Paketspezifikation:

```
package KOMPLEX_ARITHMETIK is
   type komplex is private;
   function ADD (K1, K2: in komplex) return komplex;
   function SUB (K1, K2: in komplex) return komplex;
   private
   type komplex is
        record
          RE, IM: float;
        end record
end KOMPLEX_ARITHMETIK;
```

In diesem Fall muß noch eine Operation exportiert werden, die es ermöglicht, Objekte vom Typ komplex zu konstruieren z. B.

```
function BAUE_KOMPLEX (K1, K2: in float)
         return komplex;
```
■

Auf Objekte eines privaten Typs können vom Anwender nur noch die

Operationen = und != sowie die Zuweisung (:=) angewandt werden. Vereinbart man einen Typ als limited private, dann sind auch Zuweisung und Vergleich nicht mehr möglich.

Änderungen im privaten Teil einer Paketspezifikation haben keinen Einfluß auf die Anwenderprogramme, jedoch müssen diese evtl. neu übersetzt werden.

Im einfachsten Fall besteht ein Paket nur aus der Paket-Spezifikation, die dann jedoch keine Zugriffsoperationen exportieren darf. Dadurch können gemeinsame Datenbereiche bzw. globale Daten definiert werden.

Steht eine Paketspezifikation im Vereinbarungsteil eines Unterprogramms oder eines Blockes, dann können die exportierten Größen in dieser Programmeinheit verwendet werden, als ob sie im umgebenden Vereinbarungsteil selbst vereinbart wären. Die Lebensdauer der in einem Paket vereinbarten Objekte endet mit dem Verlassen des Unterprogrammes oder Blocks, in dem die Paketspezifikation vereinbart ist.

(7) Datenabstraktionskonzept

Abstrakte Datentypen mit Parametern können durch generische Pakete beschrieben werden.

Beispiel

```
generic
   ZEILENANZAHL, SPALTENANZAHL: natural;
package TEXT_TERMINAL is
   type zeile is range 0..ZEILENANZAHL;
   spalte is range 0..SPALTENANZAHL;
   procedure ACCEPT1 (LINE: in zeile;
             POSITION: in spalte;...);
          . . .
end TEXT_TERMINAL;
```

Ein solches generisches Paket muß analog einer Variablen vereinbart werden.
Die Instantiierung wird im Vereinbarungsteil in folgender Form vorgenommen:

```
package T1 is new TEXT_TERMINAL
   (ZEILENANZAHL => 24, SPALTENANZAHL => 80);
package T2 is new TEXT_TERMINAL
   (ZEILENANZAHL => 12, SPALTENANZAHL => 36);
```

Aufruf:
T1. ACCEPT1 (...); T2. DISPLAY (...);

■

Die Verwendung von Typen als Parameter ist ebenfalls möglich.

Beispiel

(a) Definition

```
generic
   type sortiertyp is private;            -- Parameter 1 --
   type indextyp is (<>);                 -- Parameter 2 --
   type f is array (indextyp range <>)
   of sortiertyp;                         -- Parameter 3 --
   with function "<" (ELEMENT1, ELEMENT2: in
        sortiertyp) return boolean;       -- Parameter 4 --

package MISCHEN_UND_SORTIEREN is
   procedure MISCHEN (TEILFOLGE: in f; SORT: out f
             ANFANG, LAENGE1, LAENGE2: in integer);
             -- Von ANFANG bis ANFANG + LAENGE-1 steht in
             -- TEILFOLGE die sortierte Teilfolge 1.
             -- Von ANFANG+LAENGE1 bis ANFANG+LAENGE1+LAENGE2-1
             -- steht in TEILFOLGE die sortierte Teilfolge 2.
             -- Die sortierten Teilfolgen stehen in SORT.
   procedure SORTIEREN (FOLGE: in out f);
end MISCHEN_UND_SORTIEREN;
```

(b) Vereinbarung bzw. Instantiierung

```
declare
type datum is
   record
      JAHR:  integer;
      MONAT: integer range 1..12;
      TAG:   integer range 1..31;
   end record;
  datumsreihe : array (1..500) of datum;
  function "<" (d1, d2 : in datum) return boolean is
  begin ...
  end "<";
package DATUMSORT is new MISCHEN_UND_SORTIEREN
       (datum, integer, datumsreihe, "<");
-- Parameter 1.---2.---------3.--------4.-------------
```

(c) Aufruf

```
DATUMSORT.SORTIEREN (Z);
```

■

In diesem Beispiel ist sowohl der "sortiertyp" als auch der "indextyp" parametrisiert. Um Sortieren zu können, muß zwischen den zu sortierenden Elementen eine "<"- Relation definiert sein. Daher muß für den "sortiertyp" eine "<"-Funktion existieren. "indextyp" is (<>) bedeutet, daß der Indextyp ein Aufzählungstyp sein muß. Das Symbol <> wird als Kasten bezeichnet und steht hier für einen undefinierten Wertebereich.

Der allgemeinste Fall für einen generischen Typparameter ist

```
type TYP is limited private.
```

D. h. bei der Instantiierung von TYP darf jeder Typ auftreten. Innerhalb der Implementierung können jedoch keine Operationen mit diesem Typ durchgeführt werden.

Für `type TYP is private`
können alle Typen verwendet werden, für die die Operationen = und != sowie := definiert sind. Alle weiteren Operationen müssen als Parameter angegeben werden.

Folgende weitere Einschränkungen sind möglich:

```
type AUFZAEHLUNGSTYP is (<>)
type GANZZAHLIGER_TYP is range <>
type GLEITPUNKTTYP is digits <>
type FIXPUNKTTYP is delta <>
type VERWEIS is access
```

Neben generischen Paketen können auch generische Unterprogramme definiert werden.

(8) Beispiel

(a) Definition

```
generic              -- Spezifikation eines generischen Paketes --
   N: natural;                         --parametrisierte Kellergröße
   type t is private;                        --parametrisierter Typ
package STACK is                             --Export-Schnittstelle
   procedure PUSH (Z: in t);
   procedure POP;
   function TOP return t;
   STACK_OVERFLOW; STACK_UNDERFLOW: exception;
   --In ADA gibt es ein Konzept für die Ausnahmebehandlung--
end STACK
-----------------------------------------------------------------
package body STACK is                            -- Implementierung
 S: array (1..N) of t;                           -- Modulgedächtnis
 DEPTH: integer range 0..N;
 --Initialisierung auch hier möglich mit := 0;--
-----------------------------------------------------------------
procedure PUSH (Z: in t) is
begin if DEPTH >= N then raise STACK_OVERFLOW;
                    else DEPTH := DEPTH + 1;
                         S (DEPTH) := Z;
      end if
end PUSH;
-----------------------------------------------------------------
procedure POP is
begin if DEPTH >= 1 then DEPTH := DEPTH - 1;
                    else raise STACK_UNDERFLOW;
      end if
end POP;
-----------------------------------------------------------------
function TOP return t is
begin if DEPTH > = 1 then return S(DEPTH);
                     else raise STACK_UNDERFLOW;
      end if
end TOP;
-----------------------------------------------------------------
begin DEPTH := 0; --Initialisierung des Modulgedächtnisses
end STACK;
```

(b) Vereinbarung

```
package SI is new STACK (N => 100, t => integer);
package SR is new STACK (50, real);
```

(c) Aufruf

```
SI.PUSH (15); SR.POP;
```

Die Initialisierung des Modulgedächtnisses wird genau einmal bei der Abarbeitung der Paketvereinbarung ausgeführt.

(9) Bemerkungen

Beim Aufruf von Unterprogrammen und Zugriffsoperationen kann neben der Positionszuordnung der Parameter (erster aktueller Parameter wird dem ersten formalen Parameter zugeordnet) auch eine Namenszuordnung erfolgen (der formale Parametername wird in der Aufrufliste mit aufgeführt).

Die Namenszuordnung erlaubt es auch, unvollständige Aufrufe zu schreiben, d. h. bestimmten formalen Eingabeparametern keinen aktuellen Wert zuzuordnen. In einem solchen Fall muß jedoch der formale Parameter im Unterprogrammkopf eine Initialisierung enthalten.

Funktionen können nicht nur durch Namen, sondern auch durch Operatorsymbole benannt werden (z.B. function "+"(...); Aufruf: A+B).

Die Operation "=" kann man i. a. nicht neu definieren. In ADA ist es also möglich, Sprachelemente zu überladen (Overloading).

(10) Wertung

Vorteile

- Umfassendes Konzept für generische Programmeinheiten.
- Unterstützung des top-down- und bottom-up-Entwurfs.
- Bibliothekssystem für übersetzte Einheiten.
- Getrennte Übersetzbarkeit von Spezifikation und Implementierung.
- Export-Schnittstelle erfüllt das Geheimnis- und das Lokalitätsprinzip.

Nachteile

- Unterschiedliche Konzepte für funktionale Abstraktion und Datenabstraktion (analog MODULA-2).
- Unterschiedliche Strukturierungskonzepte, einmal zwischen Übersetzungseinheiten (beliebige Struktur) und einmal innerhalb von Übersetzungseinheiten (Baumhierarchie). Die Anwendung des jeweiligen Strukturierungskonzepts erfolgt nicht problemorientiert, sondern projektorientiert.
- Die Entwicklungsmethodik (top-down, bottom-up) spiegelt sich in der Systemstrukturbeschreibung wider.
- Unterschiedliche Behandlung von Import- und Export-Schnittstellen.
- Import-Schnittstellen werden nicht vollständig beschrieben bzw. sind innerhalb einer Übersetzungseinheit überhaupt nicht vorhanden.
- In Import-Schnittstellen können keine Einschränkungen auf bestimmte Zugriffsoperationen vorgenommen werden.

2.5.3.7 ALPHARD

(1) Motivationen und Ziele

ALPHARD strebt folgende Ziele an:
- Verbesserung der Programmiermethodik und der Programmverifikation.
- Unterstützung der Entwicklung gutstrukturierter Programme.
- Erleichterung der Verifikation.

In ALPHARD wird versucht eine Einheit zwischen Programmiermethodik und Programmverifikation herzustellen.

(2) Konzeption

Syntax und Semantik von ALPHARD sind der verwendeten Verifikationstechnik angepaßt /Hoare 72/. Die wichtigste Eigenschaft der Sprache ist die Fähigkeit, die Benutzung einer Abstraktion von der Definition und damit auch von der Implementierung zu trennen.

Das Hauptprogramm besteht aus Operationen auf abstrakten Objekten, die dem Problem angepaßt sind. Ein Hauptprogramm kann dadurch sehr kompakt formuliert werden, da es auf einem hohen Abstraktionsniveau die Problemlösung beschreibt. Das Hauptprogramm wird mit traditionellen Methoden (z. B. induktive Zusicherung) verifiziert, wobei die Spezifikationen der abstrakten Objekte und Operationen als Primitive betrachtet werden. Anschließend wird verifiziert, ob die abstrakten Objekte und Operationen in Übereinstimmung mit den Spezifikationen implementiert sind.
Abstrakte Datentypen werden durch forms beschrieben.

ALPHARD übernimmt Konzepte von SIMULA 67, ist aber sonst gegenüber anderen Programmiersprachen weitgehend neu konzipiert.

(3) Herkunft, Anwendungsgebiet, Erfahrungen, Literatur

ALPHARD wurde 1976 von W.A. Wulf, R.L. London und M. Shaw in den USA konzipiert.
Literatur: /Wulf et al. 76 a,b,c/.

(4) Entwurfsmethodik

Unterstützt werden soll die schrittweise Verfeinerung und das Vorgehen in Abstraktionsebenen. Kriterien für die Aufteilung eines Problems in Teilprobleme werden nicht angegeben. Analog CLU wird angestrebt jedes Teilproblem mit Hilfe abstrakter Operationen zu implementieren und dann im nächsten Schritt die abstrakten Operationen wieder als zu lösendes Teilproblem anzusehen.
Entwurf und Implementierung sind also direkt miteinander gekoppelt.

Parallel zur Programmzerlegung erfolgt die Verifikation der ALPHARD-Programme (siehe (9)).

(5) Strukturierungskonzept

In ALPHARD erfolgt die Strukturierung analog dem PASCAL-Blockkonzept, d. h. es liegt eine explizite Baumstruktur vor. Gegenüber dem PASCAL-Konzept gibt es zwei Ausnahmen:

- Nur die in der Export-Schnittstelle aufgeführten Namen können außerhalb einer form benutzt werden.
- Nur form-Namen befolgen die übliche Block-Struktur-Konvention. Innerhalb einer form sind nur solche Variablen, die außerhalb einer form definiert sind, zugreifbar, die durch Parameter übergeben werden.

Eine getrennte Übersetzbarkeit von Programmeinheiten ist nicht möglich.
Es sollen jedoch Bibliotheken mit verifizierten Abstraktionen angelegt werden.

(6) Modulkonzept

Funktionale Abstraktionen werden in ALPHARD durch Funktionen, abstrakte Datentypen durch forms beschrieben.

Zu jeder Funktion bzw. Zugriffsoperation werden nicht nur die Parameterlisten, sondern auch pre- und post-Angaben spezifiziert, die den Effekt der Funktionen bzw. Zugriffsoperationen beschreiben.

(7) Datenabstraktionskonzept

Ein abstrakter Datentyp wird in ALPHARD durch eine form beschrieben. Eine form besteht aus drei Teilen:

- Spezifikationsteil: beschreibt formal das externe Verhalten der form für den Benutzer; nur dieser Teil ist von außen sichtbar.
- Repräsentationsteil: beschreibt die Repräsentation und die Eigenschaften eines Objektes dieses Typs. Außerdem werden bestimmte Eigenschaften festgelegt.
- Implementierungsteil: enthält die Implementierungen der Zugriffsoperationen.

Der Spezifikationsteil enthält die exportierten Zugriffsoperationen. Die Wirkung der Zugriffsoperationen wird durch pre- und post-Bedingungen zusätzlich formal beschrieben. Eine gewisse Parallele zu der Spezifikation nach Parnas (siehe 2.5.1.7.1) ist vorhanden. Im Spezifikationsteil werden außerdem Restriktionen für die Parameter der form angegeben (βreq), eine abstrakte Invariante (Ia) sowie der Initialisierungswert des abstrakten Objekts bei der Vereinbarung (βinit).

Eine explizite Import-Liste ist nicht vorhanden.

Eine form kann parametrisiert werden. Typen einschl. auf ihnen geforderter Operationen können als Parameter übergeben werden.

(8) Beispiel

Verwendete Begriffe:

```
<sl,......,sk> = Sequenz von spezifizierten Elementen
s ~ x          = Konkatenation (x am Ende)
leader (s)     = s ohne letztes Element
last   (s)     = letztes Element von s
seq (v,n,m)    = Abkürzung für <vn,vn+l,.....,vm>
                 v = vector; n,m = integers
s´             = Wert vor Ausführung der Operation
!              = Anfang eines Kommentars
```

(a) Definition

```
form INTEGERSTACK (N : integer) =
beginform
-----------------------------------------------------------------
specifications
   requires N > 0;                                  !ßreq
   let INTEGERSTACK = <...xi...>
       where xi is integer;
   invariant 0<=length (INTEGERSTACK)<=N;           !Ia
   initially INTEGERSTACK = nullseq;                !ßinit
   function                   !Exportierte Funktionen
    ! Neues Element in S ablegen
    PUSH (S: INTEGERSTACK, Z: integer)
     pre 0<=length(S)<N post S=S´~Z,                !ß pre, ß post
    ! Oberstes Element aus S entfernen
    POP (S: INTEGERSTACK)
     pre 0<length (S)<=N post S=leader (S´),
    ! Oberstes Element ansehen
    TOP (S: INTEGERSTACK) returns (Z: integer)
     pre 0<length (S)<=N post Z=last (S´),
    ! Prüfung, ob Keller leer
    EMPTY (S: INTEGERSTACK) returns (B: boolean),
    post B = (S = nullseq);
```

Erläuterungen zum Spezifikationsteil:
Es wird das abstrakte Verhalten von INTEGERSTACK beschrieben:

- ßreq: beschreibt Restriktionen für die form Parameter
- Ia: abstrakte Invariante, beschreibt durch ein Prädikat die Klasse der Objekte, die zu diesem Typ gehören
- ßinit: Initialisierungswert des abstrakten Objekts bei der Vereinbarung
- ßpre, ßpost: Die abstrakten Zugriffsoperationen werden durch ihre E/A-Relationen definiert unter Verwendung von Prädikaten, die den Effekt charakterisieren:

ßpre (y) {Ai} ßpost (y),
Ai = abstrakte Operation,
y = Objekt des form-typs

```
representation
    unique V: vector (integer, 1,n),
           DEPTH: integer init DEPTH <-0;          !Cinit
    rep (V, DEPTH) = seq (V,1,DEPTH);              !rep
    invariant 0 <= DEPTH <= N;                     !Ic
       states
        mt     when DEPTH = 0,
        normal when 0<DEPTH<N,
        full   when DEPTH = N,
        error  otherwise;
```

Erläuterungen zum Repräsentationsteil:
Es wird die konkrete Datenstruktur definiert.

Cinit: Der INTEGERSTACK wird durch einen Vektor V und die Stacktiefe DEPTH repräsentiert. Cinit legt die Initialisierungswerte der Repräsentation fest. Cinit wird immer aufgerufen, wenn ein Objekt vom Typ INTEGERSTACK kreiert wird. unique gibt an, daß jede Vereinbarung eine einzige Datenstruktur für jede Instanz besitzt (im Gegensatz zu common).

rep (V,DEPTH) = seq (V,1,DEPTH): Abbildung der konkreten Objekte auf die abstrakten.

Ic: konkrete Invariante, definiert die Menge der konkreten Objekte durch ein Prädikat.

Eine Menge von Status-Definitionen beschreiben unterschiedliche Situationen.

"vector" und "integer" sind ebenfalls "form"-Namen, die implizit importiert werden.

```
implementation
   body PUSH out (S.DEPTH=S.DEPTH'+1 and
                 S.V=  (S.V',S.DEPTH,Z)) =
    mt,normal::(S.DEPTH<-S.DEPTH+1;S.V(.S.DEPTH.)<-Z)
    otherwise::FAIL;
   body POP out (S.DEPTH=S.DEPTH'-1)=
     normal, full:: S. DEPTH<-S.DEPTH-1;
     otherwise:: FAIL;
   body TOP out (Z=S.V(.S.DEPTH.))=
     normal, full:: Z<-S.V(.S.DEPTH.);
     otherwise:: FAIL;
   body EMPTY out (B= (DEPTH = 0)) =
      normal, full:: B <-false;
      mt:: B <-true;
      otherwise:: FAIL;
 endform;
```

Erläuterungen zum Implementationsteil:
Implementierung der spezifizierten Zugriffsoperationen zusammen mit konkreten E/A-Zusicherungen (βin, βout):
Der Status (state) einer Repräsentation wird bestimmt, wenn eine Zugriffsoperation aufgerufen wird. Der Status wird zur Auswahl einer von mehreren Implementierungsteilen benutzt (analog einer <u>case</u>- Anweisung).
Der Status kann als zusätzliche Eingabezusicherung verwendet werden.
(V,i,x) bedeutet einen Vektor identisch zu V,
außer daß V(i) = x.

(b) Vereinbarung

```
local S1: INTEGERSTACK (50), S2: INTEGERSTACK (100)
```

(c) Aufruf

```
PUSH(S1,3); if TOP(S2) = 23 then.... oder
S1.PUSH (3); if S2.TOP = 23 then....
```

Verallgemeinert man den INTEGERSTACK zu einem STACK, dann erhält man folgende <u>form</u>:

(a) Definition

```
form STACK (T: form, N: integer) =
     !T ist der parametrisierte Typ
     beginform
          ...
     endform
```

(b) Vereinbarung

```
local SI: STACK (integer, 35), SR: STACK (real, 14)
```

(c) Aufruf

```
SI.PUSH (3); if SR.TOP = 23 then...
```

Soll sichergestellt werden, daß für den parametrisierten Typ eine Zuweisungsoperation definiert ist, dann werden diese Anforderungen in einer geklammerten Liste <al..., an> spezifiziert:

```
form STACK (T: form < <- >, N: integer) =
   beginform
       ....
   endform
```

Die "<...>"-Notation ermöglicht also die Festlegung, welche Operationen auf dem Typ definiert sein müssen. Auf der anderen Seite wird dadurch auch festgelegt, welche Operationen mit diesem Typ in der Implementierung der jeweiligen Zugriffsoperationen durchgeführt werden dürfen.

Diese Notation wird in ALPHARD auch in anderen Zusammenhängen - nämlich bei Vereinbarungen und aktuellen Parametern benutzt:

```
local i: integer < +,-,=,<- >;
```

Auf der Variable i dürfen nur die Operationen +,-,=,<- angewandt werden (Einschränkung der Operationen, die durch die "form" integer bereitgestellt werden).

Beim Aufruf kann man Einschränkungen der Operationen für den aktuellen Parameter vornehmen:

```
begin
   local i: integer
      . . .
   f (i < +,-,* >);
      . . .
end
```

Beim Aufruf von f wird die Operationsmenge von i auf die Operationen +,-,* beschränkt. D. h. in der Implementierung von f darf z. B. keine Zuweisung an i und keine Division mit i durchgeführt werden.

Um die Spezifikationen für formale Parameter zu lockern, werden Fragezeichen - Namen eingeführt, so daß die Bindung von bestimmten Eigenschaften aufgeschoben wird:

```
function f (a: ? T)
```

Der Gebrauch von "?T" spezifiziert, daß die abstrakte Berechnung, die durch "f" definiert ist, nicht vom Typ des Parameters "a" abhängt. Die Funktion operiert also, wie durch seine E/A-Zusicherungen spezifiziert, unabhängig vom Typ des aktuellen Parameters (die Ausführung hängt natürlich vom Typ des aktuellen Parameters ab).

Durch die Fragezeichen-Namen können Nicht-Anforderungen spezifiziert werden, während durch "< >" Anforderungen spezifiziert werden.

Solange in der formalen Parameterliste die geforderten Operationen zu Typen Standardoperationen der Art "+", "-" usw. sind, weiß der Anwender, welche Operation gemeint ist. Dort kann jedoch auch nur ein Funktionsname z. B. ABC stehen. Daher erscheint es aus Gründen der Zuverlässigkeit sinnvoll, die geforderte Funktion analog dem Spezifikationsteil genauer zu spezifizieren.

```
function f (a:?T < ABC (T,integer) returns (B:boolean)
                   pre ß1 post ß2 > ) = ...;
```

Diese Spezifikation bedeutet, daß die Funktion f nur davon abhängt, daß der aktuelle Parameter von einem Typ ist, auf den eine Operation ABC definiert ist. Der Typname selbst ist uninteressant. Für die Funktion ABC wird festgelegt, welche Parameter benötigt werden und welche pre- und post-Bedingungen gelten müssen.

Eine form kann als Erweiterung einer anderen form definiert werden. Die neue form kann die meisten Eigenschaften der alten form haben sowie einige zusätzliche:

```
form ZAEHLER extends I: integer =
   beginform
   specifications
    initially ZAEHLER = 1;
    inherits < =,<>,<,>, <=,>= >;
    ! vererbte Operationen von integer
    function ERHOEHE (X: ZAEHLER)...,
             ERNIEDRIGE (X: ZAEHLER)...;
   representation
    init I <- 1;
   implementation
    body ERHOEHE = X.I <- X.I+1;
    body ERNIEDRIGE = X.I <- X.I-1;
endform
```

(9) Bemerkungen

ALPHARD enthält eine dedizierte Verifikationsmethodik.

Der Beweis eines jeden Programms, das eine Abstraktion benutzt, wird von dem Beweis der Repräsentation und Implementation dieser Abstraktion getrennt. Eine solche Trennung hat folgende Vorteile:

1. Individuelle Beweise sind handhabbar klein.
2. Programm-Modifikationen implizieren nur eine Reverifikation der betroffenen Programm-Teile.
3. Während der Programm-Entwicklung können bestimmte Teile zunächst unverifiziert bleiben. Andererseits können verifizierte "forms" aus Bibliotheken übernommen werden.

Voll durchgeführte Verifikationen sind in /Wulf et al. 76 a,b,c/ und /Shaw 76/ enthalten.

Durch die Verifikation soll also gezeigt werden, daß die konkrete Repräsentation und die Implementation der konkreten Zugriffsoperationen korrekt sind. Es muß daher hergeleitet werden, daß beim Arbeiten auf der abstrakten Ebene <u>nur</u> die abstrakten Spezifikationen Ia, ßreq, ßinit, ßpre, ßpost zum Beweis benutzt zu werden brauchen.

Neben dem Verifikationskonzept besitzt ALPHARD noch ein ausgebautes Konzept für Iterationsgeneratoren.

(10) <u>Wertung</u>

<u>Vorteile</u>

- Die Export-Schnittstelle umfaßt nicht nur die exportierten Zugriffsoperationen, sondern auch die Effektbeschreibung der Operationen sowie weitere Angaben.
- Unterstützung der Verifikation.
- Reduktion der Kosten für die Testphase.
- Bibliothek mit verifizierten Abstraktionen.
- Umfassendes Konzept für abstrakte Datentypen.
- Anforderungen an formale Parameter können spezifiziert werden.
- Abstrakte Datentypen können als Erweiterungen anderer abstrakter Datentypen formuliert werden.

<u>Nachteile</u>

- Keine getrennte Übersetzbarkeit von Programmeinheiten.
- Keine Import-Schnittstelle.
- Programme sind i.a. länger als vergleichbare Programme anderer Sprachen.
- Eingeschränkte Praktikabilität, da die formalen Spezifikationen eine besondere Qualifikation erfordern.
- Keine Axiome über gegenseitige Abhängigkeit der Zugriffsoperationen.

2.5.3.8 PLASMA/D

(1) Motivation und Ziele

PLASMA/D (<u>P</u>rogramming <u>La</u>nguage for <u>S</u>ystem Development, <u>M</u>odularization and Data <u>A</u>bstraction/<u>D</u>esign) wurde konzipiert, um eine praktikable Entwurfssprache zur Verfügung zu stellen, die das "Programmieren im Großen" unterstützt und zu zuverlässigen, stabilen, allgemeingültigen und wartbaren Systemen führt.

(2) Konzeption

In PLASMA/D werden folgende Sprachkonzepte bereitgestellt:
- Hierarchiekonzept zur Beschreibung von Systembäumen und netzartigen Zugriffsstrukturen.
- Konzept zur Beschreibung von Modulschnittstellen einschl. Parametern und Typen.
- Beschreibungsmöglichkeit unterschiedlicher Systembausteine (funktionale Abstraktion, Datenabstraktion, strukturelle Einheiten).

Durch diese Sprachkonzepte werden folgende Methoden unterstützt:
- Entwurfsmethodik, die entwicklungsorientiert ist und eine bestimmte Reihenfolge von Entwurfsentscheidungen nahelegt.
- Ebenenweise Verzahnung von Entwurf und Implementierung.
- Top-down-Test.

Folgende Prinzipien werden durch PLASMA/D vollständig eingehalten bzw. unterstützt:
- Prinzip der expliziten Strukturierung.
- Prinzip der Hierarchisierung.
- Geheimnisprinzip.
- Prinzip der funktionalen Abstraktion und Datenabstraktion.
- Prinzip der integrierten Dokumentation.
- Prinzip der Modularisierung i.e.S.
- Prinzip der Lokalität.

PLASMA/D geht davon aus, daß eine geeignete Rechnerunterstützung für die Entwurfssprache zur Verfügung steht (siehe (9) Bemerkungen).

Konzeptionell wurde in PLASMA/D der Ansatz von MIL /De Remer, Kron 74, 75, 76/ weiterentwickelt.

(3) Herkunft, Anwendungsgebiet, Erfahrungen, Literatur

PLASMA/D wurde von H. Balzert in den Jahren 1975 - 1979 an der Universität Kaiserslautern konzipiert und 1979 - 1981 bei der Firma TRIUMPH-ADLER in Nürnberg weiterentwickelt.
Die Implementierung erfolgte in einer Pilotversion an der Universität Kaiserslautern. Eine industrielle Implementierung wurde bei der Firma TRIUMPH-ADLER durchgeführt.

Von 1979 - 1981 wurden insgesamt 5 Software-Produkte an der Universität Kaiserslautern in PLASMA/D entworfen. Von Mitte 1979 bis 1982 wurden bei TRIUMPH-ALDER etwa 10 reale Software-Produkte unterschiedlicher Größenordnung mit der Entwurfssprache PLASMA/D entwickelt.

Die Anwendungsgebiete umfassen dabei bisher die Bereiche Systemprogrammierung, Datenbanken, Methodenbanken, Software-Engineering und Textbe- und -verarbeitung.

Die Erfahrungen haben gezeigt, daß der Einsatz von PLASMA/D zu einer bewußten Konzentration des Entwerfers auf die entwurfsrelevanten Gesichtspunkte geführt hat, da nur solche Aspekte in PLASMA/D beschrieben werden können.

Erst der Einsatz des Werkzeuges PLASMA/D hat zur allgemeinen Benutzerakzeptanz geführt, da ohne Werkzeuge der Schreibaufwand zu groß und die Konsistenzprüfungen manuell nicht durchführbar sind.
Dadurch, daß Schnittstellenänderungen auf "Zuruf" nicht mehr möglich waren, wurden Schnittstellenfehler eleminiert.

Durch die integrierten Dokumentationsmöglichkeiten wurde die Dokumentationsqualität verbessert.
Literatur: /Balzert 79 a,b/, /Balzert, Weber 81/.

(4) Entwurfsmethodik

Durch die vorhandenen Sprachkonzepte wird folgende zeitliche Reihenfolge der Entwurfsentscheidungen nahegelegt:

1.Schritt: Aufteilung des Systems in Untersysteme.
2.Schritt: Detaillierte Beschreibungen der von den jeweiligen Systemkomponenten (System bzw. Untersystem) zu leistenden Aufgaben.
3.Schritt: Festlegung des Systemtyps (es werden vier verschiedene System-Modell-Bausteine unterschieden).
4.Schritt: Vergabe von Zugriffsrechten, d. h. welche Systemkomponenten dürfen auf welche zugreifen.
5.Schritt: Spezifizierung der Ressourcen der einzelnen Systemkomponenten durch exakte Schnittstellenbeschreibung mit Parameterfestlegung.
6.Schritt: Zusammenstellen der Informationen für den Modulimplementator, die er zur Realisierung der Systemkomponenten benötigt. Implementierung durchführen oder durchführen lassen.
7.Schritt: Integration der fertiggestellten Modulimplementationen.
8.Schritt: Wiederholen der Schritte 1 bis 7, bis das System ausreichend detailliert entworfen und die Implementierung vollständig ist.

Das entwicklungsorientierte Vorgehen wird durch eine ebenenweise Beschreibung in Form von Ein- Ebenen-System-Beschreibungen (EESB) unterstützt.

Die PLASMA/D-Entwurfsmethodik wird in "(8) Beispiel" exemplarisch skizziert.

(5) Strukturierungskonzept

In PLASMA/D werden mehrere, übereinander gelagerte Hierarchien zur Systemstrukturierung verwendet.

Die Grundhierarchie stellt der Systembaum dar. Hierbei handelt es

sich um eine organisatorische Hierarchie die während des Entwurfsprozesses entsteht. Die Relation lautet "ist Teilproblem von" bzw. "ist Untersystem von".
Der Systembaum besteht aus Systemkomponenten. In jeder Systemkomponente wird die Exportschnittstelle beschrieben. Die in der Exportschnittstelle beschriebenen Ressourcen (Funktionen / Zugriffsoperationen) stellt die Systemkomponente ihrer Umgebung zur Verfügung.
Der Systembaum wird ebenenweise in Form von Ein-Ebenen-System-Beschreibungen (EESB) beschrieben.

Dieser baumartigen Grundhierarchie werden verschiedene Zugriffsrechte-Strukturen überlagert. Zugriffsrechte legen in PLASMA/D fest, welche Systemkomponenten zu ihrer Realisierung auf welche Ressourcen anderer Systemkomponenten zugreifen dürfen. Dadurch wird die mögliche Aufrufhierarchie eingeschränkt, d. h. eine Systemkomponente kann eine andere nur aufrufen, wenn sie über ein entsprechendes Zugriffsrecht verfügt.

In PLASMA/D können folgende Zugriffsrechte vergeben werden:

(a) Ein Vatersystem hat automatisch Rechte an allen seinen Kindern, d. h. es kann auf alle Ressourcen seiner Kinder zugreifen. Das Vatersystem hat in keinem Fall Zugriffsrechte auf die Nachkommen seiner Kinder. Sie sind für das Vatersystem unsichtbar.

(b) Ein Vatersystem kann Zugriffsrechte zwischen seinen eigenen Kindern *explizit* erlauben (*has sibling accesses to*). Nur dann haben die Kinder die Möglichkeit, auf Ressourcen von Geschwistern zuzugreifen. Die vergebenen Zugriffsrechte sind *nicht* transitiv.

(c) Ein Vatersystem kann die explizit erhaltenen eigenen Zugriffsrechte an seine Kinder *explizit* vererben (*has inherited accesses to*). Beispielsweise kann ein Vatersystem von seinem Vater geerbte Zugriffsrechte oder erhaltene Zugriffsrechte auf seine Geschwister weitervererben. Dadurch ist es möglich, daß in der Hierarchie tief liegende Systeme auf weit oben im Systembaum stehende Ressourcen zugreifen können. Diese Regel schließt insbesondere ein, daß Kinder *nicht* auf die Ressourcen ihres Vaters zugreifen können (unlogisch, da Kinder gerade Ressourcen des Vaters realisieren sollen). D. h. ein System kann nie auf seine Vorfahren in gerader Linie zugreifen.

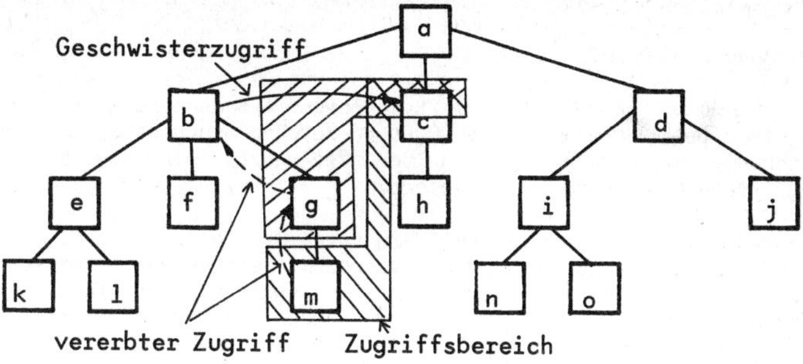

Abb. 2.5-20: explizit weitervererbte Zugriffsrechte an Kinder

In der Abb. 2.5-20 vererbt b seinen Geschwisterzugriff auf c an g. Dadurch kann g auch auf c zugreifen.g wiederum vererbt seinen geerbten Zugriff an m. Dadurch kann m ebenfalls auf c zugreifen.

(d) Die explizit vergebenen Zugriffsrechte können auf Teilmengen von Ressourcen beschränkt werden.

Beispiel

Ein System verwaltet eine Lagerhaltungsdatei. Über drei lesende und drei schreibende Ressourcen kann mit der Datei gearbeitet werden. Ein Geschwistersystem erhält vom Vatersystem nur den Zugriff auf die drei lesenden Ressourcen erlaubt. ■

Ein überlagerter Mechanismus wird verwendet, um Zugriffsrechte für die Modulimplementierung bereitzustellen:

Die Zugriffsrechte, über die eine Systemkomponente verfügt, müssen explizit für die Modulimplementierung freigegeben werden. Dabei kann ebenfalls eine Einschränkung auf Teilmengen von Ressourcen vorgenommen werden. Dadurch ist es auch möglich, Zugriffsrechte nur weiterzugeben, ohne sie selbst in einer Modulimplementierung anzuwenden.

Legt man alle Zugriffsbereiche, die sich aus den einzelnen Zugriffsrechten ergeben, übereinander, dann erhält man den kompletten Zugriffsbereich jedes Knotens bzw. Blattes.

Eine exemplarische Untersuchung von /Balzert 81b/ hat gezeigt, daß die Vergabe von Zugriffsrechten ein hochgradiges Restriktionskriterium ist, um mögliche Aufrufstrukturen einzuschränken. Würde man alle Zugriffe entsprechend den Regeln (a) bis (c) erlauben, und setzt man diese Zahl ins Verhältnis zu den bei 4

Systemen wirklich vergebenen Zugriffsrechten, dann erhält man eine Relation von 100% zu 6,8% bis 0,6%.

(6) Modulkonzept

In PLASMA/D müssen die im Systembaum vorhandenen Systemkomponenten Ressourcen ihrer Umgebung zur Verfügung stellen. Die Umgebung, die diese Ressourcen benutzen darf, wird durch die Zugriffsrechts-Struktur festgelegt.

Diese Ressourcen werden in PLASMA/D durch Moduln realisiert. Die Moduln werden sozusagen in den Systembaum "eingehängt", um die von den Systemkomponenten geforderten Leistungen zur Verfügung zu stellen. Die Moduln selbst sind jedoch von der durch den Systembaum repräsentierten Systemhierarchie unabhängig. Modul- und Hierarchiekonzept sind entkoppelt.

Die jedem System zugeordnete Moduldefinition enthält linear aufgelistet, welche Ressourcen der Modulimplementator zur Implementation des Moduls verwenden kann; die Hierarchie spiegelt sich in der Moduldefinition nicht wider. Durch dieses Konzept entfällt auch die Notwendigkeit, geschachtelte Moduln zu verwenden.

Die in PLASMA/D gefundene Symbiose zwischen Hierarchie- und Modulkonzept ist neu. Ein System kann geeignet hierarchisiert werden; Moduln realisieren die Systemleistungen, sind aber kontextunabhängig, insbesondere auch hierarchieunabhängig.

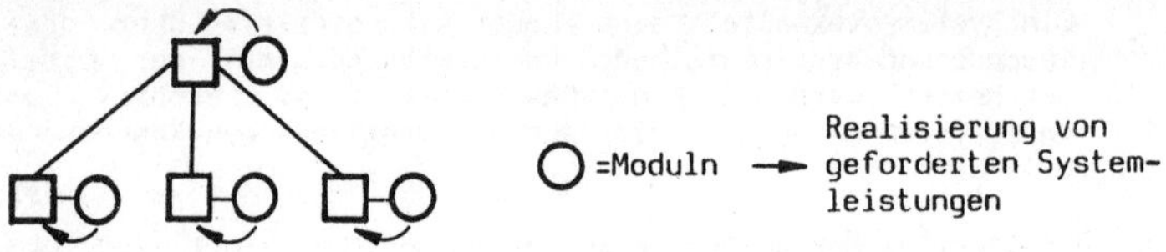

Abb. 2.5-21: Zusammenhang zwischen Systembaum und Moduln

Wesentlich ist, daß Moduln nicht nur an Blätter, sondern auch an Knoten angehängt werden.

Da PLASMA/D eine Entwurfssprache ist, kann eine Modulimplementation prinzipiell in einer beliebigen Programmiersprache erfolgen.
Die einzigen Rückwirkungen der Implementierungssprache auf PLASMA/D betreffen die syntaktische Notation der Ressourcen. Außerdem wird die Form der Moduldefinition durch die Implementierungssprache tangiert.

Im Gegensatz zu MIL besteht jedoch eine Ressourcenbeschreibung nicht nur aus Modulnamen. In PLASMA/D wird vielmehr eine Schnittstellenbeschreibung von Moduln vorgenommen, die sowohl für eine funktionale Abstraktion als auch für abstrakte Datentypen geeignet ist.

In PLASMA/D werden daher vier Systemkomponenten-Modell- Bausteine unterschieden:

- EXECUTIVE SYSTEM:
  Ermöglicht die Schnittstellenbeschreibung von Moduln, die eine funktionale Abstraktion bereitstellen (Modultypen (1) und (2) nach 2.5.1.3).
- DATA SYSTEM:
  Ermöglicht die Schnittstellenbeschreibung von Moduln, die eine einfache Datenabstraktion bereitstellen (Modultypen (3) und (4)).
- ABSTRACT SYSTEM:
  Ermöglicht die Schnittstellenbeschreibung von Moduln, die einen abstrakten Datentyp bereitstellen (Modultyp (5)).
- VIRTUAL SYSTEM:
  Systemkomponente zur logischen Strukturierung. Stellt selbst keine Ressourcen zur Verfügung, sondern die Ressourcen eines, mehrerer oder aller seiner Kinder, d. h. es gibt die Ressourcen seiner Kinder oder Teilmengen davon als seine eigenen aus.

Außer beim VIRTUAL SYSTEM sind allen anderen Systemtypen Moduln zugeordnet, die die geforderten Leistungen realisieren.

(7) <u>Datenabstraktionskonzept</u>

Als Entwurfssprache enthält PLASMA/D kein eigenes Datenabstraktionskonzept. Die Modell-Bausteine DATA SYSTEM und ABSTRACT SYSTEM ermöglichen es jedoch, Schnittstellen für solche Datenabstraktionskonzepte zu beschreiben.

(8) <u>Beispiel</u>

Als Beispiel wird der Entwurf für ein Weinhandlungssystem skizziert. Das Beispiel wird in den vorgeschlagenen methodischen Schritten (siehe (5)) entwickelt.

<u>1. Schritt: Aufteilung des Systems in Untersysteme</u>

Das Problem wird unter Beachtung der Prinzipien "funktionale Abstraktion und Datenabstraktion", "schmale Datenkopplung" und "funktionale bzw. informale Bindung" in Untersysteme aufgeteilt:

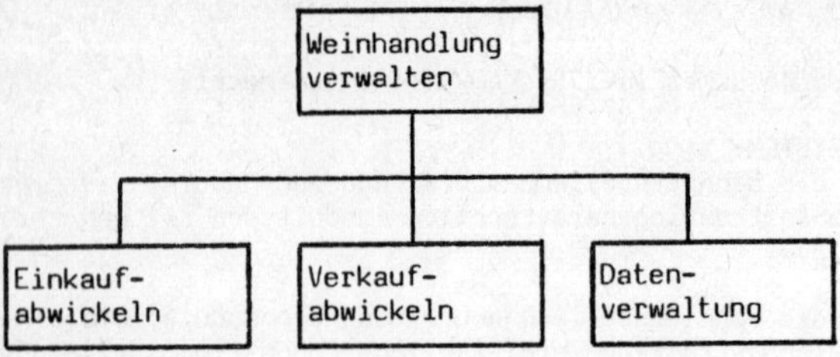

2. Schritt: Detaillierte Beschreibung der von den jeweiligen Systemkomponenten (System bzw. Untersystem) zu leistenden Aufgaben

Zu jedem System bzw. Untersystem sind folgende Angaben zu machen:

Purpose	: Zweck des Systems
User Interface	: Angaben, die die Benutzerschnittstelle betreffen.
Keywords	: Namen, die für Zwecke der Selektion, Analyse und für Geheimhaltungsaspekte ausgewertet werden.
Memos	: Namen, die auf Dokumente verweisen, die für mehrere Systeme relevant sind.
Pre- und Postcondition	: Bedingungen, die für das System vor bzw. nach der Ausführung der zugeordneten Modulimplementation. gelten.

Ausschnitt aus der entsprechenden PLASMA/D-Beschreibung (Ausgabesyntax):

```
system WEINHANDLUNG_VERWALTEN
   purpose Es soll eine Weinhandlung mit den Tätigkeiten
           Einkauf, Verkauf und Lagerung verwaltet werden...
   user interface Alle Kontakte mit den Lieferanten werden vom
                  "Einkauf", alle Kontakte mit den Kunden vom
                  "Verkauf" abgewickelt....
   keywords Benutzerdokumentation, Technische-Dokumentation
   memos Produktdefinition
   precondition TAXO-Betriebssystem
   postcondition Startmenü auf Bildschirm
-----------------------------------------------------------
subsystems are
   system EINKAUF_ABWICKELN
    purpose Angebote von Lieferanten prüfen....
    user interface Benutzerhandbuch für den Einkauf
    keywords Benutzerdokumentation, Technische-Dokumentation
   system VERKAUF_ABWICKELN
      purpose Kundenbestellungen bearbeiten, Reklamationen ...
```

```
      user interface Benutzerhandbuch für den Verkauf
      keywords Benutzerdokumentation, Technische-Dokumentation
   system DATENVERWALTUNG
      purpose Verwaltung der langfristigen Daten d. Weinhandlung
      keywords Technische Dokumentation

end system
```

3. Schritt: Festlegung des Systemtyps

Nachdem die Aufgaben für jedes System bzw. Untersystem beschrieben sind, wird der jeweilige Systemtyp (EXECUTIVE SYSTEM, DATA SYSTEM, ABSTRACT SYSTEM, VIRTUAL SYSTEM) zugeordnet.

Unter der Annahme, daß das Weinhandlungssystem zwei unabhängige Teilsysteme EINKAUF_ABWICKELN und VERKAUF_ABWICKELN zur Verfügung stellen soll, ergibt sich für WEINHANDLUNG_VERWALTEN der Systemtyp VIRTUAL SYSTEM, d. h. WEINHANDLUNG_VERWALTEN stellt dem Anwender die Ressourcen seiner Kinder EINKAUF_ABWICKELN und VERKAUF_ABWICKELN zur Verfügung.
Bei EINKAUF_ABWICKELN und VERKAUF_ABWICKELN handelt es sich um EXECUTIVE SYSTEMS, während die DATENVERWALTUNG ein DATA SYSTEM ist, das über Zugriffsoperatoren die Daten den anderen Systemen zur Verfügung stellt.

```
virtual system WEINHANDLUNG_VERWALTEN
     . . .
subsystems are
   executive system EINKAUF_ABWICKELN
         . . .
   executive system VERKAUF_ABWICKELN
         . . .
   data system DATENVERWALTUNG
         . . .
end system
```

4. Schritt: Vergabe von Zugriffsrechten

Entsprechend der Problemstellung werden zwischen den Kindern Zugriffsrechte vergeben, d. h. es wird überlegt, welche Kinder auf welche Geschwister Zugriffe benötigen und auf welche nicht. Ebenso ist festzulegen welche Zugriffsrechte des Vatersystems an die Kinder vererbt werden sollen.

Die Problemgliederung des Beispiels macht es erforderlich, daß sowohl EINKAUF_ABWICKELN als auch VERKAUF_ABWICKELN auf die DATENVERWALTUNG zugreifen müssen. Sonst sind keine Zugriffe erforderlich.

```
virtual system WEINHANDLUNG_VERWALTEN
                    . . .
subsystems are
   executive system EINKAUF_ABWICKELN
                    . . .
   has sibling accesses to
       data system DATENVERWALTUNG
                    . . .
   executive system VERKAUF_ABWICKELN
                    . . .
   has sibling accesses to
       data system DATENVERWALTUNG

end system
```

5. Schritt: Spezifizierung der Ressourcen

In Abhängigkeit vom Systemtyp werden die zu exportierenden Ressourcen jedes Systems festgelegt und die Schnittstellen spezifiziert.

```
virtual system WEINHANDLUNG_VERWALTEN
                    . . .
   interface executive system EINKAUF_ABWICKELN
             executive system VERKAUF_ABWICKELN
subsystems are
   executive system EINKAUF_ABWICKELN
         . . .
    interface procedure EINKAUF
    has sibling accesses to
        data system DATENVERWALTUNG
        via procedure LAGERUPDATE
              (in ARTIKELNR: integer;
               in LAGERBEWEGUNG: integer);
            function ARTIKELNR_PRUEFEN
              (in ARTIKELNR: integer): boolean;
         . . .
   executive system VERKAUF_ABWICKELN
         . . .
    interface procedure VERKAUF
    has sibling accesses to
        data system DATENVERWALTUNG
        via function ARTIKELNR_PRUEFEN
              (in ARTIKELNR: integer): boolean,
            procedure LAGERENTNAHME (...)
      . . .
```

```
data system DATENVERWALTUNG
      . . .
  interface procedure LAGERUPDATE (...)
        purpose Aktualisieren des Lagerbestandes
        precondition Artikelnr. ist gültig
     function ARTIKELNR_PRUEFEN (    ): boolean
        postcondition Wenn true, dann ist Artikelnr.
                      gültig.
             . . .
end system
```

Wie das Beispiel zeigt, werden die Ressourcen jeweils nach dem Wortsymbol interface aufgeführt. Da WEINHANDLUNG_VERWALTEN nur als strukturelle Einheit dient, werden hinter interface nur die Kindersysteme aufgeführt, die als Ressourcen zur Verfügung gestellt werden.

Bei executive systems werden ein oder mehrere Prozeduren als Ressourcen zur Verfügung gestellt. Im Beispiel sind dies jeweils eine parameterlose Prozedur.
Beim data system DATENVERWALTUNG werden alle Zugriffsprozeduren aufgeführt, die diese Datenabstraktion zur Verfügung stellt.

Generell können zu allen Ressourcen dedizierte informale Funktionsbeschreibungen einschl. Vor- und Nachbedingungen vorgenommen werden.

Mit diesem Entwurfsschritt ist außerdem die Einschränkung der Zugriffsrechte auf einzelne Ressourcen verbunden. Im Anschluß an das allgemeine Zugriffsrecht (hier: has sibling accesses to...) wird nach via aufgeführt, auf welche dedizierten Ressourcen zugegriffen werden kann.

6. Schritt: Zusammenstellen der Informationen für den Modulimplementator, Implementierung durchführen oder durchführen lassen.

Handelt es sich bei dem obersten System um kein virtual system, dann werden in diesem Schritt die Ressourcen festgelegt, die der Modulimplementator importieren darf.
Bei der Beschreibung der nächsten Ebene wird dies gezeigt.

7. Schritt: Integration der fertiggestellten Modulimplementationen

Fertiggestellte Moduln werden in diesem Schritt integriert. Bei der Beschreibung der nächsten Ebene wird dies exemplarisch gezeigt.

8. Schritt: Wiederholen der Schritte 1 bis 7, bis das System ausreichend detailliert entworfen ist und die Implementierung vollständig ist

Nach Durchführung der Schritte 1 bis 7 liegt für das Beispiel folgendes Ergebnis vor:

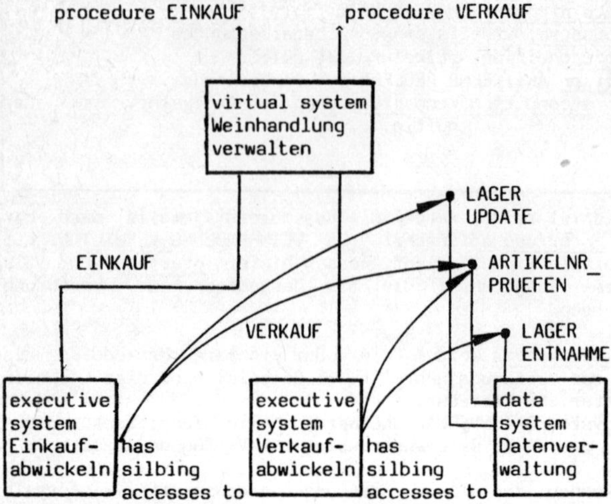

Nach Entwurf dieser Ebene wird jedes Untersystem für sich als neues System angesehen und wiederum in Untersysteme gegliedert.

Als Beispiel wird das Untersystem VERKAUF_ABWICKELN weiterbearbeitet. Die einzelnen Schritte werden jedoch nicht mehr durchgegangen, sondern das Ergebnis der ersten fünf Schritte grafisch dargestellt.

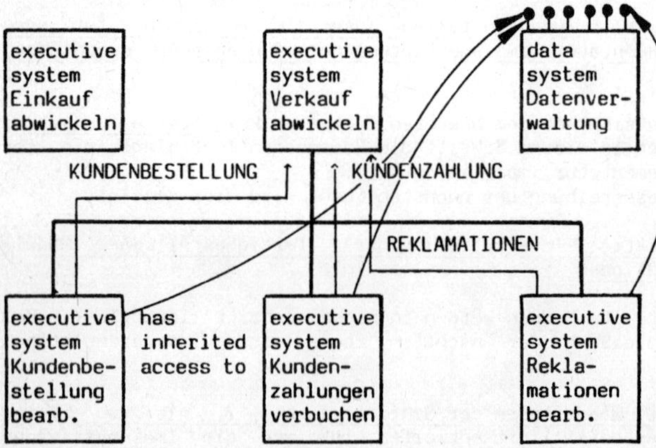

Zugriffsrechte des Vatersystems VERKAUF_ABWICKELN wurden an die Kindersysteme weitervererbt.

Nachdem alle Schnittstellen im 5. Schritt festgelegt wurden, werden im 6. Schritt alle Ressourcen aufgeführt, die der Modul, der das System VERKAUF_ABWICKELN realisiert, importieren darf (module has accesses to).

In diesem Fall ist es sinnvoll, den Modul alle Ressourcen der Kinder importieren zu lassen.

Aus den Informationen dieser Ein-Ebenen-System- Beschreibung wird dann automatisch eine Moduldefinition als Programmiervorgabe erzeugt, die die zu exportierende Ressourcen als auch die importierten Ressourcen enthält:

```
procedure VERKAUF_ABWICKELN
   purpose Dem Benutzer ist ein Menü anzubieten mit ...

uses
   procedure KUNDENBESTELLUNG
    purpose...
   procedure KUNDENZAHLUNGEN
    purpose...
   procedure REKLAMATIONEN
    purpose...
end definition
```

Anhand dieser Moduldefinition kann nun die Implementierung erfolgen z. B. in PASCAL:

```
implementation VERKAUF_ABWICKELN
var ZCHN: char,
   begin (*Menüauswahl*)
   WRITELN ('Kundenbestellung, Kundenzahlung oder Reklamation',
            ' (B/Z/R)');
   READ (ZCHN);
   case ZCHN of
   'B' : KUNDENBESTELLUNG;
   'Z' : KUNDENZAHLUNGEN;
   'R' : REKLAMATIONEN;
   end;
end implementation
```

Nach Fertigstellung des Moduls wird er einem Moduleinzeltest unterzogen. Nach der Freigabe wird er im 7. Schritt in das bereits existierende System integriert.

(9) Bemerkungen

Der Einsatz von PLASMA/D wird durch ein Werkzeug unterstützt, das folgende Leistungen bereitstellt:
- Menügesteuerte Eingabe und Änderung von Entwurfsdaten entsprechend den Sprachkonzepten und der Methodik.
- Automatische Überprüfung auf Konsistenzen, insbesondere auf Schnittstellenkompatibilität.

- Definierte, konsistenzerhaltende Durchführung von Entwurfsänderungen.
- Schutz der Entwurfsunterlagen vor unerlaubtem Zugriff.
- Automatische Erstellung einer Moduldefinition, d. h. eines Programmrahmens, für die Modulimplementierung.
- Zusammenstellung, Aufbereitung und Ausgabe von Entwurfsdokumenten, insbesondere auch für "design reviews".
- Reduzierter Schreibaufwand, da nur Nutzdaten (keine Wortsymbole) und diese nur einmal eingegeben werden müssen.
- Unterstützung der Qualitätssicherung und Qualitätskontrolle.
- Einheitliche Ablage aller Entwurfsdaten in einer Projektbibliothek.

(10) Wertung

Vorteile
- Praxisorientierte Reihenfolge der Entwurfsentscheidungen wird nahegelegt.
- Ansätze einer Methodik sind vorhanden.
- Klare Unterscheidung zwischen Entwurfs- und Implementierungskonzepten.
- Unterstützung der Verzahnung von Entwurf und Implementierung.
- Überlagerung der Baumstruktur als Träger der Hierarchie mit einer restriktiven Zugriffsrechte-Hierarchie.
- Unterstützung der wichtigsten Entwurfsprinzipien.
- Unabhängigkeit zwischen Hierarchisierung und Modularisierung.
- Moduln können in unterschiedlichen Programmiersprachen implementiert werden.
- Konsequente Unterstützung der funktionalen Abstraktion und der Datenabstraktion.
- Eine reine Baumhierarchie wird erzwungen.
- Komfortable Werkzeugunterstützung vorhanden.

Nachteile
- In mehreren Zweigen gemeinsam benötigte Systemkomponenten müssen im Baum nach oben verlagert werden.

2.5.3.9 SPEZI

(1) Motivation und Ziele

SPEZI wurde entwickelt, um die Schnittstellen von Moduln zu spezifizieren.
Die Spezifikation soll folgenden Anforderungen genügen:
- Unterstützung der Verifikation der Implementierung gegenüber der Spezifikation.
- Überprüfbarkeit auf Konsistenz.
- Ableitung der Durchführbarkeit der Implementierung.
- Verzicht auf unnötige Informationen, um die Freiheit der Implementierung nicht einzuschränken.
- Beschreibung in einer formalisierten Sprache.

(2) Konzeption

SPEZI stellt Sprachkonzepte zur Verfügung, um
- Typen und auf ihnen definierte Zugriffsoperationen zu spezifizieren,
- die Effekte der Zugriffsoperationen eindeutig zu beschreiben,
- den zeitlichen Ablauf von Zugriffsoperationen festzulegen.

(3) Herkunft, Anwendungsgebiet, Erfahrungen, Literatur

SPEZI wurde von W. Koch 1978-79 an der TU Berlin entwickelt.
Literatur: /Koch 79/, /Floyd et al. 78/

(4) Entwurfsmethodik

SPEZI dient nicht dazu Entwurfsentscheidungen nachvollziehbar zu dokumentieren, d. h. den Entwurfsprozeß zu beschreiben. Es werden auch keine Aussagen darüber gemacht, in welcher Reihenfolge die Schnittstellen spezifiziert werden sollen.

(5) Strukturierungskonzept

SPEZI enthält keine Sprachkonzepte zur globalen Systemgliederung, die über ein allgemeines Modulkonzept hinausgehen.

(6) Modulkonzept

Das Modulkonzept von SPEZI ermöglicht sowohl die Spezifikation von funktionalen Abstraktionen als auch von abstrakten Datentypen. Jeder Modul enthält eine Export-Schnittstelle (defines-Liste) und eine Import-Schnittstelle (applies-Liste).
Die Schnittstellen beschreiben die "Benutzt-Struktur" eines Systems. Exportiert und importiert werden können Zugriffsoperationen, Typbezeichnungen und Konstanten. Mit dem Export eines Typs wird gleichzeitig auch die Gleichheitsrelation mit exportiert.
Implizite Zugriffsoperationen, die sich aus der speichermäßigen Realisierung eines Typs ergeben (z. B. Indizierung) können nicht exportiert werden.

Nur wenige Standardtypen (int, real, bool) einschl. ihrer ihrer Operationen werden implizit importiert.
Hauptmoduln (main module), d. h. Moduln mit reinem Steuerungscharakter, exportieren nichts.

Das Verhalten eines Moduls kann durch folgende Angaben spezifiziert werden:
- Mögliche Parametrisierung des Moduls.
- Parameterliste exportierter Zugriffsoperationen.
- Effektbeschreibung exportierter Zugriffsoperationen.
- Anwendungsvoraussetzungen des Moduls (illegal-Bedingungen auf Modulebene).
- Anwendungsvoraussetzungen von exportierten Zugriffsoperationen.
- Reihenfolge-Spezifikation von exportierten Operationen eines Moduls durch Pfadausdrücke.

Typkonzept

In SPEZI können zu einem Typ verschiedene Mengen (type set) spezifiziert werden:
- Wertemenge (valueset):
  Bezeichnet die Wertmenge eines Typs und ihre mögliche Realisierung.
- Attribute der Wertemenge (valueset attributes):
  Ermöglicht die Klassifizierung der Wertemenge nach verschiedenen Eigenschaften (Aufteilung in Äquivalenzklassen).
- Zustände (stateset):
  Ermöglicht die Aufzählung von Zuständen.

Beispiel

```
type Farben is
    valueset constr: (rot, grün, blau, lila, rosa, braun, gelb).
    valueset attributes: farbton (hell, dunkel),
          farbstimmung (kalt, angenehm, aufregend).
    stateset: (eingedickt, flüssig, verstrichen, getrocknet).
```
■

Die Realisierung der Wertemenge kann durch Aufzählung, Konstruktion und axiomatisch beschrieben werden. Einer Wertemenge können mehrere Attribute zugeordnet werden.
Attribute können in Fallunterscheidungen (siehe unten) verwendet werden, wenn z. B. Teilmengen des Typs jeweils gleich verarbeitet werden sollen.

Durch Zustände können Eigenschaften beschrieben werden, die nicht den Wert der Objekte berühren. Zustände sind unabhängig von den Werten. Jede Kombination von Wert und Zustand ist zulässig, sofern sich keine Einschränkungen z. B. aus Axiomen ergeben.

Konzept eines Datenobjekts

Objekte können variabel und konstant vereinbart werden. Zwei Objekte sind unabhängig von ihrem Zustand gleich, wenn sie den gleichen Wert haben. Variablen können ihren Wert ändern. Die Wertänderung als solche, etwa in Form einer Zuweisung, kann nicht beschrieben werden. Es können nur Aussagen über die Gleichheit von Objekten vor oder nach der Anwendung einer Operation gemacht werden. Der hochgestellte Strich dient dazu, die Objekte vor Ausführung der Zugriffsoperation von denen nach der Ausführung der Zugriffsoperation (z. B. A′) zu unterscheiden. Konstanten können ihren Wert nicht ändern, nur ihren Zustand. Bei Konstanten kann ihre Zugehörigkeit zu Attributinstanzen spezifiziert werden.

Beispiel

```
farbe var irgendeine
farbe const diese in (hell, angenehm)
```

■

Bedingungen

Durch Bedingungen können logische Aussagen über Größen spezifiziert werden. Es gibt Wertausdrücke, Attributausdrücke und Zustandsausdrücke. Die Größen können mit vordefinierten und mit spezifizierten Relationen zu logischen Ausdrücken verknüpft werden.

Beispiele

A = B	Wertvergleich zweier Objekte
A "älter" B	Wertvergleich mit spezifizierter Relation
A.attr = B.attr	Vergleich der Attributausprägung
state of A = state of B	Zustandsvergleich

■

Axiome

Axiome sind entweder einfache Bedingungen oder Implikationen. Auf der linken Seite von Implikationen können Folgen von Bedingungen und Aufrufen von Zugriffsoperationen stehen:

(.cond 1, a; b.) => cond 2.

Wenn die Bedingung "cond 1" erfüllt ist und anschließend die Zugriffsoperationen a und b ausgeführt werden, dann gilt Bedingung "cond 2".

Axiome können dazu dienen,
- Gleichheit von Konstanten,
- Zugehörigkeit von Werten zu Attributausprägungen,
- Einschränkungen der Wertebereiche von verwendeten Größen,
- Einschränkungen der Zustandsbereiche von verwendeten Größen,
- induktiv die Wertemenge und die Effekte der Zugriffsoperationen

zu spezifizieren.

Legalitäts- und Illegalitätsbedingungen

Legalitäts- und Illegalitätsbedingungen sind Bedingungen, in denen Aussagen über die Eingabeparameter der einzelnen Zugriffsoperationen gemacht werden. Sie stellen Hinweise für die aufrufenden Moduln dar. Für die Fälle, die als illegal aufgeführt sind, ist in der Zugriffsoperation keine Ausnahmebehandlung vorgesehen. Der aufrufende Modul muß selbst sicherstellen, daß diese Fälle nicht auftreten.

Unmittelbare Effekte zur Beschreib. des Effektes einer Operation

Der Effekt einer Zugriffsoperation kann darin bestehen, Werte der Zustände von Objekten zu verändern oder Aussagen über Werte oder Zustände zu machen (Prädikate). Die Art der Effektbeschreibung hängt davon ab,
- wie die Wertemenge beschrieben ist und
- wo ein Objekt vereinbart wurde.

Wirkt eine Zugriffsoperation direkt im selben Modul auf Objekte, deren Wertemenge aufgezählt oder konstruiert ist, dann kann der Effekt unmittelbar angegeben werden (immediate effect).
Unmittelbare Effekte können explizit und implizit angegeben werden. Die explizite Effektbeschreibung gibt den oder die Objektzustände nach Ausführung der Zugriffsoperationen an (gekennzeichnet durch ein Apostroph hinter dem Objektnamen z. B. DEPTH ´= DEPTH + 1).

Beispiele

```
immediate effect:result<>egal.
immediate effect:result=(station.pos<>zwischenstation)
```

Eingangsbedingungen können nach Fällen unterschieden werden. Jedem Fall wird eine Ausgangsbedingung zugeordnet. Ausgangsbedingungen müssen Aussagen über die durch den Aufruf der Zugriffsoperation veränderten Objekte enthalten.

Beispiel

```
proc a
...
    immediate effect
    case
        cond 1 : postcond a.
        cond 2 : postcond b.
        cond 3 : case
                 cond 4 : postcond c.
                 cond 5 : postcond d.
    otherwise : postcond e.
```

In impliziten Effektbeschreibungen wird dagegen der Effekt mehrerer Zugriffsoperationen in ihrer gegenseitigen Wirkung aufeinander beschrieben. Sie haben die Form einer logischen

Implikation.
Durch sie werden i. a. globale Aussagen über Zugriffsoperationen eines Typs gemacht. Solche Spezifikationen werden daher nicht den einzelnen Zugriffsoperationen zugeordnet, sondern werden als Axiome auf Modulebene beschrieben.

Beispiel

```
    axioms
    (.eintrag (x) + .) => not eingangsteil leer.
```

■

Mittelbare Effekte

Benutzt eine Zugriffsoperation andere Moduln, dann kann ihr Effekt indirekt (mediate effect) durch Angabe der benutzten Zugriffsoperationen beschrieben werden. Die Beschreibung erfolgt analog wie bei unmittelbaren Effekten. Anstelle der Ausgangsbedingung steht jedoch ein Flußausdruck, der die aus anderen Moduln importierten und gerufenen Zugriffsoperationen enthält.

Beispiel

```
proc a
 ...
   mediate effect
    case
     cond 1 : Aufrufffluß 1
    otherwise : Aufrufffluß 2
```

■

Pfadbedingungen (path conditions)

Die Zugriffsoperationen können i. a. in beliebiger Reihenfolge aufgerufen werden. Folgende Einschränkungen können durch Pfadbedingungen formuliert werden:

Sequentieller Fluß: (proc 1; proc 2; ... proc n);

Die Zugriffsoperationen 1 bis n bilden einen festen Ablauf.
Eine Zugriffsoperation proc i darf erst aufgerufen werden, wenn die vorhergehenden aufgerufen worden sind.

Sequentielle Wiederholung:(proc)* oder (proc)+

Eine Zugriffsoperation kann null- oder mehrmals (*) bzw. ein- oder mehrmals (+) aufgerufen werden.

Auswahl: one of (proc 1, ...,proc n)

Genau eine Zugriffsoperation aus proc 1 bis n muß aufgerufen werden.

Kollateraler Fluß: (proc 1,...,proc n)

Jede der Zugriffsoperationen 1 bis n muß genau einmal aufgerufen werden, wobei die Aufrufreihenfolge egal ist.

Kollaterale Wiederholung: (proc) * bzw. (proc) +

Analog der sequentiellen Wiederholung, jedoch müssen Flußausdrücke (siehe unten) nicht strikt aufeinanderfolgen, sondern dürfen beliebig ineinandergeschachtelt werden.

(a;b) + besagt, daß bei jedem Aufruf von b ein Aufruf von a vorangegangen sein muß, aber nicht notwendig unmittelbar z. B. (a;a;b;b).
(a,b) + besagt, daß a und b gleich oft, aber in beliebiger Reihenfolge gerufen werden sollen.

Diese Flußausdrücke (flow expressions) dürfen beliebig geschachtelt werden, anstelle von "proc" darf ein beliebiger Flußausdruck stehen. Flußausdrücke können durch den Mechanismus <fluß-name> verfeinert werden (siehe (8)).

Die Zugriffsoperationen können in den Pfadbedingungen parametrisiert werden (auch unvollständig).

Beispiel

open (...,datei,...); (read (...,datei,...))*

Diese Pfadbedingung besagt, daß einem read-Aufruf ein open-Aufruf für die gleiche "datei" vorangehen muß. ■

(7) Datenabstraktionskonzept

Moduln können durch Typen parametrisiert werden.

(8) Beispiel

Die Möglichkeiten von SPEZI werden an einem Beispiel aus der Textverarbeitung ausschnittsweise skizziert /Floyd et al. 78/. Innerhalb eines Textverarbeitungssystems verarbeitet der Modul WORT die Kommandos "Gesperrt", "Unterstreichung" und "Trennung". Dieser Modul stellt für die Moduln ANALYSE und ZEILENAUFBAU Zugriffsoperationen zur Verfügung.

Der Modul WORT kann folgendermaßen spezifiziert werden:

module WORT.
Dient zur Aufbereitung eines Formatierwortes. Erhält von ANALYSE die einzelnen Wortzeichen vermischt mit Wortkommandos in der Reihenfolge ihres Auftretens. WORT sammelt die Wortzeichen und stellt ihre Länge fest. Verarbeitet außerdem Kommando Gesperrt. Textuelles und wortweises Unterstreichen wird auf eine Behandlung zurückgeführt. ZEILENAUFBAU erhält

die Wortzeichen, die Liste von Unterstreichungs- bzw. Trennpositionen und die Mitteilung, ob das Wort am Anfang oder am Ende gesperrt ist.#

```
defines #Exportschnittstelle #
# für ANALYSE #
# Zugriffsprozeduren #
proc WO-init Wort,
proc WO-beginne neues Wort,
proc WO-schreibe Wortzeichen (in char Wortzeichen),
proc WO-setze gesperrt,
proc WO-beende gesperrt,
proc WO-setze Silbentrennung,
proc WO-finit Wort.
unterstreichungstyp, # exportierter Typ #
unterstreichungstyp const U-Anfang, U-Ende, W-Anfang, W-Ende,
proc WO-behandle Unterstreichung (in
    unterstreichungstyp U-Art).
# für ZEILENAUFBAU #
wortzeichenliste.
proc WO-gib Wort (out int Wortlänge,
     out wortzeichenliste W, out bool ist etwas los);
proc WO-ist gesperrt (out bool am
     Wortanfang, out bool am Wortende),
proc WO-gib Trennposition (out int T Pos),
proc WO-gibt Unterstreichungswechselposition (out
     int U Pos).

applies from Fehler: # Importschnittstelle #
proc Fehlermeldung (in int Fehlernummer).
     # Zugriffsprozedur #

# Reihenfolgebedingungen für Aufruf der Zugriffsprozeduren #
# Pfadbedingungen (path conditions) #
path
 (WO-init Wort;
 (WO-beginne neues Wort; <Worteingabe>;<Wortausgabe>)+;
 WO-finit Wort)
endpath

flow <Worteingabe>: # Verfeinerung der Worteingabe #
   (<WK>; WO-schreibe Zeichen; <WK>*)+.

flow <WK>:            # Verfeinerung von WK #
one of (WO-setze gesperrt, WO-beende gesperrt,
       WO-setze Silbentrennung,
       WO-behandle Unterstreichung).

flow <Wortausgabe>: # Verfeinerung der Wortausgabe #
one of (WO-gib Wort, (WO-gib Wort; (WO-ist gesperrt,
       WO-gib Unterstreichungswechselposition +,
       WO-gib Trennposition *))).

# Verwaltung des laufenden Wortes #
```

```
int const Maxwortlänge.
int var Anzahl der Zeichen.
# zählt die bisher eingetroffenen Zeichen #
Axioms: (0<=Anzahl der Zeichen) and
        (Anzahl der Zeichen <= Maxwortlänge)

int var Positionserhöhung.
# legt fest, ob bei Eintreffen eines neuen Zeichens Anzahl
  der Zeichen um 1 (nicht gesperrt!) oder um 2 (gesperrt!)
  erhöht wird. #
Axioms: (Positionserhöhung=1) or (Positionserhöhung=2)

# Spezifizierung der einzelnen Zugriffsoperationen #
proc WO-init Wort
   using Dieses Wort gesperrt, Positionserhöhung,
   Dieses Wort unterstreichen
# Hinter using werden implizite Parameter, d. h.
  globale Variablen aufgeführt #
purpose Initialisiert diejenigen Zustandsvariablen
des Moduls WORT, die nicht an jedem Wortanfang neu
gesetzt werden end.
immediate effect: Dieses Wort gesperrt.jetzt'=(g-nicht)
            and (Positionserhöhung'=1)
            and (Dieses Wort unterstreichen'=false).
endproc.

# usw. analog WO-init Wort #

# Behandlung von gesperrt #
# Typdefinition #
type gesperrt info
is valueset constr: struct
   (bool am Anfang.gesperrt-Zustand jetzt)
endtype

type gesperrt-Zustand
is valueset constr: (g-ist, g-war, g-nicht)
endtype

# Variablenvereinbarung #
gesperrt info var Dieses Wort gesperrt.

proc WO-setze gesperrt
   using Dieses Wort gesperrt; Positionserhöhung;
         Anzahl der Zeichen:

immediate effect:
case Anzahl der Zeichen <=1: Dieses Wort gesperrt.
     am Anfang' = true
     and Positionserhöhung' = 2
     and Dieses Wort gesperrt.jetzt' = g-ist.
otherwise Positionserhöhung' = 2
          and Dieses Wort gesperrt.jetzt' = g-ist.
mediate effect:
```

```
case Dieses Wort gesperrt.jetzt = g-ist:
     Fehlermeldung (N1).
endproc.
# usw.
# Zeichenverwaltung #
# Typdefinition #

type Wortzeichenliste is
valueset attributes: Inhalt (leer, nicht leer)

# Variablenvereinbarung #

Wortzeichenliste var Zeichen dieses Wortes.

proc WO-schreibe Wortzeichen (in char neues Zeichen)
   using Anzahl der Zeichen, Positionserhöhung,
         Zeichen dieses Wortes, Dieses Wort gesperrt:

illegal: Anzahl der Zeichen + Positionserhöhung >
         Max Wortlänge.

immediate effect:
case Dieses Wort gesperrt.jetzt = g-nicht:
     Anzahl der Zeichen' =
     Anzahl der Zeichen + Positionserhöhung and
     Zeichen dieses Wortes' = füge an (Zeichen dieses
     Wortes, neues Zeichen).
# usw.
endproc.

proc füge an (in Wortzeichenliste w, in char z)
     result Wortzeichenliste:

proc leader (in Wortzeichenliste w)
     result Wortzeichenliste:

proc last (in Wortzeichenliste w) result char:

Axioms:
(.w in leer => leader (w) in leer.)
(.leader (füge an (w, x)) = w.)
(.füge an (leader (w), last (w)) = w.)

# usw.

endmod.
```

(10) Wertung

Vorteile
- Hohe Flexibilität, da Beschreibungsmittel für verschiedene Spezifikationskonzepte bereitgestellt werden.
- Schrittweise Einführung möglich, da von informal über

semiformal zu formaler Spezifikation übergegangen werden kann.
- Unabhängigkeit von Entwurfs- und Programmiersprachen, daher in andere Konzepte integrierbar.
- Konstruktive und axiomatische Beschreibung von Effekten möglich.
- Unterstützung der Spezifikation nach Parnas und Guttag.
- Fallunterscheidung nach Eingangszuständen von Objekten möglich.

Nachteile
- Formale Überprüfung auf Konsistenz, Korrektheit und Vollständigkeit (noch) nicht möglich.
- Spezifikationsaufwand zu hoch.

2.5.3.10 SPECIAL

(1) Motivation und Ziele

SPECIAL (Specification and Assertion Language) ist eine Spezifikationssprache und wurde nach folgenden Gesichtspunkten konzipiert:
- Spezifikation von Systemen in Verbindung mit HDM (hierarchical development method), einer umfassenden Methode für den Entwurf, die Implementierung und den Beweis von Systemen.
- Mächtige Spezifikationskonzepte, um eine große Klasse von Systemen einschl. Hardware- und Softwaresystemen zu spezifizieren, aber eingeschränkt genug, um syntaktische Überprüfungen vorzunehmen.
- Direkt verwendbar für formale Beweise von Eigenschaften.
- Einhaltung des Geheimnisprinzips.
- Spezifikation unabhängig von der verwendeten Implementierungssprache.

(2) Konzeption

Zum besseren Verständnis von SPECIAL werden zunächst einige Bemerkungen zu HDM gemacht.

In HDM wird ein System durch eine Hierarchie abstrakter Maschinen gebildet. Eine abstrakte Maschine besteht aus internen Datenstrukturen, die den Zustand der Maschine jederzeit definieren. Durch Zugriffsoperationen kann auf die Werte der internen Datenstrukturen zugegriffen werden oder die Werte können verändert werden. Jede abstrakte Maschine, definiert eine Sprache, in der abstrakte Programme, d. h. Folgen von Operationen der abstrakten Maschine, geschrieben werden können. Durch solche abstrakte Programme wird die abstrakte Maschine jeder Hierarchiestufe auf der abstrakten Maschine der jeweils darunterliegenden Stufe implementiert. Jede abstrakte Maschine besteht aus Moduln.

SPECIAL dient dazu, die abstrakten Maschinen aller Hierarchie-

ebenen zu spezifizieren, d. h. der nach außen sichtbaren Eigenschaften der Maschine.
Im einzelnen dient SPECIAL dazu,

- die internen Datenstrukturen jedes Moduls sowie deren Anfangswerte zu spezifizieren,
- die Voraussetzungen zur Anwendung von Operationen sowie der Auswirkungen auf die internen Datenstrukturen festzulegen,
- die Beziehungen zwischen den Moduln einer abstrakten Maschine zu definieren.

Unter "internen Datenstrukturen" wird dabei nicht die implementierungsmäßige Repräsentation verstanden. Interne Datenstrukturen dienen als Hilfsmittel zur Spezifizierung des äußeren Verhaltens.

SPECIAL ist eine nichtprozedurale Sprache. Sie dient zur Festlegung von Bedingungen, die zu bestimmten Zeitpunkten erfüllt sein müssen oder können, und nicht zur Beschreibung von Algorithmen.

SPECIAL basiert auf dem Prädikatenkalkül erster Ordnung und der Mengentheorie.
Analog der Spezifikation nach Parnas werden Operationen durch V- und O-Funktionen beschrieben. Zusätzlich gibt es noch OV-Funktionen die sowohl einen Zustandsübergang bewirken als auch ein Resultat liefern. O- und OV-Funktionen sind grundsätzlich sichtbar. V-Funktionen geben die Anfangsbedingungen für die internen Datenstrukturen an. Die Endwerte werden nach Ausführung einer Folge von Operationen induktiv bestimmt. Die Spezifikationen der O- und OV-Funktionen leiten die Werte nach dem Zustandsübergang aus den Werten vor dem Zustandsübergang ab.

(3) Herkunft, Anwendungsgebiet, Erfahrungen, Literatur

SPECIAL wurde von O. Roubine und L. Robinson am Stanford Research Institute in Menlo Park, Kalifornien in den Jahren 1975 - 1979 entwickelt. SPECIAL wurde zur Spezifizierung eines sicheren Betriebssystems verwendet.
Literatur: /Robinson, Roubine 77/, /Roubine, Robinson 77/, /Robinson 79/.

(4) Entwurfsmethodik

Eine dedizierte Methodik für die Spezifikation wird nicht angegeben. SPECIAL steht jedoch in Beziehung zu HDM.

(5) Strukturierungskonzept

Die Hierarchisierung eines Systems gehört nicht zu den Aufgaben von SPECIAL. Eine implizite Struktur entsteht dadurch, daß ein Modul Größen eines anderen Moduls importieren kann. Wechselseitige Beziehungen zwischen zwei Moduln sind jedoch nicht erlaubt.

(6) Modulkonzept

Eine Modulspezifikation besteht aus sechs Abschnitten, wobei jeder Abschnitt optional ist:

```
module <Modulname>
   types <Types-Rumpf>
   parameters <Parameters-Rumpf>
   definitions <Definitions-Rumpf>
   externalrefs <Externalrefs-Rumpf>
   assertions <Assertions-Rumpf>
   functions <Functions-Rumpf>
end module
```

Der Types-Abschnitt enthält die Vereinbarungen aller verwendeten benannten Typen. designator-Typen bezeichnen dabei Objekte des abstrakten Datentyps, der durch den jeweiligen Modul definiert wird. Auf designator-Typen sind die new-Operation, die neue Objekte dieses Typs kreiert, und die Gleichheitsrelation definiert.
Zum Wertevorrat jedes Typs gehört die Konstante ´?´, die das Nichtvorhandensein eines bestimmten Wertes symbolisiert.
Der Parameters-Abschnitt enthält die Vereinbarungen von Modulparametern (parametrisierte Datenabstraktion). Als Parameter können Konstante verwendet werden.
Der Definitions-Abschnitt ermöglicht die Definition von Hilfsfunktionen, die verkürzte Schreibweisen innerhalb von Modulspezifikationen erlauben.
Im Externalrefs-Abschnitt wird angegeben, welche Objekte anderer Moduln importiert werden. Importiert werden dürfen designator- und skalare Typen, Parameter sowie V-, O- und OV-Funktionen.
Der Assertions-Abschnitt enthält boolesche Ausdrücke, die sich auf Modulparameter beziehen oder die Modul-Invarianten darstellen, die aus der Spezifikation beweisbar sein müssen.
Der Functions-Abschnitt enthält die Spezifizierung aller V-, O- und OV-Funktionen des Moduls. Jede Funktionsdefinition ist wieder in Abschnitte gegliedert.

Spezifizierung von V-Funktionen

Nach vfun und dem Funktionsnamen folgen die formalen Parameter und das Ergebnis. Ist die Funktion verdeckt, dann folgt das Wortsymbol hidden Bei sichtbaren V-Funktionen folgen anschließend Ausnahmebedingungen (exceptions).
Ist beim Aufruf einer Zugriffsoperation eine Ausnahmebedingung erfüllt, dann erfolgt eine sofortige Rückkehr mit einer Meldung, welche Ausnahmebedingung erfüllt ist. Die textuelle Reihenfolge der Ausnahmebedingungen bestimmt die Abfragereihenfolge.
Es gibt primitive V-Funktionen, die unmittelbar den Zustand definieren, und abgeleitete V-Funktionen, die aus den primitiven hergeleitet werden und dadurch aufbereitete Informationen über den Zustand als Resultat liefern.
Bei primitiven V-Funktionen wird hinter initially die Anfangsbedingung für den Zustand angegeben. Es muß eine Aussage über den Anfangswert des funktionalen Ergebnisses der

betreffenden V-Funktion gemacht werden.
Abgeleitete V-Funktionen beschreiben nach derivation die Ableitung.

Spezifizierung von O- und OV-Funktionen

O- und OV-Funktionen sind grundsätzlich sichtbar und bewirken Zustandsübergänge. Sie besitzen daher einen exceptions-Abschnitt und einen Abschnitt, in dem beschrieben wird, wie sich der Zustand ändert (effects). Die Bedingungen im effect-Abschnitt dürfen sich nicht widersprechen, sie müssen alle gleichzeitig erfüllt sein.
Bei OV-Funktionen müssen auch Bedingungen definiert sein, die das funktionale Resultat bestimmen. Im effect-Abschnitt können auch O- oder OV-Funktionen anderer Moduln verwendet werden.

(7) Datenabstraktionskonzept

Parametrisierte abstrakte Datentypen mit Konstanten als Parameter können spezifiziert werden.

(8) Beispiel

Als Beispiel wird eine Modulspezifikation angegeben, die eine Menge von Kellern als abstrakten Datentyp beschreibt.

```
module STACKS
types STACK_NAME: designator;
declarations integer I, J; STACK_NAME S;
   $ (Globale Vereinbarungen, S zeigt auf einen Keller;
     I auf einen Zeigerwert und J auf einen Kellerwert);
parameters integer MAXSIZE
   $ (Maximale Tiefe eines gegebenen Kellers),
     MAXSTACKS
   $ (Maximale, erlaubte Kelleranzahl);
definitions integer N STACKS cardinality
   ((*STACK_NAME S / PTR (S) <> ? *));
   boolean EMPTY (STACK_NAME S) is PTR(S) = 0;
   $ (Hier werden zwei globale Makros definiert:
     NSTACKS gibt die aktuelle Anzahl der vorhandenen
     Keller an. Das Existenz-Prädikat für Keller
     lautet PTR(S) <>?).
----------------------------------------------------------
functions vfun PTR(S) -> I;
               initially I = ?;
----------------------------------------------------------
          vfun STACK (S;I) -> J; hidden;
               initially J = ?;
----------------------------------------------------------
          vfun TOP(S) -> J;
               exceptions PTR(S) = ?; EMPTY(S);
               derivation STACK (S,PTR(S));
----------------------------------------------------------
          ovfun CREATE_STACK ( ) -> S;
               exceptions NSTACKS >= MAXSTACKS;
               effects S=NEW (STACK_NAME); 'PTR(S)= 0;
               $ (' kennzeichnet den Wert nach
                    Anwendung der Operation);
----------------------------------------------------------
          ofun DELETE_STACK(S);
               exeptions PTR(S) = ?;
               effects 'PTR(S) = ?;
                       forall I: 'STACK (S,I) = ?;
----------------------------------------------------------
          ofun PUSH(S;J);
               exeptions PTR (S) = ?;
                         PTR(S) >= MAXSIZE;
               effects 'STACK (S,'PTR(S))=J;
                       'PTR(S) = PTR(S) + 1;
----------------------------------------------------------
          ofun POP(S) -> J;
               exeptions PTR(S) = ?;
                         EMPTY(S);
               effects J = TOP(S);
                       'PTR(S) = PTR(S) - 1;
                       'STACK (S,PTR(S)) = ?;
end module
```

(9) Bemerkungen

Vorgesehen ist, die Semantik von SPECIAL axiomatisch zu definieren, um exakte Beweise führen zu können.
Das Werkzeug "module handler" überprüft die syntaktische Korrektheit von Spezifikationen sowie semantische Eigenschaften wie Typkonsistenz und Einhaltung der Sichtbarkeitsregeln. Darüberhinaus wird ein Beweiser zum Nachweis der semantischen Konsistenz benutzt. Damit kann die vollständige Widerspruchfreiheit einer Spezifikation jedoch nicht bewiesen werden.

(10) Wertung

Vorteile
- Obwohl nichtprozedurale Sprache relativ gut lesbar und verständlich.
- Einseitige Referenzen auf andere Moduln spezifizierbar.
- Durch assertion-Abschnitte können Theoreme formuliert werden, deren Erfüllung bewiesen werden kann.
- Verdeckte Funktionen können beschrieben werden.

Nachteile
- Typparametrisierte abstrakte Datentypen können nicht spezifiziert werden.
- Keine wechselseitigen Beziehungen zwischen zwei Moduln beschreibbar.
- Wahl mnemonischer Namen wesentlich.
- Ohne zusätzliche informale Erläuterungen ist eine Spezifikation in SPECIAL nicht verständlich.
- Für den praktischen Einsatz bei der Spezifikation größerer Systeme (noch) nicht geeignet.

2.5.3.11 HIPO

(1) Motivation und Ziele

HIPO (Hierarchy of Input-Process- Output) wurde als grafische Entwurfssprache entwickelt, um
- die Dokumentation zu verbessern,
- die "Improved Programming Techniques" zu unterstützen,
- den Entwurfsprozeß zu erleichtern,
- ein durchgängiges Beschreibungsmittel vom konzeptionellen Entwurf bis zum Detailentwurf zu besitzen.

(2) Konzeption

Die HIPO-Sprache besteht aus zwei Grundelementen:
- einem Baumdiagramm, das die Aufteilung einer Funktion in Unterfunktionen zeigt,
- einem Ebenendiagramm das für jede Funktion die Eingabedaten (Input), die algorithmische Funktionsbeschreibung (Process) und die Ausgabedaten (Output) enthält. Bei den Element-

diagrammen unterscheidet man je nach Detaillierungsgrad Übersichtsdiagramme und Detaildiagramme.

(3) Herkunft, Anwendungsgebiet, Erfahrungen, Literatur

HIPO wurde 1974 - 75 bei IBM entwickelt. Veröffentlichte Erfahrungen berichten über Vor- und Nachteile (siehe (10) Wertung).
Literatur: /IBM 74/, /Hauff 75/, /Stay 76/, /Katzan 80/.

(4) Entwurfsmethodik

HIPO schlägt folgende Schritte für den Entwurf vor:
1.Schritt: Erstellung einer Strukturübersicht über das geplante System.
2.Schritt: Erstellung von Übersichtsdiagrammen, so daß sie eine globale Einführung in die Systemfunktionen geben.
3.Schritt: Erstellung von Detaildiagrammen zur detaillierten Beschreibung der jeweiligen Funktion.

Die Ebenendiagramme sollen folgendermaßen erstellt werden:
1.Schritt: Zeichnen der Eingabe-, Verarbeitungs- und Ausgabekästen.
2.Schritt: Auflistung aller bekannten Ausgabedaten im Ausgabekasten.
3.Schritt: Parallele Festlegung von Eingabedaten und Verarbeitungsschritten. Die Ausgaben werden wenn nötig ergänzt.
4.Schritt: Die Ein- und Ausgabedaten werden durch Pfeile mit den entsprechenden Verarbeitungsschritten bzw. Teilfunktionen im Verarbeitungskasten verbunden.
5.Schritt: Reorganisation und Neuerstellung des Diagramms (Reduzierung von Überschneidungen usw.)

Der Entwurfsprozeß soll top-down erfolgen.

(5) Strukturierungskonzept

Der hierarchische Aufbau eines Systems wird durch ein Baumdiagramm beschrieben. Das Baumdiagramm enthält Namen und Identifizierungsnummern aller Übersichts- und Detaildiagramme.
Die Übersichtsdiagramme beschreiben die Hauptfunktionen eines Systems und geben den Zusammenhang der untergeordneten Funktionen (Detaildiagramme) an. Die Detaildiagramme beinhalten Teilfunktionen einer übergeordneten logischen Einheit, die in einem Übersichts- oder übergeordneten Detaildiagramm beschrieben sind.

(6) Modulkonzept

Ein Modulkonzept wie in 2.5.1.3 beschrieben, kann in HIPO nicht dargestellt werden.
HIPO ermöglicht, die Abhängigkeiten zwischen Ein- und Ausgabedaten sowie die funktionale Zergliederung des Systems in

Ebenendiagrammen zu beschreiben. Die Ebenendiagramme haben einen einheitlichen Aufbau (dreispaltige Tabelle). Für jeden Diagrammtyp gibt es eine eingeführte Menge von Regeln, die deren Aufbau beschreiben. Die verwendete grafische Notation ist weitgehend selbsterklärend (5 Arten von Pfeilen, Datenträgersymbole, Konnektoren).

(7) Datenabstraktionskonzept

Datenabstraktionen können in HIPO nicht beschrieben werden.

(8) Beispiel

HIPO wird am Beispiel eines Weinhandlungssystems skizziert.

Baumdiagramm:

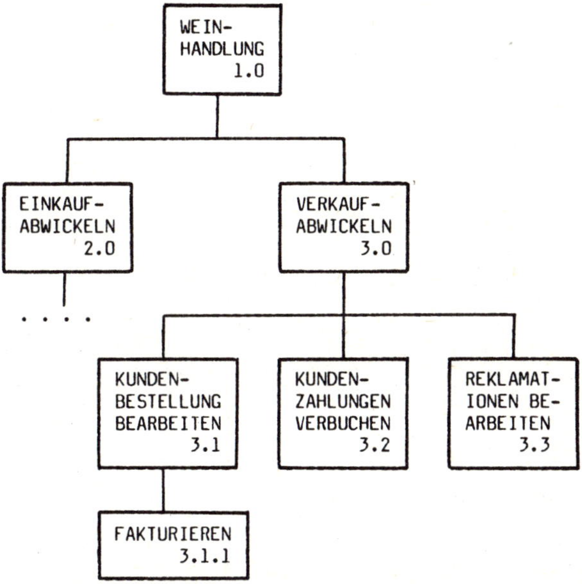

Ebenendiagramme:

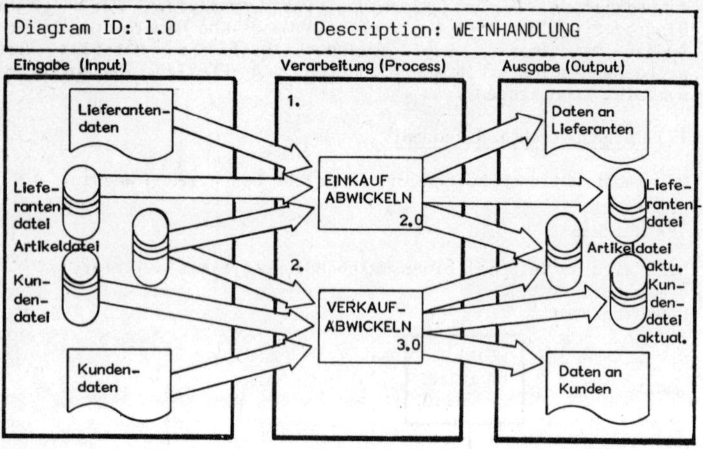

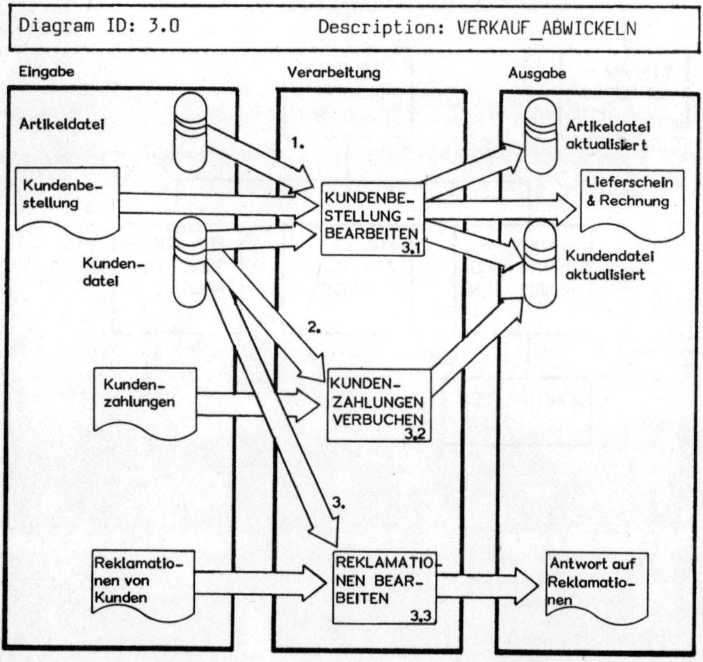

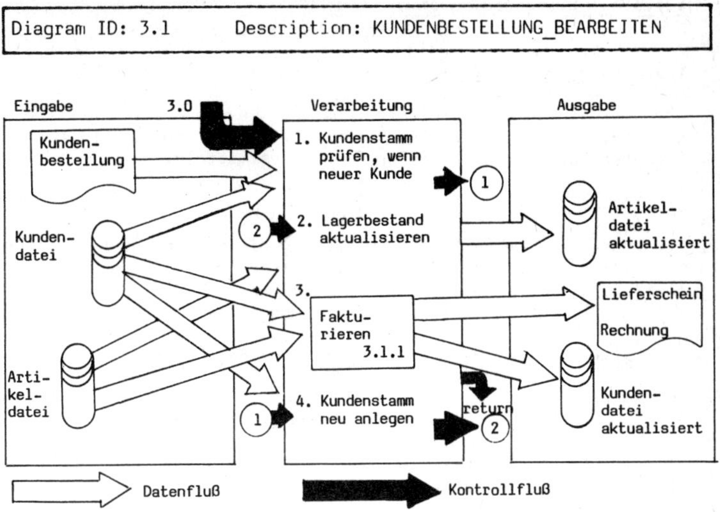

(9) Bemerkungen

Als Hilfsmittel werden Formblätter und eine Schablone angeboten. In ein Formular "erweiterte Beschreibung" können verbale Anmerkungen zu den Ebenendiagrammen gemacht werden, z. B. genaue Beschreibung von Datenfeldern.

(10) Wertung

Vorteile
- Leicht erlernbar.
- Unterstützung des top-down-Entwurfs.
- Einhaltung des Hierarchie- und Lokalitätsprinzips.

Nachteile
- Verstoß gegen das Geheimnisprinzip.
- Keine Sprachelemente zur Datenspezifikation.
- Kein Verfeinerungsmechanismus für Daten.
- Erweiterte verbale Beschreibung ohne vorgegebene Struktur.
- Zu viele Freiheiten in der grafischen Notation z. B. unterschiedliche Interpretationen für Pfeile.
- Zwischendaten bewirken Pfeile in der falschen Richtung.
- Im Gegensatz zur Datenabstraktion werden Daten um zentral angeordnete Verarbeitungsfunktionen gruppiert.
- Zu stark informal.
- Aufwendig zu zeichnen, zu ändern und zu verwalten.

2.5.3.12 Strukturdiagramme

(1) Motivation und Ziele

Strukturdiagramme (structure charts) werden zur grafischen Beschreibung von Entwürfen eingesetzt. Sie sollen einen gut lesbaren Überblick über einen Entwurf vermitteln.

(2) Konzeption

Strukturdiagramme bestehen aus Kästen, die Moduln darstellen und Aufruflinien zwischen den Kästen, die die Aufrufhierarchie festlegen. Durch zusätzliche Symbole werden die Kommunikation zwischen Moduln sowie weitere Festlegungen beschrieben.

(3) Herkunft, Anwendungsgebiet, Erfahrungen, Literatur

Im Rahmen der von Stevens, Myers, Constantine und Yourdon entwickelten Entwurfsmethode "Composite/ structured design" wurden Strukturdiagramme als grafisches Beschreibungsmittel eingeführt. Die Strukturdiagramme variieren etwas von Autor zu Autor. Die hier dargestellten Strukturdiagramme orientieren sich an /Page-Jones 80/.

In den Werkzeugsystemen AIDES (Automated Interactive Design and Evaluation System) /Willis, Jensen 75/, /Willis 81/ werden Strukturdiagramme als HHOL (higher higher order programming language) im Rahmen der Methode "Composite / structured design" eingesetzt. 6-jährige Erfahrungen mit der Methode haben gezeigt, daß die Systeme leichter zu implementieren und zu testen, zu dokumentieren und zu modifizieren sind. Daher können sie kostengünstiger produziert und gewartet werden.
Innerhalb von AIDES wurde die Methode außerdem für Echtzeit-Systeme und eingebettete Software-Systeme erweitert.

(4) Entwurfsmethodik

Strukturdiagramme werden im Rahmen des "Composite/ structured design" (siehe 2.5.2.3) eingesetzt.

(5) Strukturierungskonzept

In Strukturdiagrammen werden Moduln hierarchisch miteinander verknüpft. Die Basis der Hierarchie lautet "Modul A ruft Modul B auf" (symbolisch A—>B).

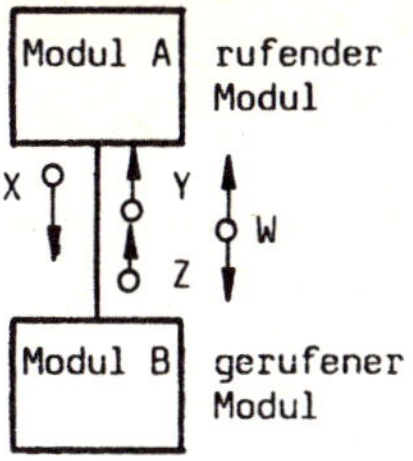

Die Kommunikation zwischen den Moduln wird durch besondere Pfeile markiert:

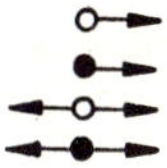

: reine Datenkopplung
: Steuerungskopplung
: Transiente Parameter, d. h. Ein- und Ausgabegrößen

Besteht zwischen zwei Moduln eine umfangreiche Kommunikation und wird dadurch das Strukturdiagramm mit Pfeilen überladen, dann können die Parameter in eine Schnittstellentabelle ausgelagert werden:

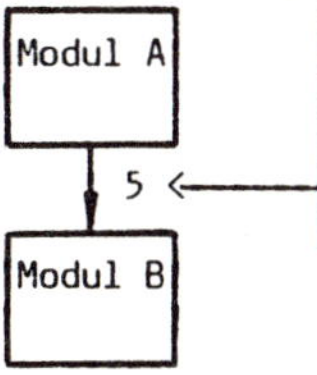

Schnittstellen-nummer	in	inout	out
5	X	W	Y,Z

Die Struktur der Hierarchie muß keine reine Baumhierarchie sein. Treten identische Moduln mehrmals auf, dann werden sie nur einmal gezeichnet. Mehrere Moduln greifen dann darauf zu. Es entsteht dann eine Netzstruktur.

Entstehen beim Zeichnen dadurch Überkreuzungen von Linien, dann können Konnektoren verwendet werden, um dies zu vermeiden:

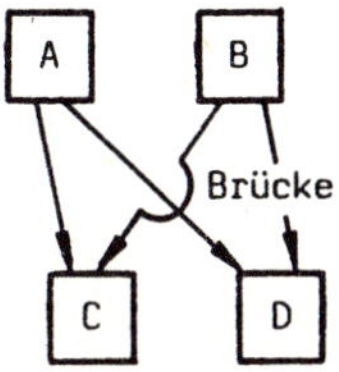

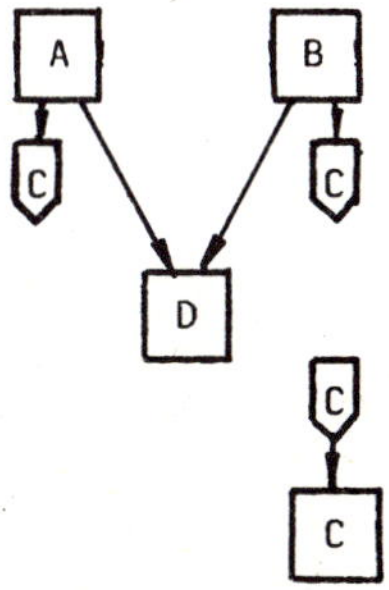

Wird ein Diagramm auf einer anderen Seite fortgesetzt, dann wird die Fortsetzungsseite unter dem entsprechenden Kasten angegeben:

(siehe Seite 8)

Eine asynchrone Aktivierung eines Moduls wird folgendermaßen beschrieben:

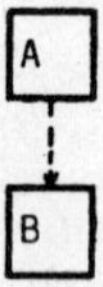

Das physikalische Zusammenpacken von Moduln zu einem Programm oder zu einer Overlay-Struktur oder zu einer Arbeitseinheit wird durch eine gestrichelte Linie um die entsprechenden Moduln gekennzeichnet.
Soll der Kontrollfluß in der Struktur ausgedrückt werden oder sollen Datenstrukturen mit Strukturdiagrammen beschrieben werden (analog Jackson, siehe 2.6.2.2), dann werden folgende Symbole verwendet:

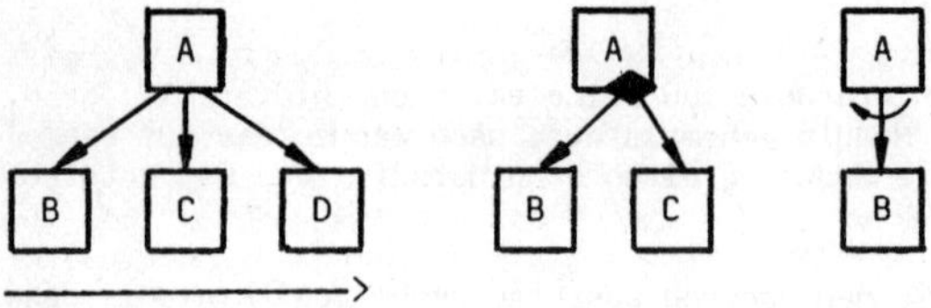

Sequenz Zeit Auswahl Wiederholung

(6) <u>Modulkonzept</u>

Durch Strukturdiagramme können Moduln, die eine funktionale Abstraktion und eine einfache Datenabstraktion darstellen, beschrieben werden.

Modul mit funktionaler Abstraktion

Modul mit einfacher Datenabstraktion

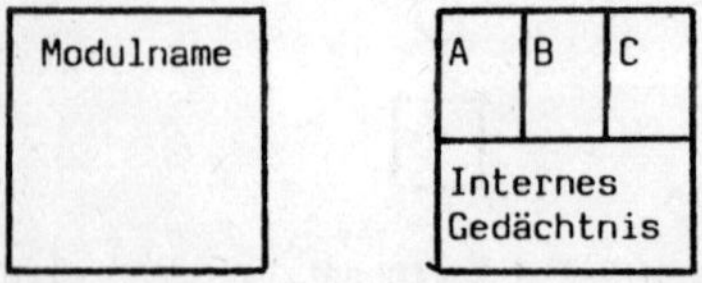

A, B und C sind Zugriffsoperationen

Ein vordefinierter Modul bzw. ein vordefiniertes Untersystem bzw.

ein in der Bibliothek vorhandener Modul wird folgendermaßen dargestellt:

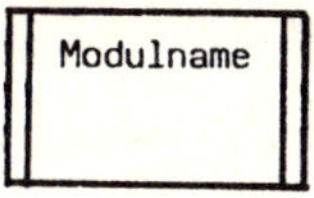

Referenzen auf Daten in einem globalen Datenbereich werden wie folgt gekennzeichnet:

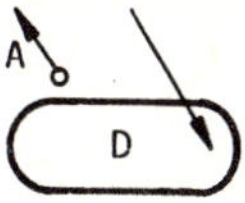

<---- globaler Datenbereich

/Page-Jones 80/ unterscheidet vier verschiedene Modultypen:

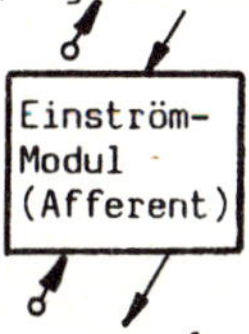

Modul sendet von unten erhaltene Informationen an seinen rufenden Modul

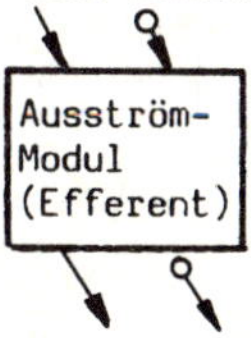

Modul sendet von oben erhaltene Informationen an seinen rufenden Modul

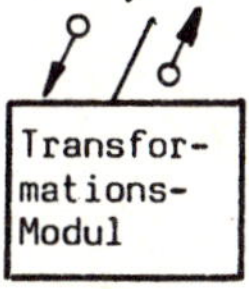

Modul erhält von seinem rufenden Modul Informationen, transformiert sie und sendet sie zurück

Modul koordiniert die Kommunikation zwischen seinen untergeordneten Moduln

(7) Datenabstraktionskonzept

Es können nur einfache Datenabstraktionen dargestellt werden.

(8) Beispiel

Als Beispiel wird die Struktur eines Weinhandlungssystems skizziert (Ausschnitt):

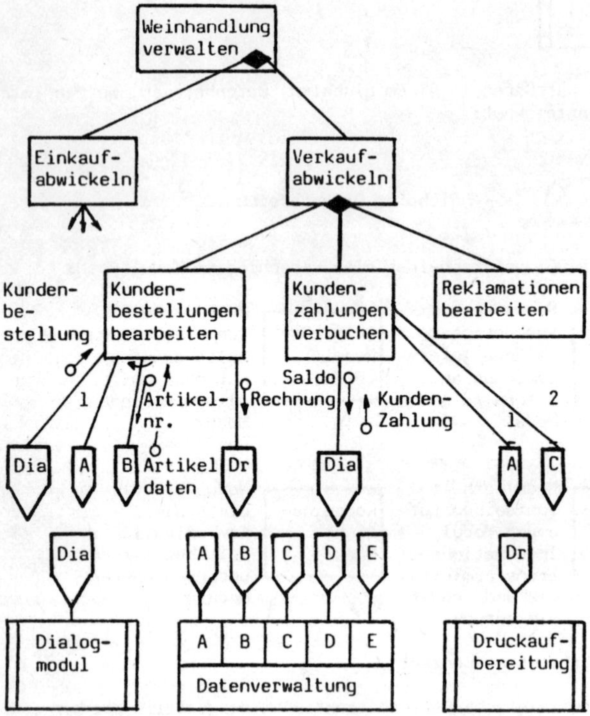

A= Kundenstammdaten_lesen_und_aktualisieren
B = Artikeldaten_lesen_und_aktualisieren
C = Debitorenkonto_aktualisieren

	in	inout	out
1	Kundennr.	-	Kundenstamm
2	Kundennr., Betrag		Saldo

(10) Wertung

Vorteile
- Leicht lesbar und verständlich.
- Leicht erlernbar.

- Funktionale Abstraktion und einfache Datenabstraktion darstellbar.
- Kommunikation zwischen Moduln in Form von Parameternamen beschreibbar.
- Explizite Strukturierung.

Nachteile

- Kommunikation zwischen Moduln kann nur über Vatermodul stattfinden.
- Bei umfangreichen Strukturen wird das Diagramm schnell unübersichtlich.
- Konzeptionell keine ebenenweise Beschreibung vorgesehen.
- Kontrollflußsymbole führen zu Überspezifikation des Entwurfs.
- Manuelles Zeichnen ist aufwendig.

2.5.3.13 Anwendung der Prinzipien auf vorhandene Programmiersprachen

In der industriellen Praxis muß man oft mit älteren Programmiersprachen arbeiten, die es nicht ohne weiteres ermöglichen, die aufgeführten Entwurfsprinzipien anzuwenden. Der Einsatz moderner Entwurfsprinzipien bei älteren Programmiersprachen erfordert mehr Aufwand und größere Disziplin.

Die Skizzierung der unterschiedlichen Ansätze soll mit dazu dienen, Anregungen für die Erweiterung älterer Sprachen zu geben. Ein Fortschritt wird oft schon erreicht, wenn die Dokumentation und Kommentierung um Schnittstellenbeschreibungen und informale Spezifikationen erweitert werden.

Am einfachsten können die Prinzipien angewandt werden, wenn eine eigenständige Entwurfssprache zur Verfügung steht, deren Schnittstellenbeschreibung an die vorhandene Sprache angepaßt werden kann.
Wird eine Programmiersprache verwendet, die eine geeignete funktionale Abstraktion ermöglicht (FORTRAN, PL/1, PASCAL), dann kann durch Einsatz einer Entwurfssprache die Unterstützung der "einfachen" Datenabstraktion relativ leicht erreicht werden.

Schwieriger wird die Situation, wenn die Programmiersprache über kein geeignetes Prozedurkonzept verfügt (COBOL, BASIC, Assembler). Ohne Zwischenschalten einer Pseudo-Ebene kann man dann kaum auskommen.

Das Problem beim Konzipieren einer Pseudo-Ebene liegt nicht in der technischen Machbarkeit, sondern in der Akzeptanz durch den Benutzer. Software-technisch ist es möglich, die vorhandene Zielsprache durch eine Pseudo-Ebene weitgehend zu verdecken. Die Kunst besteht darin, daß der Programmierer seine gewohnte Sprache noch in der Pseudo-Ebene wiedererkennt und nicht völlig umlernen muß. Eine zu große Diskrepanz verhindert die Akzeptanz.

An dem Beispiel COBOL wird im folgenden aufgezeigt, wie eine solche Pseudo-Ebene aussehen kann.

Beispiel

Zur geeigneten Anwendung moderner Entwurfsprinzipien fehlt in COBOL
- ein Modulkonzept,
- ein Typkonzept und
- ein geeignetes Prozedurkonzept mit Parameterübergabemechanismus.

Auf die nichtstrukturierten Kontrollstrukturen wird hier nicht eingegangen.

Modulkonzept

Ein Modul auf Pseudo-COBOL-Ebene kann wie ein COBOL-Programm beschrieben werden. Die ´IDENTIFICATION DIVISION´ wird dabei um einige modulspezifische Daten erweitert. Der Modulname ist auch der Programmname (PROGRAMM-ID). Die Variablen in einem Modul realisieren das Gedächtnis eines Moduls.

Ein Modul ist folgendermaßen aufgebaut:

```
IDENTIFICATION DIVISION.
PROGRAM-ID.       <Name>.
AUTHOR.           <Name, Abt. usw>.
DATE-WRITTEN.     <Datum>.
SECURITY.         <Text>.

%MODULE-INFORMATION.
%KIND OF MODULE IS    {EXECUTIVE | DATA}  .
%PURPOSE IS    <Text>.
%EXPORT
   %RESOURCES ARE
            %PROCEDURE  <Name mit Parameterliste>.
   %TYPES ARE  <NAME>, <Name>,....
%IMPORT FROM MODULE   <Name>.
   %RESOURCES ARE
            %PROCEDURE  <Name mit Parameterliste>.
   %TYPES ARE  <NAME>, <Name>,....
%IMPORT FROM MODULE   <Name>.
   ..........
%FILE-INFORMATION.
ENVIRONMENT DIVISION.
   ..........
DATA DIVISION
   %TYPE-DEFINITION SECTION.
   ......
   FILE SECTION.
   .....
   WORKING STORAGE SECTION.
   .....
   LINKAGE SECTION.
```

```
PROCEDURE DIVISION.
   ......
   %PROCEDURE-DEFINITION SECTION.
%END MODULE <Name>.
```

{a|b} steht für: a oder b

Dem Schlüsselwort '%MODULE-INFORMATION' folgt die Klassifizierung des Moduls. Ein Modul kann eine funktionale Abstraktion (executive module) oder eine Datenabstraktion (data module) zur Verfügung stellen. Die Aufgabe des Moduls wird im PURPOSE-Teil beschrieben.
Es folgt die Auflistung aller Ressourcen und Typen, die exportiert bzw. importiert werden. Die '%FILE-INFORMATION' dient der Dokumentation von externen Speichermedien, die von dem Modul benutzt werden. Die Einträge werden als Kommentar verwaltet. Die %TYPE-DEFINITION SECTION dient zur Definition von Datentypen. Prozeduren werden am Ende des Programms in der %PROCEDURE-DEFINITION SECTION deklariert.

Typkonzept

In der '%TYPE-DEFINITION SECTION' innerhalb der 'DATA DIVISION' werden die Datenstrukturen wie in der 'WORKING-STORAGE' vereinbart. Der Typ wird deklariert durch '%TYPE xxxx ='. Variablen von einem so definierten Typ können sowohl in der 'FILE SECTION' als auch in der 'WORKING-STORAGE SECTION' deklariert werden.
Eine Typdefinition und Variablenvereinbarung kann folgendermaßen aussehen:

- Typdefinition

```
%TYPE-DEFINITION SECTION.
%TYPE PERSON =
01   P
     02 NAME          PIC X(50).
     02 VORNAME       PIC X(30).
     02 ADRESSE.
        03 STRASSE    PIC X(30).
        03 NUMMER     PIC X(4).
        03 ORT        PIC X(46).
     02 GESCHLECHT    PIC X.
     02 FAM-STAND     PIC X (3).
```

- Variablenvereinbarung

```
99 PERS1, PERS2 %OF TYPE PERSON.
```

Prozedurkonzept

Prozeduren sind Ressourcen eines Moduls, die am Ende eines COBOL-Programms in der 'PROCEDURE- DEFINITION SECTION' deklariert werden. Eine Prozedur besteht aus einem Prozedurkopf und einem Rumpf. Dem Schlüsselwort 'PROCEDURE' folgt der Prozedurname. Der

Prozedurkopf enthält einen lokalen Datendeklarationsteil und die Definition etwaiger formaler Parameter. Der Rumpf, begrenzt durch 'BEGIN <Name>.' und 'END <Name>.', besteht aus COBOL- bzw. Pseudocode-Anweisungen.
Im lokalen Deklarationsteil einer Prozedur können dieselben Datenstrukturen vereinbart werden, die in der 'WORKING-STORAGE SECTION' eines COBOL-Programms erlaubt sind. Es können auch lokale Typen definiert werden. Als letzte Anweisungsfolge in einer Prozedur ist auch eine '%PROCEDURE-DEFINITION SECTION' zulässig zur Deklaration lokaler Hilfsprozeduren.
Für Prozeduren gibt es ein Parameterkonzept mit Eingabe-(IN), Ausgabe-(OUT) und transienten Parametern (INOUT). Nach dem Schlüsselwort 'USING' wird der Name des Parameters mit dem zugehörigen Typ und der Parameterart angegeben.
Eine Prozedur wird mit ihrem Namen und der Parameterliste - soweit vorhanden - aufgerufen.

Eine Prozedurdeklaration und ein Prozeduraufruf kann folgendermaßen aussehen:

```
% PROCEDURE ZINSBERECHNUNG.
% USING K OF TYPE DM BY IN
        P OF TYPE PROZENT BY IN
        DATUM1, DATUM2 OF TYPE DATUM BY IN
        Z OF TYPE DM BY OUT.

% TYPE_DEFINITION SECTION
   % TYPE DM      PIC Z99.99
   % TYPE PROZENT PIC ZZ9.99
   % TYPE DATUM   PIC X(4)

% LOCAL_WORKING_STORAGE
. . .
% BEGIN ZINSBERECHNUNG.
. . .
% END ZINSBERECHNUNG.

Aufruf:
% EXECUTE ZINSBERECHNUNG (100,10,0402,1610,ZINS).
```

Diese Pseudo-COBOL-Ebene wird durch eine Preprozessor oder Precompiler in COBOL umgewandelt.

2.5.3.14 Vergleichender Überblick

Einen tabellarischen Quervergleich aller behandelten Sprachen zeigt Tabelle 2.5-4.
Da die Beurteilung von Sprachen von vielen objektiven und subjektiven Kriterien abhängt und die Sprache außerdem an dem Anspruch, den die Sprachschöpfer an sie stellen, gemessen werden muß, ist eine Sprachbewertung immer problematisch. Im wesentlichen kommt es darauf an, ob die Summe der einzelnen

Konzepte einer Sprache einen guten Kompromiß darstellen, um die gegebenen Probleme unter vorgegebenen Randbedingungen optimal zu lösen. Um Anhaltspunkte für die Stärken und Schwächen einer Sprache zu geben, werden die Sprachen in Tabelle 2.5-5 nach dem Realisierungsgrad der einzelnen Entwurfsprinzipien und der Mächtigkeit der Abdeckung des jeweiligen Prinzips qualitativ bewertet.

Sprachkonzepte \ Sprachen	SLAN/ELAN	MODULA-2	EUCLID	CLU	ADA	ALPHARD	PLASMA/D	SPECIAL	SPEZI	HIPO	SADT	Struktur-diagramme
a. Sprachklasse	Programmiersprachen						Entwurf-Sprache	Spezifik. Sprachen		grafische Sprachen		
b. Entstehungszeit	78	74	77	77	79	76	78	77	78	74	74	74
c. Anwendungsgebiet												
- general purpose language	X	X			X		X	X	X	X	X	X
- Systemprogrammierung	X	X	X		X							
- Echtzeitanwendung					X				X			
- Ausbildung Schule, Universität		X										
d. Unterstützung einer Entwurfsmethode	-	-	-	o	o	o	+	-	-	o	o	+
e. Strukturierungskonzept (Ja/Nein)	J	J	J	N		J	J	J	N	J	J	J
- Basis der Hierarchie												
• Aufrufhierarchie		J										J
• Ist-Teil-von-Hierarchie	J		J		J	J	J			J	J	
• Zugriffsrechts-Hierarchie		J			J		J					
• Sichtbarkeits-Hierarchie		J					J					
• Dienstleistungshierarchie				J								
- Struktur der Hierarchie												
• schichtenorientiert		J						J				
•• mit linearer Ordnung												
•• mit strikter Ordnung		J										
•• mit baumartiger Ordnung							J					
• baumorientiert	J		J		J-	J	J			J	J	J
• netzorientiert		J					J					J
• virtuell												
• sonstige	J			J	J							
- Zeit der Hierarchie												
• organisatorisch		X		X	X		X			X	X	X
• statisch	X	X	X		X	X						X
• dynamisch												
- Lebensdauer von Modulgedächtnissen												
• gesamte Laufzeit		X										
• an Baumhierarchie gekoppelt	X		X		X	X	X					
• explizit initialisieren				X								
f. Modulkonzept										N	N	J
- (1) 1 funktionale Abstraktion	J	J	J	J	J	J			J			J
- (2) mehrere funktionale Abstraktionen	N	J	?	?	J	J						
- (3) Datenabstraktion mit 1 Zugriffsoperation	J	J	N	N	J	J			J			
- (4) Datenabstraktion mit mehreren Zugriffsop.	J	J	N	N	J	J			J			J
- (5) ADT mit mehreren Zugriffsoperationen	N	N	J	J	J	J		J	J			
- Infix-Operationen definierbar z. B. '+'	N	J	N	N	J	N						
- getrennt übersetzbar	J	J	o	J	J	N						

Legende:

++ sehr hoch/ + hoch/ o mittel, neutral/ - gering, schwach/ -- sehr gering, sehr schwach/
X vorhanden/ ex explizit/ im implizit/ J = Ja/ N = Nein

Sprachenkonzepte / Sprachen	MODULA-2	SLAN/ELAN	EUCLID	CLU	ADA	ALPHARD	PLASMA/D	SPECIAL	SPEZI	HIPO	SADT	Struktur-diagramme
- Export (E) - Import (I) -Schnittstelle	EI	EI	EI	EI	EI	EI	EI	EI	EI	--	--	--
• Explizit vorhanden (Ja/Nein)	JJ	JN	JJ	JN	JJ	JN	JJ	JJ	JJ			
• Vollständigkeit der Angaben	NN	N-	NN	N	JN	J	JJ	JN	JN			
•• Name der Funktion, Zugriffsoperation	EI	E	EI	E	E	E	EI	E	EI			
•• einschl. Parameterliste & Typspezifikation	EJ				E	E	EI	E	E			
•• Beschreibung der Wirkung												
••• informal							EI		E			
••• semiformal												
••• formal						E		E				
• Exportiert (E), Importiert (I) werden können												
•• Funktion(en)	EI	EI	EI	E	E	E	EI	EI	EI			
•• Zugriffsorperation(en)	EI	EI	EI	E	E	E	EI	EI	EI			
•• Typen	EI	EI	EI		E			E	EI			
•• Konstanten	EI	EI	EI						EI			
•• Datenabstraktionen	EI			E		I						
•• Kontrollabstraktionen				E								
•• Sonstiges (z.B. Variablen)	EI		EI									
•• Qualifizierter Export/ Import ?	J	NN	N	N	J							
• Lokalität der Schnittstelle (E/I)					E-	E	EI	E	EI			
•• textuell zusammen, getrennt v. Impl.					E	E	EI	E	EI			
•• verstreut z.T. in Implem.	EI	E	E	E								
• Modulinterna von außen unsichtbar	o	o	o	o	J	N	J	J	J			
• Moduln ineinander schachtelbar	J	N	J	N	J	J	N		N			
g. Datenabstraktionskonzept										N		
• ADT mit formalen Parametern	N	N	J	J	J	J		J	J			
• ADT mit Typen als formalen Parameter	N	N	N	J	J	J		N	J			
• ADT mit Typen einschl. Operationen	N	N	N	J	J	J		N				
• generische Funktionen, Operationen, Prozeduren	N	J	N	N	J	N						
h. Schnittstellenspezifikation	N	N	N	N	o	N	o	J	J	N	N	N
i. Unterstützung der Verfikation			J			J		J	J			

Prinzip/Methodik \ Sprache	SLAN/ELAN	MODULA-2	EUCLID	CLU	ADA	ALPHARD	PLASMA/D	SPEZI	SPECIAL	HIPO	SADT	Strukt.Dia
funktionale Abstraktion	++	o	o	o	++	o	o	o	o	-	-	-
Datenabstraktion	o	o	+	++	++	++	+	+	+	--	-	o
Geheimnisprinzip	-	-	-	-	o	o	++	+	+	--	-	-
Modularisierung i.e.S.	-	-	-	-	o	o	++	o	o	-	-	-
Strukturierung i.e.S.	-	o	o	--	o	o	+	--	-	+	+	+
Schnittstellenspezifikation	-	-	-	-	-	++	o	++	++	--	--	--
Hierarchisierung	-	o	o	--	o	o	+	--	--	+	+	+
Lokalität	-	-	-	-	o	o	+	+	+	+	+	o
integrierte Dokumentation	--	--	+	--	--	+	+	+	+	--	--	--
Mehrfachverwendung	o	+	-	o	+	o	+			-	-	
Entwurfsmethodik	--	--	--	-	-	-	o	--	--	-	-	+

++ ausgezeichnet erfüllt
+ gut erfüllt
o erfüllt
- in Ansätzen erfüllt
-- nicht erfüllt

Tabelle 2.5-5: Mächtigkeit von Sprachen bezogen auf Entwurfsprinzipien und -methoden

Die Vergleiche der verschiedenen Sprachen erlauben folgende Feststellungen:

- <u>funktionale Abstraktion</u>:
  Alle Programmiersprachen unterstützen in geeigneter Form die funktionale Abstraktion. SLAN/ELAN und ADA ermöglichen zusätzlich Infixoperationen und generische Operationen. Bei den Entwurfssprachen bietet PLASMA/D den Programmiersprachenstandard, der ebenfalls von den Spezifikationssprachen erfüllt wird. Die grafischen Sprachen unterstützen zwar die funktionale Abstraktion. Von Parametern werden aber generell nur die Namen, nicht aber deren Typen, angegeben.

- <u>Datenabstraktion</u>:
  Alle Programmiersprachen ermöglichen die Datenabstraktion, drei Sprachen sogar in ihrer ausgeprägtesten Form. PLASMA/D, SPECIAL und SPEZI unterstützten die Datenabstraktion mittelmäßig; während in grafischen Sprachen Datenabstraktionen

nicht direkt beschreibbar sind, außer in Strukturdiagrammen in einfachster Form jedoch ohne Typbeschreibung der Parameter.

- Geheimnisprinzip:
  In den Programmiersprachen wird das Geheimnisprinzip liberal angewandt, während in Entwurfs- und Spezifikationssprachen die Implementierung auch physisch vor dem Entwerfer verborgen werden kann. In HIPO wird das Geheimnisprinzip nicht unterstützt, da zwischen der Eingabe- und der Ausgabeschnittstelle der Algorithmus angegeben wird. Bei SADT und Strukturdiagrammen ist das Geheimnisprinzip eingehalten, da die Implementierung von der Entwurfsbeschreibung getrennt ist. SADT und Strukturdiagramme enthalten jedoch direkte bzw. indirekte Kontrollstrukturelemente, die den Entwurf überladen.

- Modularisierung i.e.S.:
  Die Modulkonzeptionen unterscheiden sich im wesentlichen im Modulbegriff und in der Schnittstellenbeschreibung. Je nach Konzeption stellen Moduln funktionale Abstraktionen und Datenabstraktionen (SLAN, CLU, PLASMA/D, SPEZI, Strukturdiagramme) oder nur Datenabstraktionen (MODULA-2, ALPHARD, ADA, SPECIAL) da. Eine konsequente und vollständige Schnittstellenbeschreibung mit Export- und Importlisten erfolgt nur in PLASMA/D, ebenso in ADA, ALPHARD, SPECIAL und SPEZI jedoch ohne ausreichende Importangaben.
  Die grafischen Sprachen beschreiben die Modulschnittstellen nicht vollständig, d. h. ein Modul kann allein anhand dieser Angaben nicht angewandt werden. Es werden z. B. die Typen der Parameter nicht angegeben. Grafische Sprachen kommen daher ohne textuelle Ergänzungen nicht aus.

- Strukturierung i.e.S.:
  Bis auf CLU wird bei allen anderen Sprachen eine bewußte Strukturierung vorgenommen. Vorherrschende explizite Strukturierungsform ist die Baumhierarchie. In ADA und MODULA-2 wird ein einheitliches Strukturierungsprinzip durchbrochen, da zwischen getrennt übersetzten Einheiten beliebige Strukturen und innerhalb von Übersetzungseinheiten Baumhierarchien möglich sind. SPEZI und SPECIAL gehen davon aus, daß die Strukturierung außerhalb der Spezifikationssprache erfolgt (in SPECIAL z. B. durch HDM).

- Schnittstellenspezifikation:
  Eine Schnittstellenspezifikation findet außer in SPEZI und SPECIAL in ALPHARD statt. In PLASMA/D erfolgt eine systematische informale Beschreibung.

- Hierarchisierung:
  Innerhalb der baumstrukturierten Konzepte gibt es zwei Varianten:
  - statische Baumhierarchie (MODULA-2, EUCLID, ADA, ALPHARD, Strukturdiagramm)
  - organisatorische Baumhierarchie (PLASMA/D, HIPO, SADT).

  Während bei der statischen Baumhierarchie alle Schachtelungen

textuell vorhanden sind, wird bei der organisatorischen Baumhierarchie eine ebenenweise Beschreibung vorgenommen. Bei der statischen Baumhierarchie wird die Möglichkeit einer tiefen statischen Schachtelung nur selten ausgenutzt, da solche Systeme schnell unübersichtlich werden (gilt bei Programmiersprachen).

- Lokalität:
  Lokalität bezieht sich auf
  - Entwurfsbeschreibungen,
  - Modulschnittstellen und
  - Implementierungen.

  In PLASMA/D erfolgt eine ebenenweise Entwurfsbeschreibung, so daß alle für eine Ebene relevanten Informationen jeweils auf wenigen Seiten angeordnet sind.
  HIPO und SADT sind so konzipiert, daß jeweils eine Seite für eine Entwurfsinformation ausreicht.
  Die Lokalität der Schnittstelle ist bei den Programmiersprachen nur bei ADA und ALPHARD eingehalten, ebenso bei PLASMA/D und den Spezifikationssprachen.
  Bezieht man Lokalität auf die Implementierung, d. h. ob alle Informationen für die Implementierung lokal und vollständig angeordnet sind, dann wird bei den Programmiersprachen durch implizite Importregelungen oder fehlende vollständige Importschnittstellen dieses Prinzip mehr oder weniger stark verletzt.

- integrierte Dokumentation:
  Unter integrierter Dokumentation wird in diesem Zusammenhang verstanden, daß durch Sprachkonzepte z. B. Vorgabe geeigneter Wortsymbole wie precondition, postcondition, effect usw. der Entwickler zu einer systematischen Dokumentation veranlaßt wird. In diesem Sinne erfolgt eine Unterstützung der integrierten Dokumentation nur in EUCLID, ALPHARD, PLASMA/D, SPECIAL und SPEZI.

- Mehrfachverwendung:
  Die Mehrfachverwendung wird in SLAN, CLU, ALPHARD, ADA und PLASMA/D in der Form unterstützt, daß Moduln in Bibliotheken abgelegt werden und von dort in neuen Systemen wieder eingesetzt werden können. Eine Voraussetzung dafür ist, daß Moduln textuell getrennt abgelegt und auch getrennt übersetzt werden können. Ausschlaggebend für die Praktikabilität ist der Komfort des Bibliotheksystems. Die am weitesten gehenden Ansätze finden sich dafür in ADA und in PLASMA/D.

- Entwurfsmethodik:
  Ansätze für eine Entwurfsmethodik finden sich nur in PLASMA/D. Die Strukturdiagramme eignen sich besonders gut im Rahmen der Methode "composite/ structured design".

Zusammenfassend läßt sich feststellen, daß im Entwurfsbereich eine breite Palette von Sprachen zur Beschreibung von Software-Entwürfen zur Verfügung steht. Trotz vielfältiger

Unterschiede und großer Variabilität läßt sich doch der zunehmende Trend erkennen, die aufgeführten Entwurfsprinzipien durch geeignete Sprachkonzepte zu unterstützen.

2.5.4 Werkzeuge für den Entwurf

Die für die Entwurfsphase benötigten Werkzeuge hängen im wesentlichen von den eingesetzten Sprachen ab. Die Werkzeugunterstützung wird daher analog der Sprachenklassifizierung gegliedert.

(a) Erweiterung der Programmiersprachen

Die weiterentwickelten Programmiersprachen sind im wesentlichen durch folgende Eigenschaften gekennzeichnet:
- Erweiterte konstruktive Sprachkonzepte erlauben mehr statische Überprüfungen.
- Zusätzliche Sprachkonzepte, die die Verifikation unterstützen.
- Getrennte Übersetzbarkeit mit Ablage in Bibliotheken.

Durch diese Konzepte muß der Compiler zusätzliche Aufgaben übernehmen.

Beispiele

In EUCLID ergänzt der Compiler die Import-Liste durch Einkopieren vorhandener Informationen. Für den Verifizierer erstellt der Compiler Legalitätszusicherungen.

■

Um zusätzliche Angaben zur Verifikation auswerten zu können, werden Verifizierer als Werkzeuge benötigt.

Getrennt übersetzte Programmeinheiten müssen in Bibliotheken abgelegt werden. Die Verwaltung solcher Bibliotheken erfordert spezielle Bibliotheksverwaltungssysteme. Die Bereitstellung einer einheitlichen Benutzerumgebung führt dann zu werkzeugunterstützten Programmierumgebungen, die eine Reihe von Dienstleistungen zur Verfügung stellen (siehe 5. Kapitel).

Die Entwicklung einer Software-Meßtechnik (siehe 3. Kapitel) erfordert in Zukunft eine Bereitstellung quantitativer Kenngrößen. Compiler müssen daher in der Lage sein, solche Kenngrößen aus Programmen zu ermitteln und dem Anwender bereitzustellen.

(b) Eigenständige Entwurfssprachen

Der Einsatz unabhängiger Entwurfssprachen erfordert ebenfalls ein Bibliotheksverwaltungssystem, in dem die einzelnen Entwurfsbeschreibungen verwaltet werden. Verfügt die Entwurfssprache über eine vollständige Schnittstellenbeschreibung bzgl. Parameternamen und Parametertypangaben, dann kann ein Schnittstellenüberprüfer

die Konsistenz der Schnittstellen prüfen. Dienstprogramme nehmen die Anpassung an die Schnittstellen der verwendeten Programmiersprachen vor.
Text- und Dokumentationssysteme ermöglichen die gezielte Zusammenstellung von adressatengerechten Dokumenten.
Die Bereitstellung einer einheitlichen Benutzerumgebung führt zu werkzeugunterstützten Software- Engineering- Environment-Systemen (siehe 5. Kapitel).

(c) Spezifikationssprachen

Die semiformale oder formale Spezifikation von Schnittstellen hat das Ziel, diese Spezifikationen automatischen Prüfungen zugänglich zu machen. Dazu werden folgende Werkzeuge benötigt:
- Syntaxprüfer,
- Beweiser zum Nachweis der semantischen Konsistenz.

(d) Vorhandene Programmiersprachen

Über ältere Programmiersprachen muß eine geeignete Pseudo-Ebene gelegt werden. Zur Umsetzung der Pseudo-Ebene in die Programmiersprache wird ein Preprozessor oder Precompiler benötigt.

(e) Grafische Sprachen

Die Anwendung und Benutzerakzeptanz von grafischen Sprachen hängt oft von geeigneten rechnerunterstützten Werkzeugen ab. Die Verwaltung der Entwurfsdokumente sowie die leichte Änderung von Grafiken muß geeignet unterstützt werden.

Neben sprachbezogenen Werkzeugen müssen allgemeine Werkzeuge zur Verfügung stehen wie:
- Editoren, die z. B. eine syntaxgesteuerte Eingabe unterstützen,
- inkrementelle Compiler, die z. B. eine schrittweise Compilierung ermöglichen,
- "dummy"-Generatoren, die "dummies" für den top-down-Test generieren,
- Simulatoren, die frühzeitige Systemsimulationen ermöglichen,
- komfortable Text- und Dokumentationssysteme für gezielte Dokumentationszusammenstellungen,
- Änderungsanalysatoren, die bei gewünschten Modifikationen die betroffenen Systemkomponenten auflisten.

Zusammenfassend läßt sich feststellen, daß in der Entwurfsphase eine Vielzahl von Werkzeugen eingesetzt werden kann und muß, um die Qualität des Entwurfs sicherzustellen.

2.6 Die Implementierungsphase

Aufgabe des Programmierens ist es, aus vorgegebenen Schnittstellenspezifikationen für einen Modul den Modul zu implementieren, d. h. die geforderten Leistungen in Form eines Programmes zu realisieren.
Die Programmiertätigkeiten werden in der Implementierungsphase durchgeführt. Sie ist eingebettet zwischen die Entwurfsphase und die Abnahmephase.
Die Ergebnisse der Entwurfsphase bilden den Ausgangspunkt der Implementierung. Es wird davon ausgegangen, daß in der Entwurfsphase eine Systemarchitektur entworfen wurde, die zu geeigneten Moduln geführt hat. Für jeden Modul existiert eine Schnittstellenspezifikation. Die Moduln entsprechen den in 2.5.1.3 angegebenen Kriterien. Insbesondere ist der Systementwurf so ausgelegt, daß die Implementierungen umfangsmäßig pro Ressource wenige Seiten nicht überschreiten.

Die Tätigkeit "Implementieren des Produktes" beinhaltet u. a. folgende Einzelaktivitäten:

- Konzeption von Datenstrukturen und Algorithmen,
- Strukturierung des Programms durch geeignete Verfeinerungsebenen,
- Dokumentation der Problemlösung und der Implementierungsentscheidungen durch geeignete Verbalisierung und Kommentierung,
- Umsetzung der Konzepte in die Konstrukte der verwendeten Programmiersprache,
- Angaben zur Zeit- und Speicherkomplexität des Programmes in Abhängigkeit von den Eingabegrößen,
- Test oder Verifikation des entwickelten Programmes einschl. Testplanung und Testfallerstellung bei Anwendung einer Testmethode.

Unter den oben aufgeführten Voraussetzungen bezeichnet man diese Tätigkeiten auch als "Programmieren im Kleinen". Die Konzeption von Datenstrukturen und Algorithmen wird auch Modulentwurf genannt.

Die Ergebnisse der Implementierungstätigkeiten müssen sich in folgenden Teilprodukten niederschlagen:

- Quellprogramm einschl. integrierter Dokumentation,
- Objektprogramm,
- Testplanung und Testprotokoll bzw. Verifikationsdokumentation.

Die Einbettung der Implementierungsphase in das SEEM zeigt Abb. 2.6-1.

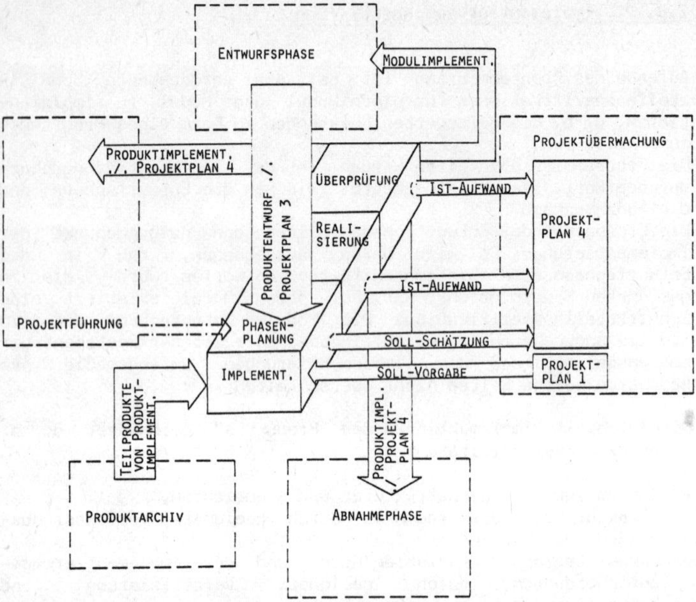

Abb. 2.6-1: Modell der Implementierungsphase

Im Schritt Phasenplanung wird das Vorgehen im Realisierungs- und Überprüfungsschritt bestimmt und Schätzungen über den notwendigen Aufwand, über Zeit- und Personalbedarf angegeben.

In der Realisierung werden die Moduln implementiert, Funktions- und Benutzerhandbuch verfeinert und detailliert sowie das Begriffslexikon ergänzt.

Bei der Überprüfung der erstellten Produktimplementierung werden konventionelles Testen, Programm-Verifikation und/oder symbolisches Testen angewendet. Werden Entwurf und Implementierung verzahnt ausgeführt, dann werden die Teilprodukte der Implementierungsphase nach der Überprüfung an die Entwurfsphase zur Integration zurückgereicht. Das fertiggestellte und überprüfte Gesamtprodukt wird an die Abnahmephase übergeben.

2.6.1 Prinzipien der Implementierung

Die "Allgemeinen Prinzipien" der Software-Entwicklung (siehe 2.1) gelten in unveränderter, modifizierter oder spezialisierter Form auch für die Implementierung.

In weitgehend unveränderter Form gelten die Prinzipien
- integrierte Dokumentation und
- Standardisierung.

In spezialisierter Form werden die Prinzipien
- Abstraktion,
- Strukturierung,
- Hierarchisierung und
- Lokalität angewandt.

Das allgemeine Abstraktionsprinzip wird durch das Prinzip der Verfeinerung bei der Implementierung realisiert.

Das Prinzip der Strukturierung wird bei der Implementierung zum Prinzip der linearen Kontrollstrukturen. Die linearen Kontrollstrukturen wiederum realisieren das Prinzip der Lokalität bezogen auf den Kontrollfluß eines Programmes. Das Schachteln von Kontrollstrukturen führt zu einer Hierarchisierung.

Folgende neue Prinzipien sind beim Entwurf zusätzlich zu beachten:
- Prinzip der Verbalisierung,
- Prinzip der problemadäquaten Datentypen.

Beide Prinzipien stehen in engem Zusammenhang mit dem Prinzip der integrierten Dokumentation. Das Prinzip der problemadäquaten Datentypen unterstützt außerdem das Prinzip der Abstraktion.

Das Prinzip der Modularisierung wird bei der Implementierung nicht angewandt. Man könnte höchstens die Bildung lokaler Prozeduren bei der Implementierung als Modularisierung ansehen.

2.6.1.1 Prinzip der linearen Kontrollstrukturen

Der Anweisungsteil eines Algorithmus besteht aus Anweisungen (statements), die ausgeführt werden sollen. Es werden einfache Anweisungen bzw. Aktionen und Kontrollstrukturen bzw. Steueranweisungen unterschieden. Kontrollstrukturen steuern die Ausführung von Anweisungen, d. h. geben an, ob bzw. wie oft Anweisungen ausgeführt werden sollen.

Kontrollstrukturen sollen
- es ermöglichen, Problemlösungen in natürlicher, problem-angepaßter Form zu beschreiben,
- so beschaffen sein, daß sich die Problemstruktur im

Algorithmus widerspiegelt,
- leicht lesbar und verständlich sein,
- eine leichte Zuordnung zwischen statischem Algorithmustext und dynamischem Algorithmuszustand erlauben,
- mit minimalen, orthogonalen Konzepten ein breites Anwendungsspektrum abdecken,
- Korrektheitsbeweise von Algorithmen erleichtern.

Eine problemadäquate Umsetzung von Problemlösungen in Kontrollstrukturen wird durch folgende vier semantisch unterschiedliche Kontrollstrukturen ermöglicht:
- Sequenz,
- Auswahl,
- Wiederholung,
- Anwendung anderer Algorithmen.

Im folgenden wird die Semantik dieser vier Kontrollstrukturen skizziert. Gleichzeitig werden diese Kontrollstrukturen in drei verschiedenen Darstellungsformen angegeben:
- Pseudo-Code-Darstellung,
- Struktrogramm-Darstellung,
- Programmablaufplan-Darstellung.

Die Pseudo-Code-Darstellung ist eine textuelle, programmiersprachenähnliche Darstellungsform, in der für die Kontrollstrukturen festgelegte Wortsymbole verwendet werden. Für die einfachen Anweisungen werden entweder verbale Angaben oder mehr oder weniger programmiersprachliche Notationen benutzt. Im Pseudo-Code dargestellte Algorithmen werden dann entweder manuell oder automatisch in die Zielsprache übersetzt. Wird als Programmiersprache eine Sprache mit modernen Kontrollstrukturen verwendet, dann werden meist die Wortsymbole dieser Sprache direkt benutzt. Der im folgenden benutzte Pseudo-Code orientiert sich an PASCAL.

Die Struktogramm-Darstellung beruht auf einem Vorschlag von /Nassi, Shneiderman 73/, daher auch Nassi-Shneiderman-Diagramme genannt, und ermöglicht eine grafische Darstellung von Kontrollstrukturen.

Algorithmische Beispiele in den vorherigen Kapiteln wurden bereits in Struktogramm-Form dargestellt.

Die Programmablaufplan-Darstellung (PAP) benutzt grafische Symbole, die durch Linien miteinander verbunden sind, um Kontrollstrukturen zu beschreiben. Da PAPs bzw. Flußdiagramme seit 1969 in Gebrauch und genormt (DIN 66001) sind, wird ihre Symbolik als bekannt vorausgesetzt. Ihre Darstellungsform wird in den Vergleich miteinbezogen, auf Beispiele wird aber weitgehend verzichtet. Für das Zeichnen der Symbole gibt es Schablonen mit festen Symbolgrößen.

(a) Sequenz

Erfordert eine Problemlösung, daß mehrere Anweisungen hintereinander auszuführen sind, dann formuliert man eine Sequenz bzw. Aneinanderreihung.
Eine Sequenz wird in den einzelnen Darstellungsformen folgendermaßen beschrieben:

Pseudo-Code	Struktogramm	PAP
Anweisung 1; Anweisung 2; Anweisung 3;	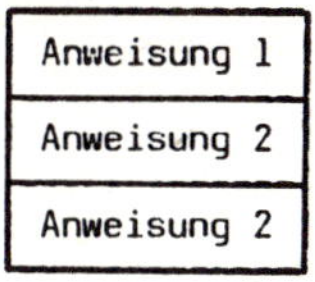 (siehe auch 2.5.1.4)	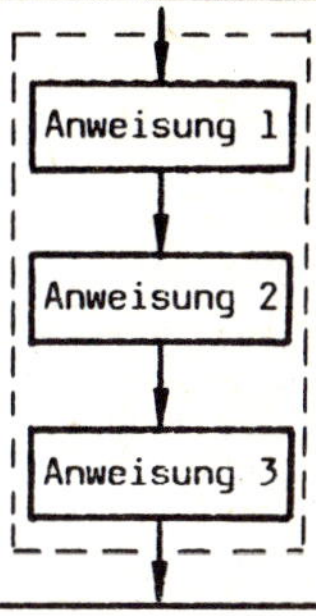
Die einzelnen Anweisungen werden durch Semikolon (;) voneinander getrennt.	Ein beliebig groß gewähltes Viereck wird nach jeder Anweisung mit einer horizontalen Linie abgeschlossen.	Einfache Anweisungen werden durch Rechtecke dargestellt, die wiederum durch Ablauflinien verbunden werden.

Bei der Sequenz erfolgt die Abarbeitung immer von oben nach unten und von links nach rechts (falls beim Pseudo-Code mehr als eine Anweisung in einer Zeile steht).

(b) Auswahl

Sollen Anweisungen nur in Abhängigkeit von bestimmten Bedingungen ausgeführt werden, dann verwendet man das Konzept der Auswahl bzw. Verzweigung.

Es gibt drei verschiedene Auswahl-Konzepte, die jeweils für bestimmte Problemlösungen geeignet sind:
- einseitige Auswahl
- zweiseitige Auswahl
- Mehrfachauswahl

Die ein- und zweiseitige Auswahl wird folgendermaßen dargestellt:

Pseudo-Code	Struktogramm
<u>if</u> Ausdruck <u>then</u> Ja-Anweisung <u>else</u> Nein-Anweis. <u>end</u> <u>if</u> Anweisung(en)	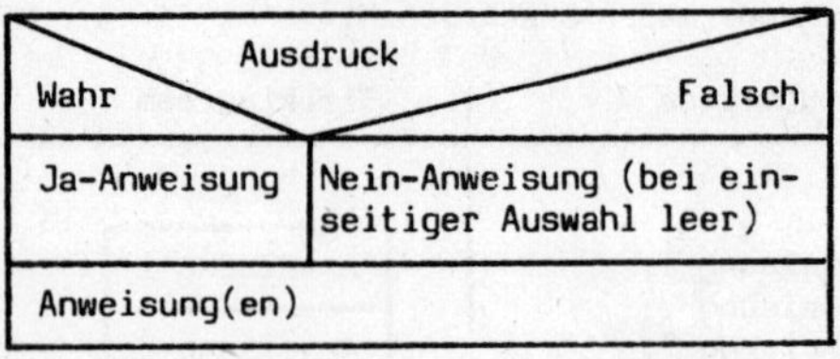 (siehe auch 2.5.1.4)

Durch die Bedingung bzw. den Ausdruck wird eine Auswahl der auszuführenden Anweisungen vorgenommen. Ist die Bedingung erfüllt bzw. der Ausdruck wahr, dann werden die Anweisungen hinter <u>then</u> ausgeführt, sonst die hinter <u>else</u>. Bei der einseitigen Auswahl handelt es sich um einen Sonderfall der zweiseitigen Auswahl. Im <u>else</u>-Zweig steht keine Anweisung.

Muß zwischen mehr als zwei Alternativen gewählt werden, dann wird die <u>Mehrfachauswahl</u> verwendet:

<u>Pseudo-Code</u>

```
case Ausdruck of
        Fall 1: Anweisung(en) 1;
        Fall 2: Anweisung(en) 2;
        Fall 3: Anweisung(en) 3;
         . . .
otherwise Ausnahme-Anweisung(en)
end case
Anweisung(en)
```

<u>Struktogramm</u>

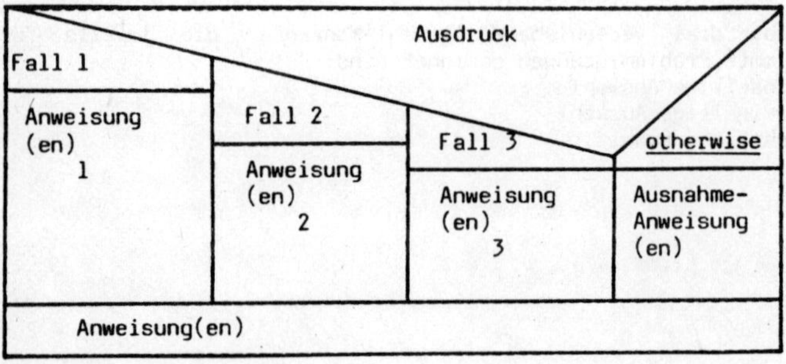

<u>PAP</u>

Für die Mehrfachauswahl gibt es kein eigenes Symbol; daher muß man die Mehrfachauswahl auf die ein- und zweiseitige Auswahl zurückführen.
Der Ausdruck dient als Selektor zum Auswählen der einzelnen Fälle. Jeder Fall wird markiert. Es wird jeweils die Anweisung bzw. Anweisungsfolge ausgeführt, deren Fall dem jeweiligen Wert des Ausdrucks entspricht. Ist ein entsprechender Fall nicht aufgeführt, dann werden die Ausnahme-Anweisungen ausgeführt (otherwise-Alternative). Nach Ausführung einer ausgewählten Anweisung wird hinter allen Fallanweisungen fortgefahren.

(c) Wiederholung

Sollen eine oder mehrere Anweisungen in Abhängigkeit von einer Bedingung oder für eine gegebene Anzahl wiederholt durchlaufen werden, so ist das Konzept der Wiederholung bzw. Schleife zu verwenden.

Drei Wiederholungskonstrukte werden unterschieden:
- Wiederholung mit Abfrage vor jedem Wiederholungsdurchlauf,
- Wiederholung mit Abfrage nach jedem Wiederholungsdurchlauf,
- Wiederholung mit fester Wiederholungsanzahl.

Wiederholung mit Abfrage vor jedem Wiederholungsdurchlauf:

Pseudo-Code	Struktogramm

while Ausdruck do
  Wiederholungs-
  anweisung(en)
end while;
Anweisung(en)
	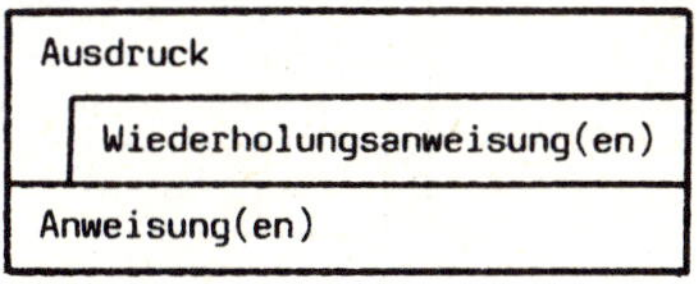

(siehe auch 2.5.1.4)

Die Wiederholungsanweisung(en) wird solange wiederholt, bis die Bedingung nicht mehr erfüllt ist. Dann wird hinter der zu wiederholenden Anweisung bzw. Anweisungsfolge fortgefahren. Ist die Bedingung bereits am Anfang nicht erfüllt, dann wird die Wiederholungsanweisung keinmal ausgeführt.

Die Bedingung muß daher am Anfang der Wiederholungen bereits einen eindeutigen Wert besitzen.

Wiederholung mit Abfrage nach jedem Wiederholungsdurchlauf:

Pseudo-Code

```
repeat
  Wiederholungs-
  anweisung(en)
until Ausdruck;
Anweisung(en)
```

Struktogramm

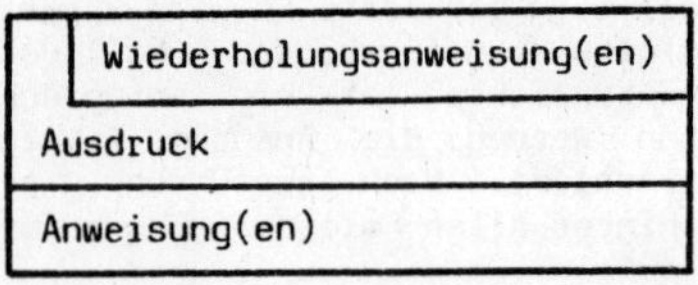

Die Wiederholungsanweisung(en) werden solange wiederholt, bis die Bedingung erfüllt bzw. der Ausdruck wahr ist. Die zu wiederholenden Anweisungen werden also in jedem Fall einmal ausgeführt, da die Bedingung erst am Ende abgefragt wird.

Eine Wiederholung mit Abfrage nach jedem Durchlauf läßt sich auf eine Wiederholung mit Abfrage vor jedem Durchlauf zurückführen, wenn die Schleife so initialisiert wird, daß die Bedingung am Anfang erfüllt ist.

Wiederholung mit fester Wiederholungszahl:

Pseudo-Code

```
for Zähler:=Anfangswert
to Endwert do
  Wiederholungsan-
  weisung(en)
end for;
Anweisung(en)
```

Struktogramm

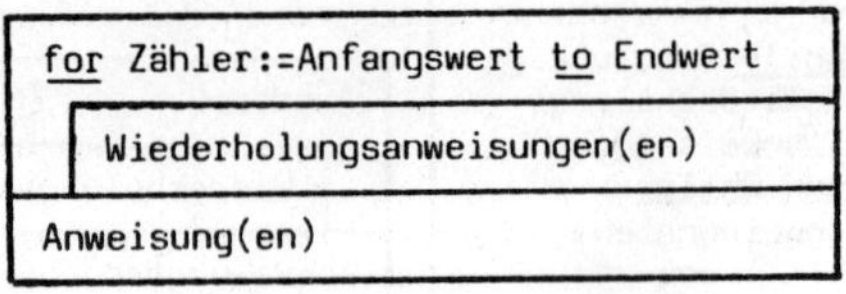

Liegt bei einem Problem die Anzahl der Wiederholungen von Anfang an fest, dann wird diese sogenannte Zählschleife bzw. Laufanweisung verwendet. Die Anzahl der Wiederholungen wird durch eine Zählvariable mitgezählt und die Bedingung so gewählt, daß nach der geforderten Wiederholungsanzahl der Abbruch erfolgt.

Einige Probleme erfordern auch ein Abwärtszählen. Auch dies kann mit der Zählschleife dargestellt werden (downto anstelle von to).

(d) Anwendung anderer Algorithmen

Soll in einem Algorithmus ein anderer Algorithmus angewandt werden, dann geschieht dies durch einen Aufruf.

Pseudo-Code	Struktogramm	PAP
Anweisung 1; Algorithmusname (aktuelle Parameter); Anweisung2;	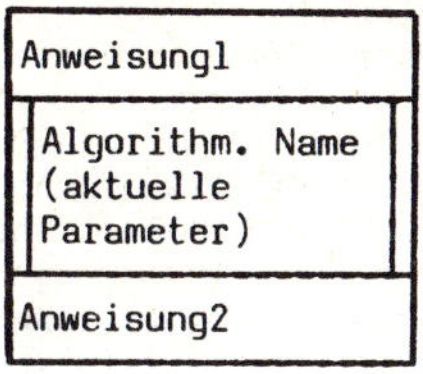	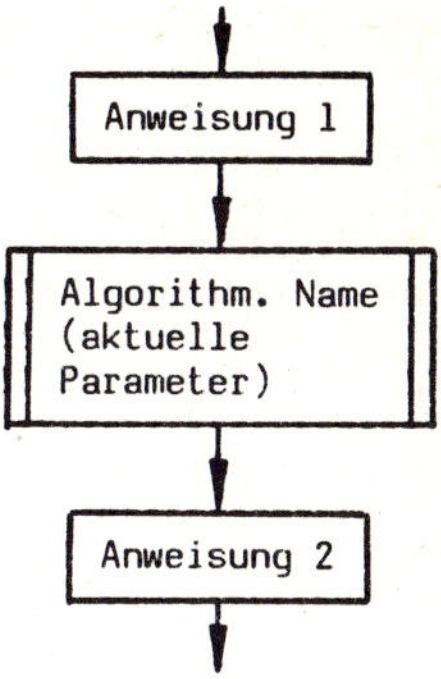

Ein Aufruf erfolgt durch Angabe des Algorithmusnamens gefolgt von der Liste der aktuellen Parameter. Nach Ausführung des aufgerufenen Algorithmus wird der rufende Algorithmus hinter der Aufrufstelle fortgesetzt. Ein Algorithmus kann sich auch selbst aufrufen (rekursiver Aufruf).

<u>Schachtelung von Kontrollstrukturen</u>

Komplexe Abläufe können durch Schachtelung von Kontrollstrukturen beschrieben werden. Innerhalb von Wiederholungsanweisungen können wieder Wiederholungsanweisungen oder/und Auswahlanweisungen stehen usw. Im Prinzip kann man die Kontrollstrukturen in beliebiger Kombination beliebig tief zueinander schachteln.
Beispiele findet man im Abschnitt 2.5.1.4.

/Böhm, Jacopini 66/ haben nachgewiesen, daß alle Kontrollflüsse durch eine Auswahlkonstruktion und eine Wiederholungskonstruktion beschrieben werden können.

Die hier vorgestellten Kontrollstrukturen haben ein gemeinsames Kennzeichen. Sie besitzen jeweils genau <u>einen Eingang</u> und <u>einen Ausgang</u>. (Um dies deutlich zu machen, wurde im PAP die jeweilige Konstruktion gestrichelt umrahmt).

Zwischen dem Eingang und dem Ausgang gilt das Lokalitätsprinzip, d. h. der Kontrollfluß verläßt den durch Eingang und Ausgang definierten Kontrollflußbereich nicht. Betrachtet man jede Kontrollstruktur makroskopisch, dann verläuft der Kontrollfluß linear durch einen Algorithmus, d. h. streng sequentiell vom Anfang des Algorithmus bis zu seinem Ende. Daher die Bezeichnung "lineare Kontrollstrukturen".

Die Einhaltung der Prinzipien der Lokalität und Linearität

erleichtert auch den Korrektheitsbeweis eines Algorithmus.

Zur Korrektheitsprüfung eines Algorithmus gehört der Nachweis der Termination. Bei ausschließlicher Anwendung der dargestellten Kontrollstrukturen müssen nur die bedingten Wiederholungen überprüft werden. Damit eine bedingte Wiederholung überhaupt enden kann, muß es innerhalb des Wiederholungsteils eine oder mehrere Anweisungen geben, die eine Rückwirkung auf die Bedingung haben. Folgende Minimalforderung muß erfüllt sein:
Durch mindestens eine Anweisung im Wiederholungsteil muß eine Variable derart verändert werden, daß nach einer endlichen Anzahl von Durchläufen die Endebedingung erfüllt ist.
In vielen Fällen kann man folgende Methodik anwenden:
Man suche irgendeine ganzzahlige Größe G, die jedesmal, wenn die Wiederholung ausgeführt wird, einen niedrigeren (höheren) Wert hat als bei der vorherigen Wiederholung, aber nie kleiner (größer) werden kann als ein bestimmtes Minimum (Maximum).

Werden in einem Algorithmus oder in einem Programm nur lineare Kontrollstrukturen verwendet, dann spricht man auch von Strukturiertem Programmieren i.e.S..

/Dijkstra 69,72/ prägte den Begriff "Structured Programming" und subsummierte unter diesem Begriff verschiedene methodische Ansätze, die zur Verbesserung der Programmzuverlässigkeit beitragen sollten. Die Weiterentwicklung dieser Ansätze in verschiedenen Richtungen führte zu oft sehr weitauseinanderliegenden Definitionen des Begriffs "Strukturierte Programmierung" (siehe auch /Gries 74a/, /Denning 76/).

Das in vielen, insbesondere älteren Programmiersprachen noch enthaltene Steuerkonstrukt "Sprung" bzw. "goto-Anweisung" verstößt gegen die oben aufgestellten Anforderungen:

- Eine Sprunganweisung verwischt völlig den semantischen Unterschied zwischen einer Auswahl und einer Wiederholung. In vielen Sprachen (PAP, Assembler, BASIC) wird eine Kombination von einfacher Auswahl und Sprung zur Darstellung einer bedingten Wiederholung benutzt. Eine einfache Auswahl hat aber semantisch nichts mit einer Wiederholung zu tun.
- Lokalität und Linearität sind nicht garantiert, da mit Sprüngen an beliebige Stellen des Algorithmus und damit auch in andere Kontrollstrukturen hinein gesprungen werden kann.
- Die Termination kann nicht oder nur mit großem Aufwand sichergestellt werden, da bei einem Sprung nicht klar ist, ob er dazu dient, Anweisungen zu wiederholen oder ob es sich um Sprünge zur Realisierung von Auswahlbedingungen handelt.
- Das strukturierte Denken in Sequenz, Auswahl und Wiederholung wird nicht unterstützt, da durch einen Sprung jederzeit die "Notbremse gezogen werden kann", d. h. wenn man einen Algorithmus formuliert hat und am Ende merkt, daß das Problem einen Rücksprung an den Anfang erfordert, dann wird man nicht

gezwungen, den Algorithmus neu mit einer Wiederholung zu strukturieren.
- Syntax und Semantik einer Sprunganweisung sind nicht selbsterklärend.
- Die Fehleranfälligkeit steigt bei der Verwendung der Sprunganweisung.

Die aufgeführten Gründe führten 1968 und den folgenden Jahren zu einer intensiven Diskussion über Kontrollstrukturen.

Den Anstoß dazu gab /Dijkstra 68/, der feststellte, daß die Fehlerdichte eines Programms direkt proportional der Anzahl der Sprung-Anweisungen ist, die in dem Programm vorkommen. Als Konsequenz forderte er eine goto-lose Programmierung /Dijkstra 72/ und die ausschließliche Verwendung linearer Kontrollstrukturen.
/Knuth 74/ plädierte demgegenüber für eine pragmatische, disziplinierte goto-Verwendung, insbesondere aus Effizienzgründen (siehe auch /Kernighan, Plauger 74/, /Weissman 74/, /Wirth 74a/).
/Wirth 71a,72/ realisierte die aufgeführten linearen Kontrollstrukturen in seiner Programmiersprache PASCAL. Die Verwendung von Sprunganweisungen wurde nicht verboten, aber durch die Sprache diszipliniert (Sprünge lokal eingeschränkt, Sprungmarken müssen vereinbart werden).

In der Praxis zeigt sich, daß es Fälle gibt, wo es notwendig ist, die Wiederholungsbedingung innerhalb der Wiederholung zu überprüfen und die Wiederholung an dieser Stelle u. U. zu beenden (sogenannte n + 1/2-Schleife).
Durch die Einführung von Schaltern kann eine n+1/2-Schleife auch ohne Sprünge programmiert werden. Diese Schalter sind jedoch nicht problemadäquat.

Um das Problem der n+1/2-Schleife zu lösen, hat man die Kontrollstruktur Wiederholung so verallgemeinert, daß innerhalb des Wiederholungsteils ein oder mehrere Unterbrechungen (break) oder Aussprünge (escape, exit, leave) programmiert werden können, die bewirken, daß aus dem Wiederholungsteil hinter das Ende der Wiederholung verzweigt bzw. gesprungen wird.

In neueren Programmiersprachen gibt es verschiedene syntaktische Notationen zur Realisierung der n+1/2-Schleife.

Im Zusammenhang mit abstrakten Datentypen wurde in neueren Programmiersprachen (EUCLID, CLU, ALPHARD) die Zählschleife verallgemeinert und gleichzeitig spezialisiert. Neben den funktionalen Abstraktionen und den Datenabstraktionen wurden Kontrollabstraktionen in Form von Iteratoren eingeführt. Ein Iterator gehört zur Menge der auf einer Abstraktion definierten Operationen.

Ein Iterator iteriert über alle möglichen Werte eines Typs. Die Reihenfolge ist beliebig, jedoch muß jeder Wert genau einmal angenommen werden.

Beispiel

In CLU wird in einer Wiederholung die Auswahl des nächsten Objektes von der Aktion, die auf dem Objekt ausgeführt wird getrennt. Die for-Anweisung ermöglicht eine Iteration über ein Objekt beliebigen Typs:

```
    for Vereinbarung in Iterator-Aufruf do
                    Wiederholungsteil
    end;
```

Die Auswahl des nächsten Objektes erfolgt durch einen benutzerdefinierten Iterator.

Ein Beispiel für einen solchen Iterator ist STRING_CHARS, der Zeichen aus einer Zeichenkette in der Reihenfolge liefert, in der sie auftreten:

```
STRING_CHARS = iter (S: string) yields (char);
    INDEX: int:=1;
    LIMIT: int:=string$size(S);
    while INDEX<=LIMIT do
            yield string$fetch (S,INDEX);
            INDEX:=INDEX+1;
    end
end STRING_CHARS;
```

Dieser Iterator kann innerhalb einer Zählschleife nun folgendermaßen angewandt werden:

```
COUNT_NUMERIC = proc (S:string) returns (int);
    COUNT:int:=0;
    for C: char in STRING_CHAR(S) do
      if CHAR_IS_NUMERIC(C)
            then COUNT:=COUNT+1;
            end;
        end;
    return COUNT;
end COUNT_NUMERIC;
```

Durch STRING_CHARS(S) werden die Implementierungsdetails, wie das Zeichen aus der Zeichenkette ausgewählt wird, für den Anwender völlig verborgen. ■

In ALPHARD gibt es einen speziellen Iterator zur Lösung des n+1/2-Problems.

Beispiel

Der first-Iterator dient dazu, in einer Sequenz von Werten den ersten zu suchen, auf den gewisse Eigenschaften zutreffen:

```
   first X: gen(Y) suchthat beta (X)
                 then S1(X,Y,Z)
                 else S2(Y,Z)
```

S1 und S2 sind Anweisungen, "beta" ist ein Ausdruck. "gen" ist ein Generator, d. h. eine form mit speziellen Eigenschaften.

Der first-Iterator hat folgende Wirkung:

```
   begin label lamda;
      begin local X: gen(Y);
         pi <-X.&INIT;
         while pi do
            if beta (X) then (S1(X,Y,Z); goto lamda)
                        else pi <- X.&NEXT
      end
   S2(Y,Z);
lamda: end
```

Eine Anwendung zeigt folgendes Beispiel:

```
function EQVECS(A,B: vector(?t<<>>,?lb,?ub))
        returns (EQ: boolean) =
   first I: upto (lb,ub) suchthat A(.I.)<>B(.I.)
           then EQ<-false else EQ<-true
```

■

Im Zusammenhang mit Iteratoren gibt es in ALPHARD noch Generatoren. Das sind benutzerdefinierte Erweiterungen bestehender forms, die spezifizieren, mit welchem Startwert ein Iterator beginnt (&INIT) und wie ein Iterator das nächste Element findet (&NEXT). Diese Typerweiterungen können auf jede form angewandt werden.

Verbunden mit Kontrollstrukturen ist außerdem die Ausnahmebehandlung z. B. im Fehlerfall. Das Auftreten von Ausnahmesituationen soll i. a. das Beenden der jeweiligen Kontroll-Einheit bewirken. In ADA gibt es z. B. besondere Sprachkonzepte zur Ausnahmebehandlung, die es ermöglichen, alle Laufzeitfehler abzufangen. Durch Ausnahme-Vereinbarungen können Ausnahmen (exceptions) deklariert werden. Eine Ausnahmebehandlung hat die Form:

```
                when Ausnahme => Anweisungsfolge
```

Die Angabe einer Ausnahmebehandlung legt fest, daß bei Auslösung einer der genannten Ausnahmen die darauf folgende Anweisungsfolge ausgeführt und damit die umfassende Programmeinheit behandelt werden soll. Ausnahmen können durch "raise Ausnahme" ausgelöst werden.

Die grafischen und textuellen Beschreibungsmittel für Kontrollstrukturen sind unterschiedlich geeignet:

Die Syntax moderner Programmiersprachen ist so gestaltet, daß die Syntax die Semantik der linearen Kontrollstrukturen optimal unterstützt. Die Wortsymbole sind selbsterklärend und jede Konstruktion wird durch ein spezifisches Wortsymbol explizit abgeschlossen (loop...end loop; if... end if). Die Schachtelungsstruktur von Kontrollstrukturen wird dadurch optisch hervorgehoben, daß eingeschachtelte Kontrollstrukturen textuell nach rechts eingerückt werden (manuell oder automatisch durch Formatierer). Analoge Aussagen gelten für Pseudo- Code-Sprachen.

Struktogramme ermöglichen eine optimale grafische Darstellung von linearen Kontrollstrukturen, da es nicht möglich ist, Sprünge darzustellen. Der in Struktogrammen verfügbare Platz ermöglicht außerdem die Wahl aussagekräftiger Namen. Der Vereinbarungsteil kann am Anfang in einem eigenen Kasten beschrieben werden. Das manuelle Zeichnen und Ändern ist aufwendig, jedoch gibt es Struktogramm-Generatoren, die diese Arbeit automatisch erledigen. Besonders vorteilhaft bei Struktogrammen ist, daß die Auswahl in ablaufadäquater Form dargestellt wird. D. h. die Alternativen werden vertikal angeordnet, während in textuellen Darstellungsformen eine horizontale Anordnung erfolgt.

Als schwerwiegender Nachteil des Programmablaufplanes erweist sich, daß es für grundlegende Kontrollstrukturen keine eigenen Symbole gibt (Mehrfachauswahl, Wiederholungen). Vorgenommene Erweiterungen entsprechen nicht der ursprünglichen Intention. Außerdem sind die Symbolgrößen so klein, daß lange Namen nicht ausgeschrieben werden können. Insgesamt bieten PAPs dem Benutzer zu große Freiheiten, so daß PAPs zur Beschreibung von linearen Kontrollstrukturen keine adäquate Mittel zur Verfügung stellen. Schachtelungsstrukturen sind z. B. in PAPs kaum erkennbar. Der Vereinbarungsteil kann in die Symbolik nicht integriert werden.

Die Anwendung des Prinzips der linearen Kontrollstrukturen bringt folgende Vorteile:
- Vereinheitlichung der Programmierstile, d. h. Standardisierung der Kontrollflüße.
- Übersichtliche, gut lesbare und verständliche Anweisungsteile von Algorithmen.
- Leichte Überprüfbarkeit der Termination.
- Für gleichartige Probleme entstehen gleichartige Kontrollfluß-Strukturen.
- Statische Überprüfung der Korrektheit möglich.
- Die Auswirkungen jeder Kontrollstruktur sind übersehbar.
- Unterstützt die Methode der schrittweisen Verfeinerung (siehe 2.6.2.1), da jede Kontrollstruktur als ´black box´ angesehen werden kann.

Folgende Voraussetzungen müssen eingehalten werden, um das Prinzip der linearen Kontrollstrukturen anzuwenden:

- Bei der Konstruktion von Algorithmen dürfen nur lineare Kontrollstrukturen verwendet werden; eine Umwandlung von schlecht strukturierten Programmen in strukturierte ist nicht

oder nur mit großem Aufwand möglich.
- Anwendung grafischer und textueller Sprachen, die die Notation linearer Kontrollstrukturen unterstützen und nicht behindern wie z. B. PAPs.

2.6.1.2 Prinzip der Verbalisierung

Verbalisierung bedeutet, Gedanken und Vorstellungen in Worten auszudrücken und damit ins Bewußtsein zu bringen. Bezogen auf die Implementierung eines Programmes soll Verbalisierung dazu dienen, die Ideen und Konzepte des Programmierers im Programm möglichst gut sichtbar zu machen und zu dokumentieren.

Eine gute Verbalisierung kann erreicht werden durch:
- aussagekräftige, mnemonische Namensgebung,
- geeignete Kommentare,
- selbstdokumentierende Programmiersprache.

Zur problemadäquaten Charakterisierung von Typen, Konstanten, Variablen, Prozeduren usw. sind Namen zu wählen, die die Funktion dieser Größe bzw. ihre Aufgabe zum Ausdruck bringen. Namen, die problemfrei sind oder technische Aspekte z. B. der Repräsentation bezeichnen, sind zu vermeiden. Die in der Mathematik übliche Verwendung einzelner Buchstaben ist ebenfalls ungeeignet.

Beispiele

(a) FELD1,FELD2,ZAEHLER: problemfreie, technische Namen
Besser:
MESSREIHE1, MESSREIHE2, ANZAHLZEICHEN: problembezogene Namen

(b) P := G2+Z1*J : Namen ohne Aussagekraft, zu kurz
Besser:
PRAEMIE := GRUNDPRAEMIE2 + ZULAGE1 * DIENSTJAHRE

(c) PRAEMIE := 50 + 10 * DIENSTJAHRE: unverständliche Konstanten
Besser:
```
const GRUNDPRAEMIE2 = 50; ZULAGE1 = 10;
...
PRAEMIE := GRUNDPRAEMIE2 + ZULAGE1 * DIENSTJAHRE
```
■

Durch die Verwendung benannter Konstanten wird die Lesbarkeit eines Programmes deutlich verbessert. Zusätzlich wird das Programm dadurch auch änderungsfreundlicher.

Kurze Namen sind nicht aussagekräftig und außerdem wegen der geringen Redundanz anfälliger gegen Tippfehler und Verwechslungen.

Der erhöhte Schreibaufwand durch lange Namen wird durch die Vorteile mehr als ausgeglichen.

Wird mit Programmiersprachen gearbeitet, die nur eine eingeschränkte Namenslänge erlauben, wie BASIC (1 Buchstabe gefolgt von max. 1 Ziffer) oder FORTRAN (6 Zeichen), dann sollte die Langform des Namens als Kommentar angegeben werden.

Die Verbalisierung wird ebenfalls durch geeignete Kommentare unterstützt. Analog wie in anderen Entwicklungsdokumenten gehören an den Anfang des Programmes Angaben wie Autorenname, Datum, Aufgabe des Programmes, Interaktionen mit der Benutzerschnittstelle usw. Einzelne Anweisungsfolgen sollten durch Verfeinerungskommentare erläutert werden. Diese Kommentare geben auf höherem abstrakten Niveau die Teilaufgabe der Anweisungsfolge an (siehe "Prinzip der Verfeinerung").

Beispiel

```
(* Weinumsatz pro Anbaugebiet ermitteln *)
 for ARTIKELNR:=1 to 2000 do
    begin (* Weinumsatz pro Artikel lesen *)
    WEINUMSATZ (ARTIKELNR,UM,AGEBIET,OK);
    (*Umsatz in TABELLE_UMSATZ_PRO_GEBIET aufaddieren*)
       if OK then
          with TABELLE_UMSATZ_PRO_GEBIET (.AGEBIET.) do
               UMSATZNEU:=UMSATZNEU+UM;
(* Vergleich mit Umsatzstatistik der Vorperiode *)
                 . . .
```

■

Kurzkommentare sollten vermieden werden. Die in ihnen enthaltene Information ist meist besser in Namen unterzubringen.

Beispiel

```
I:=I+1; (*I wird um Eins erhöht*)
Besser:
LAGERMENGE:=LAGERMENGE+1;
```

■

Besonders wichtige Kommentare können auch in einem Kommentarkasten untergebracht und damit hervorgehoben werden.

Wird eine Programmiersprache verwandt, die über keine linearen Kontrollstrukturen verfügt, dann sollten Kommentare zur Strukturierung des Kontrollflusses verwendet werden.

Beispiel

```
PASCAL:
while TEXT (.POS.) = ' ' do POS:=POS+1;

BASIC:
100  REM WHILE -1111111111111111111
110  IF T$(P,P) <> ' ' THEN 200
120  REM T=TEXT, P=POS
130  REM DO
```

```
140  P=P+1
190  GOTO 100
200  REM ENDE DO 1111111111111111
```

Die Zahlenkolonne "11111..." kennzeichnet die Schachtelungstiefe.

■

Der Grad der Kommentierung wird also auch dadurch bestimmt, inwieweit die verwendete Programmiersprache selbstdokumentierende Programme fördert. Wichtige Anforderungen an Programmiersprachen sind daher die Selbsterklärung der Sprache und die Lesbarkeit der Programme. Auf diese Fragen wird im Abschnitt 2.6.3 eingegangen.

Die Einhaltung des Prinzips der Verbalisierung bringt folgende Vorteile mit sich:

- Leichte Einarbeitung in fremde Programme bzw. Wiedereinarbeitung in eigene Programme.
- Erleichtert 'code reviews', Modifikationen und Wartung.
- Verbesserte Lesbarkeit der Programme.

2.6.1.3 Prinzip der problemadäquaten Datentypen

Ziel einer Problemlösung ist es, das Problem so zu lösen, daß sich die dem Problem innewohnenden Daten- und Kontrollstrukturen in der programmiersprachlichen Lösung möglichst unverfälscht widerspiegeln. Dazu ist es insbesondere erforderlich, die Wertebereiche der Datentypen so problemspezifisch wie möglich zu formulieren.

Beispiele

Die Datentypen eines Fabrikkalenderprogramms sehen problemadäquat folgendermaßen aus:

```
type datum = record
             TAG: 1..31;
             MONAT: 1..12;
             JAHR: 1982..1983
             end
```

In einem Textbe- und -verarbeitungssystem wird eine Textseite folgendermaßen beschrieben:

```
type textzeile: array (.1..Zeilenanzahl,
                1..Zeilenlänge.) of char;
```

Ein Algorithmus, der die Tageszeit berechnet, enthält folgenden Datentyp:

```
type Uhrzeit = record
               SEKUNDEN, MINUTEN: 0..60;
               STUNDEN: 0..24
               end
```

Weitere Beispiele für problemangepaßte Datentypen:

```
type familienstand = (LEDIG, VERHEIRATET, GESCHIEDEN, VERWITWET);
type geschlecht = (WEIBLICH, MÄNNLICH);
type monat = (JAN, FEBR, MÄRZ, APRIL, MAI, JUNI, JULI, AUG,
              SEPT, OKT, NOV, DEZ);
type ampel = (ROT, GRÜN, GELB);
type fabrikationsort = (NÜRNBERG, SCHWANDORF, BERLIN, FRANKFURT);
type stockwerke = 1..16;
type steuerschlüssel = (OHNE_STEUER, VORSTEUER, MWST);
type weinprädikate = (KABINETT, SPÄTLESE, AUSLESE,
     BEERENAUSLESE, TROCKENBEERENAUSLESE);
type weinanbaugebiete = (BADEN, RHEINPFALZ, WÜRTTEMBERG,
     FRANKEN, RHEINHESSEN, HESSISCHE_BERGSTRASSE, RHEINGAU, NAHE,
     MITTELRHEIN, MOSEL_SAAR_RUWER, AHR);
```

Zur Berechnung der Kurskombinationen in der reformierten gymnasialen Oberstufe eignet sich als Datentyp am besten eine Menge:

```
type wahlkurse = 1..10;
     auswahl = set of wahlkurse;
```

■

Moderne Programmiersprachen erlauben eine problemangepaßte Typdefinition durch folgende Konzepte:

- Vielzahl von Standardtypen:
  - integer
  - boolean
  - char
  - real
  - floating point (ADA)
  - fixed point (ADA)
  - cardinal (nichtnegative ganze Zahl in MODULA-2)
  - signed int (EUCLID)
  - unsigned int (EUCLID)
  - bits (Mengentyp in MODULA)

- Vielzahl von Datenstrukturen:
  - <u>array</u>
  - <u>record</u>
    - variante <u>records</u>
  - <u>set</u>

- Aufzählungstypen
- Teilbereichstypen
- Teiltypbildung (ADA)
- benutzereigne Typdefinitionen

Auf den Standardtypen sowie den Datenstrukturen, Aufzählungstypen, Teilbereichstypen und Teiltypen sind Standardoperationen erlaubt.

Das Prinzip der problemadäquaten Datentypen wird in modernen Sprachkonzepten unterstützt durch
- vielfältige, in der Sprache vorhandene Typen,
- vielfältige Konstruktions- und Definitionsmechanismen, die den Programmierer in die Lage versetzen, problemangepaßte Datentypen selbst aufzubauen.

Beispiel

Die Fakultät n! ist nur für nichtnegative ganze Zahlen n definiert. Daher sollte der entsprechende Wertebereich im Algorithmus adäquat gewählt werden:

MODULA-2:
```
function NFAK (N: cardinal): cardinal
```

oder in ADA:
```
subtype cardinal is integer range
0..integer 'last;
function NFAK (N: cardinal) return cardinal;
```

■

Die Wahl problemadäquater Datentypen bringt folgende Vorteile:
- Gut verständliche, leicht lesbare, selbstdokumentierende und wartbare Programme.
- Statische und dynamische Typprüfungen verbessern die Qualität des jeweiligen Programmes.
- Die Daten des Problems werden 1:1 in Datentypen des Programms abgebildet, d. h. Wertebereiche werden weder über- noch unterspezifiziert.

Die Anwendung des Prinzips der problemadäquaten Datentypen erfordert folgende Voraussetzungen:
- Möglichst optimale Unterstützung durch geeignete Konzepte in der verwendeten Programmiersprache.
- Anwendung des Prinzips der Verbalisierung insbesondere bei der Namenswahl.
- Bei fehlenden modernen Sprachkonzepten ausführliche Kommentierung.
- Definition geeigneter Datenabstraktionen mit problemangepaßten Zugriffsoperationen.

2.6.1.4 Prinzip der Verfeinerung

Das allgemeine Prinzip der Abstraktion gilt für die Implementierung von Moduln bzw. für das Programmieren im Kleinen in einer spezialisierten Form. Während das Prinzip der Abstraktion in der Entwurfsphase dazu dient, ein System durch Moduln zu strukturieren, dient die Abstraktion beim Programmieren dazu, ein Programm durch Abstraktionsschichten zu strukturieren. Da der unterschiedliche Abstraktionsgrad zwischen den Abstraktionsschichten nicht so groß ist wie beim Entwurf, werden diese Schichten daher als Verfeinerungsschichten oder Verfeinerungsebenen bezeichnet.

Diese Verfeinerungsschichten sollen beim Implementierungsprozeß durch eine geeignete Methodik erzielt werden (siehe Methode der Schrittweisen Verfeinerung).

Während beim Entwurf die Realisierung der einzelnen Abstraktionsschichten vor den anderen Schichten verborgen wird, wird dieses Ziel beim Prinzip der Verfeinerung nicht angestrebt.

Da die Implementierung eines Moduls lokal überschaubar ist und daher auch von einem Mitarbeiter allein bearbeitet wird, ist die Einhaltung des Geheimnisprinzips zwischen Verfeinerungsebenen nicht erforderlich.

Das Prinzip der Verfeinerung fordert daher, daß die beim Implementierungsprozeß entstandenen Verfeinerungen sich im Quellprogramm widerspiegeln.

Die Verfeinerungsstruktur kann auf zwei Arten im Quellprogramm sichtbar gemacht werden:

- Die oberste Verfeinerungsebene - bestehend aus abstrakten Daten und abstrakten Anweisungen - ist kompakt beschrieben. Die Realisierung jeder Verfeinerung wird an anderer Stelle beschrieben.
- Alle Verfeinerungsebenen sind substituiert. Die übergeordneten Verfeinerungen werden als Kommentare gekennzeichnet.

Beispiel

Ein Algorithmus soll aus zwei eingegebenen Daten (in der Form 0402 für 4. Februar) die Anzahl der Zinstage berechnen.

```
algorithm ZINSTAGE
var (*Eingabe*) DATUM1,DATUM2:integer; (*Form : TTMM*)
    (*Ausgabe*) TAGE:integer;
    (*Precondition: Die Daten liegen nur innerhalb
                    eines Jahres*)
begin
Eingabe;
Aufgliederung in Tag und Monat;
```

```
Berücksichtigung der Sonderfälle;
Berechnung der Tage;
Ausgabe;

refinements

(*1. Verfeinerung*)
Eingabe:
   READ (DATUM1,DATUM2);

Aufgliederung in Tag und Monat
   Aufgliederung in Tag;
   Aufgliederung in Monat;

Berücksichtigung der Sonderfälle:
   if TAG1=31 then TAG1:=30;
   if TAG2=31 then TAG2:=30;

Berechnung der Tage:
   TAGE:=(MONAT2-MONAT1)*30+TAG2-TAG1;

Ausgabe:
   if TAGE <0 then WRITE ('Fehler: 1.Datum liegt nach
                           2.Datum')
              else WRITE ('Zinstage=', TAGE);

(*2. Verfeinerung*)
Aufgliederung in Tag:
   var (*Hilfsobjekte*) TAG1,TAG2:integer;
   TAG1:=DATUM1 div 100;
   TAG2:=DATUM2 div 100;

Aufgliederung in Monat:
   var (*Hilfsobjekte*) MONAT1,MONAT2:integer;
   MONAT1:=DATUM1 mod 100;
   MONAT2:=DATUM2 mod 100;

end ZINSTAGE
```

■

In dieser Notation sind sowohl der Kern des Algorithmus als auch die Verfeinerungsstufen deutlich sichtbar (siehe auch 2.2.1). Die Verfeinerungen muß man sich nur ansehen, wenn man sich für die Details interessiert.

Programmiersprachen wie COBOL und SLAN/ELAN erlauben eine solche Notation.

Beispiel

Derselbe Algorithmus in substituierter Form sieht folgendermaßen aus:

```
algorithmus ZINSTAGE
var (*Eingabe*) DATUM1,DATUM2:integer, (*Form : TTMM*)
    (*Ausgabe*) TAGE:integer;
    (*Precondition: Die Daten liegen nur innerhalb
      eines Jahres*)
    (*Hilfsobjekte:*) TAG1,TAG2,MONAT1,MONAT2:integer
begin
(*Eingabe*)
   READ (DATUM1,DATUM2);
(*Aufgliederung in Tag und Monat*)
   (*Aufgliederung in Tag*)
      TAG1:=DATUM1 div 100;
      TAG2:=DATUM2 div 100;
   (*Aufgliederung in Monat*)
      MONAT1:= DATUM1 mod 100;
      MONAT2:= DATUM2 mod 100;
(*Berücksichtigung der Sonderfälle*)
   if TAG1=31 then TAG1:=30;
   if TAG2=31 then TAG2:=30;
(*Berechnung der Tage*)
   TAGE:=(MONAT2-MONAT1)*30+TAG2-TAG1;
(* Ausgabe *)
   if TAGE <0 then WRITE ('Fehler: 1.Datum liegt nach
                          2.Datum')
              else WRITE ('Zinstage=', TAGE);
end ZINSTAGE
```

■

In dieser Notation werden in Kommentarform die Verfeinerungsschichten aufgeführt. Durch entsprechendes Einrücken nach rechts kann man noch die Tiefe der Verfeinerung hervorheben. Besonders betont werden soll nochmals, daß es sich bei diesen Kommentaren um Verfeinerungen handelt, die beim Implementierungsprozeß entstanden sind und nur in Kommentarform notiert werden.

Die Anwendung des Prinzips der Verfeinerung bringt folgende Vorteile:

- Der Implementierungsprozeß ist im Quellprogramm dokumentiert.
- Leichtere und schnellere Einarbeitung in ein Programm. Die Details können zunächst übergangen werden.
- Die Implementierungsentscheidungen können besser nachvollzogen werden.
- Realisierung einer "schwachen" Abstraktion.
- Die oberen Verfeinerungsschichten können in natürlicher Sprache formuliert werden.
- Ein Programm wird zweidimensional strukturiert: sowohl durch Kontrollstrukturen als auch durch Verfeinerungsschichten.

2.6.1.5 Zusammenfassung der Implementierungsprinzipien

Beim "Programmieren im Kleinen" bzw. beim Implementieren von Moduln sollten folgende Implementierungsprinzipien beachtet werden:

(1) Prinzip der linearen Kontrollstrukturen,
(2) Prinzip der Verbalisierung,
(3) Prinzip der problemadäquaten Datentypen,
(4) Prinzip der Verfeinerung.

Zusätzlich sollten auch bei der Implementierung folgende allgemeinen Entwicklungsprinzipien eingehalten werden:

(5) Prinzip der integrierten Dokumentation,
(6) Prinzip der Standardisierung.

Als übergeordnetes Prinzip ist auch hier zu beachten:

(7) Prinzip der konstruktiven Voraussicht und methodischen Restriktion.

Die wechselseitigen Beziehungen der Prinzipien werden in Abb. 2.6-2 dargestellt.

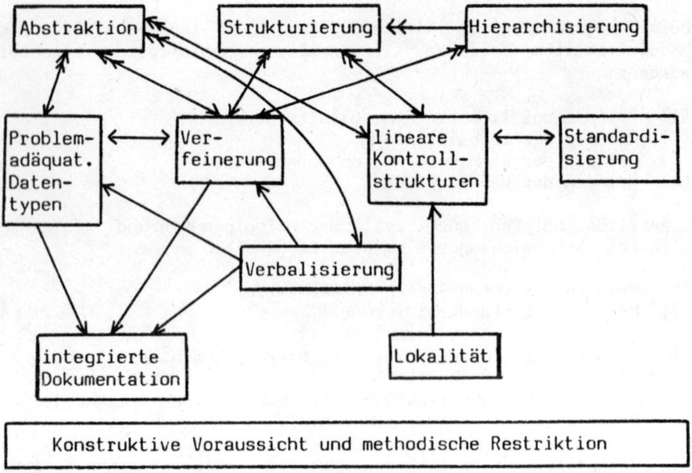

a <<——> b: a entsteht aus b; b ergibt a
a <——> b: a steht in Wechselwirkung mit b
a <—— b: a setzt b voraus

Abb. 2.6-2:Fachsystematisches Netz der Implementierungsprinzipien

2.6.2 Methoden der Implementierung

Durch die aufgeführten Implementierungsprinzipien ist das Ergebnis des Implementierungsprozesses relativ klar vorgegeben. Die Implementierung muß zu einem Programm führen, das die Problemdaten durch problemadäquate Datentypen beschreibt, den Kontrollfluß durch lineare Kontrollstrukturen realisiert, durch gute Verbalisierung leicht lesbar und verständlich ist und durch übersichtliche Verfeinerung die Abstraktion unterstützt.

Die Methode der "schrittweisen Verfeinerung" strebt dieses Ziel durch allgemeine Hinweise für die Vorgehensweise an.

Demgegenüber bietet die Jackson-Methode vorzugsweise für ein bestimmtes Anwendungsgebiet einen dedizierten Vorgehensrahmen an. Ausgehend von einer formalen Beschreibung der Datenstrukturen wird schrittweise eine Programmstruktur bestehend aus linearen Kontrollstrukturen abgeleitet.

/Warnier 74, 79a,b/ und /Orr 77, 81 a,b/ haben ein Implementierungsverfahren entwickelt, dessen Ideen in die Jackson-Methode eingeflossen sind. Da die Jackson-Notation übersichtlicher und die Methodik ausgeprägter ist, wird auf eine Behandlung der Warnier-Orr-Methode verzichtet.

Für die Überprüfung eines Programmes gibt es im wesentlichen drei unterschiedliche Methoden:
- konventionelles Testen,
- symbolisches Testen,
- Programm- Verifikation.

Auf alle drei Ansätze wird im folgenden eingegangen.

2.6.2.1 Schrittweise Verfeinerung

Die Schrittweise Verfeinerung (stepwise refinement) /Wirth 71b/, /Dijkstra 72/ bietet einen methodischen Rahmen für die Anwendung der allgemeinen top-down-Methode auf das "Programmieren im Kleinen". Im Gegensatz zum Prinzip der Verfeinerung, das das zu erreichende Ziel beschreibt, gibt die Schrittweise Verfeinerung einen methodischen Ansatz an, wie man dieses Ziel erreicht.

Ausgehend von einer gegebenen und präzisen Problemstellung z. B. in Form einer Modul-Schnittstellen-Spezifikation wird eine Problemlösung mit abstrakten Daten und abstrakten Anweisungen formuliert. Abstrakt bedeutet hierbei problemnah, aber entfernt von der konkreten Programmiersprachen-Notation.

Beispiel

Zur Konzentration der Einkaufs-, Vertriebs- und Marketingstrategie wird in einer Weinhandlung in vierteljährlichen Abständen ein Statistik benötigt, die die Umsatzverteilung der Weinanbaugebiete angibt.

Die Statistik soll den Umsatz in DM sowie die prozentuale Veränderung gegenüber der letzten Statistikperiode pro Anbaugebiet angeben.

Zur Realisierung des Programmes können folgende Prozeduren benutzt werden:

```
procedure WEINUMSATZ (in ARTIKELNR:nummer;
   out VIERTELJAHRESUMSATZ:dm; out ANBAUGEBIET:
      gebiet; out ARTIKELNRBELEGT:boolean);
with type nummer=1..2000;
          dm = 0..1000000;
          gebiet = (BADEN, RHEINPFALZ, WUERTTEMBERG, FRANKEN,
          RHEINHESSEN, HESSISCHEBERGSTR, RHEINGAU, NAHE,
          MITTELRHEIN, MOSELSAARRUWER, AHR, AUSLAND).
procedure UMSATZ_ALT_LESEN (out ULISTE:umsatzliste);
procedure UMSATZ_ALT_AKTUALISIEREN (inout ULISTE: umsatzliste);
with type umsatzliste = array (.gebiet.) of UMSATZALT;
          UMSATZALT = dm;
```
■

Nach diesen Vorgaben erfolgt nun der 1. Schritt der Problemlösung:

1. Schritt: abstrakte Problemlösung

Es werden problemspezifische Typen, Daten und Anweisungen eingeführt und in verbaler Form beschrieben. Die Typen und Daten sollen problemrelevante Aspekte benennen, die Operationen sollen Teilaufgaben abgrenzen. Beides soll losgelöst von programmiersprachlichen Formulierungen erfolgen.

Beispiel

```
module UMSATZ_STATISTIK
exports procedure UMSATZ_PRO_ANBAUGEBIET;
        purpose Ermittelung des Umsatzes pro Anbaugebiet des
                letzten Vierteljahres, prozentualer Vergleich mit
                der vorangegangenen Periode, Ausgabe von Anbauge-
                biet, Umsatz, prozentualer Veränderung
imports WEINUMSATZ (....);
        UMSATZ_ALT_LESEN (..);
        UMSATZ_ALT_AKTUALISIEREN (...);

implementation
type
gebiet = (BADEN, RHEINPFALZ, WUERTTEMBERG, FRANKEN, RHEINHESSEN,
          HESSISCHEBERGSTR, RHEINGAU, NAHE, MITTELRHEIN,
          MOSELSAARRUWER, AHR, AUSLAND);
var TABELLE_UMSATZ_PRO_GEBIET : ?
begin
 Vorbereitung;                                               (1)
 Weinumsatz pro Anbaugebiet ermitteln;                       (2)
 Vergleich mit Umsatzstatistik der Vorperiode;               (3)
 Umsatzstatistik der Vorperiode durch neue ersetzen;         (4)
 Druckaufbereitung und Ausgabe;                              (5)
end
end implementation
```
■

Wie das Beispiel zeigt, besteht der Kontrollfluß aus einer Sequenz komplexer und mächtiger, problemadäquater Operationen.

2. Schritt: Verfeinerung der abstrakten Problemlösung

Im nächsten Schritt werden die bisherigen Typen, Daten und Anweisungen verfeinert, d. h. konkretisiert, präzisiert, detailliert und formalisiert. Konkretisieren bedeutet dabei, weniger abstrakt werden; präzisieren beinhaltet eine genauere Beschreibung; durch Detaillierung werden Einzelheiten beschrieben und durch Formalisierung wird zunehmend die Notation der Zielsprache erreicht. Typen und Daten werden unmittelbar oder mittelbar durch Konstruktionskonzepte auf Standardtypen abgebildet. Die Anweisungen werden auf primitivere Anweisungen oder Standardfunktionen, -prozeduren oder Datenabstraktionen zurückgeführt.

Die abstrakten Anweisungen müssen nicht in der Reihenfolge verfeinert werden, wie sie sequentiell angeordnet sind. Die Konkretisierung der "Vorbereitung" z. B. fällt dann leichter, wenn die anderen Operationen bereits verfeinert sind.

Die Reihenfolge der Verfeinerungen sollte so gewählt werden, daß zunächst die abstrakten Anweisungen bearbeitet werden, die auf Auswahl- oder Wiederholungsanweisungen abgebildet werden.

Beispiel

```
type umsatztab = array (.gebiet.) of umsatz;
var TABELLE_UMSATZ_PRO_GEBIET:umsatztab;

Weinumsatz pro Anbaugebiet ermitteln:                (2)
for alle Weinartikel do                              (2a)
   Weinumsatz pro Artikel lesen;                     (2b)
   Umsatz in TABELLE_UMSATZ_PRO_GEBIET aufaddieren   (2c)

Vergleich mit Umsatzstatistik der Vorperiode:        (3)
   Alte Umsatzstatistik lesen                        (3a)
   for alle Anbaugebiete do                          (3b)
      Umsatzwerte vergleichen;                       (3c)
      Prozentuale Abweichung ausrechnen              (3d)
      und in TABELLE_UMSATZ_PRO_GEBIET merken;

Umsatzstatistik der Vorperiode durch neue ersetzen:(4)
   Neue Werte in alte Liste                          (4a)
   UMSATZ_ALT_AKTUALISIEREN (UMSATZ_LISTE-ALT)       (4b)

Druckaufbereitung und Ausgabe:                       (5)
   Drucke Überschrift;                               (5a)
   for alle Anbaugebiete do                          (5b)
    Drucke (Anbaugebiet, Umsatz, Prozentabweichung)
```

■

3. Schritt: Weitere Verfeinerung

Die sukzessive Zerlegung oder Verfeinerung endet, wenn alle Typen, Daten und Anweisungen in Termen der verwendeten Programmiersprache beschrieben sind.

Nach jeder Verfeinerung können die verfeinerten Teile in die Problemlösung der übergeordneten Verfeinerungsschicht substituiert werden. Die abstrakten Typen, Daten und Anweisungen werden dann zu Kommentaren.

Der Implementierungsprozeß bleibt jedoch am besten ohne Substitution sichtbar. Insbesondere ist die abstrakte Problemlösung dann in kompakter Form noch sichtbar. Außerdem entfällt eine tiefe, oft unübersichtliche Schachtelung von Kontrollstrukturen, da diese dann auf mehrere Verfeinerungsschichten aufgeteilt sind. In mehreren Programmiersprachen erfolgt die Substitution durch den Compiler (SLAN/ELAN, COBOL), in anderen Sprachen können Verfeinerungen als parameterlose Prozeduren formuliert werden.

Beispiel

```
type umsatz = record UMSATZNEU:dm;
                     PROZABWEICH:integer;
              end
var
   ARTIKELNR:nummer; UM:dm; AGEBIET:gebiet; GTEXT:string
   OK:boolean; UMSATZ_LISTE_ALT:umsatzliste;
   GEB:gebiet; NR:1..12;

alle Weinartikel:                                          (2a)
   ARTIKELNR:=1 to 2000;

Weinumsatz pro Artikel lesen:                              (2b)
   WEINUMSATZ (ARTIKELNR,UM,AGEBIET,OK)

Umsatz in TABELLE_UMSATZ_PRO_GEBIET aufaddieren:           (2c)
  if OK then
   TABELLE_UMSATZ_PRO_GEBIET (.AGEBIET.).UMSATZNEU:=
   TABELLE_UMSATZ_PRO_GEBIET (.AGEBIET.).UMSATZNEU+UM;

Alte Umsatzstatistik lesen:                                (3a)
   UMSATZ_ALT_LESEN (UMSATZ_LISTE_ALT);

alle Anbaugebiete:                                         (3b)
   GEB:=BADEN to AUSLAND

Umsatzwerte vergleichen;                                   (3c)
Prozentuale Abweichung ausrechnen und in
TABELLE_UMSATZ_PRO_GEBIET merken:                          (3d)

TABELLE_UMSATZ_PRO_GEBIET (.GEB.). PROZABWEICH:=
   (TABELLE_UMSATZ_PRO_GEBIET (.GEB.). UMSATZNEU * 100/
   UMSATZ_LISTE_ALT (.GEB.)) - 100;

Neue Werte in alte Liste                                   (4a)
for alle Anbaugebiete do
   with TABELLE_UMSATZ_PRO_GEBIET (.GEB.) do
      UMSATZ_LISTE_ALT (.GEB.):=UMSATZNEU;

Drucke Überschrift:                                        (5a)
WRITELN ("Umsatzstatistik nach Anbaugebieten:");

Drucke (Anbaugebiet, Umsatz, Prozentabwicklung):           (5b)
NR:=ORD (GEB);
case NR of
 1 : GTEXT := 'BADEN';
 2 : GTEXT := 'RHEINPFALZ';
 3 : GTEXT := 'WUERTTEMBERG';
 4 : GTEXT := 'FRANKEN';
```

```
 5 : GTEXT := 'RHEINHESSEN';
 6 : GTEXT := 'HESSICHE BERGSTRASSE';
 7 : GTEXT := 'RHEINGAU';
 8 : GTEXT := 'NAHE';
 9 : GTEXT := 'MITTELRHEIN';
10 : GTEXT := 'MOSEL-SAAR-RUWER';
11 : GTEXT := 'AHR';
12 : GTEXT := 'AUSLAND';
end;
with TABELLE_UMSATZ_PRO_GEBIET (.GEB.) do
WRITELN (GTEXT, UMSATZNEU, PROZABWEICH);
```

Vorbereitung: (1)

```
   for GEB:=BADEN to AUSLAND do
   with TABELLE_UMSATZ_PRO_GEBIET (.GEB.) do
      begin UMSATZNEU:=0; PROZABWEICH:=0;
      end
```

■

Damit ist dies Problem mit Hilfe der schrittweisen Verfeinerung vollständig gelöst.

Beispiel

Substituiert ergibt sich folgende Problemlösung:

```
implementation
type
gebiet = (BADEN, RHEINPFALZ, WUERTTEMBERG, FRANKEN,
          RHEINHESSEN, HESSISCHEBERGSTR, RHEINGAU,
          NAHE, MITTELRHEIN, MOSELSAARRUWER, AHR,
          AUSLAND);
dm = 0..1000 000;
umsatz = record UMSATZNEU:dm;
                PROZABWEICH:integer;
         end;
umsatztab = array (.gebiet.) of umsatz;
nummer = 1..2000;
umsatzliste = array (.gebiet.) of UMSATZALT;
UMSATZALT = dm;
var ARTIKELNR:nummer; UM:dm; AGEBIET:gebiet;
    GTEXT:string; OK:boolean; UMSATZ_LISTE_ALT:
    umsatzliste; GEB:gebiet; NR:1..12;
    TABELLE_UMSATZ_PRO_GEBIET: umsatztab;

begin
(*Vorbereitung*)
for GEB:= BADEN to AUSLAND do
   with TABELLE_UMSATZ_PRO_GEBIET (.GEB.) do
      begin
      UMSATZNEU:=0; PROZABWEICH:=0;
      end;

(*Weinumsatz pro Anbaugebiet ermitteln*)
for ARTIKELNR:=1 to 2000 do
```

```
   begin (*Weinumsatz pro Artikel lesen*)
   WEINUMSATZ (ARTIKELNR,UM,AGEBIET,OK);
   (*Umsatz in TABELLE_UMSATZ_PRO_GEBIET aufaddieren*)
   if OK then
      TABELLE_UMSATZ_PRO_GEBIET (.AGEBIET.).UMSATZNEU:=
      TABELLE_UMSATZ_PRO_GEBIET (.AGEBIET.).UMSATZNEU+UM;

(*Vergleich mit Umsatzstatistik der Vorperiode*)
   (*Alte Umsatzstatistik lesen*)
   UMSATZ_ALT_LESEN (UMSATZ_LISTE_ALT);

   for GEB:=BADEN to AUSLAND do
   (*Umsatzwerte vergleichen; Prozentuale Abweichung
   ausrechnen und in TABELLE_UMSATZ_PRO_GEBIET merken*)

   TABELLE_UMSATZ_PRO_GEBIET (.GEB.). PROZABWEICH:=
      (TABELLE_UMSATZ_PRO_GEBIET (.GEB.). UMSATZNEU * 100/
      UMSATZ_LISTE_ALT (.GEB.)) - 100;

(*Umsatzstatistik der Vorperiode durch neue ersetzen*)
   (*Neue Werte in alte Liste*)
   for GEB:=BADEN to AUSLAND do
      with TABELLE_UMSATZ_PRO_ANBAUGEBIET (.GEB.) do
      UMSATZ_LISTE_ALT (.GEB.):=UMSATZNEU;
   UMSATZ_ALT_AKTUALISIEREN (UMSATZ_LISTE_ALT);

(*Druckaufbereitung und Ausgabe*)
   (*Drucke Überschrift*)
   WRITELN ("Umsatzstatistik nach Anbaugebieten:");
   for GEB:=BADEN to AUSLAND do
      begin NR:=ORD(GEB);
      case NR of
        1 : GTEXT := 'BADEN';
        2 : GTEXT := 'RHEINPFALZ';
        3 : GTEXT := 'WUERTTEMBERG';
        4 : GTEXT := 'FRANKEN';
        5 : GTEXT := 'RHEINHESSEN';
        6 : GTEXT := 'HESSICHE BERGSTRASSE';
        7 : GTEXT := 'RHEINGAU';
        8 : GTEXT := 'NAHE';
        9 : GTEXT := 'MITTELRHEIN';
       10 : GTEXT := 'MOSEL-SAAR-RUWER';
       11 : GTEXT := 'AHR';
       12 : GTEXT := 'AUSLAND';
      end
   with TABELLE_UMSATZ_PRO_GEBIET (.GEB.) do
   WRITELN (GTEXT, UMSATZNEU, PROZABWEICH);
   end;
 end;
end implementation
```

■

Die substituierte Version zeigt, daß die Übernahme der abstrakten Anweisungen als Kommentare zu einer ausgezeichneten Kommentierung des Programms führt.

Die Methode der Schrittweisen Verfeinerung ist durch folgende Merkmale gekennzeichnet:

- Daten und Anweisungen sollen parallel verfeinert werden.
- Es soll solange wie möglich eine Notation benutzt werden, die das Problem in natürlicher Form beschreibt.
- Abstrakte Anweisungen, die durch Auswahl- oder Wiederholungsstrukturen realisiert werden, sollten zuerst verfeinert werden.
- Entscheidungen über die Datenrepräsentation sollten solange wie möglich aufgeschoben werden.
- Während der Verfeinerung werden Hilfsobjekte eingeführt.
- Jede Verfeinerung impliziert Implementierungsentscheidungen, die explizit dargelegt werden sollen.
- Im Gegensatz zum Systementwurf sind alle Daten zwischen den verschiedenen Teilanweisungen bekannt und global (kein Geheimnisprinzip).
- Ausgeprägte Verbalisierung ist erforderlich.
- Der Implementierungsprozeß wird in kleine inkrementelle Abstraktionsschritte unterteilt.

<u>Wertung</u>

<u>Vorteile</u>
- Realisiert das Prinzip der Verfeinerung.
- Fördert eine problemorientierte Betrachtungsweise.
- Ist für ein breites Anwendungsspektrum einsetzbar.
- Der Entscheidungsprozeß ist nachvollziehbar.
- Durch die systematische, dokumentierte Problemstrukturierung werden Änderbarkeit und Wartbarkeit erleichtert.
- top-down-orientiert.
- Führt zu einer gestuften algorithmischen Abstraktion.
- Unterstützt systematisches Vorgehen.

<u>Nachteile</u>
- Keine ausgeprägte Methode mit definierten, problemunabhängigen Schritten.
- Anwendung erfordert Erfahrung und Intuition, insbesondere um zur ersten abstrakten Problemlösung zu gelangen.
- Bei mehreren Verfeinerungsstufen verliert man leicht den Überblick.
- Automatische Substitutionsmechanismen für verfeinerte Typen und Datenstrukturen stellt noch keine Sprache zur Verfügung.

2.6.2.2 Jackson-Methode

Die Grundidee der Jackson-Methode /Jackson 75,76a,b,77,79/ besteht darin, die Struktur des Algorithmus aus der Datenstruktur abzuleiten.

Die Methode besteht aus vier Hauptschritten:

1.Schritt Datenstrukturen analysieren und als Datendiagramm darstellen.
2.Schritt Algorithmusstruktur aus Datendiagramm(en) ableiten.
3.Schritt Elementaranweisungen ermitteln und in Algorithmusstruktur einordnen.
4.Schritt Umsetzung der Algorithmusstruktur in die verwendete Programmiersprache und Festlegung der Bedingungen für Auswahl und Wiederholung.

Die Methode wird in dieser Ablauffolge angewandt; es können jedoch Iterationen vorgenommen werden.

Zur Unterstützung der Methode wird eine grafische Sprache verwendet, die es ermöglicht, Datenstrukturen und Kontrollstrukturen als Baumstruktur zu beschreiben. Diese Baumdiagramme bestehen aus drei Grundstrukturen:

a. Die Sequenz

Baumdiagramm

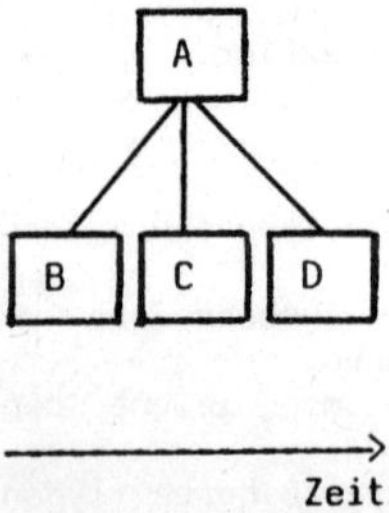

Datenstruktur

```
PASCAL:
A: record
     B:...
     C:...
     D:...
     end

COBOL:
01 A.
   02 B.
   02 C.
   02 D.
```

Kontrollstruktur

```
PASCAL:
begin
   B;
   C;
   D;
end

COBOL:
A. PERFORM B.
   PERFORM C.
   PERFORM D.
```

Eine Sequenz ist durch eine oder mehrere Komponenten gekennzeichnet, die jeweils genau einmal in der angegebenen Reihenfolge auftreten. In den Diagrammen wird implizit eine Zeitachse von links nach rechts angenommen.Daten- und Kontrollstrukturen besitzen natürlich eine unterschiedliche Semantik.

b. Die Auswahl

Baumdiagramm

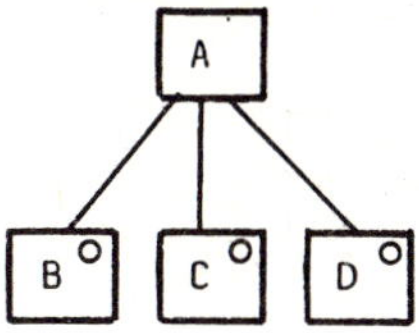

Datenstruktur

```
PASCAL:
A: record
      case...of
      B:...
      C:...
      D:...
      end
   end

COBOL:
01 A.
  02 B.
  02 C REDEFINES B.
  02 D REDEFINES C.
```

Kontrollstruktur

```
PASCAL:
case...of
1: B;
2: C;
3: D;
end

COBOL:
A. IF...
   THEN PERFORM B.
   ELSE IF...
   THEN PERFORM C.
   ELSE PERFORM D.
```

Eine Auswahl besteht aus zwei oder mehr Komponenten, von denen bei jedem Auftreten der Auswahl genau eine ausgewählt wird.
Die alternativen Komponenten werden im Baumdiagramm rechts oben durch einen Kreis (o) gekennzeichnet. Eine einseitige Auswahl wird als zweiseitige Auswahl mit einer leeren Alternative dargestellt.

c. Die Wiederholung

Baumdiagramm

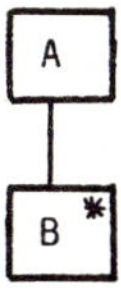

Datenstruktur

```
PASCAL:
A:
array (. ... .) of B

COBOL:
01 A.
 02 B OCCURS n TIMES
```

Kontrollstruktur

```
PASCAL:
 while...do
   B

COBOL:
A. PERFORM B
   UNTIL NOT..
```

Eine Wiederholung besteht aus einer Komponente, die keinmal oder mehrmals auftritt. Sie wird im Baumdiagramm durch einen Stern (*) gekennzeichnet.

Durch Kombination dieser Strukturen können beliebige Baumhierarchien dargestellt werden.
Die Methode wird im folgenden an einem Beispiel skizziert.

Beispiel

Die Verkaufsabteilung einer Weinhandlung soll in vierteljährlichem Rhythmus eine neue Angebotsliste aus der Artikeldatei für alle Kunden erstellen.

1. Schritt: Datenstrukturen analysieren und als Datendiagramm darstellen

Für jeden seriellen Eingabe- und Ausgabestrom wird ein Datenstruktur-Diagramm erstellt:

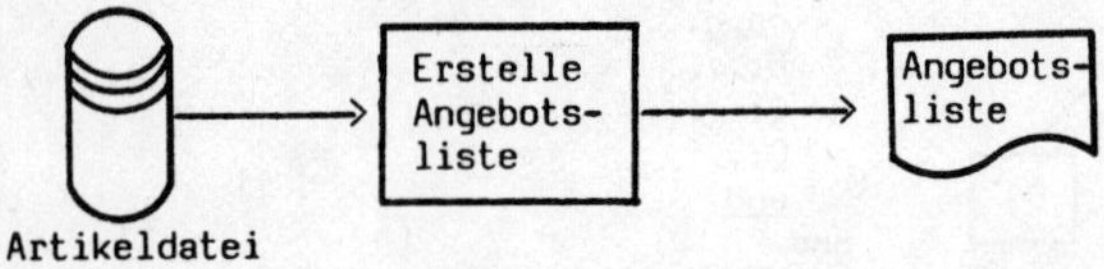

Die Datenstruktur der Artikeldatei und die Datenstruktur der Angebotsliste werden analysiert und als Baumdiagramm dargestellt.

Die Artikeldatei besitzt folgende Struktur (vereinfacht):

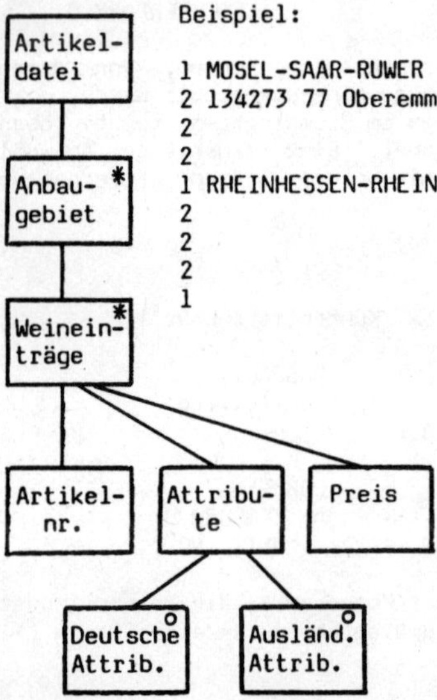

Beispiel:

1 MOSEL-SAAR-RUWER
2 134273 77 Oberemmeler Schwarzberg Riesling
2
2
1 RHEINHESSEN-RHEINGAU
2
2
2
1

Die Artikeldatei ist nach Anbaugebieten sortiert. Pro Anbaugebiet sind die einzelnen Weine gespeichert. In Abhängigkeit vom Herkunftsland sind unterschiedliche Attribute pro Wein aufbewahrt.

Die Angebotsliste hat folgenden Aufbau:

```
FLASCHENWEINE 0, 7 LTR.

MOSEL-SAAR-RUWER

273 1977er Oberemmeler Schwarzberg Riesling Kabinett          8,50
881 1975er Ayler Kupp Riesling Spätlese                      14,50
  .
  .
  .
RHEINHESSEN-RHEINGAU

125 1977er Niersteiner Spiegelberg Müller-Thurgau Kab.        8,50
  .
  .
FRANKREICH

857 1981er MACCABEU Vin de Pays de l'Aude                     5,00

Es gelten unsere Liefer- und Geschäftsbedinungen vom
1. Quartal 1982.
```

Die Analyse der Angebotsliste ergibt folgende Datenstruktur:

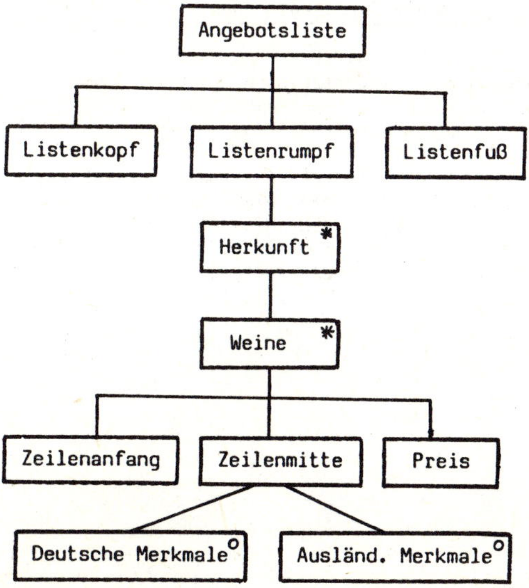

2. Schritt: Algorithmusstruktur aus Datendiagramm(en) ableiten

Nach dem Aufstellen der Eingabe-Datenstruktur und der Ausgabe-Datenstruktur muß nun die Struktur des Algorithmus abgeleitet werden. Die Algorithmusstruktur muß die Ein- und Ausgabe-Datenstrukturen widerspiegeln.
Zunächst wird untersucht, wo Entsprechungen zwischen den beiden Datenstrukturen bestehen.

Zwei Komponenten zweier Datenstrukturen entsprechen sich, wenn bei jedem Auftreten der einen Komponente genau einmal die andere Komponente auftritt und beide Komponenten "gleichzeitig" bearbeitet werden.

Die Algorithmusstruktur "Angebotsliste erstellen" muß Komponenten enthalten, die den Komponenten beider Datenstrukturen zugeordnet werden können.

Datenkomponenten, die sich entsprechen, werden in der Algorithmusstruktur zu einer einzigen Komponente zusammengefügt.
Jede Komponente der Datenstrukturen muß einer Komponente der Algorithmusstruktur entsprechen, die sie bearbeitet.
Die Korrektheit einer Algorithmusstruktur bzgl. der Datenstrukturen, aus denen sie abgeleitet wurde, kann nachgewiesen werden, indem bestimmte Transformationen auf die Algorithmusstruktur angewandt werden.

3. Schritt: Elementaranweisungen ermitteln und in Algorithmusstruktur einordnen:

Aufgrund der vorhandenen Informationen werden nun die Elementaranweisungen ermittelt. Es empfiehlt sich, den Entstehungsprozeß der Ausgabedaten bis zur Eingabe zurückzuverfolgen.
Jede Anweisung wird dort in die Algorithmusstruktur eingefügt, wo sie benötigt wird. Durch das Einfügen elementarer Anweisungen wird sozusagen der Rahmen gefüllt, den die Algorithmusstruktur bildet. Bereitet das Einfügen Schwierigkeiten, dann ist dies ein Anzeichen für eine falsche Algorithmusstruktur.

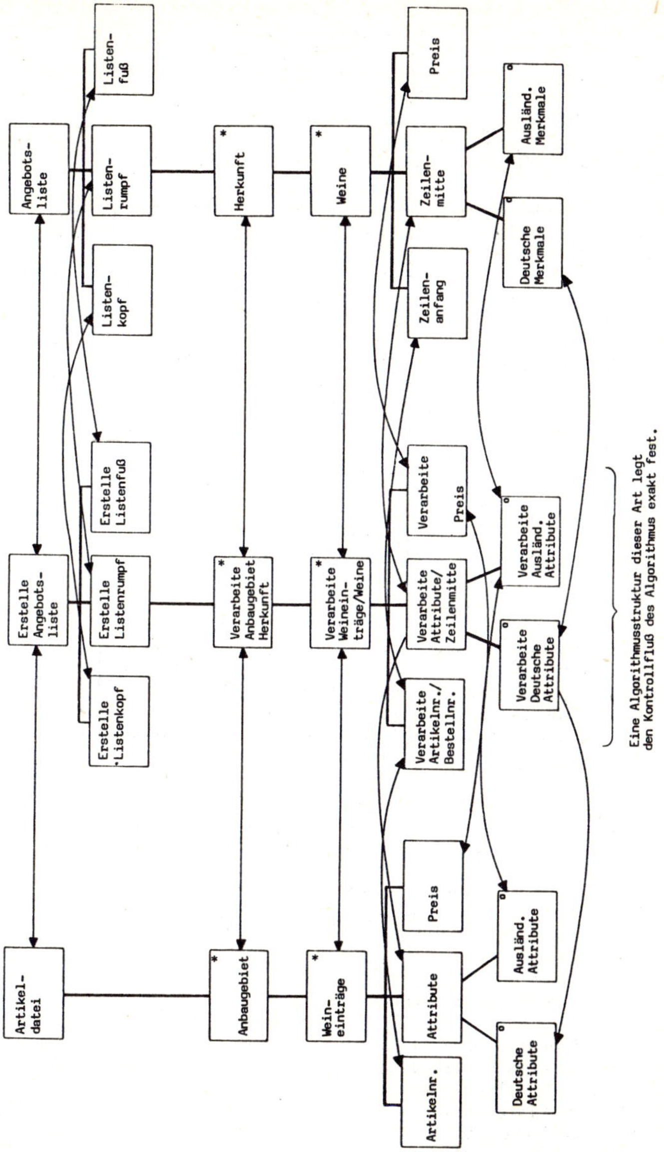

Die Pfeile kennzeichnen Entsprechungen zwischen den Datenkomponenten und den Algorithmuskomponenten.

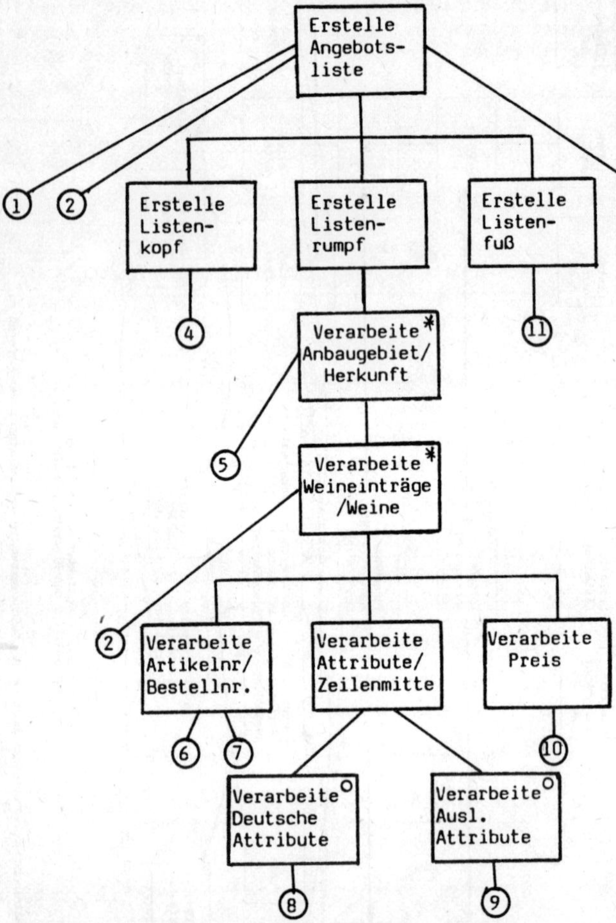

Liste der Elementaranweisungen:

(1) Eröffne Artikeldatei
(2) Lese Eintrag Artikeldatei
(3) Schließe Artikeldatei
(4) Drucke Listenkopf
(5) Drucke Anbaugebiet
(6) Bestellnr := Artikelnr mod 1000
(7) Drucke Bestellnr.

(8) Drucke Deutsche Attribute
(9) Drucke Ausländische Attribute
(10) Drucke Preis
(11) Drucke Listenfuß

<u>4. Schritt: Umsetzung der Algorithmusstruktur in die verwendete Programmiersprache und Festlegung der Bedingungen für Auswahl und Wiederholung</u>

Als Darstellungsform wird ein Struktogramm gewählt:

ERSTELLE ANGEBOTSLISTE

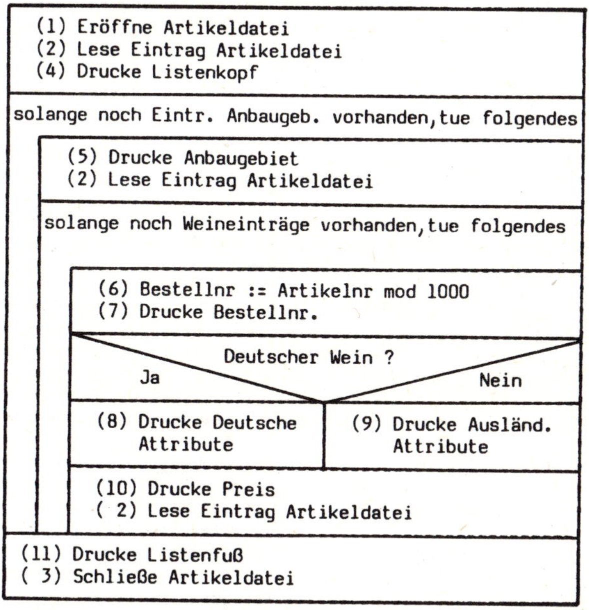

■

Das Beispiel zeigt sehr schön, wie man durch Anwendung der Jackson-Methode ausgehend von den Datenstrukturen fast automatisch zu einer korrekten Algorithmusstruktur gelangt.

Die Anwendung der Methode hängt jedoch von folgenden Voraussetzungen und Randbedingungen ab:

- Es muß eine Daten<u>struktur</u> vorliegen.
  <u>Beispiel</u>
  Soll ein Algorithmus für die Ermittelung der Quadratwurzel entwickelt werden, dann handelt es sich sowohl bei der Eingabe

als auch bei der Ausgabe um eine reelle Zahl. Die Jackson-Methode ist nicht anwendbar.

- Die Datenstrukturen müssen Baumhierarchien sein. Daraus ergibt sich dann ebenfalls ein baumstrukturierter Algorithmus. Für jeden Knoten der Datenstruktur gibt es einen entsprechenden Knoten der Algorithmusstruktur.

- Der einfachste Fall liegt vor, wenn die Eingabe- und Ausgabedatenstruktur identisch sind. In diese Kategorie gehört auch die Abbildung vieler Eingabeknoten auf einen Ausgabeknoten bzw. ein Eingabeknoten auf viele Ausgabeknoten, wenn sie strukturell übereinstimmen.

Liegen diese Voraussetzungen und Randbedingungen nicht vor, dann ist die Jackson-Methode nicht durchgängig einsetzbar.

Folgende Sonderfälle treten häufig auf:

Strukturkonflikt (structure clash)

Ein Strukturkonflikt liegt vor, wenn die Eingabedatenstruktur nicht mit der Ausgabedatenstruktur übereinstimmt.

Existiert für eine Datenkomponente keine entsprechende Algorithmuskomponente, dann können die Elementaranweisungen nicht korrekt zugeordnet werden.

Strukturkonflikte entstehen durch Synchronisationsprobleme. Vom Algorithmus wird verlangt, zwei oder mehrere Aktivitäten simultan auszuführen. Diese Aktivitäten können jedoch nicht synchronisiert werden.

Strukturkonflikte lassen sich auf verschiedene Weise lösen:

(a) Einführung einer oder mehrerer Zwischendateien:

Die Probleme werden dadurch auf die einfache Verarbeitung von Strukturen zurückgeführt, zwischen denen genügend Entsprechungen bestehen (LEGO-Prinzip /Jackson 76/).

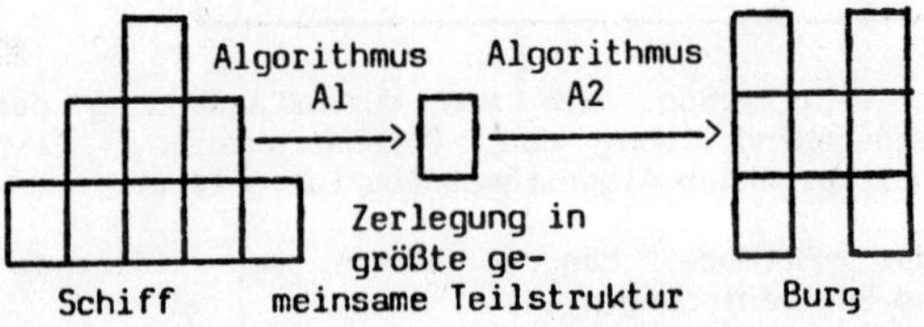

Dadurch werden jedoch die E/A-Zugriffe und die Verweilzeit verdoppelt.

(b) Parallelverarbeitung über Puffer mit Koordination durch das

Betriebssystem. Erst wenige Betriebssysteme bieten solche Leistungen.

(c) Anwendung des Koroutinenkonzepts.

(d) Anwendung der Programminversion:

Anstatt zwei Algorithmen parallel als Koroutinen laufen zu lassen, kann ein Algorithmus den anderen als Prozedur enthalten, d. h. die Prozedur wird dann von dem einen Algorithmus aufgerufen. Dieser Umkehrprozeß wird in der Jackson-Methode als Programminversion bezeichnet. Programminversion ist eine Technik zur Umwandlung eines Hauptprogramms, das eine Datei verarbeitet, in eine Prozedur bzw. ein Unterprogramm, die aufeinanderfolgende Sätze dieser Datei verarbeitet. Das invertierte Programm enthält ein internes Gedächtnis, wo der Wert der Datenelemente über mehrere Aufrufe hinweg aufbewahrt wird (Datenabstraktion).

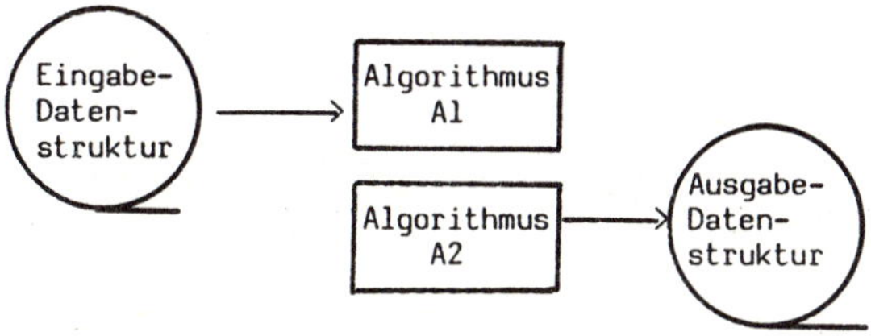

Backtracking

Werden die Daten einer Eingabe-Datenstruktur verarbeitet, dann können auch fehlerhafte Daten auftreten. Um fehlerhafte Daten geeignet bearbeiten zu können, sollten mögliche fehlerhafte Daten bereits in der Datenstruktur berücksichtigt werden:

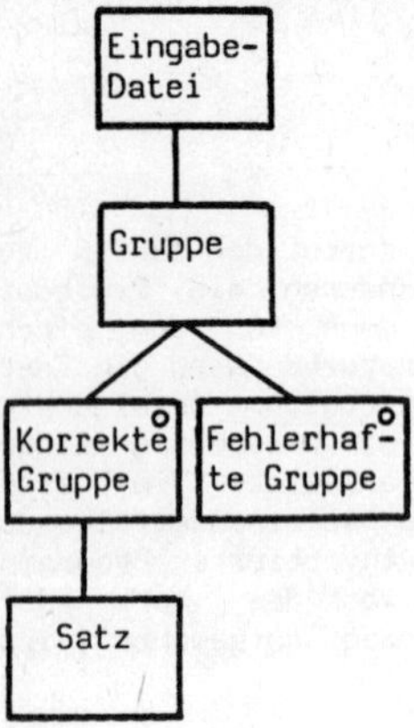

Wird aus einer solchen Datenstruktur eine Algorithmusstruktur abgeleitet, dann muß jeweils entschieden werden, ob eine korrekte Gruppe oder eine fehlerhafte Gruppe vorliegt.

Diese Entscheidung kann aber am Anfang der Bearbeitung meist nicht getroffen werden, da sich erst am Ende herausstellen kann , ob die Gruppe falsch war oder nicht.
Das Problem läßt sich meist auch nicht dadurch lösen, daß einige Sätze vorausgelesen werden.

Eine Lösungsmöglichkeit besteht darin, zunächst von der Annahme auszugehen, daß die Gruppe korrekt ist (posit). Wird bei der Bearbeitung der Sätze festgestellt, daß die Gruppe nicht korrekt ist, dann wird diese Annahme aufgegeben (quit). Es wird bei der Auswahl-Anweisung wieder aufgesetzt und eingeräumt, (admit), daß die ursprüngliche Annahme falsch war und die Gruppe doch fehlerhaft ist.

Aufgrund des Rückzugs per quit-Anweisung aus dem zunächst angenommenen, sich dann aber als falsch erwiesenen Fall, wird diese Technik als backtracking bezeichnet.

Auch beim backtracking wird die einmal abgeleitete Algorithmusstruktur beibehalten. Es muß jedoch beachtet werden, daß beim "backtracking" keine unzulässigen Nebenwirkungen auftreten, die nicht mehr rückgängig gemacht werden können (z. B. Schreiben eines Textes auf das Terminal).

Mischen

In der Praxis treten oft mehr als ein oder zwei Datenstrukturen auf, aus denen eine Algorithmusstruktur hergeleitet werden soll. Dabei entstehen Mischprobleme. Keine Eingabestruktur kann allein für sich interpretiert werden, d. h. es kann keine einzelne Algorithmuskomponente geben, die jeden Satz einer Eingabe-Datenstruktur verarbeitet, da die Sätze verschiedene Bedeutungen haben, je nach dem Vorhandensein oder Fehlen der entsprechenden Sätze in den anderen Datenstrukturen.

Das Standardschema für alle Mischprobleme enthält eine Wiederholung. Die Wiederholung selbst besteht aus einer Mehrfachauswahl, deren Teile den möglichen Abgleichfällen in den Eingabe-Datenstrukturen entsprechen.

Wertung

Vorteile

- Es handelt sich um eine ausgeprägte Methode mit definierten Schritten und definierter Modellbildung, die bei Anwendung durch verschiedene Personen zu vergleichbaren Ergebnissen führt.
- Bei vorgegebenen Eingabe- und/oder Ausgabedatenstrukturen als Methode für die Modulimplementierung gut geeignet.
- Für die serielle Dateiverarbeitung besonders gut anwendbar.
- Flexibler als die normierte Programmierung, d. h. die Dateiverarbeitung nach Satzgruppen.
- Konzentration auf die Ermittlung der Kontrollstrukturen, erst im nächsten Schritt Ermittlung der Elementaranweisungen.
- Baumdarstellung von Daten- und Kontrollstrukturen sehr übersichtlich.
- Spezielle Techniken zur Behandlung von Strukturkonflikten und von Backtracking-Problemen.
- Werkzeugunterstützung möglich und vorhanden.

Nachteile

- Eingeschränktes Anwendungsgebiet, d. h. sinnvoll nur für den Problemkreis der normierten Programmierung und einfache algorithmische Probleme einsetzbar.
- Für den eigentlichen Software-Entwurf nicht geeignet, da gegen das Geheimnisprinzip und das Prinzip der Datenabstraktion verstoßen wird und sich bereits frühzeitig auf Kontrollstrukturen konzentriert wird.
- Änderungen der Datenstrukturen bewirken Änderungen der Algorithmusstruktur.
- Ausgangspunkt der Methode sind die bereits gefundenen Datenstrukturen; wie die richtigen Datenstrukturen gefunden werden, wird nicht gesagt.
- Die Methode orientiert sich an der physischen Struktur der Daten.
- Probleme treten bei der Vor- und Nachbereitung von Teilbäumen sowie bei leeren Teilbäumen bzw. Knoten auf.

2.6.2.3 Überprüfung von Programmen

Nach der Realisierung eines Moduls muß das entspechende Programm einer Überprüfung unterzogen werden, um sicherzustellen, daß es die in der Spezifikation festgelegten Eigenschaften besitzt.
Diese betreffen
- seine Funktionen,
- seine Leistungsfähigkeit und
- weitere qualitative Merkmale.

Während des Entwicklungsprozesses liegt der Nachdruck auf der Überprüfung der Funktionsfähigkeit und in kritischen Fällen auch in der Überprüfung der Leistungsfähigkeit.
Für das Überprüfen der Funktionsfähigkeit unterscheidet man drei verschiedene Methoden:
- Konventionelles Testen,
- Programm-Verifikation,
- Symbolisches Testen.

Jede Methode hat Vor- und Nachteile, die im folgenden an mehreren Beispielen verdeutlicht werden. Vom methodischen Standpunkt aus betrachtet, handelt es sich bei allen drei Überprüfungsarten nur um methodische Ansätze, da gerade im Überprüfungsbereich Intuition und Erfahrung eine große Rolle spielen.

Da allein der Modultest innerhalb einer Software- Entwicklung bis zu 25% des Entwicklungsaufwandes beansprucht (siehe 4.1) und auf der anderen Seite die Programmüberprüfung wesentlich die Qualität des Endproduktes beeinflußt, ist der Überprüfung von Programmen ökonomisch und technisch entsprechende Aufmerksamkeit zu widmen.

Unabhängig von der gewählten Überprüfungsmethode hängt der Erfolg wesentlich von der Einbettung des Überprüfungsschrittes in ein organisatorisches Gesamtmodell (siehe 1.5, 3.Kapitel) sowie von dem Einsatz geeigneter Werkzeuge (siehe 2.6.4) ab.

Ziel der Überprüfung ist es, nachzuweisen, daß das Produkt die funktionalen Spezifikationen erfüllt, d. h. funktional korrekt ist. Die <u>funktionale Korrektheit</u> wird im folgenden kurz Korrektheit genannt.

Liegt keine Spezifikation vor, dann ist Korrektheit nicht definiert. Infolgedessen gibt es nichts zu überprüfen.

Bei der Programm-Verifikation und beim symbolischen Testen wird die Korrektheit des Programms, losgelöst von irgendeiner Umgebung, geprüft. Beim konventionellen Testen muß gleichzeitig eine reale Umgebung zur Verfügung gestellt werden.

2.6.2.3.1 Konventionelles Testen

Testen ist ein experimentelles Verfahren, das mit einer beschränkten Zahl von Eingabekombinationen den empirischen Nachweis zu erbringen sucht, daß die Abweichungen eines Programmes von seiner Spezifikation unterhalb einer vorgegebenen Toleranzschwelle liegen.

Die Teststrategie geht jedoch den umgekehrten Weg. Der Prüfer wird aufgefordert nachzuweisen, daß die Zahl der Abweichungen oberhalb der vorgegebenen Schwelle liegt. Dies hat vor allem psychologische Gründe. Der Prüfer soll motiviert werden, Abweichungen, d. h. Fehler zu finden.

Testmethoden, die versuchen, dieser Strategie zu folgen sind:

- (a) Black Box Test
  - (a1) Bildung von Aquivalenzklassen
  - (a2) Grenzwertanalyse
  - (a3) Intuitive Testfallermittlung
- (b) White Box Test
  - (b1) statische Analyse
  - (b2) dynamische Analyse
    - (b21) Zweigüberdeckung
    - (b22) Bedingungsüberdeckung
    - (b23) Pfadüberdeckung

Beim "Black Box Test" bzw. Funktionstest wird das Testobjekt Modul als "schwarzer Kasten" angesehen. Die innere Struktur ist für den Tester unbekannt. Mit dem Modul kann nur über seine spezifizierte Schnittstelle kommuniziert werden.
Beim "White Box Test" bzw. Strukturtest wird die innere Struktur des Programmes zur Überprüfung herangezogen. Obwohl der Black Box Test zur Überprüfung eigentlich ausreicht, wird der White Box Test mit herangezogen, um die Programmstruktur dazu zu benutzen, eine Minimalmenge von Eingabekombinationen zu ermitteln. Der White Box Test kann gleichzeitig dazu verwendet werden, Aussagen über die Leistungsfähigkeit (z. B. tote Zweige, nicht verwendete Variable) und andere Qualitätsmerkmale (z. B. Lesbarkeit) zu erhalten.

(a) Black Box Test

Die Testfälle und Testdaten für den Black Box Test werden allein aus der jeweiligen Modulspezifikation abgeleitet.
Aufgabe der Testplanung ist es, aus der Modulspezifikation Testfälle herzuleiten, mit denen der Modul getestet werden soll.
Zu einem Testfall gehören sowohl die Eingabedaten in das Testobjekt als auch die erwarteten Ausgabedaten oder Ausgabereaktionen (Soll-Ergebnisse).

Die Hauptschwierigkeit beim Black Box Test besteht in der Ableitung der geeigneten Testfälle.

Beispiel

Spezifikation des Moduls DREIECK:

```
procedure DREIECK (in SEITE1, SEITE2, SEITE3:natural;
                   out ART: dreieck);
with type dreieck = (UNGLEICHSEITIG, GLEICHSCHENKLIG,
                     GLEICHSEITIG, KEIN_DREIECK);
```

purpose
SEITE1, SEITE2 und SEITE3 sind die Seitenlängen eines Dreiecks. Der Modul stellt fest, ob es sich um ein ungleichseitiges, ein gleichschenkliches oder ein gleichseitiges Dreieck handelt.

condition
Jede Seite muß kleiner als die Summe der beiden anderen Seiten sein.

```
states
UNGLEICHSEITIG  when (SEITE1 <> SEITE2) and (SEITE1 <> SEITE3)
                     and (SEITE <> SEITE3),
GLEICHSCHENKLIG when ((SEITE1=SEITE2) and (SEITE1 <> SEITE3)) or
                     ((SEITE1=SEITE3) and (SEITE1 <> SEITE2)) or
                     ((SEITE2=SEITE3) and (SEITE2 <>  SEITE1)),
GLEICHSEITIG    when SEITE1 = SEITE2 = SEITE3,
KEIN_DREIECK    otherwise;
end DREIECK
```

Die Notwendigkeit einer formalen Spezifikation erkennt man in diesem Beispiel daran, daß gleichseitige Dreiecke gleichschenkelige beinhalten. Die formale Spezifikation von GLEICHSCHENKLIG definiert aber eindeutig, daß bei GLEICHSCHENKLIG zwei Seiten ungleich sein müssen.

Diese Spezifikation gibt gute Anhaltspunkte für die Auswahl der Testfälle:

1. Testfälle, die die Bedingung erfüllen:
   10,7,8; 8,11,9; 9,10,18; Soll-Ergebnisse: UNGLEICHSEITIG
2. Testfälle, die die Bedingung nicht erfüllen:
   10,7,3; 10,7,2; 7,10,3; 7,10,2; 7,3,10; 7,2,10;
   Soll-Ergebnisse: KEIN_DREIECK
3. Testfälle für ungleichseitige Dreiecke:
   5,10,12; 10,12,5; 12,10,5; Soll-Ergebnisse: UNGLEICHSEITIG
4. Testfälle für gleichschenklige Dreiecke:
   10,10,19; 10,19,10; 19,10,10; Soll-Ergebnisse: GLEICHSCHENKLIG.
5. Testfälle für gleichseitige Dreiecke:
   5,5,5; Soll-Ergebnis: GLEICHSEITIG
6. Testfälle für fehlerhafte Eingabewerte:
   0,10,20; 10,0,20; 10,20,0; -1, -5, -10; 0,0,0; 1.5, 1.6, 10;
   Soll-Ergebnisse: Typfehler

■

Zu beachten ist, daß bei Moduln mit internem Gedächtnis, der jeweilige Zustand des Gedächtnisses mit berücksichtigt werden muß.

Ein vollständiger Black Box Test ist i. a. nicht durchführbar. Ziel einer Testplanung muß es daher sein, Testfälle so auszuwählen, daß die Wahrscheinlichkeit groß ist, Fehler zu finden.

Für die Testfallbestimmung gibt es folgende Methoden:
- Bildung von Äquivalenzklassen,
- Grenzwertanalyse,
- intuitive Testfallermittelung.

(a1) Bildung von Äquivalenzklassen

Die Menge der möglichen Eingabewerte wird in Äquivalenzklassen unterteilt. Eine Äquivalenzklasse ist dadurch gekennzeichnet, daß der Modul bei der Verarbeitung eines Vertreters aus dieser Klasse genauso reagiert wie bei allen anderen Werten dieser Klasse. Wenn der Modul mit dem repräsentativen Wert der Klasse fehlerfrei läuft, dann funktioniert er auch mit allen anderen Werten dieser Klasse. Voraussetzung ist natürlich die sorgfältige Wahl der Äquivalenzklassen.
Äquivalenzklassen lassen sich für Eingabe- und Ausgabedaten definieren.
Sind die Äquivalenzklassen festgelegt, dann wird für jede Klasse ein Repräsentant ausgewählt.

Wegen der Heuristik der Äquivalenzklasssenbildung kann nicht ausgeschlossen werden, daß die Klassenbildung überschneidungsfrei ist. Daher ist der Äquivalenzklassenbegriff nicht unbedingt im strengen Sinne der Mathematik zu verstehen.

Beispiel

Eine Äquivalenzklasse für den Test des Moduls DREIECK lautet:
Menge "Drei gleiche, natürliche Zahlen".
Ein Repräsentant der Menge ist: 3,3,3.
■

Äquivalenzklassen sollten in gültige Äquivalenzklassen, die zulässige Eingabewerte repräsentieren, und ungültige Äquivalenzklassen, die nicht zulässige Eingabewerte darstellen, unterteilt werden.

Folgende Regeln sollten beachtet werden (siehe auch /Myers 79/):
- Besteht ein Eingabtyp aus einem Wertebereich (z. B. TAGE = 1..31), dann sind eine gültige Äquavalenzklasse (1 <= TAGE <= 31) und zwei ungültige Äquivalenzklassen zu wählen (TAGE < 1 und TAGE > 31).
- Besteht ein Eingabetyp aus einem Aufzählungstyp (z. B. ZAHLUNGSART = (SCHECK, UEBERWEISUNG, BAR)) und ist anzunehmen, daß jeder Fall unterschiedlich behandelt wird, dann ist für jeden Fall eine gültige Äquivalenzklasse zu bilden sowie eine ungültige Äquivalenzklasse (z. B. GEMISCHTE ZAHLUNGSWEISE).
- Beschreibt eine Eingabebedingung eine Muß-Situation (z. B.

Erstes Zeichen des Namens muß ein Buchstabe sein), dann ist eine gültige (z. B. Es ist ein Buchstabe) und eine ungültige Äquivalenzklasse (z. B. Es ist kein Buchstabe) zu bilden.
- Ist anzunehmen, daß Elemente einer Äquivalenzklasse unterschiedlich verarbeitet werden, dann ist die Äquivalenzklasse in schmalere Äquivalenzklassen zu unterteilen.

Die Ermittelung von Äquivalenzklassen ist einer Zufallsauswahl von Testfällen weit überlegen. Aber auch bei der Bildung von Äquivalenzklassen können wichtige Typen von Testfällen übersehen werden. Durch die Methoden "Grenzwertanalyse" und "Ursache-Wirkungs-Analyse" kann dieser Nachteil der Äquivalenzklassen reduziert werden.

(a2) Grenzwertanalyse

Erfahrungen haben gezeigt, daß Testfälle, die die Grenzwerte der Äquivalenzklassen abdecken oder in der unmittelbaren Umgebung dieser Grenzen liegen, besonders effektiv sind, d. h. besonders häufig Fehler aufdecken. Eine Grenzwertanalyse ist jedoch nur dann sinnvoll, wenn die Menge der Elemente, die in eine Äquivalenzklasse fallen, auf natürliche Weise geordnet werden kann. Beispielsweise lassen sich TAGE natürlich ordnen, nicht aber die ZAHLUNGSART (siehe letztes Beispiel).
Eine Grenzwertanalyse unterscheidet sich von der Äquivalenzklassenbildung in zwei Punkten:
- Es wird nicht irgendein Element aus der Äquivalenzklasse als Repräsentant ausgewählt, sondern ein oder mehrere Elemente werden ausgesucht, so daß jeder Rand der Äquivalenzklasse getestet wird.
- Testfälle werden auch aus der Betrachtung der Ausgabewertebereiche abgeleitet.

Die Annäherung an die Grenzen der Äquivalenzklassen kann sowohl von gültigen als auch vom ungültigen Bereich aus durchgeführt werden.

Beispiel

Spezifikation des Moduls FAKULTAET:

```
function NFAK (N: integer): integer;
purpose Berechnung der Fakultät: n!=n*(n-1)*...3*2*1
condition N >= 0 and N < 13
states
1  when N = 0 or N = 1,
2  when N = 2,
N! when N,
-1 when N < 0.
postcondition NFAK >= 1
end NFAK.
```

Zunächst liegen zwei Äquivalenzklassen nahe:
1. Testfälle, die die Bedingung erfüllen:

1,6,8,12; Soll-Ergebnisse: 1,720,40320, 479 001 600
2. Testfälle, die die Bedingung nicht erfüllen:
-20, -10, -13; Soll-Ergebnisse: -1, -1, -1;

Aus diesen Äquivalenzklassen lassen sich folgende Grenzwerttests ableiten:
1. gültiger Grenzwert: 0, Soll-Ergebnis: 1
2. ungültiger Grenzwert: -1, Soll-Ergebnis: -1

Betrachtet man den Ausgabebereich, dann lassen sich drei Äquivalenzklassen unterscheiden:
1. Testfälle, die die Nachbedingung erfüllen:
0,3; Soll-Ergebnisse: 1,6
2. Testfälle die die Nachbedingung nicht erfüllen:
-1, -5; Soll-Ergebnisse: -1, -1
3. Testfälle, die als Ergebnis eine 1 liefern:
0,1: Soll-Ergebnis: 1

Grenzwertdaten für 1. und 2. sind 0 und -1.

■

(a3) Intuitive Testfallermittelung

Weit entfernt von jeder Methode ist die intuitive Testfallermittelung. Dennoch gelingt es oft intuitiv und aus der Erfahrung heraus signifikante Testfälle aufzustellen. Die Grundidee ist, eine Liste möglicher Fehler oder Fehlersituationen aufzustellen und daraus Testfälle abzuleiten. Meist werden Spezialfälle zusammengestellt, die u. U. auch bei der Spezifikation übersehen wurden.

Beispiele

- Der Wert 0 als Eingabe- oder Ausgabewert zeigt oft eine fehlerhafte Situation an.
- Bei der Eingabe von Zeichenketten sind Steuerzeichen oder Sonderzeichen besonders sorgfältig zu behandeln.
- Bei der Tabellenverarbeitung stellen "kein Eintrag" und "ein Eintrag" oft Sonderfälle dar.

■

Alle diese Methoden zur Testfallermittelung haben den Nachteil, daß Kombinationen von Eingabedaten nicht geeignet berücksichtigt werden. Realisieren Moduln Datenabstraktionen, so muß die Anwendungsreihenfolge von Zugriffsoperationen ebenfalls durch Testfallkombinationen überprüft werden. Die Berücksichtigung von Kombinationen steht bei folgenden Methoden im Vordergrund:

- Testmatrix /Kopetz 76/:
  Es wird eine Matrix aufgebaut, bei der auf der einen Achse die zu testenden Funktionen auf auf der anderen die einzelnen Testfälle enthalten sind. Dadurch läßt sich die Abdeckung der einzelnen Funktionen durch Testfälle und die Kombinationen der verschiedenen Funktionen übersichtlich darstellen.
- Bedingungstabellen /Goodenough, Gerhardt 75/, /Walsh 77/, /Trauboth et al. 79/:

Diese Tabellen sind ähnlich wie Entscheidungstabellen aufgebaut und dienen zur systematischen Identifizierung von Bedingungen oder Kombinationen von Bedingungen und der entsprechenden Aktionen bzw. Funktionen, die für die Lösung des Problems und die korrekte Ausführung des Programms relevant sind.

- grafische Ursache-Wirkungs-Analyse /Myers 76,79/:
  Die Ursachen und Wirkungen von Funktionen werden ermittelt und ihre Zusammenhänge grafisch dargestellt. Der Graph wird um Nebenbedingungen erweitert, die bestimmte Kombinationen von Ursache- und (oder Wirkungszuständen betreffen. Durch Zurückverfolgung der Bedingungszustände wird der Graph in eine begrenzte Entscheidungstabelle umgewandelt.

Zusammenfassend läßt sich feststellen, daß die Güte eines Black Box Testes sowohl von der Güte der Modulspezifikation als auch von der sorgfältigen Auswahl der Testfälle abhängt.

Besonderer Wert ist daher auf eine umfassende und vollständige Spezifikation zu legen. Jede systematische Unterstützung des Black Box Testens erfordert mehr als eine verbale Spezifikation.

Black Box Testen ist durch folgende Vor- und Nachteile gekennzeichnet:

Vorteile

- Die Testfallermittelung erfolgt aus der Modulspezifikation.
- Fehlende Funktionen können entdeckt werden.

Nachteile

- Methodische Unterstützung noch unzureichend.
- Wenig Vertrauen in die Bestimmung der Äquivalenzklassen.
- Hohe Anforderungen an die Qualifikation des Prüfers.

Um weitere Fehler in einem Modul zu finden, empfiehlt es sich, nach dem Black Box Test einen White Box Test durchzuführen.

(b) White Box Test

Beim "White Box Test" bzw. Strukturtest wird die interne Struktur eines Moduls zur Überprüfung der Korrektheit herangezogen. Eine Analyse der Programmstruktur kann statisch und dynamisch erfolgen.

(bl) statische Analyse

Eine statische Analyse analysiert den Quellcode des Programms (keine Programmausführung), um folgende Überprüfungen durchzuführen (siehe auch /Howden 78a/):

- Erstellung von Verwendungsnachweisen für Programmelemente z. B. Cross Reference Liste

- Prüfung auf Einhaltung von Sprachkonventionen.
- Datenobjektverwendungsprüfung, z. B. Verwendung aller vereinbarten Datenobjekte
- Markenverwendungsprüfung:
  Werden alle im Programm gesetzten Marken angesprungen?
- Erreichbarkeit aller Anweisungen:
  Aufgrund einer Vorgänger-Nachfolger-Tabelle können alle Anweisungen daraufhin überprüft werden, ob sie einen Vorgänger haben, d. h. formal erreichbar sind.
- Vorhandensein von Endlosschleifen:
  Bei Schleifen mit festen Obergrenzen können Endlosschleifen z. T. statisch erkannt werden.
- Initialisierung von Datenobjekten vor der Verwendung
- Initialisierung von Datenobjekten ohne anschließende Verwendung.
- Typengerechte Datenobjektverwendung:
  Sind die in Vergleichs- und Zuweisungsanweisungen vorkommenden Datentypen kompatibel?

Durch eine statische Analyse können insbesondere bei Verwendung älterer Programmiersprachen Fehler gefunden werden, die in neueren Sprachen die Compiler finden. Nicht alle statischen Analysen können automatisch durchgeführt werden. Die Prüfung auf Einhaltung von Sprachkonventionen erfordert z. T. ein ´code review´.

(b2) dynamische Analyse

Die Testfälle werden beim White Box Test aus der Struktur des Quellprogramms abgeleitet. Anschließend wird mit diesen Testfällen das Programm ausgeführt. Um eine dynamische Analyse zu ermöglichen, wird das zu testende Programm vorher instrumentiert, d. h. an strategisch wichtige Stellen des Programms werden Zähler eingebaut. Beim Ausführen eines Testfalles werden alle durchlaufenen Zähler gesetzt oder erhöht.

In Abhängigkeit von den beim Testen durchlaufenen Programmteilen unterscheidet man im wesentlichen
- Zweigüberdeckung,
- Bedingungsüberdeckung und
- Pfadüberdeckung.

Zur Beschreibung einer Programmstruktur wird ein gerichteter Programm-Graph verwendet, der aus Knoten und Kanten besteht. Jede Anweisung in einem Programm wird durch einen Knoten dargestellt. Jeder mögliche Kontrollfluß von einer Anweisung zur nächsten wird durch eine Kante dargestellt (siehe auch /Howden 78b/).

In den folgenden Beispielen werden Programmablaufpläne (PAPs) benutzt, um die Fluß-Struktur und insbesondere die Schleifen von Programmen darzustellen. Obwohl PAPs für die Entwicklung von Programmen nicht zu empfehlen sind, sind sie für diesen speziellen Zweck geeignet.

<u>Beispiel</u>

Der Modul FAKULTAET hat folgende innere Struktur:

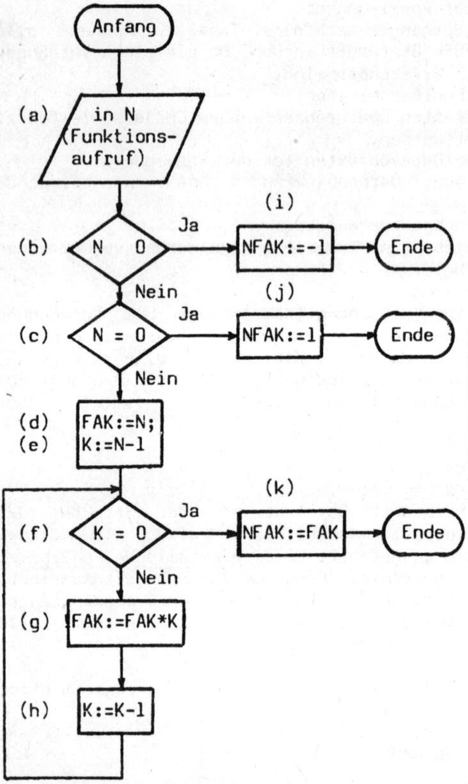

gerichteter Programmgraph von FAKULTAET:

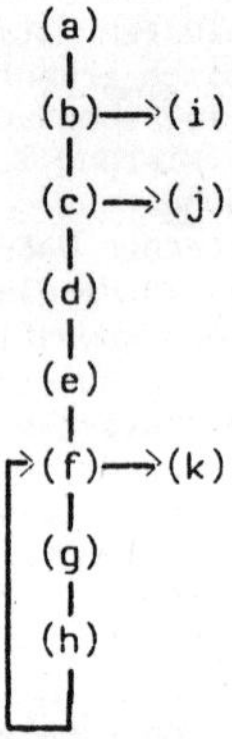

■

<u>(b2.1) Zweigüberdeckung</u>

Eine Zweigüberdeckung liegt vor, wenn die Testfälle so ausgewählt wurden, daß jeder Zweig des Programmes mindestens einmal durchlaufen wurde. Jeder Programmzweig korrespondiert mit einer Kante im Programm-Graph.

<u>Beispiel</u>

Um im Programm FAKULTAET eine Zweigüberdeckung zu erhalten, müssen folgende Wege im Programm-Graph durchlaufen werden:

1. (a) (b) (i) Testfall: N=-1, Soll-Ergebnis: NFAK=-1
2. (a) (b) (c) (j) Testfall: N=0; Soll-Ergebnis: NFAK=1
3. (a) (b) (c) (d) (e) (f) (k) Testfall: N=1; Soll-Ergebnis: NFAK=1
4. (a) (b) (c) (d) (e) (f) (g) (h) (f) (k) Testfall: N=2; Soll-Ergebnis: NFAK=2

■

Eine 100% Zweigüberdeckung wird oft als minimales Testkriterium festgelegt (siehe z. B. /Sorkowitz 79/).

Eine Zweigüberdeckung beinhaltet i. a. auch eine Anweisungsüberdeckung, d. h. jede Anweisung im Programm wird durch die Testfälle mindestens einmal ausgeführt.

<u>(b2.2) Bedingungsüberdeckung</u>

Bei einer Bedingungsüberdeckung müssen soviele Testfälle definiert werden, daß jede Bedingung in einer Auswahl alle möglichen Zustände annimmt.

<u>Beispiel</u>

```
if (ZCHN='A') or (ZCHN='E') or (ZCHN='I')
   or (ZCHN='O') or (ZCHN='U')
   then WRITE ('VOKAL')
   else WRITE ('KONSONANT')
```

Testfälle: 'A', 'E', 'I', 'O', 'U', 'B'
Beim Zweigtesten genügen im Gegensatz dazu 'A' und 'B'

■

<u>(b2.3) Pfadüberdeckung</u>

Ein Pfad beschreibt einen möglichen Weg durch das Programm von seinem Anfang bis zu seinem Ende. Eine 100% Pfadüberdeckung ist dann erreicht, wenn durch Testfälle jeder mögliche Pfad auch durchlaufen wurde.

<u>Beispiel</u>

Neben den Pfaden, die beim Zweigtesten von FAKULTAET bereits durchlaufen wurden, gibt es u. a. noch folgende:

5. (a)(b)(c)(d)(e)(f)(g)(h)(f)(g)(h)(f)(k)
   Testfall: N = 3; Soll-Ergebnis: NFAK = 6
6. (a)(b)(c)(d)(e)(f)(g)(h)(f)(g)(h)(f)(g)(h)(f)(k)
   Testfall: N = 4; Soll-Ergebnis: NFAK = 24

usw.

■

Wie das Beispiel zeigt, führen Wiederholungen in Programmen schnell zu sehr vielen oder unendlich vielen Pfaden. Befinden sich innerhalb einer Wiederholung noch mehrere Auswahlanweisungen, dann steigt die Pfadanzahl selbst bei relativ kleinen Programmen schnell ins Astronomische.
Eine 100% Pfadüberdeckung kann daher in der Regel nicht erreicht

werden.

Durch Pfadtesten können fehlende Pfade, d. h. fehlende Programmteile, nicht entdeckt werden. Außerdem können daten-sensitive Fehler nicht erkannt werden.

Zweig- und Pfadanalysen ermöglichen die Ableitung von Äquivalenzklassen aus der Programmstruktur. Diese Äquivalenzklassenbildung ist jedoch eine andere als die, die beim Black Box Test gewonnen wird. Beide Klassenbildungen haben nur bedingt etwas miteinander zu tun.

Ein White Box Test zeichnet sich durch folgende Vor- und Nachteile aus:

Vorteile
- Keine Modulspezifikation erforderlich.
- Der Weg zur Bildung von Äquivalenzklassen ist offensichtlicher als beim Black Box Test, da eine systematische Ableitung aus der Programmstruktur erfolgt.
- Qualitative Merkmale können mit überprüft werden, z. B. fehlerhafte Programmstrukturen (nicht erreichbare Anweisungen usw.).

Nachteile

- Die Äquivalenzklassenbildung hat weniger mit den Spezifikationen zu tun als beim Black Box Test.

Da sich der Black Box Test und der White Box Test gegenseitig ergänzen, ist eine kombinierte Anwendung empfehlenswert.
Zuerst sollten Testfälle nach der Black Box Methode und anschließend soviel ergänzende Testfälle wie nötig nach der White Box Methode erstellt werden.

Was man beim Black Box Test und beim White Box Test überprüft, ist jedoch nicht äquivalent.

Zusammenfassung

Die Möglichkeiten, die das konventionelle Testen bietet, werden am besten durch folgenden Satz von /Dijkstra 72, S.6/ ausgedrückt:

> "Program testing can be used to show the presence of bugs, but never to show their absence!"

Durch Tests läßt sich also nur das Vorhandensein von Fehlern, aber nicht die Fehlerfreiheit eines Programmes beweisen. Selbst wenn alls durchgeführten Testfälle keine Fehler aufzeigen, ist damit nur bewiesen, daß das Programm genau diese Fälle richtig verarbeitet.
Trotzdem ist es natürlich das Ziel des Testens, ein weitgehend fehlerfreies Produkt abzuliefern.

Beim Anwenden des konventionellen Testens sollte man sich jedoch über die Vor- und Nachteile dieser Methode stets im klaren sein:

Vorteile

- Verfahren ist experimentell, daher können Teile des Verfahrens auch durch Personen mit geringerer Qualifikation durchgeführt werden.
- Als Nebeneffekt können oft noch andere Qualitätseigenschaften mit überprüft werden.
- Die Werkzeuge zur Testunterstützung sind einfacher als die Werkzeuge für die Programmverifikation und das symbolische Testen.
- Der Testaufwand ist durch Festlegung der Toleranzschwelle steuerbar.
- Die Umgebung, in der das Produkt real laufen wird, kann berücksichtigt werden.

Nachteile

- Die Korrektheit eines Programmes kann durch Testen nicht bewiesen werden.
- Das Vertrauen in das getestete Programm hängt von der Auswahl repräsentativer Testfälle, von der Überprüfung von Grenzwerten, von Testfällen mit guter Überdeckung und vielen anderen Randbedingungen ab, d. h. ein ungutes Gefühl bleibt immer zurück.
- Nur beschränkte Zuverlässigkeit erreichbar.
- Keine Trennung von Effekten des Prüflings und von Effekten der realen Umgebung.

2.6.2.3.2 Programm-Verifikation

Um die Nachteile des Testens zu vermeiden, wurden Methoden entwickelt, um durch theoretische Analyse die Korrektheit eines Programmes zu zeigen.
Bei der induktiven Zusicherungsmethode (inductive assertion method) /Floyd 67/, /Hoare 69/ wird ein Programm durch Angabe von allgemeingültigen Beziehungen verifiziert.
Unter Verifikation wird in diesem Zusammenhang das Ableiten von allgemeingültigen Bedingungen aus dem Programm verstanden sowie die Ermittlung allgemeingültiger Beziehungen zwischen Varib1enwerten nach jeder Anweisung /Wirth 75/.

Die Konzepte dieser Methode werden an dem Programmbeispiel FAKULTAET skizziert.

Beispiel

Ein Programm, das die Fakultät ermittelt, ist dann korrekt, wenn folgende Beziehungen gelten:

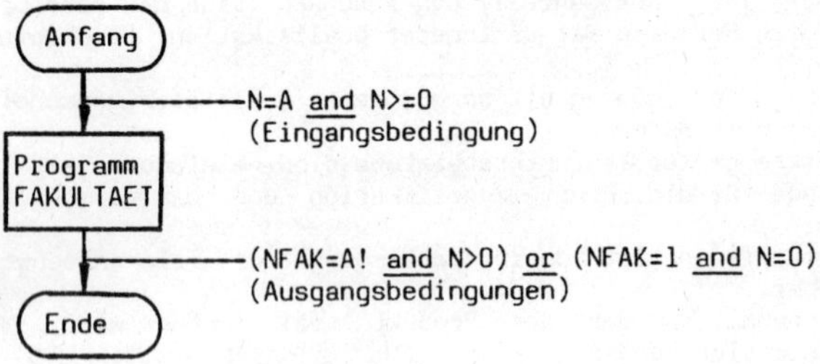

Alle zulässigen Eingabewerte werden durch A dargestellt. Im Gegensatz zum Testen werden keine konkreten Werte wie N = 5 angenommen.

Die angegebenen Beziehungen werden als Zusicherungen (assertions) bezeichnet.

Es wird nun ein Programm in Form eines Flußdiagramms angegeben, von dem gezeigt werden soll, daß es das Problem löst.
In das Flußdiagramm werden Zusicherungen eingetragen, die den Zustand des Programms an den einzelnen Stellen beschreiben.
Die Eingangs- und Ausgangsbedingungen (1) und (10) können sofort hingeschrieben werden. Nun sind alle Anweisungen und alle Pfade des Programms durchzugehen und zu zeigen, daß man aus der Eingangsbedingung durch das Programm die Ausgangsbedingung erhält. Die Schleife möge man sich vorläufig aufgeschnitten, d. h. ungeschlossen denken. Die an der Stelle (3) angegebene Zusicherung ist der Angelpunkt der ganzen Methode. Sie muß zunächst intuitiv gefunden und in geeigneter Weise formuliert werden.

Ausgehend von dieser Behauptung (3) können nun weitere Zusicherungen abgeleitet werden. (8) ergibt sich aus (3), da K=0 und 0!=1 ist, d. h. FAK*K! = FAK*1 = A!.
Der erste Teil der Ausgangsbedingung (10) ergibt sich nun durch das Ersetzen von FAK durch NFAK. (5) folgt aus (4) durch Anwendung der Identität FAK * K! = FAK * K * (K-1)!. Von (5) nach (6) wird K-1 durch K ersetzt. Schließt man nun die Schleife von (6) nach (3), so sieht man, daß beide Zusicherungen übereinstimmen, d. h. die als Hypothese angenommene Zusicherung (3) bleibt bestehen.
Würden die Zusicherungen (3) und (6) nicht identisch sein oder würde sich keine Beziehung zwischen beiden Zusicherungen herstellen lassen, dann wären die postulierten Zusicherungen falsch oder wenigstens untauglich.

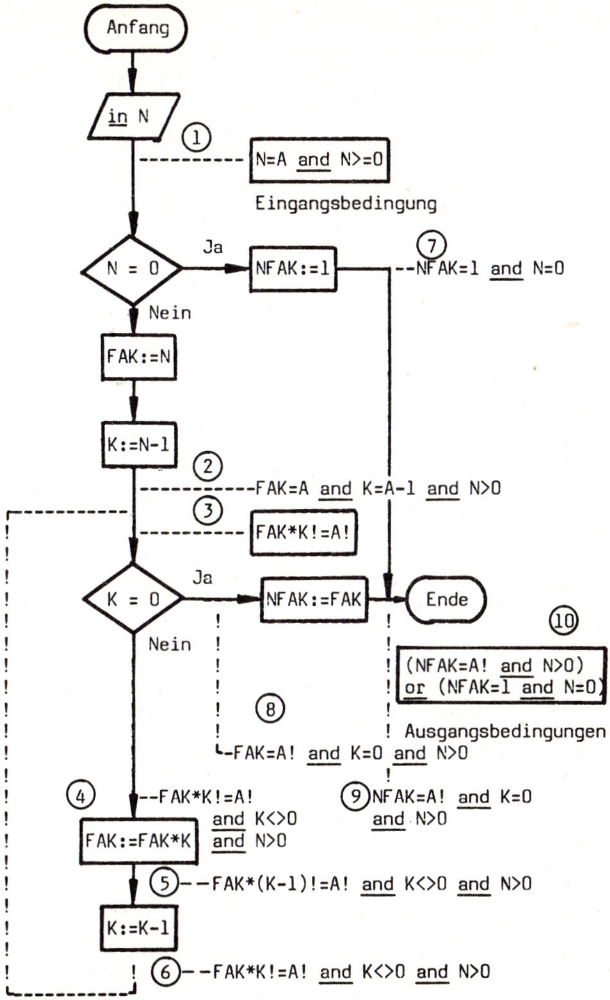

(4)(5) Für FAK * K! kann auch FAK * K * (K-1)!
geschrieben werden, da K>0 ist.

Die Zusicherung (3) gilt offenbar für den ersten Durchlauf der Schleife, für den zweiten Durchlauf der Schleife sowie bei allen die Schleifeninvariante als Eintrittspunkt hat.

einer Schleife wird Schleifen-Invariante genannt, da diese Beziehung auch nach der wiederholten Ausführung der Wiederholungsanweisungen unverändert d. h. invariant bleibt. Damit ist bewiesen, daß dieses Programm das Ergebnis N! liefert, wenn es das Ende erreicht. Daß das Programm terminiert, wurde nicht bewiesen, dies muß gesondert gezeigt werden. ■

Der totale Korrektheitsbeweis eines Programms besteht also aus zwei Teilen:
- Beweis der Termination.
- Beweis, daß das korrekte Ergebnis bei Termination geliefert wird.

Die wesentlichen Beweismethoden sind:
- Betrachtung der Struktur des Programms
- Fallunterscheidung (Enumeration)
- Induktion

Wesentlich für die Verifikation eines Programms ist das Finden der Invarianten. Dieses Auffinden der Schlüssel-Feststellungen, aus denen sich alle anderen Zusicherungen ableiten lassen, ist eine kreative Tätigkeit, die nur an Beispielen zu vermitteln ist und das Beweisen von Programmen so schwierig macht.
Bei kurzen und einfachen Programmen kann die Korrektheit mit dieser Methode gezeigt werden, bei umfangreicheren Programmen steigen die Schwierigkeiten stark an. Man sollte sich jedoch immer bemühen, die Invarianten als Kommentar in einem Programm anzugeben, da sie ein wichtiges Element der Programm-Dokumentation darstellen und durch die Ermittlung von Invarianten bereits Fehler vermieden werden, die sonst nur durch aufwendiges Testen gefunden werden.

Vorteile
- Beweis, daß ein Programm entsprechend der Spezifikation, d. h. der Ein- und Ausgangsbedingungen, implementiert ist, ist möglich.
- Vollständiger Korrektheitsbeweis ist möglich (durch formale Beweismethoden einschl. der Verwendung von Allquantoren wird die Endlichkeit der Testverfahren überwunden).

Nachteile
- Für umfangreiche Programme kein Beweisverfahren vorhanden (Forschungsgebiet).
- Die Aufbereitung der Programme für den Beweis erfordert hohe Qualifikation.
- Die verwendete Programmiersprache muß eine formale Semantik besitzen, um den Effekt jeder Sprachkonstruktion zu spezifizieren.
- Die Teile des Programms, für die Sprachkonstrukte keine formale Semantik besitzen, wie Gleitpunkt-Arithmetik, externes E/A-Verhalten, Interrups, müssen weiterhin getestet werden.
- Maschineneigenschaften werden nicht berücksichtigt.
- Die Methode verlangt eine bestimmte Spezifikationstechnik (Eingangs- und Ausgangsbedingungen).

2.6.2.3.3 Symbolisches Testen

Symbolisches Testen liegt zwischen den Extremen konventionelles Testen und Programm- Verifikation und stellt einen Kompromiß zwischen beiden dar (siehe auch /Howden 78a/).
Beim symbolischen Testen werden nicht spezielle Testwerte ausgewählt, sondern allen geforderten Eingaben werden symbolische Werte zugewiesen, analog der Programm-Verifikation.

Eine symbolische Ausführung, d. h. eine Programmausführung mit symbolischen Werten, läuft ab wie eine Programmausführung beim konventionellen Testen. Werte werden jedoch symbolisch berechnet. Dazu wird das Quellprogramm interpretiert. Daher kann man symbolisches Testen auch dem statischen White Box Test zuordnen.

Beispiel

```
program PRAEMIENBERECHNUNG;
var (*Eingabe*) DIENSTJAHRE, ALTER: integer;
    (*Ausgabe*) PRAEMIE: integer;
begin
READ (DIENSTJAHRE, ALTER),
PRAEMIE := 0;
if DIENSTJAHRE > 5
         then begin PRAEMIE: = 50 + 10 * DIENSTJAHRE
                if ALTER > 50
                then PRAEMIE := PRAEMIE + 100
                end
         else
                if DIENSTJAHRE > 2
                   then PRAEMIE := 100;
WRITE (PRAEMIE)
end
```

Symbolische Eingabewerte: d = DIENSTJAHRE; a = ALTER

Symbolischer Ausgabewert: p = PRAEMIE;

Um die Effekte der symbolischen Ausführung deutlich zu machen, wurde in diesem Beispielprogramm auf Konstantendefinitionen wie "const GRUNDPRAEMIE = 50" verzichtet.

Wird ein Programm mit aktuellen Werten ausgeführt, dann kann der Wert einer Bedingung festgestellt werden (true oder false). Da bei der symbolischen Ausführung in den Bedingungsausdrücken symbolische und aktuelle Werte enthalten sind, kann nicht entschieden werden, ob die Bedingung wahr oder falsch ist. Die symbolische Bedingung wird daher als Prädikat formuliert, so daß sowohl in den Ja-Zweig als auch in den Nein-Zweig verzweigt wird. Dadurch entsteht ein Ausführungsbaum. Jeder Anweisung im Programm wird ein Knoten zugeordnet. Jeder Übergang zwischen den Anweisungen wird durch eine gerichtete Kante beschrieben.
Von einer Verzweigung führen mehrer Kanten weg. An jede Kante wird die Bedingung notiert, die zum Eintritt in diesen Zweig

führt (Path Condition PC).

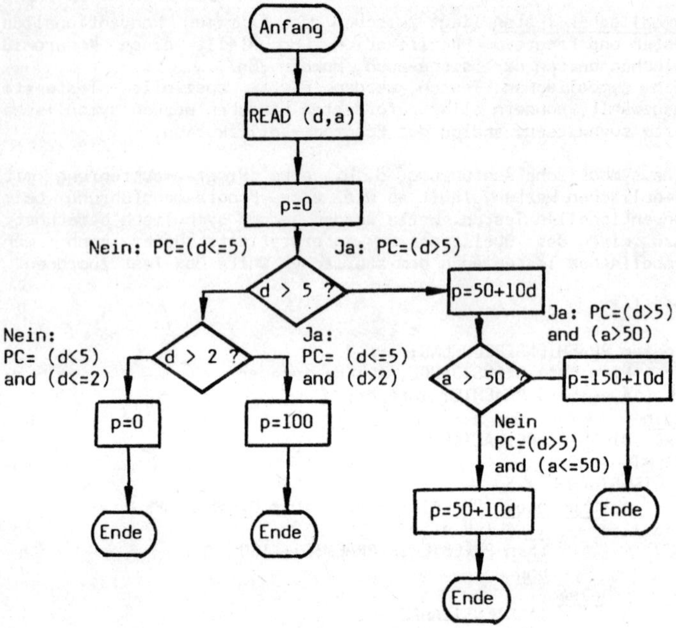

Es ergibt sich folgendes symbolisches Prädikatensystem:

d <= 2	: p = 0
2 < d <= 5	: p = 100
5 < d, a <= 50	: p = 50 + 10 d
5 < d, a > 50	: p = 150 + 10 d

■

Enthält ein Programm Schleifen, dann entsteht i. a. ein unendlicher Ausführungsbaum. Die Anzahl der Pfade wird dann entweder durch Festlegen einer bestimmten Iterationsanzahl willkürlich beschränkt oder der Schleife wird wie bei der Programmverifikation eine induktive Invariante zugeordnet. In diesem Fall werden zwei Ausführungsbäume erzeugt, wovon der eine die Schleifeninvariante als Eintrittspunkt hat.

Beispiel

Der Ausführungsbaum von FAKULTAET (2.5.2.3.2) sieht wie folgt aus:

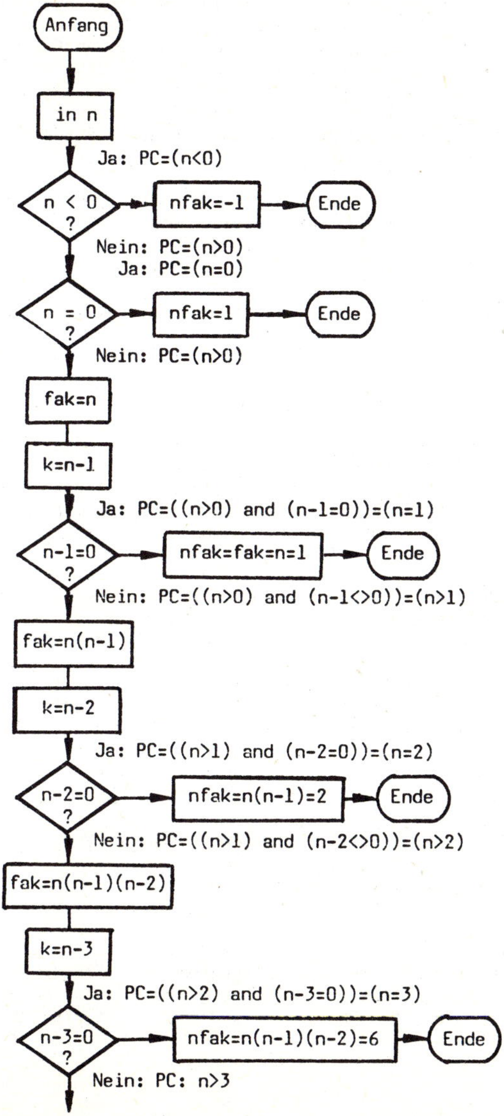

Es ergeben sich folgende Ergebnisse

$n < 0$: nfak = -1
$n = 0$: nfak = 1
$n = 1$: nfak = 1
$n = 2$: nfak = 2
$n = 3$: nfak = 6
usw.

Damit die Pfadbedingungen nicht zu umfangreich werden, muß jeweils versucht werden, sie durch Umformungen zu vereinfachen.

Da das manuelle symbolische Ausführen eines Programmes sehr aufwendig ist, wurden interaktive und stapelorientierte Systeme zur automatischen Unterstützung entwickelt. Bei den interaktiven Systemen wählt der Benutzer jedesmal den Pfad, den er verfolgen will, wenn er an einer Auswahlanweisung angelangt ist. Beim stapelorientierten Ansatz legt der Benutzer am Anfang Pfadbeschreibungen fest (siehe auch /Darringer 79/). Neben der symbolischen Ausführung können diese Werkzeuge logische Ausdrücke manipulieren, um z. B. Prädikate zu vereinfachen.

Forschungsvorhaben verfolgen z. Z. das Ziel, das symbolische Testen auf komplizierte Datenstrukturen auszudehnen (siehe z. B. /Persch, Winterstein 78/).

Vorteile

- Eine formale Programmspezifikation ist nicht erforderlich.
- Ermöglicht größeres Vertrauen in das symbolisch getestete Programm, da ein symbolischer Test eine Vielzahl konventioneller Testfälle abdeckt.
- Gibt Hinweise für den Überdeckungsgrad von Testfällen für konventionelles Testen.
- Unterstützt das Finden von Schleifen-Invarianten, wenn als Vorphase für die Programm-Verifikation verwendet.
- Es werden besonders Fehlerarten entdeckt, bei denen für eine Teilmenge der Eingabe die Ergebnisse falsch berechnet werden.
- Sinnvolle Ergänzung zu anderen Testmethoden.

Nachteile

- Das Überprüfen der Testergebnisse ist schwieriger als beim konventionellen Testen.
- Die verwendete Programmiersprache muß formal definiert sein, damit ein symbolischer Interpreter arbeiten kann.
- Erfordert mehr Voraussetzungen als konventionelles Testen (Symbolischer Interpreter, Interpretation der Ergebnisse).
- Durch Umformungen während der symbolischen Ausführung (z. B. X+1+1 zu X+2) werden Maschineneigenschaften nicht geeignet berücksichtigt z. B. Effekte der Gleitpunktarithmetik.
- Die Semantik der Sprachkonstrukte wird erweitert, was in manchen Fällen problematisch ist.
- Als alleinige Testmethode nicht ausreichend (Black Box Test fehlt).
- Einsatzumgebung wie bei der Verifikation.

Zusammenfassung

Die wichtigsten Methoden für das Überprüfen von Programmen wurden vorgestellt. Welcher Ansatz am besten geeignet ist, hängt von dem zu überprüfenden Programm und den geforderten Qualitätseigenschaften ab.

Numerische Analysis-Programme können nur durch Testen evaluiert werden, da eine formale Analyse des Verhaltens des Programms (noch) nicht möglich ist.

Testen und Verifizieren lassen sich durch folgende Eigenschaften charakterisieren:

Testen: systematisch, detailliert, konkret, fallorientiert.

Verifizieren: systematisch, allgemein, abstrakt, deduktiv und induktiv orientiert.

Testen liefert den konkreten Beweis, daß die Problemloesung fallweise korrekt ist, Programm-Verifikation liefert den abstrakten Beweis, daß die gesamte Problemloesung korrekt ist.

Eine systematische Testfallermittelung stellt sicher, daß eine Vielfalt von Eingabearten berücksichtigt werden, während eine induktive Beweisführung Korrektheit über die isolierten Testfälle hinaus garantiert.

Testen lenkt die Aufmerksamkeit detailliert auf einige vollständige Berechnungen, während die Programm-Verifikation die Aufmerksamkeit auf allgemeine Eigenschaften von Zwischenzuständen von Berechnungen und die Relationen zwischen ihnen lenkt.

Allein diese Unterschiede zeigen, daß sich insgesamt alle Methoden ergänzen und daher auch zusammen benutzt werden sollten.

2.6.3 Sprachen

Zur Umsetzung der verschiedenen Implementierungsprinzipien werden geeignete Sprachkonzepte benötigt.
Die Sprachkonzepte sind
- entweder in neuen Programmiersprachen bereits enthalten
- oder werden zunächst in einer Pseudo-Sprache beschrieben und dann automatisch oder manuell in die Zielsprache umgesetzt.

Bei der Behandlung der Prinzipien wurde bereits auf neuere Sprachkonzepte und ihre Realisierung in Programmiersprachen hingewiesen. Es wird daher auf einen detaillierten Vergleich der Konzepte für das "Programmieren im Kleinen" verzichtet.

Da jedoch Syntax, Semantik und Notation einer Programmiersprache wesentlich zur Realisierung der Prinzipien beitragen, werden wesentliche Anforderungen an Programmiersprachen im folgenden skizziert.

(a) Strukturierbarkeit der Programme

Der Übergang von einer abstrakten, verbalen Daten- und Algorithmusformulierung zur formalen, programmiersprachlichen Beschreibung sollte möglichst nahtlos und ohne Bruch vor sich gehen. D. h. die Programmiersprache muß eine am Problem orientierte, strukturierte Formulierung unterstützen, so daß keine Pseudo-Code-Ebene mehr erforderlich ist. Sprachen wie COBOL, FORTRAN oder BASIC unterstützen in diesem Sinne keine strukturierte Lösungsbeschreibung.

Zur Strukturierbarkeit der Programme gehören Konzepte zur Formulierung und Konstruktion problemadäquater Typen sowie die Verfügbarkeit linearer Kontrollstrukturen.

Die Sprache soll auch die Gedankenwelt der Menschen, die sie benutzen, nicht unnötig einengen. D. h. auch daß die Syntax leicht merkbar und intuitiv klar sein muß. Sie soll als natürliche Führung zur Formulierung von Gedanken dienen.

(b) Lesbarkeit der Programme

Die Programme müssen lesbar sein, d. h.
- die Beibehaltung einer vorgenommenen Problemverbalisierung muß möglich sein (beliebig lange Namen),
- eine strukturierte Niederschrift des Programms muß möglich sein (Einrücken von Zeilen, Einfügen von Leerzeilen und Leerzeichen; kein festes Format),
- Kommentare müssen an fast jeder Stelle im Programmm eingefügt werden können,
- die Lösung des Problems muß im Programm sichtbar sein; die Problemstruktur muß sich in der Programmstruktur widerspiegeln.

(c) Selbsterklärung der Sprache

Die in der Sprache angebotenen Sprachelemente müssen in der Notation, der Syntax und der Semantik selbsterklärend sein, um damit insbesondere auch die Lesbarkeit zu verbessern.

Beispiele

```
for POS:=1 step 2 until 10 do ist selbsterklärend
DO 100 POS= 1,10,2            ist nicht selbsterklärend

if A<B then S1 else S2        ist selbsterkläend
if (A-B) 100,200,300          ist nicht selbsterklärend

switch VERTEIL := M1,M2,M3;   ist nicht selbsterklärend
goto VERTEIL (.I.);
```

Zur Selbsterklärung trägt bei, daß möglichst kein Symbol in unterschiedlicher Bedeutung verwendet wird.

Beispiele

In manchen Programmiersprachen wird das Gleichheitszeichen sowohl als Gleichheitsoperator (if A = 10 then...) als auch als Zuweisungsoperator verwendet (A = 10;). D. h. dasselbe Symbol wird kontextabhängig in unterschiedlicher Semantik verwendet. Das trägt zur Verwirrung bei.
Analog wird die Selbsterklärung vermindert, wenn ein Symbol (z. B. end) verwendet wird, um unterschiedliche Sprachkonstrukte abzuschließen (z. B. case...end, begin...end, with...end).
In neueren Sprachen wird daher jede Konstruktion durch ein spezielles Symbol abgeschloßen (z. B. case...end case; if...end if; procedure A ... end A).

(d) Einfachheit der Sprache

Die Einfachheit einer Sprache und damit auch die Erlernbarkeit wird durch folgende Faktoren bestimmt:

- einfache, klare und natürliche Syntax,
- reguläre Struktur der Sprache, keine Ausnahmen,
- Integrität der Konzepte,
- überschaubare Auswirkungen bei Anwendung der Konzepte, insbesondere keine unerwarteten Nebeneffekte bei Kombination von Konzepten,
- alle Basiskonzepte auf demselben Abstraktionsniveau, d. h. keine Mischung von problemorientierten und maschinenorientierten Konzepten,
- die Sprachdefinition muß selbsterklärend und vollständig sein,
- bewußte Begrenzung des Sprachumfangs und des Sprachvorrats; nur begrenzte Anzahl möglichst orthogonaler Konzepte.

(e) Frühzeitige Fehlererkennung

Moderne Programmiersprachen versuchen durch eine ganze Reihe konstruktiver Maßnahmen Fehler von vornherein zu vermeiden (z. B. durch Einfachheit der Sprache, lineare Kontrollstrukturen). Durch geeignete Sprachkonzepte können außerdem Fehler bereits zur Übersetzungszeit gefunden werden. Dies wird durch den Einbau von Redundanz in die Sprachkonzepte erreicht. Das explizite Vereinbaren aller Datenobjekte einschl. ihrer Typen ermöglicht z. B. eine statische Typüberprüfung.

(f) Effizienter, zuverlässiger Compiler

Die Benutzerakzeptanz einer Sprache hängt wesentlich von der Verfügbarkeit eines zuverlässigen, schnellen Compilers ab, der den gesamten Sprachumfang abdeckt, effizienten Code erzeugt und den Speicher ökonomisch nutzt.

(g) Formale Definition der Sprache

Eine Sprache muß basierend auf Axiomen mathematisch definiert sein und einer logischen Nachprüfung standhalten. Die Definition muß maschinenunabhängig sein. Diese Eigenschaft ist insbesondere notwendig, um symbolisches Testen und die Programm-Verifikation zu ermöglichen und durch automatische Werkzeuge zu unterstützen.

Im Zusammmenhang mit dem Prinzip der linearen Kontrollstrukturen wurden bereits die Pseudo-Code-Darstellung, die Struktogrammdarstellung und die PAP-Notation jeweils mit ihren Vor- und Nachteilen erläutert.

Zusammenfassend läßt sich feststellen, daß die Sprache für das "Programmieren im Kleinen" wesentlich zur Realisierung der aufgeführten Prinzipien beitragen. Erfüllen verwendete Programmiersprachen die oben angegebenen Anforderungen nicht oder nur zum Teil, dann ist eine größere Disziplin beim Programmieren, ein höherer Dokumentations- bzw. Kommentierungsaufwand sowie ein aufwendiger Werkzeugeinsatz insbesondere für statische Analysen erforderlich.

2.6.4 Werkzeuge

Zur Unterstützung der Implementierungsphase gibt es eine Vielzahl von Werkzeugen.

Traditionelle Werkzeuge der Implmentierungsphase sind Compiler und Assembler. Für neuere Programmiersprachen gelten die bereits bei den Entwurfswerkzeugen erwähnten zusätzlichen Compilereigenschaften (siehe S. 367). Der Einsatz von Pseudo-Code-Ebenen erfordert diverse Precompiler bzw. Preprozessoren.

Die Bereitstellung eines einheitlichen, gut lesbaren Programm-Layouts erfordert eine textuelle Aufbereitung durch einen Formatierer.
Die grafische Aufbereitung von Quellprogrammen kann z. B. durch einen Struktogrammgenerator erfolgen. Zur Unterstützung der Jackson-Methode können spezielle Precompiler eingesetzt werden.

Um zu ablauffähigen Programmen zu gelangen, werden natürlich noch entsprechende Linker und Lader benötigt.

Ein besonders breites Werkzeugspektrum gibt es zur Überprüfung von Programmen, insbesondere für das konventionelle Testen.

Black Box Test und White Box Test werden wesentlich erleichtert, wenn ein Testrahmengenerator zur Verfügung steht, der um einen Modul einen Testrahmen legt. Durch einen solchen Testrahmen können interaktiv oder aus Testdateien Testdaten eingegeben werden und die Ergebnisse mit einem Sollergebnis verglichen werden. Ein Testprotokoll zeigt, mit welchen Testdaten das Testobjekt beschickt wurde. Testrahmengeneratoren können auch als Modul-Treiber sowie zur Simulation von "dummies" dienen.

Die dynamische Analyse beim White Box Test wird durch Instrumentierer unterstützt. Diese Werkzeuge analysieren den Quellcode des Testobjektes und fügen an signifikanten Stellen Programmeinschübe ein, insbesondere Zähler. Ein so instrumentiertes Testobjekt wird dann mit Testdaten beschickt. Die ebenfalls automatische Analyse der durchlaufenen Programmeinschübe bzw. Zähler gibt dann Aufschluß darüber, welche Zweige und Pfade durchlaufen wurden. Zur Überprüfung spezieller Testüberdeckungen gibt es z. B. Zweigtester und Pfadtester als Werkzeuge.

Von Compilern und Interpretern unterstützte Instrumentierungsmöglichkeiten sind meistens für eine sinnvolle Testdurchführung nicht flexibel genug.

Für die automatische Instrumentierung gibt es folgende Möglichkeiten:
- Einbau von Zählern in jeden Programmzweig,
- Protokollierung der Programmausführung,
- Protokollierung der Datenänderung durch den Vergleich der

Daten vor und nach der Bearbeitung,
- Protokollierung der an Modulschnittstellen übergebenen bzw. empfangenen Daten.

Zur automatischen Ermittlung von Testdaten aus dem Quellprogramm gibt es Testdatengeneratoren, die folgende Aufgabe durchführen:
- Analyse der Datenstrukturen,
- Analyse des Kontrollflußes,
- Ermittlung der Testpfade,
- Testdatenzuweisung.

Durch statische Analysatoren können folgende Aufgaben erledigt werden:
- Prüfung auf Einhaltung formaler Standards,
- Prüfung des Quellprogramms gegen vorgegebene Regeln,
- Erzeugen von Symboltabellen,
- Analyse und Dokumentation des Kontrollflusses,
- Analyse der Datenverwendung,
- Feststellen unerreichbarer Anweisungen,
- Feststellen nicht initialisierter Variablen.

Für die Programm-Verifikation gibt es Theorem-Beweiser, die meist interaktiv ablaufen und die Mitwirkung des Anwenders erfordern.

Das symbolische Testen kann ebenfalls durch Werkzeuge für die symbolische Testausführung unterstützt werden.

Zu allen diesen Werkzeugen kommen natürlich noch die klassischen Hilfsmittel für die Fehlerlokalisierung (debugging) von bekannten Fehlern wie Debug-Programme und Trace-Hilfen.

Für die Programm-Eingabe und Änderung wird ein Text-Editor benötigt.

Das Zusammenfassen aller dieser Werkzeuge führt analog wie bei Entwurfswerkzeugen zu Programmier-Umgebungen und Software Engineering Environment Systemen.

2.7 Die Abnahme- & Einführungsphase

In der Abnahme- & Einführungsphase wird das fertiggestellte Gesamtprodukt abgenommen und beim Anwender eingeführt, d. h. in Betrieb genommen. Abb. 2.7-1 zeigt die Einbettung dieser Phase in das SEEM.

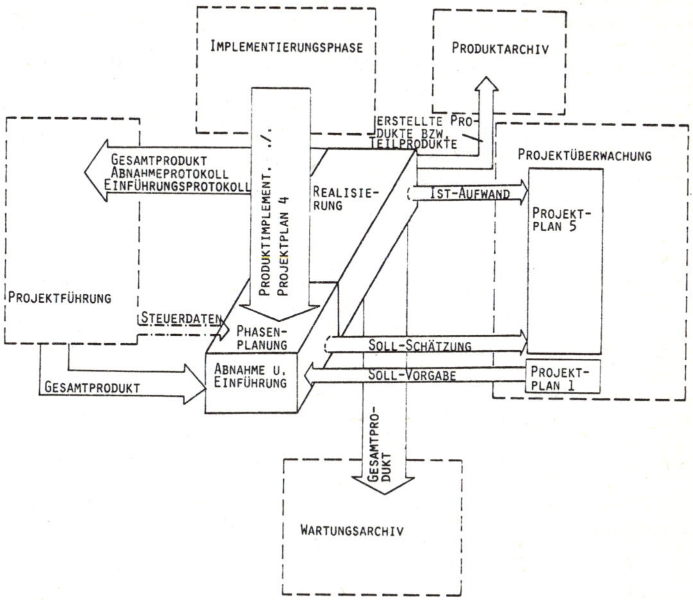

Abb. 2.7-1: Modell der Phase "Abnahme & Einführung"

In der Phasenplanung werden, wie im entsprechenden Schritt der vorangehenden Phasen, alle durchzuführenden Tätigkeiten geplant.
Im sich darin anschließenden Realisierungsschritt erfolgt die Übergabe des Produktes und die Einführung beim Anwender.
Eine Überprüfung des Realisierungsschrittes durch das Projektteam ist überflüssig, weil innerhalb der Realisierung vom Projektteam keine neuen Produkte mehr erstellt werden.
Die Übergabe des Produktes erfolgt entweder an den Auftraggeber, falls das Produkt individuell für ihn erstellt wurde, oder an eine freigabeberechtigte Instanz innerhalb der Firma, falls das Produkt für einen anonymen Markt hergestellt wurde.
Mit der Übernahme verbunden ist i. a. ein Abnahmetest. Im Rahmen der Abnahme werden eine Reihe von Tests durchgeführt, die der Abnehmer ausgearbeitet hat und mit denen er prüft, ob sich das Produkt seinen ursprünglich spezifizierten Anforderungen (im

Pflichtenheft bzw. in der Produktdefinition festgehalten) entsprechend verhält. Alle relevanten Eingabe-Daten, durchgeführte Tests und erhaltene Ergebnisse werden im Abnahmeprotokoll festgehalten.
Innerhalb einer Abnahme-Testserie ist es auch sinnvoll Belastungs- oder Streßtests durchzuführen. (Beim Streßtest eines Textverarbeitungssystem kann man z. B. überprüfen, ob auch bei sehr hohen Schreibgeschwindigkeiten kein Fehler auftritt.)
Insgesamt werden die Testfälle so zusammengestellt, daß ein komprimierter Test der Systemfunktionen (i. a. mit Echtdaten) möglich ist.
Nach erfolgreichen Tests erfolgt die Abnahme des Systems durch den Anwender. Die formale Abnahme ist die (schriftliche) Erklärung der Annahme (im juristischen Sinne) eines Produkts durch den Auftraggeber.
Handelt es sich um ein auftragsbezogenes Produkt, dann erfolgt anschl. die Einführung des Produktes beim Auftraggeber.

Die Einführung umfaßt Installation und Inbetriebnahme.
Installation ist die Einrichtung eines Systems in dessen Zielumgebung zum Zwecke des Betriebs. Inbetriebnahme ist der Übergang zwischen Installation und Betrieb. Alle Vorkommnisse, die in der Teilphase der Einführung auftreten, werden im Einführungsprotokoll festgehalten. Die Einführung eines Produktes muß sorgfältig geplant werden.

Besonders wichtig ist die Zeitplanung der Umstellung (z. B. in Form eines Netzplanes, siehe Abb. 2.3-5). Zur Einführung gehört die Schulung der Benutzer und des Betriebspersonals. Nach Installation des Produktes sind die Benutzer in die Handhabung des Systems einzuweisen.
Eine weitere wichtige Aufgabe bildet die Umstellung der Datenbestände. Manuelle Karteien müssen oft erst entsprechend aufbereitet oder zusammengestellt werden, bevor sie in der Form vorliegen, in der sie für die neue Datenverwaltung erfaßt werden können. Bei umfangreichen Beständen muß für die manuelle Datenerfassung entsprechend Zeit eingeplant werden. Je größer der Umfang eines Datenbestandes ist, desto früher ist eine Umstellung erforderlich; eine hohe Änderungsintensität spricht für eine späte Umstellung.
Das größte Problem ergibt sich bei der Übertragung lebender Datenbestände z. B. Lagerdateien. Hier muß zu einem bestimmten Zeitpunkt oder zu mehreren Zeitpunkten umgestellt und anschließend eine laufende Korrektur festgelegt werden.
Es ist zu berücksichtigen, daß zur Erstellung neuer Bestände z. T. eigene Programme erforderlich sind, die entwickelt werden müssen. Außerdem ist zu überlegen, wie die Richtigkeit der erstellten Datenbestände überprüft werden kann.

Die eigentliche Inbetriebnahme kann auf drei Arten erfolgen:
- direkte Umstellung,
- Parallellauf,
- Versuchslauf.

Bei der direkten Umstellung wird unmittelbar von dem alten auf das neue System übergegangen. Die Benutzung des alten Systems wird gestoppt, um das neue System sofort in Betrieb zu nehmen. Für die Umstellungsarbeiten wird ein Wochenende oder eine Feiertagsperiode gewählt. Die direkte Umstellung ohne weitere Vorkehrungen ist risikoreich und sollte vermieden werden.
Beim Parallellauf werden die Bewegungsdaten sowohl im alten als auch im neuen System verarbeitet, so daß die Ergebnisse miteinander verglichen werden können. Der Vorteil des Parallellaufs liegt darin, daß man Sicherheit hat, falls das neue System nicht funktioniert. Nachteilig sind die hohen Kosten und die Schwierigkeiten, die durch den Parallellauf zweier Systeme entstehen.
Versuchsläufe können in zwei Formen durchgeführt werden. Bei dem einen Verfahren arbeitet das neue System mit Daten aus vergangenen Perioden, so daß die Ergebnisse bekannt sind und überprüft werden können. In der Zeit der Versuchsläufe wird der Benutzer aufgefordert, Beanstandungen und Fehler mitzuteilen. Die aktuelle Verarbeitung erfolgt noch im alten System.

Die zweite Möglichkeit ist die Einführung des neuen Systems in einzelnen Stufen, indem verschiedene Funktionsbereiche sukzessiv übernommen werden. Dies erleichtert auch die Versetzung von Personal.

Wird ein Software-Produkt für den anonymen Markt hergestellt - in der Regel bei Standard-Software der Fall - dann erfolgen vor einer allgemeinen Vertriebsfreigabe eine Reihe von Pilotinstallationen bei Pilotkunden.

Nach erfolgreicher Einführung des Produktes erfolgt die offizielle Freigabe des Produktes. Damit ist die Produktentwicklung beendet. Das Produkt wird sowohl in das Wartungs- als auch in das Produktarchiv übertragen.

Die Abnahme- & Einführungsphase liefert also folgende Ergebnisse:
- Gesamtprodukt,
- Abnahmeprotokoll,
- Einführungsprotokoll.

Das Gesamtprodukt umfaßt alle Produkte bzw. Teilprodukte, die in den vorausgehenden Phasen erstellt wurden. Um eine gute Grundlage für spätere Wartung zu besitzen, ist es nötig, alle diese Produkte zu archivieren. Das Wartungsarchiv unterscheidet sich vom Produktarchiv vor allem darin, daß von jedem Produkt verschiedene Versionen aufbewahrt werden müssen. Das Wartungsarchiv kann darüberhinaus noch Informationen über die installierten Versionen bei den einzelnen Kunden aufnehmen.

Einen Teil des Gesamtprodukts bilden die Benutzer- Dokumentation und das installierte System. Unter der Benutzerdokumentation ist die Gesamtheit der Unterlagen zu verstehen, die dem Anwender einen ordnungsgemäßen Betrieb des Systems ermöglichen.

3. Die Qualitätssicherung

Der Sicherstellung der gewünschten Produktqualität kommt während der Software-Entwicklung eine hohe Bedeutung zu.

> Qualität ist die Gesamtheit von Eigenschaften und Merkmalen eines Produktes oder einer Tätigkeit, die sich auf deren Eignung zur Erfüllung gegebener Erfordernisse beziehen (in Anlehnung an DIN 55350, Teil 11 - Entwurf).

Diese Definition bezieht sich dabei sowohl auf die Qualität eines Produktes als auch auf die Qualität einer Tätigkeit oder eines Prozesses.

> Ein Merkmal ist eine Eigenschaft, die das Unterscheiden von Einheiten einer Gesamtheit entweder in qualitativer oder quantitativer Hinsicht ermöglicht (in Anlehnung an DIN 55350, Teil 12).

Um eine operationalisierte Basis für Merkmale zu erhalten, erscheint es sinnvoll quantitative Kenngrößen einzuführen, die quantitativ leicht zu bestimmen bzw. zu messen sind.

Beispiele

- Anzahl der Systemebenen,
- Anzahl der Knoten einer Baumhierarchie,
- Anzahl der Blätter einer Baumhierarchie,
- Anzahl der Anweisungen ohne Kommentare eines Moduls,
- Anzahl der Moduln,
- Anzahl der Parameter pro Schnittstelle,
- Anzahl der Fehler pro Zeiteinheit,
- mittlere Zeit zwischen zwei Fehlern.

■

Durch die geeignete Kombination solcher quantitativen Kenngrößen lassen sich dann Merkmale von Software-Produkten ableiten. Da sich Merkmale wieder zu komplexeren Merkmalen zusammensetzen lassen, ergeben sich Bäume für Software-Merkmale (Abb. 3-1).

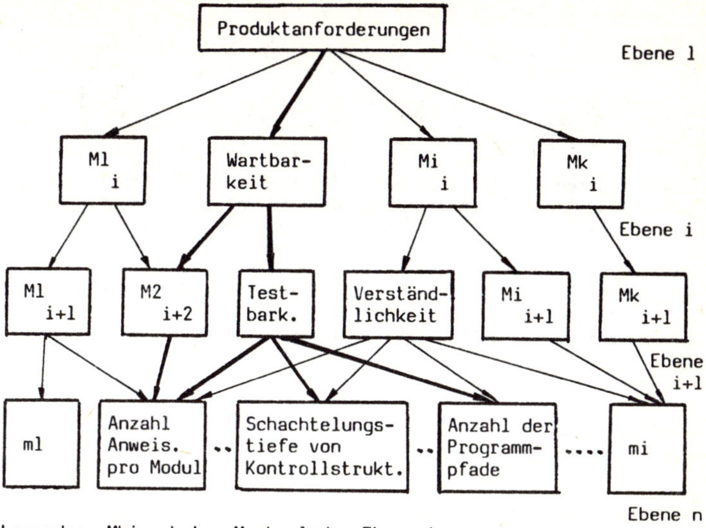

Legende: Mki = k-tes Merkmal der Ebene i
mi = Quantitative Kenngröße i
——>: Relation "wird bestimmt durch"

Abb. 3-1: Bäume der Software-Merkmale

Das Produktmerkmal Wartbarkeit läßt sich nach Abb. 3-1 auf das Merkmal M2i+1 und das Merkmal Testbarkeit zurückführen. Testbarkeit wiederum läßt sich u. a. auf die quantitativen Kenngrößen

- Anzahl der Anweisungen pro Modul,
- Schachtelungstiefe von Kontrollstrukturen und
- Anzahl der Programmpfade

abbilden. Damit ist aber noch nichts darüber ausgesagt, in welcher Gewichtung die quantitativen Kenngrößen in das Merkmal Testbarkeit eingehen.

Um die Qualität eines Software-Produktes beurteilen zu können, müssen die Qualitätseigenschaften also letztendlich auf quantitative Kenngrößen zurückgeführt werden, die eine objektive Bewertung, d. h. Messen oder Vergleichen, ermöglichen.

Wie Abb. 3-1 zeigt, ist diese Aufgabe durch eine Verfeinerung der Merkmale in mehreren Stufen lösbar. Einige Merkmale können u.U. unmittelbar bewertet werden, einige dagegen müssen weiter gegliedert werden (siehe auch 1.4).

Im Einzelfall hängt die Entscheidung darüber, welche quantitativen Kenngrößen überhaupt und in welcher Form ein bestimmtes Merkmal beeinflussen, davon ab, welches Modell für das entsprechende Merkmal zugrundegelegt wird.

Die Modellauswahl wiederum wird von den Annahmen, Einschränkungen und Vereinfachungen auf Grund der konkreten Anforderungen beeinflußt. Für einzelne Merkmale wie Aufwand, Komplexität, Zuverlässigkeit, Effizienz usw. existieren daher auch unterschiedliche Modelle.

Eigenschaften und Merkmale von Software-Produkten werden heute i. a. noch subjektiv beurteilt oder es wird darauf vertraut, daß die gewünschten Eigenschaften schon vorhanden sein werden.

Da Software-Produkte jedoch in immer komplexere Systeme eingebettet werden, können Fehler unübersehbare Folgen haben und hohe Kosten verursachen.
Software-Produkte unterliegen zunehmend gesetzlichen Sanktionen wie dem Produzentenhaftungsgesetz und dem Bundesdatenschutzgesetz.
Die geforderte Qualität eines Software-Produktes z. B. für sicherheitsrelevante Prozeßlenkungssysteme muß nachgewiesen werden.
Diese Gründe machen es erforderlich, eine Software-Meßtechnik zu entwickeln, analog anderen Ingenieur-Disziplinen.
Die Basis einer Software-Meßtechnik stellen quantitative Kenngrößen dar.
Den Zusammenhang zwischen quantitativen Kenngrößen bzw. ihren Maßen und einem oder mehreren Software- Merkmalen beschreiben Metriken (siehe auch /Gilb 80/, /Rombach 81/).

Während früher die Qualität im wesentlichen durch Testen erreicht werden sollte, werden heute alle entsprechenden Maßnahmen unter dem Begriff "Qualitätssicherung" zusammengefaßt. In DIN 55 350 wird Qualitätssicherung wie folgt definiert:

> "Die Maßnahmen zur Erzielung der geforderten Qualität.
> Anmerkung 1: Bestandteile der Qualitätssicherung sind die Qualitätsplanung, die Qualitätslenkung und die Qualitätsprüfung" /DNA 80/.

Für den Bereich der Software-Entwicklung scheint folgende Definition zutreffender:

> Qualitätssicherung (QS) ist die Zusammenfassung von geplanten und systematisch durchgeführten Tätigkeiten, damit ein Produkt den vorgegebenen Qualitäts-Anforderungen entspricht. Qualitätssicherung umfaßt konstruktive und analytische Maßnahmen.

> Qualitäts-Anforderungen sind qualitative und quantitative Eigenschaften, die an die Qualität eines Produktes gestellt werden.

3.1 Konstruktive und analytische Qualitätssicherungsmaßnahmen

Unter Qualitätssicherung werden oft nur analytische Maßnahmen verstanden, d.h. Maßnahmen, die Analysen am fertigen Produkt oder Teilprodukt vornehmen. Für die ökonomische Qualitätssicherung sind konstruktive Maßnahmen wichtiger.

Konstruktive Maßnahmen zur Qualitätssicherung sind Methoden, Sprachen und Werkzeuge, die dafür sorgen, daß das entstehende Produkt a priori bestimmte Eigenschaften besitzt.

Beispiele

1. Ein Werkzeug, das sicherstellt, daß die Größe eines Moduls 1 oder 2 Seiten nicht überschreitet und daß die Schachtelungstiefe von Kontrollstrukturen kleiner 4 ist, garantiert damit eine gute Testbarkeit des Moduls.
2. Ein Programmierer, der alle importierten Größen von seinem Programm auf Richtigkeit überprüfen läßt, stellt sicher, daß Programmfehler wegen falscher Eingabedaten vermieden werden (defensives Programmieren).
3. Eine Programmiersprache, die keine "goto"-Konstrukte, sondern nur strukturierte Kontrollanweisungen besitzt, erzwingt automatisch lineare Programme.
4. Der Einsatz von SADT (siehe 2.4.4) führt automatisch zu guter Lokalität, da alle relevanten Informationen zu einem Gesichtspunkt sich auf einem DIN-A4-Formblatt befinden.
5. Bei einer Programmiersprache mit statischer Typüberprüfung wie z.B. PASCAL können Typfehler während der Laufzeit nicht auftreten.
6. Ein fest vorgegebenes Gliederungsschema für ein Pflichtenheft sorgt dafür, daß alle Punkte behandelt und beschrieben werden.
7. Programmiersprachen, die keine Definition globaler Variablen ermöglichen, sondern Informationen zwischen Moduln nur über definierte Schnittstellen austauschen, verbessern von vornherein die Änderbarkeit und Verständlichkeit und fördern die Wiederverwendbarkeit von Moduln in anderen Produkten. ■

Konstruktive Maßnahmen wurden im 2. Kapitel bereits eingehend behandelt. Gerade im Bereich der Programmiersprachen wurden in letzter Zeit erhebliche Fortschritte bzgl. konstruktiver Maßnahmen erreicht (siehe 2.5.3).

Im Gegensatz zu konstruktiven Maßnahmen handelt es sich bei der analytischen Qualitätssicherung um diagnostische Maßnahmen, d.h. sie bringen in das Produkt keine Qualität per se.

Durch analytische Maßnahmen wird das existierende Qualitätsniveau eines Produktes gemessen. Ausmaß und Ort der Defekte können identifiziert werden.
Zu den analytischen Maßnahmen gehören:
- koventionelles Testen (siehe auch 2.6.2.3.1),

- Programm-Verifikation (siehe 2.6.2.3.2),
- symbolisches Testen (siehe 2.6.2.3.3),
- reviews, Inspektionen, "walk throughs" (siehe unten).

Programme können statischen und dynamischen Analysen unterzogen werden. Statische Analysen beziehen sich immer auf den Quellcode, dynamische Analysen auf den Objektcode während der Laufzeit (siehe 2.6.2.3.1).

In neueren Programmiersprachen werden statische Analysen wesentlich durch erzwungene redundante Beschreibungen erleichtert (z.B. explizite Vereinbarung aller Variablen). D.h. erzwungener Mehraufwand für den Programmierer führt zur Reduktion des analytischen Aufwands.

Konstruktive Maßnahmen sowie statische und dynamische Analysemaßnahmen sind abhängig voneinander.
I. a. kann man sagen, daß die Analysemaßnahmen von den konstruktiven Maßnahmen und die dynamischen von den statischen Analysen vorbestimmt werden.

3.2 Prinzip der maximalen konstruktiven Qualitätssicherung

"Prevention is better than cure" oder "Fehler, die nicht gemacht werden können, brauchen auch nicht behoben zu werden". Dieses Ziel verfolgt das Prinzip der maximalen konstruktiven Qualitätssicherung.

Dieses Prinzip ist eng verbunden mit dem Prinzip der konstruktiven Voraussicht und methodischen Restriktion (siehe 1.7). Durch vorausblickende konstruktive Maßnahmen sollen analytische Qualitätssicherungsmaßnahmen reduziert werden.

In vielen Fällen werden durch konstruktive Maßnahmen analytische Maßnahmen erst möglich.

Beispiele

(a) Eine vollständige Entscheidungsüberdeckung (siehe 2.6.2.3.1) ist ökonomisch nur dann sinnvoll zu erreichen, wenn der Codeumfang klein und die Verzweigungslogik nicht zu komplex ist. Ähnliche Voraussetzungen gelten auch für das symbolische Testen (siehe 2.6.2.3.3).

(b) Die mangelnde konstruktive Qualitätssicherung in FORTRAN führte zu schwerwiegenden Fehlern. Das FORTRAN-Programm

```
DO 3 I = 1.3
......
3 CONTINUE
```

im Flugbahnrechner der ersten amerikanischen Venussonde Mariner 1 enthält einen der teuersten Tippfehler. Das Verwechseln von ´,´ mit ´.´ führte zu einer Wertzuweisung an die Variable DO3I, so daß am 22. Juli 1962 die Raumsonde nach 290 Sekunden gesprengt werden mußte, da die Flugbahn falsch berechnet worden war. Dieser Fehler verursachte Kosten in Höhe von 18,5 Millionen Dollar /Myers 76/.

(c) Die explizite Vereinbarung aller Variablen in einem Programm mit zugehöriger Typfestlegung ermöglicht erst folgende analytische Überprüfungen:
  - Vereinbarung aller verwendeten Variablen,
  - Typgerechte Anwendung aller Variablen.

■

Die Anwendung des Prinzips der maximalen konstruktiven Qualitätssicherung bringt folgende Vorteile:
- Direkte Verbesserung der Produktqualität,
- Reduktion analytischer Maßnahmen,
- Ermöglichung analytischer Maßnahmen,
- Vermeidung von Fehlern.

3.3 Prinzip der frühzeitigen Fehlerentdeckung

Der exponentielle Kostenanstieg einer verzögerten Fehlerentdeckung (Abb. 1.10-1) zeigt deutlich, daß analytische Maßnahmen zur Qualitätssicherung bereits zu Beginn der Software-Entwicklung einsetzen müssen.

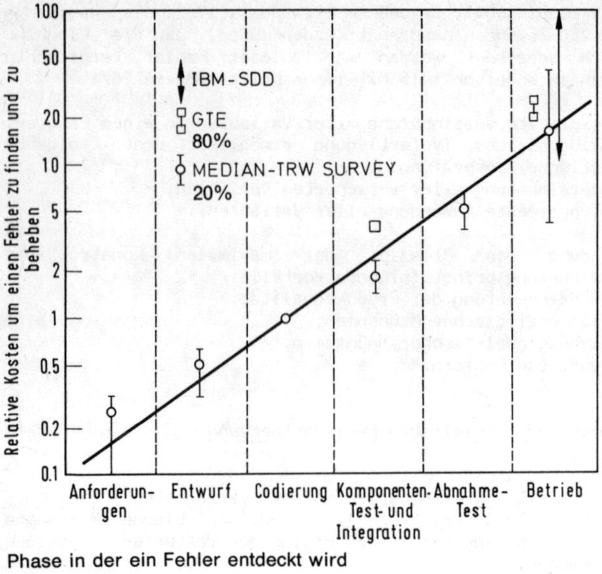

Abb. 3.3-1: Kosten einer verzögerten Fehlerentdeckung nach /Boehm 76/

Ein Ziel der Qualitätssicherung muß also darauf gerichtet sein, Fehler zum frühest möglichen Zeitpunkt zu erkennen und zu beheben.

Beispiel

Aufgabe der Definitionsphase ist es, die Produktanforderungen an ein zu entwickelndes Softwareprodukt zu definieren. Jedes Produkt soll bestimmte Anforderungen erfüllen. Bevor mit dem Entwurf begonnen wird, müssen zunächst die Anforderungen an das zu entwickelnde Produkt ermittelt, festgelegt, beschrieben, analysiert und verabschiedet werden. Da anhand der definierten Anforderungen beim Entwurf die grundlegenden Entwurfsentscheidungen getroffen werden, sind Fehler in den definierten Anforderungen später nur mit großem Aufwand wieder zu beheben. Hinzu kommt, daß ein Teil der Fehler oft erst bei der Endabnahme des Systems durch den Auftraggeber festgestellt wird. Enthält ein System Fehler infolge einer falsch erkannten oder formulierten Aufgabenstellung, dann können diese Fehler auch durch ausführliche Korrektheitsprüfungen in späteren Phasen nicht entdeckt werden. ■

Zur Anwendung dieses Prinzips ist es erforderlich, sehr viel Aufmerksamkeit auf die ersten Phasen einer Software- Entwicklung zu lenken. Adäquate analytische Methoden müssen angewandt werden, um Fehler als solche erkennen zu können.

Die Anwendung des Prinzips der frühzeitigen Fehlerentdeckung ermöglicht,
- Fehler in späteren Phasen zu vermeiden,
- Reduktion der Kosten.
- Höhere Wahrscheinlichkeit, daß Fehler richtig korrigiert werden.

3.4 Prinzip der entwicklungsbegleitenden, integrierten Qualitätssicherung

In konventionellen Phasenkonzepten setzt die analytische Qualitätssicherung i. a. erst am Ende des Entwicklungsprozesses ein (Modul-, Integrations- und Systemtest) (siehe 4.4). Um das Prinzip der frühzeitigen Fehlerentdeckung realisieren zu können und um zu einer systematischen, vorgeplanten Qualitätssicherung zu gelangen, ist eine die Software- Entwicklung begleitende und in den Entwicklungsprozeß integrierte Qualitätssicherung erforderlich (Abb. 3.4-1).

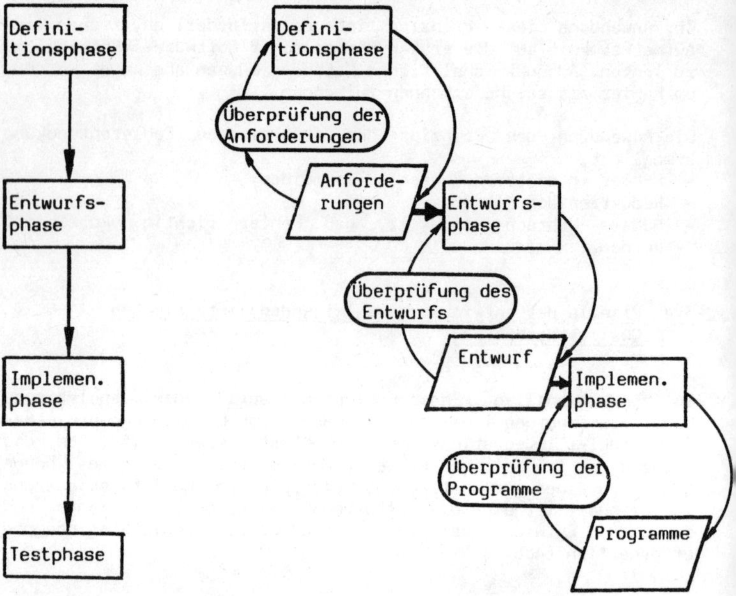

(a) Konventionelle Rolle der Qualitätssicherung

(b) Integration von Entwicklung und Qualitätssicherung

Abb. 3.4-1: Qualitätssicherung und Software-Entwicklung (in Anlehnung an /Howden 78c/)

Beispiel

In das in 1.5 vorgestellte SEEM läßt sich die Qualitätssicherung sowohl in das phasenspezifische als auch in das phasenübergreifende Modell (Abb. 3.4-2) integrieren (siehe zum Vergleich auch 1.5).

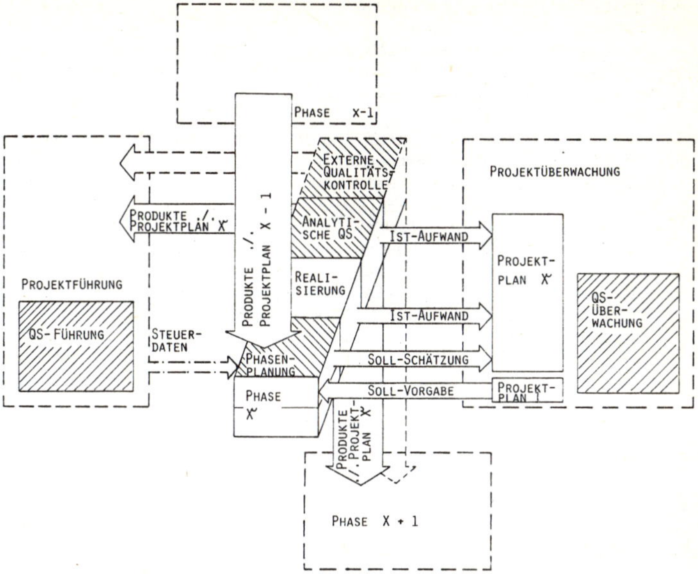

Abb. 3.4-2: Integration der Qualitätssicherung in das SEEM

Zu den Aufgaben der Qualitätssicherungs-Führung gehören:

- Verwaltung aller Qualitätssicherungs-Protokolle,
- Bereitstellen von Methoden, Verfahren und Werkzeugen zur analytischen Qualitätssicherung,
- Verwaltung aller Testdaten und Testfälle.

Die Qualitätssicherungs-Überwachung hat sicherzustellen, daß die geforderten QS-Maßnahmen in vollem Umfang durchgeführt wurden.

In dem Schritt Phasenplanung erfolgt auch die Planung der analytischen Qualitätssicherung. Im einzelnen müssen festgelegt werden:

- Richtlinien, deren Einhaltung überprüft werden soll,
- Qualitätseigenschaften einzelner Teilprodukte in möglichst quantifizierbarer Form,
- Einsatz von Methoden, Verfahren und Werkzeugen,
- Teilprodukte, gegen die geprüft werden soll.

Während der Phasenplanung wird auch bestimmt, ob sich an die projektinternen QS-Maßnahmen noch eine externe Qualitätskontrolle (QK) anschließen soll.

Alle im Realisierungsschritt erstellten Teilprodukte (Dokumente <u>und</u> Programme) werden der analytischen Qualitätssicherung unterworfen, bevor sie explizit zur Weiterverarbeitung für die nächste Phase freigegeben werden.

Die externe QK kann im Anschluß daran zusätzliche Überprüfungen durchführen. So kann z.B. das Benutzerhandbuch von einer Fachabteilung auf die Benutzerakzeptanz hin überprüft werden.

Die Anwendung des Prinzips der entwicklungsbegleitenden, integrierten Qualitätssicherung bringt folgende Vorteile:
- Einbettung der Qualitätssicherung in das organisatorische Ablaufmodell der Software-Entwicklung.
- Die Qualitätssicherung findet jeweils zu dem Zeitpunkt statt, zu dem sie im Entwicklungsprozeß angebracht ist.
- Qualitätssicherung wird - wie in industriellen Fertigungsorganisationen - nicht als Fremdkörper empfunden, sondern gehört per se zur Software-Produktion dazu.
- Ein Teilprodukt steht der nächsten Phase erst dann zur Verfügung, wenn eine bestimmte Qualität sichergestellt ist.

3.5 Prinzip der externen Qualitätskontrolle

"...testing is a destructive process, even a sadistic process,.." /Myers 79, S. 5/.

Übertragen auf den Bereich der Qualitätssicherung bedeutet dies, daß derjenige, der eine Produktdefinition, einen Produktentwurf oder ein Programm konstruiert hat, am schlechtesten dazu geeignet ist, durch Anwendung analytischer Qualitätssicherungsmaßnahmen das Ergebnis seiner Tätigkeit destruktiv zu betrachten.

Für ein Entwicklungsteam hat dies zur Folge, daß die analytische Qualitätssicherung für das Teilprodukt X nicht vom Entwickler des Teilprodukts X selbst vorgenommen werden sollte.

Auf der anderen Seite muß aber sichergestellt sein, daß ein Entwickler eigene Aufgaben nicht an die Qualitätssicherung abschiebt. Im konkreten Fall könnte dies sonst dazu führen, daß ein Programmierer ein Programm erstellt und, ohne es zu testen, an die Qualitätssicherung gibt, in der Hoffnung, diese werde seine Fehler schon finden.

Organisatorisch gibt es innerhalb eines Entwicklungsteams mehrere Möglichkeiten, die analytische Qualitätssicherung einzubetten:
- ein Teil der Mitarbeiter führt ausschl. konstruktive, ein Teil ausschließlich analytische Aufgaben durch.
- jeder Mitarbeiter arbeitet sowohl konstruktiv an eigenen Produkten als auch analytisch an Produkten seiner Kollegen.

Allein das Wissen, daß das eigene Produkt noch von anderen einer Inspektion unterzogen wird, hat eine heilsame Wirkung auf die Produktentwicklung und verbessert die Qualität.

Dieselben pychologischen Probleme, die bei einem Entwickler und seinem eigenen Produkt auftreten, treten auch für das gesamte Entwicklungsteam auf. Ein Entwicklungsteam steht unter dem Zwang, in vorgegebener Zeit und zu vorgegebenen Kosten ein Produkt definierter Qualität zu entwickeln.
Da der Nachweis einer definierten Qualität am schwierigsten zu führen ist, wird ein Entwicklungsteam unter Zeitdruck am ehesten an der Qualitätssicherung zu sparen versuchen.
Daher erscheint es notwendig, die Produkte eines Entwicklungsteams durch eine externe Qualitätskontrolle (QK) überprüfen zu lassen. Extern bedeutet dabei zunächst außerhalb des Entwicklungsteams.

Organisatorisch und arbeitstechnisch gibt es für eine externe Qualitätskontrolle eine Reihe von Varianten:
- mehreren Entwicklungsteams ist ein organisatorisch unabhängiges QK-Team zugeordnet,
- die externe QK erfolgt außerhalb des eigenen Hauses,
- jedes Teilprodukt wird auch der externen QK unterzogen,
- nur ausgewählte, zentrale und wichtige Teilprodukte werden der externen QK unterzogen.

Voraussetzung für eine externe Qualitätskontrolle ist die genaue Definition und Abgrenzung der Aufgaben zwischen Qualitätssicherung und Qualitätskontrolle.

Beispiel

Die QK übernimmt ein erstelltes Programm zur Überprüfung erst dann, wenn 70% aller Programmpfade mit Testdaten durchlaufen wurden.

■

Die Anwendung des Prinzips der externen Qualitätskontrolle bringt folgende Vorteile:
- objektive, unabhängige Überprüfung,
- spezialisiertes Team,
- Qualitätsvergleich über mehrere Produkte hinweg möglich.

Kennzeichnend für eine externe Qualitätskontrolle ist, daß sie Fehler nur finden soll, aber keine Lösungen zur Behebung der Fehler vorschlagen soll.

3.6 Prinzip der werkzeugunterstützten Qualitätssicherung

Die Praktikabilität und der ökonomische Einsatz von konstruktiven und analytischen Qualitätssicherungsmaßnahmen ist nur gewährleistet, wenn möglichst viele QS-Tätigkeiten werkzeugunterstützt ablaufen.

Der Einsatz von Werkzeugen hängt stark vom formalen Charakter der Teilprodukte ab. Auch ein Text- und Dokumentationssysten, das eine einheitliche Layout-Gestaltung ermöglicht, ist ein Werkzeug, das die QS erleichtert.

Inspektionen und ´reviews´ sowie semantische Überprüfungen von Teilprodukten lassen sich nicht automatisieren, aber durch bereitgestellte Analysen lassen sich die Vorbereitungen dafür unterstützen.

3.7 Prinzip der produktabhängigen Auswahl der Qualitätssicherungsmaßnahmen

Die Auswahl der Qualitätssicherungsmaßnahmen hängen von den Qualitäts-Anforderungen ab, die an das zu entwickelnde Produkt gestellt werden.

Software-Produkte, die Paketverteilanlagen steuern oder Ampelanlagen schalten, müssen eine höhere Qualität aufweisen, als Produkte, die statistische Listen erstellen.

Qualität hat seinen Preis, d.h. jede zusätzliche Qualitätssicherungsmaßnahme kostet Geld. Ziel muß es daher sein, über eine breite Palette von QS-Maßnahmen zu verfügen, die für jedes Produkt eine optimale Kosten-/Nutzen-Relation ermöglicht.

3.8 Prinzip der Messung von Qualitätssicherungsmaßnahmen

Zur Zeit gibt es kaum quantitative Aussagen über den Wirkungsgrad eingesetzter Methoden, Verfahren und Werkzeuge zur Qualitätssicherung. Gerade die Durchführung analytischer Maßnahmen kostet Zeit und Geld, aber der Nutzen ist nicht unmittelbar zu sehen.

Um daher eine kritische Überprüfung der angewandten QS-Maßnahmen vornehmen zu können, müssen
- der Personal- und Zeitaufwand jeder QS-Maßnahme während des Entwicklungsprozesses aufgezeichnet werden,
- statistische Daten der durchgeführten QS-Maßnahmen (z.B. Anzahl der Testläufe) systematisch und automatisch gesammelt werden,
- Rückmeldungen aus der späteren Produktwartung und -pflege erfolgen.

Folgende Voraussetzungen müssen dafür gegeben sein:
- Alle QS-Werkzeuge werden so konstruiert, daß sie möglichst viele statistische Daten abliefern.
- Die ermittelten Daten werden in projektübergreifenden Archiven gesammelt.
- Die Archive werden systematisch ausgewertet.

Die Anwendung des Prinzips der Messung von QS-Maßnahmen bringt folgende Vorteile:
- bessere Einschätzung von Aufwand und Nutzen dedizierter

QS-Maßnahmen,
- Gewinnung empirischer Aussagen über die Einflüsse der benutzten Methoden auf die Qualitäts-Merkmale.

3.9 Zusammenfassung der Prinzipien

Folgende allgemeine Prinzipien sollten zur Qualitätssicherung von Software-Produkten beachtet werden:
(1) Prinzip der maximalen konstruktiven Qualitätssicherung,
(2) Prinzip der frühzeitigen Fehlerentdeckung,
(3) Prinzip der entwicklungsbegleitenden, integrierten Qualitätssicherung,
(4) Prinzip der externen Qualitätskontrolle,
(5) Prinzip der werkzeugunterstützten Qualitätssicherung,
(6) Prinzip der produktabhängigen Auswahl der Qualitätssicherungsmaßnahmen,
(7) Prinzip der Messung von Qualitätssicherungsmaßnahmen.

Diese Prinzipien sind nicht unabhängig voneinander und haben außerdem Wechselwirkungen zu Management- und Organisationsprinzipien (4. Kapitel) sowie zu den Entwicklungsprinzipien (2.1) (siehe Abb. 3.9-1).

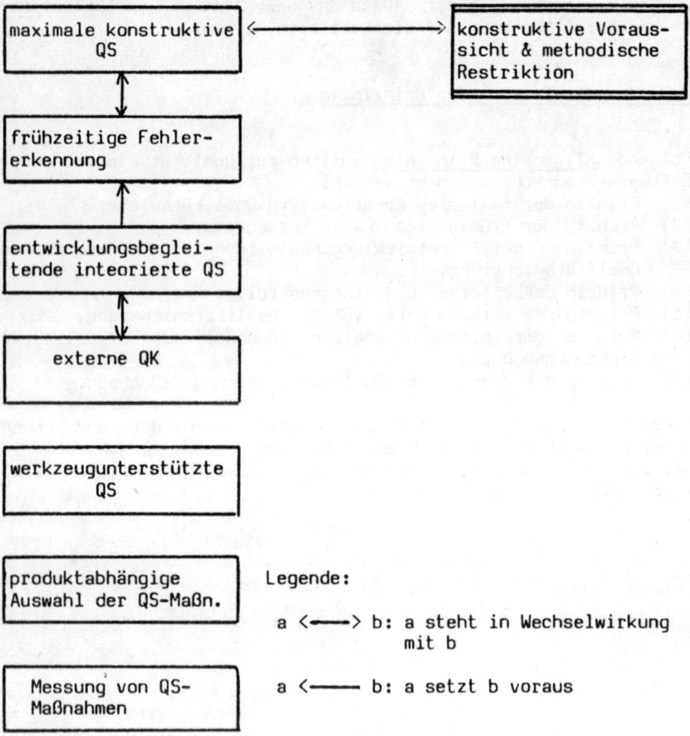

Abb. 3.9-1: Fachsystematisches Netz der QS-Prinzipien

Insgesamt zeigt sich, daß frühe präventive Qualitätssicherungsmaßnahmen weniger kosten als späte korrigierende.

Die Sicherstellung der Qualität ist so schwierig, da

- die Faktoren, die die Qualität beeinflußen, sehr heterogen sind und
- es praktisch nichts gibt, was keinen Einfluß auf die Qualität haben kann.

3.10 Methoden der Qualitätssicherung

Selbst bei optimalem Einsatz von konstruktiven Maßnahmen und automatisierten Analysewerkzeugen müssen dennoch viele Teilprodukte manuell überprüft werden.
Für die Begutachtung von Produkten wurden eine Reihe von Methoden entwickelt. Diese Methoden beruhen auf dem gleichen Ansatz. Sie unterscheiden sich vor allem in der Zusammensetzung des beteiligten Personenkreises.

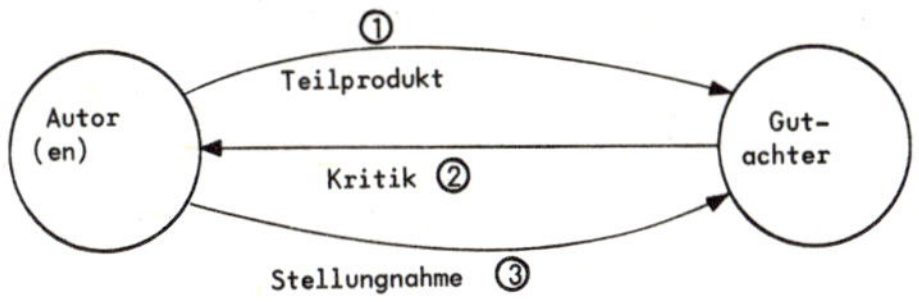

Abb. 3.10-1: Ablauf manueller Überprüfungsmethoden

Die Abbildung zeigt den prinzipiellen Ablauf. Vor einem Treffen der betroffenen Personen verteilt der Autor Unterlagen über das Teilprodukt 1 an die Gutachter. Diese haben ausreichend Zeit, um sich mit den Unterlagen vor der Besprechung auseinanderzusetzen. In der Diskussion teilen die Gutachter dem Autor ihre Kritik 2 zu seinem Teilprodukt mit. Der Autor oder ein Moderator sammelt die Meinungen der Gutachter. Der Autor nimmt dieses Protokoll zur Kenntnis und nimmt gegebenfalls nach Überarbeitung seines Teilproduktes Stellung 3 zu den einzelnen Punkten unter Angabe der erfolgten Maßnahmen.

Die unterschiedlichen Methoden sind in Tabelle 3.10-1 gegenübergestellt.

	Autor/ Kritiker Zyklus	Walk Through	Inspektion	Review	Durchsprache	Peer Rating
1. Zielsetzung						
- Feststellung von Fehlern/ Mängeln/ Inkonsistenzen	X	X	X	X	X	
- know how-Verbreitung	X					
- Formale Abnahme				X		
- Selbstbeurteilung						X
2. Arbeitsobjekte	SADT-Diagr.	Dokumente	Quellcode	Dokumente	Dokumente	1 gutes, 1schlechtes Programm
3. Ergebnisse						
- Überarbeitetes Objekt	X	X	X	X	X	
- Protokoll		formalis.	X	X		
- Beurteilung und Vergleich						X
4. Teilnehmer						
- Zusammensetzung (neben Autor & Moderator)	Kritiker (Kollegen)	QS, Kollegen	QS, Kollegen	Projekt-Team, Managem. u. U. Kunden	beliebi. Fachleute	Mitarbeiter mit Fachwissen
- Anzahl	1 oder mehrere ?	<6	4			6-20
- Auswahl durch		Moderator	Moderator		Autor	
5. Durchführung						
- Art	schriftl.	Gruppensitzung	Gruppensitzung	Gruppensitzung	Gruppensitzung	
- formal. Ablauf	X	X	X			X
- max. Zeit		4x2 Std./ Sitzung	2x2Std./ Tag			2 Std.
- Wiederholung bei zuviel Fehlern	X	E	X		E	
- Nacharbeitungs-Kontrolle	X	X	X			
6. Aufgaben des Moderators	= Sekretär					
- Moderation		X	X		X	
- Protokollführung		X	X		E	
- Schiedsrichter		X	X		E	
- Prüfung des Objekts auf Mindestqualität		X	X		E	
- Weiterg. der Unterl.	X					X
Literatur	siehe 2.4.4.2	/Yourdon 78/	/Fagan 76/			/Anderson, Shneiderman 77/

Legende: E = Empfohlen

Tabelle 3.10-1: Manuelle Überprüfungsmethoden der QS im Vergleich
Siehe auch: /Myers 79/, /Lumbeck, Schubert 82/, /Keutgen 82/

4. Management und Organisation

Zur Entwicklung und Wartung & Pflege von Software-Produkten sind Management und Organisation erforderlich.

Zu den klassischen Managementbereichen gehören:
- Planung,
- Organisation,
- Personal,
- Leitung,
- Kontrolle.

Bedingt durch die Charakteristika von Software und die industriellen Randbedingungen - insbesondere für die Software-Erstellung - sind ein software-spezifisches Management und software-spezifische Organisationsformen erforderlich.

In einer breit angelegten Studie haben /Thayer et al. 80/ die 13 gravierendsten Probleme des Software-Managements isoliert, ihre Dringlichkeit ermittelt und Lösungsvorschläge gesammelt. Tabelle 4-1 zeigt, daß
- von 13 Problemen 8 Probleme (61%) dem Planungsbereich angehören und 3 (23%) dem Kontrollbereich,
- die 4 wichtigsten Probleme im Bereich der Planung liegen,
- nur 5 (38%) der 13 Probleme reine Managementprobleme sind und nur ein Problem ein rein technisches Problem ist,
- 3 Probleme durch verbessertes Management lösbar sind, ein Problem durch bessere Techniken und 9 Probleme (69%) durch bessere Managementverfahren <u>und</u> Software-Entwicklungstechniken.

Problem	Bereich	P A	L	Erläuterungen zum Problem
1. Anforderungen	Planung	M&T	M&T	Anforderungsdefinitonen sind meist unvollständig, widersprüchlich usw. (2)
2. Zeitplanung	Planung	M&T	M&T	Genaue Schätzung der Lieferzeit schwer möglich (2.3)
3. Projektplanung	Planung	M	M	Planung ist allgemein dürftig. (siehe 2.3)
4. Kostenplanung	Planung	M	M&T	Genaue Schätzung der Ressourcen ist dürftig (siehe 2.3)
5. Zuverlässigkeitskont.	Kontrolle	T	T	Zuverlässigkeitsmaße fehlen; Fehlerverhalten kann nicht vorausgesagt werden (siehe 3. Kapitel)

6.Erfolgs-planung	Pla-nung	M	M&T	Erfolgskriterien für "gute" Software fehlen weitgehend (siehe 1.4.3)
7.Verant-wortlich-keit	Orga-nisa-tion	M	M	Schlechte Verantwortlichkeitsstruktur. Wer ist für welche Funktion verant-wortlich (4.6)
8.Test-planung	Pla-nung	M&T	M&T	Entscheidungsregeln für die Auswahl von Teststrategien und -werkzeugen fehlen (3.)
9.Kontrol. d.Program-mierer	Kont-rolle	M & T	M & T	keine Standards und Techniken zur Qualitäts- und Quantitätsmessung der Produktion vorhanden (3.Kapitel)
10.Auswahl Proj.-manager	Per-sonal	M	M	Verfahren und Techniken zur Auswahl eines Projektmanagers sind dürftig (4.Kapitel)
11.Kontr. d.Wart-barkeit	Kont-rolle	M&T	M&T	Wartbarkeitsmaße für den Software-Entwurf fehlen (siehe 3.Kapitel)
12.Planung der Ga-rantie	Pla-nung	M&T	M&T	Methoden, die die Güte der fertigen Software garantieren, fehlen (3.Kap.)
13.Planung des Ent-wurfs	Pla-nung	M&T	M&T	Entscheidungsregeln für den Einsatz der geeigneten Entwurfsmethoden fehlen (2.5)

Legende: L = Lösung durch, M = Management,
PA = Problemart, T = Technik

Tabelle 4-1: Relevante Probleme des Software-Managements

Bei den Erläuterungen zum Problem wird in Klammern angegeben, wo der entsprechende Problembereich in diesem Buch angesprochen wird.

Lösungsvorschläge für die Probleme, aufgeschlüsselt nach den 5 Managementbereichen, zeigt Tabelle 4-2.

Managementbereiche	Lösungsvorschläge A	B	C	D	E
Planung	11%	11%	7%	9%	4%
Organisation	16%	3%	-	-	5%
Personal	7%	6%	-	-	17%
Leitung	28%	11%	-	-	15%
Kontrolle	23%	16%	9%	3%	3%
Summe	15%	11%	6%	6%	5%

Legende:
A: Einsatz vorhandener Standards, Verfahren und Dokumentationen
B: Weitergabe des definierten Problems an Forschung und Entwicklung
C: Einsatz vorhandener Software Engineering Techniken und Werkzeuge
D: Verbesserung oder Sicherstellung von Anforderungsdefinitionen
E: Ausbildung oder Training von Projektleitern

Tabelle 4-2: Lösungsvorschläge für Software-Management-Probleme

Wie Tabelle 4-2 zeigt,
- lassen sich viele Probleme durch den Einsatz von Standards, Verfahren und Dokumentation lösen (A),
- benötigen viele Probleme noch Forschungs- und Entwicklungsaktivitäten (B)
- lassen sich viele Probleme durch bessere Ausbildung lösen (E)
- gibt es jedoch keinen allgemeinen Konsens über die Lösung der Probleme.

Die Untersuchung hat auf der anderen Seite aber auch gezeigt, daß folgende Managementaufgaben von der Mehrheit (< 70%) nicht als Hauptproblem angesehen werden:
- Organisationstyp (Projektorganisation, Matrixorganisation usw., siehe 4.4) (46%),
- Fortschrittskontrolle (58%) (4.3),
- Führungstechniken (59%),
- Planungs- und Projektkontrolle (61%),
- Kontrolle der Produktgüte (62%),
- Berücksichtigung der Wartbarkeit bei der Planung (67%),
- Verfolgung der Software-Entwicklung und deren Kontrolle (67%).

Wesentlich erscheint, daß die überwiegende Mehrzahl der Software-Management-Probleme mit dem Anwendungsgebiet, d.h. mit der Erstellung von Software, verknüpft ist. Diese Probleme lassen sich nicht allein durch die Anwendung allgemeiner Managementprinzipien lösen, sondern erfordern den speziellen Bezug zur Software-Erstellung.

Für das Management und die Organisation einer Software-Entwicklung lassen sich einige allgemeine Prinzipien aufstellen, die Planung, Organisation und Kontrolle tangieren. Zunächst wird jedoch auf die Kostenverteilung bei einer Software-Erstellung eingegangen.

4.1 Kostenverteilung

Um die Wirtschaftlichkeit eines Software-Produktes beurteilen zu können, müssen nicht nur die Kosten der eigentlichen Software-Entwicklung, sondern auch Kosten und Nutzen während der Produktnutzung mit berücksichtigt werden. Man betrachtet daher die gesamte Lebenszeit eines Software-Produktes.

Eine Kostenverteilung zwischen Entwicklung und Nutzung zeigt Abb. 4.1-1.

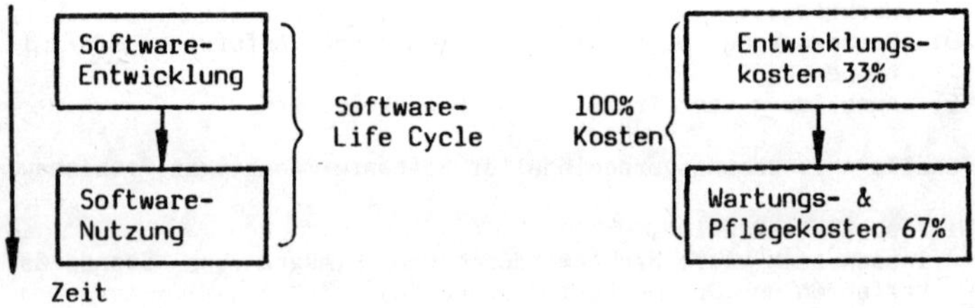

Abb. 4.1-1: Zweiteilung des Software Life Cycles einschl. Kostenverteilung /Zelkowitz et al. 79, S.9/

Wegen der dargestellten Kostenverteilung muß die Wirtschaftlichkeit von Methoden und Werkzeugen immer auf den gesamten Software Life Cycle und nicht nur auf die Software-Entwicklung bezogen werden.
Bezogen auf Phasenkonzepte gibt es Untersuchungen ^ber die Verteilung der Kosten auf die einzelnen Phasen:

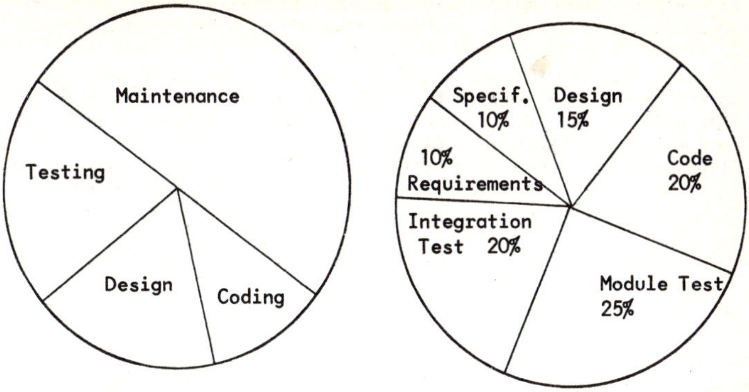

(a) /Myers 76, S.11/ (b) /Zelkowitz et al. 79, S.3/ (ohne Wartung)

Abb. 4.1-2: Aufteilung der Software-Kosten auf verschiedene Phasen

Beispiele

- Das System SAGE, ein militärisches Verteidigungssystem, verursachte 250 Millionen Dollar Entwicklungskosten und ungefähr 20 Millionen Dollar Wartungskosten pro Jahr nach 10 jähriger Betriebszeit /Myers 76/.
- Die amerikanische Luftwaffe hat 1972 über 750 Millionen Dollar für Software-Testen ausgegeben /Myers 76/. ■

Diese Kostenverteilungen zeigen deutlich, daß der Testaufwand während der Entwicklung und der Wartungsaufwand in der Wartungs- & Pflegephase reduziert werden müssen, um die Software Life Cycle-Kosten insgesamt zu senken. Aus diesem Grund wurden im 2. Kapitel die konstruktiven Maßnahmen in der Definitions- und Entwurfsphase eingehend erläutert.
Die folgenden Ausführungen zeigen, welchen Beitrag Management und Organisation dazu leisten können.

4.2 Prinzip der reduzierten Kommunikation

Gerät eine laufende Software-Entwicklung in Terminschwierigkeiten, dann glaubt man durch zusätzliche Mitarbeiter die Probleme lösen zu können:
"Adding manpower to a late software project makes it later" /Brooks 74/.

Zusätzliche Mitarbeiter müssen von den vorhandenen geschult und eingearbeitet werden; dadurch sinkt zunächst die Produktivität der "alten" Mitarbeiter. Die "neuen" Mitarbeiter benötigen mehr Aufsicht, erschweren die Kommunikation und sind nicht mit dem laufenden Projekt und der Projektstruktur vertraut.

Neben diesen Problemen bei der Erweiterung eines Teams muß grundsätzlich bei der Zusammenstellung von Teams der Aufwand der Kommunikation berücksichtigt werden.
Allgemein darf innerhalb eines Teams, neben der produktiven Arbeit, die Kommunikation und gegenseitige Abstimmung der Teammitglieder untereinander nicht als Zeitfaktor übersehen werden.
Ohne Kommunikation würde der Zeitbedarf t für ein Projekt mit der Anzahl n der eingesetzten Mitarbeiter entsprechend

(1a) $t \sim 1/n$ abnehmen.

Soll ein Software-Produkt mit einem geschätzten Zeilenumfang (<u>lines</u> <u>of</u> <u>code</u> = LOC) LOCgesamt von n Mitarbeitern, die durchschnittlich einen bestimmten Zeilenumfang LOC pro Jahr produzieren, erstellt werden, dann werden dazu t Jahre benötigt.

(1b) $$t = \frac{\text{LOCgesamt}}{n * \text{LOC/JAHR}}$$

Berücksichtigt man jedoch die Kommunikation zwischen den Teammitgliedern, dann ergibt sich ein völlig anderes Bild. Dazu zunächst einige Beispiele.

<u>Beispiele</u>

(a) Wenn jeder Mitarbeiter im Jahr 5000 Programmzeilen schreibt, und ein Produkt mit 50 000 Zeilen Umfang in 2 Jahren fertig sein soll, dann scheinen 5 Mitarbeiter theoretisch auszureichen.

Abb. 4.2-1: 5 Mitarbeiter ohne Kommunikation

(b) Nimmt man an, daß jedes Teammitglied mit jedem anderen eine bestimmte Menge an Kommunikation (Besprechungen, informelle Unterhaltung, Festlegung von Schnittstellen, schriftliche Berichte) austauschen muß, so benötigt dies Zeit und verursacht eine geringere Produktivität, da falsch verstandene Aspekte zusätzlich Testzeit erfordern. Unter der Annahme, daß jeder Kommunikationspfad zu einer Leistungsminderung von 250 LOC pro Jahr pro Mitarbeiter führt, ergibt sich, daß bei 5 Mitarbeitern im Team jeder nur noch 4000 LOC/Jahr schreibt und in 2 Jahren daher nur 40 000 LOC erzeugt werden (Reduktion der Gesamtleistung um 20%) (Abb. 4.2-2a)

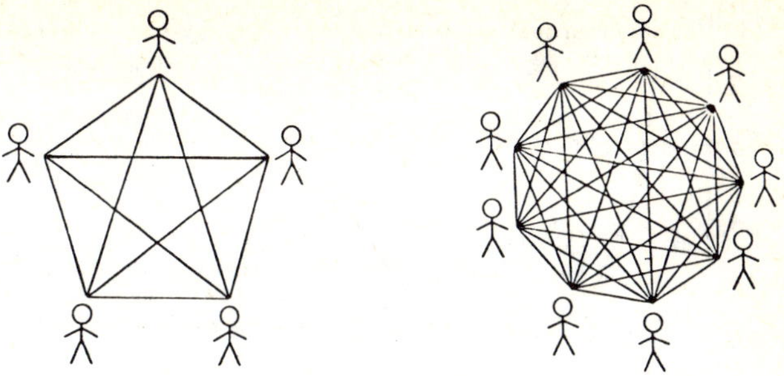

Abb. 4.2-2: (a) 5 Mitarbeiter mit Kommunikation (10 Kommunikationspaare) (b) 9 Mitarbeiter mit Kommunikation (36 Kommunikationspaare)

(c) Gehören 9 Mitarbeiter zu einem Team, dann reduziert sich die individuelle Leistung auf 3000 LOC/Jahr. In 2 Jahren entstehen dann 54 000 LOC.

Berücksichtigt man bei der Teamarbeit den Kommunikationsaufwand k pro Kommunikationspfad für die gegenseitige Kommunikation der Teammitglieder, dann ist die Projektzeit proportional der folgenden Formel:

(2a)
$$t \sim \frac{1}{n} + k \binom{n}{2} = \frac{1}{n} + k * \frac{n * (n-1)}{2} \approx \frac{1}{n} + k \frac{n^2}{2}$$

$\binom{n}{2} = n * (n-1) / 2 =$ Anzahl der Kommunikationspfade

Abb. 4.2-3 zeigt einen grafischen Vergleich der Formeln (1a) und (2a). Für die Formel (2b) existiert ein Minimum und eine sich daraus ergebende (termin-) optimale Mitarbeiterzahl, deren Steigerung sowohl die Kosten- als auch die Terminsituation ungünstig macht.

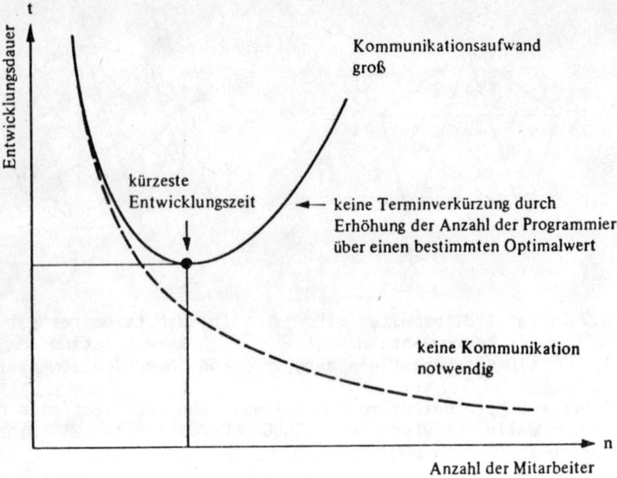

Abb. 4.2-3: Einfluß des Kommunikationsaufwandes auf den Gesamtaufwand /Schnupp, Floyd 79, S.212/

Bezogen auf den Zeilenumfang erhält man unter Berücksichtigung des Kommunikationsaufwandes:

$$t = \frac{LOCgesamt}{n * LOC * (1 - LOCkomm/LOC * (n - 1))} =$$

$$(2b) \qquad = \frac{LOCgesamt}{n * LOC * (1 - Pkomm/100\ (n - 1))}$$

LOCkomm = Kommunikationsaufwand pro Kommunikationspfad pro Jahr
Pkomm = prozentualer Kommunikationsaufwand pro Kommunikationspfad bezogen auf LOC pro Jahr

Beispiel

Ein System im Umfang von 80 000 LOC soll in 3 Jahren realisiert werden. Die Programmierleistung eines Programmierers beträgt im Jahr durchschnittlich 6 000 LOC. Es wird eine Projektorganisation gewählt, bei der jedes Teammitglied mit jedem anderen kommunizieren muß.
Die Anzahl der Programmierer, die im Team eingesetzt werden müssen, wenn die notwendige Kommunikation pro Kommunikationspfad die Programmierleistung pro Jahr um X % reduziert, zeigt Tabelle 4.2-3.

Komm.aufwand pro Komm.pfad P	Anzahl der Programmierer n1	n2	Gesamter Kommunikationsaufwand	Verbleibende Produktivität
1%	4,6	96,3	n1=5 n2=97 4% 96%	n1=5 n2=97 96% 4%
2%	4,8	46,2	n1=5 n2=47 8% 92%	n1=5 n2=47 92% 8%
3%	5,1	29,3	n1=6 n2=30 15% 87%	n1=5 n2=30 85% 13%
4%	5,4	20,6	n1=6 n2=21 20% 80%	n1=6 n2=21 80% 20%
5%	5,9	15,1	n1=6 n2=16 25% 75%	n1=6 n2=16 75% 25%
6%	6,8	10,8	n1=7 n2=11 36% 60%	n1=7 n2=11 64% 40%
> 6%	Aufgabe nicht mehr lösbar			

Tabelle 4.2-3: Mitarbeiterbedarf in Abhängigkeit vom Kommunikationsaufwand

Zu den Werten in der Tabelle gelangt man, wenn man Formel (2b) nach n auflöst.

Die Formel liefert jeweils 2 Werte, d.h. man gelangt z.B. bei 1% Kommunikationsaufwand pro Kommunikationspfad sowohl mit 5 Mitarbeitern als auch mit 97 Mitarbeitern zum Ziel
Außerdem sieht man, daß ab einem bestimmten Kommunikationsaufwand (hier > 6%) die Aufgabe nicht mehr lösbar ist, da dann wegen 100% Gesamtkommunikationsaufwand keine Zeit mehr für die Entwicklung bleibt. Durch Reduktion der Kommunikation können im vorliegenden Beispiel immerhin 2 Mitarbeiter eingespart werden.
Modifiziert man die Fragestellung so, daß man die minimale Zeit und Mitarbeiteranzahl in Abhängigkeit vom Kommunikationsaufwand sucht, dann kann man nach Differenzieren von (2b) die optimale Mitarbeiterzahl no und die optimale Zeit to (no) ermitteln.

Die Ergebnisse für das Beispiel zeigt Tabelle 4.2-4.

to in Jahren	no	P	P gesamt	Produkt.
0,52	51	1%	50%	50%
1,03	26	2%	50%	50%
1,51	18	3%	50%	50%
1,97	13	4%	50%	50%
2,42	11	5%	50%	50%
2,85	9	6%	50%	50%
3,26	8	7%	50%	50%
3,66	7	8%	50%	50%
4,04	6	9%	50%	50%
4,14	6	10%	50%	50%
.	.	.	.	.
.	.	.	.	.
9,95	2	33%	50%	50%

Tabelle 4.2-4: to und no in Abhängigkeit von p

Wie die Tabelle 4.2-4 zeigt, steigt bei minimaler Zeit to der Mitarbeiterbedarf. Vergleicht man die Werte für p=5%, dann benötigt man 11 Mitarbeiter um das System in 2,42 Jahren, und 6 Mitarbeiter (Tabelle 4.2-3), um das System in 3 Jahren zu entwickeln. Kürzeste Zeit kostet also Geld. Die Produktivität sinkt dann von 75% auf 50%. ■

Der Kommunikationsaufwand darf also nicht unterschätzt werden.
Bei anspruchsvollen Software-Entwicklungen mit starker gegenseitiger Abhängigkeit der Systemkomponenten voneinander, dürfte die optimale Mitarbeiterzahl verhältnismäßig tief liegen (etwa 2 bis 5 Mitarbeiter).
Als Konsequenzen für die Organisation ergeben sich daraus:

- Teams sollen möglichst klein sein,
- der Kommunikationsaufwand zwischen den Teammitgliedern muß so gering wie möglich gehalten werden.
- die Organisationsform muß die Anzahl der Kommunikationspfade von vornherein reduzieren.

Es soll nochmals besonders betont werden, daß die Reduktion der Kommunikationspfade sich nicht auf informelle und soziale Kommunikation zwischen Mitarbeitern bezieht. Der Begriff Kommunikationspfad ist vielmehr im technischen Sinne zu verstehen, d.h. wer muß mit wem notwendigerweise Produkt-Schnittstellen absprechen, festlegen, ändern usw.

4.3 Prinzip der überprüfbaren und kurzfristigen Meilensteine

Die Entwicklung umfangreicher Software-Produkte erfordert den Einsatz vieler Mitarbeiter. Tätigkeiten müssen daher in Einzelaktivitäten unterteilt und auf die Mitarbeiter verteilt werden.

Zur Gewährleistung der Termintreue müssen Einzelaktivitäten geplant und kontrolliert werden. Den jeweiligen Abschluß einer solchen Einzelaktivität bezeichnet man als Meilenstein.

Um zu einer wirksamen Kontrolle des Entwicklungsfortschritts zu gelangen, müssen an Meilensteine folgende Voraussetzungen geknüpft werden:

- Mit dem Erreichen eines Meilensteins ist ein Teilprodukt fertiggestellt, d.h. jede Einzelaktivität resultiert in einem fertiggestellten oder weiterverarbeitetem Teilprodukt. Da Aussagen wie "Das Programm ist zu 90% fertig codiert und zu 50% getestet" oder "Noch 8 Tage bis zur Fertigstellung" nicht überprüfbar sind, können darauf keine Meilensteine aufgebaut werden.

- Meilensteine müssen kurzfristig und kontinuierlich aufeinander folgen, damit jederzeit definierte Aussagen über den Entwicklungsstatus möglich sind bzw. Verzögerungen kurzfristig erkannt werden können. Ein Zweijahresprojekt in 4 Meilensteine zu untergliedern, die jeweils 1/2 Jahr auseinanderliegen, bietet kein geeignetes Planungs- und Kontrollraster. Die den Meilensteinen zugeordneten Teilprodukte sollten so beschaffen sein, daß sie in 1 - 4 Wochen erstellt werden können.

<u>Beispiele</u>

Beispiele für überprüfbare und kurzfristige Meilensteine:
(a) Freigabe eines fertig codierten und getesteten Moduls.
(b) Funktionsbeschreibung in einem Funktionshandbuch.
(c) Erstellen von 5 Testfällen für das Teilprodukt X.
(d) Entwurf der obersten Ebene für ein Software-Produkt.
(e) Spezifikation einer Schnittstelle für einen Modul.

■

Werden diese Voraussetzungen eingehalten, dann ergeben sich daraus Folgerungen:

- Eine sorgfältige Entwicklungsplanung ist notwendig.
- Eine hochentwickelte Methodik ist erforderlich, um entsprechende Teilprodukte und die zugehörigen Aktivitäten exakt definieren zu können (siehe auch "Prinzip der Modularisierung", "Prinzip der Lokalität").
- Eine kontinuierliche Kontrolle ist nötig.
- Durch die Vielzahl der Meilensteine ist eine automatische Buchführung angebracht.
- Meilensteine müssen zeitlich ungefähr gleichverteilt über die Entwicklungszeit verteilt werden.

Die Anwendung des Prinzips der überprüfbaren und kurzfristigen Meilensteine bringt folgende Vorteile:

- Termin- und Kostentreue kann ständig überprüft werden.
- Teilproduktbildung zwingt zu sorgfältiger Produktaufteilung und Planung.
- Jeder Mitarbeiter hat für sich selbst eine ständige Erfolgsrückmeldung.
- Projekte können an definierten Punkten unterbrochen oder

beendet werden.
- Das Versagen eines Mitarbeiters wird rechtzeitig erkannt und nicht erst beim Endtermin der Software- Entwicklung.
- Plankorrekturen können rechtzeitig durchgeführt werden.
- Transparenz der Software-Entwicklung ist gewährleistet.

4.4 Prinzip des definierten Organisationsmodells

Sowohl die Software-Entwicklung als auch die Wartung & Pflege müssen in einem festgelegten organisatorischen Rahmen durchgeführt werden. Eine geeignete Organisationsform trägt wesentlich zu ihrem Gelingen bei.

In einem definierten Organisationsmodell muß folgendes festgelegt sein:
- Reihenfolge des Arbeitsablaufes (Phasenkonzepte),
- Festlegung durchzuführender Tätigkeiten,
- Zuordnung von notwendigen Mitarbeiterqualifikationen zu durchzuführenden Tätigkeiten,
- Definition der Teilprodukte einschl. Layout und Inhalt,
- Festlegung anzuwendender Standards, Richtlinien, Methoden und Werkzeuge,
- Kompetenzabgrenzung und Festlegung des Verantwortungsbereichs.

Beispiele

(a) Das in Abschnitt 1.5 eingeführte "Software Engineering Environment Modell" stellt ein definiertes Organisationsmodell dar.

(b) Abb 4.4-1 zeigt eine vergleichende Darstellung von Phasenkonzepten. Solche Konzepte bilden die erste Stufe eines Organisationsmodells. Die Phaseneinteilung spiegelt außer der zielgerichteten Vorgehensweise den zeitlichen Ablauf der Software-Entwicklung wider. Obwohl dies allen Phasenkonzepten gemeinsam ist, gibt es bei der Bezeichnung der Phasen und der ihnen zugeordneten Tätigkeiten doch unterschiedliche Ansätze.

(c) Bei der Entwicklung von allgemeinen Software Engineering Environment Systemen wird versucht, ihnen ein allgemeines Organisationsmodell zugrundezulegen (siehe 5. Kapitel). ■

Brandon/Gray	Daly	Benjamin	Freeman	Metzger	Boehm	Denert/Hesse	Kimm et al.	Endres	Balzert
Application Identification and Project Selection	Planning	Feasibility Study	Needs Analysis	Definition	Ø	Analyse	Problem-analyse	Definition	Planung Definition
System surrey					System Require-ments	Definition			
Data Gathering	Specify	System Specifica-tion	Specifica-tion		Software Require-ments				
System Analysis			Architectu-ral Design	Design	Preliminary Design	System-Entwurf	Entwurf	Entwurf	Entwurf
System Design	Design	System-Engineering	Detail Design		Detailed Design	Komponen-ten-Entwurf			
Programming	Code	Program-ming and Procedure Develop-ment	Implement.	Program-ming	Code & Debug	Modul-Implement.	Implement.	Implement.	Implement.
Program Testing	Test			System Test	Test and Preopera-tions	Subsystem-Integration	Funktions- und Leistungs-überprüfung	Testen	
System Testing		Implement.		Acceptance		System-Integration			
Conversion and Installation	Ø		Ø	Installation & Operations		Installation	Installation & Abnahme	Installation	Abnahme & Einführung
System Maintenance	Ø	Mainte-nance	Mainte-nance		Operations and Mainte-nance	Betrieb & Wartung	Wartung	Betrieb & Wartung	Pflege & Wartung
System Evaluation	Evaluation								

Abb. 4.4-1: Vergleichende Darstellung von Phasenkonzepten
(teilweise aus /Peters, Tripp 78/)

Wie die Beispiele, insbesondere das in Abschnitt 1.5 dargestellte SEEM, zeigen, erfordert der heutige technologische Stand sorgfältige Überlegungen, um ein definiertes Organisationsmodell zu entwickeln, das sowohl umfassend, vielfältig, flexibel, integriert und rechnerunterstützt ist.

Die Anwendung dieses Prinzips bringt folgende Vorteile mit sich:
- Die Mitarbeiter befinden sich in keinem ´Vakuum´, sondern arbeiten in einer definierten Umgebung.
- Festgelegte Arbeits- und Organisationsabläufe reduzieren Mißverständnisse und Kompetenzprobleme.
- Die Software-Entwicklung und Wartung & Pflege sind transparent.

Es muß jedoch sichergestellt sein, daß das gewählte Organisationsmodell flexibel genug ist, um sich geänderten oder neuen Bedürfnissen anzupassen.
Außerdem erfordert die Komplexität von Organisationsmodellen im Bereich der Software-Entwicklung, -Wartung und -Pflege eine weitgehende Rechnerunterstützung.

4.5 Makro-Organisationsformen

In Abhängigkeit der durchzuführenden Aufgaben und den jeweiligen Organisationszielen (Software-Häuser, DV-Hersteller, DV-Anwender, Rechenzentren) lassen sich drei grundsätzlich verschiedene Makro-Organisationsformen unterscheiden:
- Stab- /Linienorganisation,
- Matrixorganisation,
- Projektorganisation.

Unter Makro-Organisation wird dabei die übergeordnete Organisationsstruktur des Unternehmens verstanden, während unter Mikro-Organisation die Organisationsstruktur der Arbeitseinheiten bzw. Teams betrachtet wird (siehe 4.6).

4.5.1 Stab-/Linienorganisation

Eine Stab-Linienorganisation besitzt folgende Kennzeichen:
- klarer Weisungs- und Berichtsweg (Instanzenprinzip),
- Anweisungen von oben nach unten,
- Stäbe mit beratender Funktion,
- Stäbe mit Spezialisten besetzt,
- Trennung von Entscheidung und Ausführung,
- fachliche und disziplinarische Verantwortung in einer Hand,
- definierte Abläufe mit detaillierten Budgets,
- statische Organisationsform.

Sie eignet sich für folgende Einsatzbereiche:
- Routinearbeit,

- Stäbe für begrenzte Neuentwicklungen.

Beispiel

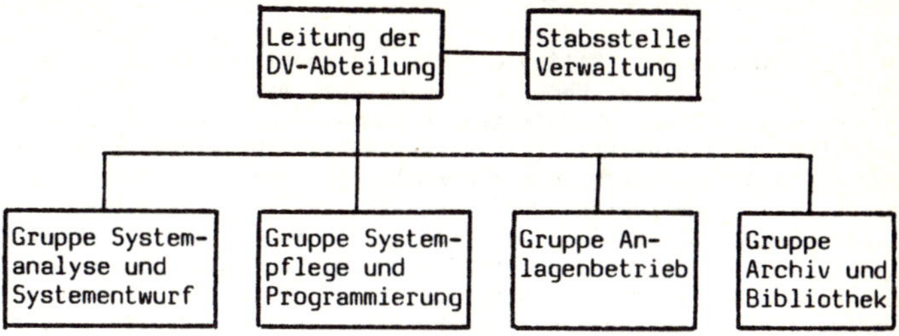

Abb. 4.5-1: Stab-Linien-Organisation einer DV-Abteilung

■

Die sich abzeichnende zunehmende Spezialisierung und Arbeitsteilung bei der Software-Entwicklung sowie der Einsatz hochentwickelter Methoden und Werkzeuge wird es in naher Zukunft ermöglichen, eine Software-Entwicklung vergleichbar einer Fertigungsorganisation abzuwickeln (siehe auch 1.2).

Ein Vorschlag für eine fertigungsorientierte Software-Entwicklung in Form einer Stab-Linien-Organisation wird in folgendem Beispiel skizziert. Beispiel

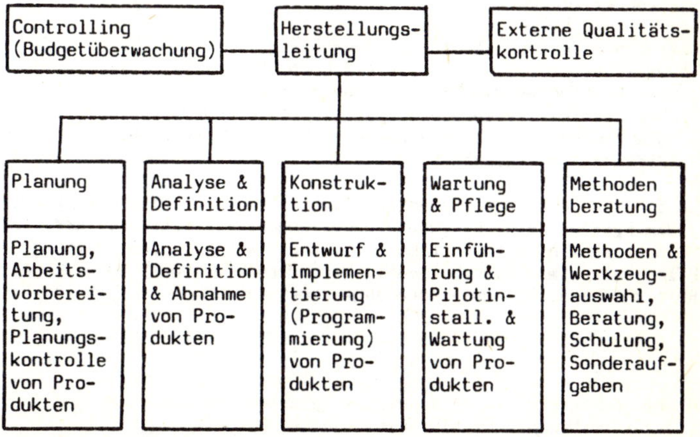

Abb. 4.5-2: Fertigungsorientierte Organisation der Software-Produktion und -Wartung & -Pflege

Bei dieser Organisationsform ist jeder Mitarbeiter fest einer Gruppe zugeordnet. Jede Gruppe ist auf ein bestimmtes Aufgabenspektrum spezialisiert.

Jedes zu entwickelnde Produkt wird in der Planungsgruppe geplant, anschliesend wird in der Analyse & Definitionsgruppe eine Produktdefinition (Pflichtenheft, Benutzerhandbuch usw.) erstellt, die an die Konstruktionsgruppe weitergereicht wird. Dort wird anhand der vorgelegten Produktdefinition das Produkt entworfen und implementiert. Die Abnahme erfolgt wieder von der Analyse- & Definitionsgruppe anhand der Produktdefinition. Nach erfolgter Abnahme wird das Produkt an die Wartungs- & Pflege-Gruppe übergeben, die die Einführung des Produktes einschl. der Pilotinstallationen durchführt und die anschliesend für Wartung & Pflege verantwortlich ist. Jede Gruppe ist für die eigene Qualitätssicherung zuständig. Eine Stabsstelle führt zusätzlich eine externe Qualitätskontrolle durch. Die Methodenberatung legt für jede Produktentwicklung die einzusetzenden Methoden und Werkzeuge fest und berät die einzelnen Gruppen bei deren Anwendung. Außerdem bereitet sie die Produktschulung vor und steht für Sonderaufgaben zur Verfügung. ■

Eine fertigungsorientierte Organisation hat folgende Vorteile:
- Statische, festgelegte Organisation mit definierten Abläufen und Tätigkeiten.
- Spezialisierung und dadurch Einsatz hochentwickelter Methoden und Werkzeuge.
- Konstanz in den Tätigkeiten wie in anderen Industriezweigen auch.
- Arbeitsumgebung bleibt für jeden Mitarbeiter unabhängig vom Produkt gleich.

Dem stehen folgende Nachteile gegenüber:
- Jeder kennt nur noch Teile des Endprodukts.
- Für Ein-Mann-Projekte nicht geeignet.
- Probleme der Personalzuordnung zu den Gruppen.
- Gleichmäßige Arbeitsauslastung schwer zu erreichen.
- Probleme der Verantwortlichkeit.

Um die Probleme der Verantwortlichkeit zu reduzieren, könnte jedem Produkt ein Produktmanager zugeordnet werden, der das Produkt während der Entstehung und auch während der Wartung & Pflege verantwortlich betreut. Die Produktmanager könnten als Stab der Herstellungsleitung zugeordnet werden.

4.5.2 Matrixorganisation

Eine Matrixorganisation besitzt folgende Eigenschaften:

- Überlagerung der hierarchisch-vertikalen (statisch, langlebig) mit einer horizontal-dynamischen (kurzfristig, Neuentwicklungen) Verantwortung,
- leichte Kommunikation mit der Linienorganisation,
- leichtere Verfügbarkeit der Mitarbeiter,
- matrixförmige Informationswege,
- Probleme der Kompetenzabgrenzung,
- statisch / dynamische Organisationsform.

Die Matrixorganisation ist insbesondere für eine Kombination von Routinearbeit (z. B. Wartung) mit neuartigen Arbeiten (z. B. Produktentwicklungen) geeignet.

Durch die Matrixorganisation soll in diesem Beispiel sichergestellt werden, daß die jeweiligen betriebswirtschaftlichen Sachverhalte einheitlich auf verschiedenen Rechnertypen realisiert werden. Pro Rechnertyp gibt es einen Projektleiter, der den gesamten betriebswirtschaftlichen Umfang auf seinem Rechnertyp realisieren muß; er ist aus software-technischer Sicht für das Projekt verantwortlich, während die betriebswirtschaftlichen Fachgruppen für betriebswirtschaftliche Fragen die Verantwortung tragen und gegenüber dem Projektleiter weisungsbefugt sind. Mitarbeiter sind fest der Fachgruppe zugeordnet, arbeiten aber jeweils temporär an mehreren Projekten mit.

Beispiel

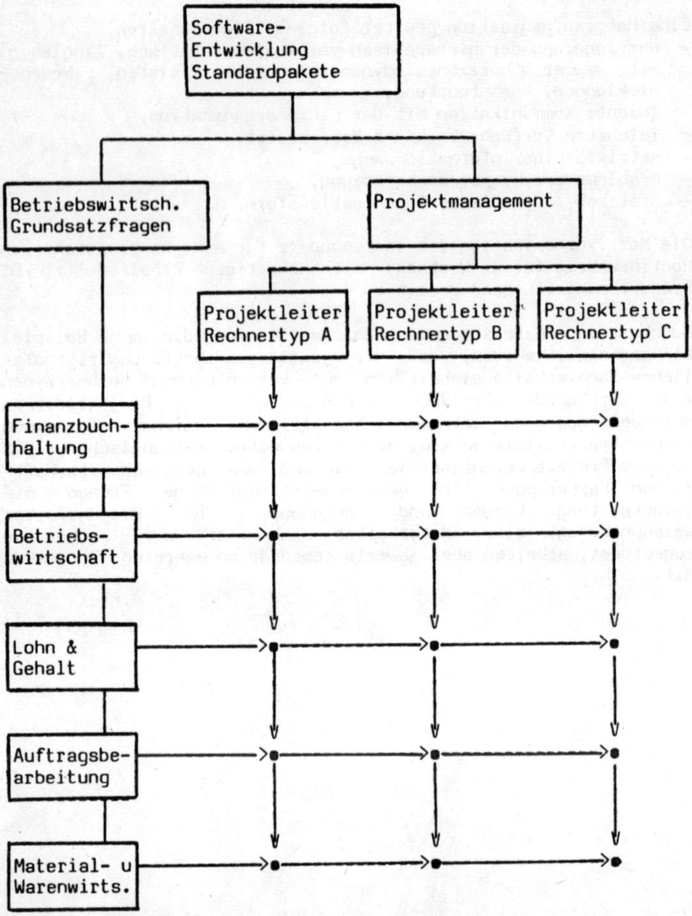

Abb. 4.5-3: Matrixorganisation einer Software-Entwicklungs-Abteilung zur Entwicklung von Standardpaketen ■

4.5.3 Projektorganisation

Obwohl ein gewisser Trend in Richtung auf eine statische Organisationsform für die Software-Erstellung erkennbar ist, werden gegenwärtig die meisten Software-Entwicklungen in Form einer Projektorganisation abgewickelt.

> Ein Projekt ist die zeitlich begrenzte, einmalige Verfolgung eines vorgegebenen Zieles, das zu einem definierten Ergebnis bzw. zu definierten Ergebnissen führen soll.

Eine Programmorganisation besitzt folgende Kennzeichen:
- flexible Zuweisung von Ressourcen (Personal, Sachmittel) und Kompetenzen,
- klare Verantwortlichkeiten,
- jeder Mitarbeiter ist nur in einem Projekt tätig,
- Probleme bei der Einbettung in die Gesamtorganisation.

Es gibt mehrere Möglichkeiten, ein Projekt zu organisieren.

Aufgabe des Projektmanagements ist es, die Anleitung, fachliche Überwachung und wirtschaftliche Kontrolle zu übernehmen. Die fachliche Überwachung hat die Aufgabe, die Übereinstimmung des entstehenden Produktes mit der Produktdefinition (Pflichtenheft usw.) zu überprüfen. Die wirtschaftliche Kontrolle soll erreichen, daß die zu Beginn des Projektes aufgestellten Kosten- und Terminvorgaben nicht überschritten werden.

/Schnupp, Floyd 79/ schlagen vor, fachliche Überwachung und wirtschaftliche Kontrolle durch verschiedene Personen vornehmen zu lassen.

Ein Projektmanager (im militärischen Bereich auch Systemmanager, im Industrieanlagenbau auch Produktmanager genannt) sollte die wirtschaftliche Kontrolle sowie Abwicklung administrativer Aufgaben (z.B. Verwaltungs-, Finanz-, Rechts- und Personalangelegenheiten) übernehmen.

Ein Projektleiter (z.T. auch Entwicklungsmanager genannt) ist für die technische Projektleitung und fachliche Überwachung verantwortlich.

Durch die personelle Trennung beider Aufgaben, die jeweils unterschiedliche Qualifikationen erfordern, soll erreicht werden, daß keine der Aufgaben aus Mangel an Kenntnissen, Interessen oder Zeit vernachlässigt wird.

Da ein Projektmanager oft mehrere Projekte parallel abwickelt, werden einem Projektmanager oft mehrere Projektleiter unterstellt (Abb. 4.5-4). Eine Stabstelle 'Controlling' kann den Projektmanager bei seiner Aufgabe unterstützen.

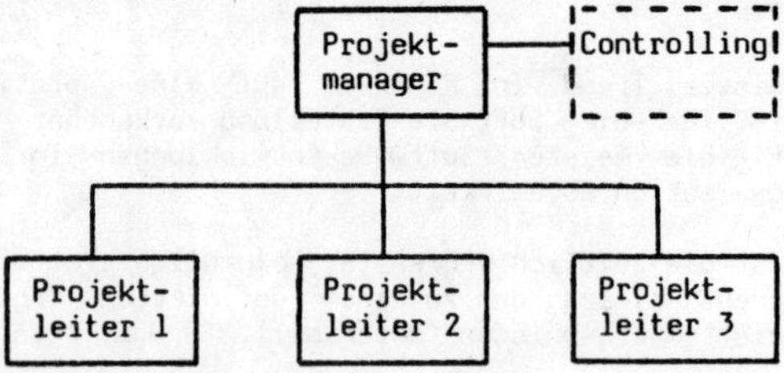

Abb. 4.5-4: Aufteilung der fachlichen und wirtschaftlichen Kontrolle

Besonders betont werden sollen nochmals die Unterschiede zwischen der eigentlichen Software-Entwicklung und der Software- Wartung & Pflege.

Die Software-Entwicklung ist gekennzeichnet durch:
- einmalige, zeitlich begrenzte Entwicklungsaufgaben,
- interessante, neuartige Probleme,
- Notwendigkeit schöpferischer, kreativer Ideen.

Die Software-Wartung & Pflege weist folgende Merkmale auf:
- sich wiederholende, langfristige Tätigkeiten,
- uninteressante Aufgaben,
- ereignisgesteuert, d.h. nicht vorhersehbar und daher schwer planbar und kontrollierbar.

Je nach Gewicht beider Aufgabenbereiche muß daher die geeignete Organisationsform ausgewählt werden.
Werden beide Aufgaben durch den gleichen Personenkreis vorgenommen, so überlappen sich Routinetätigkeiten und Neuentwicklungsarbeiten mit z. T. unterschiedlichen Prioritäten.
Eine personelle Trennung beider Bereiche vermeidet die Probleme.
Ein Produktmanagement erscheint in diesem Fall am besten geeignet, die "langfristigen Interessen" des jeweiligen Software-Produkts zu vertreten, d.h. die Durchführung der Versions- und Release-Planung sowie die Initiierung der damit verbundenen Dokumentations- und Verwaltungsaufgaben.

4.6 Mikro-Organisationsformen

Weitgehend unabhängig von der gewählten oder vorhandenen Makro-Organisationsstruktur, können für die Organisation von Teams und Arbeitsgruppen folgende Mikro-Organisationsformen verwendet werden:
- Die kontrollierte zentralisierte Organisationsstruktur.
- Die demokratisch dezentralisierte Organisationsstruktur.
- Die kontrollierte dezentralisierte Organisationsstruktur.

Welche dieser Organisationsstrukturen für eine Software-Entwicklung am besten geeignet ist, hängt ganz wesentlich von folgenden Faktoren ab:

- Schwierigkeitsgrad des zu entwickelnden Produktes,
- Umfang des zu entwickelnden Produktes,
- Zeitdauer der Entwicklung,
- Modularität des zu entwickelnden Produktes,
- Zuverlässigkeitsgrad, der gefordert wird,
- Terminrestriktionen,
- Grad der Außenkontakte wie Kundengespräche usw..

Als weitere Randbedingungen sind das Prinzip der reduzierten Kommunikation und das Prinzip der überprüfbaren und kurzfristigen Meilensteine zu beachten.

Unabhängig von den aufgeführten drei Grundstrukturen muß das Problem der überprüfbaren und kurzfristigen Meilensteine vorwiegend durch methodische und technische Maßnahmen gelöst werden.

Bei einer konventionellen Software-Entwicklung - unabhängig von der Organisationsstruktur - wurde das zu erstellende Produkt grob aufgeteilt und diese umfangreichen Produktkomponenten an die Mitarbeiter verteilt (z.B. Dateierstellung, Auswertungsprogramme, Dateisicherung). Für diese Produktkomponenten war der Mitarbeiter voll und allein verantwortlich. Beim Integrationstest wurden die so erstellten Komponenten dann zum Gesamtprodukt zusammengefügt. Zwischen den Zeitpunkten "Verteilung von Produktkomponenten" und "Einsammeln der fertigen Teile zur Integration" war es im Grunde die einzige Funktion des Teamleiters, Anwesenheit und Arbeitseifer der ihm unterstellten Mitarbeiter durch Stichproben zu prüfen, Fragen zu beantworten und Diskussionen über Schnittstellendefinitionen und ähnliche technische Probleme zu entscheiden.

Das Prinzip der überprüfbaren und kurzfristigen Meilensteine kann dabei nicht eingehalten werden, da der bürokratische Aufwand sowohl für den Teamleiter als auch für die Mitarbeiter unangemessen hoch wird, um Produktkomponenten zu definieren, ihre Fertigstellung zu dokumentieren und zu überprüfen sowie die fertigen Teile freizugeben.

Dies Problem muß durch Entwicklungsbibliotheken und entsprechende Werkzeuge gelöst werden (siehe 1.5 und 5. Kapitel).

4.6.1 Die kontrollierte zentralisierte Organisationsstruktur

Eine kontrollierte zentralisierte Organisationsstruktur wurde unter der Bezeichnung "Chef-Programmier-Team" von /Mills 71/ vorgeschlagen und von /Baker 72/ realisiert. Die Organisations- und Kommunikationsstruktur zeigt Abb. 4.6-1.

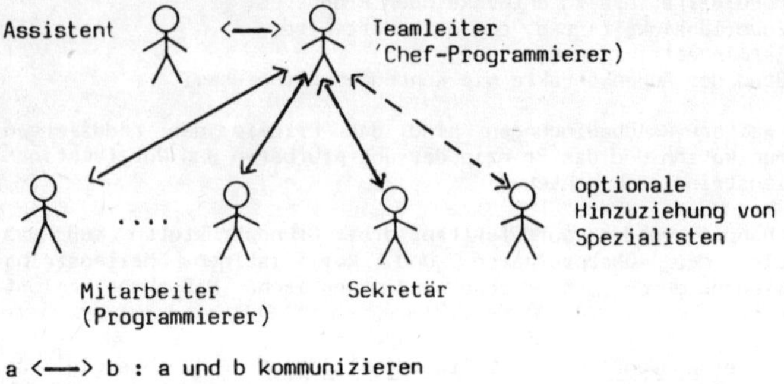

Abb. 4.6-1: Chef-Programmierer-Organisationsstruktur

Die Aufgaben sind folgendermaßen verteilt:

- Der Teamleiter (Chef-Programmierer, Chief Programmer) ist für alle technischen Aspekte der Entwicklung verantwortlich und berichtet an den Produkt- bzw. Projektmanager. Er entwirft und implementiert zentrale, kritische Teile eines Systems und spezifiziert vollständig die Komponenten für die ihm unterstellten Mitarbeiter (senior level programmer). Die von den Mitarbeitern entwickelten Programme werden vom Teamleiter begutachtet und in das zu entwickelnde System übernommen.
- Der Assistent (backup-programmer) unterstützt den Teamleiter beim Entwurf und ist an allen wichtigen Entscheidungen beteiligt. Er besitzt dieselbe Qualifikation wie der Teamleiter und kann ihn bei kurzzeitigem oder dauerndem Ausfall ersetzen.
- Der Sekretär (programming secretary) übernimmt die gesamte Verwaltungsarbeit einschließlich der Aufbereitung der statistischen Daten für die Überwachung. Es wird ein Stapelverarbeitungssystem vorausgesetzt. Die Kommunikation der Mitarbeiter mit dem Rechner findet nur über den Sekretär statt. Er erhält die Programme und Job-Anforderungen, führt die Programme auf dem Rechner aus, speichert sie und ihre Auswertungsdaten in einer Entwicklungsbibliothek ab und gibt den Mitarbeitern die Ausdrucke sowie die Veränderungen der den aktuellen Stand der Entwicklung beschreibenden Dokumentation zurück. Durch die Einführung des Sekretärs werden die vielen und schlecht überprüfbaren Berichte der einzelnen Mitarbeiter im konventionellen Managementkonzept durch einen vorgeprüften und aufbereiteten Bericht des Sekretärs an den Teamleiter ersetzt.

- Die <u>Mitarbeiter</u> (senior level programmer) implementieren die vorgegebenen Spezifikationen. Nach Bedarf können weitere Mitarbeiter (Analytiker und Programmierer) - i. a. zwischen 2 und 10 - zum Team hinzukommen.

<u>Beispiel</u>

Das Chef-Programmierer-Team wurde zum erstenmal bei der Entwicklung eines Informationssystems für die New York Times eingesetzt. In 132 Mann-Monaten entstanden 83 000 LOC. 50% der erwarteten Kosten und 25% der geplanten Zeit wurden eingespart. Im fünfwöchigen Abnahmetest wurden 21 Fehler gefunden, die aber alle an einem Tag behoben werden konnten. Im ersten Jahr des Einsatzes traten weitere 25 Fehler auf.

Diese Angaben sind jedoch vorsichtig zu interpretieren. Da neben einem erfahrenen Team auch erstmals Methoden der "strukturierten Programmierung" (top-down-Entwicklung, strukturierte Steueranweisungen) sowie eine rechnerunterstützte Bibliotheksverwaltung eingesetzt wurden, können Verallgemeinerungen nur mit Einschränkungen vorgenommen werden. ■

Eine Analyse der Chef-Programmierer-Organisationsform zeigt, daß es sich um eine autokratische Struktur handelt, in der die Problemlösungen und die Zielentscheidungen vom Teamleiter kommen.

Vorteile dieser Struktur:
- schnelle Aufgabenerledigung,
- wenig Kommunikationspfade.

Nachteile dieser Struktur:
- Durch zentralisierte Kommunikation verwundbar an der Teamleiter-Stelle.
- Entwicklungserfolg abhängig von der Qualifikation des Teamleiters.
- Teamleiter mit den geforderten hohen Qualifikationen sind schwer zu finden.
- Der Teamleiter muß allseits respektiert werden.
- Unzureichende Motivation der Mitarbeiter, Unzufriedenheit und geringer Teamzusammenhalt.
- Schlecht definierte Probleme mit vielen Schnittstellen scheitern.
- Die Kommunikation nach oben ist positiv gefärbt, dadurch werden u. U. bessere Lösungen oder Probleme nicht erkannt.
- Dezentralisierte Gruppen erzielen mehr und bessere Problemlösungen als ein Einzelner - wie hier der Teamleiter.
- Die Funktion des Sekretärs ist problematisch.

Zusammenfassend läßt sich feststellen, daß der Kommunikationsaufwand in zentralisierten Organisationsstrukturen geringer als in dezentralierten ist und daß die Kommunikation auf den Teamleiter ausgerichtet ist. Die Mitarbeiter-Moral und die Zielmotivation ist gering.

Eine einfache, gut struktuierte Aufgabe mit enger Terminsetzung und geringen Außenkontakten ist mit einer kontrollierten zentralisierten Organisationsstruktur gut zu lösen.

Als problematisch hat sich die beschriebene Funktion des Sekretärs herausgestellt. Da ihm die gesamte Verwaltungsarbeit aufgelastet wird, die zu 90% aus Routinetätigkeiten besteht, ist es schwierig für diese Aufgabe qualifizierte Mitarbeiter zu finden. Außerdem stellt er einen potentiellen Engpaß dar, wenn er verhindert ist. Da heute außerdem Produktentwicklungen zunehmend interaktiv durchgeführt werden, kann die Funktion des Sekretärs in der beschriebenen Form nicht beibehalten werden.

An die Stelle des Sekretärs setzen /Schnupp, Floyd 79/ den Verwalter mit folgenden Aufgaben:
- Verwalter der Entwicklungsbibliothek über ein Bibliotheksverwaltungssystem (siehe auch 5. Kapitel),
- Auswertung der Projektbibliothek,
- Kontroll- und Informationsfunktion innerhalb des Teams,
- Anmahnen benötigter Bausteine, Testdaten und Dokumente,
- organisatorische Tätigkeiten,
- Änderungen und Erweiterungen des Bibliotheksverwaltungssystems.

Ein zeitweiliger Ausfall des Verwalters gefährdet nicht den Entwicklungsfortschritt, da die Entwicklungsbibliothek vom Verwaltungssystem automatisch weitergeführt wird.

Für umfangreiche Projektentwicklungen schlagen /Baker 72/ und /Hamilton, Zeldin 76/ eine Erweiterung des Chef-Programmier-Teams vor:
1. Eine Entwicklung wird am Anfang von einem kleinen, hochqualifiziertem Team begonnen, das den übergeordneten Entwurf und die Entwicklung des Systemkerns vornimmt.
2. Wenn der Systemkern fertiggestellt ist, werden Mitarbeiter des Ursprungsteams Chef-Programmierer der Teams, die die Hauptuntersysteme entwickeln.
3. Der Prozeß wird solange wie nötig auf den tieferen Ebenen wiederholt.

Durch eine solche adaptive Organisation entsteht eine 1:1-Abbildung zwischen der Software-Struktur und der Organisationsstruktur.

4.6.2 Die demokratisch dezentralisierte Organisationsstruktur

Eine demokratisch dezentralisierte Organisationsstruktur wurde unter der Bezeichnung "egoless programming team" von /Weinberg 71/ vorgeschlagen (Abb. 4.6-2).

Mitarbeiter mit unterschiedlichen Erfahrungen und Fachgebieten

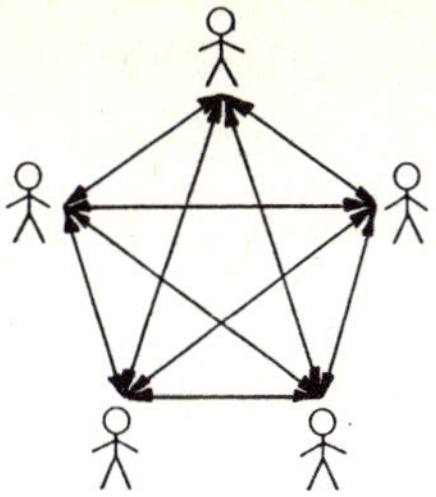

Abb. 4.6-2: Demokratisch dezentralisierte Organisationsstruktur

In dieser Team-Struktur gibt es keinen festen Teamleiter, sondern die Leitungsfunktion rotiert zwischen den Mitarbeitern. Der Mitarbeiter leitet das Team, dessen Fähigkeiten zur Zeit am meisten benötigt werden. Die Teamgröße besteht aus bis zu 10 Mitarbeitern. Jeder kommuniziert mit jedem und tauscht auch seine erstellten Teilprodukte mit anderen Mitarbeitern zwecks Fehlersuche usw. aus.
Ziele werden durch Gruppenkonsens gesetzt. Nach /Weinberg 71/ bleiben die Teammitglieder auch nach Ende einer Entwicklung zusammen und bearbeiten ein neues Produkt.

Vorteile dieser Struktur:
- hoher Problemlösungsgrad bei schwierigen Problemen,
- hohe Arbeitszufriedenheit,
- hohe Risikobereitschaft.

Nachteile dieser Struktur:
- hoher Zeit- und Kommunikationsaufwand,
- geringe Termintreue,
- ineffiziente Informationsorganisation,
- Informationsüberfluß pro Mitarbeiter,
- hoher Konformitäts- und Normierungsdruck (gut für Standardisierung, aber ungünstig für neue Ideen).

Interessanterweise werden demokratische Gruppen umso autoritärer, je schwieriger die Aufgabe wird.

Zusammenfassend läßt sich feststellen, daß demokratisch dezentralisierte Organisationsstrukturen für Aufgaben unter Termindruck, für leichte Aufgaben, für umfangreiche Schnittstellenabsprachen oder unübliche Ansätze ungeeignet sind.

Eine schwierige Aufgabe von beträchtlicher Zeitdauer mit umfangreichen Außenbeziehungen kann dagegen optimal gelöst werden.

4.6.3 Die kontrollierte dezentralisierte Organisationsstruktur

In der Praxis wird oft eine Mischform verwendet, die als kontrollierte dezentralisierte Organisationsstruktur /Mantei 81/ bezeichnet werden kann (Abb. 4.6-3).

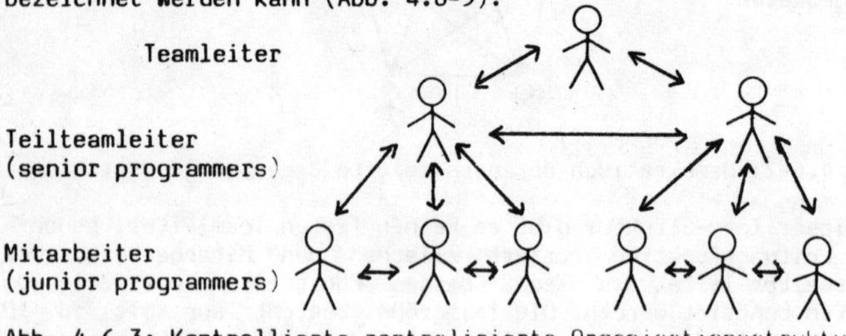

Abb. 4.6-3: Kontrollierte zentralisierte Organisationsstruktur

Die Aufgaben sind folgendermaßen verteilt:
- Der Teamleiter leitet eine Gruppe von Teilteamleitern. Er setzt die Teamziele und verteilt die Aufgaben auf die Gruppen.
- Jeder Teilteamleiter (senior programmer) leitet ein Team von Mitarbeitern (junior programmer). Er ist verantwortlich für die Informationen, die in die Gruppe gelangen und für die Kommunikation mit den anderen Teilteamleitern,

/Metzger 73/ empfiehlt, daß die Teilteamleiter vorzugsweise an den Teamleiter berichten und daß die Teilgruppen nach Entwicklungsaufgaben wie Test, Wartung usw. aufgeteilt werden.

/Shneiderman 80/ und /Yourdon 76/ schlagen vor, daß die Untergruppen "structured walkthroughs" und Programmaustausch wie in einer demokratisch dezentralisierten Gruppe praktizieren.

Bei dieser Organisationsstruktur werden Zielauswahl und Entscheidungen analog der kontrollierten zentralisierten Organisationsstruktur getroffen während die Kommunikationsaspekte der demokratisch dezentralisierten Struktur ähnlich sind.

Die Teilteam-Struktur sollte sich wiederum an den durchzuführenden Aufgaben orientieren.

Voraussetzungen für das Funktionieren dieser Struktur ist eine umfangreiche Entwicklungsaufgabe.

Vorteile dieser Struktur:
- schwierige Aufgaben werden durch die Teilteams gut gelöst,
- gut geeignet für kurzzeitige Entwicklungen,
- hohe Zuverlässigkeit der Produkte.

Nachteile dieser Struktur:

- mangelnde Termintreue,
- der Teilteamleiter wird zum informellen Leiter des Teilteams,

- ungeeignet für schlecht aufteilbare Aufgaben, für sowohl leichte als auch stark strukturierte Aufgaben,
- geringe Arbeitszufriedenheit,
- Tendenz zur Zentralisierung der dezentralisierten Teilteams,
- Tendenz zur Ineffizienz je schwieriger die Aufgabe wird.

Zusammenfassend läßt sich sagen, daß die kontrollierte dezentralisierte Organisations_struktur am besten für umfangreiche Entwicklungen mit kurzer Laufzeit geeignet ist.
Es entstehen zuverlässige Produkte, oft mit Terminverzögerungen und mangelndem Teamgeist.
Für langfristige, forschungsähnliche Entwicklungen ist diese Struktur ungeeignet.

4.6.4 Vergleichende Zusammenfassung

Einen vergleichenden Überblick über die geeignete Organisationsstruktur in Abhängigkeit von verschiedenen Aufgabencharakteristika zeigt Tabelle 4.6-1. Das im zweiten Teil der Tabelle aufgeführte Beispiel bezieht sich auch die Erstellung von 80 000 LOC durch ein Team, wobei eine Jahresleistung pro Mitarbeiter von 6 000 LOC vorausgesetzt wird (ohne Kommunikation).

Viele Aufgabencharakteristika sind nicht unabhängig voneinander. Eine umfangreiche Entwicklung ist oft auch eine schwere. Wie die Tabelle zeigt, sind Organisationsstrukturen, die für einen Aufgabenaspekt effizient sind, für einen anderen ungeeignet. Die Wahl einer geeigneten Organisationsstruktur setzt daher eine Gewichtung oder Kombination der entscheidenden Aufgabenmerkmale voraus.
Die meisten Forschungsergebnisse auf diesem Gebiet wurden in Laborumgebungen mit Studenten und kurzfristigen Aufgaben erzielt. Felduntersuchungen in der industriellen Praxis sind noch notwendig.

Aufgabencharakteristika	kontrollierte zentral.Str. (Mills,Baker)	kontrollierte dezentrali. Struktur	demokratisch dezentral.Str. (Weinberg)
(1) Schwierigkeitsgrad	niedrig	niedrig	hoch
(2) Umfang	groß	groß	gering
(3) Zeitdauer	kurz	kurz	lang
(4) Modularitätsgr.	hoch	hoch	gering
(5) Zuverlässigkeitsanfordun.	niedrig	hoch	hoch
(6) Termintreue	hoch	gering	gering
(7) Kundenkontakte	gering	gering	umfangreich
Anzahl KP	(n-1)	ni (ni-1)/2m +(m+1)m/2	n (n-1)/2
Beispiel:			
n=9; LOC:	80 000	80 000	80 000
KP:	8	15	36
KA(p=5%):	9%	17%	40%
LOC/Jahr	49 200	45 000	32 400
t(Jahre):	1,62	1,77	2,47

Legende: ni = Mitarbeiteranzahl pro Teilteam (Annahme: Teilteams gleich groß)
m = Anzahl der Teilteams
KP = Anzahl Kommunikationspaare
KA = durchschnittlicher Kommunikationsaufwand bei p = 5%
t = benötigte Zeitdauer in Jahren

Tabelle 4.6-1: Organisationsstruktur im Vergleich (z.T. /Mantei 81/)

5. Software Engineering Environment Systeme

Die organisatorische und technische Komplexität der Software-Erstellung hat dazu geführt, automatisierte Unterstützungssysteme zu entwickeln. Für solche Systeme wurden in jüngster Zeit folgende Begriffe geprägt:
- Programming Environment /Standish 80/,/Computer 81/
- Programming Support Environment /Stoneman 80/
- Programmier-Umgebung /Hesse 81/
- Software Environment /Osterweil 81/
- Automated Development Environment /Wasserman 81/
- Software Engineering Environment /SEE 80/
- Software-Produktions-Umgebung /Hausen, Müllerburg 81/

Da der Begriff "Programmierung" die Unterstützungstätigkeiten zu stark eingrenzt, unter "Software Environment" auch eine Hardware-Umgebung verstanden werden kann, wird hier der Begriff "Software Engineering Environment" (SEE) verwendet. Er drückt am klarsten aus, daß eine organisatorische und rechnerunterstützte Umgebung gemeint ist, die alle Tätigkeiten des Software Engineering umfaßt.

Einige Definitionsversuche seien zitiert:
- "total software support systems" /Osterweil 81, S. 35/,
- "...to provide complete support for the activities that take place during the entire software lifecycle using a computerized medium" /Standish 80/,
- "instrumentiertes und organisiertes Software- Entwicklungs-Laboratorium, in dem viele Personen arbeiten, um gemeinsam in einem vollständig organisierten Arbeitsprozeß Software zu entwerfen, zu konstruieren, zu prüfen, zu ändern und zu warten" /Hausen, Müllerburg 81, S. 2/.

Neben diesen Schwerpunkten kommt hinzu, daß eine allgemeine, einheitliche Umgebung angestrebt wird.
Vergleicht man die Entwicklung mit dem Gebiet der Programmiersprachen, dann steht man vor der Aufgabe, von einer "special purpose language" zu einer "general purpose language" zu gelangen. Die Problematik liegt darin, daß die Entwicklung einer "general purpose"-Umgebung ein umfassendes und fundamentales Verständnis des zugrundeliegenden Software-Entwicklungs-, -Managements- und Pflege- Prozesses vorausgesetzt. Außerdem müssen die konstruktiven und analytischen Maßnahmen zur Qualitätssicherung und deren Wirkungsgrad bekannt sein.

Dies Verständnis ist jedoch erst in Ansätzen vorhanden. Die Allgemeingültigkeit impliziert außerdem die Berücksichtigung einer ganzen Reihe von Anforderungen (siehe /Balzert 81, S. 205ff./, /Wasserman 81, S. 8ff./, /Osterweil 81, S. 36ff./, /Stoneman 80, S. 14/).

Verglichen mit der Programmiersprachenentwicklung befindet sich das SEE-Forschungsgebiet etwa in der Mitte der 50er-Jahre, kurz vor dem Erscheinen von FORTRAN /Osterweil 81, S. 36/.

Die gegenwärtig in Entwicklung befindlichen oder bereits fertiggestellten SEES (Software Engineering Environment System) lassen sich folgendermaßen klassifizieren:

- Sprachorientierter Ansatz:
  Ausgangspunkt ist eine Sprache, meist eine Programmiersprache, deren Anwendung und Einsatz durch ein SEES unterstützt werden soll.
  Vorteile:
  - Einheitliche Terminologie und Sichtweise.
  - Optimale Anpassung aller Werkzeuge an die zur Verfügung stehenden Sprachkonzepte.

  Nachteile:
  - Keine Allgemeingültigkeit.
  - Einsatz nur möglich, wenn die entsprechende Sprache verwendet wird.
  - Einsatz unterschiedlicher Sprachen meist nicht möglich.
  - Unterstützungsschwergewicht meist auf dem Sprachumfeld.
  - Mangelnde Flexibilität.
  - Akzeptanz und Einsatz direkt abhängig von Akzeptanz und Einsatz der unterstützten Sprache.

  Beispiele:
  - APSE, das SEES für ADA (siehe 5.1).
  - INTERLISP, das SEES für LISP /Teitelman, Masinter 81/.
  - CDL2-Lab, das SEES für die Compiler Description Language CDL2 /Bayer et al. 81/.
  - COSY, das SEES für die Spezifikationssprache COSY /Lauer, Shields 81/.
  - PASES, ein SEES für die Programmiersprache PASCAL /Shapiro 80/.
  - HDM, ein Mehrsprachen-Ansatz /Silverberg 81/.

- Methodenorientierter Ansatz:
  Ausgangspunkt ist eine Methode, deren Anwendung und Einsatz durch SEES unterstützt werden soll.
  Vorteile:
  - Optimale Unterstützung einer Methode.
  - Auf die Methode optimal zugeschnittene Werkzeuge.

  Nachteile:
  - Keine Allgemeingültigkeit.
  - Methodische Weiterentwicklungen oder neue methodische Ansätze können das SEES-Konzept in Frage stellen.
  - Einsatz nur sinnvoll, wenn die entsprechende Methode verwendet wird.

  Beispiele:
  - AIDES, das SEES für "Composite/structured design" (2.5.2.3) /Willis, Jensen 79/, /Willis 81/.
  - CADES, das SEES für "Structural Modelling" /Snowdon 81/.

- Environment-Maschinen-Ansatz
  Ziel ist es, eine Environment-Maschine zur Verfügung zu stellen.
  Vorteile:

- Optimale Systemsoftware-Unterstützung.
- Optimale Hardware-Unterstützung.

Nachteile:
- Hardware - und systemsoftware - abhängig.
- Nicht auf jedem Rechner einsetzbar.

Beispiel:
- PWB/UNIX, Bereitstellung eines "software production computer" ("workbench") durch Erweiterung des Betriebssystems UNIX um spezielle Werkzeuge für die Software-Entwicklung /Ivie 77/, /Kernighan, Mashey 81/, /Mitze 81/.

- <u>"general purpose"-Ansatz</u>

  Ziel ist die Bereitstellung eines allgemeingültigen SEES, um insbesondere die Schwerpunkte, Entwicklung, Wartung & Pflege, Qualitätssicherung und Management zu entwickeln. Angestrebt wird dabei eine vielfältige Werkzeugunterstützung um unterschiedliche Methoden, Sprachen und Organisationsmodelle anwenden zu können.

  Vorteile:
  - Allgemeingültigkeit.
  - Einsatz unter verschiedenartigen Randbedingungen möglich.
  - Geeignete Werkzeuge für unterschiedliche Anwendungsgebiete.
  - Verschiedene Sprachen werden unterstützt.
  - Flexible Anpassung an neue Konzepte.

  Nachteile:
  - U. U. Entwicklungsrechner mit umfangreichen Ressourcen nötig.
  - Für kleinere Projekte werden u. U. nur Teilmengen der Werkzeuge benötigt.
  - Werkzeuge, die selbst ein partielles SEES darstellen, lassen sich erst nach ihrer Modifikation integrieren, um ein ein einheitliches organisatorisches Modell zu repräsentieren.

  Beispiele:
  - SEES PLASMA (siehe 5.2).
  - ARCTURUS /Standish 81/.
  - SDS /Alford, Davis 81/ (siehe auch 2.4.6).

Ziel der meisten SEES ist es, eine integrierte Werkzeugmenge zur Verfügung zu stellen, d. h. die Werkzeuge können Informationen über festgelegte Schnittstellen austauschen. Alle Werkzeuge werden bereits unter dem Gesichtspunkt der gegenseitigen Kommunikation und der Kombinierbarkeit konzpiert.
SEES-Architekturen enthalten meistens eine zentrale Datenbank, in der alle Informationen aufbewahrt werden.

Eine umfangreiche SEES-Bibliographie bieten /Hausen et al. 81/. Siehe zu diesem Thema auch /Computer 81/, /SEN 81/.

In den folgenden zwei Abschnitten werden APSE, als Repräsentant des sprachorientierten Ansatzes, und SEES PLASMA, als Repräsentant des "general purpose"-Ansatzes, beispielhaft skizziert.

5.1 APSE

(1) Motivation und Ziele

APSE (Ada Programming Support Environment) hat das Ziel, die Entwicklung und Wartung von ADA-Anwendungssoftware während des gesamten Lebenszykluses zu unterstützen.

APSE soll dazu dienen,
- die Qualität der entwickelten ADA-Software zu verbessern,
- die Entwicklung von ADA-Software zu unterstützen,
- die Wartung und Pflege von ADA-Software zu erleichtern, insbesondere die Langzeit-Wartung,
- das Projektmanagement zu unterstützen,
- die Kosteneffektivität zu verbessern.

Die APSE-Architektur soll
- eine integrierte Umgebung bereitstellen, damit Werkzeuge in einen vorgegebenen Rahmen integriert werden können,
- eine erweiterbare Umgebung (open-ended) ermöglichen, die jederzeit modifiziert und ergänzt werden kann,
- aufwärtskompatibel sein, so daß bereits realisierte Konzepte verallgemeinert werden können,
- die Komposition von Werkzeugen erlauben,
- die Portabilität von Anwendungsprogrammen, von Werkzeugen, von Projekten und von APSE selbst ermöglichen,
- berücksichtigen, daß Entwicklungs- und Zielrechner i. a. unterschiedlich sind.

APSE soll enthalten
- ein umfassendes Werkzeugangebot, das von der Anforderungsdefinition bis zur Langzeit-Wartung alle Phasen unterstützt,
- Werkzeuge für die Generierung, das Release und die anschl. Kontrolle eines Projektes einschl. vielfacher Konfigurationen,
- statistische Daten für Management-Berichte und Management-Kontrolle,
- Bibliotheken mit Standard-Routinen.

APSE soll folgende Qualitätseigenschaften besitzen:
- Robustheit:
  Robust gegen Benutzer- und Systemfehler; Wiederaufsetzung bei unvorhersehbaren Situationen;
- Benutzerfreundlichkeit:
  Benutzerfreundliche Schnittstelle, die leicht zu erlernen und zu benutzen ist; Sicherstellung adäquater Antwortzeiten.
- Einfachheit:
  Einfache und wenige Konzepte.
- Einheitliche Protokolle:
  Einheitliche Protokoll-Konventionen für die Kommunikation zwischen Benutzern und Werkzeugen.

(2) Konzeption

APSE besteht konzeptionell aus
- einer Datenbank,
- einer (Benutzer- und System)-Schnittstelle und
- einer Menge von Werkzeugen.

Die Datenbank dient als Aufbewahrungsort aller Projektinformationen während der Projektlaufzeit.

Die Schnittstelle umfaßt sowohl die Kommandosprache, die die Schnittstelle zum Benutzer darstellt, als auch die Systemschnittstelle zur Datenbank und zu den Werkzeugen. Die Benutzerschnittstelle ist unabhängig von dem verwendeten Entwicklungsrechner. Die Werkzeug-Werkzeug-Kommunikation erfolgt über eine virtuelle Schnittstelle.

Zu den Werkzeugen gehören insbesondere Programmentwicklungs-, Wartungs- und Konfigurationskontroll-Werkzeuge. Die Werkzeuge kommunizieren hauptsächlich über die Datenbank.

Die APSE-Architektur besteht aus 4 Ebenen (siehe Abb. 5.1-1):

Ebene 0: Geeignete Hardware und Software des Basis-Rechners.

Ebene 1: APSE-Kern (KAPSE = Kernel APSE), der die Datenbank und die Kommunikations- und Laufzeit-Funktionen bereitstellt, damit ein ADA-Programm ausgeführt werden kann. KAPSE stellt außerdem eine maschinenunabhängige Portabilitäts-Schnittstelle zur Verfügung.

Ebene 2: Minimal-APSE (MAPSE = Minimal APSE), die eine minimale Menge von Werkzeugen, geschrieben in ADA und unterstützt durch KAPSE, zur Verfügung stellt. Die Werkzeuge sollen notwendig und hinreichend sein, um die Entwicklung und die Wartung von ADA-Programmen zu unterstützen.

Ebene 3: APSEs, die durch die Erweiterung von MAPSE entstehen und eine umfassende Unterstützung spezieller Anwendungen oder Methoden ermöglichen.

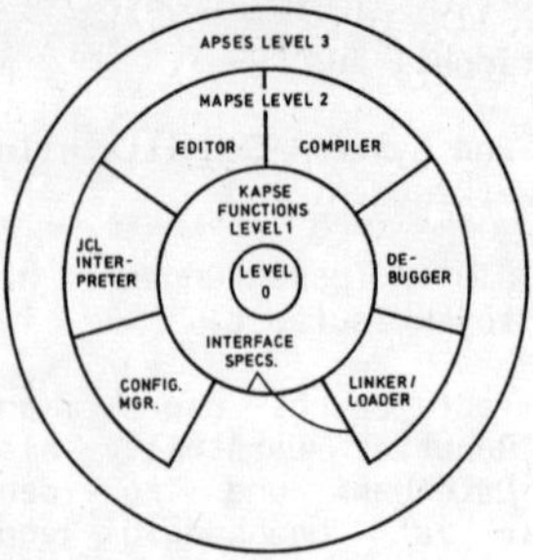

Abb. 5.1-1: APSE-Struktur /Stoneman 80, S.2/

Seperat identifizierbare Informationssammlungen in der Datenbank werden als Objekt bezeichnet.

<u>Beispiele</u>

Objekte können sein:
- getrennt übersetzbare ADA-Programmeinheiten,
- ADA-Textteile,
- Dateien mit Testdaten,
- Anforderungsspezifikationen,
- Sammlung anderer Objektnamen,
- Dokumentationsdateien,
- Managementinformationen.

Jedes Objekt kann Attribute besitzen. Objekte können zu umfassenderen Einheiten zusammengefaßt werden. Zwischen Objekten können Relationen bestehen, d. h. die Objekte werden durch Netzwerke bzw. Graphen überlagert. Für jedes Objekt können Zugriffskontrollen festgelegt werden. ■

Mit Hilfe des Objektmodells werden folgende Konzepte verwirklicht:
- Unterschiedliche Versionen:
  Mehrere Objekte können zu einer Versionsgruppe zusammengefaßt werden. Ein Objekt in der Gruppe kann als bevorzugte (oder "default") Version benannt werden.
- Bereichsbildung:
  Objekte können zu Bereichen (partitions) gruppiert werden z. B. alle Objekte, die zu einem Projekt gehören.
- Entstehungsgeschichte (history preservation):
  Durch Objektattribute wird die Entstehungsgeschichte des Objektes dokumentiert.
- Objekt-Kategorie:
  Durch Objektattribute wird die Informationskategorie, die im Objekt aufbewahrt ist, beschrieben.
- Zugriffsrechte:
  Durch Objektattribute werden die Zugriffsrechte auf das Objekt festgelegt.

Folgende Funktionen werden in APSE zur Verfügung gestellt:

(a) Kreierung:
Ein Datenbank-Objekt kann kreiert werden.

(b) Modifikation:
Ein Datenbank-Objekt kann geändert werden, um ein neues Objekt oder eine neue Version desselben Objekts zu erzeugen z. B. durch Editieren.

(c) Analyse:
Die Einträge in einem Datenbank-Objekt können analysiert werden. Dadurch entsteht ein neues Objekt, das die Analyseergebnisse enthält.

(d) Transformation:
Die Repräsentation eines Datenbank-Objekts kann durch Transformations-Werkzeuge geändert werden.

(e) Anzeige:
Objekte können auf Terminals, Druckern usw. sichtbar gemacht werden.

(f) Linking:
Übersetzte Code-Objekte können zu einem neuen Objekt zusammengefaßt werden, das geladen und ausgeführt werden kann.

(g) Ausführung:
Ein übersetztes und gelinktes Programm kann geladen und ausgeführt werden.

(h) Wartung:
Durchführung der Konfigurations-Kontrolle.

Die Datenbank stellt einen zentralen Teil des APSE-Systems dar.

Folgende Leistungen muß sie zur Verfügung stellen:
- Flexibles Speichermedium für alle APSE-Werkzeuge.
- Speicherung von Objekten und Relationen zwischen Objekten.
- Ermöglichung von Gruppen- und Bereichsbildungen von Objekten.
- Speicherung von ADA-Bibliotheken in Quellform und in vorübersetzter Form.

Sie soll folgende Qualitätseigenschaften besitzen:
- Hohe Speicherzuverlässigkeit,
- Sicherstellung der Informationskonsistenz.

(3) Inhalt

In MAPSE sollen wenige, aber allgemeine Werkzeuge, in APSE viele spezielle und z. T. projektbezogene Werkzeuge bereitgestellt werden.

In MAPSE sollen folgende Werkzeuge enthalten sein:
- Texteditor,
- Prettyprinter,
- Übersetzer,
- Linker,
- Lader,

- Statischer Analysator, der lesenden und schreibenden Zugriff auf Daten analysiert und eine Cross-Reference-Liste erstellt.
- Statischer Analysator, der die Kontrollfluß-Topologie darstellt.
- Dynamischer Analysator mit folgenden Eigenschaften:
  - Schnappschüsse,
  - Unterbrechungen, mit Möglichkeit interaktiv Variablenwerte zu ändern,
  - Trace,
  - Schnittstellensimulator (für "dummies"),
  - Anweisungs-Ausführungs-Monitor,
  - Zeit-Analyse,
- Terminal-Schnittstellen-Routinen,
- Datei-Verwalter,
- Kommando-Interpreter,
- Konfiguration-Manager.

In APSEs sollen z. B. folgende Werkzeuge verfügbar sein:
- Programm-Editor für ADA-Quellprogramme (syntaxgesteuerte Eingabe),
- Dokumentations-System mit Schnittstellen zum Texteditor und zu einem Textverarbeitungs-System,
- Projektsteuerungs-System einschl. Möglichkeiten zur Produktivitätsmessung,
- Konfigurationssteuerungs-System,
- Meßwerkzeuge,
- Fehlerberichtssystem,
- Anforderungsspezifikations-Werkzeuge,
- Entwurfswerkzeuge,
- Verifikationswerkzeuge,
- Vielfältige Übersetzer,
- Kommando-Interpreter,
- Anwendungsorientierte Bibliotheken z. B. für numerische Anwendungen.

(4) Herkunft, Anwendungsgebiet, Erfahrungen, Literatur

Analog wie bei der Entwicklung der ADA-Sprachkonzeption wurden die Anforderungen an APSE in mehreren Berichten niedergelegt: SANDMAN, PEBBLEMAN 78, STONEMAN 80.

APSE stellt einen sprachorientierten Environment-Ansatz dar, d. h. es werden fast ausschließlich Anwendungen unterstützt, die ADA als Programmiersprache verwenden. Das Anwendungsgebiet von APSE ist daher identisch mit dem Anwendungsgebiet von ADA. APSE-Realisierungen befinden sich z. Z. in Entwicklung.

Literatur: /Stoneman 80/, /Stenning et al. 81/, /Buxton, Druffel 81/.

(5) Eigenschaften

- Umfassendes, integriertes Konzept zur Unterstützung von Produktion, Wartung, Management.
- Verschiedene Ausbaustufen mit differenzierter Werkzeugmenge.
- Erweiterbare Umgebung.
- Phasenspezifische und phasenübergreifende Werkzeuge.
- Unterstützung von Produktarchiven in Form von Bibliotheken.
- Konzeption ermöglicht dedizierte Konfigurationskontrolle.
- Entwicklungsrechner-/Zielrechner-Ansatz.
- Portabilität auf Werkzeug-, Projekt- und APSE-Ebene.
- Sprachorientierte Konzeption, die für ADA-Programmierung ausgelegt ist, d. h. kein "general purpose"-Environment.
- Informationskonzentration in einer zentralen Datenbank, dadurch stand-alone Einsatz von Werkzeugen unmöglich oder schwierig möglich.
- Konzeption stark an der Implementierungsphase orientiert.
- Den Anforderungen liegt kein allgemeines Organisationsmodell zugrunde.

5.2 SEES PLASMA

(1) Motivation und Ziele

SEES PLASMA dient dazu, die industrielle Anwendungs- und Systemsoftware-Erstellung zu erleichtern. Vorrangiges Ziel ist es, die Schwerpunkte
- Entwicklung,
- Management und
- Wartung & Pflege

mit ihren gegenseitigen Wechselwirkungen durch geeignete
- Organisationsmodelle,
- Methoden,
- Sprachen und
- Werkzeuge

ökonomisch und technisch effizient zu unterstützen.

Die PLASMA-Architektur soll
- eine integrierte Umgebung bereitstellen, so daß eingebettete Werkzeuge miteinander kommunizieren können und ihre Anwendungsreihenfolge und -kombination festgelegt werden kann.
- eine erweiterbare Umgebung ermöglichen, so daß alte Werkzeuge entfernt und neue eingebettet werden können.
- selbst portabel sein sowie die Portabilität von entwickelten Software-Systemen und Werkzeugen unterstützen.
- berücksichtigen, daß Entwicklungs- und Zielrechner u. U. unterschiedlich sind.
- auf Kleinrechnern oder Kleinrechner-Netzen implementierbar und einsatzfähig sein.
- folgende zentrale Dienstleistungen ermöglichen:
  - Auskunftssystem,
  - Rechteabprüfung,

  - Projektverwaltung,
  - Produktverwaltung,
  - Werkzeugverwaltung,
  - Methodenführung.
- eine einheitliche Benutzerschnittstelle für alle Benutzer bereitstellen unabhängig vom zugrundeliegenden Entwicklungsrechner.
- eine projekt- und mitarbeiterspezifische Auswahl und Festlegung von Werkzeugen ermöglichen.
- eine mitarbeiterspezifische Methodenführung erlauben.
- einen Freigabemechanismus für die Qualitätssicherung und -kontrolle bereitstellen.
- die Verwaltung projektübergreifender Informationen ermöglichen.

SEES PLASMA soll enthalten:
- ein umfassendes Werkzeug, das alle Phasen des Software Life Cycles unterstützt sowie das Projektmanagement und die Qualitätssicherung erleichtert.
- ein vielfältiges Werkzeugangebot, das unterschiedliche Methoden und Sprachen unterstützt.
- Werkzeuge zur projektübergreifenden Verwaltung von Archiven.

(2) Konzeption

Im Gegensatz zu anderen SEES ist das konzeptionelle Kernstück keine zentrale Datenbank, sondern die Methodenbank MEPAS (Method Based Product Management System).

Methodenbanken werden bisher vorwiegend im sozioökonomischen und statistischen Bereich eingesetzt. Eine "Methode" einer Methodenbank stellt ein Unterprogramm bzw. einen Programmbaustein für die Lösung eines gegebenen Anwenderproblems dar. I. a. können mehrere "Methoden" zu einem Anwenderprogramm verknüpft werden. Historisch gesehen, stellen Methodenbanken sowohl eine Weiterentwicklung von Unterprogrammbibliotheken als auch von Datenbanken dar. Um die Anwendung von Unterprogrammbibliotheken zu erleichtern, wurden sie zu Bausteinbibliotheken erweitert, die größere Datenbestände verwalten können und über eigene Benutzerschnittstellen verfügen. Bei vielen Problemen ist zur Bearbeitung eine Sequenz von Programmen erforderlich (Methodenverknüpfung). So können beispielsweise mehrere Analysen sequentiell durchgeführt werden, wobei die Auswahl einer "Methode" aufgrund von Ergebnissen der vorhergehenden Analyse erfolgt. Datenbanken vereinfachen den Umgang mit großen Datenbeständen. Durch Verallgemeinerung der zu verwaltenden Daten in Richtung auf Programme bzw. "Methoden" und entsprechende Erweiterung der Datenverwaltungs- und -manipulationsfunktionen gelangt man zu Methodenbankanwendungen.

Die bisher vorhandenen Methodenbankkonzeptionen wurden im SEES PLASMA verallgemeinert. Außerdem wurde der Anwendungsbereich auf Software Engineering Environment Systeme ausgedehnt. Für dieses

Anwendungsgebiet wird unter "Methode" ein Werkzeug zur Software-Erstellung verstanden.

Die Architektur von PLASMA/MEPAS (Abb. 5.2-1) ist so gestaltet, daß die Anforderungen an die PLASMA-Architektur optimal unterstützt werden.

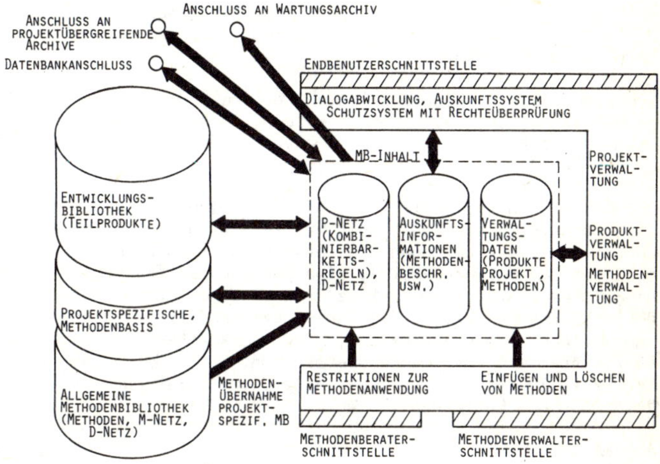

Legende:
M-Netz = globales Methodennetz
D-Netz = Datenkommunikationsnetz
P-Netz = Projektspezifisches Methodennetz

Abb. 5.2-1: Architektur der PLASMA-Methodenbank MEPAS

Für ein oder mehrere Projekte wird jeweils eine Methodenbank initialisiert. Der Methodenberater wählt aus einer allgemeinen Methodenbibliothek die für das oder die Projekte gewünschten Methoden aus. Diese Methoden werden dann in eine projektspezifische Methodenbasis übertragen.

Während andere SEES die Aufrufreihenfolge von Werkzeugen dem Benutzer überlassen und die Werkzeugkommunikation über die Datenbank oder über virtuelle Schnittstellen abwickeln, wird in SEES PLASMA ein anderes Konzept verfolgt. Die im SEES PLASMA verfügbaren Werkzeuge liegen <u>nicht</u> einfach in einem "Werkzeug-

Pool", aus dem sich der Anwender nach Belieben ein oder mehrere Werkzeuge über die Methodenbank herausholen kann.

Die vorgeschriebene Reihenfolge und Kombination von Werkzeugen wird vielmehr in einem Methoden-Netz (M-Netz) beschrieben. Dadurch wird der Flußcharakter des Entwicklungsprozesses modelliert. Es wird sichergestellt, daß abgeschlossene Teilprodukte nicht beliebig nachträglich verändert werden können. Außerdem können Zwischenschritte nicht "aus Zeitgründen" übersprungen werden. Alle erstellten Teilprodukte werden automatisch einheitlich verwaltet. Der Endbenutzer gibt MEPAS nur die gewünschte Tätigkeit und das zu bearbeitende Teilprodukt an. Für ein Teilprodukt kann gelten, daß es durch ein Werkzeug A erzeugt und von Werkzeugen B und C weiterverarbeitet wird. Dieser Informationsaustausch wird in einem Datenkommunikationsnetz (D-Netz) beschrieben.

Projektspezifische Restrikationen der Methodenanwendung können vom Methodenberater vorgenommen werden, indem er eine Teilmenge des M-Netzes bildet. Dadurch entsteht ein projektspezifisches Netz (P-Netz).

Durch diese Konzeption ist es also möglich, eine integrierte Umgebung bereitzustellen (jedes Werkzeug wird im M- und D-Netz beschrieben), die Umgebung zu erweitern (jedes neue Werkzeug erweitert das M- und D-Netz), eine projektspezifische Auswahl und Reihenfolge festzulegen (P-Netz) sowie eine Methodenüberprüfung zu ermöglichen (P-Netz). Die Endbenutzerschnittstelle enthält die einheitliche Dialogabwicklung, das Auskunftssystem und das Schutzsystem mit der Rechteüberprüfung. Die Methodenverwalter-Schnittstelle erlaubt über spezielle Dienstleistungen u. a. das Hinzufügen und Entfernen von Werkzeugen.

(3) Inhalt

SEES PLASMA unterstützt konzeptionell das in 1.5 dargestellte SEEM.
Entsprechend diesem Organisationsmodell lassen sich die Werkzeuge klassifizieren in:
- phasenspezifische Werkzeuge,
- phasenübergreifende Werkzeuge und
- projektübergreifende Werkzeuge.

Folgende Werkzeuge sind für die Standard- Umgebung vorgesehen:

(a) phasenspezifische Werkzeuge:

- Planungsphase:
  - Projektplanungssystem
  - Projektkalkulationssystem
- Definitionsphase:
  - PLASMA/PASILA-Generationssystem /Christ, Balzert 81/: Generatorsystem, das es ermöglicht, Anforderungssprachen

entprechend den individuellen Wünschen und Bedürfnissen des Anwenders zu spezifizieren, zu generieren und einzusetzen. Anforderungssprachen wie PSL/PSA, RSL/REVS können ganz oder teilweise spezifiziert und generiert werden. Das PLASMA/PASILA-Generatorsystem ist vergleichbar einem Compiler-Compiler für Anforderungssprachen. Entity-Relationship-Modelle mit n-stelligen Relationen können spezifiziert werden.

Das Generatorsystem bietet folgende Leistungen:

- Spezifikation der Eingabesyntax, der textuellen und grafischen Ausgabeform sowie die Logiküberprüfungen der zu generierenden Anforderungssprache.
- Automatische Generierung eines Dienstleistungspakets zum Einsatz der Anforderungssprache.
- Interaktive, menügesteuerte Eingabe von Nutzdaten mit sofortiger Syntaxüberprüfung.
- Analysen durch Überprüfung der Nutzdaten anhand der spezifizierten Verifikations- und Falsifikationsregeln.
- Textuelle und grafische Ausgaben auf Bildschirm, Drucker und plottfähigem Drucker.
- Grafiken in Baumform oder diagonalangeordneten Blöcken.

• PLASMA/SADT-System:
Rechnerunterstützung für den Einsatz von SADT mit folgenden Leistungen:
  - Menügesteuerte, interaktive Eingabe und Änderung aller SADT-Nutzdaten in textueller Form (keine Eingabe von Linien oder Kästen auf dem Bildschirm).
  - Automatische Erstellung der SADT-Diagramme für Bildschirmausgabe, Druckerausgabe und Plotterausgabe auf einem Drucker mit optimierter Platzaufteilung.
  - SADT-Diagramme mit bidirektionalen Pfeilen, automatischer Vereinigung und Aufteilung von Pfeilen.
  - Automatische Überprüfung aller Daten entsprechend den SADT-Regeln.
  - Automatische Erstellung des Knotenverzeichnisses.
  - Automatische Top-down- und Bottom-up-Analyse aller I-, C-, O-, M-Größen.
  - Zu jedem SADT-Diagramm können Kommentarblätter und FEOs erstellt werden.

  Die in diesem Buch wiedergegebenen SADT-Diagramme wurden mit diesem Werkzeug erstellt.
• PLASMA/R(equirements)-System:
System zur Unterstützung von Anforderungssprachen, die mit PLASMA/PASILA generiert wurden.

- Entwurfsphase:
  • PLASMA/D(esign)-System:
  System zur Unterstützung der PLASMA-Entwurfssprache (siehe 2.5.3.8).

- Implementierungsphase:
  • PLASMA/COBULA (Cobol Modular Language):
  Precompiler, der eine Pseudo-COBOL-Ebene mit linearen Kontrollstrukturen und Modulkonzept in verschiedene

COBOL-Quellsprachen umsetzt (siehe auch 2.5.3.13).

- PLASMA/TEGOS-F(rame):
Testrahmengenerator (Test Environment Generator System) zum interaktiven Black Box Test von Moduln.
- PLASMA/TEGOS-B(ranch):
Instrumentierer und Protokollierer zur Überprüfung der Zweigüberdeckung beim White Box Test von Moduln.
- PLASMA/STRUKTOGEN:
Struktogrammgenerator zur Erzeugung von Nassi-Shneiderman-Diagrammen.

In jeder Phase wird mit unterschiedlichen Aufgaben das Werkzeug PLASMA/PRODOK eingesetzt, das die Textbe- und -verarbeitung sowie die Produktdokumentation unterstützt.

(b) phasenübergreifende Werkzeuge

- Projektüberwachungssystem, das Soll-Ist-Vergleiche vornimmt, die Termine überwacht und Projektstatistiken erstellt.
- Änderungsanalyse-System, das bei geplanten Modifikationen die betroffenen Teilprodukte ermittelt, bei Durchführung der Änderungen die betroffenen Teilprodukte sperrt, so daß sie wieder explizit freigegeben werden müssen.
- Versions- und Release-Kontroll- und Verwaltungssystem.

(c) projektübergreifende Werkzeuge

Um die Erfahrungen aus abgeschlossenen Projekten systematisch in neuen Projekten nutzen zu können, sind in SEES PLASMA folgende projektübergreifende Archive vorgesehen (Abb. 5.2-2):

1. Produktarchiv (siehe auch 2.1.7.1),
2. Planungsarchiv (siehe auch 2.3, 1.5),
3. Qualitätssicherungs-Archiv (siehe auch 3.8),
4. Produktvermessungs-Archiv (siehe auch 3. Kapitel).

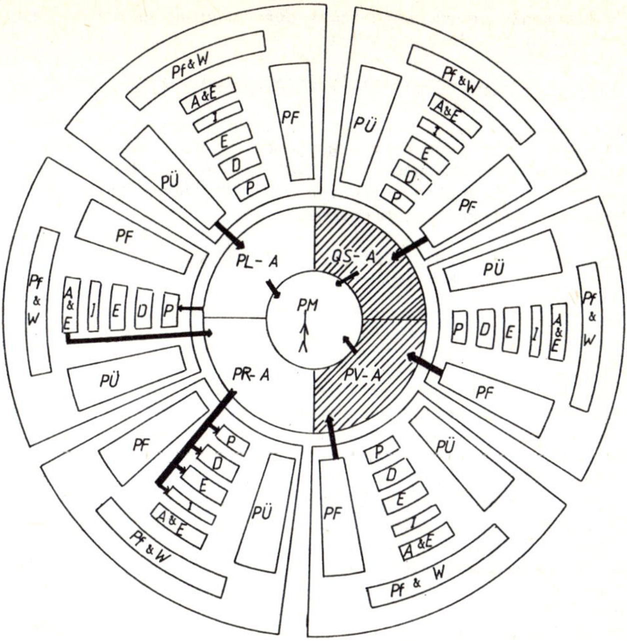

Legende:

P:	Planung	A & E :	Abnahme und Einführung
D:	Definition	W & PF:	Pflege und Wartung
E:	Entwurf	PF :	Projektführung
I:	Implementierung	PÜ :	Projektüberwachung

PL-A: Planungsarchiv PM = Projektmanager
PR-A: Produktarchiv
QS-A: Qualitätssicherungs-Archiv
PV-A: Produktvermessungs-Archiv

Abb. 5.2-2: Projektübergreifende Archive des SEES PLASMA

Das Qualitätssicherungs-Archiv dient dazu, quantitative Werte zum Aufwand und zur Effizienz eingesetzter Werkzeuge für konstruktive und analytische Qualitätssicherungsmaßnahmen zu liefern.

Das Produktvermessungs-Archiv enthält Vermessungsdaten über Produkte wie Anzahl der Moduln, durchschnittliche Länge und Parameteranzahl von Moduln, Daten über die Zerlegungsstruktur des Systems usw. Durch die Verwertung solcher aufbereiteten Daten sollen Qualitäts- und Quantitätsvergleiche mit bereits entwickelten Produkten ermöglicht werden.

Für die Verwaltung und Auswertung der Archive werden geeignete Werkzeuge zur Verfügung gestellt.

(4) Herkunft, Anwendungsgebiet, Erfahrungen, Literatur

SEES PLASMA wird unter Federführung von H. Balzert seit 1980 bei TRIUMPH_ADLER in Nürnberg konzipiert und realisiert. Als vorrangiges Anwendungsgebiet ist die Entwicklung von kommerzieller Anwendungssoftware und von Systemsoftware unter Einsatz von SEES PLASMA vorgesehen.

Literatur: /Balzert 81/, /Willmer 81/, /Willmer, Balzert 82/, /Hüber, Lockemann 81/

(5) Eigenschaften

- "general purpose"-Ansatz.
- Basiert auf einem organisatorischen Gesamtkonzept, das phasenspezifische, phasenübergreifende, Qualitätssicherungs- und Management-Aspekte berücksichtigt.
- Neuartige Architektur auf der Basis einer Methodenbank.
- Bereitstellung von Leistungen für alle an der Software-Erstellung und -Wartung beteiligten Personengruppen.
- Steuerungs- und Kommunikationskonzept für Werkzeuge durch verschiedenartige Netze.
- Auf Kleinrechnern einsetzbar.
- Systematische, individuelle Methodenführung des Benutzers durch das System.
- Hohe Flexibilität.

Verzeichnis der verwendeten Abkürzungen

Abkürzung	Verlag
ACP	Academic Press, London
Computer	Computer IEEE
CACM	Communications of the ACM
GACM	Berichte des German Chapter of the ACM, Stuttgart
IBM SJ	IBM Systems Journal
ICSE	International Conference on Software Engineering
IF	Informatik Fachberichte, Heidelberg
Infotech	Infotech State of the Art Report
JWS	John Wiley & Sons, New York
LNCS	Lecture Notes in Computer Science, Berlin
SIGPLAN	ACM SIGPLAN Notices
PEC	Petrocelli/Charter, New York
PRH	Prentice-Hall, Englewood Cliffs, New Jersey
P&E	Software - Practice and Experience
STT	Software Technical Trends
ToC	IEEE Transactions on Computers
ToSE	IEEE Transactions on Software Engineering

Literatur

/ADA 80/ The Programming Language ADA, Reference Manual, LNCS, Berlin 1981, No.106

/Air Force 75/ Air Force Systems Command, Government/ Industry Software Workshop Summary Notes, Electronic Systems Division, Honscom AFB, MA, 1975

/Alford 77/ Alford M.W., A Requirements Engineering Methodology for Real-Time Processing Requirements, ToSE, Vol. SE-3, No.1, Jan. 77, S.60-69

/Alford 80/ Alford M.W.,Software Requirements Engineering Methodology (SREM) at the Age of Four, Proc. COMPSAC 80, IEEE Catalog No. 80 CH 1607-1

/Alford et al. 77/ Alford M.W. et al., Software Requirements Engineering Methodology (SREP Final Report, Volume I), TRW Defense and Space Systems Group, Huntsville, Alabama, 1977

/Alford, Davis 81/ Alford M.W., Davis C.G., Experience with the Software Development System, in: /Hünke 81/

/Anderson, Shneiderman 77/ Anderson N., Shneiderman B., Use of Peer Ratings in Evaluating Computer Program Quality, IFSM-TR-20, University of Maryland, 1977

/Aron 69/ Aron J.D., Estimation Resources for large Systems, in: NATO Conference, Report on Software Engineering Techniques, 1969

/Baker 72/ Baker F.T., Chief programmer team management of production programming, IBM SJ, No.1, 1972, S.56-73

/Baker 74/ Baker F.T., Organizing for Structured Programming, in: LNCS Nr.7, 3.Fachtagung über Programmiersprachen, Kiel 1974

/Baker 75/ Baker F.T., Structured Programming in a Production Programming Environment, Proceedings, International Conference on Reliable Software , Los Angeles, USA, 1975

/Balzert 75/ Balzert H., Programmiersprachen für die Informatik-Ausbildung an Schulen und Volkshochschulen, Lernzielorientierter Unterricht, München, Nr.3, 1975, S.33-43

/Balzert 77/ Balzert H., Systementwicklung, hierarchische Strukturen, Modularisierung, Datenabstraktion, Bericht, Fachbereich Informatik, Universität Kaiserslautern, Dez. 1977

/Balzert 78/ Balzert H., Vergleichende Betrachtung modularer Sprachkonzepte, IF Nr.12, 1978, S.45-72

/Balzert 79a/ Balzert H., Die Programmiersprache PLASMA 78, Dissertation, Universität Kaiserslautern 1979

/Balzert 79b/ Balzert H., Die Programmiersprache PLASMA 78, GACM Nr.1, 1979, S.47-63

/Balzert 80/ Balzert H., Anforderungsdefinition/ Requirements Engineering, Grundig-Akademie für Wirtschaft und Technik, Nürnberg, 1980; Forschungs- und Entwicklungsbericht 1/81, Triumph Adler AG, Nürnberg, 1981

/Balzert,Weber 81/ Balzert H., Weber D., PLASMA/D - Eine Sprache für den Systementwurf, GACM Nr.5, 1980, S.175-200

/Balzert 81a/ Balzert H., Das Software-Entwicklungssystem PLASMA, in: Angewandte Informatik, Heft 5, 1981, S.204-216

/Balzert 81b/ Balzert H., Quantitative Ansätze zur Bestimmung der Komplexität von Software-Systemen, IF Nr.50, 1981, S.170-190

/Balzert 81c/ Balzert H., Methoden, Sprachen und Werkzeuge zur Definition, Dokumentation und Analyse von Anforderungen an Software-Produkte, in: Informatik-Spektrum 4, S.145-163, S.246-260 (1981)

/Bartling et al. 76/ Bartling U., Hahn R., Liedtke J., SLAN 3B/ELAN Benutzerhandbuch, Arbeitsbericht 4/76, Hochschulrechenzentrum, Universität Bielefeld

/Bastarache, Hershey 75/ Bastarache M.S., Hershey E.A., Problem Statement Analyzer Command Descriptions (Version A2.1), ISDOS Working Paper No.91, July 1975, ISDOS Research Project, The University of Michigan, Ann Arbor, May 1975

/Bayer et al. 81/ Bayer M., Böhringer B., Dohatty J.P., Feuerhahn H., Jasper J., Koster C.H.A., Schmiedecke U., Software Development in the CDL2 Laboratory, in: /Hünke 81/

/Bell,Thayer 76/ Bell T.e., Thayer T.A., Software Requirements: Are They Really a Problem?, ICSE 1976, S.61-68

/Bell et al. 77/ Bell T.E., Biseler D.C., Dyer M.E., An Extendable Approach to Computer-Aided Software Requirements Engineering, ToSE, Vol. SE-3, No.1, Jan. 77, S.49-60

/Biewald et al. 79/ Biewald J., Göhner P., Lauber R., Schelling H., EPOS - A Specification and Design Technique for Computer Realtime Automation System, ICSE, 1979, S.245-250

/Boehm 73/ Boehm B.W., Software and Its Impact, A Quantitative Accessment, Datamation 19,5 (1973), S.48-59

/Boehm 76/ Boehm B.W., Software-Engineering, ToC, Vol. C-25, No.12, Dec. 1976, S.1226-1241

/Boehm et al. 76/ Boehm B.W., Brown J.R., Lipow M., Quantitative Evaluation of Software Quality, ICSE 1976, S.592-605

/Boehm 79/ Boehm B.W., Software Requirements Analysis and Design, International Seminar, Seminarunterlagen, Berlin, Sept. 1979

/Böhm, Jacopini 66/ Böhm C., Jacopini G., Flow Diagrams, turing maschines and languages with only two formation rules, CACM 9 (1966)

/Brinch Hansen 73/ Brinch Hansen P., Operating Systems Principles, PRH, 1973

/Brooks 75/ Brooks F.H., The mythical Man-Month, Essays on Software Engineering, Reading, Mass., Addison Wesley, 1975

/Brown 74/ Brown P.J., Programming and Documenting Software Projects, Computing Surveys, Vol. 6, No.4, Dec. 1974, S.213-220

/Buxton, Druffel 81/ Buxton J.N., Druffel L.E., Requirements for an Ada Programming Support Environment: Rational for Stoneman, in: /Hünke 81/

/Cheng 78/ Cheng L.L., Program Design Languages - an Introduction, NTIS-Berner Nr. ESD-TR-77-324, NTI, Springfield 1978

/Christ, Balzert 81/ Christ J., Balzert H., PASILA - Ein computerunterstütztes Werkzeug zur Definition und Implementation von Anforderungssprachen, in: IF Nr.43, 1981, S.57-74

/Computer 81a/ Programming Environments, Computer, April 81

/Computer 81b/ ADA-Programming in the 80's, Computer, June 1981

/Darringer 79/ Darringer J.A., The Use of Symbolic Execution in Program Testing, in: Software Testing, Vol. 2, Infotech 1979, S.67-84

/Davis, Vick 77/ Davis C.G., Vick C.R., The Software Development System, ToSE, Vol. SE-3, No.1, Jan 77, S.69-77

/Denert 77/ Denert E., Specification and Design of Dialoque Systems with Diagrams, International Computing Symposium, North Holland, Amsterdam, 1977, S.417-424

/Denning 76/ Denning, A hard look at structured programming, in: Structured Programming, Infotech 1976

/De Remer,Kron 74/ De Remer F., Kron H., Programming-in-the-large versus Programming-in-the-small, Report, University of California, Santa Cruz, September 1974

/De Remer,Kron 75/ De Remer F., Kron H., Programming-in-the-large versus Programming-in-the-small, Proceedings, International Conference on Reliable Software, Los Angeles, 1975, S. 114-121

/De Remer,Kron 76/ De Remer F., Kron H., Programming-in-the-large versus Programming-in-the-small, IF Nr.1, 1976, S. 80-89

/Deutsch 79/ Deutsch M.S., Verification and Validation, in: Software Engineering, PRH, 1979

/Dijkstra 68/ Dijkstra E.W., Go To Statement Considered Harmful, CACM 11 (1968)

/Dijkstra 69/ Dijkstra E.W., Structured Programming, in: Software Engineering-Concepts and Techniques, PEC 1976, S.222-226

/Dijkstra 72/ Dijkstra E.W., Notes on Structured Programming, in: Structured Programming, ACP 1972, S.1-82

/DNA 80/ Deutscher Normenausschuß: Begriffe der Qualitätssicherung und Statistik, Grundbegriffe, Vornorm, DIN 55 350, Teil II, Berlin 1980

/Dyer 77/ Dyer M.E., REVS Users Manual (SREP Final Report, Volume II), TRW Defense and Space Systems Group, Huntsville, Alabama, 1977

/Eckert, Ludewig 81/ Eckert K., Ludewig J., ESPRESO-W, ein Werkzeug für die Spezifikation von Prozeßrechner-Software, in: IF Nr.43, S.101-112

/Ehrig et al. 81/ Ehrig H., Fey W., Kreowski H.-J., Algebraische Spezifikation eines Stücklistensystems - eine Fallstudie, GACM Nr.5, 1981, S.46-74

/EPOS 80/ Einführung in das entwurfunterstützende Prozeß-orientierte Spezifikationssysytem EPOS 80, Institut für Regelungstechnik und Prozeßautomatisierung der Universität Stuttgart, Juni 1980

/Esprester 74/ Esprester A.C., Datenbank und Methodenbank - 1.Teil, Siemens data report, Heft 3, 1974, S.25-28

/Floyd 67/ Floyd R.W., Assigning Meanings to Programs, Proceedings of Symposia in Applied Mathematics Vol. XIX, Mathematical Society 1967, S.19-31

/Floyd et al. 78/ Floyd Ch., Kimm R., Schmiedecke, Tontsch F., PJ Software Engineering, TU Berlin 1978/79, Institut für Angewandte Informatik 1978

/Fagan 76/ Fagan M., Design and Code Inspections to Reduce Errors in Program Development, IBM SJ, Vol. 15, No.3, 1976

/Franck 81/ Franck H., Einige Bemerkungen zu Modellierung, Kommunikation und Dokumentation bei der Anforderungsanalyse und ihre Unterstützung durch SADT, in: GACM Nr.5, 1981, S.220-227

/Gilb 80/ Gilb T., Software Metrics, Lund 1980

/Goodenough, Gerhardt 75/ Goodenough J.B., Gerhardt S.L., Toward a Theory of Test Data Selection, ToSE, Vol. SE-1 1975, Nr.2, S.156-173

/Goguen et al. 76/ Goguen J.A., Thatcher J.W., Wagner E.G., An Initial Algebra Approach to the Spezifikation, Correctness and Implementation of Abstract Data Types, in: Current Trends in Programming Methodology, IV: Data Structuring, PRH 1978, S.80-144

/Goos 74a/ Goos G., Systemprogrammiersprachen und strukturiertes Programmieren, in: LNCS Nr.23, 1974, S.203-224

/Goos 74b/ Goos G., Zum Begriff des Programmoduls, Interner Bericht Nr. 1/74, Institut für Informatik II, Universität Karlsruhe

/Goos 81/ Goos G., Einführung in ADA, Universität Karlsruhe, Institut für Informatik II, Februar 1981

/Goos,Kastens 77/ Goos G., Kastens U., Programming Languages and the Design of Modular Programs, in: Constructing Quality Software, Proceedings of the IFIP-TC2 Conference, Novosibirsk 1977, North-Holland, Amsterdam 1978

/Gries 74a/ Gries D., On structured programming, CACM, Vol. 17, No.11, Nov. 1974, S.655-657

/Gries 74b/ Gries D., Programming Language Design, Corvall University 174

/Guttag 77/ Guttag J., Abstract Data Types and the Development of Data Structures, CACM Vol. 20, No.6, June 1977, S.396-404

/Guttag et al. 77/ Guttag J., Horowitz E., Musser D.R., Some Extensions to Algebraic Specifikations, SIGPLAN Vol. 12, No.3, March 1977, S.63-67

/Habermann et al. 76/ Habermann A.N., Flon L., Cooprider L., Modularization and Hierarchy in a Family of Operating Systems, CACM, Vol. 19, Nr.5, May 1976, S.266-272

/Haefner 75/ Haefner K., Struktur fachsystematischer Netze als Komponente von Infotheken, Universität Bremen 1975

/Hahn, Stock 79/ Hahn R., Stock P., ELAN-Handbuch, Wiesbaden 1979

/Hamilton, Zeldin 74/ Hamilton M., Zeldin S., Higher order software techniques applied to a space shuttle prototype program, LNCS Vol. 19, 1974, S.17-31

/Hamilton, Zeldin 76/ Hamilton M., Zeldin S., Higher order software - A Methodology for Defining Software, ToSE, Vol. SE-2, No.1, March 76, S.9-32

/Hauff 75/ Hauff R., HIPO-Diagramme, adl-nachrichten, Heft 91/75, S.44-46

/Hausen et al. 81/ Hausen H.L., Müllerburg M., Riddle W.E., Software Engineering Environments - A Bibliography, in: /Hünke 81/

/Hausen, Müllerburg 81/ Hausen H. L., Müllerburg M., Software-Produktions-Umgebungen: Entwicklungsstand und Trends, in: IF Nr.34, 1981, S.1-27

/Heacox 79/ Heacox H.C., RDL - A Language for Software Development, SIGPLAN, Vol. 14, No.12, Dec. 1979, S.71-79

/Henderson, Snowdon 74/ Henderson P., Snowdon R.A., A Tool for Structured Program Development, Information Processing 74, S.204-207

/Hershey et al.75/ Hershey E.A., Winters E.W., Berg D.L.R., Dickey A.F., Kahn B.L., Problem Statement Language Version 3.0, Language Reference Manual, ISDOS Working Paper No.68, ISDOS Research Project, The University of Michigan, Ann Arbor, May 1975

/Hesse 81/ Hesse W., Methoden und Werkzeuge zur Software-Entwicklung: Einordnung und Überblick, IF Nr.43 (81), S.113-153

/Hiemann 74/ Hiemann P., A New Look at the Program Development Process, in: LNCS Nr.7, 1974, S.11-34

/Hoare 69/ Hoare C.A.R., An Axiomatic Basis for Computer Programming, CACM, Vol. 12, No.10, Oct. 1969, S.576-584

/Hoare 72/ Hoare C.A.R., Proof of correctness of data representations, Data Information, Vol. 1, S. 271-281, 1972

/Hoare 73/ Hoare C.A.R., Hints on Programming Language Design, Memo AIM-224, Ston-CS-73-403, Stanford Unuversity 1973

/Hommel et al.76/ Hommel G., Jähnichen S., Koch W., SLAN - eine erweiterbare Sprache zur Unterstützung der strukturierten und modularen Programmierung, IF Nr.1, 1976

/Hommel et al.79/ Hommel G., Jäckel J., Jähnichen S., Kleine K., Koch W., Koster C.H.A., ELAN Sprachbeschreibung, Wiesbaden 1979

/Howden 78a/ Howden W.E., A survey of static analysis methods, in: Software Testing and Validation Techniques, IEEE Catalog No. EHO 138-8, 1978

/Howden 78b/ Howden W.E., A survey of dynamic analysis methods, in: Software Testing and Validation Techniques, IEEE Catalog No.EHO 138-8, 1978

/Howden 78c/ Howden W.E., Introduction to Software Validation , in: Software Testing and Validation, IEEE Catalog No. EHO 138-8, 1978

/Huang 75/ Huang J.C., An Approch to Program Testing, Computing Surveys, Vol. 7, No.3, Sept. 1975

/Hüber, Lockemann 81/ Hüber, Lockemann, Das Konzept des Methodenbank-Verwaltungssystems, Forschungs- und Entwicklungsbericht, Triumph-Adler, 1981

/Hughes, Michton 77/ Hughes, Michton, A Structured Approach to Programming, PRH 1977

/Hünke 81/ Hünke H. (ed.), Software Engineering Environments, Proc. of a Symposium, June 1980, Lahnstein, Germany, North-Holland, Amsterdam, Jan. 1981

/IBM 74/ HIPO - A Design Aid And Documentation Technique, IBM Form GC20-1851-0, White Plains 1974

/Ivie 77/ Ivie E.L., The Programmer's Workbench - A Machine for Software Development, CACM, Vol. 20, No.10, Oct 1977, S.746-753

/Jackson 75/ Jackson M.A., Principles of Program Design, ACP 1975

/Jackson 76a/ Jackson M.A., Data Structure as a Basis for Program Design, in: Structured Programming, Infotech 1976

/Jackson 76b/ Jackson M.A., Constructive Methods of Program Design, in: Proceedings ECI Conf. Amsterdam, SPR 1976

/Jackson 77/ Jackson M.A., Language Design für Modular Software Construction, IFIP, North-Holland, Amsterdam, 1977, S.577-581

/Jackson 79/ Jackson M.A., Grundsätze des Programmentwurfs, Darmstadt 1979

/James 77/ James T.G.jr., Software Cost Estimation Methodology, IEEE Proc. of National Aerospace Electronic Conf., 1977, S.22-28

/Katzan/ Katzan H., Methodischer Systementwurf, Köln-Braunsfeld 1980

/Kerninghan, Mashey 81/ Kerninghan B.W., Mashey J.R., The Unix Programming Environment, in: Computer, April 1981, S.12-22

/Kerninghan, Plauger 74/ Kerninghan B.W., Plauger P.J., Programming Style: Examples and Counterexamples, Computing Surveys, Vol. 6, No.4, Dec. 1974, S.303-319

/Keutgen 82/ Keutgen H., Qualitätssicherung im Bereich der Softwareerstellung, in: STT, Heft 2-1, Jan. 1982, S.23-44

/Knuth 74/ Knuth D.E., Structured Programming with go to Statements, Computing Surveys, Vol. 6, No.4, Dec. 1974, S.261-301

/Koch 79/ Koch W., SPEZI - Eine Sprache zur Formulierung von Spezifikationen, TU Berlin, Institut für Angewandte Informatik, Sept. 1979

/Kölsch, Ukhalkar 82/ Kölsch R.T., Ukhalkar S.S., Praktische Empfehlungen zur Verbesserung der Qualität von Pflichtenheften, in: GACM Nr.9, 1982, S.139-154

/Kopetz 76/ Kopetz H., Software-Zuverlässigkeit, München-Wien 1976

/Koster 74a/ Koster C.H.A., Beating the Global, Proceedings of the IFIP WG 2.4 Meeting, in: La Grande Motte, France, May 1974

/Koster 74b/ Koster C.H.A., Provisional of Description of SLAN, Arbeitspapier, TU Berlin, Nov. 1974

/Koster 76/ Koster C.H.A.,Visibility and types, Conference on Data: Abstraction, Definition and Structure, Salt Lake City, SIGPLAN Vol. 11, 1976

/Kreowski 81/ Kreowski H.-J., Algebraische Spezifikation von Softwaresystemen, in: GACM Nr.5, 1981, S.46-74

/Lampson et al.77/ Lampson B.W., Horning J.J., London R.L., Mitchell J.G., Popek G.L., Report On The Programming Language "Euclid", SIGPLAN Vol.12, No.2, Febr. 1977; Notes on the Design of EUCLID, SIGPLAN Vol.12, No.3, March 1977

/Lauer,Shields 81/ Lauer P.E., Shields M.W., COSY: An Environment for Development and Analysis of Concurrent and Distributed Systems, in: /Hünke 81/

/Liskov,Zilles 74/ Liskov B.H., Zilles S., Programming with Abstract Data Types, SIGPLAN Vol. 9, No.4, 1974, S.50-59

/Liskov,Zilles 75/ Liskov B., Zilles S., Specification Techniques for Data Abstraction, International Conference on Reliable Software, Los Angeles, 1975, S.72-87

/Liskov 76/ Liskov B.H., An Introduction to CLU, Computation Structures Group Memo 136, MIT, Febr. 1976

/Liskov et al. 77/ Liskov B.H., Synder A., Atkinson R., Schaffert C., Abstraction Mechanisms in CLU, Computation Structures Group Memo 144-1, MIT, Jan. 1977

/Lockemann, Mayr 78/ Lockemann P.C., Mayr H.C., Rechnergestützte Informationssysteme, Berlin 1978

/Ludewig, Streng 78/ Ludewig J., Streng W., Das Entwurfssystem PSL/PSA und seine Erweiterung für Prozeß-Automatisierung, PDV-Bericht, S.147-192, Kernforschungszentrum Karlsruhe, Institut für Datenverarbeitung in der Technik, 1978

/Lumbeck, Schubert 82/ Lumbeck H., Schubert K.P., Qualitätssicherungssysteme für Software, in: GACM Nr.9, 1982, S.67-86

/Mantei 81/ Mantei M., The Effect of Programming Team Structures on Programming Tasks, CACM, Vol. 24, No.3, 1981, S.106-113

/Metzger 73/ Metzger P.W., Managing a Programming Project, PRH 1973

/Mills 71/ Mills H.D., Chief programmer teams: Principles and procedures, IMB Rep. ESC71-5108, IBM Fed.Syst.Div., Gaithersburg, Md.,1971

/Mitze 81/ Mitze R.W., The UNIX System as a Software Engineering Environment, in: /Hünke 81/

/Mohanty 81/ Mohanty S.N., Software Cost Estimation: Present and Future P&E, Vol. 11, S.103-121 (1981)

/Mullery 79/ Mullery G.P., CORE - A Method for Controlled Requirement Specification, ICSE, 1979, S.126-135

/Myers 75/ Myers G.J., Reliable Software Through Composite Design, Van Nostrand/Reinhold 1975

/Myers 76/ Myers G. J., Software Reliability, JWS 1976

/Myers 78a/ Myers G.J., Composite/structured design, Van Nostrand/Reinhold 1978

/Myers 78b/ Myers G.J., A Controlled Experiment in Program Testing and Code Walkthroughs/ Inspections, CACM, Vol. 21, No.9 (78), S.760-768

/Myers 79/ Myers G.J., The Art of Software Testing, JWS 1979

/Nassi, Shneiderman 73/ Nassi I., Shneiderman B., Flowchart Techniques for Structured Programming, in: SIGPLAN, Aug. 1973, S.12-26

/Nelson 76/ Nelson E., Developing a Software Cost Methodology, Proc. COUPCON, 1976, S.144-145

/Orr 77/ Orr K.T., Structured Systems Development, Yourdon Inc., New York 1977

/Orr 81a/ Orr K.T., Introducing Structured Systems Design, in: Software Design Strategies, IEEE, No. EHO 184-2, 1981, S.176-186

/Orr 81b/ Orr K.T., Using Structured Systems Design, in: Software Design Strategies, IEEE, No. EHO 184-2, 1981, S.187-199

/Osterweil 81/ Osterweil L., Software Environment Research: Directions for the Next Five Years, in: /Computer 81a/

/Page-Jones 80/ Page-Jones M., The Practical Guide to Structured System Design, Yourdon Press, New York 1980

/Parnas 71/ Parnas D.L., Information Distribution Aspects of Design Methodology, Information Processing 71, North-Holland, Amsterdam 1972, S.339-344

/Parnas 72/ Parnas D.L., A Technique for Software Module Specification with Examples, CACM, Vol.15, No.5, May 1972, S.330-336

/Parnas 74a/ Parnas D.L., On a ´Buzzword´, Hierarchical Structure, Information Processing 74, North Holland, Amsterdam, 1974, S.336-339

/Parnas 74b/ Parnas D.L., Software-Engineering or Methods for the Multi-Person Construction of Multi-Version Programs, in: LNCS Vol. 23, 1974, S.225-235

/Persch, Winterstein 78/ Persch G., Winterstein G., Symbolic Interpretation and Tracing of PASCAL Programs, in: ICSE 78, S.312-319

/Peters, Tripp 78/ A Model of Software-Engineering, ICSE, 1978

/PSL 75/ Problem Statement Language (PSL) User´s Manual, ISDOS Project, March 1975, ISDOS Research Project, The University of Michigan, Ann Arbor, May 1975

/Putnam, Fitzsimmons 79/ Putnam L.H., Fitzsimmons A., Estimating Software Costs, Datamation, Sept., Oct., Nov. 1979

/RADC 79/ Quality Factors Methodology, RADC-TR-77-369, Vol. I-III, revised 1979

/Ramamoorthy, So 78/ Ramamoorthy C.V., So H.H., Software Requirements and Specifications: Status and Perspectives, in: Tutorial Software Methodology, IEEE Catalog No. EHO 142-0, 1978

/Robinson, Roubine 77/ Robinson L., Roubine O., SPECIAL - A Specification and Assertion Language, Technical Report CSL-46, Stanford Research Institute, Menlo Park, California, Jan. 1977

/Roubine, Robonson 77/ Roubine O., Robinson L., SPECIAL Reference Manual - 3rd Edition, Technical Report CSG-45, Stanford Research Institute, Menlo Park, California, Jan. 1977

/Robinson 79/ Robinson L., The HDM Handbook - Volume I, The Foundation of HDM, Report, 1979 Technical Report CSG-45, Stanford Research Institute, Menlo Park, California, Jan. 1977

/Rombach 81/ Rombach H.D., Modelle und Metriken für Software-Systeme - Eine Literaturübersicht, STT, Heft 1-2, August 1981, S.3-40

/Ross 77/ Ross D.T., Structured Analysis (SA): A Language for Communication Ideas, ToSE, Vol. SE-3, No.1, Jan. 1977, S.16-34

/Ross, Schoman 77/ Ross D.T., Schoman K.E., Structured Analysis for Requirements Definition, ToSE, Vol. SE-3, No.1, Jan 1977, S.6-15

/Scheidig 75/ Scheidig H., Einige Überlegungen zur Modularisierung von Systemen und Systemprogrammiersprachen, TU München, Institut für Informatik, Bericht-Nr. 7506, 1975

/Schneider 81/ Schneider H.J., Problemorientierte Programmiersprachen, Stuttgart 1981

/Schnupp,Floyd 76/ Schnupp P., Floyd Ch., Software, Berlin 1976

/Schnupp,Floyd 79/ Schnupp P., Floyd Ch., Software, 2.Auflage, Berlin 1979

/Schuchmann 75/ Schuchmann H.R., Strukturierte Programmierung - ein pragmatischer Ansatz für eine umfassende Software-Technologie, Elektron. Rechenanlagen 17, 1975, H., S.35-39

/Schuchmann 77/ Schuchmann H.R., Programme aus Fertigteilen - oder: Ist ein "Baukasten-Ansatz" als universelle Programmiertechnik sinnvoll?, Elektronische Rechenanlagen, Heft 2, 1977, S.58-63

/SEN 81/ Software Engineering Notes, Vol. 6, No.4, Aug. 1981

/Shapiro et al.80/ Shapiro E., Collins G., Johnson L., Rattenberg J., PASES: A Programming Environment for PASCAL, in: SIGPLAN, Vol. 16, No.8, Aug. 1981, S.50-57

/Shaw 76/ Shaw M., Abstraction and Verification in ALPHARD; Design and Verification of a Tree Handler, Computer Science Department, Carnegie Mellon University, Pittsburg, June 1976

/Shneiderman 80/ Sheiderman B., Software Psychology, Winthrop, Cambridge, Mass., 1980

/SIGPLAN 78/ Artikel über Einzelaspekte von EUCLID:
- Abstrakt Data Types in EUCLID
- Solution of Maschine Dependencies in EUCLID
- Readability and Writeability in EUCLID
- EUCLID and PASCAL
- EUCLID and MODULA
- Index to the EUCLID Report

SIGPLAN Vol.13, No.3, March 1978

/Silverberg 81/ Silverberg B.A., An Overview of the Hierarchical Development Methodology, in: /Hünke 81/

/Simon 62/ Simon H.A., The Architecture of Complexity, Proceedings of the American Philosophical Society, Philadelphia, Vol. 106, 1962, S.467-482

/Snowdon 81/ Snowdon R.A., CADES and Software System Development, in: /Hünke 81/

/Sorkowitz 79/ Sorkowitz A.R., Certification Testing: A Procedure to improve the Quality of Software Testing, Computer, August 1979, S.20-24

/Standish 81/ Standish T.A., ARCTURUS: An Advanced Highly-Integrated Programming Environment, in: /Hünke 81/

/Stay 76/ Stay J.F., HIPO and integrated program design, IBM SJ, No.2, 1976, S.143-154

/Stenning et al. 81/ Stenning V., Froggott T., Gilbert R., Thomas E., The Ada Environment: A Perspective, in: Computer, Vol. 14, No.6, June 1981, S.26-36

/Stevens et al. 74/ Stevens W.P., Myers G.J., Constantine L.L., Structured Design, IBM SJ, No.2, 1974, S.115-139

/Stevens 81/ Stevens W.P., Using Structured Design, JWS 1981

/Stoneman 80/ Requirements for ADA Programming Support Environments, Stoneman, Department of Defense, USA, Febr. 1980

/Teichroew, Bastarache 75/ Teichroew D., Bastarache M.S., Problem Statement Analyzer Reports (Version A2.1), ISDOS Working Paper No.99, Nov. 1975, ISDOS Research Project, The University of Michigan, Ann Arbor, May 1975

/Teichroew, Hershey 77a/ Teichroew D., Hershey E.A., PSL/PSA: A Computer-Aided Technique for Structured Documentation and Analysis of Information Processing Systems, ToSE, Vol. SE-3, No.1, Jan. 77, S.41-48

/Teichroew, Hershey 77b/ Teichroew D., Hershey E.A., Computed-Aided Structured Documentation and Analysis of Information Processing System Requirements, Software Reliability, Infotech, 1977, S.369-395

/Teitelman, Masinter 81/ Teitelman W., Masinter L., The Interlisp Programming Environment, in: Computer, Vol. 14, No.4, April 1981, S.25-33

/Thayer et al.80/ Thayer R.H., Ryster A.B., Wood R.C., Major Issues in Software Engineering Project Management, IEEE ToSE Vol.SE-7 ,No.4, July 1981, S.333-342

/Trauboth et al. 77/ Trauboth H., Geiger W., Gmeiner L., Voges U., Program Testing Techniques for Nuclear Reactor Protection Systems, in: Software Testing, Infotech, 1979, S.283-305

/Walsh 77/ Walsh D., Structured Testing, in: Datamation, Vol. 23, 1977, S.111-118

/Warnier 74/ Warnier J.-D., Logical Construction of Programs (L.C.P.), H.E. Stenfert Kroese B.V., Leiden 1974

/Warnier 79a/ Warnier J.-D., Guide des Utilisateurs du Systeme Informatique, Les Editions d´Organisation, Paris 1979

/Warnier 79b/ Warnier J.-D., Formulation of the "End User" and EDP People Needs, Newsware, CII Honeywell Bull, Nr.6, March 1979

/Wedekind 76/ Wedekind H., Systemanalyse, 2.Auflage, München-Wien 1976

/Wegner 80/ Wegner P., Programming with ADA, An Introduction by Means of Graduated Examples, PRH 1980

/Weinberg 71/ Weinberg G.U., The Psychology of Computer Programming, Van Nostrand Reinhold Company, New York 1971

/Weissman 74/ Weissman L., Psychological Complexity of Computer Programs: An Experimental Methodology, SIGPLAN Vol. 9, No.6, June 1974, S.25-36

/Willis 81/ Willis R.R., AIDES: Computer Aided Design of Software Systems, in: /Hünke 81/

/Willis,Jensen 79/ Willis R.R., Jensen E.P., Computer Aided Design of Software Systems, ICSE, 1979, S.116-125

/Willmer 81/ Willmer H., Konzeptionelle Überlegungen zum Einsatz von Methodenbanken im Bereich der Software-Entwicklung, Diplomarbeit, Fachbereich Informatik, Universität Kaiserslautern 1981

/Willmer, Balzert 82/ Willmer H., Balzert H., Ein integriertes Modell zur projektbegleitenden und projektübergreifenden Qualitätssicherung, in: GACM Nr.9, 1982, S.122-138

/Wirth 71a/ Wirth N., The programming language PASCAL, Acta Informatica, Vol. 1 (1971), S.35-63

/Wirth 71b/ Wirth N., Program Development by Stepwise Refinement, CACM, Vol. 14, No.4, April 1971, S.221-227

/Wirth 72/ Wirth N., The Programming Language PASCAL and its Design Criteria, High Level Languages, Infotech 1972, S.450-473

/Wirth 74a/ Wirth N., On the Composition of Well-Structured Programs, Computing Surveys, Vol. 6, No.4, Dec. 1974, S.247-259

/Wirth 74b/ Wirth N., On the Design of Programming Languages, North Holland, Amsterdam, 1974, S.386-393 3

/Wirth 75/ Wirth N., Systematisches Programmieren, 2.Auflage, Stuttgart 1975

/Wirth 77/ Wirth N., MODULA: a Language for Modular Multiprogramming; The Use of MODULA; Design and Implementation of MODULA, P&E, Vol. 7, S.3-84 (1977)

/Wirth 78/ Wirth N., MODULA-2, Institut für Informatik der ETH Zürich, Dezember 1978

/Wirth 79/ Wirth N., Algorithmen und Datenstrukturen, Stuttgart 1979

/Wolverton 74/ Wolverton R.W., The Cost of Developing Large-Scale Software, ToC, Vol. C-23, No.6, June 1974, S.615-636

/Wortman,Cordy 81/ Wortman D.B., Cordy J.R., Early Experiences with Euclid, ICSE 1981, S.27-32

/Wulf et al. 76a/ Wulf W.A., London R.L., Shaw M., Abstraction and Verification in Alphard: Introduction to Language and Methodology, Carnegie-Mellon University-USC, Information Science Institut Techn. Reports, June 1976

/Wulf et al. 76b/ Wulf W.A., London R.L., Shaw M., Iteration and Generators, USC Information Science Institute, Department of Computer Science, Carnegie Mellon University, Aug. 1976

/Wulf et al. 76c/ Wulf W.A., London R.L., Shaw M., An Introduction to the Construction and Verification of Alphard Programs, ToSE, Vol. SE-2, No.4, Dec. 76

/Wulf et al. 76d/ Wulf W.A., London R.L., Shaw M., Abstraction and Verification in ALPHARD; A Symbol Table Example, USC Information Science Institute, Department of Computer Science, Carnegie Mellon University, Dec. 1976

/Yeomans 81/ Yeomans P., Requirements Analysis Using SADT, in: GACM Nr.5, 1981, S.202-219

/Yourdon 76/ Yourdon E., Managing Structured Technique, PRH 1976

/Yourdon 78/ Yourdon E., Structured Walkthrough, Yourdon Press, New York 1978

/Zelkowitz 79/ Zelkowitz M.V., Shaw A.C., Gannon J.D., Principles of Software Engineering and Design, PRH 1979

/Zilles 75/ Zilles S.N., Data Algebra: a Specification Technique for Data Structures, PhD Dissertation, Project MAC, MIT Cambridge/Mass. 1975

Stichwortverzeichnis

Inhaltsverzeichnis

Sachgebiete

Zeichenerklärung
HTB = B.I.-Hochschultaschenbücher.
Wv = B.I.-Wissenschaftsverlag (Einzelwerke und Reihen).
M.F.O. = Mathematische Forschungsberichte Oberwolfach.
Stand: März 1983

Mathematik

Aitken, A. C.
Determinanten und Matrizen
142 S. mit Abb. 1969. (HTB 293)

Andrié, M./P. Meier
Analysis
Eine anwendungsbezogene Einführung
257 S. 1981. (HTB 602)

Andrié, M./P. Meier
Lineare Algebra und analytische Geometrie. Eine anwendungsbezogene Einführung
243 S. 1977. (HTB 84)

Artmann, B./W. Peterhänsel/ E. Sachs
Beispiele und Aufgaben zur linearen Algebra
150 S. 1978. (HTB 783)

Aumann, G.
Höhere Mathematik
Band I: Reelle Zahlen, Analytische Geometrie, Differential- und Integralrechnung. 243 S. mit Abb. 1970. (HTB 717)
Band II: Lineare Algebra, Funktionen mehrerer Veränderlicher. 170 S. mit Abb. 1970. (HTB 718)
Band III: Differentialgleichungen. 174 S. 1971. (HTB 761)

Bandelow, Ch.
Einführung in die Wahrscheinlichkeitstheorie
206 S. 1981. (HTB 798)

Barner, M./W. Schwarz (Hrsg.)
Zahlentheorie
235 S. 1971. (M.F.O. 5)

Behrens, E.-A.
Ringtheorie
405 S. 1975. Wv.

Beutelspacher, A.
Einführung in die endliche Geometrie I.
Band I: BLOCKPLÄNE
247 S. 1982. Wv.
Band II: PROJEKTIVE RÄUME
237 S. 1983. Wv.

Böhmer, K./G. Meinardus/ W. Schempp (Hrsg.)
Spline-Funktionen. Vorträge und Aufsätze
415 S. 1974. Wv.

Brandt, S.
Datenanalyse. Mit statistischen Methoden und Computerprogrammen
464 S. 2., erw. Aufl. 1981. Wv.

Brauner, H.
Geometrie projektiver Räume
Band I: Projektive Ebenen, projektive Räume. 235 S. 1976. Wv.
Band II: Beziehungen zwischen projektiver Geometrie und linearer Algebra. 258 S. 1976. Wv.

Brosowski, B.
Nichtlineare Tschebyscheff-Approximation
153 S. 1968. (HTB 808)

Brosowski, B./R. Kreß
Einführung in die numerische Mathematik
Teil I: Gleichungssysteme, Approximationstheorie. 223 S. 1975. (HTB 202)
Teil II: Interpolation, numerische Integration, Optimierungsaufgaben. 124 S. 1976. (HTB 211)

Brunner, G.
Homologische Algebra
213 S. 1973. Wv.

Cartan, H.
Differentialformen
250 S. 1974. Wv.

Cartan, H.
Differentialrechnung
236 S. 1974. Wv.

Cartan, H.
Elementare Theorie der analytischen Funktionen einer oder mehrerer komplexen Veränderlichen
236 S. mit Abb. 1966. (HTB 112)

Cigler, J./H.-C. Reichel
Topologie. Eine Grundvorlesung
257 S. 1978. (HTB 121)

Dombrowski, P.
Differentialrechnung I und Abriß der linearen Algebra
271 S. mit Abb. 1970. (HTB 743)

Egle, K.
Graphen und Präordnungen
207 S. 2. Aufl. 1981. Wv.

Eisenack, G./C. Fenske
Fixpunkttheorie
258 S. 1978. Wv.

Elsgolc, L. E.
Variationsrechnung
157 S. mit Abb. 1970. (HTB 431)

Eltermann, H.
Grundlagen der praktischen Matrizenrechnung
128 S. mit Abb. 1969. (HTB 434)

Ernè, M.
Einführung in die Ordnungstheorie
306 S. 1982. Wv.

Erwe, F.
Differential- und Integralrechnung
Band I: Differentialrechnung.
364 S. mit Abb. 1962. (HTB 30)
Band II: Integralrechnung.
197 S. mit 50 Abb. 1973. (HTB 31)

Erwe, F.
Gewöhnliche Differentialgleichungen
152 S. mit 11 Abb. 1964. (HTB 19)

Erwe, F.
Reelle Analysis
(Reihe: Mathematik für Physiker, Band 5)
360 S. 1978. Wv.

Erwe, F./E. Peschl
Partielle Differentialgleichungen erster Ordnung
133 S. 1973. (HTB 87)

Ewald, G.
Probleme der geometrischen Analysis
160 S. mit ca. 110 Figuren. 1982. Wv.

Felscher, W.
Naive Mengen und abstrakte Zahlen
Band II: Die Struktur der algebraischen und der reellen Zahlen.
222 S. 1978. Wv.
Band III: Transfinite Methoden.
272 S. 1979. Wv.

Fuchssteiner, B./D. Laugwitz
Funktionalanalysis
(Reihe: Mathematik für Physiker, Band 9)
219 S. 1974. Wv.

Glubrecht, J.-M./A. Oberschelp
G. Todt
Klassenlogik
Etwa 500 S. 1983. Wv.

Goffmann, C.
Reelle Funktionen
331 S. Aus dem Englischen. 1976. Wv.

Gröbner, W.
Algebraische Geometrie
Band I: Allgemeine Theorie der kommutativen Ringe und Körper.
193 S. 1968. (HTB 273)

Gröbner, W.
Differentialgleichungen I.
Gewöhnliche Differentialgleichungen
(Reihe: Mathematik für Physiker, Band 6)
188 S. 1977. Wv.

Gröbner, W.
Differentialgleichungen II.
Partielle Differentialgleichungen
(Reihe: Mathematik für Physiker, Band 7)
157 S. 1977. Wv.

Grotemeyer, K. P./E. Letzner/
R. Reinhardt
Topologie
187 S. mit Abb. 1969. (HTB 836)

Gumm, H. P./W. Poguntke
Boolesche Algebra
95 S. 1981. (HTB 604)

Hämmerlin, G.
Numerische Mathematik I
Approximation, Interpolation, Numerische Quadratur, Gleichungssysteme.
199 S. 2., überarbeitete Aufl. 1978.
(HTB 498)

Hasse, H./P. Roquette (Hrsg.)
Algebraische Zahlentheorie
272 S. 1966. (M. F. O. 2)

Heidler, K./H. Hermes/
F.-K. Mahn
Rekursive Funktionen
248 S. 1977. Wv.

Heil, E.
Differentialformen
207 S. 1974. Wv.

Hein, O.
Graphentheorie für Anwender
141 S. 1977. (HTB 83)

Hein, O.
Statistische Verfahren der Ingenieurpraxis
197 S. Mit 5 Tabellen, 6 Diagrammen, 43 Beispielen. 1978. (HTB 119)

Hellwig, G.
Höhere Mathematik
Band I/1. Teil: Zahlen, Funktionen, Differential- und Integralrechnung einer unabhängigen Variablen.
284, IX S. 1971. (HTB 553)
Band I/2. Teil: Theorie der Konvergenz, Ergänzungen zur Integralrechnung, das Stieltjes-Integral. 137 S. 1972. (HTB 560)

Hengst, M.
Einführung in die mathematische Statistik und ihre Anwendung
259 S. mit Abb. 1967. (HTB 42)

Henze, E.
Einführung in die Maßtheorie
235 S. 1971. (HTB 505)

Heyer, H.
Einführung in die Theorie Markoffscher Prozesse
253 S. 1979. Wv.

Hirzebruch, F./W. Scharlau
Einführung in die Funktionalanalysis
178 S. 1971. (HTB 296)

Hlawka, E.
Theorie der Gleichverteilung
152 S. 1979. Wv.

Holmann, H./H. Rummler
Alternierende Differentialformen
257 S. 2., durchgesehene Aufl. 1981. Wv.

Hoschek, J.
Liniengeometrie
VI, 263 S. mit Abb. 1971. (HTB 733)

Hoschek, J./G. Spreitzer
Aufgaben zur darstellenden Geometrie
229 S. mit Abb. 1974. Wv.

Ince, E. L.
Die Integration gewöhnlicher Differentialgleichungen
180 S. Aus dem Englischen. 1965. (HTB 67)

Joachim, E.
Einführung in die Algebra
168 S. 2. Aufl. 1980. (HTB 138)

Jordan-Engeln, G./F. Reutter
Formelsammlung zur Numerischen Mathematik mit Standard Fortran-Programmen
424 S. 3., überarb. und erweiterte Aufl. 1981. (HTB 106)

Jordan-Engeln, G./F. Reutter
Numerische Mathematik für Ingenieure
544 S. 3., überarbeitete und erw. Aufl. 1982. Wv.

Kaiser, R. E./J. A. Mühlbauer
Elementare Tests zur Beurteilung von Meßdaten
Etwa 80 S. 2., überarbeitete und erw. Aufl. 1983. (HTB 774)

Kießwetter, K.
Reelle Analysis einer Veränderlichen. Ein Lern- und Übungsbuch
316 S. 1975. (HTB 269)

Kießwetter, K./R. Rosenkranz
Lösungshilfen für Aufgaben zur reellen Analysis einer Veränderlichen
231 S. 1976. (HTB 270)

Klingbeil, E.
Tensorrechnung für Ingenieure
197 S. mit Abb. 1966. (HTB 197)

Klingbeil, E.
Variationsrechnung
332 S. 1977. Wv.

Klingenberg, W. (Hrsg.)
Differentialgeometrie im Großen
351 S. 1971. (M.F.O. 4)

Klingenberg, W./P. Klein
Lineare Algebra und analytische Geometrie
Band I: Grundbegriffe, Vektorräume. XII, 288 S. 1971. (HTB 748)
Band II: Determinanten, Matrizen, Euklidische und unitäre Vektorräume. XVIII, 404 S. 1972. (HTB 749)

Klingenberg, W./P. Klein
Lineare Algebra und analytische Geometrie. Übungen zu Band I–II
VIII, 172 S. 1973. (HTB 750)

Laugwitz, D.
Ingenieurmathematik
Band I: Zahlen, analytische Geometrie, Funktionen.
158 S. mit 43 Abb. 1964. (HTB 59)
Band II: Differential- und Integralrechnung.
152 S. mit 43 Abb. 1964. (HTB 60)
Band III: Gewöhnliche Differentialgleichungen.
141 S. 1964. (HTB 61)
Band IV: Fourier-Reihen, verallgemeinerte Funktionen, mehrfache Integrale, Vektoranalysis, Differentialgeometrie, Matrizen, Elemente der Funktionalanalysis.
196 S. mit Abb. 1967. (HTB 62)
Band V: Komplexe Veränderliche.
158 S. mit Abb. 1965. (HTB 93)

Laugwitz, D./C. Schmieden
Aufgaben zur Ingenieurmathematik
182 S. 1966. (HTB 95)

Lebedew, N. N.
Spezielle Funktionen und ihre Anwendung
372 S. mit Abb. Aus dem Russischen. 1973. Wv.

Lidl, R./G. Pilz
Angewandte abstrakte Algebra
Band I: 249 S. 1982. Wv.
Band II: 242 S. 1982. Wv.

Lighthill, M. J.
Einführung in die Theorie der Fourieranalysis und der verallgemeinerten Funktionen
96 S. mit Abb. Aus dem Englischen. 1966. (HTB 139)

Lingenberg, R.
Grundlagen der Geometrie
224 S. mit 73 Abb. 3., durchgesehene Aufl. 1978. Wv.

Lingenberg, R.
Lineare Algebra
161 S. 1969. (HTB 828)

Lorenz, F.
Lineare Algebra
Band I: 233 S. 1982. (HTB 601)
Band II: 194 S. 1982. (HTB 605)

Lorenzen, P.
Metamathematik
175 S. 2. Aufl. 1980. Wv.

Lüneburg, H.
Galoisfelder, Kreisteilungskörper und Schieberegisterfolgen
143 S. 1979. Wv.

Lüneburg, H.
Vorlesungen über Analysis
457 S. 1981. Wv.

Lutz, D.
Topologische Gruppen
175 S. 1976. Wv.

Marsal, D.
Die numerische Lösung partieller Differentialgleichungen in Wissenschaft und Technik
XXVIII, 574 S. mit Abb. 1976. Wv.

Martensen, E.
Analysis.
Für Mathematiker, Physiker, Ingenieure
Band I: Grundlagen der Infinitesimalrechnung.
IX, 200 S. 2. Aufl. 1976. (HTB 832)
Band II: Aufbau der Infinitesimalrechnung.
VIII, 176 S. 2., neu bearbeitete Aufl. 1978. (HTB 833)
Band III: Gewöhnliche Differentialgleichungen.
IX, 237 S. mit 52 Abb. 2., neu bearbeitete Aufl. 1980. (HTB 834)

Meinardus, G.
Approximation in Theorie und Praxis. Ein Symposiumbericht
304 S. 1979. Wv.

Meinardus, G./G. Merz
Praktische Mathematik I.
Für Ingenieure, Mathematiker und Physiker
Band I: 346 S. 1979. Wv.
Band II: 427 S. 1982. Wv.

Meschkowski, H.
Einführung in die moderne Mathematik
214 S. mit 44 Abb. 3., verbesserte Aufl. 1971. (HTB 75)

Meschkowski, H.
Elementare Wahrscheinlichkeitsrechnung und Statistik
(Reihe: Mathematik für Physiker, Band 3)
188 S. 1972. Wv.

Meschkowski, H.
Grundlagen der Euklidischen Geometrie
231 S. mit 145 Abb. 2., verbesserte Aufl. 1974. Wv.

Meschkowski, H.
Mathematik und Realität. Vorträge und Aufsätze.
184 S. 1979. Wv.

Meschkowski, H.
Mathematiker-Lexikon
342 S. 3., überarbeitete und ergänzte Aufl. 1980. Wv.

Meschkowski, H.
Mathematisches Begriffswörterbuch
315 S. mit Abb. 4. Aufl. 1976. (HTB 99)

Meschkowski, H.
Richtigkeit und Wahrheit in der Mathematik
219 S. 2., durchgesehene Aufl. 1978. Wv.

Meschkowski, H.
Unendliche Reihen
320 S. 2., verb. und erweiterte Aufl. 1982. Wv.

Meschkowski, H.
Ungelöste und unlösbare Probleme der Geometrie
204 S. 2., verb. und erweiterte Aufl. 1975. Wv.

Meschkowski, H.
Wahrscheinlichkeitsrechnung
233 S. mit Abb. 1968. (HTB 285)

Meschkowski, H.
Zahlen
(Reihe: Mathematik für Physiker, Band 1)
174 S. mit 37 Abb. 1970. Wv.

Meschkowski, H./I. Ahrens
Theorie der Punktmengen
183 S. mit Abb. 1974. Wv.

Niven, I./H. S. Zuckermann
Einführung in die Zahlentheorie
Band I: Teilbarkeit, Kongruenzen, quadratische Reziprozität u. a.
213 S. Aus dem Englischen. 1976. (HTB 46)
Band II: Kettenbrüche, algebraische Zahlen, die Partitionsfunktion u. a.
186 S. Aus dem Englischen. 1976. (HTB 47)

Noble, B.
Numerisches Rechnen
Band II: Differenzen, Integration und Differentialgleichungen.
246 S. Aus dem Englischen. 1973. (HTB 147)

Oberschelp, A.
Elementare Logik und Mengenlehre
Band I: Die formalen Sprachen, Logik.
254 S. 1974. (HTB 407)
Band II: Klassen, Relationen, Funktionen, Anfänge der Mengenlehre.
229 S. 1978. (HTB 408)

Peschl, E.
Differentialgeometrie
92 S. 1973. (HTB 80)

Peschl, E.
Funktionentheorie
Etwa 300 S. 2., durchgesehene und verb. Aufl. 1983. Wv.

Poguntke, W./R. Wille
Testfragen zur Analysis I
117 S. 2. Aufl. 1980. (HTB 781)

Preuß, G.
Grundbegriffe der Kategorientheorie
105 S. 1975. (HTB 739)

Reiffen, H.-J./H. W. Trapp
Einführung in die Analysis
Band II: Theorie der analytischen und differenzierbaren Funktionen.
260 S. 1973. (HTB 786)

Rothstein, W./K. Kopfermann
Funktionentheorie mehrerer komplexer Veränderlicher
256 S. 1982. Wv.

Rottmann, K.
Mathematische Formelsammlung
176 S. mit 39 Abb. 1962. (HTB 13)

Rottmann, K.
Siebenstellige dekadische Logarithmen
194 S. 1960. (HTB 17)

Rutsch, M.
Wahrscheinlichkeit I
350 S. mit Abb. 1974. Wv.

Rutsch, M./K.-H. Schriever
Wahrscheinlichkeit II
404 S. mit Abb. 1976. Wv.

Rutsch, M./K.-H. Schriever
Aufgaben zur Wahrscheinlichkeit
267 S. mit Abb. 1974. Wv.

Schick, K.
Lineare Optimierung
331 S. mit Abb. 1976. (HTB 64)

Schmidt, J.
Mengenlehre. Einführung in die axiomatische Mengenlehre
Band I: 245 S. mit Abb. 2., verb. und erweiterte Aufl. 1974. (HTB 56)

Schwabhäuser, W.
Modelltheorie
Band II: 123 S. 1972. (HTB 815)

Schwartz, L.
Mathematische Methoden der Physik
Band I: Summierbare Reihen, Lebesque-Integral, Distributionen, Faltung. Aus dem Französischen.
184 S. 1974. Wv.

Schwarz, W.
Einführung in die Siebmethoden der analytischen Zahlentheorie
215 S. 1974. Wv.

Spallek, K.
Kurven und Karten
272 S. 1980. Wv.

Tamaschke, O.
Permutationsstrukturen
276 S. 1969. (HTB 710)

Tamaschke, O.
Schur-Ringe
240 S. mit Abb. 1970. (HTB 735)

Uhde, K.
Spezielle Funktionen der mathematischen Physik
Band I: Tafeln, Zylinderfunktionen.
267 S. 1964. (HTB 55)

Voigt, A./J. Wloka
Hilberträume und elliptische Differentialoperatoren
260 S. 1975. Wv.

Waerden, B. L. van der
Mathematik für Naturwissenschaftler
280 S. mit 167 Abb. 1975. (HTB 281)

Wagner, K.
Graphentheorie
220 S. mit Abb. 1970. (HTB 248)

Walter, R.
Differentialgeometrie
286 S. 1978. Wv.

Walter, W.
Einführung in die Theorie der Distributionen
VIII, 211 S. mit Abb. 1974. Wv.

Weizel, R./J. Weyland
Gewöhnliche Differentialgleichungen. Formelsammlung mit Lösungsmethoden und Lösungen
194 S. mit Abb. 1974. Wv.

Werner, H.
Einführung in die allgemeine Algebra
152 S. 1978. (HTB 120)

Werner, H. und I./P. Janßen/ H. Arndt
Probleme der praktischen Mathematik. Eine Einführung
Band I: mathematische Hilfsmittel, Fehlertheorie, Lösung von Gleichungssystemen u. a.
159 S. 2. Aufl. 1980. (HTB 134)
Band II: Interpolation, Approximation, numerische Differentiation und Integration, gewöhnliche Differentialgleichungen u. a.
169 S. 2. Aufl. 1980. (HTB 135)

Wollny, W.
Reguläre Parkettierung der euklidischen Ebene durch unbeschränkte Bereiche
316 S. mit Abb. 1970. (HTB 711)

Wunderlich, W.
Darstellende Geometrie
Band I: 187 S. mit Abb. 1966. (HTB 96)
Band II: 234 S. mit Abb. 1967. (HTB 133)

Reihe: Jahrbuch Überblicke Mathematik

Herausgegeben von Prof. Dr. S. D. Chatterji, Eidgen. Techn. Hochschule Lausanne, Prof. Dr. Istvan Fenyö, Techn. Universität Budapest, Prof. Dr. Benno Fuchssteiner, Gesamthochschule Paderborn, Prof. Dr. Ulrich Kulisch, Universität Karlsruhe, Prof. Dr. Detlef Laugwitz, Techn. Hochschule Darmstadt, Prof. Dr. Roman Liedl, Universität Innsbruck.

Die Jahrbücher 1975, 1977 und 1979 sind vergriffen.

Jahrbuch Überblicke Mathematik 1976. 204 S. mit Abb. 1976. Wv.

Jahrbuch Überblicke Mathematik 1978. 224 S. 1978. Wv.

Jahrbuch Überblicke Mathematik 1980. 214 S. 1980. Wv.

Jahrbuch Überblicke Mathematik 1981. 264 S. 1981. Wv.

Jahrbuch Überblicke Mathematik 1982. 218 S. 1982. Wv.

Jahrbuch Überblicke Mathematik 1983. Etwa 200 S. 1983. Wv.

Reihe: Überblicke Mathematik

Herausgegeben von Prof. Dr. Detlef Laugwitz, Techn. Hochschule Darmstadt.

Band 1: 213 S. 1968. (HTB 161)
Band 2: 210 S. 1969. (HTB 232)
Band 3: 157 S. 1970. (HTB 247)
Band 4: 123 S. 1972. Wv.
Band 5: 186 S. 1972. Wv.
Band 6: 242 S. mit Abb. 1973. Wv.
Band 7: 265, II S. mit Abb. 1974. Wv.

Reihe: Methoden und Verfahren der mathematischen Physik

Herausgegeben von Prof. Dr. Bruno Brosowski, Universität Frankfurt und Prof. Dr. Erich Martensen, Universität Karlsruhe.

Band 1: 183 S. 1969. (HTB 720)
Band 2: 179 S. 1970. (HTB 721)
Band 3: 176 S. 1970. (HTB 722)
Band 4: 177 S. 1971. (HTB 723)
Band 5: 199 S. 1971. (HTB 724)
Band 6: 163 S. 1972. (HTB 725)
Band 7: 176 S. 1972. (HTB 726)
Band 8: 222 S. mit Abb. 1973. Wv.
Band 9: 201 S. mit Abb. 1973. Wv.
Band 10: 184 S. 1973. Wv.
Band 11: 190 S. mit Abb. 1974. Wv.
Band 12: 214 S. mit Abb. 1975. Mathematical Geodesy, Part. 1. Wv.
Band 13: 206 S. mit Abb. 1975. Mathematical Geodesy, Part. 2. Wv.
Band 14: 176 S. mit Abb. 1975. Mathematical Geodesy, Part. 3. Wv.
Band 15: 166 S. 1976. Wv.
Band 16: 180 S. 1976. Wv.

Informatik

Alefeld, G./J. Herzberger/O. Mayer
Einführung in das Programmieren mit ALGOL 60
164 S. 1972. (HTB 777)

Bosse, W.
Einführung in das Programmieren mit ALGOL W
249 S. 1976. (HTB 784)

Breuer, H.
Algol-Fibel
120 S. mit Abb. 1973. (HTB 506)

Breuer, H.
Fortran-Fibel
85 S. mit Abb. 1969. (HTB 204)

Breuer, H.
PL/1-Fibel
106 S. 1973. (HTB 552)

Bruderer, H. E.
Nichtnumerische Datenverarbeitung
267 S. mit 60 Abb. 2. Aufl. 1980. Wv.

Dederichs, W.
APPLESOFT-BASIC
188 S. 1982. (HTB 603)

Dotzauer, E.
Einführung in APL
248 S. 1978. (HTB 753)

Haase, V./W. Stucky
BASIC
Programmieren für Anfänger
230 S. 1977. (HTB 744)

Händler, W./G. Nees (Hrsg.)
Rechnergestützte Aktivitäten CAD
176 S. 1980. Wv.

Hainer, K.
Numerische Algorithmen auf programmierbaren Taschenrechnern
263 S. 1980. (HTB 805)

Kaucher, E./R. Klatte/Ch. Ullrich
Programmiersprachen im Griff
Band 1: FORTRAN
310 S. 1980. (HTB 795)
Band 2: PASCAL
359 S. 1981. (HTB 796)
Band 3: BASIC
390 S. 1981. (HTB 797)
Band 4: ADA
Etwa 380 S. 1983. (HTB 607)
Band 5: FORTRAN 77
Etwa 350 S. 1983. (HTB 609)

Koren, J./W. Thaller
EDV für jedermann.
Eine Einführung in die Elektronische Datenverarbeitung
217 S. 1981. Wv.

Lawson jr., H. W./E. J. Neuhold
Verstehen Sie Datenverarbeitung?
Etwa 250 S. 1983. Wv.

Mell, W.-D./P. Preus/P. Sandner
Einführung in die Programmiersprache PL/1
304 S. 1974. (HTB 785)

Mickel, K.-P.
Einführung in die Programmiersprache COBOL
219 S. 2., verbesserte Aufl. 1980. (HTB 745)

Müller, K. H./I. Streker
FORTRAN.
Programmierungsanleitung
215 S. 2. Aufl. 1970. (HTB 804)

Rohlfing, H.
PASCAL. Eine Einführung
217 S. 1978. (HTB 756)

Rohlfing, H.
SIMULA
243 S. mit Abb. 1973. (HTB 747)

Romer, A.
50 BASIC-Programme
Der Computer als Hilfe in Unterricht und Praxis.
Etwa 150 S. 1983. (HTB 608)

Schließmann, H.
Programmierung mit PL/1
206 S. 2., erweiterte Aufl. 1978. (HTB 740)

Schließmann, H.
PL/1 für Mikrocomputer.
Ein Lehr- und Übungsbuch für Studium und Praxis
332 S. 1982. Wv.

Weber, H./J. Grami
Numerische Verfahren für programmierbare Taschenrechner I
192 S. 1980. (HTB 803)

Zimmermann, G./J. Höffner
Elektrotechnische Grundlagen der Informatik II
Wechselstromlehre, Leitungen, analoge u. digitale Verarbeitung kontinuierlicher Signale.
194 S. mit Abb. 1974. (HTB 790)

Reihe: Informatik

Herausgegeben von Prof. Dr. Karl Heinz Böhling, Universität Bonn, Prof. Dr. Ulrich Kulisch, Universität Karlsruhe und Prof. Dr. Hermann Maurer, Technische Universität Graz.

Band 1:
Maurer, H.
Theoretische Grundlagen der Programmiersprachen.
Theorie der Syntax
254 S. Unveränderter Neudruck 1977. Wv.

Band 2:
Heinhold, J./U. Kulisch
Analogrechnen
242 S. mit Abb. 1976. Wv.

Band 7:
Kameda, T./K. Weihrauch
Einführung in die Codierungstheorie
Teil I: 218 S. 1973. Wv.

Band 8:
Reusch, B.
Lineare Automaten
149 S. mit Abb. 1969. (HTB 708)

Band 10:
Böhling, K. H./G. Dittrich
Endliche stochastische Automaten
138 S. 1972. (HTB 766)

Band 11:
Seegmüller, G.
Einführung in die Systemprogrammierung
480 S. mit 83 Abb. 1974. Wv.

Band 12:
Alefeld, G./J. Herzberger
Einführung in die Intervallrechnung
XIII, 398 S. mit Abb. 1974. Wv.

Band 13:
Duske, J./H. Jürgensen
Codierungstheorie
235 S. 1977. Wv.

Band 14:
Böhling, K. H./B. v. Braunmühl
Komplexität bei Turingmaschinen
324 S. 1974. Wv.

Band 15:
Peters, F. E.
Einführung in mathematische Methoden der Informatik
348 S. 1974. Wv.

Band 16:
Wedekind, H.
Datenbanksysteme I
325 S. 2., völlig neu bearb. Aufl. 1981. Wv.

Band 18:
Wedekind, H./T. Härder
Datenbanksysteme II
430 S. mit Abb. 1976. Wv.

Band 19:
Kulisch, U.
Grundlagen des numerischen Rechnens. Mathematische Begründung der Rechnerarithmetik
467 S. 1976. Wv.

Band 20:
Zima, H.
Betriebssysteme. Parallele Prozesse
325 S. 2. Aufl. 1980. Wv.

Band 21:
Mies, P./D. Schütt
Feldrechner
150 S. 1976. Wv.

Band 22:
Denert, E./R. Franck
Datenstrukturen
362 S. 1977. Wv.

Band 23:
Ecker, K.
Organisation von parallelen Prozessen. Theorie deterministischer Schedules
280 S. 1977. Wv.

Band 24:
Kaucher, E./R. Klatte/Ch. Ullrich
Höhere Programmiersprachen ALGOL, FORTRAN, PASCAL in einheitlicher und übersichtlicher Darstellung
258 S. 1978. Wv.

Band 25:
Motsch, W.
Halbleiterspeicher. Technik, Organisation und Anwendung
237 S. 1978. Wv.

Band 26:
Görke, W.
Mikrorechner. Eine Einführung in ihre Technik und Funktion
251 S. 2., überarbeitete und erweiterte Aufl. 1980. Wv.

Band 27:
Mayer, O.
Syntaxanalyse
433 S. 2., durchgesehene und ergänzte Aufl. 1982. Wv.

Band 28:
Schrack, G.
Grafische Datenverarbeitung. Eine Einführung
264 S. 1978. Wv.

Band 29:
Waller, H./P. Hilgers
Mikroprozessoren. Vom Bauteil zur Anwendung
332 S. mit Abb. 1980. Wv.

Band 30:
Reusch, P.
Informationssysteme, Dokumentationssprachen, Data Dictionaries. Eine Einführung
216 S. 1980. Wv.

Band 32:
Koch, G.
Maschinennahes Programmieren von Mikrocomputern
274 S. 1981. Wv.

Band 33:
Stetter, F.
Softwaretechnologie. Eine Einführung
303 S. 1981. Wv.

Band 34:
Balzert, H.
Die Entwicklung von Software-Systemen. Prinzipien, Methoden, Sprachen, Werkzeuge
539 S. 1982. Wv.

Band 35:
Hotz, G./K. Estenfeld
Formale Sprachen. Eine automatentheoretische Einführung
234 S. 1981. Wv.

Band 36:
Zima, H.
Compilerbau I. Analyse
405 S. 1982. Wv.

Band 38:
Ottmann, Th./J. Albert
Automaten, Sprachen und Maschinen für Anwender
Etwa 320 S. 1983. Wv.

Physik

Baltes, H. P./E. R. Hilf
Spectra of Finite Systems
116 S. In englischer Sprache. 1976. Wv.

Barut, A. O.
Die Theorie der Streumatrix für die Wechselwirkungen fundamentaler Teilchen
Band I: Gruppentheoretische Beschreibung der S-Matrix.
225 S. mit Abb. Aus dem Englischen. 1971. (HTB 438)

Bethge, K.
Quantenphysik. Eine Einführung in die Atom- und Molekülphysik
271 S. 1978. Wv. Unter Mitarbeit von Dr. G. Gruber, Universität Frankfurt.

Bjorken, J. D./S. D. Drell
Relativistische Quantenmechanik
312 S. mit Abb. 1966. Aus dem Englischen. (HTB 98)

Bjorken, J. D./S. D. Drell
Relativistische Quantenfeldtheorie
409 S. Unveränderter Neudruck 1978. Aus dem Englischen. (HTB 101)

Bleuler, K./H. R. Petry/ D. Schütte (Hrsg.)
Mesonic Effects in Nuclear Structure
181 S. mit Abb. in englischer Sprache. 1975. Wv.

Blum, P./K. Schuchardt/V. Gärtner
Die Hochatmosphäre. Eine Einführung
Etwa 250 S. mit zahlr. Abb. 1983. Wv.

Bodenstedt, E.
Experimente der Kernphysik und ihre Deutung
Band I: 290 S. mit Abb. 2., durchgesehene Aufl. 1979. Wv.
Band II: XIV, 293 S. mit Abb. 2., durchgesehene Aufl. 1978. Wv.
Band III: 303 S. mit Abb. 2., durchgesehene Aufl. 1979. Wv.

Borucki, H.
Einführung in die Akustik
236 S. 2., durchgesehene Aufl. 1980. Wv.

Donner, W.
Einführung in die Theorie der Kernspektren
Band II: Erweiterung des Schalenmodells, Riesenresonanzen.
107 S. mit Abb. 1971. (HTB 556)

Eder, G.
Quantenmechanik I
273 S. 2. Aufl. 1980. Wv.

Eder, G.
Atomphysik.
Quantenmechanik II
259 S. 1978. Wv.

Emendörfer, D./K. H. Höcker
Theorie der Kernreaktoren
Band 1: Der stationäre Reaktor.
397 S. mit Abb. 2., neu bearbeitete Aufl. 1982. Wv.

Gasiorowicz, S.
Elementarteilchenphysik
742 S. mit 119 Abb. 1975. Aus dem Englischen. Wv.

Groot, S. R. de/P. Mazur
Anwendung der Thermodynamik irreversibler Prozesse
349 S. 1974. Aus dem Englischen. Wv.

Haken, H.
Licht und Materie I.
Elemente der Quantenoptik
155 S. 1979. Wv.

Haken, H.
Licht und Materie II.
Laser
225 S. 1981. Wv.

Heisenberg, W.
Physikalische Prinzipien der Quantentheorie
117 S. mit 22 Abb. 1958. (HTB 1)

Henley, E. M./W. Thirring
Elementare Quantenfeldtheorie
336 S. mit Abb. 1975. Aus dem Englischen. Wv.

Hund, F.
Grundbegriffe der Physik
Teil I: Makroskopische Vorgänge.
150 S. mit Abb. 2., neu bearbeitete Aufl. 1979. (HTB 449)
Teil II: Mikroskopischer Hintergrund.
151 S. mit Abb. 2., neu bearbeitete Aufl. 1979. (HTB 450)

Källen, G./J. Steinberger
Elementarteilchenphysik
687 S. mit Abb. 2., verbesserte Aufl. 1974. Aus dem Englischen. Wv.

Kertz, W.
Einführung in die Geophysik
Band I: 232 S. mit Abb. 1969. (HTB 275)
Band II: 210 S. mit Abb. 1971. (HTB 535)

Kippenhahn, R./C. Möllenhoff
Elementare Plasmaphysik
297 S. mit Abb. 1975. Wv.

Luchner, K.
Aufgaben und Lösungen zur Experimentalphysik
Band II: Elektromagnetische Vorgänge.
150 S. mit Abb. 1966. (HTB 156)
Band III: Grundlagen zur Atomphysik.
125 S. mit Abb. 1973. (HTB 157)

Lüscher, E.
Experimentalphysik
Band I: Mechanik, geometrische Optik, Wärme.
Band I/1. Teil: 260 S. mit Abb. 1967. (HTB 111)
Band I/2. Teil: 215 S. mit Abb. 1967. (HTB 114)
Band II: Elektromagnetische Vorgänge.
371 S. 2., überarb. Aufl. 1981. (HTB 115)

Lüst, R.
Hydrodynamik
234 S. 1978. Wv.

Mitter, H.
Elektrodynamik
391 S. 1980. (HTB 707)

Mitter, H.
Quantentheorie
313 S. mit Abb. 2. Aufl. 1979. (HTB 701)

Møller, C.
Relativitätstheorie
316 S. 1977. Wv.

Neff, H.
Physikalische Meßtechnik
160 S. mit Abb. 1976. (HTB 66)

Neuert, H.
Experimentalphysik für Mediziner, Zahnmediziner, Pharmazeuten und Biologen
292 S. mit Abb. 1969. (HTB 712)

Neuert, H.
Physik für Naturwissenschaftler
Band I: Mechanik und Wärmelehre.
173 S. 1977. (HTB 727)
Band II: Elektrizität und Magnetismus, Optik. 198 S. 1977. (HTB 728)
Band III: Atomphysik, Kernphysik, chemische Analyseverfahren.
326 S. 1978. (HTB 729)

Nitsch, J./J. Pfarr/ E.-W. Stachow (Hrsg.)
Grundlagenprobleme der modernen Physik
319 S. 1981. Wv.

Rollnik, H.
Teilchenphysik
Band I: Grundlegende Eigenschaften von Elementarteilchen.
Etwa 188 S. 2. Aufl. 1983. (HTB 706)
Band II: Innere Symmetrien der Elementarteilchen.
158 S. mit Abb. z. T. farbig. 1971. (HTB 759)

Rose, M. E.
Relativistische Elektronentheorie
Band I: 193 S. mit Abb. 1971. Aus dem Englischen. (HTB 422)
Band II: 171 S. mit Abb. 1971. Aus dem Englischen. (HTB 554)

Scherrer, P./P. Stoll
Physikalische Übungsaufgaben
Band I: Mechanik und Akustik.
96 S. mit 44 Abb. 1962. (HTB 32)
Band II: Optik, Thermodynamik, Elektrostatik.
103 S. mit Abb. 1963. (HTB 33)
Band III: Elektrizitätslehre, Atomphysik.
103 S. mit Abb. 1964. (HTB 34)

Schütte, D./K. Holinde/ K. Bleuler (Hrsg.)
The Meson Theory of Nuclear Forces and Nuclear Matter
393 S. 1980. Wv.

Seiler, H.
Abbildungen von Oberflächen mit Elektronen, Ionen und Röntgenstrahlen
131 S. mit Abb. 1968. (HTB 428)

Sexl, R. U./H. K. Urbantke
Gravitation und Kosmologie. Eine Einführung in die Allgemeine Relativitätstheorie
Etwa 370 S. 2., überarb. und erweiterte Aufl. 1983. Wv.

Teichmann, H.
Einführung in die Atomphysik
135 S. mit 47 Abb. 3. Auflage 1966. (HTB 12)

Teichmann, H.
Halbleiter
156 S. mit 55 Abb. 3. Auflage 1969. (HTB 21)

Wagner, C.
Methoden der naturwissenschaftlichen und technischen Forschung
219 S. mit Abb. 1974. Wv.

Weizel, W.
Einführung in die Physik
Band III: Optik und Atomphysik.
194 S. mit 99 Abb. 5. Auflage 1963. (HTB 5)

Weizel, W.
Physikalische Formelsammlung
Band II: Optik, Thermodynamik, Relativitätstheorie.
148 S. 1964. (HTB 36)
Band III: Quantentheorie.
196 S. mit zweifarbigem Druck der Formeln. 1966. (HTB 37)

Zimmermann, P.
Eine Einführung in die Theorie der Atomspektren
91 S. mit Abb. 1976. Wv.

Astronomie

Hachenberg, O./B. Vowinkel
Technische Grundlagen der Radioastronomie
307 S. 1982. Wv.

Scheffler, H./H. Elsässer
Bau und Physik der Galaxis
642 S. 1982. Wv.

Scheffler, H./H. Elsässer
Physik der Sterne und der Sonne
535 S. mit Abb. 1974. Wv.

Schneider, M.
Himmelsmechanik
480 S. mit Abb. 2., verbesserte Aufl. 1981. Wv.

Schurig, R./P. Götz/K. Schaifers
Himmelsatlas (Tabuale caelestes)
44 S. 8. Aufl. 1960. Wv.

Voigt, H. H.
Abriß der Astronomie
558 S. mit Abb. 3., überarbeitete Aufl. 1980. Wv.

Philosophie

Bunge, M.
Epistemologie.
Aktuelle Fragen der Wissenschaftstheorie
Etwa 240 S. 1983. Aus dem Spanischen. Wv.

Enzyklopädie
Philosophie und Wissenschaftstheorie in 3 Bänden
Herausgegeben von Jürgen Mittelstraß. Rund 4000 Stichwörter auf etwa 2400 Seiten. Wv.

Haas, G.
Konstruktive Einführung in die formale Logik
Etwa 200 S. 1983. Wv.

Inhetveen, R.
Konstruktive Geometrie.
Eine formentheoretische Begründung der euklidischen Geometrie
Etwa 180 S. 1983. Wv.

Kamlah, W.
Philosophische Anthropologie.
Sprachkritische Grundlegung und Ethik
192 S. 1973. (HTB 238)

Kamlah, W.
Von der Sprache zur Vernunft.
Philosophie und Wissenschaft in der neuzeitlichen Profanität
230 S. 1975. Wv.

Kamlah, W./P. Lorenzen
Logische Propädeutik.
Vorschule des vernünftigen Redens
239 S. 2., verb. und erweiterte Aufl. 1973. (HTB 227)

Kanitscheider, B.
Vom absoluten Raum zur dynamischen Geometrie
139 S. 1976. Wv.

Leinfellner, W.
Einführung in die Erkenntnis- und Wissenschaftstheorie
227 S. 3. Aufl. 1980. (HTB 41)

Mittelstaedt, P.
Philosophische Probleme der modernen Physik
227 S. 6., durchgesehene Aufl. 1981. (HTB 50)

Mittelstaedt, P.
Die Sprache der Physik
139 S. 1972. Wv.

Reihe: Grundlagen der exakten Naturwissenschaften

Reihe:
Grundlagen der exakten Naturwissenschaften

Herausgegeben von Prof. Dr. Peter Mittelstaedt, Universität Köln.

Band 1:
Mittelstaedt, P./J. Pfarr (Hrsg.)
Grundlagen der Quantentheorie
159 S. 1980. Wv.

Band 2:
Strohmeyer, I.
Transzendentalphilosophische und physikalische Raum-Zeit-Lehre
184 S. 1980. Wv.

Band 3:
Mittelstaedt, P.
Der Zeitbegriff in der Physik
188 S. 2., verbesserte und erweiterte Aufl. 1980. Wv.

Band 4:
Pfarr, J. (Hrsg.)
Protophysik und Relativitätstheorie
240 S. 1981. Wv.

Band 5:
Neumann, H. (Hrsg.)
Interpretations and Foundations of Quantum Theory
144 S. 1981. In englischer Sprache. Wv.

Wissenschaftsgeschichte

Becker, F.
Geschichte der Astronomie
201 S. 4. Aufl. 1980. Wv.

Gericke, H.
Geschichte des Zahlbegriffs
163 S. mit Abb. 1970. (HTB 172)

Hund, F.
Geschichte der physikalischen Begriffe
Teil I: Die Entstehung des mechanischen Naturbildes.
221 S. 2., neu bearbeitete Aufl. 1978. (HTB 543)
Teil II: Die Wege zum heutigen Naturbild.
233 S. 2., neu bearbeitete Aufl. 1978. (HTB 544)

Hund, F.
Geschichte der Quantentheorie
262 S. mit Abb. 2. Aufl. 1975. Wv.

Legendi, T./T. Szentivanyi (Hrsg.)
Leben und Werk von John von Neumann. Ein zusammenfassender Überblick
Etwa 120 S. Aus dem Ungarischen. 1983. Wv.

Mainzer, K.
Geschichte der Geometrie
232 S. 1980. Wv.

Meschkowski, H.
Georg Cantor. Leben, Werk und Wirkung
Etwa 330 S. 2., erweiterte Aufl. 1983. Wv.

Meschkowski, H.
Problemgeschichte der Mathematik I
206 S. 1979. Wv.

Meschkowski, H.
Problemgeschichte der Mathematik II
235 S. 1981. Wv.

Meschkowski, H.
Problemgeschichte der neueren Mathematik (1800–1950)
314 S. mit Abb. 1978. Wv.

Chemie

Grimmer, G.
Biochemie
376 S. mit Abb. 1969. (HTB 187)

Kaiser, R.
Chromatographie in der Gasphase
Band I: Gas-Chromatographie.
220 S. mit 81 Abb. 2. Aufl. 1973. (HTB 22)

Band IV/2. Teil: Quantitative Auswertung.
118 S. mit Abb. 2., erweiterte Aufl. 1969.
(HTB 472)

Laidler, K. J.
Reaktionskinetik
Band I: Homogene Gasreaktionen.
216 S. mit Abb. 1970. Aus dem Englischen.
(HTB 290)

Preuß, H.
Quantentheoretische Chemie
Band I: Die halbempirischen Regeln.
94 S. mit 19 Abb. 1963. (HTB 43)
Band II: Der Übergang zur Wellenmechanik, die allgemeinen Rechenverfahren.
238 S. mit 19 Abb. 1965. (HTB 44)
Band III: Wellenmechanische und methodische Ausgangspunkte.
222 S. mit Abb. 1967. (HTB 45)

Riedel, L.
Physikalische Chemie.
Eine Einführung für Ingenieure
406 S. 1974. Wv.

Schmidt, M.
Anorganische Chemie
Band I: Hauptgruppenelemente.
301 S. mit Abb. 1967. (HTB 86)
Band II: Übergangsmetalle. 221 S. mit Abb.
1969. (HTB 150)

Medizin

Forth, W./D. Henschler/
W. Rummel (Hrsg.)
Allgemeine und spezielle
Pharmakologie und Toxikologie
Für Studenten der Medizin, Veterinärmedizin, Pharmazie, Chemie, Biologie sowie für Ärzte und Apotheker.
3., überarbeitete Aufl. 1980. 688 S. Über 400 meist zweifarbige Abb. sowie mehr als 280 Tabellen. Wv.

Reihe: Pharmakologie und Toxikologie
Haas, H.
Ursprung, Geschichte und Idee der Arzneimittelkunde
(Reihe: Pharmakologie und Toxikologie, Band 1)
178 S. 1981. Wv.

Ingenieurwissenschaften

Billet, R.
Grundlagen der thermischen Flüssigkeitszerlegung
150 S. mit 50 Abb. 1962. (HTB 29)

Billet, R.
Optimierung in der Rektifiziertechnik unter besonderer Berücksichtigung der Vakuumrektifikation
129 S. mit Abb. 1967. (HTB 261)

Billet, R.
Trennkolonnen für die Verfahrenstechnik
151 S. mit Abb. 1971. (HTB 548)

Böhm, H.
Einführung in die Metallkunde
236 S. mit Abb. 1968. (HTB 196)

Bosse, G.
Grundlagen der Elektrotechnik
Band I: Das elektrostatische Feld und der Gleichstrom. Unter Mitarbeit von W. Mecklenbräuker. 141 S. mit Abb. 1966.
(HTB 182)
Band II: Das magnetische Feld und die elektromagnetische Induktion. Unter Mitarbeit von G. Wiesemann.
154 S. mit Abb. 2., überarbeitete Aufl. 1978.
(HTB 183)
Band III: Wechselstromlehre, Vierpol- und Leitungstheorie. Unter Mitarbeit von A. Glaab.
135 S. 2., überarbeitete Aufl. 1978.
(HTB 184)
Band IV: Drehstrom, Ausgleichsvorgänge in linearen Netzen. Unter Mitarbeit von J. Hagenauer.
164 S. mit Abb. 1973. (HTB 185)

Eschenauer, H./N. Olhoff (Eds.)
Optimization Methods in Struktural Design
Proceedings of the Euromech-Colloquium 164, University of Siegen, FR Germany, October 12–14, 1982
Etwa 460 S. 1983.

Eschenauer, H./W. Schnell
Elastizitätstheorie I.
Grundlagen, Scheiben und Platten
256 S. 1981. Wv.

Glaab, A./J. Hagenauer
Übungen in Grundlagen der Elektrotechnik III, IV
228 S. mit Abb. 1973. (HTB 780)

Gross, D./W. Schnell
Formel- und Aufgabensammlung zur Technischen Mechanik II.
Elastostatik
180 S. mit Abb. 1980. (HTB 792)

Klefenz, G.
Die Regelung von Dampfkraftwerken
Etwa 250 S. 3., überarbeitete Aufl. 1983. Wv.

Klein, W.
Vierpoltheorie
159 S. mit Abb. 1972. Wv.

Latzel, W.
Regelung mit dem Prozeßrechner (DDC)
213 S. mit über 100 Abb. 1977. Wv.

Mahrenholtz, O.
Analogrechnen in Maschinenbau und Mechanik
208 S. mit Abb. 1968. (HTB 154)

Marguerre, K./H. Wölfel
Technische Schwingungslehre.
Lineare Schwingungen vielgliedriger Strukturen
338 S. 1979. Wv.

Marguerre, K./H.-T. Woernle
Elastische Platten
242 S. mit 125 Abb. 1975. Wv.

Mesch, F.
Meßtechnisches Praktikum.
Für Maschinenbauer und Verfahrentechniker
217 S. mit Abb. 3., überarbeitete Aufl. 1981. (HTB 736)

Pestel, E.
Technische Mechanik
Band I: Statik
234 S. 2., neu bearb. und ergänzte Aufl. 1982. Wv.

Pestel, E./J. Wittenburg
Technische Mechanik
Band 2: Festigkeitslehre
441 S. mit über 350 Abb. 1981. Wv.

Piefke, G.
Feldtheorie
Band I: Maxwellsche Gleichungen, Elektrostatik, Wellengleichung, verlustlose Leitungen.
264 S. Verbesserter Nachdruck 1977. (HTB 771)
Band II: Verlustbehaftete Leitungen, Grundlagen der Antennenabstrahlung, Einschwingvorgang.
231 S. mit Abb. 1973. (HTB 773)
Band III: Beugungs- und Streuprobleme, Wellenausbreitung in anisotropen Medien.
362 S. 1977. (HTB 782)

Preßler, G.
Regelungstechnik
348 S. 3., überarbeitete Aufl. 1967. (HTB 63)

Sagirow, P.
Satellitendynamik
191 S. 1970. (HTB 719)

Schnell, W./D. Gross
Formel- und Aufgabensammlung zur Technischen Mechanik I. Statik
180 S. mit Abb. 1979. (HTB 791)

Schnell, W./D. Gross
Formel- und Aufgabensammlung zur Technischen Mechanik III. Kinetik
180 S. mit Abb. 1980. (HTB 793)

Schwarz, H.
Optimale Regelung linearer Systeme
242 S. mit Abb. 1976. Wv.

Starkermann, R.
Die harmonische Linearisierung
Band II: 83 S. mit Abb. 1970. (HTB 470)

Starkermann, R.
Mehrgrößen-Regelsysteme
Band I: 173 S. mit Abb. 1974. Wv.

Stüwe, H. P.
Einführung in die Werkstoffkunde
197 S. mit Abb. 2., verbesserte Aufl. 1978. (HTB 467)

Stüwe, H. P./G. Vibrans
Feinstrukturuntersuchungen in der Werkstoffkunde
138 S. mit Abb. 1974. Wv.

Troost, A.
Einführung in die allgemeine Werkstoffkunde metallischer Werkstoffe I
507 S. mit Abb. 1980. Wv.

Waller, H./W. Krings
Matrizenmethoden in der Maschinen- und Bauwerksdynamik
377 S. mit 159 Abb. 1975. Wv.

Wasserrab, Th.
Gaselektronik
Band I: Atomtheorie.
223 S. mit Abb. 1971. (HTB 742)
Band II: Niederdruckentladungen, Technik der Gasentladungsventile.
230 S. mit Abb. 1972. (HTB 769)

Wiesemann, G.
Übungen in Grundlagen der Elektrotechnik II
202 S. mit Abb. 1976. (HTB 779)

Wiesemann, G./W. Mecklenbräuker
Übungen in Grundlagen der Elektrotechnik I
179 S. mit Abb. 1973. (HTB 778)

Wolff, I.
Grundlagen und Anwendungen der Maxwellschen Theorie
Band I: Mathematische Grundlagen, die Maxwellschen Gleichungen, Elektrostatik.
236 S. mit Abb. 1968. (HTB 818)
Band II: Strömungsfelder, Magnetfelder, quasistationäre Felder, Wellen.
263 S. mit Abb. 1970. (HTB 731)

Reihe: Gesellschaft, Recht, Wirtschaft

Herausgegeben von Prof. Dr. Eduard Gaugler, Dr. Wolfgang Goedecke, Prof. Dr. Heinz König, Prof. Dr. Günther Wiese, Prof. Dr. Rudolf Wildenmann, Universität Mannheim.

Band 1:
Albert, H./M. C. Kemp/ W. Krelle/G. Menges/ W. Meyer
Ökonometrische Modelle und sozialwissenschaftliche Erkenntnisprogramme
111 S. 1978. Wv.

Band 2:
Bogaert, R./P. C. Hartmann
Essays zur historischen Entwicklung des Bankensystems
48 S. 1980. Wv.

Band 3:
Nerlove, M./S. Heiler/ H.-J. Lenz/B. Schips/ H. Garbers
Problems of Time Series Analysis
104 S. 1980. Wv.

Band 4:
Aumann, R. J./J. C. Harsanyi/ W. Hildenbrand u. a.
Essays in Game Theory and Mathematical Economics in Honor of Oskar Morgenstern
200 S. 1981. In englischer Sprache. Wv.

Band 5:
Steinmann, H./G. Gäfgen/ W. Blomeyer
Die Kosten der Mitbestimmung
139 S. 1981. Wv.

Band 6:
Frisch, W./E. v. Caemmerer/ G. Wüst/F. A. Mann/R. Fischer
In Memoriam Konrad Duden
Theorie und Praxis im Wirtschaftsrecht
75 S. 1982. Wv.

Band 7:
Braun, W./K.-F. Ackermann/
E. Gaugler/H. Kossbiel/
G. Reber/W. Weber
Verantwortliche Personalführung
128 S. 1982. Wv.

Band 8:
Heuer, J. H. B./K. Häuser/H. Wielens
Strukturwandlungen in der Wohnungswirtschaft
Etwa 70 S. 1983. Wv.

Band 9:
Fürstenberg, V./P. Hanau/
H. Kreikebaum/W. Rohmert
Menschengerechte Gestaltung der Arbeit
Etwa 100 S. 1983. Wv.

Geographie/Geologie

Ganssen, R.
Grundsätze der Bodenbildung
135 S. mit 19 Zeichnungen und einer mehrfarbigen Tafel. 1965. (HTB 327)

Gierloff-Emden, H.-G./
H. Schroeder-Lanz
Luftbildauswertung
Band I: Grundlagen.
154 S. mit Abb. 1970. (HTB 358)

Kertz, W.
Einführung in die Geophysik
Band I: Erdkörper.
232 S. mit Abb. 1969. (HTB 275)
Band II: Obere Atmosphäre und Magnetosphäre.
210 S. mit Abb. 1971. (HTB 535)

Möller, F.
Einführung in die Meteorologie
Band I: Meteorologische Elementarphänomene.
222 S. mit Abb. und 6 Farbtafeln. 1973. (HTB 276)
Band II: Komplexe meteorologische Phänomene.
223 S. mit Abb. 1973. (HTB 288)

Wunderlich, H.-G.
Bau der Erde.
Geologie der Kontinente und Meere
Band II: Asien, Australien.
164 S., 16 S. farbige Abb. 1975. Wv.

Wunderlich, H.-G.
Einführung in die Geologie
Band I: Exogene Dynamik.
214 S. mit ca. 50 Abb. und 24 farbigen Bildern. 1968. (HTB 340)
Band II: Endogene Dynamik.
231 S. mit Abb. und 16 farbigen Bildern. 1968. (HTB 341)

B.I.-Hochschulatlanten

Dietrich, G./J. Ulrich (Hrsg.)
Atlas zur Ozeanographie
76 S. 1968. (HTB 307)

Schmithüsen, J. (Hrsg.)
Atlas zur Biogeographie
80 S. 1976. (HTB 303)

Wagner, K. (Hrsg.)
Atlas zur physischen Geographie (Orographie)
59 S. 1971. (HTB 304)